Vollständige Konkordanz
zum griechischen Neuen Testament

Band II · Spezialübersichten

VOLLSTÄNDIGE KONKORDANZ ZUM GRIECHISCHEN NEUEN TESTAMENT

IN VERBINDUNG MIT
H. BACHMANN UND W. A. SLABY

HERAUSGEGEBEN VON
K. ALAND

BAND II
SPEZIALÜBERSICHTEN

WALTER DE GRUYTER · BERLIN · NEW YORK
1978

Band IV/2 der „Arbeiten zur Neutestamentlichen Textforschung".
Herausgegeben vom Institut für Neutestamentliche Textforschung der Westfälischen Wilhelms-Universität Münster/Westfalen

CIP-Kurztitelaufnahme der Deutschen Bibliothek

Vollständige Konkordanz zum griechischen Neuen Testament /
in Verbindung mit H. Bachmann u. W. A. Slaby hrsg. von K. Aland. —
Berlin, New York : de Gruyter.

NE: Aland, Kurt [Hrsg.]

Bd. 2. Spezialübersichten. — 1. Aufl. — 1978.
   (Arbeiten zur neutestamentlichen Textforschung ; Bd. 4)
   ISBN 3-11-007349-8

Satz: Mohndruck, Gütersloh; Druck: Kupijai & Prochnow, Berlin; Bindearbeiten: Wübben, Berlin — Printed in Germany

VORWORT

Die hier vorgelegten „Spezialübersichten" zum Wortbestand des griechischen Neuen Testaments haben mehrere Entwicklungsstufen durchgemacht (vgl. die dazu früher erschienenen Berichte). Erst lagen sie in Umschrift vor, dann durch den Computer mit einer griechischen Druckerkette erstellt, jetzt ist eine Umstellung des Druckes auf Lichtsatz erfolgt, bei dem das Setzen der Filmvorlagen für den Offset-Druck mit Hilfe des Computers gesteuert wird, wodurch Satzfehler ausgeschaltet werden können. Damit ist ein beide Vorstufen übertreffender Grad an Lesbarkeit und gleichzeitig ein Grad der Genauigkeit erreicht, der schwer zu übertreffen ist.

Der Plan, mit Hilfe der elektronischen Datenverarbeitung derartige Spezialübersichten zu erstellen, ist alt. Er erwuchs aus der engen Verbindung und Zusammenarbeit, die seit langem zwischen dem Institut für neutestamentliche Textforschung und dem Rechenzentrum der Universität Münster besteht. Denn wenn die Erfassung des Textes auf einem Computer-lesbaren Datenträger erst einmal geschehen war, ermöglichte sie die automatische Erstellung von Spezialübersichten unterschiedlichster Art. So hätten die hier vorgelegten Zusammenstellungen leicht vermehrt werden können. Aber nach langen Erwägungen und nach eingehenden Beratungen mit den Mitgliedern des wissenschaftlichen Beirats des Instituts erschien die Beschränkung auf die fünf in diesem Band gebotenen Abteilungen das Gegebene. Sie gehen von objektiven Voraussetzungen aus und erlauben jedem ihre volle Benutzung. Zusammenstellungen darüber hinaus müssen subjektive Kriterien zu Hilfe nehmen, die zu kontroversen Beurteilungen führen und außerdem nur einem jeweils begrenzten Kreis eine Hilfe bedeuten würden.

Ein besonderes Verdienst an diesem Bande kommt H. Bachmann und W. A. Slaby zu. In zahlreichen Diskussionen, an denen sich häufig auch andere wissenschaftliche Mitarbeiter des Rechenzentrums und vor allem des Instituts für neutestamentliche Textforschung beteiligten, schufen sie die Voraussetzungen für den Einsatz des Computers bei den Konkordanz-Arbeiten des Instituts. W. A. Slaby entwickelte die zur automatischen Erstellung der Spezialübersichten erforderlichen Algorithmen und Programmsysteme, H. Bachmann führte mit der Angabe der Nennformen zu den vorkommenden flektierten Formen die notwendige Vorbereitung des Textes durch und besorgte die Datenerfassung. Deshalb sind beide auf dem Titelblatt genannt, im Gegensatz zu Band I, der andere Namen als Mitherausgeber aufführt. Ich hoffe, daß die Benutzer dieses Bandes mit dem Herausgeber in dem Urteil übereinstimmen werden, daß die „Spezialübersichten" in den Partien, wo es bisher schon Hilfsmittel gab (z. B. bei der Wortstatistik), diese bei weitem übertreffen und auch sonst Arbeitsmöglichkeiten bieten, die bisher (etwa bei den Hapaxlegomena, aber auch anderswo) nicht existierten.

Für die Einzelheiten des Aufbaus des Bandes sei auf die umstehenden „Hinweise zur Benutzung" verwiesen.

Münster/Westf., 1. November 1977   K. Aland

HINWEISE ZUR BENUTZUNG

Die vorliegenden Spezialübersichten basieren auf dem Text der 26. Aufl. des Novum Testamentum graece von Nestle-Aland sowie der Third Edition des Greek New Testament. Der Wortbestand von Versen, die hier aus textkritischen Gründen nur im Apparat erscheinen, ebenso der Perikope von der Ehebrecherin (Joh. 7, 53—8, 11) und des kürzeren Markusschlusses wurde mitberücksichtigt.

Für die Verben wurde die 1. Pers. Sing. des Ind. Präs. zugrunde gelegt, für Substantive der Nom. Sing., in einigen Fällen auch der Nom. Plur. Diese Formen gründen im allgemeinen auf W. Bauer, Wörterbuch zum N. T., 5. Aufl.

Bei einigen Worten wurden Untergliederungen vorgenommen. So stehen z. B. ἴδε und ἰδού nicht unter ὁράω, sondern eigenständig. Bei λέγω werden die Formen des Suppletiv-Verbums εἴρω (ἐρῶ, ἐρρέθην, εἴρηκα usw.) unter ἐρῶ geführt. Adverbien sind, soweit sie bei W. Bauer einen eigenen Artikel haben, getrennt aufgeführt (καλῶς, κακῶς, δικαίως usw.). Das gleiche gilt für Komparativ- und Superlativ-Formen, andernfalls erscheinen diese unter der Positiv-Form.

Krasis-Formen sind dreifach geführt; Beispiele: κἀγώ erscheint unter κἀγώ und außerdem unter καί und ἐγώ, κἀκεῖνοι unter κἀκεῖνος, unter καί und unter ἐκεῖνος.

Zusammengesetzte Zahlworte sind zur leichteren Auffindung zusammengeschrieben. Handelt es sich dabei um Zahlworte, die mit καί zusammengesetzt sind, so ist dieses καί nicht mehr unter καί verzeichnet.

Worte, die in ihrer flektierten Form zwei verschiedenen Nennformen zugeordnet werden können und deren eindeutige Zuordnung auch vom Inhalt her nicht möglich ist, werden unter beiden möglichen Nennformen verzeichnet; Beispiel: θεμελίου steht unter θεμέλιον und unter θεμέλιος. Gleichlautende Worte verschiedener Herkunft und Bedeutung sind getrennt aufgeführt; Beispiel: ἄπειμι = abwesend sein und ἄπειμι = weggehen.

Akzente wurden nur gesetzt, wenn Wörter mit gleichem Buchstabenbestand verschiedene morphologische Formen oder Wortarten bilden; Beispiel: αρα, τις, ποτε, που usw. Auch bei Verbalformen: κρίνουσιν und κρινοῦσιν, ἀκολουθεῖ und ἀκολούθει usw. wurden zur Unterscheidung Akzente gesetzt, jedoch immer nur bei einer der beiden möglichen Formen, nämlich der weniger vorkommenden. Bei gleichem Buchstabenbestand von Präsens- und Futur-Form erhält die Futur-Form den Akzent (κρινοῦσιν), bei Buchstabengleichheit von 3. Pers. Sing. Präs. und Imperativ-Form der Imperativ (ἀκολούθει), usw. Jota subscriptum wurde nur beim Dat. Sing. der Substantive, Adjektive, Pronomina und des Artikels gesetzt. Beim Rückläufigen Wörterbuch wurde auf Akzente und Jota subscripta verzichtet.

INHALT

WORTSTATISTIK

	Mt	Mc	Lc	Jh	Ac	Rm	1Co	2Co	Ga	Eph	Php	Col	1Th	2Th
ἀαρων			1		1									
ἀβαδδων														
ἀβαρης								1						
ἀββα		1				1			1					
ἀβελ	1		1											
ἀβια	2		1											
ἀβιαθαρ		1												
ἀβιληνη			1											
ἀβιουδ	2													
ἀβρααμ	7	1	15	11	7	9		1	9					
ἀβυσσος			1			1								
ἀγαβος					2									
ἀγαθοεργεω														
ἀγαθοποιεω			4											
ἀγαθοποιια														
ἀγαθοποιος														
ἀγαθος	16	4	16	3	3	21		2	2	4	1	1	2	2
ἀγαθουργεω					1									
ἀγαθωσυνη						1			1	1				1
ἀγαλλιασις			2		1									
ἀγαλλιαω	1		2	2	2									
ἀγαμος							4							
ἀγανακτεω	3	3	1											
ἀγανακτησις								1						
ἀγαπαω	8	5	13	37		8	2	4	2	10		2	2	2
ἀγαπη	1		1	7		9	14	9	3	10	4	5	5	3
ἀγαπητος	3	3	2		1	7	4	2		2	3	4	1	
ἀγαρ									2					
ἀγγαρευω	2	1												
ἀγγειον	1													
ἀγγελια														
ἀγγελλω				1										
ἀγγελος	20	6	25	4	21	1	4	2	3			1		1
ἀγγος	1													
ἀγε														
ἀγελη	3	2	2											

	1Tm	2Tm	Tit	Phm	Heb	Ja	1Pt	2Pt	1Jh	2Jh	3Jh	Ju	Apc	gesamt
ἀαρων					3									5
ἀβαδδων													1	1
ἀβαρης														1
ἀββα														3
ἀβελ					2									4
ἀβια														3
ἀβιαθαρ														1
ἀβιληνη														1
ἀβιουδ														2
ἀβρααμ					10	2	1							73
ἀβυσσος													7	9
ἀγαβος														2
ἀγαθοεργεω	1													1
ἀγαθοποιεω							4				1			9
ἀγαθοποιια							1							1
ἀγαθοποιος							1							1
ἀγαθος	4	2	4	2	3	2	7				1			102
ἀγαθουργεω														1
ἀγαθωσυνη														4
ἀγαλλιασις					1							1		5
ἀγαλλιαω							3						1	11
ἀγαμος														4
ἀγανακτεω														7
ἀγανακτησις														1
ἀγαπαω		2			2	3	4	1	28	2	1	1	4	143
ἀγαπη	5	4	1	3	2		3	1	18	2	1	3	2	116
ἀγαπητος	1	1		2	1	3	2	6	6		4	3		61
ἀγαρ														2
ἀγγαρευω														3
ἀγγειον														1
ἀγγελια									2					2
ἀγγελλω														1
ἀγγελος	2				13	1	2	2				1	67	176
ἀγγος														1
ἀγε						2								2
ἀγελη														7

	Mt	Mc	Lc	Jh	Ac	Rm	1Co	2Co	Ga	Eph	Php	Col	1Th	2Th
ἀγενεαλογητος														
ἀγενης							1							
ἀγιαζω	3		1	4	2	1	4			1			1	
ἀγιασμος						2	1						3	1
ἀγιος	10	7	20	5	53	20	12	8		15	3	6	5	1
ἀγιοτης														
ἀγιωσυνη						1		1					1	
ἀγκαλη			1											
ἀγκιστρον	1													
ἀγκυρα					3									
ἀγναφος	1	1												
ἀγνεια														
ἀγνιζω				1	3									
ἀγνισμος					1									
ἀγνοεω		1	1		2	6	4	3	1				1	
ἀγνοημα														
ἀγνοια					2					1				
ἀγνος								2			1			
ἀγνοτης								2						
ἀγνως											1			
ἀγνωσια							1							
ἀγνωστος					1									
ἀγορα	3	3	3		2									
ἀγοραζω	7	5	5	3			3							
ἀγοραιος					2									
ἀγρα			2											
ἀγραμματος					1									
ἀγραυλεω			1											
ἀγρευω		1												
ἀγριελαιος						2								
ἀγριος	1	1												
ἀγριππας					11									
ἀγρος	17	9	10		1									
ἀγρυπνεω		1	1							1				
ἀγρυπνια								2						
ἀγω	4	3	13	13	26	2	1		1				1	

	1Tm	2Tm	Tit	Phm	Heb	Ja	1Pt	2Pt	1Jh	2Jh	3Jh	Ju	Apc	gesamt
άγενεαλογητος					1									1
άγενης														1
άγιαζω	1	1			7		1						1	28
άγιασμος	1				1		1							10
άγιος	1	2	1	2	19		8	5	1			4	25	233
άγιοτης					1									1
άγιωσυνη														3
άγκαλη														1
άγκιστρον														1
άγκυρα					1									4
άγναφος														2
άγνεια	2													2
άγνιζω						1	1		1					7
άγνισμος														1
άγνοεω	1				1			1						22
άγνοημα					1									1
άγνοια							1							4
άγνος	1		1			1	1		1					8
άγνοτης														2
άγνως														1
άγνωσια							1							2
άγνωστος														1
άγορα														11
άγοραζω								1					6	30
άγοραιος														2
άγρα														2
άγραμματος														1
άγραυλεω														1
άγρευω														1
άγριελαιος														2
άγριος												1		3
άγριππας														11
άγρος														37
άγρυπνεω					1									4
άγρυπνια														2
άγω		2			1									67

	Mt	Mc	Lc	Jh	Ac	Rm	1Co	2Co	Ga	Eph	Php	Col	1Th	2Th
ἀγωγη														
ἀγων											1	1	1	
ἀγωνια			1											
ἀγωνιζομαι			1	1			1					2		
ἀδαμ			1			2	3							
ἀδαπανος							1							
ἀδδι			1											
ἀδελφη	3	5	3	6	1	2	2							
ἀδελφος	39	20	24	14	57	19	39	12	11	2	9	5	19	9
ἀδελφοτης														
ἀδηλος			1				1							
ἀδηλοτης														
ἀδηλως							1							
ἀδημονεω	1	1									1			
ἀδης	2		2		2									
ἀδιακριτος														
ἀδιαλειπτος						1								
ἀδιαλειπτως						1							3	
ἀδικεω	1		1		5		2	3	1			2		
ἀδικημα					2									
ἀδικια			4	1	2	7	1	1						2
ἀδικος	1		4		1	1	2							
ἀδικως														
ἀδμιν			1											
ἀδοκιμος						1	1	3						
ἀδολος														
ἀδραμυττηνος					1									
ἀδριας					1									
ἀδροτης								1						
ἀδυνατεω	1		1											
ἀδυνατος	1	1	1			1	2							
ἀδω											1	1		
ἀει					1		2							
ἀετος	1		1											
ἀζυμος	1	2	2		2		2							
ἀζωρ	2													

	1Tm	2Tm	Tit	Phm	Heb	Ja	1Pt	2Pt	1Jh	2Jh	3Jh	Ju	Apc	gesamt
ἀγωγη		1												1
ἀγων	1	1			1									6
ἀγωνια														1
ἀγωνιζομαι	2	1												8
ἀδαμ	2											1		9
ἀδαπανος														1
ἀδδι														1
ἀδελφη	1			1		1				1				26
ἀδελφος	3	1		4	10	19	1	2	15		3	1	5	343
ἀδελφοτης							2							2
ἀδηλος														2
ἀδηλοτης	1													1
ἀδηλως														1
ἀδημονεω														3
ἀδης													4	10
ἀδιακριτος						1								1
ἀδιαλειπτος		1												2
ἀδιαλειπτως														4
ἀδικεω				1			1						11	28
ἀδικημα													1	3
ἀδικια		1			1	1		2	2					25
ἀδικος					1		1	1						12
ἀδικως							1							1
ἀδμιν														1
ἀδοκιμος		1	1		1									8
ἀδολος							1							1
ἀδραμυττηνος														1
ἀδριας														1
ἀδροτης														1
ἀδυνατεω														2
ἀδυνατος					4									10
ἀδω													3	5
ἀει			1		1		1	1						7
ἀετος													3	5
ἀζυμος														9
ἀζωρ														2

	Mt	Mc	Lc	Jh	Ac	Rm	1Co	2Co	Ga	Eph	Php	Col	1Th	2Th
ἄζωτος					1									
ἀήρ					1		2			1			1	
ἀθανασια							2							
ἀθεμιτος					1									
ἀθεος										1				
ἀθεσμος														
ἀθετεω		2	5	1			1		2				2	
ἀθετησις														
ἀθηναι					3								1	
ἀθηναιος					2									
ἀθλεω														
ἀθλησις														
ἀθροιζω			1											
ἀθυμεω												1		
ἀθωος	2													
αἰγειος														
αἰγιαλος	2			1	3									
αἰγυπτιος					4									
αἰγυπτος	4				15									
ἀιδιος						1								
αἰδως														
αἰθιοψ					2									
αἰμα	11	3	8	6	11	3	4		1	3		1		
αἰματεκχυσια														
αἰμορροεω	1													
αἰνεας					2									
αἰνεσις														
αἰνεω			3		3	1								
αἰνιγμα							1							
αἰνος	1		1											
αἰνων				1										
αἰρεομαι											1			1
αἰρεσις					6		1		1					
αἰρετιζω	1													
αἰρετικος														
αἰρω	19	20	20	26	9		2			1			1	

	1Tm	2Tm	Tit	Phm	Heb	Ja	1Pt	2Pt	1Jh	2Jh	3Jh	Ju	Apc	gesamt
ἀζωτος														1
ἀηρ													2	7
ἀθανασια	1													3
ἀθεμιτος							1							2
ἀθεος														1
ἀθεσμος								2						2
ἀθετεω	1				1							1		16
ἀθετησις					2									2
ἀθηναι														4
ἀθηναιος														2
ἀθλεω		2												2
ἀθλησις					1									1
ἀθροιζω														1
ἀθυμεω														1
ἀθωος														2
αἰγειος					1									1
αἰγιαλος														6
αἰγυπτιος					1									5
αἰγυπτος					4							1	1	25
ἀιδιος												1		2
αἰδως	1													1
αἰθιοψ														2
αἱμα					21		2		4				19	97
αἱματεκχυσια					1									1
αἱμορροεω														1
αἰνεας														2
αἰνεσις					1									1
αἰνεω													1	8
αἰνιγμα														1
αἰνος														2
αἰνων														1
αἱρεομαι					1									3
αἱρεσις								1						9
αἱρετιζω														1
αἱρετικος			1											1
αἱρω									1				2	101

	Mt	Mc	Lc	Jh	Ac	Rm	1Co	2Co	Ga	Eph	Php	Col	1Th	2Th
αἰσθανομαι			1											
αἴσθησις											1			
αἰσθητηριον														
αἰσχροκερδης														
αἰσχροκερδως														
αἰσχρολογια												1		
αἰσχρος							2			1				
αἰσχροτης										1				
αἰσχυνη			1					1			1			
αἰσχυνομαι			1					1			1			
αἰτεω	14	9	11	11	10		1			2		1		
αἰτημα			1								1			
αἰτια	3	1	1	3	8									
αἴτιος			3		1									
αἰτιωμα					1									
αἰφνιδιος			1										1	
αἰχμαλωσια										1				
αἰχμαλωτευω										1				
αἰχμαλωτιζω			1			1		1						
αἰχμαλωτος			1											
αἰων	8	4	7	13	2	5	8	3	3	7	2	1		
αἰωνιος	6	4	4	17	2	6		3	1					2
ἀκαθαρσια	1					2		1	1	2		1	2	
ἀκαθαρτος	2	11	6		5		1	1		1				
ἀκαιρεομαι											1			
ἀκαιρως														
ἀκακος						1								
ἀκανθα	5	3	4	1										
ἀκανθινος		1		1										
ἀκαρπος	1	1					1			1				
ἀκαταγνωστος														
ἀκατακαλυπτος							2							
ἀκατακριτος					2									
ἀκαταλυτος														
ἀκαταπαυστος														
ἀκαταστασια			1				1	2						

	1Tm	2Tm	Tit	Phm	Heb	Ja	1Pt	2Pt	1Jh	2Jh	3Jh	Ju	Apc	gesamt
αἰσθανομαι														1
αἰσθησις														1
αἰσθητηριον					1									1
αἰσχροκερδης	1		1											2
αἰσχροκερδως							1							1
αἰσχρολογια														1
αἰσχρος			1											4
αἰσχροτης														1
αἰσχυνη					1							1	1	6
αἰσχυνομαι							1		1					5
αἰτεω						5	1		5					70
αἰτημα									1					3
αἰτια		2	1		1									20
αἰτιος					1									5
αἰτιωμα														1
αἰφνιδιος														2
αἰχμαλωσια													2	3
αἰχμαλωτευω														1
αἰχμαλωτιζω		1												4
αἰχμαλωτος														1
αἰων	4	3	1		15		4	1	1	1		3	26	122
αἰωνιος	3	2	3	1	6		1	1	6			2	1	71
ἀκαθαρσια														10
ἀκαθαρτος													5	32
ἀκαιρεομαι														1
ἀκαιρως		1												1
ἀκακος					1									2
ἀκανθα					1									14
ἀκανθινος														2
ἀκαρπος			1					1				1		7
ἀκαταγνωστος			1											1
ἀκατακαλυπτος														2
ἀκατακριτος														2
ἀκαταλυτος					1									1
ἀκαταπαυστος								1						1
ἀκαταστασια						1								5

	Mt	Mc	Lc	Jh	Ac	Rm	1Co	2Co	Ga	Eph	Php	Col	1Th	2Th
ἀκαταστατος														
ἀκελδαμαχ					1									
ἀκεραιος	1					1					1			
ἀκλινης														
ἀκμαζω														
ἀκμην	1													
ἀκοη	4	3	1	1	2	3	2		2				1	
ἀκολουθεω	25	18	17	19	4		1							
ἀκουω	63	46	65	59	89	5	4	2	3	5	4	4		1
ἀκρασια	1					1								
ἀκρατης														
ἀκρατος														
ἀκριβεια					1									
ἀκριβης					1									
ἀκριβοω	2													
ἀκριβως	1		1		5					1			1	
ἀκρις	1	1												
ἀκροατηριον					1									
ἀκροατης						1								
ἀκροβυστια					1	11	2		3	1		2		
ἀκρογωνιαιος										1				
ἀκροθινιον														
ἀκρον	2	2	1											
ἀκυλας					3	1	1							
ἀκυροω	1	1							1					
ἀκωλυτως					1									
ἀκων						1								
ἀλαβαστρον	1	2	1											
ἀλαζονεια														
ἀλαζων						1								
ἀλαλαζω		1				1								
ἀλαλητος						1								
ἀλαλος		3												
ἀλας	2	3	2									1		
ἀλειφω	1	2	3	2										
ἀλεκτοροφωνια		1												

	1Tm	2Tm	Tit	Phm	Heb	Ja	1Pt	2Pt	1Jh	2Jh	3Jh	Ju	Apc	gesamt
ἀκαταστατος						2								2
ἀκελδαμαχ														1
ἀκεραιος														3
ἀκλινης					1									1
ἀκμαζω													1	1
ἀκμην														1
ἀκοη		2			2			1						24
ἀκολουθεω													6	90
ἀκουω	1	4		1	8	3		1	14	1	1		46	430
ἀκρασια														2
ἀκρατης		1												1
ἀκρατος													1	1
ἀκριβεια														1
ἀκριβης														1
ἀκριβοω														2
ἀκριβως														9
ἀκρις													2	4
ἀκροατηριον														1
ἀκροατης						3								4
ἀκροβυστια														20
ἀκρογωνιαιος							1							2
ἀκροθινιον					1									1
ἀκρον					1									6
ἀκυλας		1												6
ἀκυροω														3
ἀκωλυτως														1
ἀκων														1
ἀλαβαστρον														4
ἀλαζονεια						1			1					2
ἀλαζων		1												2
ἀλαλαζω														2
ἀλαλητος														1
ἀλαλος														3
ἀλας														8
ἀλειφω						1								9
ἀλεκτοροφωνια														1

	Mt	Mc	Lc	Jh	Ac	Rm	1Co	2Co	Ga	Eph	Php	Col	1Th	2Th
ἀλεκτωρ	3	4	3	2										
ἀλεξανδρευς					2									
ἀλεξανδρινος					2									
ἀλεξανδρος		1			3									
ἀλευρον	1		1											
ἀληθεια	1	3	3	25	3	8	2	8	3	6	1	2		3
ἀληθευω									1	1				
ἀληθης	1	1		14	1	1		1			1			
ἀληθινος			1	9									1	
ἀληθω	1		1											
ἀληθως	3	2	3	7	1								1	
ἀλιευς	2	2	1											
ἀλιευω				1										
ἀλιζω	1	1												
ἀλισγημα					1									
ἀλλα	37	45	35	102	30	69	72	68	23	13	15	3	13	5
ἀλλασσω					1	1	2		1					
ἀλλαχοθεν				1										
ἀλλαχου		1												
ἀλληγορεω									1					
ἀλληλουια														
ἀλληλων	3	5	11	15	8	14	4	1	7	4	1	2	5	1
ἀλλογενης			1											
ἀλλομαι				1	2									
ἀλλος	29	22	11	33	8		23	4	2		1		1	
ἀλλοτρι- επισκοπος														
ἀλλοτριος	2		1	2	1	2		2						
ἀλλοφυλος					1									
ἀλλως														
ἀλοαω							2							
ἀλογος					1									
ἀλοη				1										
ἀλυκος														
ἀλυπος											1			
ἀλυσις		3	1		4					1				
ἀλυσιτελης														

	1Tm	2Tm	Tit	Phm	Heb	Ja	1Pt	2Pt	1Jh	2Jh	3Jh	Ju	Apc	gesamt
ἀλεκτωρ														12
ἀλεξανδρευς														2
ἀλεξανδρινος														2
ἀλεξανδρος	1	1												6
ἀλευρον														2
ἀληθεια	6	6	2		1	3	1	2	9	5	6			109
ἀληθευω														2
ἀληθης			1				1	1	2		1			26
ἀληθινος					3				4				10	28
ἀληθω														2
ἀληθως									1					18
ἀλιευς														5
ἀλιευω														1
ἀλιζω														2
ἀλισγημα														1
ἀλλα	12	12	4	2	16	5	16	6	13	4	3	2	13	638
ἀλλασσω					1									6
ἀλλαχοθεν														1
ἀλλαχου														1
ἀλληγορεω														1
ἀλληλουια													4	4
ἀλληλων			1		1	4	4		6	1			2	100
ἀλλογενης														1
ἀλλομαι														3
ἀλλος					2	1							18	155
ἀλλοτρι-επισκοπος							1							1
ἀλλοτριος	1				3									14
ἀλλοφυλος														1
ἀλλως	1													1
ἀλοαω	1													3
ἀλογος								1				1		3
ἀλοη														1
ἀλυκος					1									1
ἀλυπος														1
ἀλυσις		1											1	11
ἀλυσιτελης					1									1

	Mt	Mc	Lc	Jh	Ac	Rm	1Co	2Co	Ga	Eph	Php	Col	1Th	2Th
άλφα														
άλφαιος	1	2	1		1									
άλων	1		1											
άλωπηξ	1		2											
άλωσις														
άμα	2				2	1						1	2	
άμαθης														
άμαραντινος														
άμαραντος														
άμαρτανω	3		4	4	1	7	7			1				
άμαρτημα		2				1	1							
άμαρτια	7	6	11	17	8	48	4	3	3	1			1	1
άμαρτυρος					1									
άμαρτωλος	5	6	18	4		4			2					
άμαχος														
άμαω														
άμεθυστος														
άμελεω	1													
άμεμπτος			1								2		1	
άμεμπτως													2	
άμεριμνος	1					1								
άμεταθετος														
άμετακινητος							1							
άμεταμελητος						1		1						
άμετανοητος						1								
άμετρος								2						
άμην	31	14	6	50		6	1	1	2	1	1		1	
άμητωρ														
άμιαντος														
άμιναδαβ	2		1											
άμμος	1					1								
άμνος				2	1									
άμοιβη														
άμπελος	1	1	1	3										
άμπελουργος			1											
άμπελων	10	5	7				1							

	1Tm	2Tm	Tit	Phm	Heb	Ja	1Pt	2Pt	1Jh	2Jh	3Jh	Ju	Apc	gesamt
ἀλφα													3	3
ἀλφαιος														5
ἀλων														2
ἀλωπηξ														3
ἀλωσις								1						1
ἀμα	1			1										10
ἀμαθης								1						1
ἀμαραντινος							1							1
ἀμαραντος							1							1
ἀμαρτανω	1		1		2		1	1	10					43
ἀμαρτημα														4
ἀμαρτια	2	1			25	7	6	2	17				3	173
ἀμαρτυρος														1
ἀμαρτωλος	2				2	2	1					1		47
ἀμαχος	1		1											2
ἀμαω						1								1
ἀμεθυστος													1	1
ἀμελεω	1				2									4
ἀμεμπτος					1									5
ἀμεμπτως														2
ἀμεριμνος														2
ἀμεταθετος					2									2
ἀμετακινητος														1
ἀμεταμελητος														2
ἀμετανοητος														1
ἀμετρος														2
ἀμην	2	1			1		2	1				1	8	130
ἀμητωρ					1									1
ἀμιαντος					2	1	1							4
ἀμιναδαβ														3
ἀμμος					1								2	5
ἀμνος							1							4
ἀμοιβη	1													1
ἀμπελος						1							2	9
ἀμπελουργος														1
ἀμπελων														23

	Mt	Mc	Lc	Jh	Ac	Rm	1Co	2Co	Ga	Eph	Php	Col	1Th	2Th
ἀμπλιατος						1								
ἀμυνομαι					1									
ἀμφιβαλλω		1												
ἀμφιβληστρον	1													
ἀμφιεζω			1											
ἀμφιεννυμι	2		1											
ἀμφιπολις					1									
ἀμφοδον		1												
ἀμφοτεροι	3		5		3					3				
ἀμωμητος														
ἀμωμον														
ἀμωμος										2	1	1		
ἀμως	2		1											
ἀν	42	20	32	25	15	8	7	3	3		1			
ἀνα	3	1	3	1			2							
ἀναβαθμος					2									
ἀναβαινω	9	9	9	16	19	1	1		2	3				
ἀναβαλλω					1									
ἀναβιβαζω	1													
ἀναβλεπω	3	6	7	4	5									
ἀναβλεψις			1											
ἀναβοαω	1													
ἀναβολη					1									
ἀναγαιον		1	1											
ἀναγγελλω				5	5	1		1						
ἀναγενναω														
ἀναγινωσκω	7	4	3	1	8			3		1		3	1	
ἀναγκαζω	1	1	1		2			1	3					
ἀναγκαιος					2		1	1			2			
ἀναγκαστως														
ἀναγκη	1		3			1	3	3					1	
ἀναγνωριζω					1									
ἀναγνωσις					1			1						
ἀναγω	1		3		17	1								
ἀναδεικνυμι			1		1									
ἀναδειξις			1											

	1Tm	2Tm	Tit	Phm	Heb	Ja	1Pt	2Pt	1Jh	2Jh	3Jh	Ju	Apc	gesamt
ἀμπλιατος														1
ἀμυνομαι														1
ἀμφιβαλλω														1
ἀμφιβληστρον														1
ἀμφιεζω														1
ἀμφιεννυμι														3
ἀμφιπολις														1
ἀμφοδον														1
ἀμφοτεροι														14
ἀμωμητος								1						1
ἀμωμον													1	1
ἀμωμος					1		1					1	1	8
ἀμως														3
ἀν					6				3				2	167
ἀνα													3	13
ἀναβαθμος														2
ἀναβαινω													13	82
ἀναβαλλω														1
ἀναβιβαζω														1
ἀναβλεπω														25
ἀναβλεψις														1
ἀναβοαω														1
ἀναβολη														1
ἀναγαιον														2
ἀναγγελλω							1		1					14
ἀναγενναω							2							2
ἀναγινωσκω													1	32
ἀναγκαζω														9
ἀναγκαιος			1		1									8
ἀναγκαστως							1							1
ἀναγκη				1	4							1		18
ἀναγνωριζω														1
ἀναγνωσις	1													3
ἀναγω					1									23
ἀναδεικνυμι														2
ἀναδειξις														1

	Mt	Mc	Lc	Jh	Ac	Rm	1Co	2Co	Ga	Eph	Php	Col	1Th	2Th
ἀναδεχομαι					1									
ἀναδιδωμι					1									
ἀναζαω			1			1								
ἀναζητεω			2		1									
ἀναζωννυμαι														
ἀναζωπυρεω														
ἀναθαλλω											1			
ἀναθεμα					1	1	2		2					
ἀναθεματιζω		1			3									
ἀναθεωρεω					1									
ἀναθημα			1											
ἀναιδεια			1											
ἀναιρεσις					1									
ἀναιρεω	1		2		19									1
ἀναιτιος	2													
ἀνακαθιζω			1		1									
ἀνακαινιζω														
ἀνακαινοω								1				1		
ἀνακαινωσις						1								
ἀνακαλυπτω								2						
ἀνακαμπτω	1		1		1									
ἀνακειμαι	5	3	2	4										
ἀνακεφαλαιοομαι						1				1				
ἀνακλινω	2	1	3											
ἀνακραζω		2	3											
ἀνακρινω			1		5		10							
ἀνακρισις					1									
ἀνακυπτω			2	2										
ἀναλαμβανω		1			8					2				
ἀναλημψις			1											
ἀναλισκω			1						1					
ἀναλογια						1								
ἀναλογιζομαι														
ἀναλος		1												
ἀναλυσις														
ἀναλυω			1								1			

	1Tm	2Tm	Tit	Phm	Heb	Ja	1Pt	2Pt	1Jh	2Jh	3Jh	Ju	Apc	gesamt
ἀναδεχομαι					1									2
ἀναδιδωμι														1
ἀναζαω														2
ἀναζητεω														3
ἀναζωννυμαι							1							1
ἀναζωπυρεω		1												1
ἀναθαλλω														1
ἀναθεμα														6
ἀναθεματιζω														4
ἀναθεωρεω					1									2
ἀναθημα														1
ἀναιδεια														1
ἀναιρεσις														1
ἀναιρεω					1									24
ἀναιτιος														2
ἀνακαθιζω														2
ἀνακαινιζω					1									1
ἀνακαινοω														2
ἀνακαινωσις			1											2
ἀνακαλυπτω														2
ἀνακαμπτω					1									4
ἀνακειμαι														14
ἀνακεφαλαιοομαι														2
ἀνακλινω														6
ἀνακραζω														5
ἀνακρινω														16
ἀνακρισις														1
ἀνακυπτω														4
ἀναλαμβανω	1	1												13
ἀναλημψις														1
ἀναλισκω														2
ἀναλογια														1
ἀναλογιζομαι					1									1
ἀναλος														1
ἀναλυσις		1												1
ἀναλυω														2

	Mt	Mc	Lc	Jh	Ac	Rm	1Co	2Co	Ga	Eph	Php	Col	1Th	2Th
ἀναμαρτητος				1										
ἀναμενω													1	
ἀναμιμνησκω		2					1	1						
ἀναμνησις			1				2							
ἀνανεοομαι										1				
ἀνανηφω														
ἀνανιας					11									
ἀναντιρρητος					1									
ἀναντιρρητως					1									
ἀναξιος							1							
ἀναξιως							1							
ἀναπαυσις	2		1											
ἀναπαυω	2	2	1				1	1						
ἀναπειθω					1									
ἀναπειρος			2											
ἀναπεμπω			3		1									
ἀναπηδαω		1												
ἀναπιπτω	1	2	4	5										
ἀναπληροω	1						2		1		1		1	
ἀναπολογητος						2								
ἀναπτυσσω			1											
ἀναπτω			1											
ἀναριθμητος														
ἀνασειω		1	1											
ἀνασκευαζω					1									
ἀνασπαω			1		1									
ἀναστασις	4	2	6	4	11	2	4				1			
ἀναστατοω					2				1					
ἀνασταυροω														
ἀναστεναζω		1												
ἀναστρεφω					2			1		1				
ἀναστροφη									1	1				
ἀνατασσομαι			1											
ἀνατελλω	3	2	1											
ἀνατιθεμαι					1				1					
ἀνατολη	5	1	2											

	1Tm	2Tm	Tit	Phm	Heb	Ja	1Pt	2Pt	1Jh	2Jh	3Jh	Ju	Apc	gesamt
άναμαρτητος														1
άναμενω														1
άναμιμνησκω		1			1									6
άναμνησις					1									4
άνανεοομαι														1
άνανηφω		1												1
άνανιας														11
άναντιρρητος														1
άναντιρρητως														1
άναξιος														1
άναξιως														1
άναπαυσις													2	5
άναπαυω				2			1						2	12
άναπειθω														1
άναπειρος														2
άναπεμπω				1										5
άναπηδαω														1
άναπιπτω														12
άναπληρow														6
άναπολογητος														2
άναπτυσσω														1
άναπτω						1								2
άναριθμητος					1									1
άνασειω														2
άνασκευαζω														1
άνασπαω														2
άναστασις		1			3		2						2	42
άναστατoω														3
άνασταυρow					1									1
άναστεναζω														1
άναστρεφω	1				2		1	1						9
άναστροφη	1				1	1	6	2						13
άνατασσομαι														1
άνατελλω					1	1		1						9
άνατιθεμαι														2
άνατολη													3	11

	Mt	Mc	Lc	Jh	Ac	Rm	1Co	2Co	Ga	Eph	Php	Col	1Th	2Th
ἀνατρεπω				1										
ἀνατρεφω					3									
ἀναφαινω			1		1									
ἀναφερω	1	1	1											
ἀναφωνεω			1											
ἀναχυσις														
ἀναχωρεω	10	1		1	2									
ἀναψυξις					1									
ἀναψυχω														
ἀνδραποδιστης														
ἀνδρεας	2	4	1	5	1									
ἀνδριζομαι							1							
ἀνδρονικος						1								
ἀνδροφονος														
ἀνεγκλητος							1					1		
ἀνεκδιηγητος								1						
ἀνεκλαλητος														
ἀνεκλειπτος			1											
ἀνεκτοτερος	3		2											
ἀνελεημων						1								
ἀνελεος														
ἀνεμιζομαι														
ἀνεμος	9	7	4	1	4					1				
ἀνενδεκτος			1											
ἀνεξεραυνητος						1								
ἀνεξικακος														
ἀνεξιχνιαστος						1				1				
ἀνεπαισχυντος														
ἀνεπιλημπτος														
ἀνερχομαι				1					2					
ἀνεσις					1			3						1
ἀνεταζω					2									
ἀνευ	1													
ἀνευθετος					1									
ἀνευρισκω			1		1									
ἀνεχομαι	1	1	1		1		1	5		1		1		1

	1Tm	2Tm	Tit	Phm	Heb	Ja	1Pt	2Pt	1Jh	2Jh	3Jh	Ju	Apc	gesamt
ἀνατρεπω		1	1											3
ἀνατρεφω														3
ἀναφαινω														2
ἀναφερω					4	1	2							10
ἀναφωνεω														1
ἀναχυσις							1							1
ἀναχωρεω														14
ἀναψυξις														1
ἀναψυχω		1												1
ἀνδραποδιστης	1													1
ἀνδρεας														13
ἀνδριζομαι														1
ἀνδρονικος														1
ἀνδροφονος	1													1
ἀνεγκλητος	1		2											5
ἀνεκδιηγητος														1
ἀνεκλαλητος							1							1
ἀνεκλειπτος														1
ἀνεκτοτερος														5
ἀνελεημων														1
ἀνελεος						1								1
ἀνεμιζομαι						1								1
ἀνεμος						1							1	3	31
ἀνενδεκτος														1
ἀνεξεραυνητος														1
ἀνεξικακος		1												1
ἀνεξιχνιαστος														2
ἀνεπαισχυντος		1												1
ἀνεπιλημπτος	3													3
ἀνερχομαι														3
ἀνεσις														5
ἀνεταζω														2
ἀνευ							2							3
ἀνευθετος														1
ἀνευρισκω														2
ἀνεχομαι		1			1									15

	Mt	Mc	Lc	Jh	Ac	Rm	1Co	2Co	Ga	Eph	Php	Col	1Th	2Th
ἀνεψιος												1		
ἀνηθον	1													
ἀνηκω										1		1		
ἀνημερος														
ἀνηρ	8	4	27	8	100	9	32	1	1	7		2		
ἀνθιστημι	1		1		2	3			1	1				
ἀνθομολογεομαι			1											
ἀνθος														
ἀνθρακια					2									
ἀνθραξ						1								
ἀνθρωπαρεσκος										1		1		
ἀνθρωπινος					1	1	3							
ἀνθρωποκτονος			1											
ἀνθρωπος	116	56	95	59	46	27	31	8	14	9	3	7	5	2
ἀνθυπατος					5									
ἀνιημι					2					1				
ἀνιπτος	1	1												
ἀνιστημι	4	17	27	8	45	1	1			1			2	
ἀννα			1											
ἀννας			1	2	1									
ἀνοητος			1			1			2					
ἀνοια			1											
ἀνοιγω	11	1	6	11	16	1	1	2				1		
ἀνοικοδομεω					2									
ἀνοιξις										1				
ἀνομια	4					3		1						2
ἀνομος		1	1		1		4							1
ἀνομως						2								
ἀνορθοω			1		1									
ἀνοσιος														
ἀνοχη						2								
ἀνταγωνιζομαι														
ἀνταλλαγμα	1	1												
ἀνταναπληροω												1		
ἀνταποδιδωμι			2			2							1	1
ἀνταποδομα			1			1								

	1Tm	2Tm	Tit	Phm	Heb	Ja	1Pt	2Pt	1Jh	2Jh	3Jh	Ju	Apc	gesamt
ἀνεψιος														1
ἀνηθον														1
ἀνηκω				1										3
ἀνημερος		1												1
ἀνηρ	5		2			6	3						1	216
ἀνθιστημι		3				1	1							14
ἀνθομολογεομαι														1
ἀνθος						2	2							4
ἀνθρακια														2
ἀνθραξ														1
ἀνθρωπαρεσκος														2
ἀνθρωπινος						1	1							7
ἀνθρωποκτονος									2					3
ἀνθρωπος	10	5	5		10	7	5	4	1			1	25	551
ἀνθυπατος														5
ἀνιημι					1									4
ἀνιπτος														2
ἀνιστημι					2									108
ἀννα														1
ἀννας														4
ἀνοητος	1		1											6
ἀνοια		1												2
ἀνοιγω													27	77
ἀνοικοδομεω														2
ἀνοιξις														1
ἀνομια			1		2			2						15
ἀνομος	1						1							10
ἀνομως														2
ἀνορθοω					1									3
ἀνοσιος	1	1												2
ἀνοχη														2
ἀνταγωνιζομαι					1									1
ἀνταλλαγμα														2
ἀνταναπληροω														1
ἀνταποδιδωμι					1									7
ἀνταποδομα														2

	Mt	Mc	Lc	Jh	Ac	Rm	1Co	2Co	Ga	Eph	Php	Col	1Th	2Th
ἀνταποδοσις												1		
ἀνταποκρινομαι			1			1								
ἀντεχομαι	1		1										1	
ἀντι	5	1	4	1	1	1	1			1			1	1
ἀντιβαλλω			1											
ἀντιδιατιθεμαι														
ἀντιδικος	2		2											
ἀντιθεσις														
ἀντικαθιστημι														
ἀντικαλεω			1											
ἀντικειμαι			2				1		1		1			1
ἀντικρυς					1									
ἀντιλαμβανομαι			1		1									
ἀντιλεγω			3	1	4	1								
ἀντιλημψις							1							
ἀντιλογια														
ἀντιλοιδορεω														
ἀντιλυτρον														
ἀντιμετρεω			1											
ἀντιμισθια						1		1						
ἀντιοχεια					16				1					
ἀντιοχευς					1									
ἀντιπαρερχομαι			2											
ἀντιπας														
ἀντιπατρις					1									
ἀντιπερα			1											
ἀντιπιπτω					1									
ἀντιστρατευομαι					1									
ἀντιτασσομαι					1	1								
ἀντιτυπος														
ἀντιχριστος														
ἀντλεω				4										
ἀντλημα				1										
ἀντοφθαλμεω					1									
ἀνυδρος	1		1											
ἀνυποκριτος						1		1						

	1Tm	2Tm	Tit	Phm	Heb	Ja	1Pt	2Pt	1Jh	2Jh	3Jh	Ju	Apc	gesamt
ἀνταποδοσις														1
ἀνταποκρινομαι														2
ἀντεχομαι			1											4
ἀντι					2	1	2							22
ἀντιβαλλω														1
ἀντιδιατιθεμαι		1												1
ἀντιδικος							1							5
ἀντιθεσις	1													1
ἀντικαθιστημι					1									1
ἀντικαλεω														1
ἀντικειμαι	2													8
ἀντικρυς														1
ἀντιλαμβανομαι	1													3
ἀντιλεγω			2											11
ἀντιλημψις														1
ἀντιλογια					3							1		4
ἀντιλοιδορεω							1							1
ἀντιλυτρον	1													1
ἀντιμετρεω														1
ἀντιμισθια														2
ἀντιοχεια		1												18
ἀντιοχευς														1
ἀντιπαρερχομαι														2
ἀντιπας													1	1
ἀντιπατρις														1
ἀντιπερα														1
ἀντιπιπτω														1
ἀντιστρατευομαι														1
ἀντιτασσομαι						2	1							5
ἀντιτυπος					1		1							2
ἀντιχριστος									4	1				5
ἀντλεω														4
ἀντλημα														1
ἀντοφθαλμεω														1
ἀνυδρος								1				1		4
ἀνυποκριτος	1	1				1	1							6

	Mt	Mc	Lc	Jh	Ac	Rm	1Co	2Co	Ga	Eph	Php	Col	1Th	2Th
ἀνυποτακτος														
ἀνω				3	1				1		1	2		
ἀνωθεν	1	1	1	5	1				1					
ἀνωτερικος					1									
ἀνωτερον			1											
ἀνωφελης														
ἀξινη	1		1											
ἀξιος	9		8	1	7	2	1							1
ἀξιοω			1		2									1
ἀξιως						1				1	1	1	1	
ἀορατος						1						2		
ἀπαγγελλω	8	5	11	1	15		1						1	
ἀπαγχομαι	1													
ἀπαγω	5	3	4		3		1							
ἀπαιδευτος														
ἀπαιρομαι	1	1	1											
ἀπαιτεω			2											
ἀπαλγεω										1				
ἀπαλλασσω			1		1									
ἀπαλλοτριοομαι										2		1		
ἀπαλος	1	1												
ἀπανταω		1	1											
ἀπαντησις	1				1								1	
ἀπαξ								1			1		1	
ἀπαραβατος														
ἀπαρασκευαστος								1						
ἀπαρνεομαι	4	4	3											
ἀπαρτισμος			1											
ἀπαρχη						3	3							1
ἀπας	3	4	12	1	11					1				
ἀπασπαζομαι					1									
ἀπαταω										1				
ἀπατη	1	1								1		1		1
ἀπατωρ														
ἀπαυγασμα														
ἀπειθεια						2				2		1		

	1Tm	2Tm	Tit	Phm	Heb	Ja	1Pt	2Pt	1Jh	2Jh	3Jh	Ju	Apc	gesamt
ἀνυποτακτος	1		2		1									4
ἀνω					1									9
ἀνωθεν						3								13
ἀνωτερικος														1
ἀνωτερον					1									2
ἀνωφελης			1		1									2
ἀξινη														2
ἀξιος	4				1								7	41
ἀξιοω	1				2									7
ἀξιως											1			6
ἀορατος	1				1									5
ἀπαγγελλω					1				2					45
ἀπαγχομαι														1
ἀπαγω														16
ἀπαιδευτος		1												1
ἀπαιρομαι														3
ἀπαιτεω														2
ἀπαλγεω														1
ἀπαλλασσω					1									3
ἀπαλλοτριοομαι														3
ἀπαλος														2
ἀπανταω														2
ἀπαντησις														3
ἀπαξ					8		1					2		14
ἀπαραβατος					1									1
ἀπαρασκευαστος														1
ἀπαρνεομαι														11
ἀπαρτισμος														1
ἀπαρχη						1							1	9
ἀπας	1					1								34
ἀπασπαζομαι														1
ἀπαταω	1					1								3
ἀπατη					1			1						7
ἀπατωρ					1									1
ἀπαυγασμα					1									1
ἀπειθεια					2									7

	Mt	Mc	Lc	Jh	Ac	Rm	1Co	2Co	Ga	Eph	Php	Col	1Th	2Th
ἀπειθεω				1	2	5								
ἀπειθης			1		1	1								
ἀπειλεω					1									
ἀπειλη					2					1				
ἀπειμι							1	4			1	1		
ἀπειμι					1									
ἀπειπον								1						
ἀπειραστος														
ἀπειρος														
ἀπεκδεχομαι						3	1		1		1			
ἀπεκδυομαι												2		
ἀπεκδυσις												1		
ἀπελαυνω					1									
ἀπελεγμος					1									
ἀπελευθερος							1							
ἀπελλης						1								
ἀπελπιζω			1											
ἀπεναντι	2				2	1								
ἀπεραντος														
ἀπερισπαστως							1							
ἀπεριτμητος					1									
ἀπερχομαι	35	23	20	21	7	1			1					
ἀπεχω	5	2	4		2						1		2	
ἀπιστεω		2	2		1	1								
ἀπιστια	1	3				4								
ἀπιστος	1	1	2	1	1		11	3						
ἀπλοτης						1		5		1		1		
ἀπλους	1		1											
ἀπλως														
ἀπο	115	48	125	42	114	24	9	17	8	4	4	9	9	8
ἀποβαινω			2	1								1		
ἀποβαλλω		1												
ἀποβλεπω														
ἀποβλητος														
ἀποβολη					1	1								
ἀπογινομαι														

	1Tm	2Tm	Tit	Phm	Heb	Ja	1Pt	2Pt	1Jh	2Jh	3Jh	Ju	Apc	gesamt
ἀπειθεω					2		4							14
ἀπειθης		1	2											6
ἀπειλεω							1							2
ἀπειλη														3
ἀπειμι														7
ἀπειμι														1
ἀπειπον														1
ἀπειραστος						1								1
ἀπειρος					1									1
ἀπεκδεχομαι					1		1							8
ἀπεκδυομαι														2
ἀπεκδυσις														1
ἀπελαυνω														1
ἀπελεγμος														1
ἀπελευθερος														1
ἀπελλης														1
ἀπελπιζω														1
ἀπεναντι														5
ἀπεραντος	1													1
ἀπερισπαστως														1
ἀπεριτμητος														1
ἀπερχομαι						1						1	8	118
ἀπεχω	1			1			1							19
ἀπιστεω		1					1							8
ἀπιστια	1				2									11
ἀπιστος	1		1										1	23
ἀπλοτης														8
ἀπλους														2
ἀπλως						1								1
ἀπο	3	7	2	1	23	6	5	3	19	2	1	2	36	646
ἀποβαινω														4
ἀποβαλλω					1									2
ἀποβλεπω					1									1
ἀποβλητος	1													1
ἀποβολη														2
ἀπογινομαι							1							1

	Mt	Mc	Lc	Jh	Ac	Rm	1Co	2Co	Ga	Eph	Php	Col	1Th	2Th
ἀπογραφη			1		1									
ἀπογραφομαι			3											
ἀποδεικνυμι					2		1							1
ἀποδειξις							1							
ἀποδεκατοω	1		2											
ἀποδεκτος														
ἀποδεχομαι			2		5									
ἀποδημεω	3	1	2											
ἀποδημος		1												
ἀποδιδωμι	18	1	8		4	3	1						1	
ἀποδιοριζω														
ἀποδοκιμαζω	1	2	3											
ἀποδοχη														
ἀποθεσις														
ἀποθηκη	3		3											
ἀποθησαυριζω														
ἀποθλιβω			1											
ἀποθνησκω	5	8	10	28	4	23	7	5	2		1	2	2	
ἀποκαθιστημι ἀποκαθιστανω	2	3	1		1									
ἀποκαλυπτω	4		5	1		3	3		2	1	1			3
ἀποκαλυψις			1			3	3	2	2	2				1
ἀποκαραδοκια						1					1			
ἀποκαταλλασσω										1		2		
ἀποκαταστασις					1									
ἀποκειμαι			1									1		
ἀποκεφαλιζω	1	2	1											
ἀποκλειω			1											
ἀποκοπτω		2		2	1				1					
ἀποκριμα								1						
ἀποκρινομαι	55	30	46	78	21								1	
ἀποκρισις			2	2										
ἀποκρυπτω			1				1			1			1	
ἀποκρυφος		1	1									1		
ἀποκτεινω ἀποκτεννω	13	11	12	12	6	2		1		1				1
ἀποκυεω														
ἀποκυλιω	1	2	1											
	Mt	Mc	Lc	Jh	Ac	Rm	1Co	2Co	Ga	Eph	Php	Col	1Th	2Th

	1Tm	2Tm	Tit	Phm	Heb	Ja	1Pt	2Pt	1Jh	2Jh	3Jh	Ju	Apc	gesamt
ἀπογραφη														2
ἀπογραφομαι					1									4
ἀποδεικνυμι														4
ἀποδειξις														1
ἀποδεκατοω					1									4
ἀποδεκτος	2													2
ἀποδεχομαι														7
ἀποδημεω														6
ἀποδημος														1
ἀποδιδωμι	1	2			3		2						4	48
ἀποδιοριζω												1		1
ἀποδοκιμαζω					1		2							9
ἀποδοχη	2													2
ἀποθεσις							1	1						2
ἀποθηκη														6
ἀποθησαυριζω	1													1
ἀποθλιβω														1
ἀποθνησκω					7							1	6	111
ἀποκαθιστημι ἀποκαθιστανω					1									8
ἀποκαλυπτω							3							26
ἀποκαλυψις							3						1	18
ἀποκαραδοκια														2
ἀποκαταλλασσω														3
ἀποκαταστασις														1
ἀποκειμαι		1			1									4
ἀποκεφαλιζω														4
ἀποκλειω														1
ἀποκοπτω														6
ἀποκριμα														1
ἀποκρινομαι													1	232
ἀποκρισις														4
ἀποκρυπτω														4
ἀποκρυφος														3
ἀποκτεινω ἀποκτεννω													15	74
ἀποκυεω						2								2
ἀποκυλιω														4

	Mt	Mc	Lc	Jh	Ac	Rm	1Co	2Co	Ga	Eph	Php	Col	1Th	2Th
ἀπολαμβανω		1	5			1			1			1		
ἀπολαυσις														
ἀπολειπω														
ἀπολλυμι	20	10	27	10	2	2	6	3						1
ἀπολλυων														
ἀπολλωνια					1									
ἀπολλως					2		7							
ἀπολογεομαι			2		6	1		1						
ἀπολογια					2		1	1			2			
ἀπολουομαι					1		1							
ἀπολυτρωσις			1			2	1			3		1		
ἀπολυω	19	12	15	5	15									
ἀπομασσομαι			1											
ἀπονεμω														
ἀπονιπτω	1													
ἀποπιπτω					1									
ἀποπλαναω		1												
ἀποπλεω					4									
ἀποπνιγω			2											
ἀπορεω		1	1	1	1			1	1					
ἀπορια			1											
ἀποριπτω					1									
ἀπορφανιζω													1	
ἀποσκιασμα														
ἀποσπαω	1		1		2									
ἀποστασια					1									1
ἀποστασιον	2	1												
ἀποστεγαζω		1												
ἀποστελλω	22	20	26	28	24	1	1	1						
ἀποστερεω		1					3							
ἀποστολη					1	1	1		1					
ἀποστολος	1	2	6	1	28	3	10	6	3	4	1	1	1	
ἀποστοματιζω			1											
ἀποστρεφω	2		1		1	1								
ἀποστυγεω					1									
ἀποσυναγωγος				3										

	1Tm	2Tm	Tit	Phm	Heb	Ja	1Pt	2Pt	1Jh	2Jh	3Jh	Ju	Apc	gesamt
ἀπολαμβανω										1				10
ἀπολαυσις	1				1									2
ἀπολειπω		2	1		3							1		7
ἀπολλυμι					1	2	1	2		1		2	1	91
ἀπολλυων													1	1
ἀπολλωνια														1
ἀπολλως			1											10
ἀπολογεομαι														10
ἀπολογια		1					1							8
ἀπολουομαι														2
ἀπολυτρωσις					2									10
ἀπολυω					1									67
ἀπομασσομαι														1
ἀπονεμω							1							1
ἀπονιπτω														1
ἀποπιπτω														1
ἀποπλαναω	1													2
ἀποπλεω														4
ἀποπνιγω														2
ἀπορεω														6
ἀπορια														1
ἀποριπτω														1
ἀπορφανιζω														1
ἀποσκιασμα						1								1
ἀποσπαω														4
ἀποστασια														2
ἀποστασιον														3
ἀποστεγαζω														1
ἀποστελλω		1			1		1		3				3	132
ἀποστερεω	1					1								6
ἀποστολη														4
ἀποστολος	2	2	1		1		1	2				1	3	80
ἀποστοματιζω														1
ἀποστρεφω		2	1		1									9
ἀποστυγεω														1
ἀποσυναγωγος														3

	Mt	Mc	Lc	Jh	Ac	Rm	1Co	2Co	Ga	Eph	Php	Col	1Th	2Th
ἀποτασσομαι		1	2		2			1						
ἀποτελεω			1											
ἀποτιθεμαι	1				1	1				2		1		
ἀποτινασσω			1		1									
ἀποτινω														
ἀποτολμαω						1								
ἀποτομια						2								
ἀποτομως								1						
ἀποτρεπω														
ἀπουσια											1			
ἀποφερω		1	1		1		1							
ἀποφευγω														
ἀποφθεγγομαι					3									
ἀποφορτιζομαι					1									
ἀποχρησις												1		
ἀποχωρεω	1		1		1									
ἀποχωριζομαι					1									
ἀποψυχω			1											
ἁππιος					1									
ἁππιουφορον					1									
ἀπροσιτος														
ἀπροσκοπος					1		1				1			
ἀπροσωπολημπτως														
ἀπταιστος														
ἁπτω	9	11	13	1	1		1	1				1		
ἀπφια														
ἀπωθεομαι					3	2								
ἀπωλεια	2	1		1	1	1					2			1
ἄρα	7	2	6		5	11	5	3	5	1			1	1
ἄρα			1		1				1					
ἀρά						1								
ἀραβια									2					
ἀραμ	2													
ἀραφος				1										
ἀραψ					1									
ἀργεω														

	1Tm	2Tm	Tit	Phm	Heb	Ja	1Pt	2Pt	1Jh	2Jh	3Jh	Ju	Apc	gesamt
ἀποτασσομαι														6
ἀποτελεω						1								2
ἀποτιθεμαι					1	1	1							9
ἀποτινασσω														2
ἀποτινω				1										1
ἀποτολμαω														1
ἀποτομια														2
ἀποτομως			1											2
ἀποτρεπω		1												1
ἀπουσια														1
ἀποφερω													2	6
ἀποφευγω								3						3
ἀποφθεγγομαι														3
ἀποφορτιζομαι														1
ἀποχρησις														1
ἀποχωρεω														3
ἀποχωριζομαι													1	2
ἀποψυχω														1
ἀππιος														1
ἀππιουφορον														1
ἀπροσιτος	1													1
ἀπροσκοπος														3
ἀπροσωπολημπτως							1							1
ἀπταιστος												1		1
ἀπτω									1					39
ἀπφια				1										1
ἀπωθεομαι	1													6
ἀπωλεια	1				1			5					2	18
ἄρα					2									49
ἆρα														3
ἀρά														1
ἀραβια														2
ἀραμ														2
ἀραφος														1
ἀραψ														1
ἀργεω								1						1
	1Tm	2Tm	Tit	Phm	Heb	Ja	1Pt	2Pt	1Jh	2Jh	3Jh	Ju	Apc	gesamt

	Mt	Mc	Lc	Jh	Ac	Rm	1Co	2Co	Ga	Eph	Php	Col	1Th	2Th
ἀργος	3													
ἀργυριον	9	1	4		5									
ἀργυροκοπος					1									
ἀργυρος	1				1		1							
ἀργυρους					1									
ἀρειος					2									
ἀρειοσπαγος					2									
ἀρεοπαγιτης					1									
ἀρεσκεια												1		
ἀρεσκω	1	1			1	4	4		2				3	
ἀρεστος				1	2									
ἀρετας								1						
ἀρετη											1			
ἀρην			1											
ἀριθμεω	1		1											
ἀριθμος			1	1	5	1								
ἀριμαθαια	1	1	1	1										
ἀρισταρχος					3							1		
ἀρισταω			1	2										
ἀριστερος	1	1	1					1						
ἀριστοβουλος						1								
ἀριστον	1		2											
ἀρκετος	2													
ἀρκεω	1		1	2				1						
ἀρκος														
ἀρμα					3									
ἀρμαγεδων														
ἀρμοζω								1						
ἀρμος														
ἀρνεομαι	4	2	4	4	4									
ἀρνι			1											
ἀρνιον				1										
ἀροτριαω			1				2							
ἀροτρον			1											
ἀρπαγη	1		1											
ἀρπαγμος											1			

	1Tm	2Tm	Tit	Phm	Heb	Ja	1Pt	2Pt	1Jh	2Jh	3Jh	Ju	Apc	gesamt
ἀργος	2		1			1		1						8
ἀργυριον							1							20
ἀργυροκοπος														1
ἀργυρος						1							1	5
ἀργυρους		1											1	3
ἀρειος														2
ἀρειοσπαγος														2
ἀρεοπαγιτης														1
ἀρεσκεια														1
ἀρεσκω		1												17
ἀρεστος									1					4
ἀρετας														1
ἀρετη							1	3						5
ἀρην														1
ἀριθμεω													1	3
ἀριθμος													10	18
ἀριμαθαια														4
ἀρισταρχος				1										5
ἀρισταω														3
ἀριστερος														4
ἀριστοβουλος														1
ἀριστον														3
ἀρκετος							1							3
ἀρκεω	1				1							1		8
ἀρκος													1	1
ἀρμα													1	4
ἀρμαγεδων													1	1
ἀρμοζω														1
ἀρμος					1									1
ἀρνεομαι	1	4	2		1			1	3			1	2	33
ἀρνι														1
ἀρνιον													29	30
ἀροτριαω														3
ἀροτρον														1
ἀρπαγη					1									3
ἀρπαγμος														1
	1Tm	2Tm	Tit	Phm	Heb	Ja	1Pt	2Pt	1Jh	2Jh	3Jh	Ju	Apc	gesamt

	Mt	Mc	Lc	Jh	Ac	Rm	1Co	2Co	Ga	Eph	Php	Col	1Th	2Th
ἀρπαζω	3			4	2			2					1	
ἁρπαξ	1		1				3							
ἀρραβων								2		1				
ἀρρητος								1						
ἀρρωστος	1	3					1							
ἀρσενοκοιτης							1							
ἀρσην	1	1	1			3			1					
ἀρτεμας														
ἀρτεμις					5									
ἀρτεμων					1									
ἀρτι	7			12			7		3				1	1
ἀρτιγεννητος														
ἀρτιος														
ἀρτος	21	21	15	24	5		7	1						2
ἀρτυω		1	1									1		
ἀρφαξαδ			1											
ἀρχαγγελος													1	
ἀρχαιος	2		2		3			1						
ἀρχελαος	1													
ἀρχη	4	4	3	8	4	1	1			3	1	4		
ἀρχηγος					2									
ἀρχιερατικος					1									
ἀρχιερευς	25	22	15	21	22									
ἀρχιποιμην														
ἀρχιππος												1		
ἀρχισυναγωγος		4	2		3									
ἀρχιτεκτων							1							
ἀρχιτελωνης			1											
ἀρχιτρικλινος				3										
ἀρχω	13	27	31	2	10	1		1						
ἀρχων	5	1	8	7	11	1	2			1				
ἀρωμα		1	2	1										
ἀσαλευτος					1									
ἀσαφ	2													
ἀσβεστος	1	1	1											
ἀσεβεια						2								

	1Tm	2Tm	Tit	Phm	Heb	Ja	1Pt	2Pt	1Jh	2Jh	3Jh	Ju	Apc	gesamt
ἁρπαζω												1	1	14
ἁρπαξ														5
ἀρραβων														3
ἀρρητος														1
ἀρρωστος														5
ἀρσενοκοιτης	1													2
ἀρσην													2	9
ἀρτεμας			1											1
ἀρτεμις														5
ἀρτεμων														1
ἀρτι							2		1				2	36
ἀρτιγεννητος							1							1
ἀρτιος		1												1
ἀρτος					1									97
ἀρτυω														3
ἀρφαξαδ														1
ἀρχαγγελος												1		2
ἀρχαιος								1					2	11
ἀρχελαος														1
ἀρχη			1		6			1	8	2		1	3	55
ἀρχηγος					2									4
ἀρχιερατικος														1
ἀρχιερευς					17									122
ἀρχιποιμην							1							1
ἀρχιππος				1										2
ἀρχισυναγωγος														9
ἀρχιτεκτων														1
ἀρχιτελωνης														1
ἀρχιτρικλινος														3
ἀρχω							1							86
ἀρχων													1	37
ἀρωμα														4
ἀσαλευτος					1									2
ἀσαφ														2
ἀσβεστος														3
ἀσεβεια		1	1									2		6

	Mt	Mc	Lc	Jh	Ac	Rm	1Co	2Co	Ga	Eph	Php	Col	1Th	2Th
ἀσεβεω														
ἀσεβης						2								
ἀσελγεια		1				1		1	1	1				
ἀσημος					1									
ἀσηρ			1											
ἀσθενεια	1		4	2	1	2	2	6	1					
ἀσθενεω	3	1	1	8	3	4	2	7			2			
ἀσθενημα						1								
ἀσθενης	3	1	2			3	1	11	1	1			1	
ἀσια					12	1	1	1						
ἀσιανος					1									
ἀσιαρχης					1									
ἀσιτια					1									
ἀσιτος					1									
ἀσκεω					1									
ἀσκος	4	4	4											
ἀσμενως					1									
ἀσοφος										1				
ἀσπαζομαι	2	2	2		5	21	4	2			3	4	1	
ἀσπασμος	1	1	5				1					1		1
ἀσπιλος														
ἀσπις						1								
ἀσπονδος														
ἀσσαριον	1		1											
ἀσσον					1									
ἀσσος					2									
ἀστατεω							1							
ἀστειος					1									
ἀστηρ	5	1					3							
ἀστηρικτος														
ἀστοργος						1								
ἀστοχεω														
ἀστραπη	2		3											
ἀστραπτω			2											
ἀστρον			1		2									
ἀσυγκριτος						1								

	1Tm	2Tm	Tit	Phm	Heb	Ja	1Pt	2Pt	1Jh	2Jh	3Jh	Ju	Apc	gesamt
ἀσεβεω								1				1		2
ἀσεβης	1						1	3				2		9
ἀσελγεια							1	3				1		10
ἀσημος														1
ἀσηρ													1	2
ἀσθενεια	1				4									24
ἀσθενεω		1				1								33
ἀσθενημα														1
ἀσθενης					1		1							26
ἀσια		1					1						1	18
ἀσιανος														1
ἀσιαρχης														1
ἀσιτια														1
ἀσιτος														1
ἀσκεω														1
ἀσκος														12
ἀσμενως														1
ἀσοφος														1
ἀσπαζομαι		2	2	1	3		2			1	2			59
ἀσπασμος														10
ἀσπιλος	1					1	1	1						4
ἀσπις														1
ἀσπονδος		1												1
ἀσσαριον														2
ἀσσον														1
ἀσσος														2
ἀστατεω														1
ἀστειος					1									2
ἀστηρ												1	14	24
ἀστηρικτος								2						2
ἀστοργος		1												2
ἀστοχεω	2	1												3
ἀστραπη													4	9
ἀστραπτω														2
ἀστρον					1									4
ἀσυγκριτος														1

	Mt	Mc	Lc	Jh	Ac	Rm	1Co	2Co	Ga	Eph	Php	Col	1Th	2Th
ἀσύμφωνος					1									
ἀσύνετος	1	1				3								
ἀσύνθετος						1								
ἀσφαλεια			1		1								1	
ἀσφαλης					3						1			
ἀσφαλιζομαι	3				1									
ἀσφαλως		1			2									
ἀσχημονεω							2							
ἀσχημοσυνη						1								
ἀσχημων							1							
ἀσωτια										1				
ἀσωτως			1											
ἀτακτεω														1
ἀτακτος													1	
ἀτακτως														2
ἀτεκνος			2											
ἀτενιζω			2		10			2						
ἀτερ			2											
ἀτιμαζω		1	1	1	1	2								
ἀτιμια						2	2	2						
ἀτιμος	1	1					2							
ἀτμις					1									
ἀτομος							1							
ἀτοπος			1		2									1
ἀτταλεια					1									
αὐγαζω								1						
αὐγη					1									
αὐγουστος			1											
αὐθαδης														
αὐθαιρετος								2						
αὐθεντεω														
αὐλεω	1		1				1							
αὐλη	3	3	2	3										
αὐλητης	1													
αὐλιζομαι	1		1											
αὐλος							1							

	1Tm	2Tm	Tit	Phm	Heb	Ja	1Pt	2Pt	1Jh	2Jh	3Jh	Ju	Apc	gesamt
ἀσυμφωνος														1
ἀσυνετος														5
ἀσυνθετος														1
ἀσφαλεια														3
ἀσφαλης					1									5
ἀσφαλιζομαι														4
ἀσφαλως														3
ἀσχημονεω														2
ἀσχημοσυνη													1	2
ἀσχημων														1
ἀσωτια			1				1							3
ἀσωτως														1
ἀτακτεω														1
ἀτακτος														1
ἀτακτως														2
ἀτεκνος														2
ἀτενιζω														14
ἀτερ														2
ἀτιμαζω						1								7
ἀτιμια		1												7
ἀτιμος														4
ἀτμις						1								2
ἀτομος														1
ἀτοπος														4
ἀτταλεια														1
αὐγαζω														1
αὐγη														1
αὐγουστος														1
αὐθαδης			1					1						2
αὐθαιρετος														2
αὐθεντεω	1													1
αὐλεω														3
αὐλη													1	12
αὐλητης													1	2
αὐλιζομαι														2
αὐλος														1
	1Tm	2Tm	Tit	Phm	Heb	Ja	1Pt	2Pt	1Jh	2Jh	3Jh	Ju	Apc	gesamt

	Mt	Mc	Lc	Jh	Ac	Rm	1Co	2Co	Ga	Eph	Php	Col	1Th	2Th
αὐξανω	2	1	4	1	4		2	2		2		3		
αὐξησις										1		1		
αὐριον	3		4		4		1							
αὐστηρος			2											
αὐταρκεια								1						
αὐταρκης											1			
αὐτοκατακριτος														
αὐτοματος		1			1									
αὐτοπτης			1											
αὐτος	922	762	1087	769	706	158	85	62	26	67	31	45	24	17
αὐτου	1		1		2									
αὐτοφωρος				1										
αὐτοχειρ					1									
αὐχεω														
αὐχμηρος														
ἀφαιρεω	1	1	4			1								
ἀφανης														
ἀφανιζω	3				1									
ἀφανισμος														
ἀφαντος			1											
ἀφεδρων	1	1												
ἀφειδια												1		
ἀφελοτης					1									
ἀφεσις	1	2	5		5					1		1		
ἀφη										1		1		
ἀφθαρσια						1	4			1				
ἀφθαρτος		1				1	2							
ἀφθορια														
ἀφιημι	47	36	32	15	3	2	3							
ἀφικνεομαι						1								
ἀφιλαγαθος														
ἀφιλαργυρος														
ἀφιξις					1									
ἀφιστημι			4		6			1						
ἀφνω					3									
ἀφοβως			1				1				1			

	1Tm	2Tm	Tit	Phm	Heb	Ja	1Pt	2Pt	1Jh	2Jh	3Jh	Ju	Apc	gesamt
αὐξανω							1	1						23
αὐξησις														2
αὐριον						2								14
αὐστηρος														2
αὐταρκεια	1													2
αὐταρκης														1
αὐτοκατακριτος			1											1
αὐτοματος														2
αὐτοπτης														1
αὐτος	6	16	8	3	140	43	34	29	102	7	4	7	441	5601
αὐτου														4
αὐτοφωρος														1
αὐτοχειρ														1
αὐχεω						1								1
αὐχμηρος								1						1
ἀφαιρεω					1								2	10
ἀφανης					1									1
ἀφανιζω						1								5
ἀφανισμος					1									1
ἀφαντος														1
ἀφεδρων														2
ἀφειδια														1
ἀφελοτης														1
ἀφεσις					2									17
ἀφη														2
ἀφθαρσια		1												7
ἀφθαρτος	1						3							8
ἀφθορια			1											1
ἀφιημι					2	1			2				3	146
ἀφικνεομαι														1
ἀφιλαγαθος		1												1
ἀφιλαργυρος	1				1									2
ἀφιξις														1
ἀφιστημι	1	1			1									14
ἀφνω														3
ἀφοβως													1	4

	Mt	Mc	Lc	Jh	Ac	Rm	1Co	2Co	Ga	Eph	Php	Col	1Th	2Th
ἀφομοιοω														
ἀφοραω											1			
ἀφοριζω	3		1		2	1		1	2					
ἀφορμη						2		3	1					
ἀφριζω		2												
ἀφρος			1											
ἀφροσυνη		1						3						
ἀφρων			2			1	1	5		1				
ἀφυπνοω			1											
ἀφωνος					1		2							
ἀχαζ	2													
ἀχαια					3	1	1	3					2	
ἀχαικος						1								
ἀχαριστος			1											
ἀχειροποιητος		1						1				1		
ἀχιμ	2													
ἀχλυς					1									
ἀχρειοομαι						1								
ἀχρειος	1		1											
ἀχρηστος														
ἀχρι	1	1	4		15	4	3	3	2		2			
ἀχυρον	1		1											
ἀψευδης														
ἀψινθος														
ἀψυχος							1							
βααλ						1								
βαβυλων	4				1									
βαθμος														
βαθος	1	1	1			2	1	1		1				
βαθυνω			1											
βαθυς			1	1	1									
βαιον				1										
βαλααμ														
βαλακ														
βαλλαντιον			4											
βαλλω	34	18	18	17	5									

| | Mt | Mc | Lc | Jh | Ac | Rm | 1Co | 2Co | Ga | Eph | Php | Col | 1Th | 2Th |

	1Tm	2Tm	Tit	Phm	Heb	Ja	1Pt	2Pt	1Jh	2Jh	3Jh	Ju	Apc	gesamt
ἀφομοιοω					1									1
ἀφοραω					1									2
ἀφοριζω														10
ἀφορμη	1													7
ἀφριζω														2
ἀφρος														1
ἀφροσυνη														4
ἀφρων							1							11
ἀφυπνοω														1
ἀφωνος								1						4
ἀχαζ														2
ἀχαια														10
ἀχαικος														1
ἀχαριστος		1												2
ἀχειροποιητος														3
ἀχιμ														2
ἀχλυς														1
ἀχρειοομαι														1
ἀχρειος														2
ἀχρηστος				1										1
ἀχρι					3								11	49
ἀχυρον														2
ἀψευδης			1											1
ἀψινθος													2	2
ἀψυχος														1
βααλ														1
βαβυλων							1						6	12
βαθμος	1													1
βαθος														8
βαθυνω														1
βαθυς													1	4
βαιον														1
βαλααμ								1				1	1	3
βαλακ													1	1
βαλλαντιον														4
βαλλω						1			1				28	122

	Mt	Mc	Lc	Jh	Ac	Rm	1Co	2Co	Ga	Eph	Php	Col	1Th	2Th
βαπτιζω	7	13	10	13	21	2	10		1					
βαπτισμα	2	4	4		6	1				1				
βαπτισμος		1										1		
βαπτιστης	7	2	3											
βαπτω			1	2										
βαραββας	5	3	1	2										
βαρακ														
βαραχιας	1													
βαρβαρος					2	1	2					1		
βαρεω	1		2					2						
βαρεως	1				1									
βαρθολομαιος	1	1	1		1									
βαριησους					1									
βαριωνα	1													
βαρναβας					23		1		3			1		
βαρος	1				1			1	1				1	
βαρσαββας					2									
βαρτιμαιος		1												
βαρυς	2				2			1						
βαρυτιμος	1													
βασανιζω	3	2	1											
βασανισμος														
βασανιστης	1													
βασανος	1		2											
βασιλεια	55	20	46	5	8	1	5		1	1		2	1	1
βασιλειος			1											
βασιλευς	22	12	11	16	20		1							
βασιλευω	1		3			6	3							
βασιλικος				2	2									
βασιλισσα	1		1		1									
βασις					1									
βασκαινω									1					
βασταζω	3	1	5	5	4	2			4					
βατος		1	2		2									
βατος			1											
βατραχος														

	1Tm	2Tm	Tit	Phm	Heb	Ja	1Pt	2Pt	1Jh	2Jh	3Jh	Ju	Apc	gesamt
βαπτιζω														77
βαπτισμα							1							19
βαπτισμος					2									4
βαπτιστης														12
βαπτω													1	4
βαραββας														11
βαρακ					1									1
βαραχιας														1
βαρβαρος														6
βαρεω	1													6
βαρεως														2
βαρθολομαιος														4
βαριησους														1
βαριωνα														1
βαρναβας														28
βαρος													1	6
βαρσαββας														2
βαρτιμαιος														1
βαρυς									1					6
βαρυτιμος														1
βασανιζω							1						5	12
βασανισμος													6	6
βασανιστης														1
βασανος														3
βασιλεια		2			3	1	1						9	162
βασιλειος							1							2
βασιλευς	3				7		2						21	115
βασιλευω	1												7	21
βασιλικος						1								5
βασιλισσα													1	4
βασις														1
βασκαινω														1
βασταζω													3	27
βατος														5
βατος														1
βατραχος													1	1

	Mt	Mc	Lc	Jh	Ac	Rm	1Co	2Co	Ga	Eph	Php	Col	1Th	2Th
βατταλογεω	1													
βδελυγμα	1	1	1											
βδελυκτος														
βδελυσσομαι						1								
βεβαιος						1		1						
βεβαιοω		1				1	2	1				1		
βεβαιωσις											1			
βεβηλος														
βεβηλοω	1				1									
βεελζεβουλ	3	1	3											
βελιαρ								1						
βελονη			1											
βελος										1				
βελτιων														
βενιαμιν					1	1					1			
βερνικη					3									
βεροια					2									
βεροιαιος					1									
βηθανια	2	4	2	4										
βηθζαθα					1									
βηθλεεμ	5		2	1										
βηθσαιδα	1	2	2	2										
βηθφαγη	1	1	1											
βημα	1			1	8	1		1						
βηρυλλος														
βια					4									
βιαζομαι	1		1											
βιαιος					1									
βιαστης	1													
βιβλαριδιον														
βιβλιον	1	1	3	2					1					
βιβλος	1	1	2		3						1			
βιβρωσκω				1										
βιθυνια					1									
βιος		1	5											
βιοω														

	1Tm	2Tm	Tit	Phm	Heb	Ja	1Pt	2Pt	1Jh	2Jh	3Jh	Ju	Apc	gesamt
βατταλογεω														1
βδελυγμα													3	6
βδελυκτος			1											1
βδελυσσομαι													1	2
βεβαιος					4			2						8
βεβαιοω					2									8
βεβαιωσις					1									2
βεβηλος	3	1			1									5
βεβηλοω														2
βεελζεβουλ														7
βελιαρ														1
βελονη														1
βελος														1
βελτιων		1												1
βενιαμιν													1	4
βερνικη														3
βεροια														2
βεροιαιος														1
βηθανια														12
βηθζαθα														1
βηθλεεμ														8
βηθσαιδα														7
βηθφαγη														3
βημα														12
βηρυλλος													1	1
βια														4
βιαζομαι														2
βιαιος														1
βιαστης														1
βιβλαριδιον													3	3
βιβλιον		1			2								23	34
βιβλος													2	10
βιβρωσκω														1
βιθυνια							1							2
βιος	1	1						2						10
βιοω							1							1

	Mt	Mc	Lc	Jh	Ac	Rm	1Co	2Co	Ga	Eph	Php	Col	1Th	2Th
βιωσις					1									
βιωτικος			1				2							
βλαβερος														
βλαπτω		1	1											
βλαστανω	1	1												
βλαστος					1									
βλασφημεω	3	4	3	1	4	3	1							
βλασφημια	4	3	1	1						1		1		
βλασφημος					1									
βλεμμα														
βλεπω	20	15	16	17	14	6	7	7	1	1	3	3		
βλητεος			1											
βοανηργες		1												
βοαω	1	2	4	1	3				1					
βοες	2													
βοη														
βοηθεια					1									
βοηθεω	1	2			2			1						
βοηθος														
βοθυνος	2		1											
βολη			1											
βολιζω					2									
βοος			1											
βορβορος														
βορρας			1											
βοσκω	2	2	3	2										
βοσορ														
βοτανη														
βοτρυς														
βουλευομαι			1	2	1			2						
βουλευτης		1	1											
βουλη			2		7		1			1				
βουλημα					1	1								
βουλομαι	2	1	2	1	14		1	2				1		
βουνος			2											
βους			3	2			2							

	1Tm	2Tm	Tit	Phm	Heb	Ja	1Pt	2Pt	1Jh	2Jh	3Jh	Ju	Apc	gesamt
βιωσις														1
βιωτικος														3
βλαβερος	1													1
βλαπτω														2
βλαστανω					1	1								4
βλαστος														1
βλασφημεω	2		2			1	1	3				2	4	34
βλασφημια	1											1	5	18
βλασφημος	1	1						1						4
βλεμμα								1						1
βλεπω					8	1				1			13	133
βλητεος														1
βοανηργες														1
βοαω														12
βοες														2
βοη						1								1
βοηθεια					1									2
βοηθεω					1								1	8
βοηθος					1									1
βοθυνος														3
βολη														1
βολιζω														2
βοος														1
βορβορος								1						1
βορρας													1	2
βοσκω														9
βοσορ								1						1
βοτανη					1									1
βοτρυς													1	1
βουλευομαι														6
βουλευτης														2
βουλη					1									12
βουλημα							1							3
βουλομαι	3		1	1	1	3		1		1	1	1		37
βουνος														2
βους	1													8
	1Tm	2Tm	Tit	Phm	Heb	Ja	1Pt	2Pt	1Jh	2Jh	3Jh	Ju	Apc	gesamt

	Mt	Mc	Lc	Jh	Ac	Rm	1Co	2Co	Ga	Eph	Php	Col	1Th	2Th
βραβειον							1				1			
βραβευω												1		
βραδυνω														
βραδυπλοεω					1									
βραδυς			1											
βραδυτης														
βραχιων			1	1	1									
βραχυς			1	1	2									
βρεφος			5		1									
βρεχω	1		3											
βροντη		1		1										
βροχη	2													
βροχος							1							
βρυγμος	6		1											
βρυχω					1									
βρυω														
βρωμα	1	1	2	1		3	6							
βρωσιμος			1											
βρωσις	2			4		1	1	1				1		
βυθιζω			1											
βυθος								1						
βυρσευς					3									
βυσσινος														
βυσσος			1											
βωμος					1									
γαββαθα				1										
γαβριηλ			2											
γαγγραινα														
γαδ														
γαδαρηνος	1													
γαζα					1									
γαζα					1									
γαζοφυλακιον		3	1	1										
γαιος					2	1	1							
γαλα							2							
γαλατης									1					

	1Tm	2Tm	Tit	Phm	Heb	Ja	1Pt	2Pt	1Jh	2Jh	3Jh	Ju	Apc	gesamt
βραβειον														2
βραβευω														1
βραδυνω	1							1						2
βραδυπλοεω														1
βραδυς						2								3
βραδυτης								1						1
βραχιων														3
βραχυς					3									7
βρεφος		1					1							8
βρεχω						2							1	7
βροντη													10	12
βροχη														2
βροχος														1
βρυγμος														7
βρυχω														1
βρυω						1								1
βρωμα	1				2									17
βρωσιμος														1
βρωσις					1									11
βυθιζω	1													2
βυθος														1
βυρσευς														3
βυσσινος													5	5
βυσσος														1
βωμος														1
γαββαθα														1
γαβριηλ														2
γαγγραινα		1												1
γαδ													1	1
γαδαρηνος														1
γαζα														1
γαζα														1
γαζοφυλακιον														5
γαιος												1		5
γαλα					2		1							5
γαλατης														1
	1Tm	2Tm	Tit	Phm	Heb	Ja	1Pt	2Pt	1Jh	2Jh	3Jh	Ju	Apc	gesamt

	Mt	Mc	Lc	Jh	Ac	Rm	1Co	2Co	Ga	Eph	Php	Col	1Th	2Th
γαλατια							1		1					
γαλατικος					2									
γαληνη	1	1	1											
γαλιλαια	16	12	13	17	3									
γαλιλαιος	1	1	5	1	3									
γαλλιων					3									
γαμαλιηλ					2									
γαμεω	6	4	6				9							
γαμιζω	2	1	2				2							
γαμισκω			1											
γαμος	9		2	2										
γαρ	125	66	97	64	80	144	105	77	36	11	13	6	23	5
γαστηρ	3	1	2										1	
γε	4		9	1	4	1	3	2	1	2		1		
γεδεων														
γεεννα	7	3	1											
γεθσημανι	1	1												
γειτων			3	1										
γελαω			2											
γελως														
γεμιζω		2	1	3										
γεμω	2		1			1								
γενεα	13	5	15		5					2	1	1		
γενεαλογεομαι														
γενεαλογια														
γενεσια	1	1												
γενεσις	2		1											
γενετη				1										
γενημα	1	1	1					1						
γενναω	45	1	4	18	7	1	1		3					
γεννημα	3		1											
γεννησαρετ	1	1	1											
γεννητος	1		1											
γενος	2	2			9		3	1	1			1		
γερασηνος		1	2											
γερουσια					1									

	1Tm	2Tm	Tit	Phm	Heb	Ja	1Pt	2Pt	1Jh	2Jh	3Jh	Ju	Apc	gesamt
γαλατια		1					1							4
γαλατικος														2
γαληνη														3
γαλιλαια														61
γαλιλαιος														11
γαλλιων														3
γαμαλιηλ														2
γαμεω	3													28
γαμιζω														7
γαμισκω														1
γαμος					1							.	2	16
γαρ	13	14	6	3	91	15	10	15	3	1	2	1	16	1042
γαστηρ			1										1	9
γε														28
γεδεων					1									1
γεεννα						1								12
γεθσημανι														2
γειτων														4
γελαω														2
γελως						1								1
γεμιζω													2	8
γεμω													7	11
γενεα					1									43
γενεαλογεομαι					1									1
γενεαλογια	1		1											2
γενεσια														2
γενεσις						2								5
γενετη														1
γενημα														4
γενναω		1		1	4			1	10					97
γεννημα														4
γεννησαρετ														3
γεννητος														2
γενος							1						1	21
γερασηνος														3
γερουσια														1

	Mt	Mc	Lc	Jh	Ac	Rm	1Co	2Co	Ga	Eph	Php	Col	1Th	2Th
γερων				1										
γευομαι	2	1	2	2	3							1		
γεωργεομαι														
γεωργιον							1							
γεωργος	6	5	5	1										
γη	43	19	25	13	33	3	3			4		4		
γηρας			1											
γηρασκω				1										
γινομαι	75	55	131	52	125	35	41	11	12	8	6	5	12	1
γινωσκω	20	12	28	57	16	9	16	8	4	3	5	1	1	
γλευκος					1									
γλυκυς														
γλωσσα		3	2		6	2	21					1		
γλωσσοκομον				2										
γναφευς		1												
γνησιος								1			1			
γνησιως											1			
γνοφος														
γνωμη					1		3	1						
γνωριζω			2	3	1	3	2	1	1	6	2	3		
γνωσις			2			3	10	6		1	1	1		
γνωστης					1									
γνωστος			2	2	10	1								
γογγυζω	1		1	4			2							
γογγυσμος				1	1							1		
γογγυστης														
γοης														
γολγοθα	1	1		1										
γομορρα	1					1								
γομος					1									
γονεις	1	1	6	6		1		2		1		1		
γονυ		1	2		4	2				1	1			
γονυπετεω	2	2												
γραμμα			2	2	2	3		3	1					
γραμματευς	23	21	14	1	4		1							
γραπτος						1								

	1Tm	2Tm	Tit	Phm	Heb	Ja	1Pt	2Pt	1Jh	2Jh	3Jh	Ju	Apc	gesamt
γερων														1
γευομαι					3		1							15
γεωργεομαι					1									1
γεωργιον														1
γεωργος		1				1								19
γη					11	5		4				1	82	250
γηρας														1
γηρασκω					1									2
γινομαι	4	4	1	1	29	10	6	5	1	1	1		38	670
γινωσκω		3			4	3		2	25	1			4	222
γλευκος														1
γλυκυς						2							2	4
γλωσσα						5	1		1				8	50
γλωσσοκομον														2
γναφευς														1
γνησιος	1		1											4
γνησιως														1
γνοφος					1									1
γνωμη				1									3	9
γνωριζω								1						25
γνωσις	1						1	3						29
γνωστης														1
γνωστος														15
γογγυζω														8
γογγυσμος							1							4
γογγυστης												1		1
γοης		1												1
γολγοθα														3
γομορρα								1				1		4
γομος													2	3
γονεις		1												20
γονυ					1									12
γονυπετεω														4
γραμμα		1												14
γραμματευς														64
γραπτος														1

	Mt	Mc	Lc	Jh	Ac	Rm	1Co	2Co	Ga	Eph	Php	Col	1Th	2Th
γραφη	4	4	4	12	7	7	2		3					
γραφω	10	10	20	22	12	21	18	10	7		1		2	1
γραωδης														
γρηγορεω	6	6	1		1		1					1	2	
γυμναζω														
γυμνασια														
γυμνιτευω							1							
γυμνος	4	2		1	1		1	1						
γυμνοτης						1		1						
γυναικαριον														
γυναικειος														
γυνη	29	17	41	22	19	1	41		1	9		2		
γωγ														
γωνια	2	1	1		2									
δαιμονιζομαι	7	4	1	1										
δαιμονιον	11	13	23	6	1		4							
δαιμονιωδης														
δαιμων	1													
δακνω									1					
δακρυον			2		2			1						
δακρυω				1										
δακτυλιος			1											
δακτυλος	1	1	3	3										
δαλμανουθα		1												
δαλματια														
δαμαζω		1												
δαμαλις														
δαμαρις					1									
δαμασκηνος								1						
δαμασκος					13			1	1					
δανειον	1													
δανιζω	1		3											
δανιηλ	1													
δανιστης			1											
δαπαναω		1	1		1			1						
δαπανη			1											

	1Tm	2Tm	Tit	Phm	Heb	Ja	1Pt	2Pt	1Jh	2Jh	3Jh	Ju	Apc	gesamt
γραφη	1	1				3	1	2						51
γραφω	1			2	1		2	2	13	2	3	2	29	191
γραωδης	1													1
γρηγορεω							1						3	22
γυμναζω	1				2			1						4
γυμνασια	1													1
γυμνιτευω														1
γυμνος					1	1							3	15
γυμνοτης													1	3
γυναικαριον		1												1
γυναικειος							1							1
γυνη	9		1		1		3						19	215
γωγ													1	1
γωνια							1						2	9
δαιμονιζομαι														13
δαιμονιον	1					1							3	63
δαιμονιωδης						1								1
δαιμων														1
δακνω														1
δακρυον		1			2								2	10
δακρυω														1
δακτυλιος														1
δακτυλος														8
δαλμανουθα														1
δαλματια		1												1
δαμαζω						3								4
δαμαλις					1									1
δαμαρις														1
δαμασκηνος														1
δαμασκος														15
δανειον														1
δανιζω														4
δανιηλ														1
δανιστης														1
δαπαναω						1								5
δαπανη														1

	Mt	Mc	Lc	Jh	Ac	Rm	1Co	2Co	Ga	Eph	Php	Col	1Th	2Th
δαυιδ	17	7	13	2	11	3								
δε	495	164	543	214	559	148	211	73	58	20	27	5	15	11
δεησις			3			1		2		2	4			
δει	8	6	18	10	22	3	4	4		1		2	1	1
δειγμα														
δειγματιζω	1											1		
δεικνυμι	3	2	5	7	2		1							
δειλια														
δειλιαω				1										
δειλος	1	1												
δεινα	1													
δεινως	1		1											
δειπνεω			2				1							
δειπνον	1	2	5	4			2							
δεισιδαιμονια					1									
δεισιδαιμων					1									
δεκα	3	1	10		1									
δεκακαιοκτω			1											
δεκαοκτω			2											
δεκαπεντε				1	1					1				
δεκαπολις	1	2												
δεκατεσσαρες	3							1		1				
δεκατη														
δεκατος				1										
δεκατοω														
δεκτος			2		1			1			1			
δελεαζω														
δενδρον	12	1	7											
δεξιολαβος					1									
δεξιος	12	7	6	2	7	1		1	1	1		1		
δεομαι	1		8		7	1		3	1				1	
δεος														
δερβαιος					1									
δερβη					3									
δερμα														
δερματινος	1	1												

	1Tm	2Tm	Tit	Phm	Heb	Ja	1Pt	2Pt	1Jh	2Jh	3Jh	Ju	Apc	gesamt
δαυιδ		1			2								3	59
δε	30	24	8	6	71	37	28	21	11		2	13	7	2801
δεησις	2	1			1	1	1							18
δει	4	2	3		3		1	1					7	101
δειγμα												1		1
δειγματιζω														2
δεικνυμι	1				1	3							8	33
δειλια		1												1
δειλιαω														1
δειλος													1	3
δεινα														1
δεινως														2
δειπνεω													1	4
δειπνον													2	16
δεισιδαιμονια														1
δεισιδαιμων														1
δεκα													9	24
δεκακαιοκτω														1
δεκαοκτω														2
δεκαπεντε														3
δεκαπολις														3
δεκατεσσαρες														5
δεκατη					4									4
δεκατος													2	3
δεκατοω					2									2
δεκτος														5
δελεαζω						1		2						3
δενδρον												1	4	25
δεξιολαβος														1
δεξιος					5		1						9	54
δεομαι														22
δεος					1									1
δερβαιος														1
δερβη														3
δερμα					1									1
δερματινος														2

	Mt	Mc	Lc	Jh	Ac	Rm	1Co	2Co	Ga	Eph	Php	Col	1Th	2Th
δερω	1	3	5	1	3		1	1						
δεσμευω	1		1		1									
δεσμη	1													
δεσμιος	2	1			6					2				
δεσμος		1	2		5						4	1		
δεσμοφυλαξ					3									
δεσμωτηριον	1				3									
δεσμωτης					2									
δεσποτης			1		1									
δευρο	1	1	1	1	2	1								
δευτε	6	3		2										
δευτεραιος					1									
δευτερος	3	3	3	4	5		2	2						
δεχομαι	10	6	16	1	8		1	5	1	1	1	1	2	1
δεω	10	8	2	4	12	1	2					1		
δη	1		1		2		1							
δηλος	1						1		1					
δηλοω							2					1		
δημας												1		
δημηγορεω					1									
δημητριος					2									
δημιουργος														
δημος					4									
δημοσιος					4									
δηναριον	6	3	3	2										
δηποτε				1										
δηπου														
δια	60	33	39	59	74	91	42	45	19	21	14	14	10	10
διαβαινω			1		1									
διαβαλλω			1											
διαβεβαιοομαι														
διαβλεπω	1	1	1											
διαβολος	6		5	3	2					2				
διαγγελλω			1		1	1								
διαγινομαι		1			2									
διαγινωσκω					2									

	1Tm	2Tm	Tit	Phm	Heb	Ja	1Pt	2Pt	1Jh	2Jh	3Jh	Ju	Apc	gesamt
δερω														15
δεσμευω														3
δεσμη														1
δεσμιος		1		2	2									16
δεσμος		1		2	1							1		18
δεσμοφυλαξ														3
δεσμωτηριον														4
δεσμωτης														2
δεσποτης	2	1	1				1	1				1	1	10
δευρο													2	9
δευτε													1	12
δευτεραιος														1
δευτερος			1		5			1				1	13	43
δεχομαι					1	1								56
δεω		1											2	43
δη														5
δηλος														3
δηλοω					2		1	1						7
δημας		1		1										3
δημηγορεω														1
δημητριος											1			3
δημιουργος					1									1
δημος														4
δημοσιος														4
δηναριον													2	16
δηποτε														1
δηπου					1									1
δια	6	12	3	4	57	2	18	7	5	2	2	1	18	668
διαβαινω					1									3
διαβαλλω														1
διαβεβαιοομαι	1		1											2
διαβλεπω														3
διαβολος	3	2	1		1	1	1		4			1	5	37
διαγγελλω														3
διαγινομαι														3
διαγινωσκω														2

	Mt	Mc	Lc	Jh	Ac	Rm	1Co	2Co	Ga	Eph	Php	Col	1Th	2Th
διαγνωσις					1									
διαγογγυζω			2											
διαγρηγορεω			1											
διαγω														
διαδεχομαι					1									
διαδημα														
διαδιδωμι			2	1	1									
διαδοχος					1									
διαζωννυμι				3										
διαθηκη	1	1	2		2	2	1	2	3	1				
διαιρεσις							3							
διαιρεω			1				1							
διακαθαιρω			1											
διακαθαριζω	1													
διακατελεγχομαι					1									
διακονεω	6	5	8	3	2	1		3						
διακονια			1		8	4	2	12		1		1		
διακονος	3	2		3		4	1	5	1	2	1	4		
διακοσιοι		1		2	2									
διακοσιοι-εβδομηκονταεξ					1									
διακουω					1									
διακρινω	2	1			4	2	5							
διακρισις						1	1							
διακωλυω	1													
διαλαλεω			2											
διαλεγομαι		1			10									
διαλειπω			1											
διαλεκτος					6									
διαλλασσομαι	1													
διαλογιζομαι	3	7	6											
διαλογισμος	1	1	6			2	1				1			
διαλυω					1									
διαμαρτυρομαι			1		9								1	
διαμαχομαι					1									
διαμενω			2						1					
διαμεριζω	1	1	6	1	2									

	1Tm	2Tm	Tit	Phm	Heb	Ja	1Pt	2Pt	1Jh	2Jh	3Jh	Ju	Apc	gesamt
διαγνωσις														1
διαγογγυζω														2
διαγρηγορεω														1
διαγω	1		1											2
διαδεχομαι														1
διαδημα													3	3
διαδιδωμι														4
διαδοχος														1
διαζωννυμι														3
διαθηκη					17								1	33
διαιρεσις														3
διαιρεω														2
διακαθαιρω														1
διακαθαριζω														1
διακατελεγχομαι														1
διακονεω	2	1		1	2		3							37
διακονια	1	2			1								1	34
διακονος	3													29
διακοσιοι														5
διακοσιοι-εβδομηκονταεξ														1
διακουω														1
διακρινω						3							2	19
διακρισις					1									3
διακωλυω														1
διαλαλεω														2
διαλεγομαι					1							1		13
διαλειπω														1
διαλεκτος														6
διαλλασσομαι														1
διαλογιζομαι														16
διαλογισμος	1					1								14
διαλυω														1
διαμαρτυρομαι	1	2			1									15
διαμαχομαι														1
διαμενω					1		1							5
διαμεριζω														11

| | 1Tm | 2Tm | Tit | Phm | Heb | Ja | 1Pt | 2Pt | 1Jh | 2Jh | 3Jh | Ju | Apc | gesamt |

	Mt	Mc	Lc	Jh	Ac	Rm	1Co	2Co	Ga	Eph	Php	Col	1Th	2Th
διαμερισμος			1											
διανεμομαι					1									
διανευω			1											
διανοημα			1											
διανοια	1	1	2							2		1		
διανοιγω		1	4		3									
διανυκτερευω			1											
διανυω					1									
διαπαρατριβη														
διαπεραω	2	2	1		1									
διαπλεω					1									
διαπονεομαι					2									
διαπορευομαι			3		1	1								
διαπορεω			1		3									
διαπραγμα-τευομαι			1											
διαπριω					2									
διαρπαζω	1	2												
διαρρησσω	1	1	2		1									
διασαφεω	2													
διασειω			1											
διασκορπιζω	3	1	3	1	1									
διασπαω		1			1									
διασπειρω					3									
διασπορα				1										
διαστελλομαι	1	5			1									
διαστημα					1									
διαστολη						2	1							
διαστρεφω	1		2		3						1			
διασωζω	1		1		5									
διαταγη					1	1								
διαταγμα														
διαταρασσω			1											
διατασσω	1		4		5		4		1					
διατελεω					1									
διατηρεω			1		1									
διατιθεμαι			2		1									

	1Tm	2Tm	Tit	Phm	Heb	Ja	1Pt	2Pt	1Jh	2Jh	3Jh	Ju	Apc	gesamt
διαμερισμος														1
διανεμομαι														1
διανευω														1
διανοημα														1
διανοια					2		1	1	1				.	12
διανοιγω													.	8
διανυκτερευω														1
διανυω														1
διαπαρατριβη	1													1
διαπεραω														6
διαπλεω														1
διαπονεομαι														2
διαπορευομαι														5
διαπορεω														4
διαπραγμα-τευομαι														1
διαπριω														2
διαρπαζω														3
διαρρησσω														5
διασαφεω														2
διασειω														1
διασκορπιζω														9
διασπαω														2
διασπειρω														3
διασπορα						1	1							3
διαστελλομαι					1									8
διαστημα														1
διαστολη														3
διαστρεφω														7
διασωζω							1							8
διαταγη														2
διαταγμα					1									1
διαταρασσω														1
διατασσω			1											16
διατελεω														1
διατηρεω														2
διατιθεμαι					4									7
	1Tm	2Tm	Tit	Phm	Heb	Ja	1Pt	2Pt	1Jh	2Jh	3Jh	Ju	Apc	gesamt

	Mt	Mc	Lc	Jh	Ac	Rm	1Co	2Co	Ga	Eph	Php	Col	1Th	2Th
διατριβω				1	8									
διατροφη														
διαυγαζω														
διαυγης														
διαφερω	3	1	2		2	1	1		2		1			
διαφευγω					1									
διαφημιζω	2	1												
διαφθειρω			1					1						
διαφθορα					6									
διαφορος						1								
διαφυλασσω			1											
διαχειριζομαι					2									
διαχλευαζω					1									
διαχωριζομαι			1											
διδακτικος														
διδακτος				1			2							
διδασκαλια	1	1				2				1		1		
διδασκαλος	12	12	17	8	1	1	2			1				
διδασκω	14	17	17	10	16	3	2		1	1		3		1
διδαχη	3	5	1	3	4	2	2							
διδραχμον	2													
διδυμος				3										
διδωμι	56	39	60	75	35	9	15	13	6	12		1	2	4
διεγειρω		1	2	1										
διενθυμεομαι					1									
διεξοδος	1													
διερμηνευτης							1							
διερμηνευω			1		1		4							
διερχομαι	2	2	10	2	21	1	3	1						
διερωταω					1									
διετης	1													
διετια					2									
διηγεομαι		2	2		3									
διηγησις				1										
διηνεκης														
διθαλασσος					1									

	1Tm	2Tm	Tit	Phm	Heb	Ja	1Pt	2Pt	1Jh	2Jh	3Jh	Ju	Apc	gesamt
διατριβω														9
διατροφη	1													1
διαυγαζω								1						1
διαυγης													1	1
διαφερω														13
διαφευγω														1
διαφημιζω														3
διαφθειρω	1												3	6
διαφθορα														6
διαφορος					3									4
διαφυλασσω														1
διαχειριζομαι														2
διαχλευαζω														1
διαχωριζομαι														1
διδακτικος	1	1												2
διδακτος														3
διδασκαλια	8	3	4											21
διδασκαλος	1	2			1	1								59
διδασκω	3	1	1		2				3				2	97
διδαχη		1	1		2					3			3	30
διδραχμον														2
διδυμος														3
διδωμι	3	6	1		4	6	2	1	7				58	415
διεγειρω								2						6
διενθυμεομαι														1
διεξοδος														1
διερμηνευτης														1
διερμηνευω														6
διερχομαι					1									43
διερωταω														1
διετης														1
διετια														2
διηγεομαι					1									8
διηγησις														1
διηνεκης					4									4
διθαλασσος														1

	Mt	Mc	Lc	Jh	Ac	Rm	1Co	2Co	Ga	Eph	Php	Col	1Th	2Th
διικνεομαι														
διιστημι			2		1									
διισχυριζομαι			1		1									
δικαιοκρισια						1								
δικαιος	17	2	11	3	6	7			1	1	2	1		2
δικαιοσυνη	7		1	2	4	34	1	7	4	3	4			
δικαιοω	2		5		2	15	2		8					
δικαιωμα			1			5								
δικαιως			1				1						1	
δικαιωσις						2								
δικαστης					2									
δικη					1									1
δικτυον	2	2	4	4										
διλογος														
διο	1		2		8	6	2	9	1	5	1		2	
διοδευω			1		1									
διονυσιος					1									
διοπερ								2						
διοπετης					1									
διορθωμα					1									
διορθωσις														
διορυσσω	3		1											
διοσκουροι					1									
διοτι			3		5	4	1				1		3	
διοτρεφης														
διπλους	1													
διπλοω														
δις		2	1								1		1	
δισμυριας														
δισταζω	2													
διστομος														
δισχιλιοι		1												
διυλιζω	1													
διχαζω	1													
διχοστασια						1						1		
διχοτομεω	1		1											

	1Tm	2Tm	Tit	Phm	Heb	Ja	1Pt	2Pt	1Jh	2Jh	3Jh	Ju	Apc	gesamt
διικνεομαι					1									1
διιστημι														3
διισχυριζομαι														2
δικαιοκρισια														1
δικαιος	1	1	1		3	2	3	4	6				5	79
δικαιοσυνη	1	3	1		6	3	2	4	3				2	92
δικαιοω	1		1			3								39
δικαιωμα					2								2	10
δικαιως			1				1							5
δικαιωσις														2
δικαστης														2
δικη												1		3
δικτυον														12
διλογος	1													1
διο				1	9	2	1	3						53
διοδευω														2
διονυσιος														1
διοπερ														2
διοπετης														1
διορθωμα														1
διορθωσις					1									1
διορυσσω														4
διοσκουροι														1
διοτι					2	1	3							23
διοτρεφης												1		1
διπλους	1												2	4
διπλοω													1	1
δις												1		6
δισμυριας													1	1
δισταζω														2
διστομος					1								2	3
δισχιλιοι														1
διυλιζω														1
διχαζω														1
διχοστασια														2
διχοτομεω														2
	1Tm	2Tm	Tit	Phm	Heb	Ja	1Pt	2Pt	1Jh	2Jh	3Jh	Ju	Apc	gesamt

	Mt	Mc	Lc	Jh	Ac	Rm	1Co	2Co	Ga	Eph	Php	Col	1Th	2Th
διψαω	5			6		1	1							
διψος								1						
διψυχος														
διωγμος	1	2			2	1		1						1
διωκτης														
διωκω	6		3	3	9	5	3	1	5		3		1	
δογμα			1		2					1		1		
δογματιζομαι												1		
δοκεω	10	2	10	8	9		9	3	5		1			
δοκιμαζω			3			4	3	3	1	1	1		3	
δοκιμασια														
δοκιμη						2		4			1			
δοκιμιον														
δοκιμος						2	1	2						
δοκος	3		3											
δολιος								1						
δολιοω						1								
δολος	1	2		1	1	1		1					1	
δολοω								1						
δομα	1		1							1	1			
δοξα	7	3	13	19	4	16	12	19	1	8	6	4	3	2
δοξαζω	4	1	9	23	5	5	2	3	1					1
δορκας					2									
δοσις											1			
δοτης								1						
δουλαγωγεω							1							
δουλεια						2			2					
δουλευω	2		3	1	2	7			4	1	1	1	1	
δουλη			2		1									
δουλος	30	5	26	11	3	5	5	1	4	3	2	4		
δουλος							2							
δουλοω					1	2	2		1					
δοχη			2											
δρακων														
δρασσομαι							1							
δραχμη			3											

	1Tm	2Tm	Tit	Phm	Heb	Ja	1Pt	2Pt	1Jh	2Jh	3Jh	Ju	Apc	gesamt
διψαω													3	16
διψος														1
διψυχος						2								2
διωγμος		2												10
διωκτης	1													1
διωκω	1	2			1		1						1	45
δογμα														5
δογματιζομαι														1
δοκεω					4	2								63
δοκιμαζω	1						1		1					22
δοκιμασια					1									1
δοκιμη														7
δοκιμιον						1	1							2
δοκιμος		1				1								7
δοκος														6
δολιος														1
δολιοω														1
δολος							3							11
δολοω														1
δομα														4
δοξα	3	2	1		7	1	10	5				3	17	166
δοξαζω					1		4						2	61
δορκας														2
δοσις						1								2
δοτης														1
δουλαγωγεω														1
δουλεια					1									5
δουλευω	1		1											25
δουλη														3
δουλος	1	1	2	2		1	1	2				1	14	124
δουλος														2
δουλοω			1					1						8
δοχη														2
δρακων													13	13
δρασσομαι														1
δραχμη														3

	Mt	Mc	Lc	Jh	Ac	Rm	1Co	2Co	Ga	Eph	Php	Col	1Th	2Th
δρεπανον		1												
δρομος					2									
δρουσιλλα					1									
δυναμαι	27	33	26	37	21	5	15	3	1	5	1		2	
δυναμις	12	10	15		10	8	15	10	1	5	1	2	1	3
δυναμοω												1		
δυναστης			1		1									
δυνατεω						1		2						
δυνατος	3	5	4		6	5	1	3	1					
δυνω/δυω		1	1											
δυο	40	18	28	13	13		3	1	2	2	1			
δυσβαστακτος	1		1											
δυσεντεριον					1									
δυσερμηνευτος														
δυσις		1												
δυσκολος		1												
δυσκολως	1	1	1											
δυσμη	2		2											
δυσνοητος														
δυσφημεω							1							
δυσφημια								1						
δωδεκα	13	15	12	6	4		1							
δωδεκατος														
δωδεκαφυλον					1									
δωμα	2	1	3		1									
δωρεα				1	4	2		1		2				
δωρεαν	2			1		1		1	1					1
δωρεομαι		1												
δωρημα						1								
δωρον	9	1	2							1				
εα			1											
εαν	64	36	31	63	11	20	48	8	7	1		4	2	1
εανπερ														
εαυτου	32	24	57	27	21	22	16	29	7	14	6	2	6	4
εαω	1		2		7		1							
εβδομηκοντα			2		1									

	1Tm	2Tm	Tit	Phm	Heb	Ja	1Pt	2Pt	1Jh	2Jh	3Jh	Ju	Apc	gesamt
δρεπανον													7	8
δρομος		1												3
δρουσιλλα														1
δυναμαι	3	3			9	6			2			1	10	210
δυναμις		3			6		2	3					12	119
δυναμοω					1									2
δυναστης	1													3
δυνατεω														3
δυνατος		1	1		1	1								32
δυνω/δυω														2
δυο	1				2								8	132
δυσβαστακτος														2
δυσεντεριον														1
δυσερμηνευτος					1									1
δυσις														1
δυσκολος														1
δυσκολως														3
δυσμη													1	5
δυσνοητος								1						1
δυσφημεω														1
δυσφημια														1
δωδεκα						1							23	75
δωδεκατος													1	1
δωδεκαφυλον														1
δωμα														7
δωρεα					1									11
δωρεαν													2	9
δωρεομαι								2						3
δωρημα						1								2
δωρον					5								1	19
ἑα														1
ἑαν	3	3			7	8	1		22		2		9	351
ἑανπερ					3									3
ἑαυτου	5	3	2		14	5	4	1	4	1		7	8	321
ἑαω														11
ἑβδομηκοντα														3

	Mt	Mc	Lc	Jh	Ac	Rm	1Co	2Co	Ga	Eph	Php	Col	1Th	2Th
ἑβδομηκονταδυο			2											
ἑβδομηκοντακις	1													
ἑβδομηκοντα-πεντε					1									
ἕβδομος				1										
ἕβερ			1											
ἑβραιος					1			1			2			
ἑβραις					3									
ἑβραιστι				5										
ἐγγιζω	7	3	18		6	1					1			
ἐγγραφω			1					2						
ἐγγυος														
ἐγγυς	3	2	3	11	3	2				2	1			
ἐγειρω	36	19	18	13	13	10	20	4	1	2	1	1	1	
ἐγερσις	1													
ἐγκαθετος			1											
ἐγκαινια				1										
ἐγκαινιζω														
ἐγκακεω			1					2	1	1				1
ἐγκαλεω					6	1								
ἐγκαταλειπω	1	1			2	1	1							
ἐγκατοικεω														
ἐγκαυχαομαι														1
ἐγκεντριζω						6								
ἐγκλημα					2									
ἐγκομβοομαι														
ἐγκοπη							1							
ἐγκοπτω					1	1			1				1	
ἐγκρατεια					1				1					
ἐγκρατευομαι							2							
ἐγκρατης														
ἐγκρινω								1						
ἐγκρυπτω	1		1											
ἐγκυος			1											
ἐγχριω														
ἐγω	221	107	219	494	189	92	86	64	40	17	54	11	2	
ἐδαφιζω			1											

	1Tm	2Tm	Tit	Phm	Heb	Ja	1Pt	2Pt	1Jh	2Jh	3Jh	Ju	Apc	gesamt
ἑβδομηκονταδυο														2
ἑβδομηκοντακις														1
ἑβδομηκοντα-πεντε														1
ἑβδομος					2							1	5	9
ἑβερ														1
ἑβραιος														4
ἑβραις														3
ἑβραιστι													2	7
ἐγγιζω					2	3	1							42
ἐγγραφω														3
ἐγγυος					1									1
ἐγγυς					2								2	31
ἐγειρω		1			1	1	1						1	144
ἐγερσις														1
ἐγκαθετος														1
ἐγκαινια														1
ἐγκαινιζω					2									2
ἐγκακεω														6
ἐγκαλεω														7
ἐγκαταλειπω		2			2									10
ἐγκατοικεω								1						1
ἐγκαυχαομαι														1
ἐγκεντριζω														6
ἐγκλημα														2
ἐγκομβοομαι							1							1
ἐγκοπη														1
ἐγκοπτω							1							5
ἐγκρατεια								2						4
ἐγκρατευομαι														2
ἐγκρατης			1											1
ἐγκρινω														1
ἐγκρυπτω														2
ἐγκυος														1
ἐγχριω													1	1
ἐγω	6	33	4	17	36	16	2	5	1	2	1		83	1802
ἐδαφιζω														1
	1Tm	2Tm	Tit	Phm	Heb	Ja	1Pt	2Pt	1Jh	2Jh	3Jh	Ju	Apc	gesamt

	Mt	Mc	Lc	Jh	Ac	Rm	1Co	2Co	Ga	Eph	Php	Col	1Th	2Th
ἔδαφος					1									
ἑδραιος							2					1		
ἑδραιωμα														
ἐζεκιας	2													
ἐθελοθρησκια												1		
ἐθιζω			1											
ἐθναρχης								1						
ἐθνικος	3													
ἐθνικως									1					
ἔθνος	15	6	13	5	43	29	3	1	10	5		1	2	
ἔθος			3	1	7									
εἰ	56	37	53	49	36	44	64	36	21	4	13	4	1	2
εἰδεα	1													
εἰδος			2	1				1					1	
εἰδωλειον							1							
εἰδωλοθυτον					2		5							
εἰδωλολατρης							4			1				
εἰδωλολατρια							1		1			1		
εἰδωλον					2	1	4	1					1	
εἰκη						1	1		3			1		
εἰκοσι			1		1									
εἰκοσιπεντε				1										
εἰκοσιτεσσαρες														
εἰκοσιτρεις							1							
εἰκω									1					
εἰκων	1	1	1			2	3	2				2		
εἰλικρινεια							1	2						
εἰλικρινης											1			
εἰμι	289	192	361	445	279	113	160	62	52	48	17	26	12	7
εἰνεκεν			1		1			1						
εἰπερ						3	2							1
εἰρηνευω		1				1		1					1	
εἰρηνη	4	1	14	6	7	10	4	2	3	8	3	2	3	3
εἰρηνικος														
εἰρηνοποιεω												1		
εἰρηνοποιος	1													

	1Tm	2Tm	Tit	Phm	Heb	Ja	1Pt	2Pt	1Jh	2Jh	3Jh	Ju	Apc	gesamt
ἔδαφος														1
ἑδραιος														3
ἑδραιωμα	1													1
ἑζεκιας														2
ἐθελοθρησκια														1
ἐθιζω														1
ἐθναρχης														1
ἐθνικος											1			4
ἐθνικως														1
ἔθνος	2	1					3						23	162
ἔθος					1									12
εἰ	13	4	1	2	16	10	15	2	7	1			16	507
εἰδεα														1
εἰδος														5
εἰδωλειον														1
εἰδωλοθυτον													2	9
εἰδωλολατρης													2	7
εἰδωλολατρια							1							4
εἰδωλον									1				1	11
εἰκη														6
εἰκοσι														2
εἰκοσιπεντε														1
εἰκοσιτεσσαρες													6	6
εἰκοσιτρεις														1
εἰκω														1
εἰκων					1								10	23
εἰλικρινεια														3
εἰλικρινης								1						2
εἰμι	29	16	16	3	55	32	13	13	99	6	2	4	110	2461
εἰνεκεν														3
εἰπερ														6
εἰρηνευω														4
εἰρηνη	1	2	1	1	4	3	3	2		1	1	1	2	92
εἰρηνικος					1	1								2
εἰρηνοποιεω														1
εἰρηνοποιος														1

	Mt	Mc	Lc	Jh	Ac	Rm	1Co	2Co	Ga	Eph	Php	Col	1Th	2Th
εἰς	218	168	226	187	302	119	39	78	30	37	23	19	26	14
εἰς	66	44	45	40	21	20	30	3	8	15	4	2	3	1
εἰσαγω			3	1	6									
εἰσακουω	1		1		1		1							
εἰσδεχομαι								1						
εἰσειμι					3									
εἰσερχομαι	36	30	50	15	34	2	2							
εἰσκαλεομαι					1									
εἰσοδος					1								2	
εἰσπηδαω					1									
εἰσπορευομαι	1	8	5		4									
εἰστρεχω					1									
εἰσφερω	1		4		1									
εἰτα		4	1	3			3							
εἰτε						4	27	14		2	6	6	2	2
εἰωθα	1	1	1		1									
ἐκ	82	67	87	165	86	60	34	30	35	8	10	11	6	1
ἑκαστος	4	1	5	4	11	5	22	2	2	5	2	1	2	1
ἑκαστοτε														
ἑκατον	4	3	3	1										
ἑκατονεικοσι					1									
ἑκατονπεντη- κοντατρεις				1										
ἑκατονταετης						1								
ἑκατονταπλασιων	1	1	1											
ἑκατονταρχης	1		3		12									
ἑκατονταρχος	3		1		3									
ἑκατοντεσσερα- κοντατεσσαρες ἐκβαινω														
ἐκβαλλω	28	18	20	6	5				1					
ἐκβασις							1							
ἐκβολη					1									
ἐκγονος														
ἐκδαπαναω								1						
ἐκδεχομαι					1		2							
ἐκδηλος														
ἐκδημεω								3						

	1Tm	2Tm	Tit	Phm	Heb	Ja	1Pt	2Pt	1Jh	2Jh	3Jh	Ju	Apc	gesamt
εἰς	19	18	2	2	74	15	42	11	9	3	1	6	80	1768
εἷς	5		2		5	3		3	1				25	346
εἰσαγω					1									11
εἰσακουω					1									5
εἰσδεχομαι														1
εἴσειμι					1									4
εἰσερχομαι					17	3							5	194
εἰσκαλεομαι														1
εἴσοδος					1			1						5
εἰσπηδαω														1
εἰσπορευομαι														18
εἰστρεχω														1
εἰσφερω	1				1									8
εἶτα	2				1	1								15
εἴτε								2						65
εἰωθα														4
ἐκ	2	7	4		21	13	8	5	34	1	2	2	135	916
ἕκαστος					5	1	2						7	82
ἑκαστοτε								1						1
ἑκατον														11
ἑκατονεικοσι														1
ἑκατονπεντη- κοντατρεις														1
ἑκατονταετης														1
ἑκατονταπλασιων														3
ἑκατονταρχης														16
ἑκατονταρχος														7
ἑκατοντεσσερα- κοντατεσσαρες													4	4
ἐκβαινω					1									1
ἐκβαλλω						1					1		1	81
ἐκβασις					1									2
ἐκβολη														1
ἐκγονος	1													1
ἐκδαπαναω														1
ἐκδεχομαι					2	1								6
ἐκδηλος		1												1
ἐκδημεω														3

	Mt	Mc	Lc	Jh	Ac	Rm	1Co	2Co	Ga	Eph	Php	Col	1Th	2Th
ἐκδιδομαι	2	1	1											
ἐκδιηγεομαι					2									
ἐκδικεω			2			1		1						
ἐκδικησις			3		1	1		1						1
ἐκδικος						1							1	
ἐκδιωκω													1	
ἐκδοτος					1									
ἐκδοχη														
ἐκδυω	2	1	1					2						
ἐκει	31	12	16	23	11	2								
ἐκειϑεν	12	6	4	2	12									
ἐκεινος	56	27	37	75	25	4	5	5	1					1
ἐκεισε					2									
ἐκζητεω			2		1	1								
ἐκζητησις														
ἐκϑαμβεομαι		4												
ἐκϑαμβος					1									
ἐκϑαυμαζω		1												
ἐκϑετος					1									
ἐκκαϑαιρω							1							
ἐκκαιομαι						1								
ἐκκεντεω				1										
ἐκκλαομαι						3								
ἐκκλειω						1			1					
ἐκκλησια	3				23	5	22	9	3	9	2	4	2	2
ἐκκλινω						2								
ἐκκολυμβαω					1									
ἐκκομιζω			1											
ἐκκοπτω	4		3			2		1						
ἐκκρεμαννυμι			1											
ἐκλαλεω					1									
ἐκλαμπω	1													
ἐκλανϑανομαι														
ἐκλεγομαι		1	4	5	7		3			1				
ἐκλειπω			3											
ἐκλεκτος	4	3	2			2						1		

	1Tm	2Tm	Tit	Phm	Heb	Ja	1Pt	2Pt	1Jh	2Jh	3Jh	Ju	Apc	gesamt
ἐκδιδομαι														4
ἐκδιηγεομαι														2
ἐκδικεω													2	6
ἐκδικησις					1		1							9
ἐκδικος														2
ἐκδιωκω														1
ἐκδοτος														1
ἐκδοχη					1									1
ἐκδυω														6
ἐκει			1		1	3							5	105
ἐκειθεν													1	37
ἐκεινος		7	1		9	2		1	7				2	265
ἐκεισε														2
ἐκζητεω					2		1							7
ἐκζητησις	1													1
ἐκθαμβεομαι														4
ἐκθαμβος														1
ἐκθαυμαζω														1
ἐκθετος														1
ἐκκαθαιρω		1												2
ἐκκαιομαι														1
ἐκκεντεω													1	2
ἐκκλαομαι														3
ἐκκλειω														2
ἐκκλησια	3			1	2	1					3		20	114
ἐκκλινω							1							3
ἐκκολυμβαω														1
ἐκκομιζω														1
ἐκκοπτω														10
ἐκκρεμαννυμι														1
ἐκλαλεω														1
ἐκλαμπω														1
ἐκλανθανομαι					1									1
ἐκλεγομαι						1								22
ἐκλειπω					1									4
ἐκλεκτος	1	1	1				4			2			1	22

	Mt	Mc	Lc	Jh	Ac	Rm	1Co	2Co	Ga	Eph	Php	Col	1Th	2Th
ἐκλογη					1	4							1	
ἐκλυομαι	1	1							1					
ἐκμασσω			2	3										
ἐκμυκτηριζω			2											
ἐκνευω				1										
ἐκνηφω							1							
ἐκουσιος														
ἐκουσιως														
ἐκπαλαι														
ἐκπειραζω	1		2				1							
ἐκπεμπω					2									
ἐκπερισσως		1												
ἐκπεταννυμι						1								
ἐκπηδαω					1									
ἐκπιπτω					5	1			1					
ἐκπλεω					3									
ἐκπληροω					1									
ἐκπληρωσις					1									
ἐκπλησσομαι	4	5	3		1									
ἐκπνεω		2	1											
ἐκπορευομαι	6	11	3	2	3					1				
ἐκπορνευω														
ἐκπτυω									1					
ἐκριζοω	2		1											
ἐκστασις		2	1		4									
ἐκστρεφομαι														
ἐκταρασσω					1									
ἐκτεινω	6	3	3	1	3									
ἐκτελεω			2											
ἐκτενεια					1									
ἐκτενης														
ἐκτενως			1		1									
ἐκτιθημι					4									
ἐκτινασσω	1	1			2									
ἐκτος	1				1		4	1						
ἐκτος	2	1	3	2	1									

	1Tm	2Tm	Tit	Phm	Heb	Ja	1Pt	2Pt	1Jh	2Jh	3Jh	Ju	Apc	gesamt
ἐκλογη								1						7
ἐκλυομαι					2									5
ἐκμασσω														5
ἐκμυκτηριζω														2
ἐκνευω														1
ἐκνηφω														1
ἐκουσιος				1										1
ἐκουσιως					1		1							2
ἐκπαλαι								2						2
ἐκπειραζω														4
ἐκπεμπω														2
ἐκπερισσως														1
ἐκπεταννυμι														1
ἐκπηδαω														1
ἐκπιπτω						1	1	1						10
ἐκπλεω														3
ἐκπληροω														1
ἐκπληρωσις														1
ἐκπλησσομαι														13
ἐκπνεω														3
ἐκπορευομαι													8	34
ἐκπορνευω												1		1
ἐκπτυω											1			1
ἐκριζοω												1		4
ἐκστασις														7
ἐκστρεφομαι			1											1
ἐκταρασσω														1
ἐκτεινω														16
ἐκτελεω														2
ἐκτενεια														1
ἐκτενης							1							1
ἐκτενως							1							3
ἐκτιθημι														4
ἐκτινασσω														4
ἐκτος	1													8
ἐκτος													5	14

	Mt	Mc	Lc	Jh	Ac	Rm	1Co	2Co	Ga	Eph	Php	Col	1Th	2Th
ἐκτρεπομαι														
ἐκτρεφω										2				
ἐκτρωμα							1							
ἐκφερω		1	1		4									
ἐκφευγω			1		2	1		1					1	
ἐκφοβεω								1						
ἐκφοβος		1												
ἐκφυω	1	1												
ἐκχεω	1			1	3	1								
ἐκχυννομαι	2	1	3		3	1								
ἐκχωρεω			1											
ἐκψυχω					3									
ἑκων						1	1							
ἐλαια	3	3	2	1		2								
ἐλαιον	3	1	3											
ἐλαιων			2		1									
ἐλαμιτης					1									
ἐλασσων				1		1								
ἐλαττονεω								1						
ἐλαττοω				1										
ἐλαυνω		1	1	1										
ἐλαφρια								1						
ἐλαφρος	1							1						
ἐλαχιστος	5		4				3			1				
ἐλεαζαρ	2													
ἐλεαω						2								
ἐλεγμος														
ἐλεγξις														
ἐλεγχος														
ἐλεγχω	1		1	3			1			2				
ἐλεεινος							1							
ἐλεεω	8	3	4			7	1	1			1			
ἐλεημοσυνη	3		2		8									
ἐλεημων	1													
ἐλεος	3		6			3			1	1				
ἐλευθερια						1	1	1	4					

	1Tm	2Tm	Tit	Phm	Heb	Ja	1Pt	2Pt	1Jh	2Jh	3Jh	Ju	Apc	gesamt
ἐκτρεπομαι	3	1			1									5
ἐκτρεφω														2
ἐκτρωμα														1
ἐκφερω	1				1									8
ἐκφευγω					2									8
ἐκφοβεω														1
ἐκφοβος					1									2
ἐκφυω														2
ἐκχεω			1										9	16
ἐκχυννομαι												1		11
ἐκχωρεω														1
ἐκψυχω														3
ἐκων														2
ἐλαια						1							1	13
ἐλαιον					1	1							2	11
ἐλαιων														3
ἐλαμιτης														1
ἐλασσων	1				1									4
ἐλαττονεω														1
ἐλαττοω					2									3
ἐλαυνω						1		1						5
ἐλαφρια														1
ἐλαφρος														2
ἐλαχιστος						1								14
ἐλεαζαρ														2
ἐλεαω												2		4
ἐλεγμος		1												1
ἐλεγξις								1						1
ἐλεγχος					1									1
ἐλεγχω	1	1	3		1	1						1	1	17
ἐλεεινος													1	2
ἐλεεω	2						2							29
ἐλεημοσυνη														13
ἐλεημων					1									2
ἐλεος	1	3	1		1	3	1				1	2		27
ἐλευθερια						2	1	1						11

	Mt	Mc	Lc	Jh	Ac	Rm	1Co	2Co	Ga	Eph	Php	Col	1Th	2Th
ἐλευθερος	1			2		2	6		6	1		1		
ἐλευθεροω				2		4			1					
ἐλευσις					1									
ἐλεφαντινος														
ἐλιακιμ	2		1											
ἐλιεζερ			1											
ἐλιουδ	2													
ἐλισαβετ			9											
ἐλισαιος			1											
ἐλισσω														
ἐλκοομαι			1											
ἐλκος			1											
ἐλκω				5	2									
ἐλλας					1									
ἐλλην				3	9	6	4		2			1		
ἐλληνικος														
ἐλληνις		1			1									
ἐλληνιστης					3									
ἐλληνιστι				1	1									
ἐλλογαω														
ἐλλογεω						1								
ἐλμαδαμ			1											
ἐλπιζω	1		3	1	2	4	3	5			2			
ἐλπις					8	13	3	3	1	3	1	3	4	1
ἐλυμας					1									
ἐλωι		2												
ἐμαυτου	1		2	16	4	1	6	4	1		1			
ἐμβαινω	5	5	3	4										
ἐμβαλλω			1											
ἐμβαπτω	1	1												
ἐμβατευω												1		
ἐμβιβαζω					1									
ἐμβλεπω	2	4	2	2	2									
ἐμβριμαομαι	1	2		2										
ἐμεω														
ἐμμαινομαι					1									
	Mt	Mc	Lc	Jh	Ac	Rm	1Co	2Co	Ga	Eph	Php	Col	1Th	2Th

	1Tm	2Tm	Tit	Phm	Heb	Ja	1Pt	2Pt	1Jh	2Jh	3Jh	Ju	Apc	gesamt
ἐλευθερος							1						3	23
ἐλευθεροω														7
ἐλευσις														1
ἐλεφαντινος													1	1
ἐλιακιμ														3
ἐλιεζερ														1
ἐλιουδ														2
ἐλισαβετ														9
ἐλισαιος														1
ἐλισσω					1								1	2
ἐλκοομαι														1
ἐλκος													2	3
ἐλκω						1								8
ἐλλας														1
ἐλλην														25
ἐλληνικος													1	1
ἐλληνις														2
ἐλληνιστης														3
ἐλληνιστι														2
ἐλλογαω				1										1
ἐλλογεω														1
ἐλμαδαμ														1
ἐλπιζω	4			1	1		2			1	1			31
ἐλπις	1		3		5		3		1					53
ἐλυμας														1
ἐλωι														2
ἐμαυτου				1										37
ἐμβαινω														17
ἐμβαλλω														1
ἐμβαπτω														2
ἐμβατευω														1
ἐμβιβαζω														1
ἐμβλεπω														12
ἐμβριμαομαι														5
ἐμεω													1	1
ἐμμαινομαι														1

	1Tm	2Tm	Tit	Phm	Heb	Ja	1Pt	2Pt	1Jh	2Jh	3Jh	Ju	Apc	gesamt

	Mt	Mc	Lc	Jh	Ac	Rm	1Co	2Co	Ga	Eph	Php	Col	1Th	2Th
ἐμμανουηλ	1													
ἐμμαους			1											
ἐμμενω					2				1					
ἐμμωρ					1									
ἐμος	4	2	3	41		2	9	3	2		2	1		1
ἐμπαιγμονη														
ἐμπαιγμος														
ἐμπαιζω	5	3	5											
ἐμπαικτης														
ἐμπεριπατεω								1						
ἐμπιμπλημι ἐμπιμπλαω			2	1	1	1								
ἐμπιμπρημι	1													
ἐμπιπτω	1		2											
ἐμπλεκω														
ἐμπλοκη														
ἐμπνεω					1									
ἐμπορευομαι														
ἐμπορια	1													
ἐμποριον				1										
ἐμπορος	1													
ἐμπροσθεν	18	2	10	5	2			1	1		1		4	
ἐμπτυω	2	3	1											
ἐμφανης					1	1								
ἐμφανιζω	1			2	5									
ἐμφοβος			2		2									
ἐμφυσαω				1										
ἐμφυτος														
ἐν	294	136	362	227	280	173	171	160	41	122	66	88	55	26
ἐναγκαλιζομαι		2												
ἐναλιος														
ἐναντι			1		1									
ἐναντιον			3		2			1	1					
ἐναντιος	1	2			3								1	
ἐναρχομαι									1		1			
ἐνατος	3	2	1		3									
ἐνδεης					1									

	1Tm	2Tm	Tit	Phm	Heb	Ja	1Pt	2Pt	1Jh	2Jh	3Jh	Ju	Apc	gesamt
ἐμμανουηλ														1
ἐμμαους														1
ἐμμενω					1									4
ἐμμωρ														1
ἐμος				3				1			1		1	76
ἐμπαιγμονη								1						1
ἐμπαιγμος					1									1
ἐμπαιζω														13
ἐμπαικτης								1				1		2
ἐμπεριπατεω														1
ἐμπιμπλημι ἐμπιμπλαω														5
ἐμπιμπρημι														1
ἐμπιπτω	3				1									7
ἐμπλεκω		1						1						2
ἐμπλοκη							1							1
ἐμπνεω														1
ἐμπορευομαι						1		1						2
ἐμπορια														1
ἐμποριον														1
ἐμπορος													4	5
ἐμπροσϑεν									1				3	48
ἐμπτυω														6
ἐμφανης														2
ἐμφανιζω					2									10
ἐμφοβος													1	5
ἐμφυσαω														1
ἐμφυτος						1								1
ἐν	44	37	13	10	65	38	50	43	79	8	3	8	158	2757
ἐναγκαλιζομαι														2
ἐναλιος						1								1
ἐναντι														2
ἐναντιον							1							8
ἐναντιος			1											8
ἐναρχομαι														2
ἐνατος													1	10
ἐνδεης														1

	Mt	Mc	Lc	Jh	Ac	Rm	1Co	2Co	Ga	Eph	Php	Col	1Th	2Th
ἔνδειγμα														1
ἐνδείκνυμαι						3		1		1				
ἔνδειξις						2		1			1			
ἕνδεκα	1	1	2		2									
ἑνδέκατος	2													
ἐνδέχεται			1											
ἐνδημέω								3						
ἐνδιδύσκω		1	1											
ἔνδικος						1								
ἐνδοξάζομαι														2
ἔνδοξος			2				1			1				
ἔνδυμα	7		1											
ἐνδυναμόω					1	1				1	1			
ἐνδύνω														
ἔνδυσις														
ἐνδύω	3	3	4		1	2	4		1	3		2	1	
ἐνδώμησις														
ἐνέδρα					2									
ἐνεδρεύω			1		1									
ἐνειλέω		1												
ἔνειμι			1											
ἕνεκα	1		1		2									
ἕνεκεν	6	5	3			2		3						
ἐνενηκονταεννέα	2		2											
ἐνεός					1									
ἐνέργεια										3	1	2		2
ἐνεργέω	1	1				1	2	2	4	4	2	1	1	1
ἐνέργημα							2							
ἐνεργής							1							
ἐνευλογέω					1				1					
ἐνέχω		1	1						1					
ἐνθάδε			1	2	5									
ἔνθεν	1		1											
ἐνθυμέομαι	2													
ἐνθύμησις	2				1									
ἔνι							1		3			1		

	1Tm	2Tm	Tit	Phm	Heb	Ja	1Pt	2Pt	1Jh	2Jh	3Jh	Ju	Apc	gesamt
ἔνδειγμα														1
ἐνδείκνυμαι	1	1	2		2									11
ἔνδειξις														4
ἕνδεκα														6
ἑνδέκατος													1	3
ἐνδέχεται														1
ἐνδημέω														3
ἐνδιδύσκω														2
ἔνδικος					1									2
ἐνδοξάζομαι														2
ἔνδοξος														4
ἔνδυμα														8
ἐνδυναμόω	1	2												7
ἐνδύνω		1												1
ἔνδυσις							1							1
ἐνδύω													3	27
ἐνδώμησις													1	1
ἔνεδρα														2
ἐνεδρεύω														2
ἐνειλέω														1
ἔνειμι														1
ἕνεκα														4
ἕνεκεν														19
ἐνενηκονταεννέα														4
ἐνεός														1
ἐνέργεια														8
ἐνεργέω						1								21
ἐνέργημα														2
ἐνεργής				1	1									3
ἐνευλογέω														2
ἐνέχω														3
ἐνθάδε														8
ἔνθεν														2
ἐνθυμέομαι														2
ἐνθύμησις					1									4
ἔνι						1								6

	Mt	Mc	Lc	Jh	Ac	Rm	1Co	2Co	Ga	Eph	Php	Col	1Th	2Th
ἐνιαυτος			1	3	2				1					
ἐνιστημι						1	2		1					1
ἐνισχυω			1		1									
ἐννεα			1											
ἐννευω			1											
ἐννοια														
ἐννομος					1		1							
ἐννυχα		1												
ἐνοικεω						1		1				1		
ἐνορκιζω													1	
ἐνοτης										2				
ἐνοχλεω			1											
ἐνοχος	5	2					1							
ἐνταλμα	1	1										1		
ἐνταφιαζω	1			1										
ἐνταφιασμος		1		1										
ἐντελλομαι	4	2	1	4	2									
ἐντευθεν			2	6										
ἐντευξις														
ἐντιμος			2									1		
ἐντολη	6	6	4	10	1	7	2			2			1	
ἐντοπιος					1									
ἐντος	1		1											
ἐντρεπω	1	1	3				1							1
ἐντρεφομαι														
ἐντρομος					2									
ἐντροπη							2							
ἐντρυφαω														
ἐντυγχανω					1	3								
ἐντυλισσω	1			1	1									
ἐντυπωω								1						
ἐνυβριζω														
ἐνυπνιαζομαι					1									
ἐνυπνιον					1									
ἐνωπιον			22	1	13	3	1	4	1					
ἐνως			1											

	1Tm	2Tm	Tit	Phm	Heb	Ja	1Pt	2Pt	1Jh	2Jh	3Jh	Ju	Apc	gesamt
ἐνιαυτος					4	2							1	14
ἐνιστημι		1			1									7
ἐνισχυω														2
ἐννεα														1
ἐννευω														1
ἐννοια					1		1							2
ἐννομος														2
ἐννυχα														1
ἐνοικεω		2												5
ἐνορκιζω														1
ἐνοτης														2
ἐνοχλεω					1									2
ἐνοχος					1	1								10
ἐνταλμα														3
ἐνταφιαζω														2
ἐνταφιασμος														2
ἐντελλομαι					2									15
ἐντευθεν						1							1	10
ἐντευξις	2													2
ἐντιμος								2						5
ἐντολη	1		1		4			2	14	4			2	67
ἐντοπιος														1
ἐντος														2
ἐντρεπω			1		1									9
ἐντρεφομαι	1													1
ἐντρομος					1									3
ἐντροπη														2
ἐντρυφαω								1						1
ἐντυγχανω					1									5
ἐντυλισσω														3
ἐντυποω														1
ἐνυβριζω					1									1
ἐνυπνιαζομαι												1		2
ἐνυπνιον														1
ἐνωπιον	6	2			2	1	1		1		1		35	94
ἑνως														1
	1Tm	2Tm	Tit	Phm	Heb	Ja	1Pt	2Pt	1Jh	2Jh	3Jh	Ju	Apc	gesamt

	Mt	Mc	Lc	Jh	Ac	Rm	1Co	2Co	Ga	Eph	Php	Col	1Th	2Th
ἐνωτιζομαι					1									
ἑνωχ			1											
ἐξ	1	1	2	2	2									
ἐξαγγελλω		1												
ἐξαγοραζω									2	1		1		
ἐξαγω		1	1	1	8									
ἐξαιρεω	2				5				1					
ἐξαιρω							1							
ἐξαιτεομαι			1											
ἐξαιφνης		1	2		2									
ἐξακολουθεω														
ἐξακοσιοι-εξηκονταεξ														
ἐξαλειφω					1							1		
ἐξαλλομαι					1									
ἐξαναστασις											1			
ἐξανατελλω	1	1												
ἐξανιστημι		1	1		1									
ἐξαπαταω						2	1	1						1
ἐξαπινα		1												
ἐξαπορεομαι								2						
ἐξαποστελλω		1	3		7				2					
ἐξαρτιζω					1									
ἐξαστραπτω			1											
ἐξαυτης		1			4						1			
ἐξεγειρω						1	1							
ἐξειμι					4									
ἐξελκομαι														
ἐξεραμα														
ἐξεραυναω														
ἐξερχομαι	43	39	44	30	30	1	2	3			1		1	
ἐξεστιν	9	6	5	2	5		4	1						
ἐξεταζω	2		1											
ἐξηγεομαι			1	1	4									
ἐξηκοντα	2	2	1											
ἐξης			2		3									
ἐξηχεομαι													1	

	1Tm	2Tm	Tit	Phm	Heb	Ja	1Pt	2Pt	1Jh	2Jh	3Jh	Ju	Apc	gesamt
ἐνωτιζομαι														1
ἐνωχ					1							1		3
ἐξ						1							1	10
ἐξαγγελλω							1							2
ἐξαγοραζω														4
ἐξαγω					1									12
ἐξαιρεω														8
ἐξαιρω														1
ἐξαιτεομαι														1
ἐξαιφνης														5
ἐξακολουθεω								3						3
ἐξακοσιοι-εξηκονταεξ													1	1
ἐξαλειφω													3	5
ἐξαλλομαι														1
ἐξαναστασις														1
ἐξανατελλω														2
ἐξανιστημι														3
ἐξαπαταω	1													6
ἐξαπινα														1
ἐξαπορεομαι														2
ἐξαποστελλω														13
ἐξαρτιζω		1												2
ἐξαστραπτω														1
ἐξαυτης														6
ἐξεγειρω														2
ἐξειμι														4
ἐξελκομαι						1								1
ἐξεραμα								1						1
ἐξεραυναω							1							1
ἐξερχομαι					5	1			2	1	1		14	218
ἐξεστιν														32
ἐξεταζω														3
ἐξηγεομαι														6
ἐξηκοντα	1													6
ἐξης														5
ἐξηχεομαι														1

	Mt	Mc	Lc	Jh	Ac	Rm	1Co	2Co	Ga	Eph	Php	Col	1Th	2Th
ἐξις														
ἐξιστημι	1	4	3		8			1						
ἐξισχυω										1				
ἐξοδος			1											
ἐξολεθρευω					1									
ἐξομολογεω	2	1	2		1	2					1			
ἐξορκιζω	1													
ἐξορκιστης					1									
ἐξορυσσω		1							1					
ἐξουδενεω		1												
ἐξουθενεω			2		1	2	3	1	1				1	
ἐξουσια	10	10	16	8	7	5	10	2		4		4		1
ἐξουσιαζω			1				3							
ἐξοχη					1									
ἐξυπνιζω				1										
ἐξυπνος					1									
ἐξω	9	10	10	13	10		2	1					1	1
ἐξωθεν	3	2	2					1						
ἐξωθεω					2									
ἐξωτερος	3													
ἐοικα														
ἐορταζω							1							
ἐορτη	2	2	4	17								1		
ἐπαγγελια			1		8	8		2	10	4				
ἐπαγγελλομαι		1			1	1				1				
ἐπαγγελμα														
ἐπαγω					1									
ἐπαγωνιζομαι														
ἐπαθροιζομαι			1											
ἐπαινετος						1								
ἐπαινεω			1			1	4							
ἐπαινος						2	1	1		3	2			
ἐπαιρω	1		6	4	5			2						
ἐπαισχυνομαι		2	2			2								
ἐπαιτεω			2											
ἐπακολουθεω		1												

	1Tm	2Tm	Tit	Phm	Heb	Ja	1Pt	2Pt	1Jh	2Jh	3Jh	Ju	Apc	gesamt
ἑξις					1									1
ἐξιστημι														17
ἐξισχυω														1
ἐξοδος					1			1						3
ἐξολεθρευω														1
ἐξομολογεω						1								10
ἐξορκιζω														1
ἐξορκιστης														1
ἐξορυσσω														2
ἐξουδενεω														1
ἐξουθενεω														11
ἐξουσια			1		1		1					1	21	102
ἐξουσιαζω														4
ἐξοχη														1
ἐξυπνιζω														1
ἐξυπνος														1
ἐξω					3			1					2	63
ἐξωθεν	1						1						3	13
ἐξωθεω														2
ἐξωτερος														3
ἐοικα						2								2
ἐορταζω														1
ἑορτη														26
ἐπαγγελια	1	1			14			2	1					52
ἐπαγγελλομαι	2		1		4	2		1	1					15
ἐπαγγελμα								2						2
ἐπαγω								2						3
ἐπαγωνιζομαι												1		1
ἐπαθροιζομαι														1
ἐπαινετος														1
ἐπαινεω														6
ἐπαινος							2							11
ἐπαιρω	1													19
ἐπαισχυνομαι		3			2									11
ἐπαιτεω														2
ἐπακολουθεω	2						1							4

	1Tm	2Tm	Tit	Phm	Heb	Ja	1Pt	2Pt	1Jh	2Jh	3Jh	Ju	Apc	gesamt

	Mt	Mc	Lc	Jh	Ac	Rm	1Co	2Co	Ga	Eph	Php	Col	1Th	2Th
ἐπακουω								1						
ἐπακροαομαι					1									
ἐπαν	1		2											
ἐπαναγκες					1									
ἐπαναγω	1		2											
ἐπαναμιμνησκω						1								
ἐπαναπαυομαι			1			1								
ἐπανερχομαι			2											
ἐπανισταμαι	1	1												
ἐπανορθωσις														
ἐπανω	8	1	5	2			1							
ἐπαρατος			1											
ἐπαρκεω														
ἐπαρχεια					2									
ἐπαυλις					1									
ἐπαυριον	1	1		5	10									
ἐπαφρας												2		
ἐπαφριζω														
ἐπαφροδιτος											2			
ἐπεγειρω					2									
ἐπει	3	1	1	2		3	5	2						
ἐπειδη			2		3		4				1			
ἐπειδηπερ			1											
ἐπειμι					5									
ἐπεισαγωγη														
ἐπεισερχομαι			1											
ἐπειτα			1	1			6		3				1	
ἐπεκεινα					1									
ἐπεκτεινομαι											1			
ἐπενδυομαι								2						
ἐπενδυτης				1										
ἐπερχομαι			3		4					1				
ἐπερωταω	8	25	17	2	2	1	1							
ἐπερωτημα														
ἐπεχω			1		2						1			
ἐπηρεαζω			1											

	1Tm	2Tm	Tit	Phm	Heb	Ja	1Pt	2Pt	1Jh	2Jh	3Jh	Ju	Apc	gesamt
ἐπακουω														1
ἐπακροαομαι														1
ἐπαν														3
ἐπαναγκες														1
ἐπαναγω														3
ἐπαναμιμνησκω														1
ἐπαναπαυομαι														2
ἐπανερχομαι														2
ἐπανισταμαι														2
ἐπανορθωσις		1												1
ἐπανω													2	19
ἐπαρατος														1
ἐπαρκεω	3													3
ἐπαρχεια														2
ἐπαυλις														1
ἐπαυριον														17
ἐπαφρας				1										3
ἐπαφριζω												1		1
ἐπαφροδιτος														2
ἐπεγειρω														2
ἐπει					9									26
ἐπειδη														10
ἐπειδηπερ														1
ἐπειμι														5
ἐπεισαγωγη					1									1
ἐπεισερχομαι														1
ἐπειτα					2	2								16
ἐπεκεινα														1
ἐπεκτεινομαι														1
ἐπενδυομαι														2
ἐπενδυτης														1
ἐπερχομαι						1								9
ἐπερωταω														56
ἐπερωτημα							1							1
ἐπεχω	1													5
ἐπηρεαζω							1							2

	Mt	Mc	Lc	Jh	Ac	Rm	1Co	2Co	Ga	Eph	Php	Col	1Th	2Th
ἐπι	122	72	161	36	170	31	19	24	8	11	7	6	6	4
ἐπιβαινω	1				5									
ἐπιβαλλω	2	4	5	2	4		1							
ἐπιβαρεω								1					1	1
ἐπιβιβαζω			2		1									
ἐπιβλεπω			2											
ἐπιβλημα	1	1	2											
ἐπιβουλη					4									
ἐπιγαμβρευω	1													
ἐπιγειος				1			2	1			2			
ἐπιγινομαι					1									
ἐπιγινωσκω	6	4	7		13	1	4	5				1		
ἐπιγνωσις						3				2	1	4		
ἐπιγραφη	1	2	2											
ἐπιγραφω		1			1									
ἐπιδεικνυμι	3		1		2									
ἐπιδεχομαι														
ἐπιδημεω					2									
ἐπιδιατασσομαι									1					
ἐπιδιδωμι	2		5		2									
ἐπιδιορθοω														
ἐπιδυω										1				
ἐπιεικεια					1			1						
ἐπιεικης											1			
ἐπιζητεω	3		2		3	1					2			
ἐπιθανατιος							1							
ἐπιθεσις					1									
ἐπιθυμεω	2		4		1	2	1		1					
ἐπιθυμητης							1							
ἐπιθυμια		1	1	1		5			2	2	1	1	2	
ἐπικαθιζω	1													
ἐπικαλεω	1				20	3	1	1						
ἐπικαλυμμα														
ἐπικαλυπτω						1								
ἐπικαταρατος									2					
ἐπικειμαι			2	2	1		1							

	1Tm	2Tm	Tit	Phm	Heb	Ja	1Pt	2Pt	1Jh	2Jh	3Jh	Ju	Apc	gesamt
ἐπι	8	6	2	2	29	8	9	3	1		1	1	144	891
ἐπιβαινω														6
ἐπιβαλλω														18
ἐπιβαρεω														3
ἐπιβιβαζω														3
ἐπιβλεπω						1								3
ἐπιβλημα														4
ἐπιβουλη														4
ἐπιγαμβρευω														1
ἐπιγειος						1								7
ἐπιγινομαι														1
ἐπιγινωσκω	1							2						44
ἐπιγνωσις	1	2	1	1	1			4						20
ἐπιγραφη														5
ἐπιγραφω					2								1	5
ἐπιδεικνυμι					1									7
ἐπιδεχομαι											2			2
ἐπιδημεω														2
ἐπιδιατασσομαι														1
ἐπιδιδωμι														9
ἐπιδιορθοω			1											1
ἐπιδυω														1
ἐπιεικεια														2
ἐπιεικης	1		1			1	1							5
ἐπιζητεω					2									13
ἐπιθανατιος														1
ἐπιθεσις	1	1			1									4
ἐπιθυμεω	1				1	1	1						1	16
ἐπιθυμητης														1
ἐπιθυμια	1	3	2			2	4	4	3			2	1	38
ἐπικαθιζω														1
ἐπικαλεω		1			1	1	1							30
ἐπικαλυμμα							1							1
ἐπικαλυπτω														1
ἐπικαταρατος														2
ἐπικειμαι					1									7

	Mt	Mc	Lc	Jh	Ac	Rm	1Co	2Co	Ga	Eph	Php	Col	1Th	2Th
ἐπικελλω					1									
ἐπικουρειος					1									
ἐπικουρια					1									
ἐπικρινω			1											
ἐπιλαμβανομαι	1	1	5		7									
ἐπιλανθανομαι	1	1	1								1			
ἐπιλεγομαι				1	1									
ἐπιλειπω														
ἐπιλειχω			1											
ἐπιλησμονη														
ἐπιλοιπος														
ἐπιλυσις														
ἐπιλυω		1			1									
ἐπιμαρτυρεω														
ἐπιμελεια					1									
ἐπιμελεομαι			2											
ἐπιμελως			1											
ἐπιμενω				1	7	3	2		1		1	1		
ἐπινευω					1									
ἐπινοια					1									
ἐπιορκεω	1													
ἐπιορκος														
ἐπιουσιος	1		1											
ἐπιπιπτω		1	2		6	1								
ἐπιπλησσω														
ἐπιποθεω						1		2			2		1	
ἐπιποθησις								2						
ἐπιποθητος											1			
ἐπιποθια						1								
ἐπιπορευομαι			1											
ἐπιραπτω		1												
ἐπιριπτω			1											
ἐπισημος	1					1								
ἐπισιτισμος			1											
ἐπισκεπτομαι	2		3		4									
ἐπισκευαζομαι					1									

	1Tm	2Tm	Tit	Phm	Heb	Ja	1Pt	2Pt	1Jh	2Jh	3Jh	Ju	Apc	gesamt
ἐπικελλω														1
ἐπικουρειος														1
ἐπικουρια														1
ἐπικρινω														1
ἐπιλαμβανομαι	2				3									19
ἐπιλανϑανομαι					3	1								8
ἐπιλεγομαι														2
ἐπιλειπω					1									1
ἐπιλειχω														1
ἐπιλησμονη						1								1
ἐπιλοιπος							1							1
ἐπιλυσις								1						1
ἐπιλυω														2
ἐπιμαρτυρεω							1							1
ἐπιμελεια														1
ἐπιμελεομαι	1													3
ἐπιμελως														1
ἐπιμενω	1													17
ἐπινευω														1
ἐπινοια														1
ἐπιορκεω														1
ἐπιορκος	1													1
ἐπιουσιος														2
ἐπιπιπτω													1	11
ἐπιπλησσω	1													1
ἐπιποϑεω		1				1	1							9
ἐπιποϑησις														2
ἐπιποϑητος														1
ἐπιποϑια														1
ἐπιπορευομαι														1
ἐπιραπτω														1
ἐπιριπτω							1							2
ἐπισημος														2
ἐπισιτισμος														1
ἐπισκεπτομαι					1	1								11
ἐπισκευαζομαι														1

| | 1Tm | 2Tm | Tit | Phm | Heb | Ja | 1Pt | 2Pt | 1Jh | 2Jh | 3Jh | Ju | Apc | gesamt |

	Mt	Mc	Lc	Jh	Ac	Rm	1Co	2Co	Ga	Eph	Php	Col	1Th	2Th
ἐπισκηνοω								1						
ἐπισκιαζω	1	1	2		1									
ἐπισκοπεω														
ἐπισκοπη			1		1									
ἐπισκοπος					1						1			
ἐπισπαομαι							1							
ἐπισπειρω	1													
ἐπισταμαι		1			9									
ἐπιστασις					1			1						
ἐπιστατης			7											
ἐπιστελλω					2									
ἐπιστημων														
ἐπιστηριζω					4									
ἐπιστολη					5	1	2	8				1	1	4
ἐπιστομιζω														
ἐπιστρεφω	4	4	7	1	11			1	1				1	
ἐπιστροφη					1									
ἐπισυναγω	3	2	3											
ἐπισυναγωγη														1
ἐπισυντρεχω		1												
ἐπισφαλης					1									
ἐπισχυω			1											
ἐπισωρευω														
ἐπιταγη						1	2	1						
ἐπιτασσω		4	4		1									
ἐπιτελεω						1		4	1		1			
ἐπιτηδειος														
ἐπιτιθημι	7	8	5	2	14									
ἐπιτιμαω	6	9	12											
ἐπιτιμια								1						
ἐπιτρεπω	2	2	4	1	5		2							
ἐπιτροπη					1									
ἐπιτροπος	1		1						1					
ἐπιτυγχανω						2								
ἐπιφαινω			1		1									
ἐπιφανεια														1

	1Tm	2Tm	Tit	Phm	Heb	Ja	1Pt	2Pt	1Jh	2Jh	3Jh	Ju	Apc	gesamt
ἐπισκηνοω														1
ἐπισκιαζω														5
ἐπισκοπεω					1		1							2
ἐπισκοπη	1						1							4
ἐπισκοπος	1		1				1							5
ἐπισπαομαι														1
ἐπισπειρω														1
ἐπισταμαι	1				1	1						1		14
ἐπιστασις														2
ἐπιστατης														7
ἐπιστελλω					1									3
ἐπιστημων						1								1
ἐπιστηριζω														4
ἐπιστολη								2						24
ἐπιστομιζω			1											1
ἐπιστρεφω						2	1	1					2	36
ἐπιστροφη														1
ἐπισυναγω														8
ἐπισυναγωγη					1									2
ἐπισυντρεχω														1
ἐπισφαλης														1
ἐπισχυω														1
ἐπισωρευω		1												1
ἐπιταγη	1		2											7
ἐπιτασσω				1										10
ἐπιτελεω					2		1							10
ἐπιτηδειος						1								1
ἐπιτιθημι	1												2	39
ἐπιτιμαω		1										1		29
ἐπιτιμια														1
ἐπιτρεπω	1				1									18
ἐπιτροπη														1
ἐπιτροπος														3
ἐπιτυγχανω					2	1								5
ἐπιφαινω			2											4
ἐπιφανεια	1	3	1											6

	Mt	Mc	Lc	Jh	Ac	Rm	1Co	2Co	Ga	Eph	Php	Col	1Th	2Th
ἐπιφανης					1									
ἐπιφαυσκω										1				
ἐπιφερω						1								
ἐπιφωνεω			1		3									
ἐπιφωσκω	1		1											
ἐπιχειρεω			1		2									
ἐπιχεω			1											
ἐπιχορηγεω								1	1			1		
ἐπιχορηγια										1	1			
ἐπιχριω				2										
ἐποικοδομεω							4			1		1		
ἐπονομαζομαι						1								
ἐποπτευω														
ἐποπτης														
ἐπος														
ἐπουρανιος				1			5			5	1			
ἑπτα	9	9	6		8									
ἑπτακις	2		2											
ἑπτακισχιλιοι						1								
ἐραστος					1	1								
ἐραυναω				2		1	1							
ἐργαζομαι	4	1	1	8	3	4	4	1	1	1		1	2	4
ἐργασια			1		4					1				
ἐργατης	6		4		1			1			1			
ἐργον	6	2	2	27	10	15	8	3	8	4	3	3	2	2
ἐρεθιζω								1				1		
ἐρειδω					1									
ἐρευγομαι	1													
ἐρημια	1	1						1						
ἐρημοομαι	1		1											
ἐρημος	8	9	10	5	9		1		1					
ἐρημωσις	1	1	1											
ἐριζω	1													
ἐριθεια						1		1	1		2			
ἐριον														
ἐρις						2	2	1	1		1			

	1Tm	2Tm	Tit	Phm	Heb	Ja	1Pt	2Pt	1Jh	2Jh	3Jh	Ju	Apc	gesamt
ἐπιφανης														1
ἐπιφαυσκω														1
ἐπιφερω												1		2
ἐπιφωνεω														4
ἐπιφωσκω														2
ἐπιχειρεω														3
ἐπιχεω														1
ἐπιχορηγεω								2						5
ἐπιχορηγια														2
ἐπιχριω														2
ἐποικοδομεω												1		7
ἐπονομαζομαι														1
ἐποπτευω							2							2
ἐποπτης								1						1
ἐπος					1									1
ἐπουρανιος		1			6									19
ἑπτα					1								55	88
ἑπτακις														4
ἑπτακισχιλιοι														1
ἐραστος		1												3
ἐραυναω							1						1	6
ἐργαζομαι					1	2				1	1		1	41
ἐργασια														6
ἐργατης	1	1				1								16
ἐργον	6	6	8		9	15	2	2	3	1	1	1	20	169
ἐρεθιζω														2
ἐρειδω														1
ἐρευγομαι														1
ἐρημια					1									4
ἐρημοομαι													3	5
ἐρημος					2								3	48
ἐρημωσις														3
ἐριζω														1
ἐριθεια						2								7
ἐριον					1								1	2
ἐρις	1		1											9
	1Tm	2Tm	Tit	Phm	Heb	Ja	1Pt	2Pt	1Jh	2Jh	3Jh	Ju	Apc	gesamt

	Mt	Mc	Lc	Jh	Ac	Rm	1Co	2Co	Ga	Eph	Php	Col	1Th	2Th
ἐριφιον	1													
ἐριφος	1		1											
ἑρμας						1								
ἑρμηνεια							2							
ἑρμηνευω				2										
ἑρμης					1	1								
ἑρμογενης														
ἑρπετον					2	1								
ἐρυθρος					1									
ἐρχομαι	115	85	101	157	53	10	18	16	8	2	3	2	4	2
ἐρω	30	2	19	6	7	13	3	2	1		1			
ἐρωταω	4	3	15	28	7						1		2	1
ἐσθης			2		3									
ἐσθιω	24	27	33	15	7	13	27							3
ἐσλι			1											
ἐσοπτρον							1							
ἑσπερα			1		2									
ἐσρωμ	2		1											
ἑσσοομαι								1						
ἐσχατος	10	5	6	7	3		5							
ἐσχατως		1												
ἐσω	1	2		1	1	1	1	1		1				
ἐσωθεν	4	2	3					1						
ἐσωτερος					1									
ἑταιρος	3													
ἑτερογλωσσος							1							
ἑτεροδιδασκαλεω														
ἑτεροζυγεω								1						
ἑτερος	10	1	33	1	17	9	11	3	3	1	1			
ἑτερως											1			
ἐτι	8	5	16	8	5	6	4	1	3		1			1
ἑτοιμαζω	7	5	14	2	1		1							
ἑτοιμασια										1				
ἑτοιμος	4	1	3	1	2			3						
ἑτοιμως					1			1						
ἐτος	1	2	15	3	11	1		1	3					

	1Tm	2Tm	Tit	Phm	Heb	Ja	1Pt	2Pt	1Jh	2Jh	3Jh	Ju	Apc	gesamt
ἐρίφιον														1
ἔριφος														2
ἑρμᾶς														1
ἑρμηνεια														2
ἑρμηνευω					1									3
ἑρμης														2
ἑρμογενης		1												1
ἑρπετον						1								4
ἐρυθρος					1									2
ἐρχομαι	4	4	1		5		1		4	2	2	1	36	636
ἐρω					6	1							5	96
ἐρωταω									1	1				63
ἐσθης						3								8
ἐσθιω					2	1							6	158
ἐσλι														1
ἐσοπτρον						1								2
ἐσπερα														3
ἐσρωμ														3
ἐσσοομαι														1
ἐσχατος		1			1	1	2	2	2			1	6	52
ἐσχατως														1
ἐσω														9
ἐσωθεν													2	12
ἐσωτερος					1									2
ἑταιρος														3
ἑτερογλωσσος														1
ἑτεροδιδασκαλεω	2													2
ἑτεροζυγεω														1
ἑτερος	1	1			5	1						1		99
ἑτερως														1
ἐτι					13								22	93
ἑτοιμαζω		1		1	1								7	40
ἑτοιμασια														1
ἑτοιμος			1					2						17
ἑτοιμως								1						3
ἐτος	1				3			2					6	49

	Mt	Mc	Lc	Jh	Ac	Rm	1Co	2Co	Ga	Eph	Php	Col	1Th	2Th
εὐ	2	1	1		1					1				
εὐα								1						
εὐαγγελιζω	1		10		15	3	6	2	7	2			1	
εὐαγγελιον	4	8			2	9	8	8	7	4	9	2	6	2
εὐαγγελιστης					1					1				
εὐαρεστεω														
εὐαρεστος						3		1		1	1	1		
εὐαρεστως														
εὐβουλος														
εὐγενης			1		1		1							
εὐδια	1													
εὐδοκεω	3	1	2			2	2	2	1			1	2	1
εὐδοκια	1		2			1				2	2			1
εὐεργεσια					1									
εὐεργετεω					1									
εὐεργετης			1											
εὐθετος			2											
εὐθεως	13	1	6	3	9				1					
εὐθυδρομεω					2									
εὐθυμεω					2									
εὐθυμος					1									
εὐθυμως					1									
εὐθυνω				1										
εὐθυς	5	41	1	3	1									
εὐθυς	1	1	2		3									
εὐθυτης														
εὐκαιρεω		1			1		1							
εὐκαιρια	1		1											
εὐκαιρος		1												
εὐκαιρως		1												
εὐκοπωτερος	2	2	3											
εὐλαβεια														
εὐλαβεομαι														
εὐλαβης			1		3									
εὐλογεω	5	5	13	1	2	2	3		1	1				
εὐλογητος		1	1			2		2		1				

	1Tm	2Tm	Tit	Phm	Heb	Ja	1Pt	2Pt	1Jh	2Jh	3Jh	Ju	Apc	gesamt
εὐ														6
εὐα	1													2
εὐαγγελιζω					2		3						2	54
εὐαγγελιον	1	3		1			1						1	76
εὐαγγελιστης		1												3
εὐαρεστεω					3									3
εὐαρεστος			1		1									9
εὐαρεστως					1									1
εὐβουλος		1												1
εὐγενης														3
εὐδια														1
εὐδοκεω					3			1						21
εὐδοκια														9
εὐεργεσια	1													2
εὐεργετεω														1
εὐεργετης														1
εὐθετος					1									3
εὐθεως						1					1		1	36
εὐθυδρομεω														2
εὐθυμεω						1								3
εὐθυμος														1
εὐθυμως														1
εὐθυνω						1								2
εὐθυς														51
εὐθυς								1						8
εὐθυτης					1									1
εὐκαιρεω														3
εὐκαιρια														2
εὐκαιρος					1									2
εὐκαιρως		1												2
εὐκοπωτερος														7
εὐλαβεια					2									2
εὐλαβεομαι					1									1
εὐλαβης														4
εὐλογεω					7	1	1							42
εὐλογητος							1							8

	Mt	Mc	Lc	Jh	Ac	Rm	1Co	2Co	Ga	Eph	Php	Col	1Th	2Th
εὐλογια						2	1	4	1	1				
εὐμεταδοτος														
εὐνικη														
εὐνοεω	1													
εὐνοια										1				
εὐνουχιζω	2													
εὐνουχος	3				5									
εὐοδια											1			
εὐοδοομαι						1	1							
εὐπαρεδρος							1							
εὐπειθης														
εὐπεριστατος														
εὐποιια														
εὐπορεομαι					1									
εὐπορια					1									
εὐπρεπεια														
εὐπροσδεκτος						2		2						
εὐπροσωπεω									1					
εὐρακυλων					1									
εὐρισκω	27	11	45	19	35	4	2	6	1		2			
εὐρυχωρος	1													
εὐσεβεια					1									
εὐσεβεω					1									
εὐσεβης					2									
εὐσεβως														
εὐσημος							1							
εὐσπλαγχνος										1				
εὐσχημονως						1	1						1	
εὐσχημοσυνη							1							
εὐσχημων		1			2		2							
εὐτονως			1		1									
εὐτραπελια										1				
εὐτυχος					1									
εὐφημια								1						
εὐφημος											1			
εὐφορεω			1											
	Mt	Mc	Lc	Jh	Ac	Rm	1Co	2Co	Ga	Eph	Php	Col	1Th	2Th

	1Tm	2Tm	Tit	Phm	Heb	Ja	1Pt	2Pt	1Jh	2Jh	3Jh	Ju	Apc	gesamt
εὐλογια					2	1	1						3	16
εὐμεταδοτος	1													1
εὐνικη		1												1
εὐνοεω														1
εὐνοια														1
εὐνουχιζω														2
εὐνουχος														8
εὐοδια														1
εὐοδοομαι											2			4
εὐπαρεδρος														1
εὐπειθης						1								1
εὐπεριστατος					1									1
εὐποιια					1									1
εὐπορεομαι														1
εὐπορια														1
εὐπρεπεια						1								1
εὐπροσδεκτος							1							5
εὐπροσωπεω														1
εὐρακυλων														1
εὑρισκω		2			4		2	2	1				13	176
εὐρυχωρος														1
εὐσεβεια	8	1	1					4						15
εὐσεβεω	1													2
εὐσεβης								1						3
εὐσεβως		1	1											2
εὐσημος														1
εὐσπλαγχνος							1							2
εὐσχημονως														3
εὐσχημοσυνη														1
εὐσχημων														5
εὐτονως														2
εὐτραπελια														1
εὐτυχος														1
εὐφημια														1
εὐφημος														1
εὐφορεω														1
	1Tm	2Tm	Tit	Phm	Heb	Ja	1Pt	2Pt	1Jh	2Jh	3Jh	Ju	Apc	gesamt

	Mt	Mc	Lc	Jh	Ac	Rm	1Co	2Co	Ga	Eph	Php	Col	1Th	2Th
εὐφραινω			6		2	1		1	1					
εὐφρατης														
εὐφροσυνη					2									
εὐχαριστεω	2	2	4	3	2	5	6	1		2	1	3	3	2
εὐχαριστια					1		1	3		1	1	2	1	
εὐχαριστος												1		
εὐχη					2									
εὐχομαι					2	1		2						
εὐχρηστος														
εὐψυχεω											1			
εὐωδια								1		1	1			
εὐωνυμος	5	2			1									
ἐφαλλομαι					1									
ἐφαπαξ						1	1							
ἐφεσιος					5									
ἐφεσος					8		2			1				
ἐφευρετης						1								
ἐφημερια			2											
ἐφημερος														
ἐφικνεομαι								2						
ἐφιστημι			7		11								1	
ἐφοραω			1		1									
ἐφραιμ				1										
ἐφφαθα		1												
ἐχθες				1	1									
ἐχθρα			1			1			1	2				
ἐχθρος	7	1	8		2	3	2		1		1	1		1
ἐχιδνα	3		1		1									
ἐχω	74	71	78	87	45	25	49	22	5	8	10	7	8	1
ἑως	49	15	28	10	22	2	6	3						1
ζαβουλων	2													
ζακχαιος			3											
ζαρα	1													
ζαχαριας	1		10											
ζεβεδαιος	6	4	1	1										
ζεστος														

	1Tm	2Tm	Tit	Phm	Heb	Ja	1Pt	2Pt	1Jh	2Jh	3Jh	Ju	Apc	gesamt
εὐφραινω													3	14
εὐφρατης													2	2
εὐφροσυνη														2
εὐχαριστεω				1									1	38
εὐχαριστια	3												2	15
εὐχαριστος														1
εὐχη						1								3
εὐχομαι						1					1			7
εὐχρηστος		2		1										3
εὐψυχεω														1
εὐωδια														3
εὐωνυμος													1	9
ἐφαλλομαι														1
ἐφαπαξ					3									5
ἐφεσιος														5
ἐφεσος	1	2											2	16
ἐφευρετης														1
ἐφημερια														2
ἐφημερος						1								1
ἐφικνεομαι														2
ἐφιστημι		2												21
ἐφοραω														2
ἐφραιμ														1
ἐφφαθα														1
ἐχθες					1									3
ἐχθρα						1								6
ἐχθρος					2	1							2	32
ἐχιδνα														5
ἐχω	14	6	2	4	39	10	5	5	28	4	2	2	100	711
ἐως	1				3	2	1	1					2	146
ζαβουλων													1	3
ζακχαιος														3
ζαρα														1
ζαχαριας														11
ζεβεδαιος														12
ζεστος													3	3

	Mt	Mc	Lc	Jh	Ac	Rm	1Co	2Co	Ga	Eph	Php	Col	1Th	2Th
ζευγος			2											
ζευκτηρια					1									
ζευς					2									
ζεω					1	1								
ζηλευω														
ζηλος				1	2	2	1	5	1		1			
ζηλοω					2		4	1	3					
ζηλωτης			1		3		1		1					
ζημια					2						2			
ζημιοομαι	1	1	1				1	1			1			
ζηνας														
ζητεω	14	10	25	34	10	4	8	2	2		1	1	1	
ζητημα					5									
ζητησις				1	3									
ζιζανιον	8													
ζοροβαβελ	2		1											
ζοφος														
ζυγος	2				1				1					
ζυμη	4	2	2				4		1					
ζυμοω	1		1				1		1					
ζω	6	3	9	17	12	23	3	9	9		2	2	5	
ζωγρεω			1											
ζωη	7	4	5	36	8	14	2	6	1	1	3	2		
ζωνη	2	2			2									
ζωννυμι				2	1									
ζωογονεω			1		1									
ζωον														
ζωοποιεω				3		2	3	1	1					
ή	68	33	45	12	35	27	50	14	8	7	1	4	3	1
ήγεμονευω			2											
ήγεμονια			1											
ήγεμων	10	1	2		6									
ήγεομαι	1		1		4			1			6		1	1
ήδεως		2						3						
ήδη	7	8	10	16	3	3	4				3			1
ήδονη			1											

	1Tm	2Tm	Tit	Phm	Heb	Ja	1Pt	2Pt	1Jh	2Jh	3Jh	Ju	Apc	gesamt
ζευγος														2
ζευκτηρια														1
ζευς														2
ζεω														2
ζηλευω													1	1
ζηλος					1	2								16
ζηλοω						1								11
ζηλωτης			1				1							8
ζημια														4
ζημιοομαι														6
ζηνας			1											1
ζητεω		1			1		2						1	117
ζητημα														5
ζητησις	1	1	1											7
ζιζανιον														8
ζοροβαβελ														3
ζοφος					1			2				2		5
ζυγος	1												1	6
ζυμη														13
ζυμοω														4
ζω	3	2	1		12	1	7		1				13	140
ζωγρεω		1												2
ζωη	4	2	2		2	2	2	1	13			1	17	135
ζωνη													2	8
ζωννυμι														3
ζωογονεω	1													3
ζωον					1			1				1	20	23
ζωοποιεω							1							11
ἡ	5	1	2	1	4	8	8	1	1				5	344
ἡγεμονευω														2
ἡγεμονια														1
ἡγεμων							1							20
ἡγεομαι	2				6	1		4						28
ἡδεως														5
ἡδη	1	2						1	2					61
ἡδονη			1			2		1						5
	1Tm	2Tm	Tit	Phm	Heb	Ja	1Pt	2Pt	1Jh	2Jh	3Jh	Ju	Apc	gesamt

	Mt	Mc	Lc	Jh	Ac	Rm	1Co	2Co	Ga	Eph	Php	Col	1Th	2Th
ἡδυοσμον	1		1											
ἠθος							1							
ἡκω	4	1	5	4		1								
ἠλι	2													
ἠλι			1											
ἡλιας	9	9	7	2		1								
ἡλικια	1		3	2						1				
ἡλικος												1		
ἡλιος	5	4	3		4		1			1				
ἡλος				2										
ἡμεις	49	23	69	49	126	59	54	108	21	27	6	13	48	26
ἡμερα	45	27	83	31	94	11	7	7	2	3	4	2	6	3
ἡμετερος					3	1								
ἡμιθανης			1											
ἡμισυς		1	1											
ἡμιωριον														
ἡνικα								2						
ἡπερ				1										
ἡπιος														
ἡρ			1											
ἡρεμος														
ἡρωδης	13	8	14		8									
ἡρωδιανοι	1	2												
ἡρωδιας	2	3	1											
ἡρωδιων						1								
ἡσαιας	6	2	2	4	3	5								
ἡσαυ						1								
ἡσσων							1	1						
ἡσυχαζω			2		2								1	
ἡσυχια					1									1
ἡσυχιος														
ἡτοι						1								
ἡτταομαι														
ἡττημα						1	1							
ἡχεω						1								
ἡχος			2		1									

	1Tm	2Tm	Tit	Phm	Heb	Ja	1Pt	2Pt	1Jh	2Jh	3Jh	Ju	Apc	gesamt
ἡδυοσμον														2
ἦθος														1
ἥκω					3			1	1				6	26
ἠλι														2
ἠλι														1
ἠλιας						1								29
ἡλικια					1									8
ἡλικος						2								3
ἥλιος						1							13	32
ἧλος														2
ἡμεις	9	9	15	4	31	8	4	15	56	4	5	7	19	864
ἡμερα	1	5			18	2	3	12	1			1	21	389
ἡμετερος		1	1						2					8
ἡμιθανης														1
ἥμισυς													3	5
ἡμιωριον													1	1
ἡνικα														2
ἤπερ														1
ἤπιος		1												1
ἠρ														1
ἠρεμος	1													1
ἡρωδης														43
ἡρωδιανοι														3
ἡρωδιας														6
ἡρωδιων														1
ἠσαιας														22
ἠσαυ					2									3
ἥσσων														2
ἡσυχαζω														5
ἡσυχια	2													4
ἡσυχιος	1						1							2
ἤτοι														1
ἡτταομαι								2						2
ἥττημα														2
ἠχεω														1
ἦχος					1									4

	Mt	Mc	Lc	Jh	Ac	Rm	1Co	2Co	Ga	Eph	Php	Col	1Th	2Th
ϑα							1							
ϑαδδαιος	1	1												
ϑαλασσα	16	19	3	9	10	1	2	1						
ϑαλπω										1			1	
ϑαμαρ	1													
ϑαμβεομαι		3												
ϑαμβος			2		1									
ϑανασιμος		1												
ϑανατηφορος														
ϑανατος	7	6	7	8	8	22	8	9			6	1		
ϑανατοω	3	2	1			3		1						
ϑαπτω	3		3		4		1							
ϑαρα			1											
ϑαρρεω								5						
ϑαρσεω	3	2		1	1									
ϑαρσος					1									
ϑαυμα								1						
ϑαυμαζω	7	4	13	6	5				1					1
ϑαυμασιος	1													
ϑαυμαστος	1	1		1										
ϑεα					1									
ϑεαομαι	4	2	3	6	3	1								
ϑεατριζω														
ϑεατρον					2		1							
ϑειον			1											
ϑειος					1									
ϑειοτης						1								
ϑειωδης														
ϑελημα	6	1	4	11	3	4	3	2	1	7		3	2	
ϑελησις														
ϑελω	42	25	28	23	15	15	17	8	9		1	3	2	1
ϑεμελιον			3		1	1	3			1				
ϑεμελιος			3			1	3			1				
ϑεμελιοω	1									1		1		
ϑεοδιδακτος													1	
ϑεομαχος					1									

	1Tm	2Tm	Tit	Phm	Heb	Ja	1Pt	2Pt	1Jh	2Jh	3Jh	Ju	Apc	gesamt
θα														1
θαδδαιος														2
θαλασσα					2	1						1	26	91
θαλπω														2
θαμαρ														1
θαμβεομαι														3
θαμβος														3
θανασιμος														1
θανατηφορος						1								1
θανατος		1			10	2			6				19	120
θανατοω							1							11
θαπτω														11
θαρα														1
θαρρεω					1									6
θαρσεω														7
θαρσος														1
θαυμα													1	2
θαυμαζω									1			1	4	43
θαυμασιος														1
θαυμαστος							1						2	6
θεα														1
θεαομαι									3					22
θεατριζω					1									1
θεατρον														3
θειον													6	7
θειος								2						3
θειοτης														1
θειωδης													1	1
θελημα		2			5		4	1	2				1	62
θελησις					1									1
θελω	3	1		1	4	2	2	1				1	5	209
θεμελιον	1				1									11
θεμελιος	1	1			2								3	15
θεμελιοω					1		1							5
θεοδιδακτος														1
θεομαχος														1
	1Tm	2Tm	Tit	Phm	Heb	Ja	1Pt	2Pt	1Jh	2Jh	3Jh	Ju	Apc	gesamt

	Mt	Mc	Lc	Jh	Ac	Rm	1Co	2Co	Ga	Eph	Php	Col	1Th	2Th
θεοπνευστος														
θεος	51	49	122	83	168	153	106	79	31	31	23	21	36	18
θεοσεβεια														
θεοσεβης				1										
θεοστυγης						1								
θεοτης												1		
θεοφιλος			1		1									
θεραπεια			2											
θεραπευω	16	5	14	1	5									
θεραπων														
θεριζω	3		3	4			1	2	4					
θερισμος	6	1	3	2										
θεριστης	2													
θερμαινομαι		2		3										
θερμη					1									
θερος	1	1	1											
θεσσαλονικευς					2								1	1
θεσσαλονικη					3						1			
θευδας					1									
θεωρεω	2	7	7	24	14									
θεωρια			1											
θηκη				1										
θηλαζω	2	1	2											
θηλυς	1	1				2			1					
θηρα						1								
θηρευω			1											
θηριομαχεω							1							
θηριον		1			3									
θησαυριζω	2		1			1	1	1						
θησαυρος	9	1	4					1				1		
θιγγανω												1		
θλιβω	1	1						3					1	2
θλιψις	4	3		2	5	5	1	9		1	2	1	3	2
θνησκω	1	1	2	2	2									
θνητος						2	2	2						
θορυβαζω			1											

	1Tm	2Tm	Tit	Phm	Heb	Ja	1Pt	2Pt	1Jh	2Jh	3Jh	Ju	Apc	gesamt
θεοπνευστος		1												1
θεος	22	13	13	2	68	16	39	7	62	2	3	4	96	1318
θεοσεβεια	1													1
θεοσεβης														1
θεοστυγης														1
θεοτης														1
θεοφιλος														2
θεραπεια													1	3
θεραπευω													2	43
θεραπων					1									1
θεριζω						1							3	21
θερισμος													1	13
θεριστης														2
θερμαινομαι						1								6
θερμη														1
θερος														3
θεσσαλονικευς														4
θεσσαλονικη		1												5
θευδας														1
θεωρεω					1				1				2	58
θεωρια														1
θηκη														1
θηλαζω														5
θηλυς														5
θηρα														1
θηρευω														1
θηριομαχεω														1
θηριον			1		1	1							39	46
θησαυριζω						1		1						8
θησαυρος					1									17
θιγγανω					2									3
θλιβω	1				1									10
θλιψις					1	1							5	45
θνησκω	1													9
θνητος														6
θορυβαζω														1

	Mt	Mc	Lc	Jh	Ac	Rm	1Co	2Co	Ga	Eph	Php	Col	1Th	2Th
θορυβεω	1	1			2									
θορυβος	2	2			3									
θραυω			1											
θρεμμα				1										
θρηνεω	1		2	1										
θρησκεια					1							1		
θρησκος														
θριαμβευω								1				1		
θριξ	3	1	4	2	1									
θροεομαι	1	1												1
θρομβος			1											
θρονος	5		3		2							1		
θυατειρα					1									
θυγατηρ	8	5	9	1	3			1						
θυγατριον		2												
θυελλα														
θυινος														
θυμιαμα			2											
θυμιατηριον														
θυμιαω			1											
θυμομαχεω					1									
θυμοομαι	1													
θυμος			1		1	1		1	1	1		1		
θυρα	4	6	4	7	10		1	1				1		
θυρεος										1				
θυρις					1			1						
θυρωρος		1		3										
θυσια	2	1	2		2	1	1			1	2			
θυσιαστηριον	6		2			1	3							
θυω	1	1	4	1	4		3							
θωμας	1	1	1	7	1									
θωραξ										1			1	
ιαιρος		1	1											
ιακωβ	6	1	4	3	8	2								
ιακωβος	6	15	8		7		1		3					
ιαμα							3							

	1Tm	2Tm	Tit	Phm	Heb	Ja	1Pt	2Pt	1Jh	2Jh	3Jh	Ju	Apc	gesamt
ϑορυβεω														4
ϑορυβος														7
ϑραυω														1
ϑρεμμα														1
ϑρηνεω														4
ϑρησκεια						2								4
ϑρησκος						1								1
ϑριαμβευω														2
ϑριξ							1						3	15
ϑροεομαι														3
ϑρομβος														1
ϑρονος					4								47	62
ϑυατειρα													3	4
ϑυγατηρ					1									28
ϑυγατριον														2
ϑυελλα					1									1
ϑυινος													1	1
ϑυμιαμα													4	6
ϑυμιατηριον					1									1
ϑυμιαω														1
ϑυμομαχεω														1
ϑυμοομαι														1
ϑυμος					1								10	18
ϑυρα						1							4	39
ϑυρεος														1
ϑυρις														2
ϑυρωρος														4
ϑυσια					15		1							28
ϑυσιαστηριον					2	1							8	23
ϑυω														14
ϑωμας														11
ϑωραξ													3	5
ἰαιρος														2
ἰακωβ					3									27
ἰακωβος						1						1		42
ἰαμα														3

	Mt	Mc	Lc	Jh	Ac	Rm	1Co	2Co	Ga	Eph	Php	Col	1Th	2Th
ἰαμβρης														
ἰανναι			1											
ἰαννης														
ἰαομαι	4	1	11	3	4									
ἰαρετ			1											
ἰασις			1		2									
ἰασπις														
ἰασων					4	1								
ἰατρος	1	2	3									1		
ἰδε	4	9		19		1			1					
ἰδιος	10	8	6	15	16	5	16		3	2			3	
ἰδιωτης					1		3	1						
ἰδου	62	7	57	4	23	1	1	6	1					
ἰδουμαια		1												
ἰδρως			1											
ἰεζαβελ														
ἰεραπολις												1		
ἰερατεια			1											
ἰερατευμα														
ἰερατευω			1											
ἰερεμιας	3													
ἰερευς	3	2	5	1	3									
ἰεριχω	1	2	3											
ἰεροθυτος							1							
ἰερον	11	9	14	11	25		1							
ἰεροπρεπης														
ἰερος		1					1					1		
ἰεροσολυμα	11	10	4	12	22				3					
ἰεροσολυμιτης		1		1										
ἰεροσυλεω						1								
ἰεροσυλος					1									
ἰερουργεω						1								
ἰερουσαλημ	2		27		37	4	1		2					
ἰερωσυνη														
ἰεσσαι	2		1		1	1								
ἰεφθαε														

	1Tm	2Tm	Tit	Phm	Heb	Ja	1Pt	2Pt	1Jh	2Jh	3Jh	Ju	Apc	gesamt
ιαμβρης		1												1
ιανναι														1
ιαννης		1												1
ιαομαι					1	1	1							26
ιαρετ														1
ιασις														3
ιασπις													4	4
ιασων														5
ιατρος														7
ιδε														34
ιδιος	9	2	4		4	1	2	7				1		114
ιδιωτης														5
ιδου					4	6	1					1	26	200
ιδουμαια														1
ιδρως														1
ιεζαβελ													1	1
ιεραπολις														1
ιερατεια					1									2
ιερατευμα							2							2
ιερατευω														1
ιερεμιας														3
ιερευς					14								3	31
ιεριχω					1									7
ιεροθυτος														1
ιερον														71
ιεροπρεπης			1											1
ιερος		1												4
ιεροσολυμα														62
ιεροσολυμιτης														2
ιεροσυλεω														1
ιεροσυλος														1
ιερουργεω														1
ιερουσαλημ					1								3	77
ιερωσυνη					3									3
ιεσσαι														5
ιεφθαε					1									1

	Mt	Mc	Lc	Jh	Ac	Rm	1Co	2Co	Ga	Eph	Php	Col	1Th	2Th
ἰεχονιας	2													
ἰησους	152	82	88	244	70	37	26	19	17	20	22	7	16	13
ἰκανος	3	3	9		18		2	3						
ἰκανοτης								1						
ἰκανοω								1				1		
ἰκετηρια														
ἰκμας			1											
ἰκονιον					5									
ἰλαρος								1						
ἰλαροτης						1								
ἰλασκομαι			1											
ἰλασμος														
ἰλαστηριον						1								
ἰλεως	1													
ἰλλυρικον						1								
ἰμας		1	1	1	1									
ἰματιζω		1	1											
ἰματιον	13	12	10	6	8									
ἰματισμος			2	1	1									
ἰνα	39	64	46	145	15	30	57	44	17	23	12	13	7	7
ἰνατι	2		1		2		1							
ἰοππη					10									
ἰορδανης	6	4	2	3										
ἰος						1								
ἰουδαια	8	4	10	6	12	1		1	1				1	
ἰουδαιζω									1					
ἰουδαικος														
ἰουδαικως									1					
ἰουδαιος	5	6	5	71	80	11	8	1	4			1	1	
ἰουδαισμος									2					
ἰουδας	10	4	8	9	9									
ἰουλια						1								
ἰουλιος					2									
ἰουνιας						1								
ἰουστος					2							1		
ἰππευς					2									

	1Tm	2Tm	Tit	Phm	Heb	Ja	1Pt	2Pt	1Jh	2Jh	3Jh	Ju	Apc	gesamt
ἰεχονιας														2
ἰησους	14	13	4	6	14	2	10	9	12	2		6	14	919
ἰκανος		1												39
ἰκανοτης														1
ἰκανοω														2
ἰκετηρια					1									1
ἰκμας														1
ἰκονιον		1												6
ἰλαρος														1
ἰλαροτης														1
ἰλασκομαι					1									2
ἰλασμος									2					2
ἰλαστηριον					1									2
ἰλεως					1									2
ἰλλυρικον														1
ἰμας														4
ἰματιζω														2
ἰματιον					2	1	1						7	60
ἰματισμος	1													5
ἰνα	15	5	13	4	20	4	13	2	19	5	2		42	663
ἰνατι														6
ἰοππη														10
ἰορδανης														15
ἰος						2								3
ἰουδαια														44
ἰουδαιζω														1
ἰουδαικος			1											1
ἰουδαικως														1
ἰουδαιος													2	195
ἰουδαισμος														2
ἰουδας					2							1	2	45
ἰουλια														1
ἰουλιος														2
ἰουνιας														1
ἰουστος														3
ἰππευς														2
	1Tm	2Tm	Tit	Phm	Heb	Ja	1Pt	2Pt	1Jh	2Jh	3Jh	Ju	Apc	gesamt

	Mt	Mc	Lc	Jh	Ac	Rm	1Co	2Co	Ga	Eph	Php	Col	1Th	2Th
ἱππικος														
ἱππος														
ἱρις														
ισαακ	4	1	3		4	2			1					
ισαγγελος			1											
ισκαριωθ		2	1											
ισκαριωτης	2		1	5										
ισος	1	2	1	1	1						1			
ισοτης								2				1		
ισοτιμος														
ισοψυχος											1			
ισραηλ	12	2	12	4	15	11	1	2	1	1	1			
ισραηλιτης				1	5	2		1						
ισσαχαρ														
ιστημι/ιστανω	21	10	26	19	35	6	3	2		3		1		
ιστορεω									1					
ισχυρος	4	3	4				4	1						
ισχυς		2	1							2				1
ισχυω	4	4	8	1	6				1		1			
ισως			1											
ιταλια					3									
ιταλικος					1									
ιτουραια			1											
ιχθυδιον	1	1												
ιχθυς	5	4	7	3			1							
ιχνος						1		1						
ιωαθαμ	2													
ιωαναν			1											
ιωαννα			2											
ιωαννης	26	26	31	23	24				1					
ιωβ														
ιωβηδ	2		1											
ιωδα			1											
ιωηλ					1									
ιωναμ			1											
ιωνας	5		4											

	1Tm	2Tm	Tit	Phm	Heb	Ja	1Pt	2Pt	1Jh	2Jh	3Jh	Ju	Apc	gesamt
ἱππικος													1	1
ἱππος						1							16	17
ἱρις													2	2
ἰσαακ					4	1								20
ἰσαγγελος														1
ἰσκαριωθ														3
ἰσκαριωτης														8
ἰσος													1	8
ἰσοτης														3
ἰσοτιμος								1						1
ἰσοψυχος														1
ἰσραηλ					3								3	68
ἰσραηλιτης														9
ἰσσαχαρ													1	1
ἰστημι/ἰστανω		1			2	2	1					1	21	154
ἰστορεω														1
ἰσχυρος					3				1				9	29
ἰσχυς							1	1					2	10
ἰσχυω					1	1							1	28
ἰσως														1
ἰταλια					1									4
ἰταλικος														1
ἰτουραια														1
ἰχθυδιον														2
ἰχθυς														20
ἰχνος							1							3
ἰωαθαμ														2
ἰωαναν														1
ἰωαννα														2
ἰωαννης													4	135
ἰωβ						1								1
ἰωβηδ														3
ἰωδα														1
ἰωηλ														1
ἰωναμ														1
ἰωνας														9

	Mt	Mc	Lc	Jh	Ac	Rm	1Co	2Co	Ga	Eph	Php	Col	1Th	2Th
ἰωραμ	2													
ἰωριμ			1											
ἰωσαφατ	2													
ἰωσης		3												
ἰωσηφ	11	2	8	4	7									
ἰωσηχ			1											
ἰωσιας	2													
ἰωτα	1													
καγω	9		6	30	4	2	10	9	2	1	2		1	
καθα	1													
καθαιρεσις								3						
καθαιρεω		2	3		3			1						
καθαιρω				1										
καθαπερ						2	2	4					4	
καθαπτω					1									
καθαριζω	7	4	7		3			1		1				
καθαρισμος		1	2	2										
καθαρος	3		1	4	2	1								
καθαροτης														
καθεδρα	2	1												
καθεζομαι	1		1	3	2									
καθεξης			2		3									
καθευδω	7	8	2							1			4	
καθηγητης	2													
καθηκω					1	1								
καθημαι	19	11	13	4	6		1					1		
καθημερινος					1									
καθιζω	8	8	7	3	9		2			1				1
καθιημι			1		3									
καθιστημι καθιστανω	4		3		5	2								
καθο						1		2						
καθολου					1									
καθοπλιζομαι			1											
καθοραω						1								
καθοτι			2		4									
καθως	3	8	17	31	11	20	19	12	3	10	3	5	13	2

	1Tm	2Tm	Tit	Phm	Heb	Ja	1Pt	2Pt	1Jh	2Jh	3Jh	Ju	Apc	gesamt
ιωραμ														2
ιωριμ														1
ιωσαφατ														2
ιωσης														3
ιωσηφ					2								1	35
ιωσηχ														1
ιωσιας														2
ιωτα														1
καγω					1	2							5	84
καθα														1
καθαιρεσις														3
καθαιρεω														9
καθαιρω														1
καθαπερ					1									13
καθαπτω														1
καθαριζω			1		4	1			2					31
καθαρισμος					1			1						7
καθαρος	2	2	3		1	1	1						6	27
καθαροτης					1									1
καθεδρα														3
καθεζομαι														7
καθεξης														5
καθευδω														22
καθηγητης														2
καθηκω														2
καθημαι					1	2							33	91
καθημερινος														1
καθιζω					4								3	46
καθιημι														4
καθιστημι καθιστανω		1			3	2		1						21
καθο							1							4
καθολου														1
καθοπλιζομαι														1
καθοραω														1
καθοτι														6
καθως	1				8		1	2	9	2	2			182
	1Tm	2Tm	Tit	Phm	Heb	Ja	1Pt	2Pt	1Jh	2Jh	3Jh	Ju	Apc	gesamt

	Mt	Mc	Lc	Jh	Ac	Rm	1Co	2Co	Ga	Eph	Php	Col	1Th	2Th
καθωσπερ														
και	1197	1103	1483	867	1132	279	291	208	73	138	109	101	103	50
καιαφας	2		1	5	1									
καιν														
καιναμ			2											
καινος	4	5	5	2	2		1	3	1	2				
καινοτης						2								
καιπερ											1			
καιρος	10	5	13	4	9	6	3	3	3	4		1	2	1
καισαρ	4	4	7	3	10						1			
καισαρεια	1	1			15									
καιτοι				1	1									
καιτοιγε				1										
καιω	2		2	2										
κακει	3	1		1	5									
κακειθεν		1	1		8									
κακεινος	2	4	4	5	3	1	1							
κακια	1				1	1	2			1		1		
κακοηθεια						1								
κακολογεω	1	2			1									
κακοπαθεω														
κακοπαθια														
κακοποιεω		1	1											
κακοποιος														
κακος	3	2	2	2	4	15	3	1			1	1	2	
κακουργος			3											
κακουχεω														
κακοω					5									
κακως	7	4	2	1	1									
κακωσις					1									
καλαμη							1							
καλαμος	5	2	1											
καλεω	26	4	43	2	18	8	12		4	2		1	3	1
καλλιελαιος						1								
καλοδιδασκαλος														
καλοποιεω														1

	1Tm	2Tm	Tit	Phm	Heb	Ja	1Pt	2Pt	1Jh	2Jh	3Jh	Ju	Apc	gesamt
καθωσπερ					1									1
και	93	69	37	18	260	113	71	63	132	16	11	21	1126	9164
καιαφας														9
καιν					1				1			1		3
καιναμ														2
καινος					3			2	2	1			9	42
καινοτης														2
καιπερ					3			1						5
καιρος	3	3	1		4		4						7	86
καισαρ														29
καισαρεια														17
καιτοι					1									3
καιτοιγε														1
καιω					1								5	12
κακει														10
κακειθεν														10
κακεινος		1			1									22
κακια			1			1	2							11
κακοηθεια														1
κακολογεω														4
κακοπαθεω		2					1							3
κακοπαθια							1							1
κακοποιεω							1				1			4
κακοποιος							3							3
κακος	1	1	1		1	2	5				1		2	50
κακουργος		1												4
κακουχεω					2									2
κακοω							1							6
κακως						1								16
κακωσις														1
καλαμη														1
καλαμος													3	12
καλεω	1	1			6	1	6	1	1				7	148
καλλιελαιος														1
καλοδιδασκαλος			1											1
καλοποιεω														1
	1Tm	2Tm	Tit	Phm	Heb	Ja	1Pt	2Pt	1Jh	2Jh	3Jh	Ju	Apc	gesamt

	Mt	Mc	Lc	Jh	Ac	Rm	1Co	2Co	Ga	Eph	Php	Col	1Th	2Th
καλος	21	11	9	7	1	5	6	2	3				1	
καλυμμα								4						
καλυπτω	2		2					2						
καλως	2	6	4	4	3	1	3	1	2		1			
καμηλος	3	2	1											
καμινος	2													
καμμυω	1				1									
καμνω														
καμπτω						2					1	1		
καν	2	3	3	4	1		1	1						
κανα				4										
καναναιος	1	1												
κανδακη					1									
κανων								3	1					
καπηλευω								1						
καπνος					1									
καππαδοκια					1									
καρδια	16	11	22	7	21	15	5	11	1	6	2	5	3	2
καρδιογνωστης					2									
καρπος	19	5	12	10	1	4	1			1	1	3		
κάρπος														
καρποφορεω	1	2	1			2						2		
καρποφορος					1									
καρτερεω														
καρφος	3		3											
κατα	37	23	44	11	91	50	24	26	17	24	11	14		4
καταβαινω	11	6	13	18	19	1				2			1	
καταβαλλω								1						
καταβαρεω								1						
καταβαρυνω		1												
καταβασις			1											
καταβολη	2		1	1						1				
καταβραβευω												1		
καταγγελευς					1									
καταγγελλω					11	1	3				2	1		
καταγελαω	1	1	1											

	1Tm	2Tm	Tit	Phm	Heb	Ja	1Pt	2Pt	1Jh	2Jh	3Jh	Ju	Apc	gesamt
καλος	16	3	5		5	3	3							101
καλυμμα														4
καλυπτω						1	1							8
καλως	4				1	3		1			1			37
καμηλος														6
καμινος														2	4
καμμυω														2
καμνω					1	1								2
καμπτω														4
καν					1	1								17
κανα														4
καναναιος														2
κανδακη														1
κανων														4
καπηλευω														1
καπνος														12	13
καππαδοκια							1							2
καρδια	1	1			11	5	3	2	4				3	157
καρδιογνωστης														2
καρπος		1			2	4							2	66
κάρπος		1												1
καρποφορεω														8
καρποφορος														1
καρτερεω					1									1
καρφος														6
κατα	6	7	8	3	41	5	10	4	1	1	1	4	9	476
καταβαινω						1							10	82
καταβαλλω					1									2
καταβαρεω														1
καταβαρυνω														1
καταβασις														1
καταβολη					3		1						2	11
καταβραβευω														1
καταγγελευς														1
καταγγελλω														18
καταγελαω														3

	Mt	Mc	Lc	Jh	Ac	Rm	1Co	2Co	Ga	Eph	Php	Col	1Th	2Th
καταγινωσκω									1					
καταγνυμι	1			3										
καταγραφω				1										
καταγω			1		7	1								
καταγωνιζομαι														
καταδεω			1											
καταδηλος														
καταδικαζω	2		2											
καταδικη					1									
καταδιωκω		1												
καταδουλοω								1	1					
καταδυναστευω					1									
καταθεμα														
καταθεματιζω	1													
καταισχυνω			1			3	5	2						
κατακαιω	3		1		1		1							
κατακαλυπτω							3							
κατακαυχαομαι						2								
κατακειμαι		4	3	2	2		1							
κατακλαω		1	1											
κατακλειω			1		1									
κατακληρονομεω					1									
κατακλινω			5											
κατακλυζω														
κατακλυσμος	2		1											
κατακολουθεω			1		1									
κατακοπτω		1												
κατακρημνιζω			1											
κατακριμα						3								
κατακρινω	4	3	2	2		4	1							
κατακρισις								2						
κατακυπτω				1										
κατακυριευω	1	1			1									
καταλαλεω														
καταλαλια								1						
καταλαλος						1								

	1Tm	2Tm	Tit	Phm	Heb	Ja	1Pt	2Pt	1Jh	2Jh	3Jh	Ju	Apc	gesamt
καταγινωσκω									2					3
καταγνυμι														4
καταγραφω														1
καταγω														9
καταγωνιζομαι					1									1
καταδεω														1
καταδηλος					1									1
καταδικαζω						1								5
καταδικη														1
καταδιωκω														1
καταδουλοω														2
καταδυναστευω						1								2
καταθεμα													1	1
καταθεματιζω														1
καταισχυνω							2							13
κατακαιω					1								5	12
κατακαλυπτω														3
κατακαυχαομαι						2								4
κατακειμαι														12
κατακλαω														2
κατακλειω														2
κατακληρονομεω														1
κατακλινω														5
κατακλυζω								1						1
κατακλυσμος								1						4
κατακολουθεω														2
κατακοπτω														1
κατακρημνιζω														1
κατακριμα														3
κατακρινω					1		1							18
κατακρισις														2
κατακυπτω														1
κατακυριευω							1							4
καταλαλεω						3	2							5
καταλαλια							1							2
καταλαλος														1

	Mt	Mc	Lc	Jh	Ac	Rm	1Co	2Co	Ga	Eph	Php	Col	1Th	2Th
καταλαμβανω		1		4	3	1	1			1	3		1	
καταλεγομαι														
καταλειπω	4	4	4	1	5	1				1			1	
καταλιθαζω			1											
καταλλαγη						2		2						
καταλλασσω						2	1	3						
καταλοιπος					1									
καταλυμα		1	2											
καταλυω	5	3	3		3	1		1	1					
καταμανθανω	1													
καταμαρτυρεω	2	1												
καταμενω					1									
καταναλισκω														
καταναρκαω								3						
κατανευω			1											
κατανοεω	1		4		4	1								
κατανταω					9		2			1	1			
κατανυξις						1								
κατανυσσομαι					1									
καταξιοομαι			1		1									1
καταπατεω	2		2											
καταπαυσις					1									
καταπαυω					1									
καταπετασμα	1	1	1											
καταπινω	1						1	2						
καταπιπτω			1		2									
καταπλεω			1											
καταπονεω					1									
καταποντιζομαι	2													
καταρα									3					
καταραομαι	1	1	1			1								
καταργεω			1			6	9	4	3	1				1
καταριθμεω					1									
καταρτιζω	2	1	1			1	1	1	1				1	
καταρτισις								1						
καταρτισμος										1				

	1Tm	2Tm	Tit	Phm	Heb	Ja	1Pt	2Pt	1Jh	2Jh	3Jh	Ju	Apc	gesamt
καταλαμβανω														15
καταλεγομαι	1													1
καταλειπω					2			1						24
καταλιθαζω														1
καταλλαγη														4
καταλλασσω														6
καταλοιπος														1
καταλυμα														3
καταλυω														17
καταμανθανω														1
καταμαρτυρεω														3
καταμενω														1
καταναλισκω					1									1
καταναρκαω														3
κατανευω														1
κατανοεω					2	2								14
κατανταω														13
κατανυξις														1
κατανυσσομαι														1
καταξιοομαι														3
καταπατεω					1									5
καταπαυσις					8									9
καταπαυω					3									4
καταπετασμα					3									6
καταπινω					1		1						1	7
καταπιπτω														3
καταπλεω														1
καταπονεω								1						2
καταποντιζομαι														2
καταρα					1	1		1						6
καταραομαι						1								5
καταργεω		1			1									27
καταριθμεω														1
καταρτιζω					3		1							13
καταρτισις														1
καταρτισμος														1

	Mt	Mc	Lc	Jh	Ac	Rm	1Co	2Co	Ga	Eph	Php	Col	1Th	2Th
κατασειω					4									
κατασκαπτω					1	1								
κατασκευαζω	1	1	2											
κατασκηνοω	1	1	1		1									
κατασκηνωσις	1		1											
κατασκιαζω														
κατασκοπεω									1					
κατασκοπος														
κατασοφιζομαι					1									
καταστελλω					2									
καταστημα														
καταστολη														
καταστρεφω	1	1												
καταστρηνιαω														
καταστροφη														
καταστρωννυμι							1							
κατασυρω			1											
κατασφαζω			1											
κατασφραγιζω														
κατασχεσις					2									
κατατιθημι					2									
κατατομη											1			
κατατρεχω					1									
καταφερω					4									
καταφευγω					1									
καταφθειρω														
καταφιλεω	1	1	3		1									
καταφρονεω	2		1			1	1							
καταφρονητης					1									
καταχεω	1	1												
καταχθονιος											1			
καταχραομαι							2							
καταψυχω			1											
κατειδωλος					1									
κατεναντι	1	3	1			1		2						
κατενωπιον										1		1		
	Mt	Mc	Lc	Jh	Ac	Rm	1Co	2Co	Ga	Eph	Php	Col	1Th	2Th

	1Tm	2Tm	Tit	Phm	Heb	Ja	1Pt	2Pt	1Jh	2Jh	3Jh	Ju	Apc	gesamt
κατασειω														4
κατασκαπτω														2
κατασκευαζω					6		1							11
κατασκηνοω														4
κατασκηνωσις														2
κατασκιαζω					1									1
κατασκοπεω														1
κατασκοπος					1									1
κατασοφιζομαι														1
καταστελλω														2
καταστημα			1											1
καταστολη	1													1
καταστρεφω														2
καταστρηνιαω	1													1
καταστροφη		1						1						2
καταστρωννυμι														1
κατασυρω														1
κατασφαζω														1
κατασφραγιζω													1	1
κατασχεσις														2
κατατιθημι														2
κατατομη														1
κατατρεχω														1
καταφερω														4
καταφευγω					1									2
καταφθειρω		1												1
καταφιλεω														6
καταφρονεω	2				1		1							9
καταφρονητης														1
καταχεω														2
καταχθονιος														1
καταχραομαι														2
καταψυχω														1
κατειδωλος														1
κατεναντι														8
κατενωπιον												1		3

	Mt	Mc	Lc	Jh	Ac	Rm	1Co	2Co	Ga	Eph	Php	Col	1Th	2Th
κατεξουσιαζω	1	1												
κατεργαζομαι						11	1	6		1	1			
κατερχομαι			2		13									
κατεσθιω	2	2	3	1				1	1					
κατευθυνω			1										1	1
κατευλογεω		1												
κατεφισταμαι					1									
κατεχω			3	1	1	2	3	1					1	2
κατηγορεω	2	3	4	3	9	1								
κατηγορια			1											
κατηγορος					5									
κατηγωρ														
κατηφεια														
κατηχεω			1		3	1	1		2					
κατιοομαι														
κατισχυω	1		2											
κατοικεω	4		2		20					1		2		
κατοικησις		1												
κατοικητηριον										1				
κατοικια					1									
κατοικιζω														
κατοπτριζω								1						
κατω	2	2	1	2	2									
κατωτερος										1				
κατωτερω	1													
καυδα					1									
καυμα														
καυματιζω	1	1												
καυσις														
καυσοομαι														
καυστηριαζομαι														
καυσων	1		1											
καυχαομαι						5	6	20	2	1	1			
καυχημα						1	3	3	1		2			
καυχησις						2	1	6					1	
καφαρναουμ	4	3	4	5										

	1Tm	2Tm	Tit	Phm	Heb	Ja	1Pt	2Pt	1Jh	2Jh	3Jh	Ju	Apc	gesamt
κατεξουσιαζω														2
κατεργαζομαι						1	1							22
κατερχομαι						1								16
κατεσθιω													5	15
κατευθυνω														3
κατευλογεω														1
κατεφισταμαι														1
κατεχω				1	3									18
κατηγορεω													1	23
κατηγορια	1		1											3
κατηγορος														5
κατηγωρ													1	1
κατηφεια						1								1
κατηχεω														8
κατιοομαι						1								1
κατισχυω														3
κατοικεω					1			1					13	44
κατοικησις														1
κατοικητηριον													1	2
κατοικια														1
κατοικιζω						1								1
κατοπτριζω														1
κατω														9
κατωτερος														1
κατωτερω														1
καυδα														1
καυμα													2	2
καυματιζω													2	4
καυσις					1									1
καυσοομαι								2						2
καυστηριαζομαι	1													1
καυσων						1								3
καυχαομαι						2								37
καυχημα					1									11
καυχησις						1								11
καφαρναουμ														16

	Mt	Mc	Lc	Jh	Ac	Rm	1Co	2Co	Ga	Eph	Php	Col	1Th	2Th
κεγχρεαι					1	1								
κεδρων				1										
κειμαι	3		6	7			1	1			1		1	
κειρια				1										
κειρω					2		2							
κελευσμα													1	
κελευω	7		1		18									
κενοδοξια											1			
κενοδοξος									1					
κενος		1	3		1		4	1	1	1	2	1	2	
κενοφωνια														
κενοω						1	2	1			1			
κεντρον					1		2							
κεντυριων		3												
κενως														
κεραια	1		1											
κεραμευς	2					1								
κεραμικος														
κεραμιον		1	1											
κεραμος			1											
κεραννυμι														
κερας			1											
κερατιον			1											
κερδαινω	6	1	1		1		5				1			
κερδος											2			
κερμα				1										
κερματιστης				1										
κεφαλαιον					1									
κεφαλη	12	8	7	5	5	1	10			4		3		
κεφαλιοω		1												
κεφαλις														
κημοω							1							
κηνσος	3	1												
κηπος			1	4										
κηπουρος				1										
κηρυγμα	1	1	1			1	3							

	1Tm	2Tm	Tit	Phm	Heb	Ja	1Pt	2Pt	1Jh	2Jh	3Jh	Ju	Apc	gesamt
κεγχρεαι														2
κεδρων														1
κειμαι	1								1				2	24
κειρια														1
κειρω														4
κελευσμα														1
κελευω														26
κενοδοξια														1
κενοδοξος														1
κενος						1								18
κενοφωνια	1	1												2
κενοω														5
κεντρον													1	4
κεντυριων														3
κενως						1								1
κεραια														2
κεραμευς														3
κεραμικος													1	1
κεραμιον														2
κεραμος														1
κεραννυμι													3	3
κερας													10	11
κερατιον														1
κερδαινω							1	1						17
κερδος		1												3
κερμα														1
κερματιστης														1
κεφαλαιον					1									2
κεφαλη							1						19	75
κεφαλιοω														1
κεφαλις					1									1
κημοω														1
κηνσος														4
κηπος														5
κηπουρος														1
κηρυγμα		1	1											9

	Mt	Mc	Lc	Jh	Ac	Rm	1Co	2Co	Ga	Eph	Php	Col	1Th	2Th
κηρυξ														
κηρυσσω	9	14	9		8	4	4	4	2		1	1	1	
κητος	1													
κηφας				1			4		4					
κιβωτος	1		1											
κιθαρα							1							
κιθαριζω							1							
κιθαρωδος														
κιλικια					7				1					
κινδυνευω			1		2		1							
κινδυνος						1		8						
κινεω	2	1			3									
κινναμωμον														
κις					1									
κιχρημι			1											
κλαδος	3	2	1			5								
κλαιω	2	4	11	8	2	2	2				1			
κλασις			1		1									
κλασμα	2	4	1	2										
κλαυδια														
κλαυδιος					3									
κλαυθμος	7		1		1									
κλαω	3	3	2		4		2							
κλεις	1		1											
κλειω	3		2	2	2									
κλεμμα														
κλεοπας			1											
κλεος														
κλεπτης	3		2	4			1						2	
κλεπτω	5	1	1	1		3				2				
κλημα				4										
κλημης											1			
κληρονομεω	3	1	2				4		2					
κληρονομια	1	1	2		2				1	3		1		
κληρονομος	1	1	1			4			3					
κληρος	1	1	1	1	5							1		

	1Tm	2Tm	Tit	Phm	Heb	Ja	1Pt	2Pt	1Jh	2Jh	3Jh	Ju	Apc	gesamt
κηρυξ	1	1						1						3
κηρυσσω	1	1					1						1	61
κητος														1
κηφας														9
κιβωτος					2		1						1	6
κιθαρα													3	4
κιθαριζω													1	2
κιθαρωδος													2	2
κιλικια														8
κινδυνευω														4
κινδυνος														9
κινεω													2	8
κινναμωμον													1	1
κις														1
κιχρημι														1
κλαδος														11
κλαιω						2							6	40
κλασις														2
κλασμα														9
κλαυδια		1												1
κλαυδιος														3
κλαυθμος														9
κλαω														14
κλεις													4	6
κλειω									1				6	16
κλεμμα													1	1
κλεοπας														1
κλεος							1							1
κλεπτης							1	1					2	16
κλεπτω														13
κλημα														4
κλημης														1
κληρονομεω					4		1						1	18
κληρονομια					2		1							14
κληρονομος			1		3	1								15
κληρος							1							11

	Mt	Mc	Lc	Jh	Ac	Rm	1Co	2Co	Ga	Eph	Php	Col	1Th	2Th
κληροω										1				
κλησις						1	2			3	1			1
κλητος	1					4	3							
κλιβανος	1		1											
κλιμα						1		1	1					
κλιναριον					1									
κλινη	2	3	3											
κλινιδιον			2											
κλινω	1		4	1										
κλισια			1											
κλοπη	1	1												
κλυδων			1											
κλυδωνιζομαι										1				
κλωπας				1										
κνηθω														
κνιδος					1									
κοδραντης	1	1												
κοιλια	3	1	7	2	2	1	2		1		1			
κοιμαομαι	2		1	2	3		6						3	
κοιμησις				1										
κοινος		2			5	3								
κοινοω	5	5			3									
κοινωνεω						2			1		1			
κοινωνια					1	1	3	4	1		3			
κοινωνικος														
κοινωνος	1		1				2	2						
κοιτη			1			2								
κοιτων					1									
κοκκινος	1													
κοκκος	2	1	2	1			1							
κολαζω					1									
κολακεια													1	
κολασις	1													
κολαφιζω	1	1					1	1						
κολλαομαι	1		2		5	1	2							
κολλουριον														

	1Tm	2Tm	Tit	Phm	Heb	Ja	1Pt	2Pt	1Jh	2Jh	3Jh	Ju	Apc	gesamt
κληρоω														1
κλησις		1			1			1						11
κλητος												1	1	10
κλιβανος														2
κλιμα														3
κλιναριον														1
κλινη													1	9
κλινιδιον														2
κλινω					1									7
κλισια														1
κλοπη														2
κλυδων						1								2
κλυδωνιζομαι														1
κλωπας														1
κνηθω		1												1
κνιδος														1
κοδραντης														2
κοιλια													2	22
κοιμαομαι								1						18
κοιμησις														1
κοινος			1		1							1	1	14
κοινοω					1									14
κοινωνεω	1				1		1			1				8
κοινωνια				1	1				4					19
κοινωνικος	1													1
κοινωνος				1	1		1	1						10
κοιτη					1									4
κοιτων														1
κοκκινος					1								4	6
κοκκος														7
κολαζω								1						2
κολακεια														1
κολασις									1					2
κολαφιζω							1							5
κολλαομαι													1	12
κολλουριον													1	1
	1Tm	2Tm	Tit	Phm	Heb	Ja	1Pt	2Pt	1Jh	2Jh	3Jh	Ju	Apc	gesamt

	Mt	Mc	Lc	Jh	Ac	Rm	1Co	2Co	Ga	Eph	Php	Col	1Th	2Th
κολλυβιστης	1	1		1										
κολλυριον														
κολοβοω	2	2												
κολοσσαι												1		
κολπος			3	2	1									
κολυμβαω					1									
κολυμβηθρα				4										
κολωνια					1									
κομαω							2							
κομη							1							
κομιζω	1		1					1		1		1		
κομψοτερον				1										
κονιαω	1				1									
κονιορτος	1		2		2									
κοπαζω	1	2												
κοπετος					1									
κοπη														
κοπιαω	2		2	3	1	3	3		1	1	1	1	1	
κοπος	1	1	2	1			2	4	1				3	1
κοπρια			1											
κοπριον			1											
κοπτω	3	1	2											
κοραξ			1											
κορασιον	3	5												
κορβαν		1												
κορβανας	1													
κορε														
κορεννυμαι					1		1							
κορινθιος					1			1						
κορινθος					2		1	2						
κορνηλιος					8									
κορος			1											
κοσμεω	3		2											
κοσμικος														
κοσμιος														
κοσμοκρατωρ										1				

	1Tm	2Tm	Tit	Phm	Heb	Ja	1Pt	2Pt	1Jh	2Jh	3Jh	Ju	Apc	gesamt
κολλυβιστης														3
κολλυριον													1	1
κολοβοω														4
κολοσσαι														1
κολπος														6
κολυμβαω														1
κολυμβηθρα														4
κολωνια														1
κομαω														2
κομη														1
κομιζω					3		2							10
κομψοτερον														1
κονιαω														2
κονιορτος														5
κοπαζω														3
κοπετος														1
κοπη					1									1
κοπιαω	2	1											1	23
κοπος													2	18
κοπρια														1
κοπριον														1
κοπτω													2	8
κοραξ														1
κορασιον														8
κορβαν														1
κορβανας														1
κορε												1		1
κορεννυμαι														2
κορινθιος														2
κορινθος		1												6
κορνηλιος														8
κορος														1
κοσμεω	1		1				1						2	10
κοσμικος			1		1									2
κοσμιος	2													2
κοσμοκρατωρ														1

	Mt	Mc	Lc	Jh	Ac	Rm	1Co	2Co	Ga	Eph	Php	Col	1Th	2Th
κοσμος	9	3	3	78	1	9	21	3	3	3	1	4		
κουαρτος						1								
κουμ		1												
κουστωδια	3													
κουφιζω					1									
κοφινος	2	2	1	1										
κραβαττος		5		4	2									
κραζω	12	10	4	4	11	2			1					
κραιπαλη			1											
κρανιον	1	1	1	1										
κρασπεδον	3	1	1											
κραταιοομαι			2				1			1				
κραταιος														
κρατεω	12	15	2	2	4							1		1
κρατιστος			1		3									
κρατος			1		1					2		1		
κραυγαζω	1		1	6	1									
κραυγη	1		1		1					1				
κρεας						1	1							
κρεισσων κρειττων							3					1		
κρεμαννυμι	2		1		3				1					
κρημνος	1	1	1											
κρης					1									
κρησκης														
κρητη					4									
κριθη														
κριθινος				2										
κριμα	2	1	3	1	1	6	3		1					
κρινον	1		1											
κρινω	6		6	19	22	18	17	2				1		1
κρισις	12		4	11	1									1
κρισπος					1		1							
κριτηριον							2							
κριτης	3		6		4									
κριτικος														
κρουω	2		4		2									

	1Tm	2Tm	Tit	Phm	Heb	Ja	1Pt	2Pt	1Jh	2Jh	3Jh	Ju	Apc	gesamt
κοσμος	3				5	5	3	5	23	1			3	186
κουαρτος														1
κουμ														1
κουστωδια														3
κουφιζω														1
κοφινος														6
κραβαττος														11
κραζω						1							11	56
κραιπαλη														1
κρανιον														4
κρασπεδον														5
κραταιοομαι														4
κραταιος							1							1
κρατεω					2								8	47
κρατιστος														4
κρατος	1				1		2					1	2	12
κραυγαζω														9
κραυγη					1								1	6
κρεας														2
κρεισσων κρειττων					13		1	1						19
κρεμαννυμι														7
κρημνος														3
κρης			1											2
κρησκης		1												1
κρητη			1											5
κριθη													1	1
κριθινος														2
κριμα	2				1	1	1	1				1	3	28
κρινον														2
κρινω		1	1		2	6	4						9	115
κρισις	1				2	3		4	1			3	4	47
κρισπος														2
κριτηριον						1								3
κριτης		1			1	4								19
κριτικος					1									1
κρουω													1	9
	1Tm	2Tm	Tit	Phm	Heb	Ja	1Pt	2Pt	1Jh	2Jh	3Jh	Ju	Apc	gesamt

	Mt	Mc	Lc	Jh	Ac	Rm	1Co	2Co	Ga	Eph	Php	Col	1Th	2Th
κρυπτη			1											
κρυπτος	5	1	2	3		2	2	1						
κρυπτω	7		3	3								1		
κρυσταλλιζω														
κρυσταλλος														
κρυφαιος	2													
κρυφη										1				
κταομαι	1		2		3								1	
κτημα	1	1			2									
κτηνος			1		1		1							
κτητωρ					1									
κτιζω	1	1				1	1			4		3		
κτισις		3				7		1	1			2		
κτισμα														
κτιστης														
κυβεια										1				
κυβερνησις							1							
κυβερνητης					1									
κυκλευω														
κυκλοθεν														
κυκλοω			1	1	1									
κυκλω		3	1			1								
κυλιομαι		1												
κυλισμος														
κυλλος	3	1												
κυμα	2	1			1									
κυμβαλον							1							
κυμινον	1													
κυναριον	2	2												
κυπριος					3									
κυπρος					5									
κυπτω		1		1										
κυρηναιος	1	1	1		3									
κυρηνη					1									
κυρηνιος			1											
κυρια														

	1Tm	2Tm	Tit	Phm	Heb	Ja	1Pt	2Pt	1Jh	2Jh	3Jh	Ju	Apc	gesamt
κρυπτη														1
κρυπτος							1							17
κρυπτω	1				1								3	19
κρυσταλλιζω													1	1
κρυσταλλος													2	2
κρυφαιος														2
κρυφη														1
κταομαι														7
κτημα														4
κτηνος													1	4
κτητωρ														1
κτιζω	1												3	15
κτισις					2		1	1					1	19
κτισμα	1					1							2	4
κτιστης							1							1
κυβεια														1
κυβερνησις														1
κυβερνητης													1	2
κυκλευω													1	1
κυκλοθεν													3	3
κυκλοω					1									4
κυκλω													3	8
κυλιομαι														1
κυλισμος								1						1
κυλλος														4
κυμα												1		5
κυμβαλον														1
κυμινον														1
κυναριον														4
κυπριος														3
κυπρος														5
κυπτω														2
κυρηναιος														6
κυρηνη														1
κυρηνιος														1
κυρια										2				2

	Mt	Mc	Lc	Jh	Ac	Rm	1Co	2Co	Ga	Eph	Php	Col	1Th	2Th
κυριακος							1							
κυριευω			1			4		1						
κυριος	80	18	104	53	107	44	66	29	6	26	15	16	24	22
κυριοτης										1		1		
κυροω								1	1					
κυων	1		1								1			
κωλον														
κωλυω	1	3	6		6	1	1						1	
κωμη	4	7	12	3	1									
κωμοπολις		1												
κωμος						1			1					
κωνωψ	1													
κως					1									
κωσαμ			1											
κωφος	7	3	4											
λαγχανω			1	1	1									
λαζαρος			4	11										
λαθρα	2			1	1									
λαιλαψ		1	1											
λακαω					1									
λακτιζω					1									
λαλεω	26	21	31	59	59	3	34	10		3	1	2	4	
λαλια	1			2										
λαμα		1												
λαμβανω	54	20	22	46	29	9	11	6	3		2	1		
λαμεχ			1											
λαμπας	5			1	1									
λαμπρος			1		1									
λαμπροτης					1									
λαμπρως			1											
λαμπω	3		1		1			2						
λανθανω		1	1		1									
λαξευτος			1											
λαοδικεια												4		
λαοδικευς												1		
λαος	14	2	36	3	48	8	2	1						

	1Tm	2Tm	Tit	Phm	Heb	Ja	1Pt	2Pt	1Jh	2Jh	3Jh	Ju	Apc	gesamt
κυριακος													1	2
κυριευω	1													7
κυριος	6	16		5	16	14	8	14				7	23	719
κυριοτης								1				1		4
κυροω														2
κυων								1					1	5
κωλον					1									1
κωλυω	1				1			1			1			23
κωμη														27
κωμοπολις														1
κωμος							1							3
κωνωψ														1
κως														1
κωσαμ														1
κωφος														14
λαγχανω								1						4
λαζαρος														15
λαθρα														4
λαιλαψ								1						3
λακαω														1
λακτιζω														1
λαλεω	1		2		16	3	2	2	1	1	1	2	12	296
λαλια														3
λαμα														1
λαμβανω	1	1			17	6	1	2	3	2	1		23	260
λαμεχ														1
λαμπας													2	9
λαμπρος						2							5	9
λαμπροτης														1
λαμπρως														1
λαμπω														7
λανθανω					1			2						6
λαξευτος														1
λαοδικεια													2	6
λαοδικευς														1
λαος			1		13		3	1				1	9	142

	Mt	Mc	Lc	Jh	Ac	Rm	1Co	2Co	Ga	Eph	Php	Col	1Th	2Th
λαρυγξ						1								
λασαια					1									
λατομεω	1	1												
λατρεια				1		2								
λατρευω	1		3		5	2					1			
λαχανον	1	1	1			1								
λεγιων	1	2	1											
λεγω	475	289	515	474	230	35	30	13	10	7	3	3	2	2
λειμμα						1								
λειος			1											
λειπω			1											
λειτουργεω					1	1								
λειτουργια			1					1			2			
λειτουργικος														
λειτουργος						2					1			
λεμα	1													
λεντιον				2										
λεπις					1									
λεπρα	1	1	2											
λεπρος	4	2	3											
λεπτον		1	2											
λευι														
λευις		1	4											
λευιτης			1	1	1									
λευιτικος														
λευκαινω		1												
λευκος	3	2	1	2	1									
λεων														
ληθη														
λη%ψις											1			
ληνος	1													
ληρος			1											
λῃστης	4	3	4	3				1						
λιαν	4	4	1											
λιβανος	1													
λιβανωτος														
	Mt	Mc	Lc	Jh	Ac	Rm	1Co	2Co	Ga	Eph	Php	Col	1Th	2Th

	1Tm	2Tm	Tit	Phm	Heb	Ja	1Pt	2Pt	1Jh	2Jh	3Jh	Ju	Apc	gesamt
λαρυγξ														1
λασαια														1
λατομεω														2
λατρεια					2									5
λατρευω		1			6								2	21
λαχανον														4
λεγιων														4
λεγω	4	2	2	2	38	12		1	8	2		3	100	2262
λειμμα														1
λειος														1
λειπω			2			3								6
λειτουργεω					1									3
λειτουργια					2									6
λειτουργικος					1									1
λειτουργος					2									5
λεμα														1
λεντιον														2
λεπις														1
λεπρα														4
λεπρος														9
λεπτον														3
λευι					2									2
λευις													1	6
λευιτης														3
λευιτικος					1									1
λευκαινω													1	2
λευκος													16	25
λεων		1			1		1						6	9
ληθη								1						1
λημψις														1
ληνος													4	5
ληρος														1
λῃστης														15
λιαν		1								1	1			12
λιβανος													1	2
λιβανωτος													2	2

	Mt	Mc	Lc	Jh	Ac	Rm	1Co	2Co	Ga	Eph	Php	Col	1Th	2Th
λιβερτινος					1									
λιβυη					1									
λιθαζω				5	2			1						
λιθινος				1				1						
λιθοβολεω	2		1		3									
λιθος	11	8	14	7	2	2	1	1						
λιθοστρωτος				1										
λικμαω	1		1											
λιμην					3									
λιμνη			5											
λιμος	1	1	4		2	1		1						
λινον	1													
λινος														
λιπαρος														
λιτρα				2										
λιψ					1									
λογεια							2							
λογιζομαι		1	1	1	1	19	3	8	1		2			
λογικος						1								
λογιον					1	1								
λογιος					1									
λογισμος						1		1						
λογομαχεω														
λογομαχια														
λογος	33	24	32	40	65	7	17	9	2	4	4	7	9	5
λογχη				1										
λοιδορεω				1	1		1							
λοιδορια														
λοιδορος							2							
λοιμος			1		1									
λοιπος	4	3	6		6	2	7	3	2	2	4		3	1
λουκας												1		
λουκιος					1	1								
λουτρον										1				
λουω				1	2									
λυδδα					3									

	1Tm	2Tm	Tit	Phm	Heb	Ja	1Pt	2Pt	1Jh	2Jh	3Jh	Ju	Apc	gesamt
λιβερτινος														1
λιβυη														1
λιθαζω					1									9
λιθινος													1	3
λιθοβολεω					1									7
λιθος							5						8	59
λιθοστρωτος														1
λικμαω														2
λιμην														3
λιμνη													6	11
λιμος													2	12
λινον													1	2
λινος		1												1
λιπαρος													1	1
λιτρα														2
λιψ														1
λογεια														2
λογιζομαι		1			1	1	1							41
λογικος							1							2
λογιον					1		1							4
λογιος														1
λογισμος														2
λογομαχεω		1												1
λογομαχια	1													1
λογος	8	7	5		12	5	6	4	6			1	18	330
λογχη														1
λοιδορεω							1							4
λοιδορια	1						2							3
λοιδορος														2
λοιμος														2
λοιπος	1	1			1			1					8	55
λουκας		1		1										3
λουκιος														2
λουτρον			1											2
λουω					1			1						5
λυδδα														3

	Mt	Mc	Lc	Jh	Ac	Rm	1Co	2Co	Ga	Eph	Php	Col	1Th	2Th
λυδια					2									
λυκαονια					1									
λυκαονιστι					1									
λυκια					1									
λυκος	2		1	2	1									
λυμαινομαι					1									
λυπεω	6	2		2		1		12		1			1	
λυπη			1	4		1		6			2			
λυσανιας			1											
λυσιας					3									
λυσις							1							
λυσιτελεω			1											
λυστρα					5									
λυτρον	1	1												
λυτροομαι			1											
λυτρωσις			2											
λυτρωτης					1									
λυχνια	1	1	2											
λυχνος	2	1	6	1										
λυω	6	5	7	6	6		1			1				
λωις														
λωτ			3											
μααθ			1											
μαγαδαν	1													
μαγδαληνη	3	4	2	3										
μαγεια					1									
μαγευω					1									
μαγος	4				2									
μαγωγ														
μαδιαμ					1									
μαθητευω	3				1									
μαθητης	72	46	37	78	28									
μαθητρια					1									
μαθθαιος	2	1	1		1									
μαθθατ			2											
μαθθιας					2									

	1Tm	2Tm	Tit	Phm	Heb	Ja	1Pt	2Pt	1Jh	2Jh	3Jh	Ju	Apc	gesamt
λυδια														2
λυκαονια														1
λυκαονιστι														1
λυκια														1
λυκος														6
λυμαινομαι														1
λυπεω							1							26
λυπη					1		1							16
λυσανιας														1
λυσιας														3
λυσις														1
λυσιτελεω														1
λυστρα		1												6
λυτρον														2
λυτροομαι			1				1							3
λυτρωσις					1									3
λυτρωτης														1
λυχνια					1								7	12
λυχνος								1					3	14
λυω								3	1				6	42
λωις		1												1
λωτ							1							4
μααϑ														1
μαγαδαν														1
μαγδαληνη														12
μαγεια														1
μαγευω														1
μαγος														6
μαγωγ													1	1
μαδιαμ														1
μαθητευω														4
μαθητης														261
μαθητρια														1
μαϑϑαιος														5
μαϑϑατ														2
μαϑϑιας														2

	Mt	Mc	Lc	Jh	Ac	Rm	1Co	2Co	Ga	Eph	Php	Col	1Th	2Th
μαθουσαλα			1											
μαινομαι				1	3		1							
μακαριζω			1											
μακαριος	13		15	2	2	3	1							
μακαρισμος						2			1					
μακεδονια					8	1	2	6			1		3	
μακεδων					3			2						
μακελλον							1							
μακραν	1	1	2	1	3					2				
μακροθεν	2	5	4											
μακροθυμεω	2		1				1						1	
μακροθυμια						2		1	1	1		2		
μακροθυμως					1									
μακρος	1	1	3											
μακροχρονιος										1				
μαλακια	3													
μαλακος	2		1				1							
μαλελεηλ			1											
μαλιστα					3				1		1			
μαλλον	9	5	5	4	7	8	10	8	2	3	6		2	
μαλχος				1										
μαμμη														
μαμωνας	1		3											
μαναην					1									
μανασσης	2													
μανθανω	3	1		2	1	1	3		1	1	2	1		
μανια					1									
μαννα				2										
μαντευομαι					1									
μαραινομαι														
μαρανα							1							
μαργαριτης	3													
μαρθα			4	9										
μαρια	8	8	4	5	1	1								
μαριαμ	3		13	10	1									
μαρκος					4							1		

	1Tm	2Tm	Tit	Phm	Heb	Ja	1Pt	2Pt	1Jh	2Jh	3Jh	Ju	Apc	gesamt
μαθουσαλα														1
μαινομαι														5
μακαριζω						1								2
μακαριος	2		1			2	2						7	50
μακαρισμος														3
μακεδονια	1													22
μακεδων														5
μακελλον														1
μακραν														10
μακροθεν													3	14
μακροθυμεω					1	3		1						10
μακροθυμια	1	2			1	1	1	1						14
μακροθυμως														1
μακρος														5
μακροχρονιος														1
μαλακια														3
μαλακος														4
μαλελεηλ														1
μαλιστα	3	1	1	1				1						12
μαλλον	2	1		2	6			1						81
μαλχος														1
μαμμη		1												1
μαμωνας														4
μαναην														1
μανασσης													1	3
μανθανω	3	3	1		1								1	25
μανια														1
μαννα					1								1	4
μαντευομαι														1
μαραινομαι						1								1
μαρανα														1
μαργαριτης	1												5	9
μαρθα														13
μαρια														27
μαριαμ														27
μαρκος		1		1			1							8

	Mt	Mc	Lc	Jh	Ac	Rm	1Co	2Co	Ga	Eph	Php	Col	1Th	2Th
μαρμαρος														
μαρτυρεω	1		1	33	11	2	1	1	1			1		
μαρτυρια		3	1	14	1									
μαρτυριον	3	3	3		2		1	1						1
μαρτυρομαι					2				1	1			1	
μαρτυς	2	1	2		13	1		2			1		2	
μασαομαι														
μαστιγοω	3	1	1	1										
μαστιζω					1									
μαστιξ		3	1		1									
μαστος			2											
ματαιολογια														
ματαιολογος														
ματαιοομαι						1								
ματαιος					1		2							
ματαιοτης						1				1				
ματην	1	1												
ματθαν	2													
ματταθα			1											
ματταθιας			2											
μαχαιρα	7	3	5	2	2	2				1				
μαχη								1						
μαχομαι				1	1									
μεγαλειος					1									
μεγαλειοτης			1		1									
μεγαλοπρεπης														
μεγαλυνω	1		2		3			1			1			
μεγαλως											1			
μεγαλωσυνη														
μεγας	30	18	33	18	31	2	5	1		1				
μεγεθος										1				
μεγιστανες		1												
μεθερμηνευομαι	1	3		2	2									
μεθη			1			1			1					
μεθιστημι			1		2		1					1		
μεθοδεια										2				

	1Tm	2Tm	Tit	Phm	Heb	Ja	1Pt	2Pt	1Jh	2Jh	3Jh	Ju	Apc	gesamt
μαρμαρος													1	1
μαρτυρεω	2				8				6		4		4	76
μαρτυρια	1		1						6		1		9	37
μαρτυριον	1	1			1	1							1	19
μαρτυρομαι														5
μαρτυς	2	1			2		1						5	35
μασαομαι													1	1
μαστιγοω					1									7
μαστιζω														1
μαστιξ					1									6
μαστος													1	3
ματαιολογια	1													1
ματαιολογος			1											1
ματαιοομαι														1
ματαιος			1			1	1							6
ματαιοτης								1						3
ματην														2
ματθαν														2
ματταθα														1
ματταθιας														2
μαχαιρα					3								4	29
μαχη		1	1			1								4
μαχομαι		1				1								4
μεγαλειος														1
μεγαλειοτης								1						3
μεγαλοπρεπης								1						1
μεγαλυνω														8
μεγαλως														1
μεγαλωσυνη					2							1		3
μεγας	2	1	1		10	3		2	3		1	1	80	243
μεγεθος														1
μεγιστανες													2	3
μεθερμηνευομαι														8
μεθη														3
μεθιστημι														5
μεθοδεια														2

	Mt	Mc	Lc	Jh	Ac	Rm	1Co	2Co	Ga	Eph	Php	Col	1Th	2Th
μεθυσκομαι			1							1			1	
μεθυσος							2							
μεθυω	1			1	1		1						1	
μελας	1							1						
μελεα			1											
μελει	1	2	1	2	1		2							
μελεταω					1									
μελι	1	1												
μελιτη					1									
μελλω	9	2	12	12	34	5	1		1	1		1	1	
μελος	2					10	16			2		1		
μελχι			2											
μελχισεδεκ														
μεμβρανα														
μεμφομαι					1									
μεμψιμοιρος														
μεν	20	6	10	8	48	18	20	8	3	1	5	1	1	
μεννα			1											
μενουν			1											
μενουνγε						2						1		
μεντοι				5										
μενω	3	2	7	40	13	1	8	3			1			
μεριζω	3	4	1			1	3	1						
μεριμνα	1	1	2					1						
μεριμναω	7		5				5				2			
μερις			1		2			1				1		
μερισμος														
μεριστης			1											
μερος	4	1	4	4	7	3	7	4			2	1		
μεσημβρια					2									
μεσιτευω														
μεσιτης									2					
μεσονυκτιον		1	1		2									
μεσοποταμια					2									
μεσος	7	5	14	6	10		2	1			1	1	1	1
μεσοτοιχον										1				

	1Tm	2Tm	Tit	Phm	Heb	Ja	1Pt	2Pt	1Jh	2Jh	3Jh	Ju	Apc	gesamt
μεθυσκομαι														3
μεθυσος														2
μεθυω													2	7
μελας										1	1		2	6
μελεα														1
μελει							1							10
μελεταω	1													2
μελι													2	4
μελιτη														1
μελλω	3	1			9	1	1	2					13	109
μελος						3								34
μελχι														2
μελχισεδεκ					8									8
μεμβρανα		1												1
μεμφομαι					1									2
μεμψιμοιρος												1		1
μεν		3			20	1	4					3		180
μεννα														1
μενουν														1
μενουνγε														3
μεντοι		1				1						1		8
μενω	1	3			6		2		24	3			1	118
μεριζω					1									14
μεριμνα							1							6
μεριμναω														19
μερις														5
μερισμος					2									2
μεριστης														1
μερος					1								4	42
μεσημβρια														2
μεσιτευω					1									1
μεσιτης	1				3									6
μεσονυκτιον														4
μεσοποταμια														2
μεσος					1								8	58
μεσοτοιχον														1

	Mt	Mc	Lc	Jh	Ac	Rm	1Co	2Co	Ga	Eph	Php	Col	1Th	2Th
μεσουρανημα														
μεσοω				1										
μεσσιας				2										
μεστος	1			3		2								
μεστοω					1									
μετα	71	57	63	56	66	7	9	7	7	7	7	2	3	5
μεταβαινω	6		1	3	1									
μεταβαλλομαι					1									
μεταγω														
μεταδιδωμι			1			2				1			1	
μεταθεσις														
μεταιρω	2													
μετακαλεομαι					4									
μετακινεω												1		
μεταλαμβανω					4									
μεταλημψις														
μεταλλασσω						2								
μεταμελομαι	3							2						
μεταμορφοομαι	1	1				1		1						
μετανοεω	5	2	9		5			1						
μετανοια	2	1	5		6	1		2						
μεταξυ	2		2	1	3	1								
μεταπεμπομαι					9									
μεταστρεφω					1				1					
μετασχηματιζω							1	3			1			
μετατιθημι					1				1					
μετατρεπω														
μετεπειτα														
μετεχω							5							
μετεωριζομαι			1											
μετοικεσια	4													
μετοικιζω					2									
μετοχη								1						
μετοχος			1											
μετρεω	2	2	1					1						
μετρητης				1										

	1Tm	2Tm	Tit	Phm	Heb	Ja	1Pt	2Pt	1Jh	2Jh	3Jh	Ju	Apc	gesamt
μεσουρανημα													3	3
μεσοω														1
μεσσιας														2
μεστος						2		1						9
μεστοω														1
μετα	9	6	4	1	23		2	1	7	2			51	473
μεταβαινω									1					12
μεταβαλλομαι														1
μεταγω						2								2
μεταδιδωμι														5
μεταθεσις					3									3
μεταιρω														2
μετακαλεομαι														4
μετακινεω														1
μεταλαμβανω		1			2									7
μεταλημψις	1													1
μεταλλασσω														2
μεταμελομαι					1									6
μεταμορφοομαι														4
μετανοεω													12	34
μετανοια		1			3			1						22
μεταξυ														9
μεταπεμπομαι														9
μεταστρεφω														2
μετασχηματιζω														5
μετατιθημι					3							1		6
μετατρεπω						1								1
μετεπειτα					1									1
μετεχω					3									8
μετεωριζομαι														1
μετοικεσια														4
μετοικιζω														2
μετοχη														1
μετοχος					5									6
μετρεω													5	11
μετρητης														1

	Mt	Mc	Lc	Jh	Ac	Rm	1Co	2Co	Ga	Eph	Php	Col	1Th	2Th
μετριοπαθεω														
μετριως					1									
μετρον	2	1	2	1		1		2		3				
μετωπον														
μεχρι	2	1	1		2	2			1	1	2			
μη	129	77	140	117	64	80	96	50	24	16	6	10	15	11
μηγε	2		5											
μηδαμως					2									
μηδε	11	6	7	2	2	4	6	1		2	1	2		2
μηδεις	5	9	9		21	3	6	6	2	1	3	2	2	2
μηδεποτε														
μηδεπω														
μηδος					1									
μηθεις					1									
μηκετι	1	4	1	2	3	3		1		3			2	
μηκος										1				
μηκυνομαι		1												
μηλωτη														
μην			5		5				1					
μην														
μηνυω			1	1	1		1							
μηποτε	8	2	7	1	2									
μηπω						1								
μηρος														
μητε	6		6		8									3
μητηρ	26	17	17	11	4	1			2	2				
μητι	4	2	2	3	1		2	3						
μητρα			1			1								
μητρολωας														
μιαινω					1									
μιασμα														
μιασμος														
μιγμα					1									
μιγνυμι	1		1											
μικρος	8	5	5	11	2		1	2	1					
μιλητος					2									

	1Tm	2Tm	Tit	Phm	Heb	Ja	1Pt	2Pt	1Jh	2Jh	3Jh	Ju	Apc	gesamt
μετριοπαθεω					1									1
μετριως														1
μετρον													2	14
μετωπον													8	8
μεχρι	1	1			3									17
μη	24	4	14	2	40	24	14	6	20	5	2	3	50	1043
μηγε														7
μηδαμως														2
μηδε	3	1			1		3		2					56
μηδεις	5		4		1	3	1		1			1	2	89
μηδεποτε		1												1
μηδεπω					1									1
μηδος														1
μηθεις														1
μηκετι	1						1							22
μηκος													2	3
μηκυνομαι														1
μηλωτη					1									1
μην						1							6	18
μην					1									1
μηνυω														4
μηποτε		1			4									25
μηπω					1									2
μηρος													1	1
μητε	2				2	3							4	34
μητηρ	1	1											1	83
μητι						1								18
μητρα														2
μητρολωας	1													1
μιαινω		2			1							1		5
μιασμα								1						1
μιασμος								1						1
μιγμα														1
μιγνυμι													2	4
μικρος					2	1							8	46
μιλητος		1												3

	Mt	Mc	Lc	Jh	Ac	Rm	1Co	2Co	Ga	Eph	Php	Col	1Th	2Th
μιλιον	1													
μιμεομαι														2
μιμητης							2			1			2	
μιμνησκομαι	3		6	3	2		1							
μισεω	5	1	7	12		2				1				
μισθαποδοσια														
μισθαποδοτης														
μισθιος			2											
μισθοομαι	2													
μισθος	10	1	3	1	1	1	4							
μισθωμα					1									
μισθωτος		1		2										
μιτυληνη					1									
μιχαηλ														
μνα			9											
μνασων					1									
μνεια						1				1	1		2	
μνημα		2	3		2									
μνημειον	7	8	8	16	1									
μνημη														
μνημονευω	1	1	1	3	2				1	1		1	2	1
μνημοσυνον	1	1			1									
μνηστευομαι	1		2											
μογιλαλος		1												
μογις			1											
μοδιος	1	1	1											
μοιχαλις	2	1				2								
μοιχαομαι	2	2												
μοιχεια	1	1		1										
μοιχευω	4	1	3	1		3								
μοιχος			1			1								
μολις					4	1								
μολοχ					1									
μολυνω						1								
μολυσμος								1						
μομφη												1		

	1Tm	2Tm	Tit	Phm	Heb	Ja	1Pt	2Pt	1Jh	2Jh	3Jh	Ju	Apc	gesamt
μιλιον														1
μιμεομαι					1						1			4
μιμητης					1									6
μιμνησκομαι		1			4			1				1	1	23
μισεω			1		1				5			1	4	40
μισθαποδοσια					3									3
μισθαποδοτης					1									1
μισθιος														2
μισθοομαι														2
μισθος	1					1		2		1		1	2	29
μισθωμα														1
μισθωτος														3
μιτυληνη														1
μιχαηλ												1	1	2
μνα														9
μνασων														1
μνεια		1		1										7
μνημα													1	8
μνημειον														40
μνημη								1						1
μνημονευω		1			3								3	21
μνημοσυνον														3
μνηστευομαι														3
μογιλαλος														1
μογις														1
μοδιος														3
μοιχαλις						1		1						7
μοιχαομαι														4
μοιχεια														3
μοιχευω						2							1	15
μοιχος					1									3
μολις							1							6
μολοχ														1
μολυνω													2	3
μολυσμος														1
μομφη														1
	1Tm	2Tm	Tit	Phm	Heb	Ja	1Pt	2Pt	1Jh	2Jh	3Jh	Ju	Apc	gesamt

	Mt	Mc	Lc	Jh	Ac	Rm	1Co	2Co	Ga	Eph	Php	Col	1Th	2Th
μονη				2										
μονογενης			3	4										
μονοομαι														
μονος	14	6	10	15	9	14	4	5	7	1	5	1	4	1
μονοφθαλμος	1	1												
μορφη		1									2			
μορφοω									1					
μορφωσις						1								
μοσχοποιεω					1									
μοσχος			3											
μουσικος														
μοχθος								1					1	1
μυελος														
μυεομαι											1			
μυθος														
μυκαομαι														
μυκτηριζω									1					
μυλικος			1											
μυλινος														
μυλος	2	1												
μυρα					1									
μυριας			1		2									
μυριζω		1												
μυριοι	1						2							
μυρον	2	3	4	4										
μυσια					2									
μυστηριον	1	1	1			2	6			6		4		1
μυωπαζω														
μωλωψ														
μωμαομαι								2						
μωμος														
μωραινω	1		1			1	1							
μωρια							5							
μωρολογια										1				
μωρος	6						4							
μωυσης	7	8	10	13	19	4	2	3						

	1Tm	2Tm	Tit	Phm	Heb	Ja	1Pt	2Pt	1Jh	2Jh	3Jh	Ju	Apc	gesamt
μονη														2
μονογενης					1				1					9
μονοομαι	1													1
μονος	4	3			3	2	1		2	1		2	1	115
μονοφθαλμος														2
μορφη														3
μορφοω														1
μορφωσις		1												2
μοσχοποιεω														1
μοσχος					2								1	6
μουσικος													1	1
μοχθος														3
μυελος					1									1
μυεομαι														1
μυθος	2	1	1					1						5
μυκαομαι													1	1
μυκτηριζω														1
μυλικος														1
μυλινος													1	1
μυλος													1	4
μυρα														1
μυριας					1							1	3	8
μυριζω														1
μυριοι														3
μυρον													1	14
μυσια														2
μυστηριον	2												4	28
μυωπαζω								1						1
μωλωψ							1							1
μωμαομαι														2
μωμος								1						1
μωραινω														4
μωρια														5
μωρολογια														1
μωρος		1	1											12
μωυσης		1			11							1	1	80
	1Tm	2Tm	Tit	Phm	Heb	Ja	1Pt	2Pt	1Jh	2Jh	3Jh	Ju	Apc	gesamt

	Mt	Mc	Lc	Jh	Ac	Rm	1Co	2Co	Ga	Eph	Php	Col	1Th	2Th
ναασσων	2		1											
ναγγαι			1											
ναζαρα	1		1											
ναζαρεθ	1		4		1									
ναζαρετ	1	1		2										
ναζαρηνος		4	2											
ναζωραιος	2		1	3	7									
ναθαμ			1											
ναθαναηλ				6										
ναι	9		4	3	2	1		6			1			
ναιμαν			1											
ναιν			1											
ναος	9	3	4	3	2		4	2		1				1
ναουμ			1											
ναρδος		1		1										
ναρκισσος						1								
ναυαγεω								1						
ναυκληρος					1									
ναυς					1									
ναυτης					2									
ναχωρ			1											
νεανιας					3									
νεανισκος	2	2	1		4									
νεαπολις					1									
νεκρος	12	7	14	8	17	16	13	1	1	4	1	3	2	
νεκροω						1						1		
νεκρωσις						1		1						
νεομηνια												1		
νεος	2	2	7	1	2		1					1		
νεοτης		1	1		1									
νεοφυτος														
νευω				1	1									
νεφελη	4	4	5		1		2						1	
νεφθαλιμ	2													
νεφος														
νεφρος														

	1Tm	2Tm	Tit	Phm	Heb	Ja	1Pt	2Pt	1Jh	2Jh	3Jh	Ju	Apc	gesamt
ναασσων														3
ναγγαι														1
ναζαρα														2
ναζαρεθ														6
ναζαρετ														4
ναζαρηνος														6
ναζωραιος														13
ναθαμ														1
ναθαναηλ														6
ναι				1		2							4	33
ναιμαν														1
ναιν														1
ναος													16	45
ναουμ														1
ναρδος														2
ναρκισσος														1
ναυαγεω	1													2
ναυκληρος														1
ναυς														1
ναυτης													1	3
ναχωρ														1
νεανιας														3
νεανισκος										2				11
νεαπολις														1
νεκρος		2			7	3	4						13	128
νεκροω					1									3
νεκρωσις														2
νεομηνια														1
νεος	4		2		1		1							24
νεοτης	1													4
νεοφυτος	1													1
νευω														2
νεφελη												1	7	25
νεφθαλιμ													1	3
νεφος					1									1
νεφρος													1	1
	1Tm	2Tm	Tit	Phm	Heb	Ja	1Pt	2Pt	1Jh	2Jh	3Jh	Ju	Apc	gesamt

	Mt	Mc	Lc	Jh	Ac	Rm	1Co	2Co	Ga	Eph	Php	Col	1Th	2Th
νεωκορος					1									
νεωτερικος														
νη							1							
νηθω	1		1											
νηπιαζω							1							
νηπιος	2		1			1	6		2	1			1	
νηρευς						1								
νηρι			1											
νησιον					1									
νησος					6									
νηστεια	1		1		2			2						
νηστευω	8	6	4		2									
νηστις	1	1												
νηφαλιος														
νηφω													2	
νιγερ					1									
νικανωρ					1									
νικαω			1	1		3								
νικη														
νικοδημος				5										
νικολαιτης														
νικολαος					1									
νικοπολις														
νικος	1						3							
νινευιτης	1		2											
νιπτηρ				1										
νιπτω	2	1		13										
νοεω	4	3		1		1				2				
νοημα								5			1			
νοθος														
νομη				1										
νομιζω	3		2		7		2							
νομικος	1		6											
νομιμως														
νομισμα	1													
νομοδιδασκαλος			1		1									

	1Tm	2Tm	Tit	Phm	Heb	Ja	1Pt	2Pt	1Jh	2Jh	3Jh	Ju	Apc	gesamt
νεωκορος														1
νεωτερικος		1												1
νη														1
νηϑω														2
νηπιαζω														1
νηπιος					1									15
νηρευς														1
νηρι														1
νησιον														1
νησος													3	9
νηστεια														6
νηστευω														20
νηστις														2
νηφαλιος	2		1											3
νηφω		1					3							6
νιγερ														1
νικανωρ														1
νικαω									6				17	28
νικη									1					1
νικοδημος														5
νικολαιτης													2	2
νικολαος														1
νικοπολις			1											1
νικος														4
νινευιτης														3
νιπτηρ														1
νιπτω	1													17
νοεω	1	1			1									14
νοημα														6
νοϑος					1									1
νομη		1												2
νομιζω	1													15
νομικος			2											9
νομιμως	1	1												2
νομισμα														1
νομοδιδασκαλος	1													3
	1Tm	2Tm	Tit	Phm	Heb	Ja	1Pt	2Pt	1Jh	2Jh	3Jh	Ju	Apc	gesamt

	Mt	Mc	Lc	Jh	Ac	Rm	1Co	2Co	Ga	Eph	Php	Col	1Th	2Th
νομοθεσια						1								
νομοθετεω														
νομοθετης														
νομος	8		9	15	18	74	9		32	1	3			
νοσεω														
νοσημα				1										
νοσος	5	1	4		1									
νοσσια			1											
νοσσιον	1													
νοσσος			1											
νοσφιζομαι					2									
νοτος	1		3		2									
νουθεσια							1			1				
νουθετεω					1	1	1					2	2	1
νουνεχως		1												
νους			1			6	7			2	1	1		1
νυμφα												1		
νυμφη	1		2	1										
νυμφιος	6	3	2	4										
νυμφων	1	1	1											
νυν	4	3	14	29	25	14	6	7	6	4	5	2	1	1
νυνι					2	6	3	2		1		2		
νυξ	9	4	7	6	16	1	1						6	1
νυσσω				1										
νυσταζω	1													
νυχθημερον								1						
νωε	2		3											
νωθρος														
νωτος						1								
ξενια					1									
ξενιζω					7									
ξενοδοχεω														
ξενος	5				2	1				2				
ξεστης		1												
ξηραινω	3	6	1	1										
ξηρος	2	1	3	1										

	1Tm	2Tm	Tit	Phm	Heb	Ja	1Pt	2Pt	1Jh	2Jh	3Jh	Ju	Apc	gesamt
νομοθεσια														1
νομοθετεω					2									2
νομοθετης						1								1
νομος	2				14	10								195
νοσεω	1													1
νοσημα														1
νοσος														11
νοσσια														1
νοσσιον														1
νοσσος														1
νοσφιζομαι			1											3
νοτος													1	7
νουθεσια			1											3
νουθετεω														8
νουνεχως														1
νους	1	1	1										2	24
νυμφα														1
νυμφη													4	8
νυμφιος													1	16
νυμφων														3
νυν	2	2	1		6	3	5	2	4	1		1		148
νυνι				2	2									20
νυξ	1	1											8	61
νυσσω														1
νυσταζω								1						2
νυχθημερον														1
νωε					1		1	1						8
νωθρος					2									2
νωτος														1
ξενια				1										2
ξενιζω					1		2							10
ξενοδοχεω	1													1
ξενος					2		1				1			14
ξεστης														1
ξηραινω						1	1						2	15
ξηρος					1									8

	Mt	Mc	Lc	Jh	Ac	Rm	1Co	2Co	Ga	Eph	Php	Col	1Th	2Th
ξυλινος														
ξυλον	2	2	2		4		1		1					
ξυραομαι					1		2							
ὁ	2796	1523	2647	2192	2719	1107	869	553	278	433	193	262	193	112
ὀγδοηκοντα			1											
ὀγδοηκοντα-τεσσαρες			1											
ὀγδοος			1		1									
ὀγκος														
ὁδε			1		1									
ὁδευω			1											
ὁδηγεω	1		1	1	1									
ὁδηγος	3				1	1								
ὁδοιπορεω					1									
ὁδοιπορια				1				1						
ὁδος	22	16	20	4	20	3	2						1	
ὀδους	8	1	1		1									
ὀδυναομαι			3		1									
ὀδυνη						1								
ὀδυρμος	1							1						
ὀζιας	2													
ὀζω				1										
ὁθεν	4		1		3									
ὀθονη					2									
ὀθονιον			1	4										
οἰδα	24	21	25	84	19	16	25	16	3	5	6	4	13	3
οἰκειος									1	1				
οἰκετεια	1													
οἰκετης			1		1	1								
οἰκεω						5	3							
οἰκημα					1									
οἰκητηριον								1						
οἰκια	26	18	24	5	12		2	2			1			
οἰκιακος	2													
οἰκοδεσποτεω														
οἰκοδεσποτης	7	1	4											
οἰκοδομεω	8	4	12	1	4	1	6		1				1	

	1Tm	2Tm	Tit	Phm	Heb	Ja	1Pt	2Pt	1Jh	2Jh	3Jh	Ju	Apc	gesamt
ξυλινος		1											1	2
ξυλον							1						7	20
ξυραομαι														3
ὁ	158	151	61	36	699	232	202	123	359	33	29	55	1889	19904
ὀγδοηκοντα														1
ὀγδοηκοντα-τεσσαρες														1
ὀγδοος								1					2	5
ὀγκος					1									1
ὁδε						1							7	10
ὁδευω														1
ὁδηγεω													1	5
ὁδηγος														5
ὁδοιπορεω														1
ὁδοιπορια														2
ὁδος					3	3	4					1	2	101
ὁδους													1	12
ὁδυναομαι														4
ὁδυνη	1													2
ὁδυρμος														2
ὀζιας														2
ὀζω														1
ὁθεν					6				1					15
ὀθονη														2
ὀθονιον														5
οἶδα	4	5	2	1	3	4	2	3	15		1	2	12	318
οἰκειος	1													3
οἰκετεια														1
οἰκετης							1							4
οἰκεω	1													9
οἰκημα														1
οἰκητηριον												1		2
οἰκια	1	2								1				94
οἰκιακος														2
οἰκοδεσποτεω	1													1
οἰκοδεσποτης														12
οἰκοδομεω							2							40

	Mt	Mc	Lc	Jh	Ac	Rm	1Co	2Co	Ga	Eph	Php	Col	1Th	2Th
οἰκοδομη	1	2				2	5	4		4				
οἰκοδομος					1									
οἰκονομεω			1											
οἰκονομια			3				1			3		1		
οἰκονομος			4			1	2		1					
οἰκος	10	13	33	5	25	1	4					1		
οἰκουμενη	1		3		5	1								
οἰκουργος														
οἰκτιρμος						1		1			1	1		
οἰκτιρμων			2											
οἰκτιρω						2								
οἰνοποτης	1		1											
οἰνος	4	5	6	6		1				1				
οἰνοφλυγια														
οἰομαι				1							1			
οἰος	1	2		1		1	2	3			1		1	
οἰοσδηποτουν				1										
ὀκνεω					1									
ὀκνηρος	1					1					1			
ὀκταημερος											1			
ὀκτω			2	1	2									
ὀλεθρος							1						1	1
ὀλιγοπιστια	1													
ὀλιγοπιστος	4		1											
ὀλιγος	6	4	7		10		1			1				
ὀλιγοψυχος													1	
ὀλιγωρεω														
ὀλιγως														
ὀλοθρευτης							1							
ὀλοθρευω														
ὀλοκαυτωμα		1												
ὀλοκληρια					1									
ὀλοκληρος													1	
ὀλολυζω														
ὀλος	22	18	17	6	20	4	4	1	2		1		1	
ὀλοτελης													1	

	1Tm	2Tm	Tit	Phm	Heb	Ja	1Pt	2Pt	1Jh	2Jh	3Jh	Ju	Apc	gesamt
οἰκοδομη														18
οἰκοδομος														1
οἰκονομεω														1
οἰκονομια	1													9
οἰκονομος			1				1							10
οἰκος	5	2	1	1	11		2							114
οἰκουμενη					2								3	15
οἰκουργος			1											1
οἰκτιρμος					1									5
οἰκτιρμων						1								3
οἰκτιρω														2
οἰνοποτης														2
οἰνος	2		1										8	34
οἰνοφλυγια							1							1
οἰομαι						1								3
οἰος		2											1	15
οἰοσδηποτουν														1
ὀκνεω														1
ὀκνηρος														3
ὀκταημερος														1
ὀκτω							1							6
ὀλεθρος	1													4
ὀλιγοπιστια														1
ὀλιγοπιστος														5
ὀλιγος	2				1	1	4						4	41
ὀλιγοψυχος														1
ὀλιγωρεω					1									1
ὀλιγως							1							1
ὀλοθρευτης														1
ὀλοθρευω					1									1
ὀλοκαυτωμα					2									3
ὀλοκληρια														1
ὀλοκληρος					1									2
ὀλολυζω						1								1
ὀλος			1		2	4		2					5	110
ὀλοτελης														1

	Mt	Mc	Lc	Jh	Ac	Rm	1Co	2Co	Ga	Eph	Php	Col	1Th	2Th
ὀλυμπας						1								
ὀλυνθος														
ὀλως	1						3							
ὀμβρος			1											
ὀμειρομαι													1	
ὀμιλεω			2		2									
ὀμιλια							1							
ὀμιχλη														
ὀμμα	1	1												
ὀμνυω	13	2	1		1									
ὀμοθυμαδον					10	1								
ὀμοιοπαθης					1									
ὀμοιος	9		9	2	1				1					
ὀμοιοτης														
ὀμοιοω	8	1	3		1	1								
ὀμοιωμα						4					1			
ὀμοιως	3	1	11	3		1	3							
ὀμοιωσις														
ὀμολογεω	4		2	4	3	2								
ὀμολογια								1						
ὀμολογουμενως														
ὀμοτεχνος					1									
ὀμου				3	1									
ὀμοφρων														
ὀμως				1			1		1					
ὀναρ	6													
ὀναριον				1										
ὀνειδιζω	3	2	1			1								
ὀνειδισμος						1								
ὀνειδος			1											
ὀνησιμος												1		
ὀνησιφορος														
ὀνικος	1	1												
ὀνιναμαι														
ὀνομα	23	15	34	25	60	5	6			2	4	1		2
ὀνομαζω		1	2		1	1	1			3				

	1Tm	2Tm	Tit	Phm	Heb	Ja	1Pt	2Pt	1Jh	2Jh	3Jh	Ju	Apc	gesamt
ὀλυμπας														1
ὀλυνθος													1	1
ὀλως														4
ὀμβρος														1
ὀμειρομαι														1
ὀμιλεω														4
ὀμιλια														1
ὀμιχλη								1						1
ὀμμα														2
ὀμνυω					7	1							1	26
ὀμοθυμαδον														11
ὀμοιοπαθης						1								2
ὀμοιος									1			1	21	45
ὀμοιοτης					2									2
ὀμοιοω					1									15
ὀμοιωμα													1	6
ὀμοιως					1	1	3					1	2	30
ὀμοιωσις						1								1
ὀμολογεω	1	1			2				5	1			1	26
ὀμολογια	2				3									6
ὀμολογουμενως	1													1
ὀμοτεχνος														1
ὀμου														4
ὀμοφρων							1							1
ὀμως														3
ὀναρ														6
ὀναριον														1
ὀνειδιζω						1	1							9
ὀνειδισμος	1				3									5
ὀνειδος														1
ὀνησιμος				1										2
ὀνησιφορος		2												2
ὀνικος														2
ὀνιναμαι				1										1
ὀνομα	1	1			4	3	2		3		2		38	231
ὀνομαζω		1												10
	1Tm	2Tm	Tit	Phm	Heb	Ja	1Pt	2Pt	1Jh	2Jh	3Jh	Ju	Apc	gesamt

	Mt	Mc	Lc	Jh	Ac	Rm	1Co	2Co	Ga	Eph	Php	Col	1Th	2Th
ὄνος	3		1	1										
ὄντως		1	2	1			1		1					
ὄξος	1	1	1	3										
ὀξυς						1								
ὀπη														
ὄπισθεν	2	1	2											
ὀπισω	6	6	7	7	2						1			
ὁπλιζομαι														
ὁπλον				1		3		2						
ὁποιος					1		1		1				1	
ὁπου	13	17	5	30	2	1	1					1		
ὀπτανομαι					1									
ὀπτασια			2		1			1						
ὀπτος			1											
ὀπωρα														
ὁπως	17	1	7	1	14	3	1	2	1					1
ὁραμα	1				11									
ὁρασις					1									
ὁρατος												1		
ὁραω	72	50	81	63	66	2	8		4		4	2	4	
ὀργη	1	1	2	1		12				3		2	3	
ὀργιζομαι	3		2						1					
ὀργιλος														
ὀργυια					2									
ὀρεγομαι														
ὀρεινος			2											
ὀρεξις						1								
ὀρθοποδεω									1					
ὀρθος					1									
ὀρθοτομεω														
ὀρθριζω			1											
ὀρθρινος			1											
ὀρθρος			1	1	1									
ὀρθως		1	3											
ὁρια	6	5			1									
ὁριζω			1		5	1								

	1Tm	2Tm	Tit	Phm	Heb	Ja	1Pt	2Pt	1Jh	2Jh	3Jh	Ju	Apc	gesamt
ὄνος														5
ὄντως	4													10
ὄξος														6
ὀξύς													7	8
ὀπή					1	1								2
ὄπισθεν													2	7
ὀπίσω	1							1				1	3	35
ὁπλίζομαι							1							1
ὅπλον														6
ὁποῖος						1								5
ὅπου					3	2		1					8	84
ὀπτάνομαι														1
ὀπτασία														4
ὀπτός														1
ὀπώρα													1	1
ὅπως				1	2	1	1							53
ὅραμα														12
ὅρασις													3	4
ὁρατός														1
ὁράω	3	1			10	2	3		9		2		63	449
ὀργή	1				2	2							6	36
ὀργίζομαι													2	8
ὀργίλος			1											1
ὄργυια														2
ὀρέγομαι	2				1									3
ὀρεινός														2
ὄρεξις														1
ὀρθοποδέω														1
ὀρθός					1									2
ὀρθοτομέω		1												1
ὀρθρίζω														1
ὀρθρινός														1
ὄρθρος														3
ὀρθῶς														4
ὅρια														12
ὁρίζω					1									8

	Mt	Mc	Lc	Jh	Ac	Rm	1Co	2Co	Ga	Eph	Php	Col	1Th	2Th
ὀρκιζω		1			1									
ὀρκος	4	1	1		1									
ὀρκωμοσια														
ὀρμαω	1	1	1		2									
ὀρμη					1									
ὀρμημα														
ὀρνεον														
ὀρνις	1		1											
ὀροθεσια					1									
ὀρος	16	11	12	5	3		1		2					
ὀρυσσω	2	1												
ὀρφανος				1										
ὀρχεομαι	2	1	1											
ὀς	118	86	182	153	217	89	59	42	22	33	15	37	4	12
ὀσακις							2							
ὀσιος					3									
ὀσιοτης			1							1				
ὀσιως													1	
ὀσμη				1				3		1	1			
ὀσος	15	14	10	10	17	8	1	1	5		7	1		
ὀστεον	1		1	1										
ὀστις	29	5	18	6	24	10	3	2	7	4	4	4		1
ὀστρακινος								1						
ὀσφρησις							1							
ὀσφυς	1	1	1		1					1				
ὀταν	19	21	29	17	2	2	12	3				2	1	1
ὀτε	12	12	12	21	10	4	3		6		1	1	1	1
ὀτι	141	101	174	272	123	56	60	51	29	13	21	6	13	11
ὀτου	1		3	1										
ού	199	122	172	279	111	121	156	93	37	11	13	8	18	8
ού	4	1	2	3		1		4						
ού	9	1	12	1	14	4	3	1	2			1		
ούα		1												
ούαι	14	2	15				1							
ούδαμως	1													
ούδε	27	11	21	17	12	7	10	1	9		1		3	1

	Mt	Mc	Lc	Jh	Ac	Rm	1Co	2Co	Ga	Eph	Php	Col	1Th	2Th

	1Tm	2Tm	Tit	Phm	Heb	Ja	1Pt	2Pt	1Jh	2Jh	3Jh	Ju	Apc	gesamt
ὀρκιζω														2
ὁρκος					2	1								10
ὁρκωμοσια					4									4
ὁρμαω														5
ὁρμη						1								2
ὁρμημα													1	1
ὀρνεον													3	3
ὀρνις														2
ὁροθεσια														1
ὁρος					4			1					8	63
ὀρυσσω														3
ὀρφανος						1								2
ὀρχεομαι														4
ὁς	22	20	9	5	73	7	30	18	30	3	5	6	68	1365
ὁσακις													1	3
ὁσιος	1		1		1								2	8
ὁσιοτης														2
ὁσιως														1
ὀσμη														6
ὁσος	1	1			9			1				2	7	110
ὀστεον					1									4
ὁστις	3	3	1		10	2	1	1	1				9	148
ὀστρακινος		1												2
ὀσφρησις														1
ὀσφυς					2		1							8
ὁταν	1		1		1	1			1				9	123
ὁτε		1	1		2		1					1	13	103
ὁτι	12	7	1	4	18	16	16	5	76	2	1	4	64	1297
ὁτου														5
οὐ	9	12	1		66	25	13	12	48	5	4	2	67	1612
οὑ						2								17
οὐ					2			1					3	54
οὐα														1
οὐαι												1	14	47
οὐδαμως														1
οὐδε	3				6		1	1	2				11	144
	1Tm	2Tm	Tit	Phm	Heb	Ja	1Pt	2Pt	1Jh	2Jh	3Jh	Ju	Apc	gesamt

	Mt	Mc	Lc	Jh	Ac	Rm	1Co	2Co	Ga	Eph	Php	Col	1Th	2Th
οὐδεις	19	26	33	53	25	4	18	7	8	1	3			
οὐδεποτε	5	2	2	1	3		1							
οὐδεπω				3	1									
οὐθεις			2		3		1	1						
οὐκετι	2	7	3	12	3	7		2	4	1				
οὐκουν				1										
οὖν	56	6	33	202	61	48	19	10	6	7	5	5	2	1
οὐπω	2	5	1	11			2							
οὐρα														
οὐρανιος	7		1		1									
οὐρανοθεν					2									
οὐρανος	82	19	35	18	26	2	2	3	1	4	1	5	2	1
οὐρβανος						1								
οὐριας	1													
οὖς	7	5	7		5	1	2							
οὐσια			2											
οὖτε	6	4	4	9	14	10	13		5				5	
οὖτος	149	79	229	239	237	52	68	43	12	18	15	8	10	4
οὖτως	32	10	21	14	27	17	31	7	5	4	2	1	5	1
οὐχι	9		18	5	2	3	12	1	1				1	
ὀφειλετης	2		1			3			1					
ὀφειλη	1					1	1							
ὀφειλημα	1					1								
ὀφειλω	6		5	2	1	3	5	2		1				2
ὀφελον							1	1	1					
ὀφελος							1							
ὀφθαλμοδουλια										1		1		
ὀφθαλμος	24	7	17	18	7	3	5		2	1				
ὀφις	3	1	2	1			1	1						
ὀφρυς			1											
ὀχλεομαι					1									
ὀχλοποιεω					1									
ὀχλος	50	38	41	20	22									
ὀχυρωμα								1						
ὀψαριον				5										
ὀψε	1	2												

	1Tm	2Tm	Tit	Phm	Heb	Ja	1Pt	2Pt	1Jh	2Jh	3Jh	Ju	Apc	gesamt
οὐδείς	3	3	1	1	6	2			2				12	227
οὐδέποτε					2									16
οὐδέπω														4
οὐθείς														7
οὐκέτι				1	2								3	47
οὐκοῦν														1
οὖν	4	3		1	13	5	6	1			1		6	501
οὔπω					2				1				2	26
οὐρά													5	5
οὐράνιος														9
οὐρανόθεν														2
οὐρανος					10	2	3	6					52	274
οὐρβανος														1
οὐρίας														1
οὖς						1	1						8	37
οὐσια														2
οὔτε						1					1		15	87
οὖτος	18	11	5	3	44	8	11	22	39	5	4	9	49	1391
οὕτως		1			9	7	2	3	2				7	208
οὐχί					2									54
ὀφειλέτης														7
ὀφειλή														3
ὀφείλημα														2
ὀφείλω				1	3				3		1			35
ὄφελον													1	4
ὄφελος						2								3
ὀφθαλμοδουλια														2
ὀφθαλμος					1		1	1	3				10	100
ὄφις													5	14
ὀφρύς														1
ὀχλέομαι														1
ὀχλοποιεω														1
ὄχλος													4	175
ὀχύρωμα														1
ὀψάριον														5
ὀψέ														3

	Mt	Mc	Lc	Jh	Ac	Rm	1Co	2Co	Ga	Eph	Php	Col	1Th	2Th
ὀψια	7	5		2										
ὀψιμος														
ὀψιος		1												
ὀψις				2										
ὀψωνιον			1			1	1	1						
παγιδευω	1													
παγις			1			1								
παγος					2									
παθημα						2		3	1		1	1		
παθητος					1									
παθος						1						1	1	
παιδαγωγος							1		2					
παιδαριον				1										
παιδεια										1				
παιδευτης						1								
παιδευω			2		2		1	1						
παιδιοθεν		1												
παιδιον	18	12	13	3			1							
παιδισκη	1	2	2	1	2				5					
παιζω							1							
παις	8		9	1	6									
παιω	1	1	1	1										
παλαι	1	1	1					1						
παλαιος	3	3	5			1	2	1		1		1		
παλαιοτης						1								
παλαιοω			1											
παλη										1				
παλιγγενεσια	1													
παλιν	17	28	3	45	5	5	3	8	9		3			
παμπληθει			1											
παμφυλια					5									
πανδοχειον			1											
πανδοχευς			1											
πανηγυρις														
πανοικει					1									
πανοπλια			1							2				

	1Tm	2Tm	Tit	Phm	Heb	Ja	1Pt	2Pt	1Jh	2Jh	3Jh	Ju	Apc	gesamt
όψια														14
όψιμος						1								1
όψιος														1
όψις													1	3
όψωνιον														4
παγιδευω														1
παγις	2	1												5
παγος														2
παθημα		1			3		4							16
παθητος														1
παθος														3
παιδαγωγος														3
παιδαριον														1
παιδεια		1			4									6
παιδευτης					1									2
παιδευω	1	1	1		3								1	13
παιδιοθεν														1
παιδιον					3				2					52
παιδισκη														13
παιζω														1
παις														24
παιω													1	5
παλαι					1		1					1		7
παλαιος									2					19
παλαιοτης														1
παλαιοω					3									4
παλη														1
παλιγγενεσια			1											2
παλιν					10	1		1	1				2	141
παμπληθει														1
παμφυλια														5
πανδοχειον														1
πανδοχευς														1
πανηγυρις					1									1
πανοικει														1
πανοπλια														3

	Mt	Mc	Lc	Jh	Ac	Rm	1Co	2Co	Ga	Eph	Php	Col	1Th	2Th
πανουργια			1				1	2		1				
πανουργος								1						
πανταχῃ					1									
πανταχου		2	1		3		1							
παντελης			1											
παντῃ					1									
παντοθεν		1	1											
παντοκρατωρ								1						
παντοτε	2	2	2	7		1	2	4	1	1	4	3	6	3
παντως			1		2	1	4							
παρα	18	17	29	35	29	13	6	3	4	2	2	1	2	3
παραβαινω	2				1									
παραβαλλω					1									
παραβασις						3			1					
παραβατης						2			1					
παραβιαζομαι			1		1									
παραβολευομαι											1			
παραβολη	17	13	18											
παραγγελια					2								1	
παραγγελλω	2	3	4		11		2						1	4
παραγινομαι	3	1	8	2	20		1							
παραγω	3	3		1			1							
παραδειγματιζω														
παραδεισος			1					1						
παραδεχομαι		1			3									
παραδιδωμι	31	20	17	15	13	6	7	1	1	3				
παραδοξος			1											
παραδοσις	3	5					1		1			1		2
παραζηλοω						3	1							
παραθαλασσιος	1													
παραθεωρεομαι					1									
παραθηκη														
παραινεω					2									
παραιτεομαι		1	3		1									
παρακαθεζομαι			1											
παρακαλεω	9	9	7		22	4	6	18		2	2	2	8	2

	1Tm	2Tm	Tit	Phm	Heb	Ja	1Pt	2Pt	1Jh	2Jh	3Jh	Ju	Apc	gesamt
πανουργια														5
πανουργος														1
πανταχη														1
πανταχου														7
παντελης					1									2
παντη														1
παντοθεν					1									3
παντοκρατωρ													9	10
παντοτε		1		1	1									41
παντως														8
παρα		5			10	4	2	3		3			3	194
παραβαινω														3
παραβαλλω														1
παραβασις	1				2									7
παραβατης						2								5
παραβιαζομαι														2
παραβολευομαι														1
παραβολη					2									50
παραγγελια	2													5
παραγγελλω	5													32
παραγινομαι		1			1									37
παραγω									2					10
παραδειγματιζω					1									1
παραδεισος													1	3
παραδεχομαι	1				1									6
παραδιδωμι	1						1	2				1		119
παραδοξος														1
παραδοσις														13
παραζηλοω														4
παραθαλασσιος														1
παραθεωρεομαι														1
παραθηκη	1	2												3
παραινεω														2
παραιτεομαι	2	1	1		3									12
παρακαθεζομαι														1
παρακαλεω	4	1	3	2	4		3					1		109

	Mt	Mc	Lc	Jh	Ac	Rm	1Co	2Co	Ga	Eph	Php	Col	1Th	2Th
παρακαλυπτω			1											
παρακειμαι						2								
παρακλησις			2		4	3	1	11			1		1	1
παρακλητος				4										
παρακοη						1		1						
παρακολουθεω		1	1											
παρακουω	2	1												
παρακυπτω			1	2										
παραλαμβανω	16	6	7	3	6		3		2		1	2	2	1
παραλεγομαι					2									
παραλιος			1											
παραλλαγη														
παραλογιζομαι												1		
παραλυομαι			2		2									
παραλυτικος	5	5												
παραμενω							1				1			
παραμυθεομαι				2									2	
παραμυθια							1							
παραμυθιον											1			
παρανομεω					1									
παρανομια														
παραπικραινω														
παραπικρασμος														
παραπιπτω														
παραπλεω					1									
παραπλησιος											1			
παραπλησιως														
παραπορευομαι	1	4												
παραπτωμα	2	2				9		1	1	3		2		
παραρρεω														
παρασημος					1									
παρασκευαζω					1		1	2						
παρασκευη	1	1	1	3										
παρατεινω					1									
παρατηρεω		1	3		1				1					
παρατηρησις			1											

	1Tm	2Tm	Tit	Phm	Heb	Ja	1Pt	2Pt	1Jh	2Jh	3Jh	Ju	Apc	gesamt
παρακαλυπτω														1
παρακειμαι														2
παρακλησις	1			1	3									29
παρακλητος									1					5
παρακοη					1									3
παρακολουθεω	1	1												4
παρακουω														3
παρακυπτω						1	1							5
παραλαμβανω					1									50
παραλεγομαι														2
παραλιος														1
παραλλαγη						1								1
παραλογιζομαι						1								2
παραλυομαι					1									5
παραλυτικος														10
παραμενω					1	1								4
παραμυθεομαι														4
παραμυθια														1
παραμυθιον														1
παρανομεω														1
παρανομια								1						1
παραπικραινω					1									1
παραπικρασμος					2									2
παραπιπτω					1									1
παραπλεω														1
παραπλησιος														1
παραπλησιως					1									1
παραπορευομαι														5
παραπτωμα														20
παραρρεω					1									1
παρασημος														1
παρασκευαζω														4
παρασκευη														6
παρατεινω														1
παρατηρεω														6
παρατηρησις														1

| | 1Tm | 2Tm | Tit | Phm | Heb | Ja | 1Pt | 2Pt | 1Jh | 2Jh | 3Jh | Ju | Apc | gesamt |

	Mt	Mc	Lc	Jh	Ac	Rm	1Co	2Co	Ga	Eph	Php	Col	1Th	2Th
παρατιθημι	2	4	5		4		1							
παρατυγχανω					1									
παραυτικα								1						
παραφερω		1	1											
παραφρονεω								1						
παραφρονια														
παραχειμαζω					2		1							
παραχειμασια					1									
παραχρημα	2		10		6									
παρδαλις														
παρεδρευω							1							
παρειμι	1		1	2	5		2	5	2			1		
παρεισαγω														
παρεισακτος									1					
παρεισδυω														
παρεισερχομαι						1			1					
παρεισφερω														
παρεκτος	1				1		1							
παρεμβαλλω			1											
παρεμβολη					6									
παρενοχλεω					1									
παρεπιδημος														
παρερχομαι	9	5	9		3			1						
παρεσις						1								
παρεχω	1	1	4		5				1			1		
παρηγορια												1		
παρθενια			1											
παρθενος	4		2		1		6	1						
παρθος					1									
παριημι			1											
παριστημι	1	6	3	2	13	8	1	2		1		2		
παρμενας					1									
παροδος							1							
παροικεω			1											
παροικια					1									
παροικος					2					1				

	1Tm	2Tm	Tit	Phm	Heb	Ja	1Pt	2Pt	1Jh	2Jh	3Jh	Ju	Apc	gesamt
παρατιθημι	1	1					1							19
παρατυγχανω														1
παραυτικα														1
παραφερω					1							1		4
παραφρονεω														1
παραφρονια								1						1
παραχειμαζω			1											4
παραχειμασια														1
παραχρημα														18
παρδαλις													1	1
παρεδρευω														1
παρειμι					2			2					1	24
παρεισαγω								1						1
παρεισακτος														1
παρεισδυω												1		1
παρεισερχομαι														2
παρεισφερω								1						1
παρεκτος														3
παρεμβαλλω														1
παρεμβολη					3								1	10
παρενοχλεω														1
παρεπιδημος					1		2							3
παρερχομαι						1	1	1						30
παρεσις														1
παρεχω	2		1											16
παρηγορια														1
παρθενια														1
παρθενος													1	15
παρθος														1
παριημι					1									2
παριστημι		2												41
παρμενας														1
παροδος														1
παροικεω					1									2
παροικια							1							2
παροικος							1							4
	1Tm	2Tm	Tit	Phm	Heb	Ja	1Pt	2Pt	1Jh	2Jh	3Jh	Ju	Apc	gesamt

	Mt	Mc	Lc	Jh	Ac	Rm	1Co	2Co	Ga	Eph	Php	Col	1Th	2Th
παροιμια				4										
παροινος														
παροιχομαι					1									
παρομοιαζω	1													
παρομοιος		1												
παροξυνομαι					1		1							
παροξυσμος					1									
παροργιζω						1				1				
παροργισμος										1				
παροτρυνω					1									
παρουσια	4						2	3			2		4	3
παροψις	1													
παρρησια		1		9	5			2		2	1	1		
παρρησιαζομαι					7					1			1	
πας	129	68	157	65	172	71	112	52	15	52	33	39	18	16
πασχα	4	5	7	10	1		1							
πασχω	4	3	6		5		1	1	1		1		1	1
παταρα					1									
πατασσω	2	1	2		3									
πατεω			2											
πατηρ	63	19	56	136	35	14	6	5	5	11	4	5	5	3
πατμος														
πατρια			1		1					1				
πατριαρχης					3									
πατρικος									1					
πατρις	2	2	2	1										
πατροβας						1								
πατρολωας														
πατροπαραδοτος														
πατρωος					3									
παυλος					128	1	8	2	2	2	1	3	2	2
παυω			3		6		1			1		1		
παφος					2									
παχυνομαι	1				1									
πεδη		2	1											
πεδινος			1											

| | Mt | Mc | Lc | Jh | Ac | Rm | 1Co | 2Co | Ga | Eph | Php | Col | 1Th | 2Th |

	1Tm	2Tm	Tit	Phm	Heb	Ja	1Pt	2Pt	1Jh	2Jh	3Jh	Ju	Apc	gesamt
παροιμια								1						5
παροινος	1		1											2
παροιχομαι														1
παρομοιαζω														1
παρομοιος														1
παροξυνομαι														2
παροξυσμος					1									2
παροργιζω														2
παροργισμος														1
παροτρυνω														1
παρουσια						2		3	1					24
παροψις														1
παρρησια	1			1	4				4					31
παρρησιαζομαι														9
πας	23	18	14	2	53	12	18	7	27	2	2	8	59	1244
πασχα					1									29
πασχω		1			4		12						1	42
παταρα														1
πατασσω													2	10
πατεω													3	5
πατηρ	2	1	1	1	9	4	3	2	14	4		1	5	414
πατμος													1	1
πατρια														3
πατριαρχης					1									4
πατρικος														1
πατρις					1									8
πατροβας														1
πατρολωας	1													1
πατροπαραδοτος							1							1
πατρωος														3
παυλος	1	1	1	3				1						158
παυω					1		2							15
παφος														2
παχυνομαι														2
πεδη														3
πεδινος														1
	1Tm	2Tm	Tit	Phm	Heb	Ja	1Pt	2Pt	1Jh	2Jh	3Jh	Ju	Apc	gesamt

	Mt	Mc	Lc	Jh	Ac	Rm	1Co	2Co	Ga	Eph	Php	Col	1Th	2Th
πεζευω					1									
πεζη	1	1												
πειθαρχεω					3									
πειθος							1							
πειθω	3		4		17	5		4	3		6			1
πειθώ							1							
πειναω	9	2	5	1			1	3			1			
πειρα														
πειραζω	6	4	2	2	5		3	1	1				2	
πειραομαι					1									
πειρασμος	2	1	6		1		2		1					
πεισμονη									1					
πελαγος	1				1									
πελεκιζομαι														
πεμπτος														
πεμπω	4	1	10	32	11	1	2	1		1	5	1	2	1
πενης								1						
πενθερα	2	1	3											
πενθερος				1										
πενθεω	2	1	1				1	1						
πενθος														
πενιχρος			1											
πεντακις								1						
πεντακισχιλιοι	2	2	1	1										
πεντακοσιοι			1				1							
πεντε	12	3	9	4	4		1							
πεντεκαιδεκατος			1											
πεντηκοντα		1	3	1										
πεντηκοστη					2		1							
πεποιθησις								4		1	1			
περαιτερω					1									
περαν	7	7	1	8										
περας	1		1			1								
περγαμος														
περγη					3									
περι	28	23	45	67	72	6	10	2		2	4	4	8	5

	1Tm	2Tm	Tit	Phm	Heb	Ja	1Pt	2Pt	1Jh	2Jh	3Jh	Ju	Apc	gesamt
πεζευω														1
πεζη														2
πειθαρχεω			1											4
πειθος														1
πειθω		2		1	4	1			1					52
πειθώ														1
πειναω													1	23
πειρα					2									2
πειραζω					5	4							3	38
πειραομαι														1
πειρασμος	1				1	2	2	1					1	21
πεισμονη														1
πελαγος														2
πελεκιζομαι													1	1
πεμπτος													4	4
πεμπω			1				1						5	79
πενης														1
πενθερα														6
πενθερος														1
πενθεω						1							3	10
πενθος						1							4	5
πενιχρος														1
πεντακις														1
πεντακισχιλιοι														6
πεντακοσιοι														2
πεντε													3	36
πεντεκαιδεκατος														1
πεντηκοντα														5
πεντηκοστη														3
πεποιθησις														6
περαιτερω														1
περαν														23
περας					1									4
περγαμος													2	2
περγη														3
περι	4	3	3	1	23		5	2	10		1	5	1	334

	Mt	Mc	Lc	Jh	Ac	Rm	1Co	2Co	Ga	Eph	Php	Col	1Th	2Th
περιαγω	3	1			1		1							
περιαιρεω					2			1						
περιαπτω			1											
περιαστραπτω					2									
περιβαλλω	5	2	2	1	1									
περιβλεπομαι		6	1											
περιβολαιον							1							
περιδεω				1										
περιεργαζομαι														1
περιεργος					1									
περιερχομαι					2									
περιεχω			1											
περιζωννυμαι			3							1				
περιθεσις														
περιιστημι				1	1									
περικαθαρμα							1							
περικαλυπτω		1	1											
περικειμαι		1	1		1									
περικεφαλαια										1			1	
περικρατης					1									
περικρυβω			1											
περικυκλοω			1											
περιλαμπω			1		1									
περιλειπομαι													2	
περιλυπος	1	2	2											
περιμενω					1									
περιξ					1									
περιοικεω			1											
περιοικος			1											
περιουσιος														
περιοχη					1									
περιπατεω	7	9	5	17	8	4	2	5	1	8	2	4	4	2
περιπειρω														
περιπιπτω			1		1									
περιποιεομαι			1		1									
περιποιησις										1			1	1

	1Tm	2Tm	Tit	Phm	Heb	Ja	1Pt	2Pt	1Jh	2Jh	3Jh	Ju	Apc	gesamt
περιαγω														6
περιαιρεω					1									4
περιαπτω														1
περιαστραπτω														2
περιβαλλω													12	23
περιβλεπομαι														7
περιβολαιον					1									2
περιδεω														1
περιεργαζομαι														1
περιεργος	1													2
περιερχομαι	1				1									4
περιεχω							1							2
περιζωννυμαι													2	6
περιθεσις							1							1
περιιστημι		1	1											4
περικαθαρμα														1
περικαλυπτω					1									3
περικειμαι					2									5
περικεφαλαια														2
περικρατης														1
περικρυβω														1
περικυκλοω														1
περιλαμπω														2
περιλειπομαι														2
περιλυπος														5
περιμενω						)								1
περιξ														1
περιοικεω														1
περιοικος														1
περιουσιος			1											1
περιοχη														1
περιπατεω					1		1		5	3	2		5	95
περιπειρω	1													1
περιπιπτω						1								3
περιποιεομαι	1													3
περιποιησις					1		1							5

	1Tm	2Tm	Tit	Phm	Heb	Ja	1Pt	2Pt	1Jh	2Jh	3Jh	Ju	Apc	gesamt

	Mt	Mc	Lc	Jh	Ac	Rm	1Co	2Co	Ga	Eph	Php	Col	1Th	2Th
περιρηγνυμι					1									
περισπαομαι			1											
περισσεια						1		2						
περισσευμα	1	1	1					2						
περισσευω	5	1	4	2	1	3	3	10		1	5	1	3	
περισσος	2	1		1		1		1						
περισσοτερος	2	3	4				4	2						
περισσοτερως								7	1		1		1	
περισσως	1	2			1									
περιστερα	3	2	2	3										
περιτεμνω			2	1	5		2		6			1		
περιτιϑημι	3	3		1			1							
περιτομη				2	3	15	1		7	1	2	4		
περιτρεπω					1									
περιτρεχω		1												
περιφερω		1						1		1				
περιφρονεω														
περιχωρος	2	1	5		1									
περιψημα							1							
περπερευομαι							1							
περσις						1								
περυσι								2						
πετεινον	4	2	4		2	1								
πετομαι														
πετρα	5	1	3			1	2							
πετρος	23	20	19	34	56				2					
πετρωδης	2	2												
πηγανον			1											
πηγη		1		3										
πηγνυμι														
πηδαλιον					1									
πηλικος									1					
πηλος				5		1								
πηρα	1	1	4											
πηχυς	1		1	1										
πιαζω				8	2			1						

	1Tm	2Tm	Tit	Phm	Heb	Ja	1Pt	2Pt	1Jh	2Jh	3Jh	Ju	Apc	gesamt
περιρηγνυμι														1
περισπαομαι														1
περισσεια						1								4
περισσευμα														5
περισσευω														39
περισσος														6
περισσοτερος					2									17
περισσοτερως					2									12
περισσως														4
περιστερα														10
περιτεμνω														17
περιτιθημι														8
περιτομη			1											36
περιτρεπω														1
περιτρεχω														1
περιφερω														3
περιφρονεω			1											1
περιχωρος														9
περιψημα														1
περπερευομαι														1
περσις														1
περυσι														2
πετεινον						1								14
πετομαι													5	5
πετρα							1						2	15
πετρος							1	1						156
πετρωδης														4
πηγανον														1
πηγη						1		1					5	11
πηγνυμι					1									1
πηδαλιον						1								2
πηλικος					1									2
πηλος														6
πηρα														6
πηχυς													1	4
πιαζω													1	12

	Mt	Mc	Lc	Jh	Ac	Rm	1Co	2Co	Ga	Eph	Php	Col	1Th	2Th
πιεζω			1											
πιθανολογια												1		
πικραινω												1		
πικρια					1	1				1				
πικρος														
πικρως	1		1											
πιλατος	9	10	12	20	3									
πιμπλημι	2		13		9									
πιμπρημι					1									
πινακιδιον			1											
πιναξ	2	2	1											
πινω	15	8	17	11	3	1	14							
πιοτης						1								
πιπρασκω	3	1		1	3	1								
πιπτω	19	8	17	3	9	3	4							
πισιδια					2									
πιστευω	11	14	9	98	39	21	9	2	4	2	1		5	4
πιστικος		1		1										
πιστις	8	5	11		15	40	7	7	22	8	5	5	8	5
πιστος	5		6	1	4		5	2	1	2		4	1	1
πιστοω														
πλαναω	8	4	1	2			2		1					
πλανη	1					1				1			1	1
πλανητης														
πλανος	1							1						
πλαξ								2						
πλασμα						1								
πλασσω						1								
πλαστος														
πλατεια	2		3		1									
πλατος												1		
πλατυνω	1							2						
πλατυς	1													
πλεγμα														
πλεκω	1	1		1										
πλεοναζω						3		2				1	1	1

	1Tm	2Tm	Tit	Phm	Heb	Ja	1Pt	2Pt	1Jh	2Jh	3Jh	Ju	Apc	gesamt
πιεζω														1
πιθανολογια														1
πικραινω													3	4
πικρια					1									4
πικρος						2								2
πικρως														2
πιλατος	1													55
πιμπλημι														24
πιμπρημι														1
πινακιδιον														1
πιναξ														5
πινω					1								3	73
πιοτης														1
πιπρασκω														9
πιπτω					3	1							23	90
πισιδια														2
πιστευω	3	1	2		2	3	3		9			1		243
πιστικος														2
πιστις	19	8	6	2	32	16	5	2	1			2	4	243
πιστος	11	3	3		5		3		1		1		8	67
πιστοω		1												1
πλαναω		2	1		3	2	1	1	3				8	39
πλανη						1		2	1			1		10
πλανητης												1		1
πλανος	1									2				5
πλαξ					1									3
πλασμα														1
πλασσω	1													2
πλαστος								1						1
πλατεια													3	9
πλατος													3	4
πλατυνω														3
πλατυς														1
πλεγμα	1													1
πλεκω														3
πλεοναζω								1						9

	Mt	Mc	Lc	Jh	Ac	Rm	1Co	2Co	Ga	Eph	Php	Col	1Th	2Th
πλεονεκτεω								4					1	
πλεονεκτης							3			1				
πλεονεξια		1	1			1		1		2		1	1	
πλευρα				4	1									
πλεω			1		4									
πληγη			2		2			2						
πληθος		2	8	2	16									
πληθυνω	1				5			1						
πληκτης														
πλημμυρα			1											
πλην	5	1	15		4		1			1	3			
πληρης	2	2	2	1	8									
πληροφορεω			1			2						1		
πληροφορια												1	1	
πληροω	16	3	9	15	16	6		2	1	4	4	4		1
πληρωμα	1	3		1		4	1		1	4		2		
πλησιον	3	2	3	1	1	3			1	1				
πλησμονη												1		
πλησσω														
πλοιαριον		1		4										
πλοιον	13	17	8	8	19									
πλους					3									
πλουσιος	3	2	11					1		1				
πλουσιως												1		
πλουτεω			2			1	1	1						
πλουτιζω							1	2						
πλουτος	1	1	1			5		1		5	1	2		
πλυνω			1											
πνευμα	19	23	36	24	70	34	40	17	18	14	5	2	5	3
πνευματικος						3	15		1	3		2		
πνευματικως							1							
πνεω	2		1	2	1									
πνιγω	2	1												
πνικτος					3									
πνοη					2									
ποδηρης														

	1Tm	2Tm	Tit	Phm	Heb	Ja	1Pt	2Pt	1Jh	2Jh	3Jh	Ju	Apc	gesamt
πλεονεκτεω														5
πλεονεκτης														4
πλεονεξια								2						10
πλευρα														5
πλεω													1	6
πληγη													16	22
πληθος					1	1	1							31
πληθυνω					2		1	1				1		12
πληκτης	1		1											2
πλημμυρα														1
πλην													1	31
πληρης										1				16
πληροφορεω		2												6
πληροφορια					2									4
πληροω		1				1			1	1			2	87
πληρωμα														17
πλησιον						2								17
πλησμονη														1
πλησσω													1	1
πλοιαριον														5
πλοιον						1							2	68
πλους														3
πλουσιος	1					5							4	28
πλουσιως	1		1				1							4
πλουτεω	2												5	12
πλουτιζω														3
πλουτος	1				1	1							2	22
πλυνω													2	3
πνευμα	3	3	1	1	12	2	8	1	12			2	24	379
πνευματικος							2							26
πνευματικως													1	2
πνεω													1	7
πνιγω														3
πνικτος														3
πνοη														2
ποδηρης													1	1

	Mt	Mc	Lc	Jh	Ac	Rm	1Co	2Co	Ga	Eph	Php	Col	1Th	2Th
ποθεν	5	3	4	13										
ποιεω	86	47	88	110	68	23	14	9	6	10	3	3	4	2
ποιημα						1				1				
ποιησις														
ποιητης					1	1								
ποικιλος	1	1	1											
ποιμαινω	1		1	1	1		1							
ποιμην	3	2	4	6						1				
ποιμνη	1		1	1			2							
ποιμνιον			1		2									
ποιος	7	4	8	4	4	1	1							
πολεμεω														
πολεμος	2	2	2				1							
πολις	27	8	39	8	43	1		2				1		
πολιταρχης					2									
πολιτεια					1					1				
πολιτευμα											1			
πολιτευομαι					1						1			
πολιτης			2		1									
πολλακις	2	2		1	1	1		5			1			
πολλαπλασιων			1											
πολυλογια	1													
πολυμερως														
πολυποικιλος										1				
πολυς	60	61	60	41	67	21	22	24	3	1	4	1	4	
πολυσπλαγχνος														
πολυτελης		1												
πολυτιμος	1			1										
πολυτροπως														
πομα							1							
πονηρια	1	1	1		1	1	1			1				
πονηρος	26	2	13	3	8	1	1		1	3		1	1	2
πονος												1		
ποντικος					1									
ποντιος			1		1									
ποντος					1									

	1Tm	2Tm	Tit	Phm	Heb	Ja	1Pt	2Pt	1Jh	2Jh	3Jh	Ju	Apc	gesamt
ποθεν						2							2	29
ποιεω	4	1	1	3	19	12	3	4	13		3	2	30	568
ποιημα														2
ποιησις						1								1
ποιητης						4								6
ποικιλος		1	1		2	1	2							10
ποιμαινω							1					1	4	11
ποιμην					1		1							18
ποιμνη														5
ποιμνιον							2							5
ποιος						1	2						1	33
πολεμεω						1							6	7
πολεμος					1	1							9	18
πολις			1		4	1		1				1	27	164
πολιταρχης														2
πολιτεια														2
πολιτευμα														1
πολιτευομαι														2
πολιτης					1									4
πολλακις		1			4									18
πολλαπλασιων														1
πολυλογια														1
πολυμερως					1									1
πολυποικιλος														1
πολυς	5	4	2	2	11	3	1	1	2	2	1		15	418
πολυσπλαγχνος						1								1
πολυτελης	1						1							3
πολυτιμος							1							3
πολυτροπως					1									1
πομα					1									2
πονηρια														7
πονηρος	1	2			2	2			6	1	1		1	78
πονος													3	4
ποντικος														1
ποντιος	1													3
ποντος							1							2

	Mt	Mc	Lc	Jh	Ac	Rm	1Co	2Co	Ga	Eph	Php	Col	1Th	2Th
ποπλιος					2									
πορεια			1											
πορευομαι	29	3	51	16	38	2	4							
πορθεω					1				2					
πορισμος														
πορκιος					1									
πορνεια	3	1		1	3		5	1	1	1		1	1	
πορνευω							3							
πορνη	2		1				2							
πορνος							4			1				
πορρω	1	1	2											
πορρωθεν			1											
πορφυρα		2	1											
πορφυροπωλις					1									
πορφυρους				2										
ποσακις	2		1											
ποσις				1		1						1		
ποσος	8	6	6		1	2		1						
ποταμος	3	1	2	1	1			1						
ποταμοφορητος														
ποταπος	1	2	2											
ποτε			1	1		3	1		4	6	1	2	1	
πότε	7	5	4	2										
ποτερον				1										
ποτηριον	7	6	5	1			8							
ποτιζω	5	2	1			1	5							
ποτιολοι					1									
ποτος														
που					1	1								
ποῦ	4	3	7	19		1	8		1					
πουδης														
πους	10	6	19	14	19	3	4			2				
πραγμα	1		1		1	1	1	1					1	
πραγματεια														
πραγματευομαι			1											
πραιτωριον	1	1		4	1						1			

	1Tm	2Tm	Tit	Phm	Heb	Ja	1Pt	2Pt	1Jh	2Jh	3Jh	Ju	Apc	gesamt
ποπλιος														2
πορεια						1								2
πορευομαι	1	1				1	3	2				3		154
πορθεω														3
πορισμος	2													2
πορκιος														1
πορνεια													7	25
πορνευω													5	8
πορνη					1	1							5	12
πορνος	1				2								2	10
πορρω														4
πορρωθεν					1									2
πορφυρα													1	4
πορφυροπωλις														1
πορφυρους													2	4
ποσακις														3
ποσις														3
ποσος				1	2									27
ποταμος													8	17
ποταμοφορητος													1	1
ποταπος								1	1					7
ποτε			1	1	2		3	2						29
πότε													1	19
ποτερον														1
ποτηριον													4	31
ποτιζω													1	15
ποτιολοι														1
ποτος							1							1
που					2									4
ποῦ					1		1	1	1				1	48
πουδης		1												1
πους	1				4								11	93
πραγμα					3	1								11
πραγματεια		1												1
πραγματευομαι														1
πραιτωριον														8

	Mt	Mc	Lc	Jh	Ac	Rm	1Co	2Co	Ga	Eph	Php	Col	1Th	2Th
πρακτωρ			2											
πραξις	1		1		1	2						1		
πρασια		2												
πρασσω			6	2	13	10	2	2	1	1	1		1	
πραυπαθια														
πραυς	3													
πραυτης							1	1	2	1		1		
πρεπω	1						1			1				
πρεσβεια			2											
πρεσβευω								1		1				
πρεσβυτεριον			1		1									
πρεσβυτερος	12	7	5	1	18									
πρεσβυτης			1											
πρεσβυτις														
πρηνης					1									
πριζω														
πριν	3	2	2	3	3									
πρισκα						1	1							
πρισκιλλα					3									
προ	5	1	7	9	7	1	2	1	3	1		1		
προαγω	6	5	1		4									
προαιρεω								1						
προαιτιαομαι						1								
προακουω												1		
προαμαρτανω								2						
προαυλιον		1												
προβαινω	1	1	3											
προβαλλω			1		1									
προβατικος				1										
προβατον	11	2	2	19	1	1								
προβιβαζω	1													
προβλεπομαι														
προγινομαι					1									
προγινωσκω					1	2								
προγνωσις					1									
προγονος														

	1Tm	2Tm	Tit	Phm	Heb	Ja	1Pt	2Pt	1Jh	2Jh	3Jh	Ju	Apc	gesamt
πρακτωρ														2
πραξις														6
πρασια														2
πρασσω														39
πραυπαθια	1													1
πραυς							1							4
πραυτης		1	1			2	1							11
πρεπω	1		1		2									7
πρεσβεια														2
πρεσβευω														2
πρεσβυτεριον	1													3
πρεσβυτερος	4		1		1	1	2			1	1		12	66
πρεσβυτης			1	1										3
πρεσβυτις			1											1
πρηνης														1
πριζω					1									1
πριν														13
πρισκα		1												3
πρισκιλλα														3
προ		2	1		1	2	2					1		47
προαγω	2				1					1				20
προαιρεω														1
προαιτιαομαι														1
προακουω														1
προαμαρτανω														2
προαυλιον														1
προβαινω														5
προβαλλω														2
προβατικος														1
προβατον					1		1						1	39
προβιβαζω														1
προβλεπομαι					1									1
προγινομαι														1
προγινωσκω							1	1						5
προγνωσις							1							2
προγονος	1	1												2

	Mt	Mc	Lc	Jh	Ac	Rm	1Co	2Co	Ga	Eph	Php	Col	1Th	2Th
προγραφω						1			1	1				
προδηλος														
προδιδωμι						1								
προδοτης			1		1									
προδρομος														
προελπιζω										1				
προεναρχομαι								2						
προεπαγγελλομαι						1		1						
προερχομαι	1	2	2		3			1						
προετοιμαζω						1				1				
προευαγγελι- ζομαι									1					
προεχω						1								
προηγεομαι						1								
προθεσις	1	1	1		2	2				2				
προθεσμια									1					
προθυμια					1			4						
προθυμος	1	1				1								
προθυμως														
προιμος														
προιστημι						1							1	
προκαλεω									1					
προκαταγγελλω					2									
προκαταρτιζω								1						
προκειμαι								1						
προκηρυσσω					1									
προκοπη											2			
προκοπτω			1			1			1					
προκριμα														
προκυροω									1					
προλαμβανω		1					1		1					
προλεγω	1	1			1	1		3	3				2	
προμαρτυρομαι														
προμελεταω			1											
προμεριμναω		1												
προνοεω						1		1						
προνοια					1	1								

	1Tm	2Tm	Tit	Phm	Heb	Ja	1Pt	2Pt	1Jh	2Jh	3Jh	Ju	Apc	gesamt
προγραφω												1		4
προδηλος	2				1									3
προδιδωμι														1
προδοτης		1												3
προδρομος					1									1
προελπιζω														1
προεναρχομαι														2
προεπαγγελλομαι														2
προερχομαι														9
προετοιμαζω														2
προευαγγελιζομαι														1
προεχω														1
προηγεομαι														1
προθεσις		2			1									12
προθεσμια														1
προθυμια														5
προθυμος														3
προθυμως							1							1
προιμος						1								1
προιστημι	4		2											8
προκαλεω														1
προκαταγγελλω														2
προκαταρτιζω														1
προκειμαι					3							1		5
προκηρυσσω														1
προκοπη	1													3
προκοπτω		3												6
προκριμα	1													1
προκυροω														1
προλαμβανω														3
προλεγω					1			1				1		15
προμαρτυρομαι							1							1
προμελεταω														1
προμεριμναω														1
προνοεω	1													3
προνοια														2

	Mt	Mc	Lc	Jh	Ac	Rm	1Co	2Co	Ga	Eph	Php	Col	1Th	2Th
προοραω					3				1					
προοριζω					1	2	1			2				
προπασχω													1	
προπατωρ						1								
προπεμπω					3	1	2	1						
προπετης					1									
προπορευομαι			1		1									
προς	41	65	166	102	133	17	24	33	9	16	4	6	13	4
προσαββατον		1												
προσαγορευω														
προσαγω			1		2									
προσαγωγη						1				2				
προσαιτεω				1										
προσαιτης		1		1										
προσαναβαινω			1											
προσαναλοω			1											
προσαναπληροω								2						
προσανατιθεμαι									2					
προσαπειλεομαι					1									
προσδαπαναω			1											
προσδεομαι					1									
προσδεχομαι		1	5		2	1						1		
προσδοκαω	2		6		5									
προσδοκια			1		1									
προσεαω					1									
προσεργαζομαι			1											
προσερχομαι	51	5	10	1	10									
προσευχη	3	2	3		9	3	1			2	1	2	1	
προσευχομαι	16	10	19		16	1	8			1	1	3	2	2
προσεχω	6		4		6									
προσηλοω												1		
προσηλυτος	1				3									
προσκαιρος	1	1						1						
προσκαλεομαι	6	9	4		9									
προσκαρτερεω		1			6	2							1	
προσκαρτερησις										1				
	Mt	Mc	Lc	Jh	Ac	Rm	1Co	2Co	Ga	Eph	Php	Col	1Th	2Th

	1Tm	2Tm	Tit	Phm	Heb	Ja	1Pt	2Pt	1Jh	2Jh	3Jh	Ju	Apc	gesamt
προοραω														4
προοριζω														6
προπασχω														1
προπατωρ														1
προπεμπω			1								1			9
προπετης		1												2
προπορευομαι														2
προς	5	7	5	3	19	2	3	2	8	3	1		8	699
προσαββατον														1
προσαγορευω					1									1
προσαγω							1							4
προσαγωγη														3
προσαιτεω														1
προσαιτης														2
προσαναβαινω														1
προσαναλοω														1
προσαναπληροω														2
προσανατιθεμαι														2
προσαπειλεομαι														1
προσδαπαναω														1
προσδεομαι														1
προσδεχομαι			1		2							1		14
προσδοκαω								3						16
προσδοκια														2
προσεαω														1
προσεργαζομαι														1
προσερχομαι	1				7		1							86
προσευχη	2		2			1	2						3	37
προσευχομαι	1				1	4						1		86
προσεχω	4		1		2		1							24
προσηλοω														1
προσηλυτος														4
προσκαιρος					1									4
προσκαλεομαι					1									29
προσκαρτερεω														10
προσκαρτερησις														1
	1Tm	2Tm	Tit	Phm	Heb	Ja	1Pt	2Pt	1Jh	2Jh	3Jh	Ju	Apc	gesamt

	Mt	Mc	Lc	Jh	Ac	Rm	1Co	2Co	Ga	Eph	Php	Col	1Th	2Th
προσκεφαλαιον		1												
προσκληροομαι					1									
προσκλινομαι					1									
προσκλισις														
προσκολλαομαι		1								1				
προσκομμα						4	1							
προσκοπη								1						
προσκοπτω	2		1	2		2								
προσκυλιω	1	1												
προσκυνεω	13	2	3	11	4		1							
προσκυνητης				1										
προσλαλεω					2									
προσλαμβανομαι	1	1			5	4								
προσλημψις						1								
προσμενω	1	1			3									
προσορμιζομαι		1												
προσοφειλω														
προσοχθιζω														
προσπεινος					1									
προσπηγνυμι					1									
προσπιπτω	1	3	3		1									
προσποιεομαι			1											
προσπορευομαι		1												
προσρηγνυμι			2											
προστασσω	2	1	1		3									
προστατις						1								
προστιθημι	2	1	7		6				1					
προστρεχω		2			1									
προσφαγιον				1										
προσφατος														
προσφατως					1									
προσφερω	15	3	4	2	3									
προσφιλης											1			
προσφορα					2	1				1				
προσφωνεω	1		4		2									
προσχυσις														

	1Tm	2Tm	Tit	Phm	Heb	Ja	1Pt	2Pt	1Jh	2Jh	3Jh	Ju	Apc	gesamt
προσκεφαλαιον														1
προσκληροομαι														1
προσκλινομαι														1
προσκλισις	1													1
προσκολλαομαι														2
προσκομμα							1							6
προσκοπη														1
προσκοπτω							1							8
προσκυλιω														2
·προσκυνεω					2								24	60
προσκυνητης														1
προσλαλεω														2
προσλαμβανομαι				1										12
προσλημψις														1
προσμενω	2													7
προσορμιζομαι														1
προσοφειλω				1										1
προσοχϑιζω					2									2
προσπεινος														1
προσπηγνυμι														1
προσπιπτω														8
προσποιεομαι														1
προσπορευομαι														1
προσρηγνυμι														2
προστασσω														7
προστατις														1
προστιϑημι					1									18
προστρεχω														3
προσφαγιον														1
προσφατος					1									1
προσφατως														1
προσφερω					20									47
προσφιλης														1
προσφορα					5									9
προσφωνεω														7
προσχυσις					1									1

	Mt	Mc	Lc	Jh	Ac	Rm	1Co	2Co	Ga	Eph	Php	Col	1Th	2Th
προσψαυω			1											
προσωπολημπτεω														
προσωπολημπτης					1									
προσωπολημψια						1				1		1		
προσωπον	10	3	13		12		3	12	3			1	3	1
προτεινω					1									
προτερος				3				1	1	1				
προτιθεμαι						2				1				
προτρεπομαι					1									
προτρεχω			1	1										
προυπαρχω			1		1									
προφασις	1	1	1	1	1						1		1	
προφερω			2											
προφητεια	1					1	5						1	
προφητευω	4	2	2	1	4		11							
προφητης	37	6	29	14	30	3	6			3			1	
προφητικος						1								
προφητις			1											
προφθανω	1													
προχειριζομαι					3									
προχειροτονεω					1									
προχορος					1									
πρυμνα		1			2									
πρωι	3	6		2	1									
πρωια	1			1										
πρωινος														
πρωρα					2									
πρωτευω												1		
πρωτοκαθεδρια	1	1	2											
πρωτοκλισια	1	1	3											
πρωτος	25	17	20	15	16	7	7	1		1	1		1	1
πρωτοστατης					1									
πρωτοτοκια														
πρωτοτοκος			1			1						2		
πρωτως					1									
πταιω						1								

	1Tm	2Tm	Tit	Phm	Heb	Ja	1Pt	2Pt	1Jh	2Jh	3Jh	Ju	Apc	gesamt
προσψαυω														1
προσωπολημπτεω						1								1
προσωπολημπτης														1
προσωπολημψια						1								4
προσωπον					1	2	1					1	10	76
προτεινω														1
προτερος	1				3		1							11
προτιθεμαι														3
προτρεπομαι														1
προτρεχω														2
προυπαρχω														2
προφασις														7
προφερω														2
προφητεια	2							2					7	19
προφητευω							1					1	2	28
προφητης			1		2	1	1	2					8	144
προφητικος								1						2
προφητις													1	2
προφθανω														1
προχειριζομαι														3
προχειροτονεω														1
προχορος														1
πρυμνα														3
πρωι														12
πρωια														2
πρωινος													2	2
πρωρα														2
πρωτευω														1
πρωτοκαθεδρια														4
πρωτοκλισια														5
πρωτος	7	3			10	1	1	3	1				18	156
πρωτοστατης														1
πρωτοτοκια					1									1
πρωτοτοκος					3								1	8
πρωτως														1
πταιω						3		1						5

| | 1Tm | 2Tm | Tit | Phm | Heb | Ja | 1Pt | 2Pt | 1Jh | 2Jh | 3Jh | Ju | Apc | gesamt |

	Mt	Mc	Lc	Jh	Ac	Rm	1Co	2Co	Ga	Eph	Php	Col	1Th	2Th
πτερνα				1										
πτερυγιον	1		1											
πτερυξ	1		1											
πτηνος							1							
πτοεομαι			2											
πτοησις														
πτολεμαις					1									
πτυον	1		1											
πτυρομαι											1			
πτυσμα				1										
πτυσσω			1											
πτυω		2		1										
πτωμα	2	2												
πτωσις	1		1											
πτωχεια								2						
πτωχευω								1						
πτωχος	5	5	10	4		1		1	2					
πυγμη		1												
πυθων					1									
πυκνος			1		1									
πυκτευω							1							
πυλη	4		1		4									
πυλων	1		1		5									
πυνθανομαι	1		2	2	7									
πυρ	12	6	7	1	4	1	3							1
πυρα					2									
πυργος	1	1	2											
πυρεσσω	1	1												
πυρετος	1	1	2	1	1									
πυρινος														
πυροομαι							1	1		1				
πυρραζω	2													
πύρρος					1									
πυρρός														
πυρωσις														
πωλεω	6	3	6	2	3		1							

	1Tm	2Tm	Tit	Phm	Heb	Ja	1Pt	2Pt	1Jh	2Jh	3Jh	Ju	Apc	gesamt
πτερνα														1
πτερυγιον														2
πτερυξ													3	5
πτηνος														1
πτοεομαι														2
πτοησις							1							1
πτολεμαις														1
πτυον														2
πτυρομαι														1
πτυσμα														1
πτυσσω														1
πτυω														3
πτωμα													3	7
πτωσις														2
πτωχεια													1	3
πτωχευω														1
πτωχος						4							2	34
πυγμη														1
πυθων														1
πυκνος	1													3
πυκτευω														1
πυλη					1									10
πυλων													11	18
πυνθανομαι														12
πυρ					5	3	1	1				2	26	73
πυρα														2
πυργος														4
πυρεσσω														2
πυρετος														6
πυρινος													1	1
πυροομαι								1					2	6
πυρραζω														2
πύρρος														1
πυρρός													2	2
πυρωσις							1						2	3
πωλεω													1	22

	Mt	Mc	Lc	Jh	Ac	Rm	1Co	2Co	Ga	Eph	Php	Col	1Th	2Th
πωλος	3	4	4	1										
πωποτε			1	4										
πωροω		2		1		1		1						
πωρωσις		1				1				1				
πως					1	3	2	5	2		1		1	
πῶς	14	14	16	20	9	8	9	1	2	1		1	2	1
ῥααβ														
ῥαββι	4	3		8										
ῥαββουνι		1		1										
ῥαβδιζω					1			1						
ῥαβδος	1	1	1				1							
ῥαβδουχος					2									
ῥαγαυ			1											
ῥαδιουργημα					1									
ῥαδιουργια					1									
ῥαιφαν					1									
ῥακα	1													
ῥακος	1	1												
ῥαμα	1													
ῥαντιζω														
ῥαντισμος														
ῥαπιζω	2													
ῥαπισμα		1		2										
ῥαφις	1	1												
ῥαχαβ	1													
ῥαχηλ	1													
ῥεβεκκα						1								
ῥεδη														
ῥεω				1										
ῥηγιον					1									
ῥηγμα			1											
ῥηγνυμι	2	2	2						1					
ῥημα	5	2	19	12	14	4		2		2				
ῥησα			1											
ῥητωρ					1									
ῥητως														

	1Tm	2Tm	Tit	Phm	Heb	Ja	1Pt	2Pt	1Jh	2Jh	3Jh	Ju	Apc	gesamt
πωλος														12
πωποτε									1					6
πωροω														5
πωρωσις														3
πως														15
πῶς	2				1				1				1	103
ῥααβ					1	1								2
ῥαββι														15
ῥαββουνι														2
ῥαβδιζω														2
ῥαβδος					4								4	12
ῥαβδουχος														2
ῥαγαυ														1
ῥαδιουργημα														1
ῥαδιουργια														1
ῥαιφαν														1
ῥακα														1
ῥακος														2
ῥαμα														1
ῥαντιζω					4									4
ῥαντισμος					1		1							2
ῥαπιζω														2
ῥαπισμα														3
ῥαφις														2
ῥαχαβ														1
ῥαχηλ														1
ῥεβεκκα														1
ῥεδη													1	1
ῥεω														1
ῥηγιον														1
ῥηγμα														1
ῥηγνυμι														7
ῥημα					4		2	1				1		68
ῥησα														1
ῥητωρ														1
ῥητως	1													1

	Mt	Mc	Lc	Jh	Ac	Rm	1Co	2Co	Ga	Eph	Php	Col	1Th	2Th
ριζα	3	3	2			5								
ριζοω										1		1		
ριπη							1							
ριπιζω														
ριπτεω					1									
ριπτω	3		2		2									
ροβοαμ	2													
ροδη					1									
ροδος					1									
ροιζηδον														
ρομφαια			1											
ρουβην														
ρουθ	1													
ρουφος		1				1								
ρυμη	1		1		2									
ρυομαι	2		1			3		3				1	1	1
ρυπαινομαι														
ρυπαρια														
ρυπαρος														
ρυπος														
ρυσις		1	2											
ρυτις										1				
ρωμαιος				1	11									
ρωμαιστι				1										
ρωμη					5	2								
ρωννυμαι					1									
σαβαχθανι	1	1												
σαβαωθ						1								
σαββατισμος														
σαββατον	11	12	20	13	10		1					1		
σαγηνη	1													
σαδδουκαιος	7	1	1		5									
σαδωκ	2													
σαινω														1
σακκος	1		1											
σαλα			2											

| | Mt | Mc | Lc | Jh | Ac | Rm | 1Co | 2Co | Ga | Eph | Php | Col | 1Th | 2Th |

	1Tm	2Tm	Tit	Phm	Heb	Ja	1Pt	2Pt	1Jh	2Jh	3Jh	Ju	Apc	gesamt
ριζα	1				1								2	17
ριζοω														2
ριπη														1·
ριπιζω						1								1
ριπτεω														1
ριπτω														7
ροβοαμ														2
ροδη														1
ροδος														1
ροιζηδον								1						1
ρομφαια													6	7
ρουβην													1	1
ρουθ														1
ρουφος														2
ρυμη														4
ρυομαι		3						2						17
ρυπαινομαι													1	1
ρυπαρια						1								1
ρυπαρος						1							1	2
ρυπος							1							1
ρυσις														3
ρυτις														1
ρωμαιος														12
ρωμαιστι														1
ρωμη		1												8
ρωννυμαι														1
σαβαχθανι														2
σαβαωθ						1								2
σαββατισμος					1									1
σαββατον														68
σαγηνη														1
σαδδουκαιος														14
σαδωκ														2
σαινω														1
σακκος													2	4
σαλα														2

	Mt	Mc	Lc	Jh	Ac	Rm	1Co	2Co	Ga	Eph	Php	Col	1Th	2Th
σαλαθιηλ	2		1											
σαλαμις					1									
σαλειμ				1										
σαλευω	2	1	4		4									1
σαλημ														
σαλμων	2													
σαλμωνη					1									
σαλος			1											
σαλπιγξ	1						2						1	
σαλπιζω	1						1							
σαλπιστης														
σαλωμη		2												
σαμαρεια			1	3	7									
σαμαριτης	1		3	4	1									
σαμαριτις				2										
σαμοθρακη					1									
σαμος					1									
σαμουηλ					2									
σαμψων														
σανδαλιον		1			1									
σανις					1									
σαουλ					9									
σαπρος	5		2							1				
σαπφιρα					1									
σαπφιρος														
σαργανη								1						
σαρδεις														
σαρδιον														
σαρδονυξ														
σαρεπτα			1											
σαρκικος						1	3	2						
σαρκινος						1	1	1						
σαρξ	5	4	2	13	3	26	11	11	18	9	5	9		
σαροω	1		2											
σαρρα						2								
σαρων					1									

	1Tm	2Tm	Tit	Phm	Heb	Ja	1Pt	2Pt	1Jh	2Jh	3Jh	Ju	Apc	gesamt
σαλαθιηλ														3
σαλαμις														1
σαλειμ														1
σαλευω					3									15
σαλημ					2									2
σαλμων														2
σαλμωνη														1
σαλος														1
σαλπιγξ					1								6	11
σαλπιζω													10	12
σαλπιστης													1	1
σαλωμη														2
σαμαρεια														11
σαμαριτης														9
σαμαριτις														2
σαμοθρακη														1
σαμος														1
σαμουηλ					1									3
σαμψων					1									1
σανδαλιον														2
σανις														1
σαουλ														9
σαπρος														8
σαπφιρα														1
σαπφιρος													1	1
σαργανη														1
σαρδεις													3	3
σαρδιον													2	2
σαρδονυξ													1	1
σαρεπτα														1
σαρκικος							1							7
σαρκινος					1									4
σαρξ	1			1	6	1	7	2	2	1		3	7	147
σαροω														3
σαρρα					1		1							4
σαρων														1
	1Tm	2Tm	Tit	Phm	Heb	Ja	1Pt	2Pt	1Jh	2Jh	3Jh	Ju	Apc	gesamt

	Mt	Mc	Lc	Jh	Ac	Rm	1Co	2Co	Ga	Eph	Php	Col	1Th	2Th
σατανας	4	6	5	1	2	1	2	3					1	1
σατον	1		1											
σαυλος					15									
σβεννυμι	2	3								1			1	
σεαυτου	5	3	6	9	3	6			2					
σεβαζομαι						1								
σεβασμα					1									1
σεβαστος					3									
σεβομαι	1	1			8									
σειρα														
σεισμος	4	1	1		1									
σειω	3													
σεκουνδος					1									
σελευκεια					1									
σεληνη	1	1	1		1		1							
σεληνιαζομαι	2													
σεμειν			1											
σεμιδαλις														
σεμνος											1			
σεμνοτης														
σεργιος					1									
σερουχ			1											
σηϑ			1											
σημ			1											
σημαινω				3	2									
σημειον	13	7	11	17	13	2	2	2						2
σημειοομαι														1
σημερον	8	1	11		9	1		2						
σηπω														
σης	2		1											
σητοβρωτος														
σϑενοω														
σιαγων	1		1											
σιγαω			3		3	1	3							
σιγη					1									
σιδηρος														

	1Tm	2Tm	Tit	Phm	Heb	Ja	1Pt	2Pt	1Jh	2Jh	3Jh	Ju	Apc	gesamt
σατανας	2												8	36
σατον														2
σαυλος														15
σβεννυμι					1									8
σεαυτου	4	2	1	1		1								43
σεβαζομαι														1
σεβασμα														2
σεβαστος														3
σεβομαι														10
σειρα								1						1
σεισμος													7	14
σειω					1								1	5
σεκουνδος														1
σελευκεια														1
σεληνη													4	9
σεληνιαζομαι														2
σεμειν														1
σεμιδαλις													1	1
σεμνος	2		1											4
σεμνοτης	2		1											3
σεργιος														1
σερουχ														1
σηθ														1
σημ														1
σημαινω													1	6
σημειον					1								7	77
σημειοομαι														1
σημερον					8	1								41
σηπω					1									1
σης														3
σητοβρωτος					1									1
σθενοω							1							1
σιαγων														2
σιγαω														10
σιγη													1	2
σιδηρος													1	1
	1Tm	2Tm	Tit	Phm	Heb	Ja	1Pt	2Pt	1Jh	2Jh	3Jh	Ju	Apc	gesamt

	Mt	Mc	Lc	Jh	Ac	Rm	1Co	2Co	Ga	Eph	Php	Col	1Th	2Th
σιδηρους					1									
σιδων	3	2	3		1									
σιδωνιος			1		1									
σικαριος					1									
σικερα			1											
σιλας					13									
σιλουανος								1					1	1
σιλωαμ			1	2										
σιμικινθιον					1									
σιμων	9	11	17	25	13									
σινα					2				2					
σιναπι	2	1	2											
σινδων	1	4	1											
σινιαζω			1											
σιρικος														
σιτευτος			3											
σιτιον					1									
σιτιστος	1													
σιτομετριον			1											
σιτος	4	1	4	1	1		1							
σιων	1			1		2								
σιωπαω	2	5	2		1									
σκανδαλιζω	14	8	2	2			2	1						
σκανδαλον	5		1			4	1		1					
σκαπτω			3											
σκαφη					3									
σκελος					3									
σκεπασμα														
σκευας					1									
σκευη					1									
σκευος	1	2	2	1	5	3		1					1	
σκηνη	1	1	2		3									
σκηνοπηγια				1										
σκηνοποιος					1									
σκηνος								2						
σκηνοω				1										

	1Tm	2Tm	Tit	Phm	Heb	Ja	1Pt	2Pt	1Jh	2Jh	3Jh	Ju	Apc	gesamt
σιδηρους													4	5
σιδων														9
σιδωνιος														2
σικαριος														1
σικερα														1
σιλας														13
σιλουανος							1							4
σιλωαμ														3
σιμικινθιον														1
σιμων														75
σινα														4
σιναπι														5
σινδων														6
σινιαζω														1
σιρικος													1	1
σιτευτος														3
σιτιον														1
σιτιστος														1
σιτομετριον														1
σιτος													2	14
σιων					1		1						1	7
σιωπαω														10
σκανδαλιζω														29
σκανδαλον							1		1				1	15
σκαπτω														3
σκαφη														3
σκελος														3
σκεπασμα	1													1
σκευας														1
σκευη														1
σκευος		2			1		1						3	23
σκηνη					10								3	20
σκηνοπηγια														1
σκηνοποιος														1
σκηνος														2
σκηνοω													4	5
	1Tm	2Tm	Tit	Phm	Heb	Ja	1Pt	2Pt	1Jh	2Jh	3Jh	Ju	Apc	gesamt

	Mt	Mc	Lc	Jh	Ac	Rm	1Co	2Co	Ga	Eph	Php	Col	1Th	2Th
σκηνωμα					1									
σκια	1	1	1		1							1		
σκιρταω			3											
σκληροκαρδια	1	2												
σκληρος	1			1	1									
σκληροτης						1								
σκληροτραχηλος					1									
σκληρυνω					1	1								
σκολιος			1		1							1		
σκολοψ								1						
σκοπεω			1			1		1	1		2			
σκοπος											1			
σκορπιζω	1		1	2				1						
σκορπιος			2											
σκοτεινος	1		2											
σκοτια	1		1	8										
σκοτιζομαι	1	1				2								
σκοτοομαι										1				
σκοτος	7	1	4	1	3	2	1	2		3		1	2	
σκυβαλον											1			
σκυθης												1		
σκυθρωπος	1		1											
σκυλλω	1	1	2											
σκυλον			1											
σκωληκοβρωτος					1									
σκωληξ		3												
σμαραγδινος														
σμαραγδος														
σμυρνα	1			1										
σμυρνα														
σμυρνιζω		1												
σοδομα	3		2		1									
σολομων	5		3	1	3									
σορος			1											
σος	8	2	4	7	3		2							
σουδαριον			1	2	1									

	1Tm	2Tm	Tit	Phm	Heb	Ja	1Pt	2Pt	1Jh	2Jh	3Jh	Ju	Apc	gesamt
σκηνωμα								2						3
σκια					2									7
σκιρταω														3
σκληροκαρδια														3
σκληρος						1						1		5
σκληροτης														1
σκληροτραχηλος														1
σκληρυνω					4									6
σκολιος							1							4
σκολοψ														1
σκοπεω														6
σκοπος														1
σκορπιζω														5
σκορπιος													3	5
σκοτεινος														3
σκοτια									6					16
σκοτιζομαι													1	5
σκοτοομαι													2	3
σκοτος							1	1	1			1		31
σκυβαλον														1
σκυθης														1
σκυθρωπος														2
σκυλλω														4
σκυλον														1
σκωληκοβρωτος														1
σκωληξ														3
σμαραγδινος													1	1
σμαραγδος													1	1
σμυρνα														2
σμυρνα													2	2
σμυρνιζω														1
σοδομα								1				1	1	9
σολομων														12
σορος														1
σος				1										27
σουδαριον														4

	1Tm	2Tm	Tit	Phm	Heb	Ja	1Pt	2Pt	1Jh	2Jh	3Jh	Ju	Apc	gesamt

	Mt	Mc	Lc	Jh	Ac	Rm	1Co	2Co	Ga	Eph	Php	Col	1Th	2Th
σουσαννα			1											
σοφια	3	1	6		4	1	17	1		3		6		
σοφιζω														
σοφος	2		1			4	11			1				
σπανια						2								
σπαομαι		1			1									
σπαρασσω		2	1											
σπαργανοω			2											
σπαταλαω														
σπειρα	1	1		2	3									
σπειρω	17	12	6	2			8	3	3					
σπεκουλατωρ		1												
σπενδομαι											1			
σπερμα	7	5	2	3	4	9	1	1	5					
σπερμολογος					1									
σπευδω			3		2									
σπηλαιον	1	1	1	1										
σπιλας														
σπιλος										1				
σπιλοω														
σπλαγχνιζομαι	5	4	3											
σπλαγχνον			1		1			2			2	1		
σπογγος	1	1		1										
σποδος	1		1											
σπορα														
σποριμος	1	1	1											
σπορος		2	2					2						
σπουδαζω									1	1			1	
σπουδαιος								3						
σπουδαιως			1								1			
σπουδη		1	1			2		5						
σπυρις	2	2			1									
σταδιον	1		1	2			1							
σταμνος														
στασιαστης		1												
στασις		1	2		5									
	Mt	Mc	Lc	Jh	Ac	Rm	1Co	2Co	Ga	Eph	Php	Col	1Th	2Th

	1Tm	2Tm	Tit	Phm	Heb	Ja	1Pt	2Pt	1Jh	2Jh	3Jh	Ju	Apc	gesamt
σουσαννα														1
σοφια						4		1					4	51
σοφιζω		1						1						2
σοφος						1								20
σπανια														2
σπαομαι														2
σπαρασσω														3
σπαργανοω														2
σπαταλαω	1					1								2
σπειρα														7
σπειρω						1								52
σπεκουλατωρ														1
σπενδομαι		1												2
σπερμα		1			3				1				1	43
σπερμολογος														1
σπευδω								1						6
σπηλαιον					1								1	6
σπιλας												1		1
σπιλος								1						2
σπιλοω						1						1		2
σπλαγχνιζομαι														12
σπλαγχνον				3					1					11
σπογγος														3
σποδος					1									3
σπορα							1							1
σποριμος														3
σπορος														6
σπουδαζω		3	1		1			3						11
σπουδαιος														3
σπουδαιως		1	1											4
σπουδη					1			1				1		12
σπυρις														5
σταδιον													2	7
σταμνος					1									1
στασιαστης														1
στασις					1									9
	1Tm	2Tm	Tit	Phm	Heb	Ja	1Pt	2Pt	1Jh	2Jh	3Jh	Ju	Apc	gesamt

	Mt	Mc	Lc	Jh	Ac	Rm	1Co	2Co	Ga	Eph	Php	Col	1Th	2Th
στατηρ	1													
σταυρος	5	4	3	4			2		3	1	2	2		
σταυροω	10	8	6	11	2		4	1	3					
σταφυλη	1		1											
σταχυς	1	3	1											
σταχυς						1								
στεγη	1	1	1											
στεγω							2						2	
στειρα			3						1					
στελλομαι								1						1
στεμμα					1									
στεναγμος					1	1								
στεναζω		1				1		2						
στενος	2		1											
στενοχωρεω								3						
στενοχωρια						2		2						
στερεος														
στερεοω					3									
στερεωμα												1		
στεφανας							3							
στεφανος	1	1		2			1				1		1	
στεφανος					7									
στεφανοω														
στηθος			2	2										
στηκω		2		1		1	1		1		2		1	1
στηριγμος														
στηριζω			3			2							2	2
στιβας		1												
στιγμα									1					
στιγμη			1											
στιλβω		1												
στοα				2	2									
στοιχειον									2			2		
στοιχεω					1	1			2		1			
στολη		2	2											
στομα	11		9	1	12	6		2			2	1		1

	1Tm	2Tm	Tit	Phm	Heb	Ja	1Pt	2Pt	1Jh	2Jh	3Jh	Ju	Apc	gesamt
στατηρ														1
σταυρος					1									27
σταυροω													1	46
σταφυλη													1	3
σταχυς														5
σταχυς														1
στεγη														3
στεγω														4
στειρα					1									5
στελλομαι														2
στεμμα														1
στεναγμος														2
στεναζω					1	1								6
στενος														3
στενοχωρεω														3
στενοχωρια														4
στερεος		1			2		1							4
στερεοω														3
στερεωμα														1
στεφανας														3
στεφανος		1				1	1						8	18
στεφανος														7
στεφανοω		1			2									3
στηθος													1	5
στηκω														10
στηριγμος								1						1
στηριζω						1	1	1					1	13
στιβας														1
στιγμα														1
στιγμη														1
στιλβω														1
στοα														4
στοιχειον					1			2						7
στοιχεω														5
στολη													5	9
στομα		1			2	2	1			2	2	1	22	78

	Mt	Mc	Lc	Jh	Ac	Rm	1Co	2Co	Ga	Eph	Php	Col	1Th	2Th
στομαχος														
στρατεια								1						
στρατευμα	1		1		2									
στρατευομαι			1				1	1						
στρατηγος			2		8									
στρατια			1		1									
στρατιωτης	3	1	2	6	13									
στρατολογεω														
στρατοπεδον			1											
στρεβλοω														
στρεφω	6		7	4	3									
στρηνιαω														
στρηνος														
στρουθιον	2		2											
στρωννυω στρωννυμι	2	2	1		1									
στυγητος														
στυγναζω	1	1												
στυλος										1				
στωικος					1									
συ	209	89	225	153	140	47	8	3	5	3	1			
συγγενεια			1		2									
συγγενευς		1	1											
συγγενης			3	1	1	4								
συγγενις			1											
συγγνωμη							1							
συγκαθημαι		1			1									
συγκαθιζω			1							1				
συγκακοπαθεω														
συγκακουχεομαι														
συγκαλεω		1	4		3									
συγκαλυπτω			1											
συγκαμπτω						1								
συγκαταβαινω					1									
συγκαταθεσις								1						
συγκατατιθεμαι			1											
συγκατα- ψηφιζομαι					1									

	1Tm	2Tm	Tit	Phm	Heb	Ja	1Pt	2Pt	1Jh	2Jh	3Jh	Ju	Apc	gesamt
στομαχος	1													1
στρατεια	1													2
στρατευμα													4	8
στρατευομαι	1	1				1	1							7
στρατηγος														10
στρατια														2
στρατιωτης		1												26
στρατολογεω		1												1
στρατοπεδον														1
στρεβλοω								1						1
στρεφω													1	21
στρηνιαω													2	2
στρηνος													1	1
στρουθιον														4
στρωννυω στρωννυμι														6
στυγητος			1											1
στυγναζω														2
στυλος	1												2	4
στωικος														1
συ	14	20	7	20	29	8				5	10	1	69	1066
συγγενεια														3
συγγενευς														2
συγγενης														9
συγγενις														1
συγγνωμη														1
συγκαθημαι														2
συγκαθιζω														2
συγκακοπαθεω		2												2
συγκακουχεομαι					1									1
συγκαλεω														8
συγκαλυπτω														1
συγκαμπτω														1
συγκαταβαινω														1
συγκαταθεσις														1
συγκατατιθεμαι														1
συγκατα- ψηφιζομαι														1

	Mt	Mc	Lc	Jh	Ac	Rm	1Co	2Co	Ga	Eph	Php	Col	1Th	2Th
συγκεραννυμι							1							
συγκινεω					1									
συγκλειω			1			1			2					
συγκληρονομος						1				1				
συγκοινωνεω										1	1			
συγκοινωνος						1	1				1			
συγκομιζω					1									
συγκρινω							1	2						
συγκυπτω			1											
συγκυρια			1											
συγχαιρω			3				2				2			
συγχεω					1									
συγχραομαι				1										
συγχυννω					4									
συγχυσις					1									
συζαω						1		1						
συζευγνυμι	1	1												
συζητεω		6	2		2									
συζητησις					1									
συζητητης							1							
συζυγος											1			
συζωοποιεω										1		1		
συκαμινος			1											
συκη	5	4	3	2										
συκομορεα			1											
συκον	1	1	1											
συκοφαντεω			2											
συλαγωγεω												1		
συλαω								1						
συλλαλεω	1	1	3		1									
συλλαμβανω	1	1	7	1	4						1			
συλλεγω	7		1											
συλλογιζομαι			1											
συλλυπεομαι		1												
συμβαινω		1	1		3	1								
συμβαλλω			2		4									

	1Tm	2Tm	Tit	Phm	Heb	Ja	1Pt	2Pt	1Jh	2Jh	3Jh	Ju	Apc	gesamt
συγκεραννυμι					1									2
συγκινεω														1
συγκλειω														4
συγκληρονομος					1		1							4
συγκοινωνεω													1	3
συγκοινωνος													1	4
συγκομιζω														1
συγκρινω														3
συγκυπτω														1
συγκυρια														1
συγχαιρω														7
συγχεω														1
συγχραομαι														1
συγχυννω														4
συγχυσις														1
συζαω		1												3
συζευγνυμι														2
συζητεω														10
συζητησις														1
συζητητης														1
συζυγος														1
συζωοποιεω														2
συκαμινος														1
συκη						1							1	16
συκομορεα														1
συκον						1								4
συκοφαντεω														2
συλαγωγεω														1
συλαω														1
συλλαλεω														6
συλλαμβανω						1								16
συλλεγω														8
συλλογιζομαι														1
συλλυπεομαι														1
συμβαινω							1	1						8
συμβαλλω														6

	Mt	Mc	Lc	Jh	Ac	Rm	1Co	2Co	Ga	Eph	Php	Col	1Th	2Th
συμβασιλευω							1							
συμβιβαζω					3		1			1		2		
συμβουλευω	1			1	1									
συμβουλιον	5	2			1									
συμβουλος						1								
συμεων			3		2									
συμμαθητης				1										
συμμαρτυρεω						3								
συμμεριζομαι							1							
συμμετοχος										2				
συμμιμητης											1			
συμμορφιζομαι											1			
συμμορφος						1					1			
συμπαθεω														
συμπαθης														
συμπαραγινομαι			1											
συμπαρακαλεομαι						1								
συμπαραλαμβανω					3				1					
συμπαρειμι					1									
συμπασχω						1	1							
συμπεμπω								2						
συμπεριλαμβανω					1									
συμπινω					1									
συμπιπτω			1											
συμπληροω			2		1									
συμπνιγω	1	2	2											
συμπολιτης										1				
συμπορευομαι		1	3											
συμποσιον		2												
συμπρεσβυτερος														
συμφερω	4			3	2		3	2						
συμφημι						1								
συμφορος							2							
συμφυλετης													1	
συμφυτος						1								
συμφυω			1											

	1Tm	2Tm	Tit	Phm	Heb	Ja	1Pt	2Pt	1Jh	2Jh	3Jh	Ju	Apc	gesamt
συμβασιλευω		1												2
συμβιβαζω														7
συμβουλευω													1	4
συμβουλιον														8
συμβουλος														1
συμεων							1						1	7
συμμαθητης														1
συμμαρτυρεω														3
συμμεριζομαι														1
συμμετοχος														2
συμμιμητης														1
συμμορφιζομαι														1
συμμορφος														2
συμπαθεω					2									2
συμπαθης							1							1
συμπαραγινομαι														1
συμπαρακαλεομαι														1
συμπαραλαμβανω														4
συμπαρειμι														1
συμπασχω														2
συμπεμπω														2
συμπεριλαμβανω														1
συμπινω														1
συμπιπτω														1
συμπληροω														3
συμπνιγω														5
συμπολιτης														1
συμπορευομαι														4
συμποσιον														2
συμπρεσβυτερος							1							1
συμφερω					1									15
συμφημι														1
συμφορος														2
συμφυλετης														1
συμφυτος														1
συμφυω														1
	1Tm	2Tm	Tit	Phm	Heb	Ja	1Pt	2Pt	1Jh	2Jh	3Jh	Ju	Apc	gesamt

	Mt	Mc	Lc	Jh	Ac	Rm	1Co	2Co	Ga	Eph	Php	Col	1Th	2Th
συμφωνεω	3		1		2									
συμφωνησις								1						
συμφωνια			1											
συμφωνος							1							
συμψηφιζω					1									
συμψυχος											1			
συν	4	6	23	3	51	4	7	7	4	2	4	7	4	
συναγω	24	5	6	7	11		1							
συναγωγη	9	8	15	2	19									
συναγωνιζομαι						1								
συναθλεω											2			
συναθροιζω					2									
συναιρω	3													
συναιχμαλωτος						1						1		
συνακολουθεω		2	1											
συναλιζομαι					1									
συναλλασσω					1									
συναναβαινω		1			1									
συνανακειμαι	2	2	3											
συναναμιγνυμαι								2						1
συναναπαυομαι						1								
συνανταω			2		2									
συναντι-λαμβανομαι			1			1								
συναπαγομαι						1			1					
συναποθνησκω		1						1						
συναπολλυμαι														
συναποστελλω								1						
συναρμολογεω										2				
συναρπαζω			1		3									
συναυξανομαι	1													
συνδεσμος					1					1		2		
συνδεω														
συνδοξαζω						1								
συνδουλος	5											2		
συνδρομη					1									
συνεγειρω										1		2		

	1Tm	2Tm	Tit	Phm	Heb	Ja	1Pt	2Pt	1Jh	2Jh	3Jh	Ju	Apc	gesamt
συμφωνεω														6
συμφωνησις														1
συμφωνια														1
συμφωνος														1
συμψηφιζω														1
συμψυχος														1
συν						1		1						128
συναγω													5	59
συναγωγη						1							2	56
συναγωνιζομαι														1
συναθλεω														2
συναθροιζω														2
συναιρω														3
συναιχμαλωτος				1										3
συνακολουθεω														3
συναλιζομαι														1
συναλλασσω														1
συναναβαινω														2
συνανακειμαι														7
συναναμιγνυμαι														3
συναναπαυομαι														1
συνανταω					2									6
συναντι-λαμβανομαι														2
συναπαγομαι							1							3
συναποθνησκω		1												3
συναπολλυμαι					1									1
συναποστελλω														1
συναρμολογεω														2
συναρπαζω														4
συναυξανομαι														1
συνδεσμος														4
συνδεω					1									1
συνδοξαζω														1
συνδουλος													3	10
συνδρομη														1
συνεγειρω														3

	Mt	Mc	Lc	Jh	Ac	Rm	1Co	2Co	Ga	Eph	Php	Col	1Th	2Th
συνεδριον	3	3	1	1	14									
συνειδησις					2	3	8	3						
συνειμι			1		1									
συνειμι			1											
συνεισερχομαι				2										
συνεκδημος					1			1						
συνεκλεκτος														
συνεπιμαρτυρεω														
συνεπιτιθεμαι					1									
συνεπομαι					1									
συνεργεω		1				1	1	1						
συνεργος						3	1	2			2	1	1	
συνερχομαι	1	2	2	2	16		7							
συνεσθιω			1		2		1		1					
συνεσις		1	1				1			1		2		
συνετος	1		1		1		1							
συνευδοκεω			1		2	1	2							
συνευωχεομαι														
συνεφιστημι					1									
συνεχω	1		6		3			1			1			
συνηδομαι						1								
συνηθεια				1			2							
συνηλικιωτης									1					
συνθαπτω						1						1		
συνθλαω	1		1											
συνθλιβω		2												
συνθρυπτω					1									
συνιημι	9	5	4		4	2		1		1				
συνιστημι συνιστανω			1			3		9	1			1		
συνοδευω					1									
συνοδια			1											
συνοιδα					1		1							
συνοικεω														
συνοικοδομεω												1		
συνομιλεω					1									
συνομορεω					1									

	1Tm	2Tm	Tit	Phm	Heb	Ja	1Pt	2Pt	1Jh	2Jh	3Jh	Ju	Apc	gesamt
συνεδριον														22
συνειδησις	4	1	1		5		3							30
συνειμι														2
συνειμι														1
συνεισερχομαι														2
συνεκδημος														2
συνεκλεκτος							1							1
συνεπιμαρτυρεω					1									1
συνεπιτιθεμαι														1
συνεπομαι														1
συνεργεω						1								5
συνεργος				2							1			13
συνερχομαι														30
συνεσθιω														5
συνεσις		1												7
συνετος														4
συνευδοκεω														6
συνευωχεομαι								1				1		2
συνεφιστημι														1
συνεχω														12
συνηδομαι														1
συνηθεια														3
συνηλικιωτης														1
συνθαπτω														2
συνθλαω														2
συνθλιβω														2
συνθρυπτω														1
συνιημι														26
συνιστημι συνιστανω								1						16
συνοδευω														1
συνοδια														1
συνοιδα														2
συνοικεω							1							1
συνοικοδομεω														1
συνομιλεω														1
συνομορεω														1

	Mt	Mc	Lc	Jh	Ac	Rm	1Co	2Co	Ga	Eph	Php	Col	1Th	2Th
συνοραω					2									
συνοχη			1					1						
συντασσω	3													
συντελεια	5													
συντελεω		1	2		1	1								
συντεμνω						1								
συντηρεω	1	1	1											
συντιθεμαι			1	1	1									
συντομως		1			1									
συντρεχω		1			1									
συντριβω	1	2	1	1		1								
συντριμμα						1								
συντροφος					1									
συντυγχανω			1											
συντυχη											1			
συνυποκρινομαι									1					
συνυπουργεω								1						
συνωδινω						1								
συνωμοσια					1									
συρακουσαι					1									
συρια	1		1		5				1					
συρος			1											
συροφοινικισσα		1												
συρτις					1									
συρω				1	3									
συσπαρασσω		1	1											
συσσημον		1												
συσσωμος										1				
συστατικος								1						
συσταυροω	1	1		1		1			1					
συστελλω					1		1							
συστεναζω						1								
συστοιχεω									1					
συστρατιωτης											1			
συστρεφω	1				1									
συστροφη					2									

	1Tm	2Tm	Tit	Phm	Heb	Ja	1Pt	2Pt	1Jh	2Jh	3Jh	Ju	Apc	gesamt
συνοραω														2
συνοχη														2
συντασσω														3
συντελεια					1									6
συντελεω					1									6
συντεμνω														1
συντηρεω														3
συντιθεμαι														3
συντομως														2
συντρεχω							1							3
συντριβω													1	7
συντριμμα														1
συντροφος														1
συντυγχανω														1
συντυχη														1
συνυποκρινομαι														1
συνυπουργεω														1
συνωδινω														1
συνωμοσια														1
συρακουσαι														1
συρια														8
συρος														1
συροφοινικισσα														1
συρτις														1
συρω													1	5
συσπαρασσω														2
συσσημον														1
συσσωμος														1
συστατικος														1
συσταυροω														5
συστελλω														2
συστεναζω														1
συστοιχεω														1
συστρατιωτης				1										2
συστρεφω														2
συστροφη														2

	Mt	Mc	Lc	Jh	Ac	Rm	1Co	2Co	Ga	Eph	Php	Col	1Th	2Th
συσχηματιζομαι						1								
συχαρ				1										
συχεμ					2									
σφαγη					1	1								
σφαγιον					1									
σφαζω														
σφοδρα	7	1	1		1									
σφοδρως					1									
σφραγιζω	1			2		1		1		2				
σφραγις						1	1							
σφυδρον					1									
σχεδον					2									
σχημα							1				1			
σχιζω	2	2	3	2	2									
σχισμα	1	1		3			3							
σχοινιον				1	1									
σχολαζω	1					1								
σχολη					1									
σωζω	16	15	17	6	13	8	9	1		2			1	1
σωμα	14	4	13	6	1	13	46	10	1	9	3	8	1	
σωματικος			1											
σωματικως												1		
σωπατρος					1									
σωρευω						1								
σωσθενης					1		1							
σωσιπατρος						1								
σωτηρ			2	1	2					1	1			
σωτηρια		1	4	1	6	5		4		1	3		2	1
σωτηριον			2		1					1				
σωτηριος														
σωφρονεω		1	1			1		1						
σωφρονιζω														
σωφρονισμος														
σωφρονως														
σωφροσυνη					1									
σωφρων														

	1Tm	2Tm	Tit	Phm	Heb	Ja	1Pt	2Pt	1Jh	2Jh	3Jh	Ju	Apc	gesamt
συσχηματιζομαι							1							2
συχαρ														1
συχεμ														2
σφαγη						1								3
σφαγιον														1
σφαζω									2				8	10
σφοδρα													1	11
σφοδρως														1
σφραγιζω													8	15
σφραγις		1											13	16
σφυδρον														1
σχεδον					1									3
σχημα														2
σχιζω														11
σχισμα														8
σχοινιον														2
σχολαζω														2
σχολη														1
σωζω	4	2	1		2	5	2					2		107
σωμα					5	5	1					1	1	142
σωματικος	1													2
σωματικως														1
σωπατρος														1
σωρευω		1												2
σωσθενης														2
σωσιπατρος														1
σωτηρ	3	1	6					5	1			1		24
σωτηρια		2			7		4	1				1	3	46
σωτηριον														4
σωτηριος			1											1
σωφρονεω			1				1							6
σωφρονιζω			1											1
σωφρονισμος		1												1
σωφρονως			1											1
σωφροσυνη	2													3
σωφρων	1		3											4

	Mt	Mc	Lc	Jh	Ac	Rm	1Co	2Co	Ga	Eph	Php	Col	1Th	2Th
ταβερνη					1									
ταβιθα					2									
ταγμα							1							
τακτος					1									
ταλαιπωρεω														
ταλαιπωρια						1								
ταλαιπωρος						1								
ταλαντιαιος														
ταλαντον	14													
ταλιθα		1												
ταμειον	2		2											
ταξις			1				1					1		
ταπεινος	1		1			1		2						
ταπεινοφροσυνη					1					1	1	3		
ταπεινοφρων														
ταπεινοω	3		5					2			2			
ταπεινωσις			1		1						1			
ταρασσω	2	1	2	7	3				2					
ταραχη				1										
ταραχος					2									
ταρσευς					2									
ταρσος					3									
ταρταροω														
τασσω	1		1		4	1	1							
ταυρος	1				1									
ταφη	1													
ταφος	6					1								
ταχα						1								
ταχεως			2	3	1		1		1		2			1
ταχινος														
ταχος			1		3	1								
ταχυς	3	1	1	1										
τε	3		9	3	151	18	3	2		1	1			
τειχος					1			1						
τεκμηριον					1									
τεκνιον				1										

	1Tm	2Tm	Tit	Phm	Heb	Ja	1Pt	2Pt	1Jh	2Jh	3Jh	Ju	Apc	gesamt
ταβερνη														1
ταβιϑα														2
ταγμα														1
τακτος														1
ταλαιπωρεω						1								1
ταλαιπωρια						1								2
ταλαιπωρος													1	2
ταλαντιαιος													1	1
ταλαντον														14
ταλιϑα														1
ταμειον														4
ταξις					6									9
ταπεινος						2	1							8
ταπεινοφροσυνη							1							7
ταπεινοφρων							1							1
ταπεινοω						1	1							14
ταπεινωσις						1								4
ταρασσω							1							18
ταραχη														1
ταραχος														2
ταρσευς														2
ταρσος														3
ταρταροω								1						1
τασσω														8
ταυρος					2									4
ταφη														1
ταφος														7
ταχα				1										2
ταχεως	1	1			2									15
ταχινος								2						2
ταχος	1												2	8
ταχυς						1							6	13
τε					20	2						1	1	215
τειχος					1								6	9
τεκμηριον														1
τεκνιον									7					8

	Mt	Mc	Lc	Jh	Ac	Rm	1Co	2Co	Ga	Eph	Php	Col	1Th	2Th
τεκνογονεω														
τεκνογονια														
τεκνον	14	9	14	3	5	7	3	3	5	5	2	2	2	
τεκνοτροφεω														
τεκτων	1	1												
τελειος	3					1	3			1	1	2		
τελειοτης												1		
τελειοω			2	5	1						1			
τελειως														
τελειωσις			1											
τελειωτης														
τελεσφορεω			1											
τελευταω	4	4	1	1	2									
τελευτη	1													
τελεω	7		4	2	1	2		1	1					
τελος	6	3	4	1		5	3	3			1		1	
τελωνης	8	3	10											
τελωνιον	1	1	1											
τερας	1	1		1	9	1		1						1
τερτιος						1								
τερτυλλος					2									
τεσσαρες	1	2		2	6									
τεσσαρεσ-καιδεκατος					2									
τεσσερακοντα	2	1	1		8			1						
τεσσερακονταδυο														
τεσσερακοντα-ετης					2									
τεσσερακοντα-καιδυο														
τεσσερακοντα-καιεξ				1										
τεταρταιος				1										
τεταρτος	1	1			1									
τετρααρχεω			3											
τετρααρχης	1		2		1									
τετραγωνος														
τετραδιον					1									
τετρακισχιλιοι	2	2			1									
τετρακοσιοι					2									

	1Tm	2Tm	Tit	Phm	Heb	Ja	1Pt	2Pt	1Jh	2Jh	3Jh	Ju	Apc	gesamt
τεκνογονεω	1													1
τεκνογονια	1													1
τεκνον	5	2	2	1			2	1	5	3	1		3	99
τεκνοτροφεω	1													1
τεκτων														2
τελειος					2	5			1					19
τελειοτης					1									2
τελειοω					9	1			4					23
τελειως							1							1
τελειωσις					1									2
τελειωτης					1									1
τελεσφορεω														1
τελευταω					1									13
τελευτη														1
τελεω		1				1							8	28
τελος	1				4	1	4						3	40
τελωνης														21
τελωνιον														3
τερας					1									16
τερτιος														1
τερτυλλος														2
τεσσαρες													19	30
τεσσαρεσκαιδεκατος														2
τεσσερακοντα					2									15
τεσσερακονταδυο													2	2
τεσσερακονταετης														2
τεσσερακοντακαιδυο													2	2
τεσσερακοντακαιεξ														1
τεταρταιος														1
τεταρτος													7	10
τετρααρχεω														3
τετρααρχης														4
τετραγωνος													1	1
τετραδιον														1
τετρακισχιλιοι														5
τετρακοσιοι														2

	Mt	Mc	Lc	Jh	Ac	Rm	1Co	2Co	Ga	Eph	Php	Col	1Th	2Th
τετρακοσιοι-καιπεντηκοντα					1									
τετρακοσιοι-καιτριακοντα									1					
τετραμηνος				1										
τετραπλους			1											
τετραπους					2	1								
τεφροω														
τεχνη					2									
τεχνιτης					2									
τηκομαι														
τηλαυγως		1												
τηλικουτος								1						
τηρεω	6			18	8		1	2		1			1	
τηρησις					2		1							
τιβεριας				3										
τιβεριος			1											
τιθημι	5	11	16	18	23	3	7	2					1	
τικτω	4		5	1					1					
τιλλω	1	1	1											
τιμαιος		1												
τιμαω	6	3	1	6	1					1				
τιμη	2			1	6	6	4					1	1	
τιμιος					2		1							
τιμιοτης														
τιμοθεος					6	1	2	2			2	1	3	1
τιμων					1									
τιμωρεω					2									
τιμωρια														
τινω														1
τις	21	34	80	52	115	15	55	25	9	4	10	5	4	6
τίς	91	72	114	80	55	43	30	11	5	9	2	2	3	
τιτιος					1									
τιτλος				2										
τιτος								9	2					
τοιγαρουν													1	
τοινυν			1				1							
τοιοσδε														

	1Tm	2Tm	Tit	Phm	Heb	Ja	1Pt	2Pt	1Jh	2Jh	3Jh	Ju	Apc	gesamt
τετρακοσιοι-καιπεντηκοντα														1
τετρακοσιοι-καιτριακοντα														1
τετραμηνος														1
τετραπλους														1
τετραπους														3
τεφροω								1						1
τεχνη													1	3
τεχνιτης					1								1	4
τηκομαι								1						1
τηλαυγως														1
τηλικουτος					1	1							1	4
τηρεω	2	1				2	1	4	7			5	11	70
τηρησις														3
τιβεριας														3
τιβεριος														1
τιθημι	2	1			3		2	1	2				3	100
τικτω					1	1							5	18
τιλλω														3
τιμαιος														1
τιμαω	1						2							21
τιμη	4	2			4		3	1					6	41
τιμιος					1	1	1	1					6	13
τιμιοτης													1	1
τιμοθεος	3	1		1	1									24
τιμων														1
τιμωρεω														2
τιμωρια					1									1
τινω														1
τις	18	3	2	1	21	15	6	4	6	1	1	1	12	526
τίς	1	1			10	4	3		4				15	555
τιτιος														1
τιτλος														2
τιτος		1	1											13
τοιγαρουν					1									2
τοινυν					1									3
τοιοσδε								1						1

	Mt	Mc	Lc	Jh	Ac	Rm	1Co	2Co	Ga	Eph	Php	Col	1Th	2Th
τοιουτος	3	6	2	3	4	4	10	10	3	1	1			1
τοιχος					1									
τοκος	1		1											
τολμαω	1	2	1	1	2	2	1	4			1			
τολμηρος						1								
τολμητης														
τομος														
τοξον														
τοπαζιον														
τοπος	10	10	19	16	18	3	2	1		1			1	
τοσουτος	3		2	4	2		1		1					
τοτε	90	6	15	10	21	1	6	1	3			1	1	1
τουναντιον								1	1					
τουνομα	1													
τραγος														
τραπεζα	2	2	4	1	2	1	2							
τραπεζιτης	1													
τραυμα			1											
τραυματιζω			1		1									
τραχηλιζομαι														
τραχηλος	1	1	2		2	1								
τραχυς			1		1									
τραχωνιτις			1											
τρεις	12	7	10	3	14		3	1	1					
τρεισταβερναι					1									
τρεμω		1	1											
τρεφω	2		3		1									
τρεχω	2	2	2	2		1	4		3		1			1
τρημα			1											
τριακοντα	5	2	1	1										
τριακοντα-καιοκτω				1										
τριακοσιοι		1		1										
τριβολος	1													
τριβος	1	1	1											
τριετια					1									
τριζω		1												

	1Tm	2Tm	Tit	Phm	Heb	Ja	1Pt	2Pt	1Jh	2Jh	3Jh	Ju	Apc	gesamt
τοιουτος			1	1	5	1						1		57
τοιχος														1
τοκος														·2
τολμαω													1	16
τολμηρος														1
τολμητης								1						1
τομος					1									1
τοξον													1	1
τοπαζιον													1	1
τοπος	1				3			1					8	94
τοσουτος					5								2	20
τοτε					3			1						160
τουναντιον							1							3
τουνομα														1
τραγος					4									4
τραπεζα					1									15
τραπεζιτης														1
τραυμα														1
τραυματιζω														2
τραχηλιζομαι					1									1
τραχηλος														7
τραχυς														2
τραχωνιτις														1
τρεις	1				1	1		2					11	67
τρεισταβερναι														1
τρεμω								1						3
τρεφω						1							2	9
τρεχω					1								1	20
τρημα														1
τριακοντα														9
τριακοντα-καιοκτω														1
τριακοσιοι														2
τριβολος					1									2
τριβος														3
τριετια														1
τριζω														1

	Mt	Mc	Lc	Jh	Ac	Rm	1Co	2Co	Ga	Eph	Php	Col	1Th	2Th
τριμηνος														
τρις	2	2	2	1	2			3						
τριστεγον					1									
τρισχιλιοι					1									
τριτος	7	3	10	4	4		2	3						
τριχινος														
τρομος		1					1	1		1	1			
τροπη														
τροπος	1		1		4	1					1			2
τροποφορεω					1									
τροφη	4		1	1	7									
τροφιμος					2									
τροφος													1	
τροχια														
τροχος														
τρυβλιον	1	1												
τρυγαω			1											
τρυγων			1											
τρυμαλια		1												
τρυπημα	1													
τρυφαινα						1								
τρυφαω														
τρυφη			1											
τρυφωσα						1								
τρωας					4			1						
τρωγω	1			5										
τυγχανω			1		5		3							
τυμπανιζω														
τυπικως							1							
τυπος				2	3	2	1				1		1	1
τυπτω	2	1	4		5		1							
τυραννος					1									
τυριος					1									
τυρος	3	3	3		2									
τυφλος	17	5	8	16	1	1								
τυφλοω				1				1						

	1Tm	2Tm	Tit	Phm	Heb	Ja	1Pt	2Pt	1Jh	2Jh	3Jh	Ju	Apc	gesamt
τριμηνος					1									1
τρις														12
τριστεγον														1
τρισχιλιοι														1
τριτος													23	56
τριχινος													1	1
τρομος														5
τροπη						1								1
τροπος		1			1							1		13
τροποφορεω														1
τροφη					2	1								16
τροφιμος		1												3
τροφος														1
τροχια					1									1
τροχος						1								1
τρυβλιον														2
τρυγαω													2	3
τρυγων														1
τρυμαλια														1
τρυπημα														1
τρυφαινα														1
τρυφαω						1								1
τρυφη								1						2
τρυφωσα														1
τρωας		1												6
τρωγω														6
τυγχανω		1			2									12
τυμπανιζω					1									1
τυπικως														1
τυπος	1		1		1		1							15
τυπτω														13
τυραννος														1
τυριος														1
τυρος														11
τυφλος								1					1	50
τυφλοω									1					3

	Mt	Mc	Lc	Jh	Ac	Rm	1Co	2Co	Ga	Eph	Php	Col	1Th	2Th
τυφομαι	1													
τυφοομαι														
τυφωνικος					1									
τυχικος					1					1		1		
ὑακινθινος														
ὑακινθος														
ὑαλινος														
ὑαλος														
ὑβριζω	1		2		1								1	
ὑβρις					2			1						
ὑβριστης						1								
ὑγιαινω			3											
ὑγιης	2	1		7	1									
ὑγρος			1											
ὑδρια				3										
ὑδροποτεω														
ὑδρωπικος			1											
ὑδωρ	7	5	6	23	7					1				
ὑετος					2									
υἱοθεσια						3			1	1				
υἱος	90	35	77	55	22	12	2	4	13	4		2	3	1
ὑλη														
ὑμεις	249	78	221	256	124	84	146	153	47	46	51	57	85	40
ὑμεναιος														
ὑμετερος			2	3	1	1	2	1	1					
ὑμνεω	1	1			1									
ὑμνος										1		1		
ὑπαγω	19	15	5	32										
ὑπακοη						7		3						
ὑπακουω	1	2	2		2	4				2	1	2		2
ὑπανδρος						1								
ὑπανταω	2	1	2	4	1									
ὑπαντησις	2			1										
ὑπαρξις					1									
ὑπαρχω	3		15		25	1	5	2	2			2		
ὑπεικω														

	1Tm	2Tm	Tit	Phm	Heb	Ja	1Pt	2Pt	1Jh	2Jh	3Jh	Ju	Apc	gesamt
τυφομαι														1
τυφοομαι	2	1												3
τυφωνικος														1
τυχικος		1	1											5
ὑακινθινος													1	1
ὑακινθος													1	1
ὑαλινος													3	3
ὑαλος													2	2
ὑβριζω														5
ὑβρις														3
ὑβριστης	1													2
ὑγιαινω	2	2	4									1		12
ὑγιης			1											12
ὑγρος														1
ὑδρια														3
ὑδροποτεω	1													1
ὑδρωπικος														1
ὑδωρ					2	1	1	3	4				18	78
ὑετος					1	1							1	5
υἱοθεσια														5
υἱος					24	1	1	1	22	2			8	379
ὑλη						1								1
ὑμεις	1	1	1	4	31	39	53	21	34	3		11	11	1847
ὑμεναιος	1	1												2
ὑμετερος														11
ὑμνεω					1									4
ὑμνος														2
ὑπαγω						1			1				6	79
ὑπακοη				1	1		3							15
ὑπακουω					2		1							21
ὑπανδρος														1
ὑπανταω														10
ὑπαντησις														3
ὑπαρξις					1									2
ὑπαρχω					1	1		3						60
ὑπεικω					1									1

	Mt	Mc	Lc	Jh	Ac	Rm	1Co	2Co	Ga	Eph	Php	Col	1Th	2Th
ὑπεναντιος												1		
ὑπερ	5	2	5	13	7	17	10	34	4	10	7	7	2	2
ὑπεραιρομαι								2						1
ὑπερακμος							1							
ὑπερανω										2				
ὑπεραυξανω														1
ὑπερβαινω													1	
ὑπερβαλλοντως								1						
ὑπερβαλλω								2		3				
ὑπερβολη						1	1	5	1					
ὑπερεκεινα								1						
ὑπερεκπερισσου										1			2	
ὑπερεκτεινω								1						
ὑπερεκχυννομαι			1											
ὑπερεντυγχανω						1								
ὑπερεχω						1					3			
ὑπερηφανια		1												
ὑπερηφανος			1			1								
ὑπερλιαν								2						
ὑπερνικαω						1								
ὑπερογκος														
ὑπεροραω					1									
ὑπεροχη							1							
ὑπερπερισσευω						1		1						
ὑπερπερισσως		1												
ὑπερπλεοναζω														
ὑπερυψοω											1			
ὑπερφρονεω						1								
ὑπερωον					4									
ὑπεχω														
ὑπηκοος					1			1					1	
ὑπηρετεω					3									
ὑπηρετης	2	2	2	9	4		1							
ὑπνος	1		1	1	2	1								
ὑπο	28	12	31	2	41	14	21	12	14	4	2	2	4	1
ὑποβαλλω					1									

	1Tm	2Tm	Tit	Phm	Heb	Ja	1Pt	2Pt	1Jh	2Jh	3Jh	Ju	Apc	gesamt
ὑπεναντιος					1									2
ὑπερ	3		1	3	11	1	2		2			1		149
ὑπεραιρομαι														3
ὑπερακμος														1
ὑπερανω					1									3
ὑπεραυξανω														1
ὑπερβαινω														1
ὑπερβαλλοντως														1
ὑπερβαλλω														5
ὑπερβολη														8
ὑπερεκεινα														1
ὑπερεκπερισσου														3
ὑπερεκτεινω														1
ὑπερεκχυννομαι														1
ὑπερεντυγχανω														1
ὑπερεχω							1							5
ὑπερηφανια														1
ὑπερηφανος		1				1	1							5
ὑπερλιαν														2
ὑπερνικαω														1
ὑπερογκος								1				1		2
ὑπεροραω														1
ὑπεροχη	1													2
ὑπερπερισσευω														2
ὑπερπερισσως														1
ὑπερπλεοναζω	1													1
ὑπερυψοω														1
ὑπερφρονεω														1
ὑπερωον														4
ὑπεχω												1		1
ὑπηκοος														3
ὑπηρετεω														3
ὑπηρετης														20
ὑπνος														6
ὑπο	1	1			9	7	2	5			2	3	2	220
ὑποβαλλω														1
	1Tm	2Tm	Tit	Phm	Heb	Ja	1Pt	2Pt	1Jh	2Jh	3Jh	Ju	Apc	gesamt

	Mt	Mc	Lc	Jh	Ac	Rm	1Co	2Co	Ga	Eph	Php	Col	1Th	2Th
ὑπογραμμος														
ὑποδειγμα				1										
ὑποδεικνυμι	1		3		2									
ὑποδεομαι		1			1					1				
ὑποδεχομαι			2		1									
ὑποδημα	2	1	4	1	2									
ὑποδικος						1								
ὑποζυγιον	1													
ὑποζωννυμι					1									
ὑποκατω	1	3	1	1										
ὑποκρινομαι			1											
ὑποκρισις	1	1	1						1					
ὑποκριτης	14	1	3											
ὑπολαμβανω			2		2									
ὑπολειμμα						1								
ὑπολειπομαι						1								
ὑποληνιον		1												
ὑπολιμπανω														
ὑπομενω	2	1	1		1	1	1							
ὑπομιμνησκω			1	1										
ὑπομνησις														
ὑπομονη			2			6		3				1	1	2
ὑπονοεω					3									
ὑπονοια														
ὑποπλεω					2									
ὑποπνεω					1									
ὑποποδιον	1		1		2									
ὑποστασις								2						
ὑποστελλω					2				1					
ὑποστολη														
ὑποστρεφω			21		11				1					
ὑποστρωννυω			1											
ὑποταγη									1		1			
ὑποτασσω			3			6	9			3	1	1		
ὑποτιθημι						1								
ὑποτρεχω					1									

	1Tm	2Tm	Tit	Phm	Heb	Ja	1Pt	2Pt	1Jh	2Jh	3Jh	Ju	Apc	gesamt
ὑπογραμμος							1							1
ὑποδειγμα					3	1		1						6
ὑποδεικνυμι														6
ὑποδεομαι														3
ὑποδεχομαι						1								4
ὑποδημα														10
ὑποδικος														1
ὑποζυγιον								1						2
ὑποζωννυμι														1
ὑποκατω					1								4	11
ὑποκρινομαι														1
ὑποκρισις	1						1							6
ὑποκριτης														18
ὑπολαμβανω											1			5
ὑπολειμμα														1
ὑπολειπομαι														1
ὑποληνιον														1
ὑπολιμπανω							1							1
ὑπομενω		2			4	2	2							17
ὑπομιμνησκω		1	1					1			1	1		7
ὑπομνησις		1						2						3
ὑπομονη	1	1	1		2	3		2					7	32
ὑπονοεω														3
ὑπονοια	1													1
ὑποπλεω														2
ὑποπνεω														1
ὑποποδιον					2	1								7
ὑποστασις					3									5
ὑποστελλω					1									4
ὑποστολη					1									1
ὑποστρεφω					1			1						35
ὑποστρωννυω														1
ὑποταγη	2													4
ὑποτασσω			3		5	1	6							38
ὑποτιθημι	1													2
ὑποτρεχω														1
	1Tm	2Tm	Tit	Phm	Heb	Ja	1Pt	2Pt	1Jh	2Jh	3Jh	Ju	Apc	gesamt

	Mt	Mc	Lc	Jh	Ac	Rm	1Co	2Co	Ga	Eph	Php	Col	1Th	2Th
ὑποτυπωσις														
ὑποφερω							1							
ὑποχωρεω			2											
ὑπωπιαζω			1				1							
ὑς														
ὑσσωπος				1										
ὑστερεω	1	1	2	1		1	3	3			1			
ὑστερημα			1				1	4			1	1	1	
ὑστερησις		1									1			
ὑστερος	7	1	1	1										
ὑφαντος				1										
ὑψηλος	2	1	1		1	2								
ὑψηλοφρονεω														
ὑψιστος	1	2	7		2									
ὑψος			2							2				
ὑψοω	3		6	5	3			1						
ὑψωμα						1		1						
φαγος	1		1											
φαιλονης														
φαινω	13	2	2	2		1		1			1			
φαλεκ			1											
φανερος	1	3	2		2	3	3		1		1			
φανεροω		3		9		3	1	9		2		4		
φανερως		1		1	1									
φανερωσις							1	1						
φανος				1										
φανουηλ			1											
φανταζομαι														
φαντασια					1									
φαντασμα	1	1												
φαραγξ			1											
φαραω					3	1								
φαρες	2		1											
φαρισαιος	30	12	27	20	9						1			
φαρμακεια									1					
φαρμακον														

	1Tm	2Tm	Tit	Phm	Heb	Ja	1Pt	2Pt	1Jh	2Jh	3Jh	Ju	Apc	gesamt
ὑποτυπωσις	1	1												2
ὑποφερω		1					1							3
ὑποχωρεω														2
ὑπωπιαζω														2
ὑς								1						1
ὑσσωπος					1									2
ὑστερεω					3									16
ὑστερημα														9
ὑστερησις														2
ὑστερος	1				1									12
ὑφαντος														1
ὑψηλος					2								2	11
ὑψηλοφρονεω	1													1
ὑψιστος					1									13
ὑψος						1							1	6
ὑψοω						1	1							20
ὑψωμα														2
φαγος														2
φαιλονης		1												1
φαινω					1	1	1	1	1				4	31
φαλεκ														1
φανερος	1								1					18
φανεροω	1	1	1		2		2		9				2	49
φανερως														3
φανερωσις														2
φανος														1
φανουηλ														1
φανταζομαι					1									1
φαντασια														1
φαντασμα														2
φαραγξ														1
φαραω					1									5
φαρες														3
φαρισαιος														99
φαρμακεια													1	2
φαρμακον													1	1

	Mt	Mc	Lc	Jh	Ac	Rm	1Co	2Co	Ga	Eph	Php	Col	1Th	2Th
φάρμακος														
φασις					1									
φασκω					2	1								
φατνη			4											
φαυλος				2		1		1						
φεγγος	1	1												
φειδομαι					1	3	1	3						
φειδομενως								2						
φερω	4	15	4	17	10	1								
φευγω	7	5	3	2	2		2							
φηλιξ					9									
φημη	1		1											
φημι	16	6	8	3	25	1	5	1						
φηστος					13									
φθανω	1		1			1		1			1		2	
φθαρτος						1	3							
φθεγγομαι					1									
φθειρω						3	2			1				
φθινοπωρινος														
φθογγος						1	1							
φθονεω									1					
φθονος	1	1				1			1		1			
φθορα						1	2		1			1		
φιαλη														
φιλαγαθος														
φιλαδελφεια														
φιλαδελφια						1							1	
φιλαδελφος														
φιλανδρος														
φιλανθρωπια					1									
φιλανθρωπως					1									
φιλαργυρια														
φιλαργυρος			1											
φιλαυτος														
φιλεω	5	1	2	13			1							
φιληδονος														

	1Tm	2Tm	Tit	Phm	Heb	Ja	1Pt	2Pt	1Jh	2Jh	3Jh	Ju	Apc	gesamt
φάρμακος													2	2
φασις														1
φασκω														3
φατνη														4
φαυλος			1			1								6
φεγγος														2
φειδομαι								2						10
φειδομενως														2
φερω		1			5		1	5		1			2	66
φευγω	1	1			1	1							4	29
φηλιξ														9
φημη														2
φημι					1									66
φηστος														13
φθανω														7
φθαρτος							2							6
φθεγγομαι								2						3
φθειρω								1				1	1	9
φθινοπωρινος												1		1
φθογγος														2
φθονεω														1
φθονος	1		1			1	1							9
φθορα								4						9
φιαλη													12	12
φιλαγαθος			1											1
φιλαδελφεια													2	2
φιλαδελφια					1		1	2						6
φιλαδελφος							1							1
φιλανδρος			1											1
φιλανθρωπια			1											2
φιλανθρωπως														1
φιλαργυρια	1													1
φιλαργυρος		1												2
φιλαυτος		1												1
φιλεω			1										2	25
φιληδονος		1												1

	Mt	Mc	Lc	Jh	Ac	Rm	1Co	2Co	Ga	Eph	Php	Col	1Th	2Th
φιλημα			2			1	1	1					1	
φιλημων														
φιλητος														
φιλια														
φιλιππησιος											1			
φιλιπποι					2						1		1	
φιλιππος	3	3	2	12	16									
φιλοθεος														
φιλολογος						1								
φιλονεικια			1											
φιλονεικος							1							
φιλοξενια						1								
φιλοξενος														
φιλοπρωτευω														
φιλος	1		15	6	3									
φιλοσοφια												1		
φιλοσοφος					1									
φιλοστοργος						1								
φιλοτεκνος														
φιλοτιμεομαι						1		1					1	
φιλοφρονως					1									
φιμοω	2	2	1											
φλεγων						1								
φλογιζω														
φλοξ			1		1									1
φλυαρεω														
φλυαρος														
φοβεομαι	18	12	23	5	14	2		2	2	1			1	
φοβερος														
φοβητρον			1											
φοβος	3	1	7	3	5	6	1	5		2	1			
φοιβη						1								
φοινικη					3									
φοινιξ				1										
φοινιξ					1									
φονευς	1				3									

	1Tm	2Tm	Tit	Phm	Heb	Ja	1Pt	2Pt	1Jh	2Jh	3Jh	Ju	Apc	gesamt
φιλημα							1							7
φιλημων				1										1
φιλητος		1												1
φιλια						1								1
φιλιππησιος														1
φιλιπποι														4
φιλιππος														36
φιλοθεος		1												1
φιλολογος														1
φιλονεικια														1
φιλονεικος														1
φιλοξενια					1									2
φιλοξενος	1		1				1							3
φιλοπρωτευω											1			1
φιλος						2					2			29
φιλοσοφια														1
φιλοσοφος														1
φιλοστοργος														1
φιλοτεκνος			1											1
φιλοτιμεομαι														3
φιλοφρονως														1
φιμοω	1						1							7
φλεγων														1
φλογιζω						2								2
φλοξ					1								3	7
φλυαρεω											1			1
φλυαρος	1													1
φοβεομαι					4		3		1				6	94
φοβερος					3									3
φοβητρον														1
φοβος	1				1		5		3			1	3	48
φοιβη														1
φοινικη														3
φοινιξ													1	2
φοινιξ														1
φονευς							1						2	7

	Mt	Mc	Lc	Jh	Ac	Rm	1Co	2Co	Ga	Eph	Php	Col	1Th	2Th
φονευω	5	1	1			1								
φονος	1	2	2		1	1								
φορεω	1			1		1	2							
φορον					1									
φορος			2			3								
φορτιζω	1		1											
φορτιον	2		2		1				1					
φορτουνατος							1							
φραγελλιον				1										
φραγελλοω	1	1												
φραγμος	1	1	1							1				
φραζω	1													
φρασσω						1		1						
φρεαρ			1	2										
φρεναπαταω									1					
φρεναπατης														
φρην							2							
φρισσω														
φρονεω	1	1			1	9	1	1	1		10	1		
φρονημα						4								
φρονησις			1								1			
φρονιμος	7		2			2	2	1						
φρονιμως			1											
φροντιζω														
φρουρεω								1	1		1			
φρυασσω					1									
φρυγανον					1									
φρυγια					3									
φυγελος														
φυγη	1													
φυλακη	10	3	8	1	16			2						
φυλακιζω					1									
φυλακτηριον	1													
φυλαξ					3									
φυλασσω	1	1	6	3	8	1			1					1
φυλη	2		2		1	1					1			

	1Tm	2Tm	Tit	Phm	Heb	Ja	1Pt	2Pt	1Jh	2Jh	3Jh	Ju	Apc	gesamt
φονευω						4								12
φονος					1								1	9
φορεω						1								6
φορον														1
φορος														5
φορτιζω														2
φορτιον														6
φορτουνατος														1
φραγελλιον														1
φραγελλοω														2
φραγμος														4
φραζω														1
φρασσω					1									3
φρεαρ													4	7
φρεναπαταω														1
φρεναπατης			1											1
φρην														2
φρισσω						1								1
φρονεω														26
φρονημα														4
φρονησις														2
φρονιμος														14
φρονιμως														1
φροντιζω			1											1
φρουρεω							1							4
φρυασσω														1
φρυγανον														1
φρυγια														3
φυγελος		1												1
φυγη														1
φυλακη					1		1						5	47
φυλακιζω														1
φυλακτηριον														1
φυλαξ														3
φυλασσω	2	3						2	1			1		31
φυλη					2	1							21	31

	Mt	Mc	Lc	Jh	Ac	Rm	1Co	2Co	Ga	Eph	Php	Col	1Th	2Th
φυλλον	2	3												
φυραμα						2	2		1					
φυσικος						2								
φυσικως														
φυσιοω							6					1		
φυσις						7	1		2	1				
φυσιωσις								1						
φυτεια	1													
φυτευω	2	1	4				4							
φυω			2											
φωλεος	1		1											
φωνεω	5	10	10	13	4									
φωνη	7	7	14	15	27		4		1				1	
φως	7	1	7	23	10	2		3		5		1	1	
φωστηρ											1			
φωσφορος														
φωτεινος	2		3											
φωτιζω			1	1			1			2				
φωτισμος								2						
χαιρω	6	2	12	9	7	4	4	8			9	2	2	
χαλαζα														
χαλαω		1	2		3			1						
χαλδαιος					1									
χαλεπος	1													
χαλιναγωγεω														
χαλινος														
χαλκευς														
χαλκηδων														
χαλκιον		1												
χαλκολιβανον														
χαλκος	1	2					1							
χαλκους														
χαμαι				2										
χανααν					2									
χαναναιος	1													
χαρα	6	1	8	9	4	3		5	1		5	1	4	

	1Tm	2Tm	Tit	Phm	Heb	Ja	1Pt	2Pt	1Jh	2Jh	3Jh	Ju	Apc	gesamt
φυλλον													1	6
φυραμα														5
φυσικος								1						3
φυσικως												1		1
φυσιοω														7
φυσις						2		1						14
φυσιωσις														1
φυτεια														1
φυτευω														11
φυω					1									3
φωλεος														2
φωνεω													1	43
φωνη					5			3					55	139
φως	1					1	1		6				4	73
φωστηρ													1	2
φωσφορος								1						1
φωτεινος														5
φωτιζω		1			2								3	11
φωτισμος														2
χαιρω						1	2			3	1		2	74
χαλαζα													4	4
χαλαω														7
χαλδαιος														1
χαλεπος		1												2
χαλιναγωγεω						2								2
χαλινος						1							1	2
χαλκευς		1												1
χαλκηδων													1	1
χαλκιον														1
χαλκολιβανον													2	2
χαλκος													1	5
χαλκους													1	1
χαμαι														2
χανααν														2
χαναναιος														1
χαρα		1		1	4	2	1		1	1	1			59

	Mt	Mc	Lc	Jh	Ac	Rm	1Co	2Co	Ga	Eph	Php	Col	1Th	2Th
χαραγμα					1									
χαρακτηρ														
χαραξ			1											
χαριζομαι			3		4	1	1	5	1	2	2	3		
χαριν			1						1	2				
χαρις			8	4	17	25	10	18	7	12	3	5	2	4
χαρισμα						6	7	1						
χαριτοω			1							1				
χαρραν					2									
χαρτης														
χασμα			1											
χειλος	1	1				1	1							
χειμαζομαι					1									
χειμαρρος				1										
χειμων	2	1		1	1									
χειρ	24	26	26	15	46	1	4	1	2	1		1	1	1
χειραγωγεω					2									
χειραγωγος					1									
χειρογραφον												1		
χειροποιητος		1			2					1				
χειροτονεω					1			1						
χειρων	3	2	1	1										
χερουβιμ														
χηρα	1	3	9		3		1							
χιλιαρχος		1		1	18									
χιλιας			2		1		1							
χιλιοι														
χιλιοιδιακο-sioiεξηκοντα χιλιοιεξακοσιοι														
χιος					1									
χιτων	2	2	3	2	1									
χιων	1													
χλαμυς	2													
χλευαζω					1									
χλιαρος														
χλοη							1							

	1Tm	2Tm	Tit	Phm	Heb	Ja	1Pt	2Pt	1Jh	2Jh	3Jh	Ju	Apc	gesamt
χαραγμα													7	8
χαρακτηρ					1									1
χαραξ														1
χαριζομαι				1										23
χαριν	1		2						1			1		9
χαρις	4	5	4	2	8	2	10	2		1		1	2	156
χαρισμα	1	1					1							17
χαριτοω														2
χαρραν														2
χαρτης										1				1
χασμα														1
χειλος					2		1							7
χειμαζομαι														1
χειμαρρος														1
χειμων		1												6
χειρ	3	1		1	5	1	1		1				16	178
χειραγωγεω														2
χειραγωγος														1
χειρογραφον														1
χειροποιητος					2									6
χειροτονεω														2
χειρων	1	1			1			1						11
χερουβιμ					1									1
χηρα	8					1							1	27
χιλιαρχος													2	22
χιλιας													19	23
χιλιοι								2					6	8
χιλιοιδιακο-σιοιεξηκοντα													2	2
χιλιοιεξακοσιοι													1	1
χιος														1
χιτων												1		11
χιων													1	2
χλαμυς														2
χλευαζω														1
χλιαρος													1	1
χλοη														1
	1Tm	2Tm	Tit	Phm	Heb	Ja	1Pt	2Pt	1Jh	2Jh	3Jh	Ju	Apc	gesamt

	Mt	Mc	Lc	Jh	Ac	Rm	1Co	2Co	Ga	Eph	Php	Col	1Th	2Th
χλωρος		1												
χοικος							4							
χοινιξ														
χοιρος	4	4	4											
χολαω				1										
χολη	1				1									
χοραζιν	1		1											
χορηγεω								1						
χορος			1											
χορταζω	4	4	4	1							1			
χορτασμα					1									
χορτος	3	2	1	1			1							
χουζας			1											
χους		1												
χραομαι					2		4	3						
χρεια	6	4	7	4	5	1	3			2	3		4	
χρεοφειλετης			2											
χρη														
χρηζω	1		2			1		1						
χρημα		1	1		4									
χρηματιζω	2		1		2	1								
χρηματισμος						1								
χρησιμος														
χρησις						2								
χρηστευομαι							1							
χρηστολογια						1								
χρηστος	1		2			1	1			1				
χρηστοτης						5		1	1	1		1		
χρισμα														
χριστιανος					2									
χριστος	16	7	12	19	26	66	64	47	38	46	37	25	10	10
χριω			1		2			1						
χρονιζω	2		2											
χρονος	3	2	7	4	17	2	2		2				1	
χρονοτριβεω					1									
χρυσιον					2									

	1Tm	2Tm	Tit	Phm	Heb	Ja	1Pt	2Pt	1Jh	2Jh	3Jh	Ju	Apc	gesamt
χλωρος													3	4
χοικος														4
χοινιξ													2	2
χοιρος														12
χολαω														1
χολη														2
χοραζιν														2
χορηγεω							1							2
χορος														1
χορταζω						1							1	16
χορτασμα														1
χορτος						2	3						2	15
χουζας														1
χους													1	2
χραομαι	2													11
χρεια			1		4				2				3	49
χρεοφειλετης														2
χρη						1								1
χρηζω														5
χρημα														6
χρηματιζω					3									9
χρηματισμος														1
χρησιμος		1												1
χρησις														2
χρηστευομαι														1
χρηστολογια														1
χρηστος							1							7
χρηστοτης			1											10
χρισμα									3					3
χριστιανος							1							3
χριστος	15	13	4	8	12	2	22	8	8	3		6	7	531
χριω					1									5
χρονιζω					1									5
χρονος		1	1		3		4					1	4	54
χρονοτριβεω														1
χρυσιον	1				1		3						5	12

	Mt	Mc	Lc	Jh	Ac	Rm	1Co	2Co	Ga	Eph	Php	Col	1Th	2Th
χρυσοδακτυλιος														
χρυσολιθος														
χρυσοπρασος														
χρυσος	5				1		1							
χρυσους														
χρυσοω														
χρως					1									
χωλος	5	1	3	1	3									
χωρα	3	4	9	3	8									
χωρεω	4	1		3				1						
χωριζω	1	1			3	2	4							
χωριον	1	1		1	7									
χωρις	3	1	1	3		6	3	2		1	1			
χωρος					1									
ψαλλω						1	2			1				
ψαλμος			2		2		1			1		1		
ψευδαδελφος								1	1					
ψευδαποστολος								1						
ψευδης					1									
ψευδοδιδασκαλος														
ψευδολογος														
ψευδομαι	1				2	1		1	1			1		
ψευδομαρτυρεω	1	3	1											
ψευδομαρτυρια	2													
ψευδομαρτυς	1						1							
ψευδοπροφητης	3	1	1		1									
ψευδος				1		1					1			2
ψευδοχριστος	1	1												
ψευδωνυμος														
ψευσμα						1								
ψευστης				2		1								
ψηλαφαω			1		1									
ψηφιζω			1											
ψηφος					1									
ψιθυρισμος								1						
ψιθυριστης						1								

	1Tm	2Tm	Tit	Phm	Heb	Ja	1Pt	2Pt	1Jh	2Jh	3Jh	Ju	Apc	gesamt
χρυσοδακτυλιος						1								1
χρυσολιθος													1	1
χρυσοπρασος													1	1
χρυσος						1							2	10
χρυσους		1			2								15	18
χρυσοω													2	2
χρως														1
χωλος					1									14
χωρα						1								28
χωρεω								1						10
χωριζω				1	1									13
χωριον														10
χωρις	2			1	13	4								41
χωρος														1
ψαλλω						1								5
ψαλμος														7
ψευδαδελφος														2
ψευδαποστολος														1
ψευδης													2	3
ψευδοδιδασκαλος								1						1
ψευδολογος	1													1
ψευδομαι	1				1	1			1				1	12
ψευδομαρτυρεω														5
ψευδομαρτυρια														2
ψευδομαρτυς														2
ψευδοπροφητης								1	1				3	11
ψευδος									2				3	10
ψευδοχριστος														2
ψευδωνυμος	1													1
ψευσμα														1
ψευστης	1		1						5					10
ψηλαφαω					1				1					4
ψηφιζω													1	2
ψηφος													2	3
ψιθυρισμος														1
ψιθυριστης														1

	Mt	Mc	Lc	Jh	Ac	Rm	1Co	2Co	Ga	Eph	Php	Col	1Th	2Th
ψιχιον	1	1												
ψυχη	16	8	14	10	15	4	1	2		1	2	1	2	
ψυχικος							4							
ψυχομαι	1													
ψυχος				1	1			1						
ψυχρος	1													
ψωμιζω						1	1							
ψωμιον				4										
ψωχω			1											
ὤ	2	1	2		4	4			1					
ὦ														
ὧδε	18	10	15	5	2		1					1		
ᾠδη										1		1		
ὠδιν	1	1			1								1	
ὠδινω									2					
ὠμος	1		1											
ὠνεομαι					1									
ᾠον			1											
ὥρα	21	12	17	26	11	1	2	1	1				1	
ὡραιος	1				2	1								
ὠρυομαι														
ὡς	40	22	51	31	63	21	38	31	9	16	7	7	9	4
ὡσαννα	3	2		1										
ὡσαυτως	4	2	3			1	1							
ὡσει	3	1	9		6	1								
ὡσηε						1								
ὡσπερ	10		2	2	3	6	5	1	1				1	
ὡσπερει							1							
ὡστε	15	13	4	1	8	5	14	7	5			3	3	2
ὠταριον		1			1									
ὠτιον	1		1	1										
ὠφελεια						1								
ὠφελεω	3	3	1	2		1	2		1					
ὠφελιμος														

	1Tm	2Tm	Tit	Phm	Heb	Ja	1Pt	2Pt	1Jh	2Jh	3Jh	Ju	Apc	gesamt
ψιχιον														2
ψυχη					6	2	6	2	2		1	1	7	103
ψυχικος						1						1		6
ψυχομαι														1
ψυχος														3
ψυχρος													3	4
ψωμιζω														2
ψωμιον														4
ψωχω														1
ὠ	2					1								17
ὤ													3	3
ὧδε					2	1							6	61
ὠδη													5	7
ὠδιν														4
ὠδινω													1	3
ὠμος														2
ὠνεομαι														1
ὠον														1
ὡρα				1					2				10	106
ὡραιος														4
ὠρυομαι							1							1
ὡς	4	5	2	4	22	5	27	10	2	1		2	71	504
ὡσαννα														6
ὡσαυτως	4		2											17
ὡσει					1									21
ὡσηε														1
ὡσπερ					3	1							1	36
ὡσπερει														1
ὡστε					1		2							83
ὠταριον														2
ὠτιον														3
ὠφελεια												1		2
ὠφελεω					2									15
ὠφελιμος	2	1	1											4
	1Tm	2Tm	Tit	Phm	Heb	Ja	1Pt	2Pt	1Jh	2Jh	3Jh	Ju	Apc	gesamt

ALPHABETISCHE ZUSAMMENSTELLUNG
DER IM NEUEN TESTAMENT
VORKOMMENDEN WÖRTER UND IHRER GRAMMATIKALISCHEN FORMEN,
MIT ANGABE DER HÄUFIGKEIT

άαρων	άαρων [5]
άβαδδων	άβαδδων [1]
άβαρης	άβαρη [1]
άββα	άββα [3]
άβελ	άβελ [4]
άβια	άβια [3]
άβιαθαρ	άβιαθαρ [1]
άβιληνη	άβιληνης [1]
άβιουδ	άβιουδ [2]
άβρααμ	άβρααμ [73]
άβυσσος	άβυσσον [3], άβυσσου [6]
άγαβος	άγαβος [2]
άγαθοεργεω	άγαθοεργειν [1]
άγαθοποιεω	άγαθοποιειτε [1], άγαθοποιησαι [1], άγαθοποιητε [1], άγαθοποιουντας [3], άγαθοποιουντες [1], άγαθοποιουσαι [1], άγαθοποιων [1]
άγαθοποιια	άγαθοποιια [1]
άγαθοποιος	άγαθοποιων [1]
άγαθος	άγαθα [11], άγαθας [2], άγαθε [5], άγαθη [2], άγαθη [2], άγαθην [8], άγαθης [2], άγαθοις [3], άγαθον [34], άγαθος [10], άγαθου [8], άγαθους [2], άγαθω [7], άγαθων [6]
άγαθουργεω	άγαθουργων [1]
άγαθωσυνη	άγαθωσυνη [1], άγαθωσυνη [1], άγαθωσυνης [2]
άγαλλιασις	άγαλλιασει [3], άγαλλιασεως [1], άγαλλιασις [1]
άγαλλιαω	άγαλλιαθηναι [1], άγαλλιασθε [3], άγαλλιωμεν [1], άγαλλιωμενοι [1], ήγαλλιασατο [4], ήγαλλιασεν [1]
άγαμος	άγαμοις [1], άγαμος [3]
άγανακτεω	άγανακτειν [1], άγανακτουντες [1], άγανακτων [1], ήγανακτησαν [3], ήγανακτησεν [1]
άγανακτησις	άγανακτησιν [1]
άγαπαω	άγαπα [12], άγαπαν [8], άγαπας [2], άγαπατε [15], άγαπατω [1], άγαπηθησεται [1], άγαπησαντος [2], άγαπησας [3], άγαπησατε [1], άγαπησει [4], άγαπησεις [10], άγαπησητε [1], άγαπησω [1], άγαπω [5], άγαπωμαι [1], άγαπωμεν [10], άγαπων [14], άγαπωντας [3], άγαπωντι [1], άγαπωντων [1], άγαπωσιν [5], ήγαπα [5], ήγαπατε [2], ήγαπηκαμεν [1], ήγαπηκοσι [1], ήγαπημενην [3], ήγαπημενοι [3], ήγαπημενοις [1], ήγαπημενω [1], ήγαπησα [5], ήγαπησαν [3], ήγαπησας [5], ήγαπησεν [12]
άγαπη	άγαπαις [1], άγαπη [36], άγαπη [28], άγαπην [33], άγαπης [18]
άγαπητος	άγαπητα [2], άγαπητε [3], άγαπητην [1], άγαπητοι [30], άγαπητοις [2], άγαπητον [7], άγαπητος [11], άγαπητου [1], άγαπητω [4]
άγαρ	άγαρ [2]
άγγαρευω	άγγαρευουσιν [1], άγγαρευσει [1], ήγγαρευσαν [1]
άγγειον	άγγειοις [1]
άγγελια	άγγελια [2]
άγγελλω	άγγελλουσα [1]
άγγελος	άγγελοι [23], άγγελοις [9], άγγελον [22], άγγελος [48], άγγελου [14], άγγελους [20], άγγελω [9], άγγελων [31]
άγγος	άγγη [1]
άγε	άγε [2]
άγελη	άγελη [6], άγελην [1]
άγενεαλογητος	άγενεαλογητος [1]
άγενης	άγενη [1]
άγιαζω	άγιαζει [1], άγιαζεται [1], άγιαζομενοι [1], άγιαζομενους [1], άγιαζον [1], άγιαζω [1], άγιαζων [1], άγιασαι [1], άγιασας [1], άγιασατε [1], άγιαση [2], άγιασθητω [3], άγιασον [1], ήγιασεν [1], ήγιασθη [1], ήγιασθητε [1], ήγιασμενη [1], ήγιασμενοι [2], ήγιασμενοις [3], ήγιασμενον [1], ήγιασται [2]
άγιασμος	άγιασμον [3], άγιασμος [2], άγιασμω [5]
άγιος	άγια [13], άγια [1], άγιαι [1], άγιαις [3], άγιαν [6], άγιας [3], άγιε [1], άγιοι [8], άγιοις [19], άγιον [46], άγιος [13], άγιου [42], άγιους [12], άγιω [26], άγιων [38], άγιωτατη [1]
άγιοτης	άγιοτητος [1]
άγιωσυνη	άγιωσυνη [1], άγιωσυνην [1], άγιωσυνης [1]
άγκαλη	άγκαλας [1]
άγκιστρον	άγκιστρον [1]
άγκυρα	άγκυραν [1], άγκυρας [3]
άγναφος	άγναφου [2]
άγνεια	άγνεια [2]
άγνιζω	άγνιζει [1], άγνισατε [1], άγνισθεις [1], άγνισθητι [1], άγνισωσιν [1], ήγνικοτες [1], ήγνισμενον [1]
άγνισμος	άγνισμου [1]
άγνοεω	άγνοει [1], άγνοειν [6], άγνοειται [1], άγνοειτε [2], άγνοησαντες [1], άγνοουμεν [1], άγνοουμενοι [1], άγνοουμενος [1], άγνοουντες [2], άγνοουσιν [2], άγνοων [2], ήγνοουν [2]
άγνοημα	άγνοηματων [1]
άγνοια	άγνοια [1], άγνοιαν [2], άγνοιας [1]

ἀγνος   ἀγνα [1], ἀγνας [1], ἀγνη [1], ἀγνην [2], ἀγνον [1], ἀγνος [1], ἀγνους [1]

ἀγνοτης   ἀγνοτητι [1], ἀγνοτητος [1]

ἀγνως   ἀγνως [1]

ἀγνωσια   ἀγνωσιαν [2]

ἀγνωστος   ἀγνωστῳ [1]

ἀγορα   ἀγορᾳ [3], ἀγοραις [6], ἀγοραν [1], ἀγορας [1]

ἀγοραζω   ἀγοραζει [2], ἀγοραζοντας [2], ἀγοραζοντες [1], ἀγορασαι [3], ἀγορασαντα [1], ἀγορασας [1], ἀγορασατε [1], ἀγορασατω [1], ἀγορασον [1], ἀγορασωμεν [3], ἀγορασωσιν [3], ἠγοραζον [1], ἠγορασα [2], ἠγορασαν [2], ἠγορασας [1], ἠγορασεν [1], ἠγορασθησαν [1], ἠγορασθητε [2], ἠγορασμενοι [1]

ἀγοραιος   ἀγοραιοι [1], ἀγοραιων [1]

ἀγρα   ἀγρᾳ [1], ἀγραν [1]

ἀγραμματος   ἀγραμματοι [1]

ἀγραυλεω   ἀγραυλουντες [1]

ἀγρευω   ἀγρευσωσιν [1]

ἀγριελαιος   ἀγριελαιος [1], ἀγριελαιου [1]

ἀγριος   ἀγρια [1], ἀγριον [2]

ἀγριππας   ἀγριππα [6], ἀγριππας [5]

ἀγρος   ἀγρον [7], ἀγρος [3], ἀγρου [7], ἀγρους [9], ἀγρῳ [10], ἀγρων [1]

ἀγρυπνεω   ἀγρυπνειτε [2], ἀγρυπνουντες [1], ἀγρυπνουσιν [1]

ἀγρυπνια   ἀγρυπνιαις [2]

ἀγω   ἀγαγειν [2], ἀγαγετε [3], ἀγαγη [2], ἀγαγοντα [1], ἀγαγοντες [1], ἀγε [1], ἀγει [2], ἀγειν [1], ἀγεσθαι [1], ἀγεσθε [1], ἀγομενα [1], ἀγονται [2], ἀγοντες [1], ἀγουσιν [3], ἀγω [1], ἀγωμεν [7], ἀγωσιν [1], ἀξει [1], ἀξων [1], ἀχθηναι [4], ἀχθησεσθε [1], ἠγαγατε [1], ἠγαγεν [8], ἠγαγετε [1], ἠγαγον [13], ἠγεν [1], ἠγεσθε [1], ἠγετο [1], ἠγοντο [1], ἠχθη [2]

ἀγωγη   ἀγωγῃ [1]

ἀγων   ἀγωνα [5], ἀγωνι [1]

ἀγωνια   ἀγωνιᾳ [1]

ἀγωνιζομαι   ἀγωνιζεσθε [1], ἀγωνιζομεθα [1], ἀγωνιζομενος [3], ἀγωνιζου [1], ἠγωνιζοντο [1], ἠγωνισμαι [1]

ἀδαμ   ἀδαμ [9]

ἀδαπανος   ἀδαπανον [1]

ἀδδι   ἀδδι [1]

ἀδελφη   ἀδελφαι [4], ἀδελφας [5], ἀδελφη [8], ἀδελφῃ [1], ἀδελφην [5], ἀδελφης [3]

ἀδελφος   ἀδελφε [6], ἀδελφοι [145], ἀδελφοις [17], ἀδελφον [41], ἀδελφος [43], ἀδελφου [17], ἀδελφους [39], ἀδελφῳ [14], ἀδελφων [21]

ἀδελφοτης   ἀδελφοτητα [1], ἀδελφοτητι [1]

ἀδηλος   ἀδηλα [1], ἀδηλον [1]

ἀδηλοτης   ἀδηλοτητι [1]

ἀδηλως   ἀδηλως [1]

ἀδημονεω   ἀδημονειν [2], ἀδημονων [1]

ἀδης   ἀδη [1], ἀδην [2], ἀδης [3], ἀδου [4]

ἀδιακριτος   ἀδιακριτος [1]

ἀδιαλειπτος   ἀδιαλειπτον [1], ἀδιαλειπτος [1]

ἀδιαλειπτως   ἀδιαλειπτως [4]

ἀδικεω   ἀδικεισθε [1], ἀδικειτε [2], ἀδικηθεντος [1], ἀδικηθη [1], ἀδικησαι [4], ἀδικησαντος [1], ἀδικησατω [1], ἀδικηση [1], ἀδικησης [1], ἀδικησητε [1], ἀδικησουσιν [1], ἀδικουμενοι [1], ἀδικουμενον [1], ἀδικουσιν [1], ἀδικω [2], ἀδικων [3], ἠδικησα [1], ἠδικησαμεν [1], ἠδικησατε [1], ἠδικησεν [2]

ἀδικημα   ἀδικημα [2], ἀδικηματα [1]

ἀδικια   ἀδικια [4], ἀδικιᾳ [5], ἀδικιαις [1], ἀδικιαν [2], ἀδικιας [13]

ἀδικος   ἀδικοι [2], ἀδικος [4], ἀδικους [2], ἀδικῳ [1], ἀδικων [3]

ἀδικως   ἀδικως [1]

ἀδμιν   ἀδμιν [1]

ἀδοκιμος   ἀδοκιμοι [5], ἀδοκιμον [1], ἀδοκιμος [2]

ἀδολος   ἀδολον [1]

ἀδραμυττηνος   ἀδραμυττηνῳ [1]

ἀδριας   ἀδριᾳ [1]

ἀδροτης   ἀδροτητι [1]

ἀδυνατεω   ἀδυνατησει [2]

ἀδυνατος   ἀδυνατα [1], ἀδυνατον [7], ἀδυνατος [1], ἀδυνατων [1]

ἀδω   ἀδοντες [2], ἀδουσιν [3]

ἀει   ἀει [7]

ἀετος   ἀετοι [2], ἀετου [2], ἀετῳ [1]

ἀζυμος   ἀζυμα [1], ἀζυμοι [1], ἀζυμοις [1], ἀζυμων [6]

ἀζωρ   ἀζωρ [2]

ἀζωτος   ἀζωτον [1]

ἀηρ   ἀερα [5], ἀερος [1], ἀηρ [1]

ἀθανασια   ἀθανασιαν [3]

ἀθεμιτος   ἀθεμιτοις [1], ἀθεμιτον [1]

ἀθεος	ἀθεοι [1]
ἀθεσμος	ἀθεσμων [2]
ἀθετεω	ἀθετει [4], ἀθετειτε [1], ἀθετησαι [1], ἀθετησας [1], ἀθετησω [1], ἀθετουσιν [1], ἀθετω [1], ἀθετων [4], ἠθετησαν [2]
ἀθετησις	ἀθετησιν [1], ἀθετησις [1]
ἀθηναι	ἀθηναις [2], ἀθηνων [2]
ἀθηναιος	ἀθηναιοι [2]
ἀθλεω	ἀθλη [1], ἀθληση [1]
ἀθλησις	ἀθλησιν [1]
ἀθροιζω	ἠθροισμενους [1]
ἀθυμεω	ἀθυμωσιν [1]
ἀθωος	ἀθωον [1], ἀθωος [1]
αἰγειος	αἰγειοις [1]
αἰγιαλος	αἰγιαλον [6]
αἰγυπτιος	αἰγυπτιοι [1], αἰγυπτιον [2], αἰγυπτιος [1], αἰγυπτιων [1]
αἰγυπτος	αἰγυπτον [12], αἰγυπτος [1], αἰγυπτου [8], αἰγυπτω [4]
ἀιδιος	ἀιδιοις [1], ἀιδιος [1]
αἰδως	αἰδους [1]
αἰθιοψ	αἰθιοπων [1], αἰθιοψ [1]
αἰμα	αἰμα [43], αἰματι [20], αἰματος [33], αἰματων [1]
αἰματεκχυσια	αἰματεκχυσιας [1]
αἰμορροεω	αἰμορροουσα [1]
αἰνεας	αἰνεα [1], αἰνεαν [1]
αἰνεσις	αἰνεσεως [1]
αἰνεω	αἰνειν [1], αἰνειτε [2], αἰνουντα [1], αἰνουντες [2], αἰνουντων [1], αἰνων [1]
αἰνιγμα	αἰνιγματι [1]
αἰνος	αἰνον [2]
αἰνων	αἰνων [1]
αἰρεομαι	αἰρησομαι [1], εἰλατο [1], ἐλομενος [1]
αἰρεσις	αἰρεσεις [3], αἰρεσεως [3], αἰρεσιν [2], αἰρεσις [1]
αἰρετιζω	ἠρετισα [1]
αἰρετικος	αἰρετικον [1]

αἰρω	αἰρε [3], αἰρει [8], αἰρεις [2], αἰρεται [1], αἰρετε [1], αἰρομενον [1], αἰροντος [2], αἰρωμεν [2], αἰρωσιν [1], ἀραι [6], ἀραντες [2], ἀρας [5], ἀρατε [5], ἀρατω [4], ἀρη [5], ἀρης [1], ἀρθη [1], ἀρθησεται [6], ἀρθητι [2], ἀρθητω [1], ἀρθωσιν [1], ἀρον [10], ἀρουσιν [4], ἀρω [1], ἠραν [12], ἠρατε [3], ἠρεν [6], ἠρθη [3], ἠρκεν [1], ἠρμενον [1]
αἰσθανομαι	αἰσθωνται [1]
αἰσθησις	αἰσθησει [1]
αἰσθητηριον	αἰσθητηρια [1]
αἰσχροκερδης	αἰσχροκερδεις [1], αἰσχροκερδη [1]
αἰσχροκερδως	αἰσχροκερδως [1]
αἰσχρολογια	αἰσχρολογιαν [1]
αἰσχρος	αἰσχρον [3], αἰσχρου [1]
αἰσχροτης	αἰσχροτης [1]
αἰσχυνη	αἰσχυνας [1], αἰσχυνη [1], αἰσχυνῃ [1], αἰσχυνης [3]
αἰσχυνομαι	αἰσχυνεσθω [1], αἰσχυνθησομαι [2], αἰσχυνθωμεν [1], αἰσχυνομαι [1]
αἰτεω	αἰτειν [1], αἰτεις [1], αἰτεισθαι [2], αἰτεισθε [4], αἰτειτε [4], αἰτειτω [2], αἰτησαι [1], αἰτησας [2], αἰτησασθε [1], αἰτησει [5], αἰτησεσθε [1], αἰτηση [1], αἰτησης [1], αἰτησηται [1], αἰτησητε [5], αἰτησον [1], αἰτησουσιν [1], αἰτησωμαι [1], αἰτησωμεν [1], αἰτησωνται [2], αἰτουμαι [1], αἰτουμεθα [1], αἰτουμενοι [4], αἰτουντι [3], αἰτουσα [1], αἰτουσιν [3], αἰτωμεθα [2], αἰτωμεν [1], αἰτων [2], ἠτηκαμεν [1], ἠτησαντο [2], ἠτησας [1], ἠτησασθε [1], ἠτησατε [1], ἠτησατο [6], ἠτουντο [2]
αἰτημα	αἰτημα [1], αἰτηματα [2]
αἰτια	αἰτια [2], αἰτιαν [16], αἰτιας [2]
αἰτιος	αἰτιον [3], αἰτιος [1], αἰτιου [1]
αἰτιωμα	αἰτιωματα [1]
αἰφνιδιος	αἰφνιδιος [2]
αἰχμαλωσια	αἰχμαλωσιαν [3]
αἰχμαλωτευω	ἠχμαλωτευσεν [1]
αἰχμαλωτιζω	αἰχμαλωτιζοντα [1], αἰχμαλωτιζοντες [2], αἰχμαλωτισθησονται [1]
αἰχμαλωτος	αἰχμαλωτοις [1]
αἰων	αἰωνα [31], αἰωνας [30], αἰωνι [8], αἰωνος [25], αἰωνων [27], αἰωσιν [1]
αἰωνιος	αἰωνια [1], αἰωνιαν [2], αἰωνιοις [1], αἰωνιον [45], αἰωνιος [4], αἰωνιου [15], αἰωνιους [1], αἰωνιων [2]
ἀκαθαρσια	ἀκαθαρσια [2], ἀκαθαρσιᾳ [3], ἀκαθαρσιαν [2], ἀκαθαρσιας [3]
ἀκαθαρτος	ἀκαθαρτα [6], ἀκαθαρτοις [2], ἀκαθαρτον [9], ἀκαθαρτος [1], ἀκαθαρτου [5], ἀκαθαρτω [5], ἀκαθαρτων [4]

ἀκαιρεομαι   ἠκαιρεισθε [1]

ἀκαιρως   ἀκαιρως [1]

ἀκακος   ἀκακος [1], ἀκακων [1]

ἀκανθα   ἀκανθαι [3], ἀκανθας [6], ἀκανθων [5]

ἀκανθινος   ἀκανθινον [2]

ἀκαρπος   ἀκαρπα [1], ἀκαρποι [1], ἀκαρποις [1], ἀκαρπος [3], ἀκαρπους [1]

ἀκαταγνωστος   ἀκαταγνωστον [1]

ἀκατακαλυπτος   ἀκατακαλυπτον [1], ἀκατακαλυπτω [1]

ἀκατακριτος   ἀκατακριτον [1], ἀκατακριτους [1]

ἀκαταλυτος   ἀκαταλυτου [1]

ἀκαταπαυστος   ἀκαταπαυστους [1]

ἀκαταστασια   ἀκαταστασια [1], ἀκαταστασιαι [1], ἀκαταστασιαις [1], ἀκαταστασιας [2]

ἀκαταστατος   ἀκαταστατον [1], ἀκαταστατος [1]

ἀκελδαμαχ   ἀκελδαμαχ [1]

ἀκεραιος   ἀκεραιοι [2], ἀκεραιους [1]

ἀκλινης   ἀκλινη [1]

ἀκμαζω   ἠκμασαν [1]

ἀκμην   ἀκμην [1]

ἀκοη   ἀκοαι [1], ἀκοαις [1], ἀκοας [4], ἀκοη [5], ἀκοῃ [5], ἀκοην [3], ἀκοης [5]

ἀκολουθεω   ἀκολουθει [3], ἀκολούθει [13], ἀκολουθειν [1], ἀκολουθειτω [4], ἀκολουθησαι [2], ἀκολουθησαντες [1], ἀκολουθησαντων [1], ἀκολουθησατε [2], ἀκολουθησεις [1], ἀκολουθησουσιν [1], ἀκολουθησω [3], ἀκολουθουντα [1], ἀκολουθουντας [1], ἀκολουθουντες [4], ἀκολουθουντι [1], ἀκολουθουσης [1], ἀκολουθουσιν [3], ἀκολουθων [2], ἠκολουθει [14], ἠκολουθηκαμεν [1], ἠκολουθησαμεν [2], ἠκολουθησαν [18], ἠκολουθησεν [8], ἠκολουθουν [2]

ἀκουω   ἀκηκοαμεν [6], ἀκηκοασιν [1], ἀκηκοατε [2], ἀκηκοοτας [1], ἀκουε [1], ἀκουει [14], ἀκουειν [21], ἀκουεις [4], ἀκουεται [1], ἀκουετε [19], ἀκουετω [8], ἀκουομεν [3], ἀκουοντα [2], ἀκουοντας [6], ἀκουοντες [15], ἀκουοντι [1], ἀκουοντος [2], ἀκουοντων [2], ἀκουουσιν [9], ἀκουσαι [17], ἀκουσαντες [52], ἀκουσαντων [3], ἀκουσας [33], ἀκουσασα [2], ἀκουσασιν [1], ἀκουσατε [10], ἀκουσατω [8], ἀκουσατωσαν [1], ἀκουσει [2], ἀκουσεσθε [1], ἀκουσετε [2], ἀκουσῃ [8], ἀκουσητε [5], ἀκουσθεισιν [1], ἀκουσθη [4], ἀκουσθησεται [1], ἀκουσομεθα [1], ἀκουσονται [2], ἀκουσουσιν [3], ἀκουσωσιν [8], ἀκουω [6], ἀκουων [13], ἀκουωσιν [1], ἠκουεν [4], ἠκουον [7], ἠκουσα [35], ἠκουσαμεν [10], ἠκουσαν [19], ἠκουσας [5], ἠκουσατε [26], ἠκουσεν [17], ἠκουσθη [4]

ἀκρασια   ἀκρασιαν [1], ἀκρασιας [1]

ἀκρατης   ἀκρατεις [1]

ἀκρατος   ἀκρατου [1]

ἀκριβεια   ἀκριβειαν [1]

ἀκριβης   ἀκριβεστατην [1]

ἀκριβοω   ἠκριβωσεν [2]

ἀκριβως   ἀκριβεστερον [4], ἀκριβως [5]

ἀκρις   ἀκριδας [1], ἀκριδες [2], ἀκριδων [1]

ἀκροατηριον   ἀκροατηριον [1]

ἀκροατης   ἀκροαται [2], ἀκροατης [2]

ἀκροβυστια   ἀκροβυστια [9], ἀκροβυστιᾳ [6], ἀκροβυστιαν [3], ἀκροβυστιας [2]

ἀκρογωνιαιος   ἀκρογωνιαιον [1], ἀκρογωνιαιου [1]

ἀκροθινιον   ἀκροθινιων [1]

ἀκρον   ἀκρον [2], ἀκρου [2], ἀκρων [2]

ἀκυλας   ἀκυλαν [3], ἀκυλας [3]

ἀκυροω   ἀκυροι [1], ἀκυρουντες [1], ἠκυρωσατε [1]

ἀκωλυτως   ἀκωλυτως [1]

ἀκων   ἀκων [1]

ἀλαβαστρον   ἀλαβαστρον [4]

ἀλαζονεια   ἀλαζονεια [1], ἀλαζονειαις [1]

ἀλαζων   ἀλαζονας [1], ἀλαζονες [1]

ἀλαλαζω   ἀλαλαζον [1], ἀλαλαζοντας [1]

ἀλαλητος   ἀλαλητοις [1]

ἀλαλος   ἀλαλον [2], ἀλαλους [1]

ἀλας   ἀλα [1], ἀλας [6], ἀλατι [1]

ἀλειφω   ἀλειψαι [1], ἀλειψαντες [1], ἀλειψασα [1], ἀλειψωσιν [1], ἠλειφεν [1], ἠλειφον [1], ἠλειψας [1], ἠλειψεν [2]

ἀλεκτοροφωνια   ἀλεκτοροφωνιας [1]

ἀλεκτωρ   ἀλεκτορα [5], ἀλεκτωρ [7]

ἀλεξανδρευς   ἀλεξανδρευς [1], ἀλεξανδρεων [1]

ἀλεξανδρινος   ἀλεξανδρινον [1], ἀλεξανδρινῳ [1]

ἀλεξανδρος   ἀλεξανδρον [1], ἀλεξανδρος [4], ἀλεξανδρου [1]

ἀλευρον   ἀλευρου [2]

ἀληθεια   ἀληθεια [15], ἀληθειᾳ [29], ἀληθειαν [22], ἀληθειας [43]

ἀληθευω   ἀληθευοντες [1], ἀληθευων [1]

ἀληθης   ἀληθεις [1], ἀληθες [4], ἀληθη [4], ἀληθης [16], ἀληθους [1]

ἀληθινος	ἀληθιναι [3], ἀληθινη [3], ἀληθινης [2], ἀληθινοι [4], ἀληθινον [6], ἀληθινος [7], ἀληθινῳ [2], ἀληθινων [1]
ἀληθω	ἀληθουσαι [2]
ἀληθως	ἀληθως [18]
ἀλιευς	ἀλιεις [5]
ἀλιευω	ἀλιευειν [1]
ἀλιζω	ἀλισθησεται [2]
ἀλισγημα	ἀλισγηματων [1]
ἀλλα	ἀλλ [221], ἀλλα [417]
ἀλλασσω	ἀλλαγησομεθα [2], ἀλλαγησονται [1], ἀλλαξαι [1], ἀλλαξει [1], ἠλλαξαν [1]
ἀλλαχοθεν	ἀλλαχοθεν [1]
ἀλλαχου	ἀλλαχου [1]
ἀλληγορεω	ἀλληγορουμενα [1]
ἀλληλουια	ἀλληλουια [4]
ἀλληλων	ἀλληλοις [13], ἀλληλους [67], ἀλληλων [20]
ἀλλογενης	ἀλλογενης [1]
ἀλλομαι	ἀλλομενος [1], ἀλλομενου [1], ἡλατο [1]
ἀλλος	ἀλλα [16], ἀλλαι [1], ἀλλας [1], ἀλλη [12], ἀλλην [9], ἀλλης [3], ἀλλο [12], ἀλλοι [27], ἀλλοις [6], ἀλλον [17], ἀλλος [25], ἀλλου [1], ἀλλους [12], ἀλλῳ [10], ἀλλων [3]
ἀλλοτρι-επισκοπος	ἀλλοτριεπισκοπος [1]
ἀλλοτριος	ἀλλοτρια [1], ἀλλοτριαις [1], ἀλλοτριαν [1], ἀλλοτριοις [1], ἀλλοτριον [2], ἀλλοτριῳ [4], ἀλλοτριων [4]
ἀλλοφυλος	ἀλλοφυλῳ [1]
ἀλλως	ἀλλως [1]
ἀλοαω	ἀλοων [1], ἀλοωντα [2]
ἀλογος	ἀλογα [2], ἀλογον [1]
ἀλοη	ἀλοης [1]
ἀλυκος	ἀλυκον [1]
ἀλυπος	ἀλυποτερος [1]
ἀλυσις	ἀλυσει [2], ἀλυσεις [2], ἀλυσεσι [1], ἀλυσεσιν [3], ἀλυσιν [3]
ἀλυσιτελης	ἀλυσιτελες [1]
ἀλφα	ἀλφα [3]
ἀλφαιος	ἀλφαιου [5]
ἀλων	ἀλωνα [2]
ἀλωπηξ	ἀλωπεκες [2], ἀλωπεκι [1]
ἀλωσις	ἀλωσιν [1]

ἀμα	ἀμα [10]
ἀμαθης	ἀμαθεις [1]
ἀμαραντινος	ἀμαραντινον [1]
ἀμαραντος	ἀμαραντον [1]
ἀμαρτανω	ἀμαρτανε [2], ἀμαρτανει [6], ἀμαρτανειν [1], ἀμαρτανετε [3], ἀμαρτανοντα [1], ἀμαρτανοντας [1], ἀμαρτανοντες [2], ἀμαρτανοντων [1], ἀμαρτανουσιν [1], ἀμαρτανων [1], ἀμαρτη [2], ἀμαρτησαντας [1], ἀμαρτησαντος [1], ἀμαρτησαντων [1], ἀμαρτησασιν [1], ἀμαρτησει [1], ἀμαρτηση [2], ἀμαρτησωμεν [1], ἀμαρτητε [1], ἡμαρτεν [3], ἡμαρτες [1], ἡμαρτηκαμεν [1], ἡμαρτον [8]
ἀμαρτημα	ἀμαρτημα [1], ἀμαρτηματα [1], ἀμαρτηματος [1], ἀμαρτηματων [1]
ἀμαρτια	ἀμαρτια [29], ἀμαρτιᾳ [6], ἀμαρτιαι [12], ἀμαρτιαις [9], ἀμαρτιαν [27], ἀμαρτιας [58], ἀμαρτιων [32]
ἀμαρτυρος	ἀμαρτυρον [1]
ἀμαρτωλος	ἀμαρτωλοι [12], ἀμαρτωλοις [2], ἀμαρτωλον [1], ἀμαρτωλος [9], ἀμαρτωλους [5], ἀμαρτωλῳ [5], ἀμαρτωλων [13]
ἀμαχος	ἀμαχον [1], ἀμαχους [1]
ἀμαω	ἀμησαντων [1]
ἀμεθυστος	ἀμεθυστος [1]
ἀμελεω	ἀμελει [1], ἀμελησαντες [2], ἡμελησα [1]
ἀμεμπτος	ἀμεμπτοι [2], ἀμεμπτος [2], ἀμεμπτους [1]
ἀμεμπτως	ἀμεμπτως [2]
ἀμεριμνος	ἀμεριμνους [2]
ἀμεταθετος	ἀμεταθετον [1], ἀμεταθετων [1]
ἀμετακινητος	ἀμετακινητοι [1]
ἀμεταμελητος	ἀμεταμελητα [1], ἀμεταμελητον [1]
ἀμετανοητος	ἀμετανοητον [1]
ἀμετρος	ἀμετρα [2]
ἀμην	ἀμην [130]
ἀμητωρ	ἀμητωρ [1]
ἀμιαντος	ἀμιαντον [1], ἀμιαντος [3]
ἀμιναδαβ	ἀμιναδαβ [3]
ἀμμος	ἀμμον [2], ἀμμος [3]
ἀμνος	ἀμνος [3], ἀμνου [1]
ἀμοιβη	ἀμοιβας [1]
ἀμπελος	ἀμπελον [1], ἀμπελος [3], ἀμπελου [4], ἀμπελῳ [1]
ἀμπελουργος	ἀμπελουργον [1]

ἀμπελων	ἀμπελωνα [11], ἀμπελωνι [2], ἀμπελωνος [10]
ἀμπλιατος	ἀμπλιατον [1]
ἀμυνομαι	ἠμυνατο [1]
ἀμφιβαλλω	ἀμφιβαλλοντας [1]
ἀμφιβληστρον	ἀμφιβληστρον [1]
ἀμφιεζω	ἀμφιεζει [1]
ἀμφιεννυμι	ἀμφιεννυσιν [1], ἠμφιεσμενον [2]
ἀμφιπολις	ἀμφιπολιν [1]
ἀμφοδον	ἀμφοδου [1]
ἀμφοτεροι	ἀμφοτερα [4], ἀμφοτεροι [7], ἀμφοτεροις [1], ἀμφοτερους [1], ἀμφοτερων [1]
ἀμωμητος	ἀμωμητοι [1]
ἀμωμον	ἀμωμον [1]
ἀμωμος	ἀμωμα [1], ἀμωμοι [1], ἀμωμον [1], ἀμωμος [1], ἀμωμου [1], ἀμωμους [3]
ἀμως	ἀμως [3]
ἀν	ἀν [167]
ἀνα	ἀνα [13]
ἀναβαθμος	ἀναβαθμους [1], ἀναβαθμων [1]
ἀναβαινω	ἀναβα [1], ἀναβαινει [4], ἀναβαινειν [3], ἀναβαινομεν [3], ἀναβαινον [3], ἀναβαινοντα [3], ἀναβαινοντας [1], ἀναβαινοντες [1], ἀναβαινοντων [2], ἀναβαινουσιν [1], ἀναβαινω [2], ἀναβαινων [4], ἀναβαντα [2], ἀναβαντες [1], ἀναβαντων [1], ἀναβας [7], ἀναβατε [1], ἀναβεβηκα [1], ἀναβεβηκεν [1], ἀναβησεται [1], ἀναβητε [1], ἀνεβαινομεν [1], ἀνεβαινον [1], ἀνεβη [22], ἀνεβημεν [1], ἀνεβην [3], ἀνεβησαν [10]
ἀναβαλλω	ἀνεβαλετο [1]
ἀναβιβαζω	ἀναβιβασαντες [1]
ἀναβλεπω	ἀναβλεπουσιν [2], ἀναβλεψαντος [1], ἀναβλεψας [7], ἀναβλεψασαι [1], ἀναβλεψη [1], ἀναβλεψης [1], ἀναβλεψον [2], ἀναβλεψω [2], ἀνεβλεψα [2], ἀνεβλεψαν [1], ἀνεβλεψεν [5]
ἀναβλεψις	ἀναβλεψιν [1]
ἀναβοαω	ἀνεβοησεν [1]
ἀναβολη	ἀναβολην [1]
ἀναγαιον	ἀναγαιον [2]
ἀναγγελλω	ἀναγγειλαι [2], ἀναγγελει [4], ἀναγγελλομεν [1], ἀναγγελλοντες [1], ἀναγγελλων [1], ἀνηγγειλαν [1], ἀνηγγειλεν [1], ἀνηγγελη [2], ἀνηγγελλον [1]
ἀναγενναω	ἀναγεγεννημενοι [1], ἀναγεννησας [1]
ἀναγινωσκω	ἀναγινωσκεις [2], ἀναγινωσκετε [1], ἀναγινωσκηται [1], ἀναγινωσκομενας [1], ἀναγινωσκομενη [1], ἀναγινωσκομενος [1], ἀναγινωσκοντες [1], ἀναγινωσκοντος [1], ἀναγινωσκων [3], ἀναγνοντες [1], ἀναγνους [1], ἀναγνωναι [1], ἀναγνωσθη [2], ἀναγνωσθηναι [1], ἀναγνωτε [1], ἀνεγινωσκεν [2], ἀνεγνωσαν [1], ἀνεγνωτε [10]
ἀναγκαζω	ἀναγκαζεις [1], ἀναγκαζουσιν [1], ἀναγκασον [1], ἠναγκαζον [1], ἠναγκασατε [1], ἠναγκασεν [2], ἠναγκασθη [1], ἠναγκασθην [1]
ἀναγκαιος	ἀναγκαια [1], ἀναγκαιας [1], ἀναγκαιον [4], ἀναγκαιοτερον [1], ἀναγκαιους [1]
ἀναγκαστως	ἀναγκαστως [1]
ἀναγκη	ἀναγκαις [2], ἀναγκη [6], ἀναγκῃ [1], ἀναγκην [7], ἀναγκης [2]
ἀναγνωριζω	ἀνεγνωρισθη [1]
ἀναγνωσις	ἀναγνωσει [2], ἀναγνωσιν [1]
ἀναγω	ἀναγαγειν [2], ἀναγαγων [3], ἀναγεσθαι [2], ἀναγομενοις [1], ἀναχθεντες [3], ἀναχθηναι [2], ἀνηγαγον [3], ἀνηχθη [2], ἀνηχθημεν [4], ἀνηχθησαν [1]
ἀναδεικνυμι	ἀναδειξον [1], ἀνεδειξεν [1]
ἀναδειξις	ἀναδειξεως [1]
ἀναδεχομαι	ἀναδεξαμενος [2]
ἀναδιδωμι	ἀναδοντες [1]
ἀναζαω	ἀνεζησεν [2]
ἀναζητεω	ἀναζητησαι [1], ἀναζητουντες [1], ἀνεζητουν [1]
ἀναζωννυμαι	ἀναζωσαμενοι [1]
ἀναζωπυρεω	ἀναζωπυρειν [1]
ἀναθαλλω	ἀνεθαλετε [1]
ἀναθεμα	ἀναθεμα [5], ἀναθεματι [1]
ἀναθεματιζω	ἀναθεματιζειν [1], ἀνεθεματισαμεν [1], ἀνεθεματισαν [2]
ἀναθεωρεω	ἀναθεωρουντες [1], ἀναθεωρων [1]
ἀναθημα	ἀναθημασιν [1]
ἀναιδεια	ἀναιδειαν [1]
ἀναιρεσις	ἀναιρεσει [1]
ἀναιρεω	ἀναιρεθηναι [2], ἀναιρει [1], ἀναιρειν [1], ἀναιρεισθαι [1], ἀναιρουμενων [1], ἀναιρουντων [1], ἀνειλαν [1], ἀνειλατε [1], ἀνειλατο [1], ἀνειλεν [2], ἀνειλες [1], ἀνελει [1], ἀνελειν [6], ἀνελωσιν [3], ἀνηρεθη [1]
ἀναιτιος	ἀναιτιοι [1], ἀναιτιους [1]
ἀνακαθιζω	ἀνεκαθισεν [2]
ἀνακαινιζω	ἀνακαινιζειν [1]

ἀνακαινοω	ἀνακαινουμενον [1], ἀνακαινουται [1]
ἀνακαινωσις	ἀνακαινωσει [1], ἀνακαινωσεως [1]
ἀνακαλυπτω	ἀνακαλυπτομενον [1], ἀνακεκαλυμμενῳ [1]
ἀνακαμπτω	ἀνακαμψαι [2], ἀνακαμψει [1], ἀνακαμψω [1]
ἀνακειμαι	ἀνακειμενοις [2], ἀνακειμενος [3], ἀνακειμενου [2], ἀνακειμενους [2], ἀνακειμενων [4], ἀνεκειτο [1]
ἀνακεφαλαιοομαι	ἀνακεφαλαιουται [1], ἀνακεφαλαιωσασθαι [1]
ἀνακλινω	ἀνακλιθηναι [1], ἀνακλιθησονται [2], ἀνακλιναι [1], ἀνακλινεῖ [1], ἀνεκλινεν [1]
ἀνακραζω	ἀνακραξας [1], ἀνεκραγον [1], ἀνεκραξαν [1], ἀνεκραξεν [2]
ἀνακρινω	ἀνακριθω [1], ἀνακριναντες [1], ἀνακρινας [3], ἀνακρινει [1], ἀνακρινεται [3], ἀνακρινομεθα [1], ἀνακρινοντες [3], ἀνακρινουσιν [1], ἀνακρινω [1], ἀνακρινων [1]
ἀνακρισις	ἀνακρισεως [1]
ἀνακυπτω	ἀνακυψαι [1], ἀνακυψας [1], ἀνακυψατε [1], ἀνεκυψεν [1]
ἀναλαμβανω	ἀναλαβετε [1], ἀναλαβοντες [3], ἀναλαβων [1], ἀναλαμβανειν [1], ἀναλημφθεις [1], ἀνελαβετε [1], ἀνελημφθη [5]
ἀναλημψις	ἀναλημψεως [1]
ἀναλισκω	ἀναλωθητε [1], ἀναλωσαι [1]
ἀναλογια	ἀναλογιαν [1]
ἀναλογιζομαι	ἀναλογισασθε [1]
ἀναλος	ἀναλον [1]
ἀναλυσις	ἀναλυσεως [1]
ἀναλυω	ἀναλυσαι [1], ἀναλυση [1]
ἀναμαρτητος	ἀναμαρτητος [1]
ἀναμενω	ἀναμενειν [1]
ἀναμιμνησκω	ἀναμιμνησκεσθε [1], ἀναμιμνησκομενου [1], ἀναμιμνησκω [1], ἀναμνησει [1], ἀναμνησθεις [1], ἀνεμνησθη [1]
ἀναμνησις	ἀναμνησιν [3], ἀναμνησις [1]
ἀνανεοομαι	ἀνανεουσθαι [1]
ἀνανηφω	ἀνανηψωσιν [1]
ἀνανιας	ἀνανια [2], ἀνανιαν [1], ἀνανιας [8]
ἀναντιρρητος	ἀναντιρρητων [1]
ἀναντιρρητως	ἀναντιρρητως [1]
ἀναξιος	ἀναξιοι [1]
ἀναξιως	ἀναξιως [1]
ἀναπαυσις	ἀναπαυσιν [5]
ἀναπαυω	ἀναπαησονται [1], ἀναπαυεσθε [2], ἀναπαυεται [1], ἀναπαυου [1], ἀναπαυσασθε [1], ἀναπαυσον [1], ἀναπαυσονται [1], ἀναπαυσω [1], ἀναπεπαυται [2], ἀνεπαυσαν [1]
ἀναπειθω	ἀναπειθει [1]
ἀναπειρος	ἀναπειρους [2]
ἀναπεμπω	ἀναπεμψω [1], ἀνεπεμψα [1], ἀνεπεμψεν [3]
ἀναπηδαω	ἀναπηδησας [1]
ἀναπιπτω	ἀναπεσε [2], ἀναπεσειν [3], ἀναπεσων [1], ἀνεπεσαν [2], ἀνεπεσεν [4]
ἀναπληροω	ἀναπληρουται [1], ἀναπληρων [1], ἀναπληρωσαι [1], ἀναπληρωσετε [1], ἀναπληρωση [1], ἀνεπληρωσαν [1]
ἀναπολογητος	ἀναπολογητος [1], ἀναπολογητους [1]
ἀναπτυσσω	ἀναπτυξας [1]
ἀναπτω	ἀναπτει [1], ἀνηφθη [1]
ἀναριθμητος	ἀναριθμητος [1]
ἀνασειω	ἀνασειει [1], ἀνεσεισαν [1]
ἀνασκευαζω	ἀνασκευαζοντες [1]
ἀνασπαω	ἀνασπασει [1], ἀνεσπασθη [1]
ἀναστασις	ἀναστασει [7], ἀναστασεως [17], ἀναστασιν [12], ἀναστασις [6]
ἀναστατοω	ἀναστατουντες [1], ἀναστατωσαντες [1], ἀναστατωσας [1]
ἀνασταυροω	ἀνασταυρουντας [1]
ἀναστεναζω	ἀναστεναξας [1]
ἀναστρεφω	ἀναστραφητε [1], ἀναστρεφεσθαι [2], ἀναστρεφομενους [1], ἀναστρεφομενων [1], ἀναστρεψαντες [1], ἀναστρεψω [1], ἀνεστραφημεν [2]
ἀναστροφη	ἀναστροφαις [1], ἀναστροφῃ [2], ἀναστροφην [5], ἀναστροφης [5]
ἀνατασσομαι	ἀναταξασθαι [1]
ἀνατελλω	ἀνατειλαντος [2], ἀνατειλη [1], ἀνατελλει [1], ἀνατελλουσαν [1], ἀνατεταλκεν [1], ἀνετειλεν [3]
ἀνατιθεμαι	ἀνεθεμην [1], ἀνεθετο [1]
ἀνατολη	ἀνατολη [1], ἀνατολῃ [2], ἀνατολης [4], ἀνατολων [4]
ἀνατρεπω	ἀνατρεπουσιν [2], ἀνετρεψεν [1]
ἀνατρεφω	ἀνατεθραμμενος [1], ἀνεθρεψατο [1], ἀνετραφη [1]
ἀναφαινω	ἀναφαινεσθαι [1], ἀναφαναντες [1]
ἀναφερω	ἀναφερει [2], ἀναφερειν [1], ἀναφερωμεν [1], ἀνενεγκαι [1], ἀνενεγκας [2], ἀνενεγκειν [1], ἀνεφερετο [1], ἀνηνεγκεν [1]
ἀναφωνεω	ἀνεφωνησεν [1]

ἀναχυσις	ἀναχυσιν [1]
ἀναχωρεω	ἀναχωρειτε [1], ἀναχωρησαντες [1], ἀναχωρησαντων [1], ἀναχωρησας [1], ἀνεχωρησαν [1], ἀνεχωρησεν [9]
ἀναψυξις	ἀναψυξεως [1]
ἀναψυχω	ἀνεψυξεν [1]
ἀνδραποδιστης	ἀνδραποδισταις [1]
ἀνδρεας	ἀνδρεα [1], ἀνδρεαν [4], ἀνδρεας [6], ἀνδρεου [2]
ἀνδριζομαι	ἀνδριζεσθε [1]
ἀνδρονικος	ἀνδρονικον [1]
ἀνδροφονος	ἀνδροφονοις [1]
ἀνεγκλητος	ἀνεγκλητοι [1], ἀνεγκλητον [1], ἀνεγκλητος [1], ἀνεγκλητους [2]
ἀνεκδιηγητος	ἀνεκδιηγητῳ [1]
ἀνεκλαλητος	ἀνεκλαλητῳ [1]
ἀνεκλειπτος	ἀνεκλειπτον [1]
ἀνεκτοτερος	ἀνεκτοτερον [5]
ἀνελεημων	ἀνελεημονας [1]
ἀνελεος	ἀνελεος [1]
ἀνεμιζομαι	ἀνεμιζομενῳ [1]
ἀνεμος	ἀνεμοι [3], ἀνεμοις [2], ἀνεμον [1], ἀνεμος [8], ἀνεμου [7], ἀνεμους [2], ἀνεμῳ [4], ἀνεμων [4]
ἀνενδεκτος	ἀνενδεκτον [1]
ἀνεξεραυνητος	ἀνεξεραυνητα [1]
ἀνεξικακος	ἀνεξικακον [1]
ἀνεξιχνιαστος	ἀνεξιχνιαστοι [1], ἀνεξιχνιαστον [1]
ἀνεπαισχυντος	ἀνεπαισχυντον [1]
ἀνεπιλημπτος	ἀνεπιλημπτοι [1], ἀνεπιλημπτον [2]
ἀνερχομαι	ἀνηλθεν [1], ἀνηλθον [2]
ἀνεσις	ἀνεσιν [4], ἀνεσις [1]
ἀνεταζω	ἀνεταζειν [1], ἀνεταζεσθαι [1]
ἀνευ	ἀνευ [3]
ἀνευθετος	ἀνευθετου [1]
ἀνευρισκω	ἀνευραν [1], ἀνευροντες [1]
ἀνεχομαι	ἀνειχεσθε [1], ἀνεξομαι [3], ἀνεξονται [1], ἀνεσχομην [1], ἀνεχεσθε [6], ἀνεχομεθα [1], ἀνεχομενοι [2]
ἀνεψιος	ἀνεψιος [1]
ἀνηθον	ἀνηθον [1]
ἀνηκω	ἀνηκεν [2], ἀνηκον [1]

ἀνημερος	ἀνημεροι [1]
ἀνηρ	ἀνδρα [31], ἀνδρας [21], ἀνδρασιν [7], ἀνδρες [63], ἀνδρι [19], ἀνδρος [16], ἀνδρων [7], ἀνερ [1], ἀνηρ [51]
ἀνθιστημι	ἀνθεστηκεν [2], ἀνθεστηκοτες [1], ἀνθιστανται [1], ἀνθιστατο [1], ἀντεστη [1], ἀντεστην [1], ἀντεστησαν [1], ἀντιστηναι [4], ἀντιστητε [2]
ἀνθομολογεομαι	ἀνθωμολογειτο [1]
ἀνθος	ἀνθος [4]
ἀνθρακια	ἀνθρακιαν [2]
ἀνθραξ	ἀνθρακας [1]
ἀνθρωπαρεσκος	ἀνθρωπαρεσκοι [2]
ἀνθρωπινος	ἀνθρωπινη [2], ἀνθρωπινης [2], ἀνθρωπινον [1], ἀνθρωπινος [1], ἀνθρωπινων [1]
ἀνθρωποκτονος	ἀνθρωποκτονος [3]
ἀνθρωπος	ἀνθρωπε [9], ἀνθρωποι [27], ἀνθρωποις [44], ἀνθρωπον [62], ἀνθρωπος [123], ἀνθρωπου [130], ἀνθρωπους [31], ἀνθρωπῳ [26], ἀνθρωπων [99]
ἀνθυπατος	ἀνθυπατοι [1], ἀνθυπατον [1], ἀνθυπατος [1], ἀνθυπατου [1], ἀνθυπατῳ [1]
ἀνιημι	ἀνεθη [1], ἀνεντες [1], ἀνιεντες [1], ἀνω [1]
ἀνιπτος	ἀνιπτοις [2]
ἀνιστημι	ἀναστα [2], ἀνασταν [1], ἀνασταντες [6], ἀναστας [36], ἀναστασα [2], ἀναστη [2], ἀναστηθι [7], ἀναστηναι [7], ἀναστησας [3], ἀναστησει [3], ἀναστησεται [5], ἀναστησονται [4], ἀναστησω [4], ἀναστωσιν [2], ἀνεστη [15], ἀνεστησαν [2], ἀνεστησεν [4], ἀνισταμενος [1], ἀνιστασθαι [1], ἀνισταται [1]
ἀννα	ἀννα [1]
ἀννας	ἀννα [1], ἀνναν [1], ἀννας [2]
ἀνοητος	ἀνοητοι [4], ἀνοητοις [1], ἀνοητους [1]
ἀνοια	ἀνοια [1], ἀνοιας [1]
ἀνοιγω	ἀνεωγεν [2], ἀνεωγμενας [1], ἀνεωγμενης [1], ἀνεωγμενον [1], ἀνεωγμενος [1], ἀνεωγμενων [1], ἀνεωγοτα [1], ἀνεωξεν [1], ἀνεωχθη [1], ἀνεωχθηναι [1], ἀνεωχθησαν [1], ἀνοιγει [3], ἀνοιγειν [1], ἀνοιγησεται [4], ἀνοιγων [1], ἀνοιγωσιν [1], ἀνοιξαι [7], ἀνοιξαντες [3], ἀνοιξας [6], ἀνοιξη [2], ἀνοιξον [2], ἀνοιξω [1], ἀνοιξωσιν [1], ἠνεωγμενη [1], ἠνεωγμενην [1], ἠνεωγμενον [3], ἠνεωξεν [2], ἠνεωχθησαν [4], ἠνοιγη [3], ἠνοιγησαν [1], ἠνοιξεν [16], ἠνοιχθη [1], ἠνοιχθησαν [1]
ἀνοικοδομεω	ἀνοικοδομησω [2]
ἀνοιξις	ἀνοιξει [1]
ἀνομια	ἀνομια [1], ἀνομιᾳ [2], ἀνομιαι [1], ἀνομιαν [6], ἀνομιας [4], ἀνομιων [1]

ἄνομος | ἀνομοις [3], ἄνομος [3], ἀνομους [1], ἀνομων [3]

ἀνομως | ἀνομως [2]

ἀνορθοω | ἀνορθωσατε [1], ἀνορθωσω [1], ἀνωρθωθη [1]

ἀνοσιος | ἀνοσιοι [1], ἀνοσιοις [1]

ἀνοχη | ἀνοχῃ [1], ἀνοχης [1]

ἀνταγωνιζομαι | ἀνταγωνιζομενοι [1]

ἀνταλλαγμα | ἀνταλλαγμα [2]

ἀνταναπληροω | ἀνταναπληρω [1]

ἀνταποδιδωμι | ἀνταποδοθησεται [2], ἀνταποδουναι [3], ἀνταποδωσω [2]

ἀνταποδομα | ἀνταποδομα [2]

ἀνταποδοσις | ἀνταποδοσιν [1]

ἀνταποκρινομαι | ἀνταποκριθηναι [1], ἀνταποκρινομενος [1]

ἀντεχομαι | ἀνθεξεται [2], ἀντεχεσθε [1], ἀντεχομενον [1]

ἀντι | ἀνθ [5], ἀντι [17]

ἀντιβαλλω | ἀντιβαλλετε [1]

ἀντιδιατιθεμαι | ἀντιδιατιθεμενους [1]

ἀντιδικος | ἀντιδικος [2], ἀντιδικου [2], ἀντιδικῳ [1]

ἀντιθεσις | ἀντιθεσεις [1]

ἀντικαθιστημι | ἀντικατεστητε [1]

ἀντικαλεω | ἀντικαλεσωσιν [1]

ἀντικειμαι | ἀντικειμενοι [3], ἀντικειμενος [1], ἀντικειμενῳ [1], ἀντικειμενων [1], ἀντικειται [2]

ἀντικρυς | ἀντικρυς [1]

ἀντιλαμβανομαι | ἀντελαβετο [1], ἀντιλαμβανεσθαι [1], ἀντιλαμβανομενοι [1]

ἀντιλεγω | ἀντειπειν [2], ἀντελεγον [1], ἀντιλεγει [1], ἀντιλεγεται [1], ἀντιλεγομενον [1], ἀντιλεγοντα [1], ἀντιλεγοντας [2], ἀντιλεγοντες [1], ἀντιλεγοντων [1]

ἀντιλημψις | ἀντιλημψεις [1]

ἀντιλογια | ἀντιλογιᾳ [1], ἀντιλογιαν [1], ἀντιλογιας [2]

ἀντιλοιδορεω | ἀντελοιδορει [1]

ἀντιλυτρον | ἀντιλυτρον [1]

ἀντιμετρεω | ἀντιμετρηθησεται [1]

ἀντιμισθια | ἀντιμισθιαν [2]

ἀντιοχεια | ἀντιοχειᾳ [4], ἀντιοχειαν [11], ἀντιοχειας [3]

ἀντιοχευς | ἀντιοχεα [1]

ἀντιπαρερχομαι | ἀντιπαρηλθεν [2]

ἀντιπας | ἀντιπας [1]

ἀντιπατρις | ἀντιπατριδα [1]

ἀντιπερα | ἀντιπερα [1]

ἀντιπιπτω | ἀντιπιπτετε [1]

ἀντιστρατευομαι | ἀντιστρατευομενον [1]

ἀντιτασσομαι | ἀντιτασσεται [3], ἀντιτασσομενος [1], ἀντιτασσομενων [1]

ἀντιτυπος | ἀντιτυπα [1], ἀντιτυπον [1]

ἀντιχριστος | ἀντιχριστοι [1], ἀντιχριστος [3], ἀντιχριστου [1]

ἀντλεω | ἀντλειν [1], ἀντλησαι [1], ἀντλησατε [1], ἠντληκοτες [1]

ἀντλημα | ἀντλημα [1]

ἀντοφθαλμεω | ἀντοφθαλμειν [1]

ἀνυδρος | ἀνυδροι [2], ἀνυδρων [2]

ἀνυποκριτος | ἀνυποκριτον [1], ἀνυποκριτος [2], ἀνυποκριτου [2], ἀνυποκριτῳ [1]

ἀνυποτακτος | ἀνυποτακτα [1], ἀνυποτακτοι [1], ἀνυποτακτοις [1], ἀνυποτακτον [1]

ἀνω | ἀνω [9]

ἀνωθεν | ἀνωθεν [13]

ἀνωτερικος | ἀνωτερικα [1]

ἀνωτερον | ἀνωτερον [2]

ἀνωφελης | ἀνωφελεις [1], ἀνωφελες [1]

ἀξινη | ἀξινη [2]

ἀξιος | ἀξια [6], ἀξιοι [4], ἀξιον [9], ἀξιος [19], ἀξιους [3]

ἀξιοω | ἀξιουμεν [1], ἀξιουσθωσαν [1], ἀξιωθησεται [1], ἀξιωση [1], ἠξιου [1], ἠξιωσα [1], ἠξιωται [1]

ἀξιως | ἀξιως [6]

ἀορατος | ἀορατα [2], ἀορατον [1], ἀορατου [1], ἀορατῳ [1]

ἀπαγγελλω | ἀπαγγειλαι [3], ἀπαγγειλατε [5], ἀπαγγειλον [1], ἀπαγγελει [1], ἀπαγγελλομεν [2], ἀπαγγελλοντας [1], ἀπαγγελλοντες [1], ἀπαγγελλουσιν [1], ἀπαγγελλων [1], ἀπαγγελω [2], ἀπηγγειλαν [15], ἀπηγγειλεν [10], ἀπηγγελη [1], ἀπηγγελλον [1]

ἀπαγχομαι | ἀπηγξατο [1]

ἀπαγω | ἀπαγαγε [1], ἀπαγαγων [1], ἀπαγετε [1], ἀπαγομενοι [1], ἀπαγομενους [1], ἀπαγουσα [2], ἀπαχθηναι [1], ἀπηγαγεν [1], ἀπηγαγον [7]

ἀπαιδευτος | ἀπαιδευτους [1]

ἀπαιρομαι | ἀπαρθη [3]

ἀπαιτεω | ἀπαιτει [1], ἀπαιτουσιν [1]

ἀπαλγεω	ἀπηλγηκοτες [1]
ἀπαλλασσω	ἀπαλλαξη [1], ἀπαλλασσεσθαι [1], ἀπηλλαχθαι [1]
ἀπαλλοτριοομαι	ἀπηλλοτριωμενοι [2], ἀπηλλοτριωμενους [1]
ἀπαλος	ἀπαλος [2]
ἀπανταω	ἀπαντησει [1], ἀπηντησαν [1]
ἀπαντησις	ἀπαντησιν [3]
ἀπαξ	ἀπαξ [14]
ἀπαραβατος	ἀπαραβατον [1]
ἀπαρασκευαστος	ἀπαρασκευαστους [1]
ἀπαρνεομαι	ἀπαρνηθησεται [1], ἀπαρνησασθω [2], ἀπαρνηση [6], ἀπαρνησομαι [2]
ἀπαρτισμος	ἀπαρτισμον [1]
ἀπαρχη	ἀπαρχη [6], ἀπαρχην [3]
ἀπας	ἀπαν [4], ἀπαντα [11], ἀπαντας [4], ἀπαντες [10], ἀπαντων [1], ἀπας [2], ἀπασαν [2]
ἀπασπαζομαι	ἀπησπασαμεθα [1]
ἀπαταω	ἀπατατω [1], ἀπατων [1], ἠπατηθη [1]
ἀπατη	ἀπαταις [1], ἀπατη [2], ἀπατῃ [2], ἀπατης [2]
ἀπατωρ	ἀπατωρ [1]
ἀπαυγασμα	ἀπαυγασμα [1]
ἀπειθεια	ἀπειθειᾳ [1], ἀπειθειαν [2], ἀπειθειας [4]
ἀπειθεω	ἀπειθησαντες [1], ἀπειθησασιν [3], ἀπειθουντα [1], ἀπειθουντες [1], ἀπειθουντων [2], ἀπειθουσι [1], ἀπειθουσιν [1], ἀπειθων [1], ἠπειθησαν [1], ἠπειθησατε [1], ἠπειθουν [1]
ἀπειθης	ἀπειθεις [5], ἀπειθης [1]
ἀπειλεω	ἀπειλησωμεθα [1], ἠπειλει [1]
ἀπειλη	ἀπειλας [1], ἀπειλην [1], ἀπειλης [1]
ἀπειμι	ἀπειμι [1], ἀποντες [1], ἀπων [5]
ἀπειμι	ἀπηεσαν [1]
ἀπειπον	ἀπειπαμεθα [1]
ἀπειραστος	ἀπειραστος [1]
ἀπειρος	ἀπειρος [1]
ἀπεκδεχομαι	ἀπεκδεχεται [1], ἀπεκδεχομεθα [3], ἀπεκδεχομενοι [1], ἀπεκδεχομενοις [1], ἀπεκδεχομενους [1], ἀπεξεδεχετο [1]
ἀπεκδυομαι	ἀπεκδυσαμενοι [1], ἀπεκδυσαμενος [1]
ἀπεκδυσις	ἀπεκδυσει [1]
ἀπελαυνω	ἀπηλασεν [1]
ἀπελεγμος	ἀπελεγμον [1]

ἀπελευθερος	ἀπελευθερος [1]
ἀπελλης	ἀπελλην [1]
ἀπελπιζω	ἀπελπιζοντες [1]
ἀπεναντι	ἀπεναντι [5]
ἀπεραντος	ἀπεραντοις [1]
ἀπερισπαστως	ἀπερισπαστως [1]
ἀπεριτμητος	ἀπεριτμητοι [1]
ἀπερχομαι	ἀπελευσομαι [1], ἀπελευσομεθα [1], ἀπελευσονται [1], ἀπεληλυθεισαν [1], ἀπεληλυθεν [1], ἀπελθειν [11], ἀπελθη [1], ἀπελθητε [2], ἀπελθοντες [9], ἀπελθοντι [1], ἀπελθοντων [1], ἀπελθουσα [1], ἀπελθουσαι [2], ἀπελθω [2], ἀπελθων [16], ἀπελθωσιν [1], ἀπερχεσθαι [1], ἀπερχη [2], ἀπερχομενων [1], ἀπηλθα [1], ἀπηλθαν [3], ἀπηλθεν [40], ἀπηλθον [18]
ἀπεχω	ἀπειχεν [1], ἀπεχει [3], ἀπεχεσθαι [5], ἀπεχεσθε [1], ἀπεχετε [1], ἀπεχης [1], ἀπεχοντος [2], ἀπεχουσαν [1], ἀπεχουσιν [3], ἀπεχω [1]
ἀπιστεω	ἀπιστησας [1], ἀπιστουμεν [1], ἀπιστουντων [1], ἀπιστουσιν [1], ἠπιστησαν [2], ἠπιστουν [2]
ἀπιστια	ἀπιστια [1], ἀπιστιᾳ [5], ἀπιστιαν [4], ἀπιστιας [1]
ἀπιστος	ἀπιστοι [1], ἀπιστοις [5], ἀπιστον [3], ἀπιστος [8], ἀπιστου [2], ἀπιστων [4]
ἁπλοτης	ἁπλοτητα [1], ἁπλοτητι [5], ἁπλοτητος [2]
ἁπλους	ἁπλους [2]
ἁπλως	ἁπλως [1]
ἀπο	ἀπ [125], ἀπο [479], ἀφ [42]
ἀποβαινω	ἀπεβησαν [1], ἀποβαντες [1], ἀποβησεται [2]
ἀποβαλλω	ἀποβαλητε [1], ἀποβαλων [1]
ἀποβλεπω	ἀπεβλεπεν [1]
ἀποβλητος	ἀποβλητον [1]
ἀποβολη	ἀποβολη [2]
ἀπογινομαι	ἀπογενομενοι [1]
ἀπογραφη	ἀπογραφη [1], ἀπογραφης [1]
ἀπογραφομαι	ἀπογεγραμμενων [1], ἀπογραφεσθαι [2], ἀπογραψασθαι [1]
ἀποδεικνυμι	ἀπεδειξεν [1], ἀποδεδειγμενον [1], ἀποδεικνυντα [1], ἀποδειξαι [1]
ἀποδειξις	ἀποδειξει [1]
ἀποδεκατοω	ἀποδεκατουν [1], ἀποδεκατουτε [2], ἀποδεκατω [1]
ἀποδεκτος	ἀποδεκτον [2]

ἀποδεχομαι ἀπεδεξαντο [1], ἀπεδεξατο [1], ἀπεδεχετο [1], ἀπεδεξαμενοι [1], ἀπεδεξαμενος [1], ἀπεδεξασθαι [1], ἀποδεχομεθα [1]

ἀποδημεω ἀπεδημησεν [5], ἀποδημων [1]

ἀποδημος ἀποδημος [1]

ἀποδιδωμι ἀπεδετο [1], ἀπεδιδουν [1], ἀπεδοντο [1], ἀπεδοσθε [1], ἀπεδωκεν [2], ἀποδιδοναι [1], ἀποδιδοντες [2], ἀποδιδοτω [1], ἀποδιδουν [1], ἀποδιδωμι [1], ἀποδιδωσιν [1], ἀποδοθηναι [2], ἀποδος [3], ἀποδοτε [5], ἀποδουναι [4], ἀποδους [1], ἀποδω [3], ἀποδως [2], ἀποδωσει [7], ἀποδωσεις [1], ἀποδωσοντες [1], ἀποδωσουσιν [3], ἀποδωσω [3]

ἀποδιοριζω ἀποδιοριζοντες [1]

ἀποδοκιμαζω ἀπεδοκιμασαν [4], ἀπεδοκιμασθη [1], ἀποδεδοκιμασμενον [1], ἀποδοκιμασθηναι [3]

ἀποδοχη ἀποδοχης [2]

ἀποθεσις ἀποθεσις [2]

ἀποθηκη ἀποθηκας [2], ἀποθηκη [1], ἀποθηκην [3]

ἀποθησαυριζω ἀποθησαυριζοντας [1]

ἀποθλιβω ἀποθλιβουσιν [1]

ἀποθνησκω ἀπεθανεν [32], ἀπεθανετε [2], ἀπεθανομεν [2], ἀπεθανον [12], ἀπεθνησκεν [1], ἀποθανειν [16], ἀποθανεισθε [3], ἀποθανειται [1], ἀποθανη [13], ἀποθανοντα [1], ἀποθανοντες [1], ἀποθανοντι [1], ἀποθανοντος [1], ἀποθανωμεν [1], ἀποθανων [3], ἀποθνησκει [5], ἀποθνησκειν [5], ἀποθνησκομεν [2], ἀποθνησκοντες [3], ἀποθνησκουσιν [1], ἀποθνησκω [1], ἀποθνησκωμεν [2], ἀποθνησκων [2]

ἀποκαθιστημι ἀπεκατεσταθη [3], ἀπεκατεστη [1], ἀποκαθιστανω ἀποκαθιστανει [1], ἀποκαθιστανεις [1], ἀποκατασταθω [1], ἀποκαταστησει [1]

ἀποκαλυπτω ἀπεκαλυφθη [3], ἀπεκαλυψας [2], ἀπεκαλυψεν [2], ἀποκαλυπτεσθαι [1], ἀποκαλυπτεται [4], ἀποκαλυφθη [2], ἀποκαλυφθηναι [4], ἀποκαλυφθησεται [3], ἀποκαλυφθωσιν [1], ἀποκαλυψαι [3], ἀποκαλυψει [1]

ἀποκαλυψις ἀποκαλυψει [5], ἀποκαλυψεις [1], ἀποκαλυψεων [1], ἀποκαλυψεως [3], ἀποκαλυψιν [7], ἀποκαλυψις [1]

ἀποκαραδοκια ἀποκαραδοκια [1], ἀποκαραδοκιαν [1]

ἀποκαταλλασσω ἀποκαταλλαξαι [1], ἀποκαταλλαξη [1], ἀποκατηλλαξεν [1]

ἀποκαταστασις ἀποκαταστασεως [1]

ἀποκειμαι ἀποκειμενην [2], ἀποκειται [2]

ἀποκεφαλιζω ἀπεκεφαλισα [2], ἀπεκεφαλισεν [2]

ἀποκλειω ἀποκλειση [1]

ἀποκοπτω ἀπεκοψαν [1], ἀπεκοψεν [2], ἀποκοψον [2], ἀποκοψονται [1]

ἀποκριμα ἀποκριμα [1]

ἀποκρινομαι ἀπεκριθη [82], ἀπεκριθην [2], ἀπεκριθης [1], ἀπεκριθησαν [19], ἀπεκρινατο [7], ἀποκριθεις [95], ἀποκριθεισα [1], ἀποκριθεν [1], ἀποκριθεντες [7], ἀποκριθη [1], ἀποκριθηναι [1], ἀποκριθησεται [1], ἀποκριθησονται [2], ἀποκριθητε [3], ἀποκριθωσιν [1], ἀποκρινεσθαι [1], ἀποκρινεται [3], ἀποκρινη [4]

ἀποκρισις ἀποκρισει [1], ἀποκρισεσιν [1], ἀποκρισιν [2]

ἀποκρυπτω ἀπεκρυψας [1], ἀποκεκρυμμενην [1], ἀποκεκρυμμενον [1], ἀποκεκρυμμενου [1]

ἀποκρυφος ἀποκρυφοι [1], ἀποκρυφον [2]

ἀποκτεινω ἀπεκτανθη [1], ἀπεκτανθησαν [4], ἀποκτεννω ἀπεκτειναν [10], ἀπεκτεινατε [1], ἀπεκτεινεν [2], ἀποκτανθεις [1], ἀποκτανθηναι [6], ἀποκτανθωσιν [1], ἀποκτειναι [16], ἀποκτειναντων [1], ἀποκτεινας [2], ἀποκτεινοντων [1], ἀποκτεινουσα [2], ἀποκτεινωμεν [4], ἀποκτεινωσιν [8], ἀποκτενει [2], ἀποκτενειτε [1], ἀποκτεννει [1], ἀποκτεννεσθαι [1], ἀποκτεννοντες [1], ἀποκτεννοντων [1], ἀποκτενουσιν [6], ἀποκτενω [1]

ἀποκυεω ἀπεκυησεν [1], ἀποκυει [1]

ἀποκυλιω ἀπεκυλισεν [1], ἀποκεκυλισμενον [1], ἀποκεκυλισται [1], ἀποκυλισει [1]

ἀπολαμβανω ἀπελαβεν [1], ἀπελαβες [1], ἀπολαβη [1], ἀπολαβητε [1], ἀπολαβομενος [1], ἀπολαβωμεν [1], ἀπολαβωσιν [1], ἀπολαμβανομεν [1], ἀπολαμβανοντες [1], ἀπολημψεσθε [1]

ἀπολαυσις ἀπολαυσιν [2]

ἀπολειπω ἀπελιπον [3], ἀπολειπεται [3], ἀπολιποντας [1]

ἀπολλυμι ἀπολεισθε [2], ἀπολειται [1], ἀπολεσαι [7], ἀπολεσας [3], ἀπολεσει [10], ἀπολεση [7], ἀπολεσητε [1], ἀπολεσθαι [2], ἀπολεσω [1], ἀπολεσωσιν [4], ἀποληται [7], ἀπολλυε [1], ἀπολλυει [1], ἀπολλυμαι [1], ἀπολλυμεθα [3], ἀπολλυμενοι [1], ἀπολλυμενον [1], ἀπολλυμενοις [4], ἀπολλυμενου [1], ἀπολλυνται [1], ἀπολλυται [2], ἀπολομενου [1], ἀπολουνται [4], ἀπολω [1], ἀπολωλος [4], ἀπολωλοτα [2], ἀπολωλως [2], ἀπολωνται [1], ἀπωλεσα [2], ἀπωλεσεν [4], ἀπωλετο [5], ἀπωλλυντο [1], ἀπωλοντο [3]

ἀπολλυων ἀπολλυων [1]

ἀπολλωνια ἀπολλωνιαν [1]

ἀπολλως ἀπολλω [4], ἀπολλων [2], ἀπολλως [4]

ἀπολογεομαι ἀπελογειτο [1], ἀπολογεισθαι [2], ἀπολογηθηναι [1], ἀπολογησθε [1], ἀπολογουμαι [1], ἀπολογουμεθα [1], ἀπολογουμενου [2], ἀπολογουμενων [1]

ἀπολογια ἀπολογια [1], ἀπολογιᾳ [2], ἀπολογιαν [3], ἀπολογιας [2]

ἀπολουομαι ἀπελουσασθε [1], ἀπολουσαι [1]

ἀπολυτρωσις	ἀπολυτρωσεως [2], ἀπολυτρωσιν [6], ἀπολυτρωσις [2]
ἀπολυω	ἀπελυεν [1], ἀπελυθησαν [1], ἀπελυοντο [1], ἀπελυσαν [4], ἀπελυσε [1], ἀπελυσεν [8], ἀπολελυμενην [2], ἀπολελυμενον [1], ἀπολελυσαι [1], ἀπολελυσθαι [1], ἀπολυει [1], ἀπολυειν [3], ἀπολυεις [1], ἀπολυετε [1], ἀπολυθεντες [2], ἀπολυθησεσθε [1], ἀπολυθητε [1], ἀπολυσαι [11], ἀπολυσας [2], ἀπολυσασα [1], ἀπολυση [5], ἀπολυσης [1], ἀπολυσον [6], ἀπολυσω [8], ἀπολυων [2]
ἀπομασσομαι	ἀπομασσομεθα [1]
ἀπονεμω	ἀπονεμοντες [1]
ἀπονιπτω	ἀπενιψατο [1]
ἀποπιπτω	ἀπεπεσαν [1]
ἀποπλαναω	ἀπεπλανηθησαν [1], ἀποπλαναν [1]
ἀποπλεω	ἀπεπλευσαν [2], ἀποπλειν [1], ἀποπλευσαντες [1]
ἀποπνιγω	ἀπεπνιγη [1], ἀπεπνιξαν [1]
ἀπορεω	ἀπορεισθαι [1], ἀπορουμαι [1], ἀπορουμενοι [2], ἀπορουμενος [1], ἠπορει [1]
ἀπορια	ἀποριᾳ [1]
ἀποριπτω	ἀποριψαντας [1]
ἀπορφανιζω	ἀπορφανισθεντες [1]
ἀποσκιασμα	ἀποσκιασμα [1]
ἀποσπαω	ἀπεσπασεν [1], ἀπεσπασθη [1], ἀποσπαν [1], ἀποσπασθεντας [1]
ἀποστασια	ἀποστασια [1], ἀποστασιαν [1]
ἀποστασιον	ἀποστασιον [1], ἀποστασιου [2]
ἀποστεγαζω	ἀπεστεγασαν [1]
ἀποστελλω	ἀπεσταλη [2], ἀπεσταλην [3], ἀπεσταλκα [2], ἀπεσταλκαμεν [1], ἀπεσταλκαν [1], ἀπεσταλκατε [1], ἀπεσταλκεν [7], ἀπεσταλμενοι [5], ἀπεσταλμενος [3], ἀπεσταλμενους [2], ἀπεστειλα [4], ἀπεστειλαν [13], ἀπεστειλας [7], ἀπεστειλεν [38], ἀποσταλεντι [1], ἀποσταλωσιν [1], ἀποστειλαι [1], ἀποστειλαντα [4], ἀποστειλαντας [1], ἀποστειλαντες [1], ἀποστειλας [7], ἀποστειλη [2], ἀποστειλον [2], ἀποστειλω [1], ἀποστελει [4], ἀποστελλει [4], ἀποστελλειν [1], ἀποστελλη [1], ἀποστελλομενα [1], ἀποστελλουσιν [2], ἀποστελλω [8], ἀποστελω [1]
ἀποστερεω	ἀπεστερημενος [1], ἀπεστερημενων [1], ἀποστερεισθε [1], ἀποστερειτε [2], ἀποστερησης [1]
ἀποστολη	ἀποστολην [2], ἀποστολης [2]
ἀποστολος	ἀποστολοι [16], ἀποστολοις [6], ἀποστολον [2], ἀποστολος [18], ἀποστολου [1], ἀποστολους [15], ἀποστολων [22]
ἀποστοματιζω	ἀποστοματιζειν [1]
ἀποστρεφω	ἀπεστραφησαν [1], ἀποστραφης [1], ἀποστρεφειν [1], ἀποστρεφομενοι [1], ἀποστρεφομενων [1], ἀποστρεφοντα [1], ἀποστρεψει [1], ἀποστρεψον [1], ἀποστρεψουσιν [1]
ἀποστυγεω	ἀποστυγουντες [1]
ἀποσυναγωγος	ἀποσυναγωγοι [1], ἀποσυναγωγος [1], ἀποσυναγωγους [1]
ἀποτασσομαι	ἀποταξαμενος [4], ἀποταξασθαι [1], ἀποτασσεται [1]
ἀποτελεω	ἀποτελεσθεισα [1], ἀποτελω [1]
ἀποτιθεμαι	ἀπεθεντο [1], ἀπεθετο [1], ἀποθεμενοι [4], ἀποθεσθαι [1], ἀποθεσθε [1], ἀποθωμεθα [1]
ἀποτινασσω	ἀποτιναξας [1], ἀποτινασσετε [1]
ἀποτινω	ἀποτισω [1]
ἀποτολμαω	ἀποτολμα [1]
ἀποτομια	ἀποτομια [1], ἀποτομιαν [1]
ἀποτομως	ἀποτομως [2]
ἀποτρεπω	ἀποτρεπου [1]
ἀπουσια	ἀπουσιᾳ [1]
ἀποφερω	ἀπενεγκειν [1], ἀπενεχθηναι [1], ἀπηνεγκαν [1], ἀπηνεγκεν [2], ἀποφερεσθαι [1]
ἀποφευγω	ἀποφευγοντας [1], ἀποφυγοντες [2]
ἀποφθεγγομαι	ἀπεφθεγξατο [1], ἀποφθεγγεσθαι [1], ἀποφθεγγομαι [1]
ἀποφορτιζομαι	ἀποφορτιζομενον [1]
ἀποχρησις	ἀποχρησει [1]
ἀποχωρεω	ἀποχωρει [1], ἀποχωρειτε [1], ἀποχωρησας [1]
ἀποχωριζομαι	ἀπεχωρισθη [1], ἀποχωρισθηναι [1]
ἀποψυχω	ἀποψυχοντων [1]
ἀππιος	ἀππιουφορου [1]
ἀππιουφορον	ἀππιουφορου [1]
ἀπροσιτος	ἀπροσιτον [1]
ἀπροσκοπος	ἀπροσκοποι [2], ἀπροσκοπον [1]
ἀπροσωπολημπτως	ἀπροσωπολημπτως [1]
ἀπταιστος	ἀπταιστους [1]
ἀπτω	ἀπτει [1], ἀπτεσθαι [2], ἀπτεσθε [1], ἀπτεται [2], ἀπτηται [1], ἀπτου [1], ἀψαμενος [3], ἀψαντες [1], ἀψας [2], ἀψη [1], ἀψηται [2], ἀψωμαι [2], ἀψωνται [3], ἡψαντο [2], ἡψατο [15]
ἀπφια	ἀπφιᾳ [1]
ἀπωθεομαι	ἀπωθεισθε [1], ἀπωσαμενοι [1], ἀπωσαντο [1], ἀπωσατο [3]

ἀπωλεια   ἀπωλεια [4], ἀπωλειαν [9], ἀπωλειας [5]

ἄρα   ἄρα [49]

ἆρα   ἆρα [3]

ἀρά   ἀρας [1]

ἀραβια   ἀραβιᾳ [1], ἀραβιαν [1]

ἀραμ   ἀραμ [2]

ἀραφος   ἀραφος [1]

ἀραψ   ἀραβες [1]

ἀργεω   ἀργει [1]

ἀργος   ἀργαι [3], ἀργη [1], ἀργοι [1], ἀργον [1], ἀργους [2]

ἀργυριον   ἀργυρια [8], ἀργυριον [8], ἀργυριου [3], ἀργυριῳ [1]

ἀργυροκοπος   ἀργυροκοπος [1]

ἀργυρος   ἀργυρον [2], ἀργυρος [1], ἀργυρου [1], ἀργυρῳ [1]

ἀργυρους   ἀργυρα [2], ἀργυρους [1]

ἀρειος   ἀρειονπαγον [1], ἀρειουπαγου [1]

ἀρειοσπαγος   ἀρειονπαγον [1], ἀρειουπαγου [1]

ἀρεοπαγιτης   ἀρεοπαγιτης [1]

ἀρεσκεια   ἀρεσκειαν [1]

ἀρεσκω   ἀρεσαι [1], ἀρεση [4], ἀρεσκειν [3], ἀρεσκετω [1], ἀρεσκοντες [1], ἀρεσκοντων [1], ἀρεσκω [1], ἠρεσεν [4], ἠρεσκον [1]

ἀρεστος   ἀρεστα [2], ἀρεστον [2]

ἀρετας   ἀρετα [1]

ἀρετη   ἀρετας [1], ἀρετη [1], ἀρετῃ [2], ἀρετην [1]

ἀρην   ἀρνας [1]

ἀριθμεω   ἀριθμησαι [1], ἠριθμημεναι [1], ἠριθμηνται [1]

ἀριθμος   ἀριθμον [5], ἀριθμος [10], ἀριθμου [2], ἀριθμῳ [1]

ἀριμαθαια   ἀριμαθαιας [4]

ἀρισταρχος   ἀρισταρχον [1], ἀρισταρχος [3], ἀρισταρχου [1]

ἀρισταω   ἀριστησατε [1], ἀριστηση [1], ἠριστησαν [1]

ἀριστερος   ἀριστερα [1], ἀριστερων [3]

ἀριστοβουλος   ἀριστοβουλου [1]

ἀριστον   ἀριστον [2], ἀριστου [1]

ἀρκετος   ἀρκετον [2], ἀρκετος [1]

ἀρκεω   ἀρκει [2], ἀρκεισθε [1], ἀρκεση [1], ἀρκεσθησομεθα [1], ἀρκουμενοι [1], ἀρκουμενος [1], ἀρκουσιν [1]

ἀρκος   ἀρκου [1]

ἀρμα   ἀρμα [1], ἀρματι [1], ἀρματος [1], ἀρματων [1]

ἀρμαγεδων   ἀρμαγεδων [1]

ἀρμοζω   ἡρμοσαμην [1]

ἀρμος   ἀρμων [1]

ἀρνεομαι   ἀρνεισθαι [1], ἀρνησαμενοι [1], ἀρνησαμενος [1], ἀρνησασθαι [1], ἀρνησασθω [1], ἀρνησεται [1], ἀρνηση [1], ἀρνησηται [1], ἀρνησομαι [1], ἀρνησομεθα [1], ἀρνουμενοι [2], ἀρνουμενος [3], ἀρνουμενων [1], ἀρνουνται [1], ἠρνειτο [1], ἠρνημενοι [1], ἠρνησαντο [1], ἠρνησασθε [2], ἠρνησατο [8], ἠρνησω [2], ἠρνηται [1]

ἀρνι   ἀρνι [1]

ἀρνιον   ἀρνια [1], ἀρνιον [8], ἀρνιου [16], ἀρνιῳ [5]

ἀροτριαω   ἀροτριαν [1], ἀροτριων [1], ἀροτριωντα [1]

ἀροτρον   ἀροτρον [1]

ἀρπαγη   ἀρπαγην [1], ἀρπαγης [2]

ἀρπαγμος   ἀρπαγμον [1]

ἀρπαζω   ἀρπαγεντα [1], ἀρπαγησομεθα [1], ἀρπαζει [2], ἀρπαζειν [2], ἀρπαζοντες [1], ἀρπαζουσιν [1], ἀρπασαι [2], ἀρπασει [1], ἡρπαγη [1], ἡρπασεν [1], ἡρπασθη [1]

ἀρπαξ   ἀρπαγες [3], ἀρπαξ [1], ἀρπαξιν [1]

ἀρραβων   ἀρραβων [1], ἀρραβωνα [2]

ἀρρητος   ἀρρητα [1]

ἀρρωστος   ἀρρωστοι [1], ἀρρωστοις [1], ἀρρωστους [3]

ἀρσενοκοιτης   ἀρσενοκοιται [1], ἀρσενοκοιταις [1]

ἀρσην   ἀρσεν [5], ἀρσενα [1], ἀρσενες [2], ἀρσεσιν [1]

ἀρτεμας   ἀρτεμαν [1]

ἀρτεμις   ἀρτεμιδος [3], ἀρτεμις [2]

ἀρτεμων   ἀρτεμωνα [1]

ἀρτι   ἀρτι [36]

ἀρτιγεννητος   ἀρτιγεννητα [1]

ἀρτιος   ἀρτιος [1]

ἀρτος   ἀρτοι [4], ἀρτοις [1], ἀρτον [38], ἀρτος [10], ἀρτου [5], ἀρτους [30], ἀρτῳ [2], ἀρτων [7]

ἀρτυω   ἀρτυθησεται [1], ἀρτυσετε [1], ἡρτυμενος [1]

ἀρφαξαδ   ἀρφαξαδ [1]

ἀρχαγγελος   ἀρχαγγελος [1], ἀρχαγγελου [1]

ἀρχαιος   ἀρχαια [1], ἀρχαιοις [2], ἀρχαιος [2], ἀρχαιου [1], ἀρχαιῳ [1], ἀρχαιων [4]

ἀρχελαος   ἀρχελαος [1]

ἀρχη	ἀρχαι [2], ἀρχαις [4], ἀρχας [4], ἀρχη [7], ἀρχῃ [5], ἀρχην [7], ἀρχης [26]
ἀρχηγος	ἀρχηγον [4]
ἀρχιερατικος	ἀρχιερατικου [1]
ἀρχιερευς	ἀρχιερεα [9], ἀρχιερει [3], ἀρχιερεις [50], ἀρχιερευς [28], ἀρχιερευσιν [6], ἀρχιερεων [10], ἀρχιερεως [16]
ἀρχιποιμην	ἀρχιποιμενος [1]
ἀρχιππος	ἀρχιππῳ [2]
ἀρχισυναγωγος	ἀρχισυναγωγοι [1], ἀρχισυναγωγον [1], ἀρχισυναγωγος [2], ἀρχισυναγωγου [3], ἀρχισυναγωγῳ [1], ἀρχισυναγωγων [1]
ἀρχιτεκτων	ἀρχιτεκτων [1]
ἀρχιτελωνης	ἀρχιτελωνης [1]
ἀρχιτρικλινος	ἀρχιτρικλινος [2], ἀρχιτρικλινῳ [1]
ἀρχω	ἀρξαμενοι [2], ἀρξαμενος [8], ἀρξαμενου [1], ἀρξασθαι [2], ἀρξεσθε [1], ἀρξῃ [1], ἀρξησθε [2], ἀρξηται [2], ἀρξονται [1], ἀρξωνται [1], ἀρχειν [2], ἀρχομεθα [1], ἀρχομενος [1], ἀρχομενων [1], ἠρξαντο [19], ἠρξατο [41]
ἀρχων	ἀρχοντα [6], ἀρχοντας [3], ἀρχοντες [9], ἀρχοντι [4], ἀρχοντος [1], ἀρχοντων [5], ἀρχουσιν [1], ἀρχων [8]
ἀρωμα	ἀρωματα [3], ἀρωματων [1]
ἀσαλευτος	ἀσαλευτον [1], ἀσαλευτος [1]
ἀσαφ	ἀσαφ [2]
ἀσβεστος	ἀσβεστον [1], ἀσβεστῳ [2]
ἀσεβεια	ἀσεβειαν [2], ἀσεβειας [3], ἀσεβειων [1]
ἀσεβεω	ἀσεβειν [1], ἠσεβησαν [1]
ἀσεβης	ἀσεβεις [2], ἀσεβεσι [1], ἀσεβεσιν [1], ἀσεβη [1], ἀσεβης [1], ἀσεβων [3]
ἀσελγεια	ἀσελγεια [2], ἀσελγειᾳ [3], ἀσελγειαις [4], ἀσελγειαν [1]
ἀσημος	ἀσημου [1]
ἀσηρ	ἀσηρ [2]
ἀσθενεια	ἀσθενεια [1], ἀσθενειᾳ [5], ἀσθενειαις [4], ἀσθενειαν [4], ἀσθενειας [8], ἀσθενειων [2]
ἀσθενεω	ἀσθενει [5], ἀσθενησας [1], ἀσθενησασαν [1], ἀσθενουμεν [1], ἀσθενουντα [3], ἀσθενουντας [4], ἀσθενουντων [3], ἀσθενουσαν [1], ἀσθενω [2], ἀσθενωμεν [1], ἀσθενων [4], ἠσθενει [3], ἠσθενηκαμεν [1], ἠσθενησα [1], ἠσθενησεν [2]
ἀσθενημα	ἀσθενηματα [1]
ἀσθενης	ἀσθενεις [7], ἀσθενες [2], ἀσθενεσιν [2], ἀσθενεστερα [1], ἀσθενεστερῳ [1], ἀσθενη [3], ἀσθενης [6], ἀσθενους [2], ἀσθενων [2]
ἀσια	ἀσια [1], ἀσιᾳ [5], ἀσιαν [5], ἀσιας [7]
ἀσιανος	ἀσιανοι [1]
ἀσιαρχης	ἀσιαρχων [1]
ἀσιτια	ἀσιτιας [1]
ἀσιτος	ἀσιτοι [1]
ἀσκεω	ἀσκω [1]
ἀσκος	ἀσκοι [4], ἀσκους [8]
ἀσμενως	ἀσμενως [1]
ἀσοφος	ἀσοφοι [1]
ἀσπαζομαι	ἀσπαζεσθαι [1], ἀσπαζεται [11], ἀσπαζομαι [1], ἀσπαζονται [9], ἀσπαζου [1], ἀσπασαι [2], ἀσπασαμενοι [3], ἀσπασαμενος [3], ἀσπασασθε [24], ἀσπασησθε [2], ἠσπαζοντο [1], ἠσπασατο [1]
ἀσπασμος	ἀσπασμον [1], ἀσπασμος [4], ἀσπασμου [1], ἀσπασμους [4]
ἀσπιλος	ἀσπιλοι [1], ἀσπιλον [2], ἀσπιλου [1]
ἀσπις	ἀσπιδων [1]
ἀσπονδος	ἀσπονδοι [1]
ἀσσαριον	ἀσσαριου [1], ἀσσαριων [1]
ἀσσον	ἀσσον [1]
ἀσσος	ἀσσον [2]
ἀστατεω	ἀστατουμεν [1]
ἀστειος	ἀστειον [1], ἀστειος [1]
ἀστηρ	ἀστερα [4], ἀστερας [3], ἀστερες [5], ἀστερος [3], ἀστερων [5], ἀστηρ [4]
ἀστηρικτος	ἀστηρικτοι [1], ἀστηρικτους [1]
ἀστοργος	ἀστοργοι [1], ἀστοργους [1]
ἀστοχεω	ἀστοχησαντες [1], ἠστοχησαν [2]
ἀστραπη	ἀστραπαι [4], ἀστραπη [3], ἀστραπῃ [1], ἀστραπην [1]
ἀστραπτω	ἀστραπτουσα [1], ἀστραπτουση [1]
ἀστρον	ἀστρα [1], ἀστροις [1], ἀστρον [1], ἀστρων [1]
ἀσυγκριτος	ἀσυγκριτον [1]
ἀσυμφωνος	ἀσυμφωνοι [1]
ἀσυνετος	ἀσυνετοι [2], ἀσυνετος [1], ἀσυνετους [1], ἀσυνετῳ [1]
ἀσυνθετος	ἀσυνθετους [1]
ἀσφαλεια	ἀσφαλεια [1], ἀσφαλειᾳ [1], ἀσφαλειαν [1]
ἀσφαλης	ἀσφαλες [4], ἀσφαλη [1]
ἀσφαλιζομαι	ἀσφαλισασθε [1], ἀσφαλισθηναι [1], ἠσφαλισαντο [1], ἠσφαλισατο [1]
ἀσφαλως	ἀσφαλως [3]
ἀσχημονεω	ἀσχημονει [1], ἀσχημονειν [1]

άσχημοσυνη	άσχημοσυνην [2]
άσχημων	άσχημονα [1]
άσωτια	άσωτια [1], άσωτιας [2]
άσωτως	άσωτως [1]
άτακτεω	ήτακτησαμεν [1]
άτακτος	άτακτους [1]
άτακτως	άτακτως [2]
άτεκνος	άτεκνος [2]
άτενιζω	άτενιζετε [1], άτενιζοντες [2], άτενισαι [2], άτενισαντες [1], άτενισας [7], άτενισασα [1]
άτερ	άτερ [2]
άτιμαζω	άτιμαζεις [1], άτιμαζεσθαι [1], άτιμαζετε [1], άτιμασαντες [1], άτιμασθηναι [1], ήτιμασαν [1], ήτιμασατε [1]
άτιμια	άτιμια [1], άτιμιᾳ [1], άτιμιαν [3], άτιμιας [2]
άτιμος	άτιμοι [1], άτιμος [2], άτιμοτερα [1]
άτμις	άτμιδα [1], άτμις [1]
άτομος	άτομῳ [1]
άτοπος	άτοπον [3], άτοπων [1]
άτταλεια	άτταλειαν [1]
αύγαζω	αύγασαι [1]
αύγη	αύγης [1]
αύγουστος	αύγουστου [1]
αύθαδης	αύθαδεις [1], αύθαδη [1]
αύθαιρετος	αύθαιρετοι [1], αύθαιρετος [1]
αύθεντεω	αύθεντειν [1]
αύλεω	αύλουμενον [1], ηύλησαμεν [2]
αύλη	αύλῃ [2], αύλην [6], αύλης [4]
αύλητης	αύλητας [1], αύλητων [1]
αύλιζομαι	ηύλιζετο [1], ηύλισθη [1]
αύλος	αύλος [1]
αύξανω	αύξανει [1], αύξανειν [1], αύξανετε [1], αύξανομενα [1], αύξανομενης [1], αύξανομενοι [1], αύξανομενον [1], αύξανουσιν [1], αύξανων [1], αύξει [2], αύξηθη [1], αύξηθητε [1], αύξησει [1], αύξησωμεν [1], ηύξανεν [6], ηύξησεν [2]
αύξησις	αύξησιν [2]
αύριον	αύριον [14]
αύστηρος	αύστηρος [2]
αύταρκεια	αύταρκειαν [1], αύταρκειας [1]
αύταρκης	αύταρκης [1]
αύτοκατακριτος	αύτοκατακριτος [1]
αύτοματος	αύτοματη [2]
αύτοπτης	αύτοπται [1]
αύτος	αύτα [57], αύταις [20], αύτας [12], αύτη [11], αύτῃ [108], αύτην [138], αύτης [168], αύτο [105], αύτοι [86], αύτοις [559], αύτον [960], αύτος [168], αύτου [1422], αύτους [359], αύτῳ [859], αύτων [569]
αύτου	αύτου [4]
αύτοφωρος	αύτοφωρῳ [1]
αύτοχειρ	αύτοχειρες [1]
αύχεω	αύχει [1]
αύχμηρος	αύχμηρῳ [1]
άφαιρεω	άφαιρεθησεται [1], άφαιρειν [1], άφαιρειται [1], άφειλεν [3], άφελει [1], άφελειν [1], άφελη [1], άφελωμαι [1]
άφανης	άφανης [1]
άφανιζω	άφανιζει [2], άφανιζομενη [1], άφανιζουσιν [1], άφανισθητε [1]
άφανισμος	άφανισμου [1]
άφαντος	άφαντος [1]
άφεδρων	άφεδρωνα [2]
άφειδια	άφειδιᾳ [1]
άφελοτης	άφελοτητι [1]
άφεσις	άφεσει [2], άφεσιν [12], άφεσις [3]
άφη	άφης [1], άφων [1]
άφθαρσια	άφθαρσιᾳ [2], άφθαρσιαν [5]
άφθαρτος	άφθαρτοι [1], άφθαρτον [3], άφθαρτου [2], άφθαρτῳ [2]
άφθορια	άφθοριαν [1]
άφιημι	άφεθη [3], άφεθησαν [1], άφεθησεται [13], άφειναι [1], άφεις [6], άφεντες [15], άφες [15], άφετε [10], άφεωνται [6], άφη [3], άφηκα [1], άφηκαμεν [3], άφηκαν [2], άφηκατε [1], άφηκεν [20], άφηκες [1], άφησει [4], άφησεις [1], άφησουσιν [1], άφησω [2], άφητε [5], άφιεναι [6], άφιενται [4], άφιεται [5], άφιετε [4], άφιετο [2], άφιημι [2], άφιησιν [4], άφιομεν [1], άφιουσιν [1], άφωμεν [1], ήφιεν [2]
άφικνεομαι	άφικετο [1]
άφιλαγαθος	άφιλαγαθοι [1]
άφιλαργυρος	άφιλαργυρον [1], άφιλαργυρος [1]
άφιξις	άφιξιν [1]
άφιστημι	άπεστη [2], άπεστησαν [1], άπεστησεν [1], άποσταντα [1], άποστας [1], άποστη [1], άποστηναι [1], άποστησονται [1], άποστητε [2], άποστητω [1], άφιστανται [1], άφιστατο [1]

ἀφνω	ἀφνω [3]	βαλλαντιον	βαλλαντια [1], βαλλαντιον [2], βαλλαντιου [1]
ἀφοβως	ἀφοβως [4]	βαλλω	βαλε [9], βαλει [1], βαλειν [8], βαλετε [1],
ἀφομοιοω	ἀφωμοιωμενος [1]		βαλετω [1], βαλη [2], βαλητε [1], βαλλει [6],
ἀφοραω	ἀφιδω [1], ἀφορωντες [1]		βαλλειν [1], βαλλεται [3], βαλλομεν [1],
ἀφοριζω	ἀφοριζει [1], ἀφοριουσιν [1], ἀφορισας [1],		βαλλομενα [1], βαλλομενον [2],
	ἀφορισατε [1], ἀφορισει [1], ἀφορισθητε [1],		βαλλοντας [2], βαλλοντες [2], βαλλοντων [2],
	ἀφορισωσιν [1], ἀφοριζεν [1], ἀφωρισεν [1],		βαλλουσαν [1], βαλλουσιν [4], βαλλω [2],
	ἀφωρισμενος [1]		βαλουσα [1], βαλουσιν [3], βαλω [3],
ἀφορμη	ἀφορμην [7]		βαλωσιν [1], βεβληκοτος [1], βεβλημενην [1],
ἀφριζω	ἀφριζει [1], ἀφριζων [1]		βεβλημενον [3], βεβλημενος [1], βεβληται [2],
ἀφρος	ἀφρου [1]		βληθεις [1], βληθεισα [1], βληθεν [1],
ἀφροσυνη	ἀφροσυνη [1], ἀφροσυνῃ [2], ἀφροσυνης [1]		βληθη [1], βληθηναι [4], βληθησεται [1],
ἀφρων	ἀφρονα [2], ἀφρονες [2], ἀφρονων [3],		βληθηση [1], βληθητι [2], ἐβαλαν [1],
	ἀφρων [4]		ἐβαλεν [21], ἐβαλλον [1], ἐβαλον [8],
ἀφυπνοω	ἀφυπνωσεν [1]		ἐβεβλητο [1], ἐβληθη [9], ἐβληθησαν [3]
ἀφωνος	ἀφωνα [1], ἀφωνον [2], ἀφωνος [1]	βαπτιζω	βαπτιζει [2], βαπτιζειν [2], βαπτιζεις [1],
ἀχαζ	ἀχαζ [2]		βαπτιζομαι [2], βαπτιζομενοι [1],
ἀχαια	ἀχαια [2], ἀχαιᾳ [3], ἀχαιαν [2], ἀχαιας [3]		βαπτιζονται [1], βαπτιζοντες [1],
ἀχαικος	ἀχαικου [1]		βαπτιζοντος [1], βαπτιζω [3], βαπτιζων [7],
ἀχαριστος	ἀχαριστοι [1], ἀχαριστους [1]		βαπτισαι [1], βαπτισει [3], βαπτισθεις [3],
ἀχειροποιητος	ἀχειροποιητον [2], ἀχειροποιητῳ [1]		βαπτισθεντες [2], βαπτισθεντος [1],
ἀχιμ	ἀχιμ [2]		βαπτισθηναι [10], βαπτισθησεσθε [3],
ἀχλυς	ἀχλυς [1]		βαπτισθητω [1], βαπτισωνται [1],
ἀχρειοομαι	ἠχρεωθησαν [1]		βεβαπτισμενοι [1], ἐβαπτιζεν [2],
ἀχρειος	ἀχρειοι [1], ἀχρειον [1]		ἐβαπτιζοντο [5], ἐβαπτισα [4], ἐβαπτισεν [4],
ἀχρηστος	ἀχρηστον [1]		ἐβαπτισθη [5], ἐβαπτισθημεν [3],
ἀχρι	ἀχρι [46], ἀχρι[ς] [3]		ἐβαπτισθησαν [3], ἐβαπτισθητε [4]
ἀχυρον	ἀχυρον [2]	βαπτισμα	βαπτισμα [17], βαπτισματος [2]
ἀψευδης	ἀψευδης [1]	βαπτισμος	βαπτισμοις [1], βαπτισμους [1], βαπτισμῳ [1],
ἀψινθος	ἀψινθον [1], ἀψινθος [1]		βαπτισμων [1]
ἀψυχος	ἀψυχα [1]	βαπτιστης	βαπτιστην [3], βαπτιστης [4], βαπτιστου [5]
βααλ	βααλ [1]	βαπτω	βαψας [1], βαψη [1], βαψω [1], βεβαμμενον [1]
βαβυλων	βαβυλων [6], βαβυλωνι [1], βαβυλωνος [5]	βαραββας	βαραββαν [9], βαραββας [2]
βαθμος	βαθμον [1]	βαρακ	βαρακ [1]
βαθος	βαθη [1], βαθος [6], βαθους [1]	βαραχιας	βαραχιου [1]
βαθυνω	ἐβαθυνεν [1]	βαρβαρος	βαρβαροι [2], βαρβαροις [1], βαρβαρος [3]
βαθυς	βαθεα [1], βαθει [1], βαθεως [1], βαθυ [1]	βαρεω	βαρεισθω [1], βαρηθωσιν [1], βαρουμενοι [1],
βαιον	βαια [1]		βεβαρημενοι [2], ἐβαρηθημεν [1]
βαλααμ	βαλααμ [3]	βαρεως	βαρεως [2]
βαλακ	βαλακ [1]	βαρθολομαιος	βαρθολομαιον [2], βαρθολομαιος [2]
		βαριησους	βαριησου [1]
		βαριωνα	βαριωνα [1]
		βαρναβας	βαρναβα [4], βαρναβᾳ [6], βαρναβαν [8],
			βαρναβας [10]
		βαρος	βαρει [1], βαρη [1], βαρος [4]
		βαρσαββας	βαρσαββαν [2]
		βαρτιμαιος	βαρτιμαιος [1]
		βαρυς	βαρεα [2], βαρειαι [2], βαρεις [1], βαρυτερα [1]
		βαρυτιμος	βαρυτιμου [1]
		βασανιζω	βασανιζομενη [1], βασανιζομενον [1],
			βασανιζομενος [1], βασανιζομενους [1],
			βασανισαι [1], βασανισης [2],
			βασανισθησεται [1], βασανισθησονται [2],
			ἐβασανιζεν [1], ἐβασανισαν [1]

βασανισμος	βασανισμον [1], βασανισμος [2], βασανισμου [3]
βασανιστης	βασανισταις [1]
βασανος	βασανοις [2], βασανου [1]
βασιλεια	βασιλεια [55], βασιλεια [21], βασιλειαν [61], βασιλειας [25]
βασιλειος	βασιλειοις [1], βασιλειον [1]
βασιλευς	βασιλεα [15], βασιλει [6], βασιλεις [16], βασιλευ [9], βασιλευς [48], βασιλευσιν [1], βασιλεων [11], βασιλεως [9]
βασιλευω	βασιλευει [1], βασιλευειν [1], βασιλευετω [1], βασιλευοντων [1], βασιλευσαι [2], βασιλευσει [2], βασιλευση [1], βασιλευσουσιν [4], ἐβασιλευσαν [1], ἐβασιλευσας [1], ἐβασιλευσατε [2], ἐβασιλευσεν [4]
βασιλικος	βασιλικην [1], βασιλικης [1], βασιλικον [1], βασιλικος [2]
βασιλισσα	βασιλισσα [3], βασιλισσης [1]
βασις	βασεις [1]
βασκαινω	ἐβασκανεν [1]
βασταζω	βασταζει [1], βασταζειν [2], βασταζεις [1], βασταζεσθαι [1], βασταζετε [2], βασταζοντες [1], βασταζοντος [1], βασταζω [1], βασταζων [3], βαστασαι [4], βαστασασα [1], βαστασασι [1], βαστασει [2], ἐβασταζεν [1], ἐβασταζετο [1], ἐβαστασαν [1], ἐβαστασας [2], ἐβαστασεν [1]
βατος	βατου [4], βατῳ [1]
βατος	βατους [1]
βατραχος	βατραχοι [1]
βατταλογεω	βατταλογησητε [1]
βδελυγμα	βδελυγμα [4], βδελυγματων [2]
βδελυκτος	βδελυκτοι [1]
βδελυσσομαι	βδελυσσομενος [1], ἐβδελυγμενοις [1]
βεβαιος	βεβαια [2], βεβαιαν [4], βεβαιος [1], βεβαιοτερον [1]
βεβαιοω	βεβαιουμενοι [1], βεβαιουντος [1], βεβαιουσθαι [1], βεβαιων [1], βεβαιωσαι [1], βεβαιωσει [1], ἐβεβαιωθη [2]
βεβαιωσις	βεβαιωσει [1], βεβαιωσιν [1]
βεβηλος	βεβηλοις [1], βεβηλος [1], βεβηλους [3]
βεβηλοω	βεβηλουσιν [1], βεβηλωσαι [1]
βεελζεβουλ	βεελζεβουλ [7]
βελιαρ	βελιαρ [1]
βελονη	βελονης [1]
βελος	βελη [1]
βελτιων	βελτιον [1]

βενιαμιν	βενιαμιν [4]
βερνικη	βερνικη [2], βερνικης [1]
βεροια	βεροιᾳ [1], βεροιαν [1]
βεροιαιος	βεροιαιος [1]
βηθανια	βηθανια [1], βηθανιᾳ [3], βηθανιαν [6], βηθανιας [2]
βηθζαθα	βηθζαθα [1]
βηθλεεμ	βηθλεεμ [8]
βηθσαιδα	βηθσαιδα [5], βηθσαιδαν [2]
βηθφαγη	βηθφαγη [3]
βημα	βημα [2], βηματι [1], βηματος [9]
βηρυλλος	βηρυλλος [1]
βια	βιαν [1], βιας [3]
βιαζομαι	βιαζεται [2]
βιαιος	βιαιας [1]
βιαστης	βιασται [1]
βιβλαριδιον	βιβλαριδιον [3]
βιβλιον	βιβλια [3], βιβλιοις [1], βιβλιον [18], βιβλιου [6], βιβλιῳ [6]
βιβλος	βιβλος [1], βιβλου [1], βιβλους [1], βιβλῳ [7]
βιβρωσκω	βεβρωκοσιν [1]
βιθυνια	βιθυνιαν [1], βιθυνιας [1]
βιος	βιον [7], βιου [3]
βιοω	βιωσαι [1]
βιωσις	βιωσιν [1]
βιωτικος	βιωτικα [2], βιωτικαις [1]
βλαβερος	βλαβερας [1]
βλαπτω	βλαψαν [1], βλαψη [1]
βλαστανω	βλαστα [1], βλαστησασα [1], ἐβλαστησεν [2]
βλαστος	βλαστον [1]
βλασφημεω	βλασφημει [2], βλασφημειν [3], βλασφημεις [1], βλασφημεισθω [1], βλασφημειται [1], βλασφημηθησεται [1], βλασφημησαι [1], βλασφημησαντι [1], βλασφημηση [1], βλασφημησωσιν [1], βλασφημηται [2], βλασφημουμαι [1], βλασφημουμεθα [1], βλασφημουντας [1], βλασφημουντες [5], βλασφημουντων [1], βλασφημουσιν [3], ἐβλασφημει [1], ἐβλασφημησαν [3], ἐβλασφημησεν [1], ἐβλασφημουν [2]
βλασφημια	βλασφημια [4], βλασφημιαι [3], βλασφημιαν [3], βλασφημιας [8]
βλασφημος	βλασφημα [1], βλασφημοι [1], βλασφημον [2]
βλεμμα	βλεμματι [1]

βλεπω	βλεπε [1], βλεπει [10], βλεπειν [10], βλεπεις [10], βλεπετε [33], βλεπετω [2], βλεπη [1], βλεπης [1], βλεπομεν [5], βλεπομενα [4], βλεπομενη [1], βλεπομενον [1], βλεπομενων [2], βλεποντα [1], βλεποντας [2], βλεποντες [12], βλεποντων [2], βλεπουσι [1], βλεπουσιν [4], βλεπω [5], βλεπων [12], βλεπωσιν [7], βλεψετε [2], βλεψον [1], ἐβλεπεν [1], ἐβλεπον [1], ἐβλεψα [1]	βραδυνω	βραδυνει [1], βραδυνω [1]
		βραδυπλοεω	βραδυπλοουντες [1]
		βραδυς	βραδεις [1], βραδυς [2]
		βραδυτης	βραδυτητα [1]
		βραχιων	βραχιονι [1], βραχιονος [1], βραχιων [1]
βλητεος	βλητεον [1]	βραχυς	βραχεων [1], βραχυ [6]
βοανηργες	βοανηργες [1]	βρεφος	βρεφη [3], βρεφος [4], βρεφους [1]
βοαω	βοησον [1], βοωντα [1], βοωντες [2], βοωντος [4], βοωντων [1], ἐβοησεν [3]	βρεχω	βρεξαι [1], βρεχει [1], βρεχειν [1], βρεχη [1], ἐβρεξεν [3]
βοες	βοες [2]	βροντη	βρονται [7], βροντην [1], βροντης [3], βροντων [1]
βοη	βοαι [1]		
βοηθεια	βοηθειαις [1], βοηθειαν [1]	βροχη	βροχη [2]
βοηθεω	βοηθει [1], βοήθει [1], βοηθειτε [1], βοηθησαι [1], βοηθησον [2], ἐβοηθησα [1], ἐβοηθησεν [1]	βροχος	βροχον [1]
		βρυγμος	βρυγμος [7]
		βρυχω	ἐβρυχον [1]
βοηθος	βοηθος [1]	βρυω	βρυει [1]
βοθυνος	βοθυνον [3]	βρωμα	βρωμα [6], βρωμασιν [3], βρωματα [5], βρωματι [1], βρωματος [1], βρωματων [1]
βολη	βολην [1]		
βολιζω	βολισαντες [2]	βρωσιμος	βρωσιμον [1]
βοος	βοος [1]	βρωσις	βρωσει [1], βρωσεως [2], βρωσιν [4], βρωσις [4]
βορβορος	βορβορου [1]		
βορρας	βορρα [2]	βυθιζω	βυθιζεσθαι [1], βυθιζουσιν [1]
βοσκω	βοσκε [2], βοσκειν [1], βοσκομενη [3], βοσκοντες [3]	βυθος	βυθῳ [1]
		βυρσευς	βυρσει [2], βυρσεως [1]
βοσορ	βοσορ [1]	βυσσινος	βυσσινον [4], βυσσινου [1]
βοτανη	βοτανην [1]	βυσσος	βυσσον [1]
βοτρυς	βοτρυας [1]	βωμος	βωμον [1]
βουλευομαι	βουλευομαι [2], βουλευσεται [1], ἐβουλευοντο [1], ἐβουλευσαντο [2]	γαββαθα	γαββαθα [1]
		γαβριηλ	γαβριηλ [2]
βουλευτης	βουλευτης [2]	γαγγραινα	γαγγραινα [1]
βουλη	βουλας [1], βουλη [3], βουλῃ [3], βουλην [4], βουλης [1]	γαδ	γαδ [1]
		γαδαρηνος	γαδαρηνων [1]
βουλημα	βουλημα [1], βουληματι [1], βουληματος [1]	γαζα	γαζης [1]
βουλομαι	βουλει [1], βουλεσθε [2], βουλεται [2], βουληθεις [1], βουληθη [1], βουληται [2], βουλοιτο [1], βουλομαι [6], βουλομεθα [1], βουλομενοι [1], βουλομενος [8], βουλομενου [2], βουλομενους [1], ἐβουλετο [1], ἐβουληθη [1], ἐβουληθην [1], ἐβουλομην [3], ἐβουλοντο [2]	γαζα	γαζαν [1]
		γαζοφυλακιον	γαζοφυλακιον [3], γαζοφυλακιου [1], γαζοφυλακιῳ [1]
		γαιος	γαιον [2], γαιος [2], γαιῳ [1]
βουνος	βουνοις [1], βουνος [1]	γαλα	γαλα [2], γαλακτος [3]
βους	βοας [2], βουν [3], βους [1], βοων [2]	γαλατης	γαλαται [1]
βραβειον	βραβειον [2]	γαλατια	γαλατιαν [1], γαλατιας [3]
βραβευω	βραβευετω [1]	γαλατικος	γαλατικην [2]

γαληνη   γαληνη [3]

γαλιλαια   γαλιλαια [1], γαλιλαια [6], γαλιλαιαν [17], γαλιλαιας [37]

γαλιλαιος   γαλιλαιοι [4], γαλιλαιος [4], γαλιλαιου [1], γαλιλαιους [1], γαλιλαιων [1]

γαλλιων   γαλλιων [1], γαλλιωνι [1], γαλλιωνος [1]

γαμαλιηλ   γαμαλιηλ [2]

γαμεω   γαμειν [3], γαμειτωσαν [1], γαμηθηναι [1], γαμησαι [2], γαμησας [1], γαμησασα [1], γαμησατωσαν [1], γαμηση [4], γαμησης [1], γαμουντες [1], γαμουσιν [4], γαμων [2], γεγαμηκοσιν [1], γημας [1], γημη [1], εγαμησεν [1], εγαμουν [1], εγημα [1]

γαμιζω   γαμιζονται [3], γαμιζοντες [1], γαμιζων [2], εγαμιζοντο [1]

γαμισκω   γαμισκονται [1]

γαμος   γαμον [1], γαμος [5], γαμου [3], γαμους [6], γαμων [1]

γαρ   γαρ [1042]

γαστηρ   γαστερες [1], γαστρι [8]

γε   γε [20], καιτοιγε [1], μηγε [7]

γεδεων   γεδεων [1]

γεεννα   γεενναν [8], γεεννη [1], γεεννης [3]

γεθσημανι   γεθσημανι [2]

γειτων   γειτονας [3], γειτονες [1]

γελαω   γελασετε [1], γελωντες [1]

γελως   γελως [1]

γεμιζω   γεμιζεσθαι [1], γεμισας [1], γεμισατε [1], γεμισθη [1], εγεμισαν [2], εγεμισεν [1], εγεμισθη [1]

γεμω   γεμει [2], γεμον [1], γεμον[τα] [2], γεμοντων [1], γεμουσας [2], γεμουσιν [3]

γενεα   γενεα [11], γενεα [6], γενεαι [5], γενεαις [2], γενεαν [4], γενεας [13], γενεων [2]

γενεαλογεομαι   γενεαλογουμενος [1]

γενεαλογια   γενεαλογιαις [1], γενεαλογιας [1]

γενεσια   γενεσιοις [2]

γενεσις   γενεσει [1], γενεσεως [3], γενεσις [1]

γενετη   γενετης [1]

γενημα   γενηματα [1], γενηματος [3]

γενναω   γεγεννηκα [3], γεγεννημαι [2], γεγεννημεθα [1], γεγεννημενα [1], γεγεννημενον [4], γεγεννημενος [4], γεγεννημενου [1], γεγεννηται [5], γενναται [1], γεννηθεις [3], γεννηθεν [1], γεννηθεντος [1], γεννηθεντων [1], γεννηθη [3], γεννηθηναι [3], γεννησαντα [1], γεννησει [1], γεννηση [1], γεννωμενον [1], γεννωσα [1], γεννωσιν [1], εγεννηθη [7], εγεννηθημεν [1], εγεννηθης [1], εγεννηθησαν [3], εγεννησα [2], εγεννησαν [1], εγεννησεν [42]

γεννημα   γεννηματα [4]

γεννησαρετ   γεννησαρετ [3]

γεννητος   γεννητοις [2]

γενος   γενει [5], γενη [3], γενος [8], γενους [5]

γερασηνος   γερασηνων [3]

γερουσια   γερουσιαν [1]

γερων   γερων [1]

γευομαι   γευσαμενος [2], γευσαμενους [2], γευσασθαι [2], γευσεται [1], γευση [1], γευσηται [2], γευσωνται [3], εγευσασθε [1], εγευσατο [1]

γεωργεομαι   γεωργειται [1]

γεωργιον   γεωργιον [1]

γεωργος   γεωργοι [5], γεωργοις [5], γεωργον [1], γεωργος [2], γεωργους [5], γεωργων [1]

γη   γη [25], γη [12], γην [78], γης [135]

γηρας   γηρει [1]

γηρασκω   γηρασης [1], γηρασκον [1]

γινομαι   γεγενεσθαι [1], γεγενημενον [1], γεγενησθαι [1], γεγονα [5], γεγοναμεν [2], γεγοναν [2], γεγονας [3], γεγονασιν [2], γεγονατε [2], γεγονει [1], γεγονεν [31], γεγονεναι [4], γεγονος [8], γεγονοτας [1], γεγονοτες [2], γεγονοτι [1], γεγονυια [1], γεγονως [1], γενεσθαι [36], γενεσθω [1], γενηθεντας [1], γενηθεντες [2], γενηθεντων [1], γενηθηναι [1], γενηθητε [1], γενηθητω [7], γενηθωμεν [1], γενησεσθε [1], γενησεται [9], γενησησθε [1], γενησθε [7], γενησομενον [1], γενησονται [1], γενηται [46], γενοιτο [17], γενομενα [6], γενομεναι [4], γενομενην [4], γενομενης [33], γενομενοι [6], γενομενοις [3], γενομενον [5], γενομενος [26], γενομενου [7], γενομενων [3], γενωμαι [2], γενωμεθα [1], γενωνται [4], γινεσθαι [10], γινεσθε [24], γινεσθω [7], γινεται [26], γινομενα [5], γινομεναι [1], γινομενας [1], γινομενη [2], γινομενης [1], γινομενοι [2], γινομενοις [1], γινομενον [4], γινομενου [1], γινομενων [1], γινου [5], γινωμεθα [2], γινωνται [1], εγεγονει [1], εγενεσθε [4], εγενετο [202], εγενηθη [12], εγενηθημεν [7], εγενηθην [1], εγενηθησαν [6], εγενηθητε [5], εγενομην [12], εγενοντο [13], εγενου [2], εγινετο [4] γινωσκω | γινωσκε [1], γινωσκει [12], γινωσκειν [2], γινωσκεις [7], γινωσκεται [2], γινωσκετε [22], γινωσκετω [3], γινωσκη [1], γινωσκητε [1], γινωσκομεν [9], γινωσκομενη [1], γινωσκοντες [6], γινωσκουσι [1], γινωσκουσιν [1], γινωσκω [7], γινωσκωμεν [1], γινωσκων [2], γινωσκωσιν [1], γνοι [3], γνοντα [1], γνοντες [5], γνους [12], γνω [4], γνωθι [1], γνωναι [15], γνως [1], γνωσεσθε [6], γνωσεται [1], γνωση [1], γνωσθεντες [1], γνωσθη [1], γνωσθησεται [4], γνωσθητω [1], γνωσιν [1], γνωσομαι [2], γνωσομεθα [1], γνωσονται [3], γνωτε [6], γνωτω [1], ἐγινωσκεν [4], ἐγινωσκον [1], ἐγνω [16], ἐγνωκα [2], ἐγνωκαμεν [6], ἐγνωκαν [1], ἐγνωκας [1], ἐγνωκατε [5], ἐγνωκειτε [1], ἐγνωκεν [3], ἐγνωκεναι [1], ἐγνωκοτες [1], ἐγνων [6], ἐγνως [3], ἐγνωσαν [17], ἐγνωσθη [2], ἐγνωσται [1]

γλευκος | γλευκους [1]

γλυκυς | γλυκυ [4]

γλωσσα | γλωσσα [7], γλωσσαι [4], γλωσσαις [15], γλωσσαν [7], γλωσσας [1], γλωσση [7], γλωσσης [4], γλωσσων [5]

γλωσσοκομον | γλωσσοκομον [2]

γναφευς | γναφευς [1]

γνησιος | γνησιε [1], γνησιον [1], γνησιω [2]

γνησιως | γνησιως [1]

γνοφος | γνοφω [1]

γνωμη | γνωμη [1], γνωμην [6], γνωμης [2]

γνωριζω | γνωριζεσθω [1], γνωριζομεν [1], γνωριζω [4], γνωρισαι [3], γνωρισας [1], γνωρισει [2], γνωριση [1], γνωρισθεντος [1], γνωρισθη [1], γνωρισουσιν [1], γνωρισω [1], ἐγνωρισα [2], ἐγνωρισαμεν [1], ἐγνωρισαν [1], ἐγνωρισας [1], ἐγνωρισεν [1], ἐγνωρισθη [2]

γνωσις | γνωσει [8], γνωσεως [12], γνωσιν [6], γνωσις [3]

γνωστης | γνωστην [1]

γνωστος | γνωστα [1], γνωστοι [1], γνωστοις [1], γνωστον [10], γνωστος [2]

γογγυζω | γογγυζετε [2], γογγυζοντος [1], γογγυζουσιν [1], ἐγογγυζον [3], ἐγογγυσαν [1]

γογγυσμος | γογγυσμος [2], γογγυσμου [1], γογγυσμων [1]

γογγυστης | γογγυσται [1]

γοης | γοητες [1]

γολγοθα | γολγοθα [2], γολγοθαν [1]

γομορρα | γομορρα [2], γομορρας [1], γομορρων [1]

γομος | γομον [3]

γονεις | γονεις [14], γονευσιν [5], γονεων [1]

γονυ | γονασιν [1], γονατα [8], γονυ [3]

γονυπετεω | γονυπετησαντες [1], γονυπετησας [1], γονυπετων [2]

γραμμα | γραμμα [1], γραμμασιν [3], γραμματα [6], γραμματι [1], γραμματος [3]

γραμματευς | γραμματεις [40], γραμματευς [5], γραμματευσιν [2], γραμματεων [17]

γραπτος | γραπτον [1]

γραφη | γραφαι [3], γραφαις [4], γραφας [9], γραφη [22], γραφη [2], γραφην [4], γραφης [3], γραφων [4]

γραφω | γεγραμμενα [7], γεγραμμενας [1], γεγραμμενην [1], γεγραμμενοι [1], γεγραμμενοις [2], γεγραμμενον [17], γεγραμμενος [3], γεγραμμενων [2], γεγραπται [67], γεγραφα [2], γραφε [1], γραφει [1], γραφειν [7], γραφεσθαι [1], γραφηται [1], γραφομεν [2], γραφομενα [1], γραφω [14], γραψαι [5], γραψαντες [1], γραψας [3], γραψης [1], γραψον [14], γραψω [2], ἐγραφεν [1], ἐγραφη [4], ἐγραψα [19], ἐγραψαν [1], ἐγραψατε [1], ἐγραψεν [8]

γραωδης | γραωδεις [1]

γρηγορεω | γρηγορειτε [10], γρηγορη [1], γρηγορησαι [2], γρηγορησατε [1], γρηγορησης [1], γρηγορουντας [1], γρηγορουντες [1], γρηγορωμεν [2], γρηγορων [2], ἐγρηγορησεν [1]

γυμναζω | γεγυμνασμενα [1], γεγυμνασμενην [1], γεγυμνασμενοις [1], γυμναζε [1]

γυμνασια | γυμνασια [1]

γυμνιτευω | γυμνιτευομεν [1]

γυμνος | γυμνα [1], γυμνην [1], γυμνοι [2], γυμνον [3], γυμνος [6], γυμνου [1], γυμνους [1]

γυμνοτης | γυμνοτης [1], γυμνοτητι [1], γυμνοτητος [1]

γυναικαριον | γυναικαρια [1]

γυναικειος | γυναικειω [1]

γυνη | γυναι [10], γυναικα [52], γυναικας [11], γυναικες [15], γυναικι [15], γυναικος [22], γυναικων [11], γυναιξι [1], γυναιξιν [5], γυνη [73]

γωγ | γωγ [1]

γωνια | γωνια [1], γωνιαις [2], γωνιας [6]

δαιμονιζομαι | δαιμονιζεται [1], δαιμονιζομενοι [1], δαιμονιζομενον [2], δαιμονιζομενος [1], δαιμονιζομενου [1], δαιμονιζομενους [3], δαιμονιζομενω [1], δαιμονιζομενων [1], δαιμονισθεις [2]

δαιμονιον | δαιμονια [32], δαιμονιοις [1], δαιμονιον [15], δαιμονιου [4], δαιμονιων [11]

δαιμονιωδης | δαιμονιωδης [1]

δαιμων | δαιμονες [1]

δακνω | δακνετε [1]

δακρυον	δακρυον [2], δακρυσιν [2], δακρυων [6]
δακρυω	εδακρυσεν [1]
δακτυλιος	δακτυλιον [1]
δακτυλος	δακτυλον [2], δακτυλου [1], δακτυλους [1], δακτυλω [3], δακτυλων [1]
δαλμανουθα	δαλμανουθα [1]
δαλματια	δαλματιαν [1]
δαμαζω	δαμαζεται [1], δαμασαι [2], δεδαμασται [1]
δαμαλις	δαμαλεως [1]
δαμαρις	δαμαρις [1]
δαμασκηνος	δαμασκηνων [1]
δαμασκος	δαμασκον [7], δαμασκω [8]
δανειον	δανειον [1]
δανιζω	δανιζετε [1], δανιζουσιν [1], δανισασθαι [1], δανισητε [1]
δανιηλ	δανιηλ [1]
δανιστης	δανιστη [1]
δαπαναω	δαπανησαντος [1], δαπανησασα [1], δαπανησητε [1], δαπανησον [1], δαπανησω [1]
δαπανη	δαπανην [1]
δαυιδ	δαυιδ [59]
δε	δ [24], δε [2777]
δεησις	δεησει [5], δεησεις [3], δεησεσιν [3], δεησεως [2], δεησιν [2], δεησις [3]
δει	δεη [2], δει [77], δειν [3], δεον [2], δεοντα [1], εδει [16]
δειγμα	δειγμα [1]
δειγματιζω	δειγματισαι [1], εδειγματισεν [1]
δεικνυμι	δεικνυειν [1], δεικνυεις [1], δεικνυμι [1], δεικνυοντος [1], δεικνυσιν [2], δειξαι [2], δειξατε [1], δειξατω [1], δειξει [4], δειξον [6], δειξω [5], δειχθεντα [1], εδειξα [1], εδειξεν [6]
δειλια	δειλιας [1]
δειλιαω	δειλιατω [1]
δειλος	δειλοι [2], δειλοις [1]
δεινα	δεινα [1]
δεινως	δεινως [2]
δειπνεω	δειπνησαι [2], δειπνησω [2]
δειπνον	δειπνοις [3], δειπνον [8], δειπνου [4], δειπνω [1]
δεισιδαιμονια	δεισιδαιμονιας [1]
δεισιδαιμων	δεισιδαιμονεστερους [1]

δεκα	δεκα [24]
δεκακαιοκτω	δεκακαιοκτω [1]
δεκαοκτω	δεκαοκτω [2]
δεκαπεντε	δεκαπεντε [3]
δεκαπολις	δεκαπολει [1], δεκαπολεως [2]
δεκατεσσαρες	δεκατεσσαρες [3], δεκατεσσαρων [2]
δεκατη	δεκατας [2], δεκατην [2]
δεκατος	δεκατη [1], δεκατον [1], δεκατος [1]
δεκατοω	δεδεκατωκεν [1], δεδεκατωται [1]
δεκτος	δεκτην [1], δεκτον [1], δεκτος [2], δεκτω [1]
δελεαζω	δελεαζομενος [1], δελεαζοντες [1], δελεαζουσιν [1]
δενδρον	δενδρα [4], δενδρον [17], δενδρων [4]
δεξιολαβος	δεξιολαβους [1]
δεξιος	δεξια [5], δεξιᾳ [12], δεξιαν [4], δεξιας [5], δεξιοις [1], δεξιον [3], δεξιος [1], δεξιων [23]
δεομαι	δεηθεντων [1], δεηθητε [3], δεηθητι [1], δεομαι [7], δεομεθα [1], δεομενοι [3], δεομενος [2], εδεηθη [1], εδεηθην [2], εδειτο [1]
δεος	δεους [1]
δερβαιος	δερβαιος [1]
δερβη	δερβην [3]
δερμα	δερμασιν [1]
δερματινος	δερματινην [2]
δερω	δαρησεσθε [1], δαρησεται [2], δειραντες [4], δερει [1], δερεις [1], δεροντες [2], δερων [2], εδειραν [2]
δεσμευω	δεσμευουσιν [1], δεσμευων [1], εδεσμευετο [1]
δεσμη	δεσμας [1]
δεσμιος	δεσμιοι [1], δεσμιοις [1], δεσμιον [5], δεσμιος [7], δεσμιους [1], δεσμιων [1]
δεσμος	δεσμα [3], δεσμοις [6], δεσμος [1], δεσμου [1], δεσμους [1], δεσμων [6]
δεσμοφυλαξ	δεσμοφυλακι [1], δεσμοφυλαξ [2]
δεσμωτηριον	δεσμωτηριον [2], δεσμωτηριου [1], δεσμωτηριω [1]
δεσμωτης	δεσμωτας [2]
δεσποτης	δεσποτα [2], δεσποταις [2], δεσποτας [2], δεσποτη [1], δεσποτην [2], δεσποτης [1]
δευρο	δευρο [9]
δευτε	δευτε [12]
δευτεραιος	δευτεραιοι [1]

δευτερος	δευτερα [3], δευτερα [1], δευτεραν [6], δευτερας [1], δευτερον [10], δευτερος [12], δευτερου [8], δευτερω [2]
δεχομαι	δεδεκται [1], δεξαι [3], δεξαμενη [1], δεξαμενοι [1], δεξαμενος [3], δεξασθαι [3], δεξασθε [4], δεξηται [8], δεξωνται [2], δεχεται [8], δεχηται [1], δεχομενος [4], δεχονται [1], δεχωνται [3], εδεξαμεθα [1], εδεξαντο [5], εδεξασθε [4], εδεξατο [3]
δεω	δεδεκως [1], δεδεμαι [1], δεδεμενα [1], δεδεμενην [1], δεδεμενον [6], δεδεμενος [4], δεδεμενους [4], δεδεσαι [1], δεδεσθαι [1], δεδεται [3], δεθηναι [2], δησαι [2], δησαντες [3], δησας [1], δησατε [1], δηση [2], δησης [1], δησητε [1], δησουσιν [1], εδησαν [2], εδησεν [4]
δη	δη [5]
δηλος	δηλον [3]
δηλοω	δηλοι [1], δηλουντος [1], δηλωσας [1], δηλωσει [1], εδηλου [1], εδηλωθη [1], εδηλωσεν [1]
δημας	δημας [3]
δημηγορεω	εδημηγορει [1]
δημητριος	δημητριος [2], δημητριω [1]
δημιουργος	δημιουργος [1]
δημος	δημον [2], δημος [1], δημω [1]
δημοσιος	δημοσια [4]
δηναριον	δηναρια [3], δηναριον [5], δηναριου [4], δηναριων [4]
δηποτε	οιωδηποτουν [1]
δηπου	δηπου [1]
δια	δι [147], δια [521]
διαβαινω	διαβας [1], διαβηναι [1], διεβησαν [1]
διαβαλλω	διεβληθη [1]
διαβεβαιοομαι	διαβεβαιουνται [1], διαβεβαιουσθαι [1]
διαβλεπω	διαβλεψεις [2], διεβλεψεν [1]
διαβολος	διαβολοι [1], διαβολον [1], διαβολος [16], διαβολου [13], διαβολους [2], διαβολω [4]
διαγγελλω	διαγγελη [1], διαγγελλε [1], διαγγελλων [1]
διαγινομαι	διαγενομενου [2], διαγενομενων [1]
διαγινωσκω	διαγινωσκειν [1], διαγνωσομαι [1]
διαγνωσις	διαγνωσιν [1]
διαγογγυζω	διεγογγυζον [2]
διαγρηγορεω	διαγρηγορησαντες [1]
διαγω	διαγοντες [1], διαγωμεν [1]
διαδεχομαι	διαδεξαμενοι [1]
διαδημα	διαδηματα [3]
διαδιδωμι	διαδιδωσιν [1], διαδος [1], διεδιδετο [1], διεδωκεν [1]
διαδοχος	διαδοχον [1]
διαζωννυμι	διεζωσατο [1], διεζωσεν [1], διεζωσμενος [1]
διαθηκη	διαθηκαι [2], διαθηκη [7], διαθηκη [2], διαθηκην [5], διαθηκης [16], διαθηκων [1]
διαιρεσις	διαιρεσεις [3]
διαιρεω	διαιρουν [1], διειλεν [1]
διακαθαιρω	διακαθαραι [1]
διακαθαριζω	διακαθαριει [1]
διακατελεγχομαι	διακατηλεγχετο [1]
διακονεω	διακονει [2], διακονειν [2], διακονειτωσαν [1], διακονη [3], διακονηθεισα [1], διακονηθηναι [2], διακονησαι [2], διακονησαντες [2], διακονησει [1], διακονουμενη [2], διακονουντες [2], διακονουντων [1], διακονουσαι [1], διακονων [4], διηκονει [4], διηκονησαμεν [1], διηκονησεν [1], διηκονουν [5]
διακονια	διακονια [6], διακονια [4], διακονιαν [16], διακονιας [7], διακονιων [1]
διακονος	διακονοι [7], διακονοις [3], διακονον [2], διακονος [15], διακονους [2]
διακοσιοι	διακοσιους [2], διακοσιων [3]
διακοσιοι-εβδομηκονταεξ	διακοσιαιεβδομηκονταεξ [1]
διακουω	διακουσομαι [1]
διακρινω	διακριθη [1], διακριθητε [1], διακριναι [1], διακριναντα [1], διακρινει [1], διακρινειν [1], διακρινετωσαν [1], διακρινομενος [5], διακρινομενους [1], διακρινων [1], διεκριθη [1], διεκριθητε [1], διεκρινεν [1], διεκρινομεν [1], διεκρινοντο [1]
διακρισις	διακρισεις [2], διακρισιν [1]
διακωλυω	διεκωλυεν [1]
διαλαλεω	διελαλειτο [1], διελαλουν [1]
διαλεγομαι	διαλεγεται [1], διαλεγομενον [1], διαλεγομενος [2], διαλεγομενου [2], διελεγετο [4], διελεξατο [2], διελεχθησαν [1]
διαλειπω	διελιπεν [1]
διαλεκτος	διαλεκτω [6]
διαλλασσομαι	διαλλαγηθι [1]
διαλογιζομαι	διαλογιζεσθαι [1], διαλογιζεσθε [4], διαλογιζομενοι [1], διαλογιζομενων [1], διαλογιζονται [1], διελογιζεσθε [1], διελογιζετο [2], διελογιζοντο [5]
διαλογισμος	διαλογισμοι [4], διαλογισμοις [1], διαλογισμων [1], διαλογισμος [1], διαλογισμου [1], διαλογισμους [3], διαλογισμων [3]

διαλυω	διελυθησαν [1]
διαμαρτυρομαι	διαμαρτυραμενοι [1], διαμαρτυρασθαι [2], διαμαρτυρεται [1], διαμαρτυρηται [1], διαμαρτυρομαι [2], διαμαρτυρομενος [4], διεμαρτυραμεθα [1], διεμαρτυρατο [2], διεμαρτυρω [1]
διαμαχομαι	διεμαχοντο [1]
διαμενω	διαμεινη [1], διαμεμενηκοτες [1], διαμενει [1], διαμενεις [1], διεμενεν [1]
διαμεριζω	διαμεμερισμενοι [1], διαμεριζομεναι [1], διαμεριζομενοι [1], διαμεριζονται [1], διαμερισατε [1], διαμερισθεισα [1], διαμερισθησονται [1], διεμεριζον [1], διεμερισαντο [2], διεμερισθη [1]
διαμερισμος	διαμερισμον [1]
διανεμομαι	διανεμηθη [1]
διανευω	διανευων [1]
διανοημα	διανοηματα [1]
διανοια	διανοια [5], διανοιαν [4], διανοιας [2], διανοιων [1]
διανοιγω	διανοιγον [1], διανοιγων [1], διανοιχθητι [1], δινοιγεν [1], διηνοιγμενους [1], διηνοιξεν [2], διηνοιχθησαν [1]
διανυκτερευω	διανυκτερευων [1]
διανυω	διανυσαντες [1]
διαπαρατριβη	διαπαρατριβαι [1]
διαπεραω	διαπερασαντες [2], διαπερασαντος [1], διαπερων [1], διαπερωσιν [1], διεπερασεν [1]
διαπλεω	διαπλευσαντες [1]
διαπονεομαι	διαπονηθεις [1], διαπονουμενοι [1]
διαπορευομαι	διαπορευεσθαι [1], διαπορευομενος [1], διαπορευομενου [1], διεπορευετο [1], διεπορευοντο [1]
διαπορεω	διηπορει [2], διηπορουν [2]
διαπραγματευομαι	διεπραγματευσαντο [1]
διαπριω	διεπριοντο [2]
διαρπαζω	διαρπασαι [1], διαρπασει [2]
διαρρησσω	διαρρηξαντες [1], διαρρηξας [1], διαρρησσων [1], διερρηξεν [1], διερρησσετο [1]
διασαφεω	διασαφησον [1], διεσαφησαν [1]
διασειω	διασεισητε [1]
διασκορπιζω	διασκορπιζων [1], διασκορπισθησονται [2], διεσκορπισα [1], διεσκορπισας [1], διεσκορπισεν [2], διεσκορπισθησαν [1], διεσκορπισμενα [1]
διασπαω	διασπασθη [1], διεσπασθαι [1]
διασπειρω	διασπαρεντες [2], διεσπαρησαν [1]
διασπορα	διασπορα [1], διασποραν [1], διασπορας [1]
διαστελλομαι	διαστελλομενον [1], διεστειλαμεθα [1], διεστειλατο [4], διεστελλετο [2]
διαστημα	διαστημα [1]
διαστολη	διαστολη [2], διαστολην [1]
διαστρεφω	διαστρεφοντα [1], διαστρεφων [1], διαστρεψαι [1], διεστραμμενα [1], διεστραμμενη [2], διεστραμμενης [1]
διασωζω	διασωθεντα [1], διασωθεντες [1], διασωθηναι [1], διασωσαι [1], διασωση [1], διασωσωσι [1], διεσωθησαν [2]
διαταγη	διαταγας [1], διαταγη [1]
διαταγμα	διαταγμα [1]
διαταρασσω	διεταραχθη [1]
διατασσω	διαταγεις [1], διαταξαμενος [1], διαταξομαι [1], διατασσομαι [1], διατασσων [1], διαταχθεντα [2], διατεταγμενον [2], διατεταγμενος [1], διατεταχεναι [1], διεταξα [1], διεταξαμην [1], διεταξατο [1], διεταξεν [2]
διατελεω	διατελειτε [1]
διατηρεω	διατηρουντες [1], διετηρει [1]
διατιθεμαι	διαθεμενος [1], διαθεμενου [1], διαθησομαι [2], διατιθεμαι [1], διεθετο [2]
διατριβω	διατριβοντες [1], διατριψας [1], διετριβεν [2], διετριβον [3], διετριψαμεν [1], διετριψαν [1]
διατροφη	διατροφας [1]
διαυγαζω	διαυγαση [1]
διαυγης	διαυγης [1]
διαφερω	διαφερει [4], διαφερετε [4], διαφερομενων [1], διαφεροντα [2], διενεγκη [1], διεφερετο [1]
διαφευγω	διαφυγη [1]
διαφημιζω	διαφημιζειν [1], διεφημισαν [1], διεφημισθη [1]
διαφθειρω	διαφθειραι [1], διαφθειρει [1], διαφθειρεται [1], διαφθειροντας [1], διεφθαρησαν [1], διεφθαρμενων [1]
διαφθορα	διαφθοραν [6]
διαφορος	διαφορα [1], διαφοροις [1], διαφορωτερας [1], διαφορωτερον [1]
διαφυλασσω	διαφυλαξαι [1]
διαχειριζομαι	διαχειρισασθαι [1], διεχειρισασθε [1]
διαχλευαζω	διαχλευαζοντες [1]
διαχωριζομαι	διαχωριζεσθαι [1]
διδακτικος	διδακτικον [2]
διδακτος	διδακτοι [1], διδακτοις [2]

διδασκαλια	διδασκαλια [1], διδασκαλια [10], διδασκαλιαις [1], διδασκαλιαν [3], διδασκαλιας [6]
διδασκαλος	διδασκαλε [31], διδασκαλοι [4], διδασκαλον [5], διδασκαλος [15], διδασκαλους [3], διδασκαλων [1]
διδασκω	διδαξαι [3], διδαξει [2], διδαξη [2], διδαξον [1], διδαξωσιν [1], διδασκε [2], διδασκει [3], διδασκειν [13], διδασκεις [7], διδασκη [1], διδασκοντες [9], διδασκοντι [1], διδασκοντος [1], διδασκω [1], διδασκων [23], ἐδιδαξα [1], ἐδιδαξαν [1], ἐδιδαξας [1], ἐδιδαξεν [3], ἐδιδασκεν [14], ἐδιδασκον [2], ἐδιδαχθην [1], ἐδιδαχθησαν [1], ἐδιδαχθητε [3]
διδαχη	διδαχαις [1], διδαχη [3], διδαχῃ [13], διδαχην [7], διδαχης [6]
διδραχμον	διδραχμα [2]
διδυμος	διδυμος [3]
διδωμι	δεδομενην [1], δεδομενον [4], δεδοται [6], δεδωκα [5], [δ]εδωκας [11], δεδωκει [2], δεδωκεισαν [1], δεδωκεν [13], διδοασιν [1], διδομενον [1], διδοναι [6], διδοντα [2], διδοντες [2], διδοντι [2], διδοντος [2], διδοται [3], διδοτε [2], διδου [2], διδους [5], διδω [1], διδωμι [9], διδωσιν [11], δοθεισα [1], δοθεισαν [7], δοθεισn [1], δοθεισης [3], δοθεντος [1], δοθη [3], δοθηναι [5], δοθησεται [16], δοι [1], δοντα [2], δοντι [1], δοντος [2], δος [16], δοτε [14], δοτω [1], δουναι [33], δους [11], δω [6], δωη [4], δωῃ [2], δωμεν [5], δως [1], δωσει [19], δωσεις [2], δωση [1], δωσιν [1], δωσομεν [1], δωσουσιν [5], δωσω [23], δωσωμεν [1], δωτε [3], ἐδιδοσαν [1], ἐδιδου [9], ἐδιδουν [2], ἐδοθη [31], ἐδοθησαν [2], ἐδωκα [2], ἐδωκαμεν [1], ἐδωκαν [8], ἐδωκας [8], ἐδωκατε [3], ἐδωκεν [64]
διεγειρω	διεγειρειν [1], διεγειρετο [1], διεγειρω [1], διεγερθεις [2], διηγειραν [1]
διενθυμεομαι	διενθυμουμενου [1]
διεξοδος	διεξοδους [1]
διερμηνευτης	διερμηνευτης [1]
διερμηνευω	διερμηνευετω [1], διερμηνευη [2], διερμηνευομενη [1], διερμηνευουσιν [1], διερμηνευσεν [1]
διερχομαι	διελευσεται [1], διεληλυθοτα [1], διελθειν [6], διελθοντα [1], διελθοντες [4], διελθω [1], διελθωμεν [3], διελθων [3], διερχεσθαι [2], διερχεται [2], διερχομαι [1], διερχομενον [1], διερχομενος [3], διερχωμαι [1], διηλθεν [2], διηλθον [5], διηρχετο [4], διηρχοντο [2]
διερωταω	διερωτησαντες [1]
διετης	διετους [1]
διετια	διετιαν [1], διετιας [1]
διηγεομαι	διηγησαντο [2], διηγησατο [2], διηγησεται [1], διηγησωνται [1], διηγου [1], διηγουμενον [1]
διηγησις	διηγησιν [1]

διηνεκης	διηνεκες [4]
διθαλασσος	διθαλασσον [1]
διικνεομαι	διικνουμενος [1]
διιστημι	διαστασης [1], διαστησαντες [1], διεστη [1]
διισχυριζομαι	διισχυριζετο [2]
δικαιοκρισια	δικαιοκρισιας [1]
δικαιος	δικαια [4], δικαιαι [3], δικαιαν [2], δικαιας [1], δικαιε [1], δικαιοι [9], δικαιοις [1], δικαιον [18], δικαιος [20], δικαιου [6], δικαιους [6], δικαιῳ [2], δικαιων [6]
δικαιοσυνη	δικαιοσυνη [12], δικαιοσυνῃ [14], δικαιοσυνην [37], δικαιοσυνης [29]
δικαιοω	δεδικαιωμαι [1], δεδικαιωμενος [1], δεδικαιωται [1], δικαιοι [1], δικαιουμενοι [1], δικαιουντα [2], δικαιουντες [1], δικαιουσθαι [1], δικαιουσθε [1], δικαιουται [4], δικαιωθεντες [3], δικαιωθηναι [2], δικαιωθης [1], δικαιωθησεται [2], δικαιωθηση [1], δικαιωθησονται [1], δικαιωθωμεν [2], δικαιων [1], δικαιωσαι [1], δικαιωσει [1], ἐδικαιωθη [6], ἐδικαιωθητε [1], ἐδικαιωσαν [1], ἐδικαιωσεν [2]
δικαιωμα	δικαιωμα [3], δικαιωμασιν [1], δικαιωματα [5], δικαιωματος [1]
δικαιως	δικαιως [5]
δικαιωσις	δικαιωσιν [2]
δικαστης	δικαστην [2]
δικη	δικη [1], δικην [2]
δικτυον	δικτυα [8], δικτυον [4]
διλογος	διλογους [1]
διο	διο [53]
διοδευω	διοδευσαντες [1], διωδευεν [1]
διονυσιος	διονυσιος [1]
διοπερ	διοπερ [2]
διοπετης	διοπετους [1]
διορθωμα	διορθωματων [1]
διορθωσις	διορθωσεως [1]
διορυσσω	διορυσσουσιν [2], διορυχθηναι [2]
διοσκουροι	διοσκουροις [1]
διοτι	διοτι [23]
διοτρεφης	διοτρεφης [1]
διπλους	διπλα [1], διπλης [1], διπλοτερον [1], διπλουν [1]
διπλοω	διπλωσατε [1]
δις	δις [6]

δισμυριας	δισμυριαδες [1]
δισταζω	εδιστασαν [1], εδιστασας [1]
διστομος	διστομον [2], διστομος [1]
δισχιλιοι	δισχιλιοι [1]
διυλιζω	διυλιζοντες [1]
διχαζω	διχασαι [1]
διχοστασια	διχοστασιαι [1], διχοστασιας [1]
διχοτομεω	διχοτομησει [2]
διψαω	διψα [2], διψησει [3], διψησουσιν [1], διψω [2], διψωμεν [1], διψων [1], διψωντα [2], διψωντες [1], διψωντι [1], εδιψησα [2]
διψος	διψει [1]
διψυχος	διψυχοι [1], διψυχος [1]
διωγμος	διωγμοις [3], διωγμον [1], διωγμος [2], διωγμου [2], διωγμους [1], διωγμων [1]
διωκτης	διωκτην [1]
διωκω	δεδιωγμενοι [1], διωκε [2], διωκεις [6], διωκετε [3], διωκομαι [1], διωκομενοι [2], διωκοντα [1], διωκοντας [1], διωκοντες [1], διωκοντων [1], διωκω [2], διωκωμεν [1], διωκων [3], διωκωνται [1], διωκωσιν [1], διωξατω [1], διωξετε [1], διωξητε [1], διωξουσιν [3], διωξωσιν [1], διωχθησονται [1], εδιωκεν [1], εδιωκον [3], εδιωξα [2], εδιωξαν [3], εδιωξεν [1]
δογμα	δογμα [1], δογμασιν [2], δογματα [1], δογματων [1]
δογματιζομαι	δογματιζεσθε [1]
δοκεω	δοκει [20], δοκειν [1], δοκεις [1], δοκειτε [10], δοκη [1], δοκουμεν [1], δοκουν [1], δοκουντα [1], δοκουντες [3], δοκουντων [1], δοκουσα [1], δοκουσιν [2], δοκω [2], δοκων [1], δοξαντες [2], δοξητε [2], δοξω [1], εδοκει [1], εδοκουν [2], εδοξα [1], εδοξαν [2], εδοξε [2], εδοξεν [3]
δοκιμαζω	δεδοκιμασμεθα [1], δοκιμαζει [1], δοκιμαζειν [4], δοκιμαζεις [1], δοκιμαζεσθωσαν [1], δοκιμαζετε [3], δοκιμαζετω [2], δοκιμαζομενου [1], δοκιμαζοντες [1], δοκιμαζοντι [1], δοκιμαζων [1], δοκιμασαι [1], δοκιμασει [1], δοκιμασητε [1], εδοκιμασαμεν [1], εδοκιμασαν [1]
δοκιμασια	δοκιμασια [1]
δοκιμη	δοκιμη [1], δοκιμη [1], δοκιμην [4], δοκιμης [1]
δοκιμιον	δοκιμιον [2]
δοκιμος	δοκιμοι [2], δοκιμον [2], δοκιμος [3]
δοκος	δοκον [5], δοκος [1]
δολιος	δολιοι [1]
δολιοω	εδολιουσαν [1]

δολος	δολον [2], δολος [3], δολου [2], δολω [4]
δολοω	δολουντες [1]
δομα	δομα [1], δοματα [3]
δοξα	δοξα [36], δοξαν [58], δοξας [3], δοξη [21], δοξης [48]
δοξαζω	δεδοξασμαι [1], δεδοξασμενη [1], δεδοξασμενον [1], δεδοξασται [1], δοξαζειν [1], δοξαζεται [1], δοξαζετω [1], δοξαζηται [2], δοξαζητε [1], δοξαζομενος [1], δοξαζοντες [2], δοξαζω [1], δοξαζων [4], δοξασαι [1], δοξασατε [1], δοξασει [5], δοξαση [1], δοξασθη [3], δοξασθωσιν [1], δοξασον [3], δοξασω [2], δοξασωσιν [2], εδοξαζεν [2], εδοξαζον [6], εδοξασα [2], εδοξασαν [4], εδοξασεν [4], εδοξασθη [6]
δορκας	δορκας [2]
δοσις	δοσεως [1], δοσις [1]
δοτης	δοτην [1]
δουλαγωγεω	δουλαγωγω [1]
δουλεια	δουλειαν [1], δουλειας [4]
δουλευω	δεδουλευκαμεν [1], δουλευει [1], δουλευειν [8], δουλευετε [2], δουλευετωσαν [1], δουλευοντες [3], δουλευουσιν [1], δουλευσει [1], δουλευσουσιν [1], δουλευω [2], δουλευων [2], εδουλευσατε [1], εδουλευσεν [1]
δουλη	δουλας [1], δουλη [1], δουλης [1]
δουλος	δουλε [6], δουλοι [22], δουλοις [7], δουλον [18], δουλος [35], δουλου [6], δουλους [19], δουλω [6], δουλων [5]
δουλος	δουλα [2]
δουλοω	δεδουλωμενας [1], δεδουλωμενοι [1], δεδουλωται [2], δουλωθεντες [1], δουλωσουσιν [1], εδουλωθητε [1], εδουλωσα [1]
δοχη	δοχην [2]
δρακων	δρακοντα [1], δρακοντι [1], δρακοντος [2], δρακων [9]
δρασσομαι	δρασσομενος [1]
δραχμη	δραχμας [1], δραχμην [2]
δρεπανον	δρεπανον [8]
δρομος	δρομον [3]
δρουσιλλα	δρουσιλλη [1]

δυναμαι	δυναιμην [1], δυναιντο [2], δυναμαι [7], δυναμεθα [9], δυναμενα [2], δυναμεναι [1], δυναμενη [1], δυναμενοι [3], δυναμενον [4], δυναμενος [5], δυναμενου [3], δυναμενους [1], δυναμενω [4], δυναμενων [1], δυνανται [10], δυνασαι [7], δυνασθαι [8], δυνασθε [27], δυναται [70], δυνη [4], δυνηθητε [1], δυνησεσθε [2], δυνησεται [5], δυνηση [1], δυνησομεθα [1], δυνησονται [1], δυνηται [1], δυνωνται [1], εδυνασθε [1], εδυνατο [12], ηδυναντο [3], ηδυνατο [3], ηδυνηθη [1], ηδυνηθημεν [2], ηδυνηθην [1], ηδυνηθησαν [3], ηδυνηθητε [1]	εαυτου	εαυτα [1], εαυταις [1], εαυτας [4], εαυτη [2], εαυτην [7], εαυτης [6], εαυτοις [51], εαυτον [68], εαυτου [48], εαυτους [64], εαυτω [29], εαυτων [40]
		εαω	εασαντες [1], εασει [1], εατε [1], εια [1], ειασαν [1], ειασεν [4], ειων [2]
		εβδομηκοντα	εβδομηκοντα [3]
		εβδομηκονταδυο	εβδομηκονταδυο [2]
		εβδομηκοντακις	εβδομηκοντακις [1]
δυναμις	δυναμει [26], δυναμεις [20], δυναμεσι [1], δυναμεσιν [2], δυναμεων [3], δυναμεως [21], δυναμιν [33], δυναμις [13]	εβδομηκοντα-πεντε	εβδομηκονταπεντε [1]
		εβδομος	εβδομη [1], εβδομην [2], εβδομης [1], εβδομος [4], εβδομου [1]
δυναμοω	δυναμουμενοι [1], εδυναμωθησαν [1]		
δυναστης	δυναστας [1], δυναστης [2]	εβερ	εβερ [1]
δυνατεω	δυνατει [3]	εβραιος	εβραιοι [1], εβραιος [1], εβραιους [1], εβραιων [1]
δυνατος	δυνατα [6], δυνατοι [4], δυνατον [9], δυνατος [13]	εβραις	εβραιδι [3]
δυνω/δυω	δυνοντος [1], εδυ [1]	εβραιστι	εβραιστι [7]
δυο	δυο [123], δυσι [3], δυσιν [6]	εγγιζω	εγγιει [1], εγγιζει [2], εγγιζειν [2], εγγιζομεν [1], εγγιζοντες [1], εγγιζοντι [1], εγγιζοντος [1], εγγιζοντων [1], εγγιζουσαν [1], εγγιζουσιν [1], εγγισαι [1], εγγισαντος [1], εγγισας [2], εγγισατε [1], ηγγιζεν [2], ηγγικεν [14], ηγγισαν [2], ηγγισεν [7]
δυσβαστακτος	δυσβαστακτα [2]		
δυσεντεριον	δυσεντεριω [1]		
δυσερμηνευτος	δυσερμηνευτος [1]		
δυσις	δυσεως [1]	εγγραφω	εγγεγραμμενη [2], εγγεγραπται [1]
δυσκολος	δυσκολον [1]	εγγυος	εγγυος [1]
δυσκολως	δυσκολως [3]	εγγυς	εγγυς [30], εγγυτερον [1]
δυσμη	δυσμων [5]	εγειρω	εγειραι [2], εγειραντα [2], εγειραντος [3], εγειρας [3], εγειρε [14], εγειρει [2], εγειρειν [2], εγειρεσθε [3], εγειρεται [6], εγειρετε [1], εγειρηται [1], εγειρομαι [1], εγειρονται [9], εγειροντι [1], εγειρουσιν [1], εγερει [3], εγερεις [1], εγερθεις [13], εγερθεντι [2], εγερθη [2], εγερθηναι [5], εγερθησεται [7], εγερθησονται [4], εγερθητε [1], εγερθητι [1], εγερω [1], εγηγερμενον [2], εγηγερται [9], ηγειραν [1], ηγειρεν [21], ηγερθη [18], ηγερθησαν [2]
δυσνοητος	δυσνοητα [1]		
δυσφημεω	δυσφημουμενοι [1]		
δυσφημια	δυσφημιας [1]		
δωδεκα	δωδεκα [75]		
δωδεκατος	δωδεκατος [1]		
δωδεκαφυλον	δωδεκαφυλον [1]		
δωμα	δωμα [2], δωματος [3], δωματων [2]	εγερσις	εγερσιν [1]
δωρεα	δωρεα [2], δωρεα [1], δωρεαν [5], δωρεας [3]	εγκαθετος	εγκαθετους [1]
δωρεαν	δωρεαν [9]	εγκαινια	εγκαινια [1]
δωρεομαι	δεδωρημενης [1], δεδωρηται [1], εδωρησατο [1]	εγκαινιζω	εγκεκαινισται [1], ενεκαινισεν [1]
		εγκακεω	εγκακειν [2], εγκακησητε [1], εγκακουμεν [2], εγκακωμεν [1]
δωρημα	δωρημα [2]	εγκαλεω	εγκαλεισθαι [1], εγκαλειτωσαν [1], εγκαλεσει [1], εγκαλουμαι [2], εγκαλουμενον [1], ενεκαλουν [1]
δωρον	δωρα [8], δωροις [1], δωρον [9], δωρω [1]		
εα	εα [1]		
εαν	εαν [334], καν [17]	εγκαταλειπω	εγκαταλειπομενοι [1], εγκαταλειποντες [1], εγκαταλειψεις [1], εγκαταλιπω [1], εγκατελειφθη [1], εγκατελιπεν [2], εγκατελιπες [2], εγκατελιπον [1]
εανπερ	εανπερ [3]	εγκατοικεω	εγκατοικων [1]

ἐγκαυχαομαι	ἐγκαυχασθαι [1]
ἐγκεντριζω	ἐγκεντρισαι [1], ἐγκεντρισθησονται [2], ἐγκεντρισθω [1], ἐνεκεντρισθης [2]
ἐγκλημα	ἐγκλημα [1], ἐγκληματος [1]
ἐγκομβοομαι	ἐγκομβωσασθε [1]
ἐγκοπη	ἐγκοπην [1]
ἐγκοπτω	ἐγκοπτεσθαι [1], ἐγκοπτω [1], ἐνεκοπτομην [1], ἐνεκοψεν [2]
ἐγκρατεια	ἐγκρατεια [1], ἐγκρατειᾳ [1], ἐγκρατειαν [1], ἐγκρατειας [1]
ἐγκρατευομαι	ἐγκρατευεται [1], ἐγκρατευονται [1]
ἐγκρατης	ἐγκρατη [1]
ἐγκρινω	ἐγκριναι [1]
ἐγκρυπτω	ἐνεκρυψεν [2]
ἐγκυος	ἐγκυῳ [1]
ἐγχριω	ἐγχρισαι [1]
ἐγω	ἐγω [347], ἐμε [89], ἐμοι [92], ἐμου [109], καγω [76], καμε [3], καμοι [5], με [291], μέ [1], μοι [225], μου [564]
ἐδαφιζω	ἐδαφιουσιν [1]
ἐδαφος	ἐδαφος [1]
ἐδραιος	ἐδραιοι [2], ἐδραιος [1]
ἐδραιωμα	ἐδραιωμα [1]
ἐζεκιας	ἐζεκιαν [1], ἐζεκιας [1]
ἐθελοθρησκια	ἐθελοθρησκιᾳ [1]
ἐθιζω	εἰθισμενον [1]
ἐθναρχης	ἐθναρχης [1]
ἐθνικος	ἐθνικοι [2], ἐθνικος [1], ἐθνικων [1]
ἐθνικως	ἐθνικως [1]
ἐθνος	ἐθνει [7], ἐθνεσιν [32], ἐθνη [52], ἐθνος [18], ἐθνους [7], ἐθνων [46]
ἐθος	ἐθει [1], ἐθεσι [1], ἐθεσιν [1], ἐθη [2], ἐθος [6], ἐθων [1]
εἰ	εἰ [507]
εἰδεα	εἰδεα [1]
εἰδος	εἰδει [1], εἰδος [2], εἰδους [2]
εἰδωλειον	εἰδωλειῳ [1]
εἰδωλοθυτον	εἰδωλοθυτα [3], εἰδωλοθυτον [3], εἰδωλοθυτων [3]
εἰδωλολατρης	εἰδωλολατραι [3], εἰδωλολατραις [2], εἰδωλολατρης [2]
εἰδωλολατρια	εἰδωλολατρια [2], εἰδωλολατριαις [1], εἰδωλολατριας [1]
εἰδωλον	εἰδωλα [3], εἰδωλον [2], εἰδωλου [1], εἰδωλῳ [1], εἰδωλων [4]
εἰκη	εἰκη [6]
εἰκοσι	εἰκοσι [2]
εἰκοσιπεντε	εἰκοσιπεντε [1]
εἰκοσιτεσσαρες	εἰκοσιτεσσαρας [1], εἰκοσιτεσσαρες [5]
εἰκοσιτρεις	εἰκοσιτρεις [1]
εἰκω	εἰξαμεν [1]
εἰκων	εἰκονα [10], εἰκονι [4], εἰκονος [3], εἰκων [6]
εἰλικρινεια	εἰλικρινειᾳ [1], εἰλικρινειας [2]
εἰλικρινης	εἰλικρινεις [1], εἰλικρινη [1]
εἰμι	εἰ [91], εἰη [12], εἰμι [140], εἰναι [125], εἰσιν [157], ἐσεσθαι [4], ἐσεσθε [12], ἐση [8], ἐσμεν [52], ἐσομαι [13], ἐσομεθα [4], ἐσομενον [1], ἐσονται [31], ἐσται [118], ἐστε [92], ἐστι [1], ἐστιν [750], ἐστιν [146], ἐστω [12], ἐστωσαν [2], ἠ [42], ἠμεθα [5], ἠμεν [8], ἠμην [15], ἠν [315], ἠς [7], ἠσαν [95], ἠσθα [2], ἠτε [19], ἠτω [2], ἰσθι [5], ὀν [1], ὀντα [19], ὀντας [11], ὀντες [26], ὀντι [4], ὀντος [15], ὀντων [6], οὐσα [6], οὐσαι [1], οὐσαν [6], οὐση [2], οὐσῃ [2], οὐσης [6], οὐσιν [9], οὐσων [1], ὡ [2], ὡμεν [3], ὡν [44], ὡσιν [11]
εἰνεκεν	εἰνεκεν [3]
εἰπερ	εἰπερ [6]
εἰρηνευω	εἰρηνευετε [3], εἰρηνευοντες [1]
εἰρηνη	εἰρηνη [40], εἰρηνῃ [8], εἰρηνην [25], εἰρηνης [19]
εἰρηνικος	εἰρηνικη [1], εἰρηνικον [1]
εἰρηνοποιεω	εἰρηνοποιησας [1]
εἰρηνοποιος	εἰρηνοποιοι [1]
εἰς	εἰς [1768]
εἰς	εἰς [98], ἐν [71], ἐνα [43], ἐνι [22], ἐνος [33], μια [17], μιᾳ [18], μιαν [36], μιας [8]
εἰσαγω	εἰσαγαγε [1], εἰσαγαγειν [1], εἰσαγαγῃ [1], εἰσαγεσθαι [2], εἰσηγαγεν [3], εἰσηγαγον [3]
εἰσακουω	εἰσακουσθεις [1], εἰσακουσθησονται [1], εἰσακουσονται [1], εἰσηκουσθη [2]
εἰσδεχομαι	εἰσδεξομαι [1]
εἰσειμι	εἰσηει [2], εἰσιασιν [1], εἰσιεναι [1]

εἰσερχομαι	εἰσελευσεσθαι [1], εἰσελευσεται [3], εἰσελευσομαι [1], εἰσελευσονται [5], εἰσεληλυθασιν [1], εἰσεληλυθατε [1], εἰσελθατε [1], εἰσελθατω [1], εἰσελθε [4], εἰσελθειν [36], εἰσελθη [9], εἰσελθης [4], εἰσελθητε [10], εἰσελθοντα [4], εἰσελθοντες [5], εἰσελθοντι [1], εἰσελθοντος [3], εἰσελθοντων [2], εἰσελθουσα [1], εἰσελθουσαι [2], εἰσελθουσης [1], εἰσελθωμεν [1], εἰσελθων [20], εἰσελθωσιν [2], εἰσερχεσθε [1], εἰσερχεσθωσαν [1], εἰσερχεται [1], εἰσερχησθε [1], εἰσερχομεθα [1], εἰσερχομενην [1], εἰσερχομενοι [2], εἰσερχομενον [1], εἰσερχομενος [3], εἰσερχομενου [1], εἰσερχομενους [2], εἰσηλθατε [1], εἰσηλθεν [43], εἰσηλθες [2], εἰσηλθομεν [2], εἰσηλθον [12]	ἐκβαλλω	ἐκβαλε [5], ἐκβαλειν [4], ἐκβαλετε [2], ἐκβαλη [5], ἐκβαλλει [10], ἐκβαλλειν [6], ἐκβαλλεις [1], ἐκβαλλεται [1], ἐκβαλλετε [1], ἐκβαλλομενοι [1], ἐκβαλλομενους [1], ἐκβαλλοντα [2], ἐκβαλλουσιν [3], ἐκβαλλω [5], ἐκβαλλων [2], ἐκβαλοντες [2], ἐκβαλουσα [1], ἐκβαλουσιν [1], ἐκβαλω [3], ἐκβαλων [3], ἐκβαλωσιν [3], ἐκβεβληκει [1], ἐκβληθεντος [1], ἐκβληθησεται [1], ἐκβληθησονται [1], ἐξεβαλεν [5], ἐξεβαλλον [1], ἐξεβαλομεν [1], ἐξεβαλον [7], ἐξεβληθη [1]
εἰσκαλεομαι	εἰσκαλεσαμενος [1]	ἐκβασις	ἐκβασιν [2]
εἰσοδος	εἰσοδον [3], εἰσοδος [1], εἰσοδου [1]	ἐκβολη	ἐκβολην [1]
εἰσπηδαω	εἰσεπηδησεν [1]	ἐκγονος	ἐκγονα [1]
εἰσπορευομαι	εἰσεπορευετο [1], εἰσπορευεται [3], εἰσπορευομεναι [1], εἰσπορευομενοι [4], εἰσπορευομενον [3], εἰσπορευομενος [2], εἰσπορευομενους [1], εἰσπορευομενων [1], εἰσπορευονται [2]	ἐκδαπαναω	ἐκδαπανηθησομαι [1]
		ἐκδεχομαι	ἐκδεχεσθε [1], ἐκδεχεται [1], ἐκδεχομαι [1], ἐκδεχομενος [1], ἐκδεχομενου [1], ἐξεδεχετο [1]
εἰστρεχω	εἰσδραμουσα [1]	ἐκδηλος	ἐκδηλος [1]
εἰσφερω	εἰσενεγκειν [1], εἰσενεγκης [2], εἰσενεγκωσιν [1], εἰσηνεγκαμεν [1], εἰσφερεις [1], εἰσφερεται [1], εἰσφερωσιν [1]	ἐκδημεω	ἐκδημησαι [1], ἐκδημουμεν [1], ἐκδημουντες [1]
		ἐκδιδομαι	ἐκδωσεται [1], ἐξεδετο [3]
εἰτα	εἰτα [15]	ἐκδιηγεομαι	ἐκδιηγηται [1], ἐκδιηγουμενοι [1]
εἰτε	εἰτε [65]	ἐκδικεω	ἐκδικεις [1], ἐκδικησαι [1], ἐκδικησον [1], ἐκδικησω [1], ἐκδικουντες [1], ἐξεδικησεν [1]
εἰωθα	εἰωθει [2], εἰωθος [2]		
ἐκ	ἐκ [681], ἐξ [235]	ἐκδικησις	ἐκδικησεως [1], ἐκδικησιν [6], ἐκδικησις [2]
ἑκαστος	ἑκαστη [1], ἑκαστην [1], ἑκαστοι [1], ἑκαστον [13], ἑκαστος [40], ἑκαστου [7], ἑκαστῳ [19]	ἐκδικος	ἐκδικος [2]
		ἐκδιωκω	ἐκδιωξαντων [1]
ἑκαστοτε	ἑκαστοτε [1]	ἐκδοτος	ἐκδοτον [1]
ἑκατον	ἑκατον [11]	ἐκδοχη	ἐκδοχη [1]
ἑκατονεικοσι	ἑκατονεικοσι [1]	ἐκδυω	ἐκδυσαμενοι [1], ἐκδυσαντες [2], ἐκδυσασθαι [1], ἐξεδυσαν [2]
ἑκατονπεντη-κοντατρεις	ἑκατονπεντηκοντατριων [1]		
		ἐκει	ἐκει [95], κακει [10]
ἑκατονταετης	ἑκατονταετης [1]	ἐκειθεν	ἐκειθεν [27], κακειθεν [10]
ἑκατονταπλασιων	ἑκατονταπλασιονα [3]	ἐκεινος	ἐκεινα [1], ἐκειναι [5], ἐκειναις [16], ἐκεινας [2], ἐκεινη [9], ἐκεινῃ [38], ἐκεινην [10], ἐκεινης [19], ἐκεινο [4], ἐκεινοι [16], ἐκεινοις [8], ἐκεινον [12], ἐκεινος [58], ἐκεινου [22], ἐκεινους [5], ἐκεινῳ [9], ἐκεινων [9], κακεινα [4], κακεινοι [7], κακεινον [3], κακεινος [7], κακεινους [1]
ἑκατονταρχης	ἑκατονταρχας [1], ἑκατονταρχῃ [4], ἑκατονταρχης [8], ἑκατονταρχου [1], ἑκατονταρχων [2]		
		ἐκεισε	ἐκεισε [2]
ἑκατονταρχος	ἑκατονταρχον [1], ἑκατονταρχος [3], ἑκατονταρχου [1], ἑκατονταρχων [2]	ἐκζητεω	ἐκζητηθη [1], ἐκζητηθησεται [1], ἐκζητησας [1], ἐκζητησωσιν [1], ἐκζητουσιν [1], ἐκζητων [1], ἐξεζητησαν [1]
ἑκατοντεσσερα-κοντατεσσαρες	ἑκατοντεσσερακοντατεσσαρες [3], ἑκατοντεσσερακοντατεσσαρων [1]		
		ἐκζητησις	ἐκζητησεις [1]
		ἐκθαμβεομαι	ἐκθαμβεισθαι [1], ἐκθαμβεισθε [1], ἐξεθαμβηθησαν [2]
ἐκβαινω	ἐξεβησαν [1]	ἐκθαμβος	ἐκθαμβοι [1]

ἐκθαυμαζω	ἐξεθαυμαζον [1]	ἐκπιπτω	ἐκπεπτωκεν [1], ἐκπεσειν [2], ἐκπεσητε [1], ἐκπεσωμεν [1], ἐκπεσωσιν [1], ἐξεπεσαν [1], ἐξεπεσατε [1], ἐξεπεσεν [2]
ἐκθετος	ἐκθετα [1]		
ἐκκαθαιρω	ἐκκαθαρατε [1], ἐκκαθαρη [1]	ἐκπλεω	ἐκπλευσαι [1], ἐξεπλει [1], ἐξεπλευσαμεν [1]
ἐκκαιομαι	ἐξεκαυθησαν [1]	ἐκπληροω	ἐκπεπληρωκεν [1]
ἐκκεντεω	ἐξεκεντησαν [2]	ἐκπληρωσις	ἐκπληρωσιν [1]
ἐκκλαομαι	ἐξεκλασθησαν [3]	ἐκπλησσομαι	ἐκπλησσεσθαι [1], ἐκπλησσομενος [1], ἐξεπλαγησαν [1], ἐξεπλησσετο [1], ἐξεπλησσοντο [9]
ἐκκλειω	ἐκκλεισαι [1], ἐξεκλεισθη [1]		
ἐκκλησια	ἐκκλησια [9], ἐκκλησια [24], ἐκκλησιαι [7], ἐκκλησιαις [18], ἐκκλησιαν [20], ἐκκλησιας [29], ἐκκλησιων [7]	ἐκπνεω	ἐξεπνευσεν [3]
		ἐκπορευομαι	ἐκπορευεσθαι [2], ἐκπορευεσθω [1], ἐκπορευεται [8], ἐκπορευομενα [2], ἐκπορευομενη [1], ἐκπορευομενοι [1], ἐκπορευομενοις [2], ἐκπορευομενον [3], ἐκπορευομενος [1], ἐκπορευομενου [4], ἐκπορευομενω [1], ἐκπορευομενων [1], ἐκπορευονται [2], ἐκπορευσονται [1], ἐξεπορευετο [3], ἐξεπορευοντο [1]
ἐκκλινω	ἐκκλινατω [1], ἐκκλινετε [1], ἐξεκλιναν [1]		
ἐκκολυμβαω	ἐκκολυμβησας [1]		
ἐκκομιζω	ἐξεκομιζετο [1]		
ἐκκοπτω	ἐκκοπηση [1], ἐκκοπτεται [3], ἐκκοψεις [1], ἐκκοψον [3], ἐκκοψω [1], ἐξεκοπης [1]		
ἐκκρεμαννυμι	ἐξεκρεματο [1]	ἐκπορνευω	ἐκπορνευσασαι [1]
ἐκλαλεω	ἐκλαλησαι [1]	ἐκπτυω	ἐξεπτυσατε [1]
ἐκλαμπω	ἐκλαμψουσιν [1]	ἐκριζοω	ἐκριζωθεντα [1], ἐκριζωθησεται [1], ἐκριζωθητι [1], ἐκριζωσητε [1]
ἐκλανθανομαι	ἐκλελησθε [1]		
ἐκλεγομαι	ἐκλελεγμενος [1], ἐκλεξαμενοις [1], ἐκλεξαμενος [1], ἐκλεξαμενους [1], ἐξελεγοντο [1], ἐξελεξαμην [4], ἐξελεξαντο [1], ἐξελεξασθε [1], ἐξελεξατο [10], ἐξελεξω [1]	ἐκστασις	ἐκστασει [3], ἐκστασεως [1], ἐκστασις [3]
		ἐκστρεφομαι	ἐξεστραπται [1]
		ἐκταρασσω	ἐκταρασσουσιν [1]
		ἐκτεινω	ἐκτεινας [7], ἐκτεινειν [2], ἐκτεινον [3], ἐκτενεις [1], ἐξετεινατε [1], ἐξετεινεν [2]
ἐκλειπω	ἐκλειψουσιν [1], ἐκλιπη [2], ἐκλιποντος [1]		
ἐκλεκτος	ἐκλεκτη [1], ἐκλεκτης [1], ἐκλεκτοι [3], ἐκλεκτοις [1], ἐκλεκτον [4], ἐκλεκτος [1], ἐκλεκτους [7], ἐκλεκτων [4]	ἐκτελεω	ἐκτελεσαι [2]
		ἐκτενεια	ἐκτενεια [1]
ἐκλογη	ἐκλογη [1], ἐκλογην [5], ἐκλογης [1]	ἐκτενης	ἐκτενη [1]
ἐκλυομαι	ἐκλυθησονται [1], ἐκλυθωσιν [1], ἐκλυομενοι [2], ἐκλυου [1]	ἐκτενως	ἐκτενεστερον [1], ἐκτενως [2]
		ἐκτιθημι	ἐκτεθεντος [1], ἐξεθεντο [1], ἐξετιθετο [2]
ἐκμασσω	ἐκμαξασα [1], ἐκμασσειν [1], ἐξεμαξεν [2], ἐξεμασσεν [1]	ἐκτινασσω	ἐκτιναξαμενοι [1], ἐκτιναξαμενος [1], ἐκτιναξατε [2]
ἐκμυκτηριζω	ἐξεμυκτηριζον [2]		
ἐκνευω	ἐξενευσεν [1]	ἐκτος	ἐκτος [8]
ἐκνηφω	ἐκνηψατε [1]	ἐκτος	ἐκτη [3], ἐκτην [3], ἐκτης [2], ἐκτος [4], ἐκτω [2]
ἐκουσιος	ἐκουσιον [1]		
ἐκουσιως	ἐκουσιως [2]	ἐκτρεπομαι	ἐκτραπη [1], ἐκτραπησονται [1], ἐκτρεπομενος [1], ἐξετραπησαν [2]
ἐκπαλαι	ἐκπαλαι [2]		
		ἐκτρεφω	ἐκτρεφει [1], ἐκτρεφετε [1]
ἐκπειραζω	ἐκπειραζωμεν [1], ἐκπειραζων [1], ἐκπειρασεις [2]	ἐκτρωμα	ἐκτρωματι [1]
		ἐκφερω	ἐκφερειν [1], ἐκφερουσα [1], ἐξενεγκαντες [2], ἐξενεγκατε [1], ἐξενεγκειν [1], ἐξηνεγκεν [1], ἐξοισουσιν [1]
ἐκπεμπω	ἐκπεμφθεντες [1], ἐξεπεμψαν [1]		
ἐκπερισσως	ἐκπερισσως [1]		
ἐκπεταννυμι	ἐξεπετασα [1]	ἐκφευγω	ἐκπεφευγεναι [1], ἐκφευξη [1], ἐκφευξομεθα [1], ἐκφυγειν [2], ἐκφυγωσιν [1], ἐξεφυγον [2]
ἐκπηδαω	ἐξεπηδησαν [1]		
		ἐκφοβεω	ἐκφοβειν [1]

ἔκφοβος	ἔκφοβοι [1], ἔκφοβος [1]	ἐλευθερια	ἐλευθερια [2], ἐλευθεριᾳ [2], ἐλευθεριαν [5], ἐλευθεριας [2]
ἐκφυω	ἐκφυη [2]	ἐλευθερος	ἐλευθερα [3], ἐλευθερας [4], ἐλευθεροι [6], ἐλευθερος [8], ἐλευθερους [1], ἐλευθερων [1]
ἐκχεω	ἐκχεαι [1], ἐκχεετε [1], ἐκχειται [1], ἐκχεῶ [2], ἐξεχεαν [1], ἐξεχεεν [10]	ἐλευθεροω	ἐλευθερωθεντες [2], ἐλευθερωθησεται [1], ἐλευθερωσει [1], ἐλευθερωση [1], ἠλευθερωσεν [2]
ἐκχυννομαι	ἐκκεχυμενον [1], ἐκκεχυται [2], ἐκχυθησεται [1], ἐκχυννομενον [4], ἐξεχυθη [1], ἐξεχυθησαν [1], ἐξεχυννετο [1]	ἐλευσις	ἐλευσεως [1]
ἐκχωρεω	ἐκχωρειτωσαν [1]	ἐλεφαντινος	ἐλεφαντινον [1]
ἐκψυχω	ἐξεψυξεν [3]	ἐλιακιμ	ἐλιακιμ [3]
ἑκων	ἑκουσα [1], ἑκων [1]	ἐλιεζερ	ἐλιεζερ [1]
ἐλαια	ἐλαιᾳ [1], ἐλαιαι [1], ἐλαιας [2], ἐλαιων [9]	ἐλιουδ	ἐλιουδ [2]
ἐλαιον	ἐλαιον [6], ἐλαιου [2], ἐλαιῳ [3]	ἐλισαβετ	ἐλισαβετ [9]
ἐλαιων	ἐλαιων [2], ἐλαιωνος [1]	ἐλισαιος	ἐλισαιου [1]
ἐλαμιτης	ἐλαμιται [1]	ἐλισσω	ἐλιξεις [1], ἐλισσομενον [1]
ἐλασσων	ἐλασσονι [1], ἐλασσω [1], ἐλαττον [2]	ἑλκοομαι	εἱλκωμενος [1]
ἐλαττονεω	ἠλαττονησεν [1]	ἑλκος	ἑλκη [1], ἑλκος [1], ἑλκων [1]
ἐλαττοω	ἐλαττουσθαι [1], ἠλαττωμενον [1], ἠλαττωσας [1]	ἑλκω	εἱλκον [1], εἱλκυσαν [1], εἱλκυσεν [2], ἑλκουσιν [1], ἑλκυσαι [1], ἑλκυση [1], ἑλκυσω [1]
ἐλαυνω	ἐλαυνειν [1], ἐλαυνομενα [1], ἐλαυνομεναι [1], ἐληλακοτες [1], ἠλαυνετο [1]	ἑλλας	ἑλλαδα [1]
ἐλαφρια	ἐλαφριᾳ [1]	ἑλλην	ἑλλην [4], ἑλληνας [5], ἑλληνες [3], ἑλληνι [2], ἑλληνος [3], ἑλληνων [3], ἑλλησιν [5]
ἐλαφρος	ἐλαφρον [2]	ἑλληνικος	ἑλληνικη [1]
ἐλαχιστος	ἐλαχιστη [1], ἐλαχιστον [2], ἐλαχιστος [2], ἐλαχιστοτερῳ [1], ἐλαχιστου [1], ἐλαχιστῳ [3], ἐλαχιστων [4]	ἑλληνις	ἑλληνιδων [1], ἑλληνις [1]
		ἑλληνιστης	ἑλληνιστας [2], ἑλληνιστων [1]
ἐλεαζαρ	ἐλεαζαρ [2]	ἑλληνιστι	ἑλληνιστι [2]
ἐλεαω	ἐλεατε [2], ἐλεων [1], ἐλεωντος [1]	ἐλλογαω	ἐλλογα [1]
ἐλεγμος	ἐλεγμον [1]	ἐλλογεω	ἐλλογειται [1]
ἐλεγξις	ἐλεγξιν [1]	ἐλμαδαμ	ἐλμαδαμ [1]
ἐλεγχος	ἐλεγχος [1]	ἐλπιζω	ἐλπιζει [3], ἐλπιζετε [1], ἐλπιζομεν [1], ἐλπιζομενων [1], ἐλπιζουσαι [1], ἐλπιζω [10], ἐλπιζων [2], ἐλπιουσιν [2], ἐλπισατε [1], ἠλπιζεν [1], ἠλπιζομεν [1], ἠλπικαμεν [2], ἠλπικατε [1], ἠλπικεν [1], ἠλπικεναι [1], ἠλπικοτες [1], ἠλπισαμεν [1]
ἐλεγχω	ἐλεγξαι [1], ἐλεγξει [1], ἐλεγξον [2], ἐλεγχε [3], ἐλεγχει [1], ἐλεγχειν [1], ἐλεγχεται [1], ἐλεγχετε [1], ἐλεγχθη [1], ἐλεγχομενα [1], ἐλεγχομενοι [1], ἐλεγχομενος [2], ἐλεγχω [1]		
ἐλεεινος	ἐλεεινος [1], ἐλεεινοτεροι [1]	ἐλπις	ἐλπιδα [18], ἐλπιδι [12], ἐλπιδος [13], ἐλπις [10]
ἐλεεω	ἐλεει [1], ἐλεηθεντες [1], ἐλεηθησονται [1], ἐλεηθωσιν [1], ἐλεησαι [1], ἐλεηση [1], ἐλεησον [11], ἐλεησω [1], ἐλεω [1], ἐλεων [1], ἠλεηθημεν [1], ἠλεηθην [2], ἠλεηθητε [1], ἠλεημενοι [1], ἠλεημενος [1], ἠλεησα [1], ἠλεησεν [2]	ἐλυμας	ἐλυμας [1]
		ἐλωι	ἐλωι [2]
		ἐμαυτου	ἐμαυτον [18], ἐμαυτου [14], ἐμαυτῳ [5]
ἐλεημοσυνη	ἐλεημοσυναι [2], ἐλεημοσυνας [2], ἐλεημοσυνη [1], ἐλεημοσυνην [7], ἐλεημοσυνων [1]	ἐμβαινω	ἐμβαινοντος [1], ἐμβαντα [2], ἐμβαντες [1], ἐμβαντι [1], ἐμβας [6], ἐμβηναι [2], ἐνεβη [2], ἐνεβησαν [2]
ἐλεημων	ἐλεημονες [1], ἐλεημων [1]	ἐμβαλλω	ἐμβαλειν [1]
ἐλεος	ἐλεει [2], ἐλεος [20], ἐλεους [5]	ἐμβαπτω	ἐμβαπτομενος [1], ἐμβαψας [1]

ἐμβατευω   ἐμβατευων [1]

ἐμβιβαζω   ἐνεβιβασεν [1]

ἐμβλεπω   ἐμβλεποντες [1], ἐμβλεψας [6], ἐμβλεψασα [1], ἐμβλεψατε [1], ἐνεβλεπεν [1], ἐνεβλεπον [1], ἐνεβλεψεν [1]

ἐμβριμαομαι   ἐμβριμησαμενος [1], ἐμβριμωμενος [1], ἐνεβριμηθη [1], ἐνεβριμησατο [1], ἐνεβριμωντο [1]

ἐμεω   ἐμεσαι [1]

ἐμμαινομαι   ἐμμαινομενος [1]

ἐμμανουηλ   ἐμμανουηλ [1]

ἐμμαους   ἐμμαους [1]

ἐμμενω   ἐμμενει [1], ἐμμενειν [1], ἐνεμειναν [1], ἐνεμεινεν [1]

ἐμμωρ   ἐμμωρ [1]

ἐμος   ἐμα [9], ἐμας [1], ἐμη [12], ἐμῃ [6], ἐμην [13], ἐμης [2], ἐμοι [3], ἐμοις [2], ἐμον [11], ἐμος [6], ἐμου [4], ἐμους [3], ἐμῳ [3], ἐμων [1]

ἐμπαιγμονη   ἐμπαιγμονῃ [1]

ἐμπαιγμος   ἐμπαιγμων [1]

ἐμπαιζω   ἐμπαιζειν [1], ἐμπαιζοντες [2], ἐμπαιξαι [1], ἐμπαιξας [1], ἐμπαιξουσιν [1], ἐμπαιχθησεται [1], ἐνεπαιζον [1], ἐνεπαιξαν [4], ἐνεπαιχθη [1]

ἐμπαικτης   ἐμπαικται [2]

ἐμπεριπατεω   ἐμπεριπατησω [1]

ἐμπιμπλημι   ἐμπεπλησμενοι [1], ἐμπιπλων [1],
ἐμπιμπλαω   ἐμπλησθω [1], ἐνεπλησεν [1], ἐνεπλησθησαν [1]

ἐμπιμπρημι   ἐνεπρησεν [1]

ἐμπιπτω   ἐμπεσειν [1], ἐμπεσῃ [3], ἐμπεσοντος [1], ἐμπεσουνται [1], ἐμπιπτουσιν [1]

ἐμπλεκω   ἐμπλακεντες [1], ἐμπλεκεται [1]

ἐμπλοκη   ἐμπλοκης [1]

ἐμπνεω   ἐμπνεων [1]

ἐμπορευομαι   ἐμπορευσομεθα [1], ἐμπορευσονται [1]

ἐμπορια   ἐμποριαν [1]

ἐμποριον   ἐμποριου [1]

ἐμπορος   ἐμποροι [4], ἐμπορῳ [1]

ἐμπροσθεν   ἐμπροσθεν [48]

ἐμπτυω   ἐμπτυειν [1], ἐμπτυσαντες [1], ἐμπτυσθησεται [1], ἐμπτυσουσιν [1], ἐνεπτυον [1], ἐνεπτυσαν [1]

ἐμφανης   ἐμφανη [1], ἐμφανης [1]

ἐμφανιζω   ἐμφανιζειν [1], ἐμφανιζουσιν [1], ἐμφανισατε [1], ἐμφανισθηναι [1], ἐμφανισω [1], ἐνεφανισαν [3], ἐνεφανισας [1], ἐνεφανισθησαν [1]

ἐμφοβος   ἐμφοβοι [2], ἐμφοβος [2], ἐμφοβων [1]

ἐμφυσαω   ἐνεφυσησεν [1]

ἐμφυτος   ἐμφυτον [1]

ἐν   ἐν [2757]

ἐναγκαλιζομαι   ἐναγκαλισαμενος [2]

ἐναλιος   ἐναλιων [1]

ἐναντι   ἐναντι [2]

ἐναντιον   ἐναντιον [5], τουναντιον [3]

ἐναντιος   ἐναντια [1], ἐναντιας [2], ἐναντιον [1], ἐναντιος [2], ἐναντιους [1], ἐναντιων [1]

ἐναρχομαι   ἐναρξαμενοι [1], ἐναρξαμενος [1]

ἐνατος   ἐνατῃ [1], ἐνατην [5], ἐνατης [3], ἐνατος [1]

ἐνδεης   ἐνδεης [1]

ἐνδειγμα   ἐνδειγμα [1]

ἐνδεικνυμαι   ἐνδεικνυμενοι [1], ἐνδεικνυμενους [2], ἐνδεικνυνται [1], ἐνδεικνυσθαι [1], ἐνδειξασθαι [1], ἐνδειξηται [2], ἐνδειξωμαι [1], ἐνεδειξασθε [1], ἐνεδειξατο [1]

ἐνδειξις   ἐνδειξιν [3], ἐνδειξις [1]

ἐνδεκα   ἐνδεκα [6]

ἐνδεκατος   ἐνδεκατην [2], ἐνδεκατος [1]

ἐνδεχεται   ἐνδεχεται [1]

ἐνδημεω   ἐνδημησαι [1], ἐνδημουντες [2]

ἐνδιδυσκω   ἐνδιδυσκουσιν [1], ἐνεδιδυσκετο [1]

ἐνδικος   ἐνδικον [2]

ἐνδοξαζομαι   ἐνδοξασθη [1], ἐνδοξασθηναι [1]

ἐνδοξος   ἐνδοξοι [1], ἐνδοξοις [1], ἐνδοξον [1], ἐνδοξῳ [1]

ἐνδυμα   ἐνδυμα [4], ἐνδυμασι [1], ἐνδυματος [3]

ἐνδυναμοω   ἐνδυναμου [1], ἐνδυναμουντι [1], ἐνδυναμουσθε [1], ἐνδυναμωσαντι [1], ἐνεδυναμουτο [1], ἐνεδυναμωθη [1], ἐνεδυναμωσεν [1]

ἐνδυνω   ἐνδυνοντες [1]

ἐνδυσις   ἐνδυσεως [1]

ἐνδυω   ἐνδεδυμενοι [2], ἐνδεδυμενον [2], ἐνδεδυμενος [1], ἐνδυσαμενοι [3], ἐνδυσαμενος [1], ἐνδυσασθαι [3], ἐνδυσασθε [3], ἐνδυσατε [1], ἐνδυσησθε [4], ἐνδυσηται [2], ἐνδυσωμεθα [1], ἐνεδυσαν [2], ἐνεδυσασθε [1], ἐνεδυσατο [1]

ἐνδωμησις   ἐνδωμησις [1]

ἐνεδρα	ἐνεδραν [2]		ἐντελλομαι	ἐνετειλαμην [1], ἐνετειλατο [8], ἐντειλαμενος [1], ἐντελειται [2], ἐντελλομαι [2], ἐντεταλται [1]
ἐνεδρευω	ἐνεδρευοντες [1], ἐνεδρευουσιν [1]		ἐντευθεν	ἐντευθεν [10]
ἐνειλεω	ἐνειλησεν [1]		ἐντευξις	ἐντευξεις [1], ἐντευξεως [1]
ἐνειμι	ἐνοντα [1]		ἐντιμος	ἐντιμον [2], ἐντιμος [1], ἐντιμοτερος [1], ἐντιμους [1]
ἐνεκα	ἐνεκα [4]			
ἐνεκεν	ἐνεκεν [19]		ἐντολη	ἐντολαι [1], ἐντολαις [3], ἐντολας [18], ἐντολη [14], ἐντολην [19], ἐντολης [9], ἐντολων [3]
ἐνενηκονταεννεα	ἐνενηκονταεννεα [4]			
ἐνεος	ἐνεοι [1]		ἐντοπιος	ἐντοπιοι [1]
ἐνεργεια	ἐνεργειαν [7], ἐνεργειας [1]		ἐντος	ἐντος [2]
ἐνεργεω	ἐνεργει [1], ἐνεργειν [1], ἐνεργειται [3], ἐνεργησας [1], ἐνεργουμενη [2], ἐνεργουμενην [2], ἐνεργουμενης [1], ἐνεργουντος [2], ἐνεργουσιν [2], ἐνεργων [3], ἐνηργειτο [1], ἐνηργησεν [2]		ἐντρεπω	ἐνετρεπομεθα [1], ἐντραπη [1], ἐντραπῃ [1], ἐντραπησονται [3], ἐντρεπομαι [1], ἐντρεπομενος [1], ἐντρεπων [1]
			ἐντρεφομαι	ἐντρεφομενος [1]
ἐνεργημα	ἐνεργηματα [1], ἐνεργηματων [1]		ἐντρομος	ἐντρομος [3]
ἐνεργης	ἐνεργης [3]		ἐντροπη	ἐντροπην [2]
ἐνευλογεω	ἐνευλογηθησονται [2]		ἐντρυφαω	ἐντρυφωντες [1]
ἐνεχω	ἐνειχεν [1], ἐνεχειν [1], ἐνεχεσθε [1]		ἐντυγχανω	ἐνετυχον [1], ἐντυγχανει [3], ἐντυγχανειν [1]
ἐνθαδε	ἐνθαδε [8]		ἐντυλισσω	ἐνετυλιξεν [2], ἐντετυλιγμενον [1]
ἐνθεν	ἐνθεν [2]		ἐντυποω	ἐντετυπωμενη [1]
ἐνθυμεομαι	ἐνθυμεισθε [1], ἐνθυμηθεντος [1]		ἐνυβριζω	ἐνυβρισας [1]
ἐνθυμησις	ἐνθυμησεις [2], ἐνθυμησεων [1], ἐνθυμησεως [1]		ἐνυπνιαζομαι	ἐνυπνιαζομενοι [1], ἐνυπνιασθησονται [1]
ἐνι	ἐνι [6]		ἐνυπνιον	ἐνυπνιοις [1]
ἐνιαυτος	ἐνιαυτον [8], ἐνιαυτου [4], ἐνιαυτους [2]		ἐνωπιον	ἐνωπιον [94]
ἐνιστημι	ἐνεστηκεν [1], ἐνεστηκοτα [1], ἐνεστωσαν [1], ἐνεστωτα [2], ἐνεστωτος [1], ἐνστησονται [1]		ἐνως	ἐνως [1]
			ἐνωτιζομαι	ἐνωτισασθε [1]
ἐνισχυω	ἐνισχυσεν [1], ἐνισχυων [1]		ἐνωχ	ἐνωχ [3]
ἐννεα	ἐννεα [1]		ἐξ	ἐξ [10]
ἐννευω	ἐνενευον [1]		ἐξαγγελλω	ἐξαγγειλητε [1], ἐξηγγειλαν [1]
ἐννοια	ἐννοιαν [1], ἐννοιων [1]		ἐξαγοραζω	ἐξαγοραζομενοι [2], ἐξαγοραση [1], ἐξηγορασεν [1]
ἐννομος	ἐννομος [1], ἐννομῳ [1]			
ἐννυχα	ἐννυχα [1]		ἐξαγω	ἐξαγαγειν [1], ἐξαγαγετωσαν [1], ἐξαγαγοντες [1], ἐξαγαγων [2], ἐξαγει [1], ἐξαγουσιν [1], ἐξηγαγεν [5]
ἐνοικεω	ἐνοικειτω [1], ἐνοικησω [1], ἐνοικουντος [2], ἐνωκησεν [1]			
			ἐξαιρεω	ἐξαιρουμενος [1], ἐξειλαμην [1], ἐξειλατο [2], ἐξελε [2], ἐξελεσθαι [1], ἐξεληται [1]
ἐνορκιζω	ἐνορκιζω [1]			
ἐνοτης	ἐνοτητα [2]		ἐξαιρω	ἐξαρατε [1]
ἐνοχλεω	ἐνοχλη [1], ἐνοχλουμενοι [1]		ἐξαιτεομαι	ἐξητησατο [1]
ἐνοχος	ἐνοχοι [1], ἐνοχον [1], ἐνοχος [8]		ἐξαιφνης	ἐξαιφνης [5]
ἐνταλμα	ἐνταλματα [3]		ἐξακολουθεω	ἐξακολουθησαντες [2], ἐξακολουθησουσιν [1]
ἐνταφιαζω	ἐνταφιαζειν [1], ἐνταφιασαι [1]		ἐξακοσιοι-εξηκονταεξ	ἐξακοσιοιεξηκονταεξ [1]
ἐνταφιασμος	ἐνταφιασμον [1], ἐνταφιασμου [1]			

ἐξαλειφω	ἐξαλειφθηναι [1], ἐξαλειψας [1], ἐξαλειψει [2], ἐξαλειψω [1]
ἐξαλλομαι	ἐξαλλομενος [1]
ἐξαναστασις	ἐξαναστασιν [1]
ἐξανατελλω	ἐξανετειλεν [2]
ἐξανιστημι	ἐξαναστηση [2], ἐξανεστησαν [1]
ἐξαπαταω	ἐξαπατατω [1], ἐξαπατηθεισα [1], ἐξαπατηση [1], ἐξαπατωσιν [1], ἐξηπατησεν [2]
ἐξαπινα	ἐξαπινα [1]
ἐξαπορεομαι	ἐξαπορηθηναι [1], ἐξαπορουμενοι [1]
ἐξαποστελλω	ἐξαπεσταλη [1], ἐξαπεστειλαν [5], ἐξαπεστειλεν [6], ἐξαποστελω [1]
ἐξαρτιζω	ἐξαρτισαι [1], ἐξηρτισμενος [1]
ἐξαστραπτω	ἐξαστραπτων [1]
ἐξαυτης	ἐξαυτης [6]
ἐξεγειρω	ἐξεγερει [1], ἐξηγειρα [1]
ἐξειμι	ἐξηεσαν [1], ἐξιεναι [2], ἐξιοντων [1]
ἐξελκομαι	ἐξελκομενος [1]
ἐξεραμα	ἐξεραμα [1]
ἐξεραυναω	ἐξηραυνησαν [1]
ἐξερχομαι	ἐξελευσεται [3], ἐξελευσονται [2], ἐξεληλυθασιν [1], ἐξεληλυθει [2], ἐξεληλυθεν [2], ἐξεληλυθος [1], ἐξεληλυθοτας [1], ἐξεληλυθυιαν [1], ἐξελθατε [2], ἐξελθε [10], ἐξελθειν [9], ἐξελθη [3], ἐξελθης [2], ἐξελθητε [3], ἐξελθοντα [3], ἐξελθοντες [18], ἐξελθοντι [1], ἐξελθοντος [3], ἐξελθοντων [2], ἐξελθουσα [3], ἐξελθουσαι [1], ἐξελθουσαν [1], ἐξελθουση [1], ἐξελθων [21], ἐξερχεσθε [2], ἐξερχεται [3], ἐξερχομενοι [5], ἐξερχομενος [1], ἐξερχομενων [1], ἐξερχονται [2], ἐξερχωμεθα [1], ἐξηλθαν [2], ἐξηλθατε [9], ἐξηλθεν [67], ἐξηλθες [1], ἐξηλθομεν [1], ἐξηλθον [23], ἐξηρχετο [2], ἐξηρχοντο [2]
ἐξεστιν	ἐξεστιν [29], ἐξον [3]
ἐξεταζω	ἐξετασαι [1], ἐξετασατε [2]
ἐξηγεομαι	ἐξηγειτο [1], ἐξηγησαμενος [1], ἐξηγησατο [2], ἐξηγουμενων [1], ἐξηγουντο [1]
ἐξηκοντα	ἐξηκοντα [6]
ἐξης	ἐξης [5]
ἐξηχεομαι	ἐξηχηται [1]
ἐξις	ἐξιν [1]
ἐξιστημι	ἐξεστακεναι [1], ἐξεστη [1], ἐξεστημεν [1], ἐξεστησαν [5], ἐξισταντο [6], ἐξιστανων [1], ἐξιστασθαι [1], ἐξιστατο [1]
ἐξισχυω	ἐξισχυσητε [1]
ἐξοδος	ἐξοδον [2], ἐξοδου [1]
ἐξολεθρευω	ἐξολεθρευθησεται [1]
ἐξομολογεω	ἐξομολογεισθε [1], ἐξομολογησεται [1], ἐξομολογησηται [1], ἐξομολογησομαι [1], ἐξομολογουμαι [2], ἐξομολογουμενοι [3], ἐξωμολογησεν [1]
ἐξορκιζω	ἐξορκιζω [1]
ἐξορκιστης	ἐξορκιστων [1]
ἐξορυσσω	ἐξορυξαντες [2]
ἐξουδενεω	ἐξουδενηθη [1]
ἐξουθενεω	ἐξουθενεις [1], ἐξουθενειτε [1], ἐξουθενειτω [1], ἐξουθενηθεις [1], ἐξουθενημενα [1], ἐξουθενημενος [1], ἐξουθενημενους [1], ἐξουθενησας [1], ἐξουθενησατε [1], ἐξουθενηση [1], ἐξουθενουντας [1]
ἐξουσια	ἐξουσια [13], ἐξουσιᾳ [16], ἐξουσιαι [1], ἐξουσιαις [3], ἐξουσιαν [56], ἐξουσιας [12], ἐξουσιων [1]
ἐξουσιαζω	ἐξουσιαζει [2], ἐξουσιαζοντες [1], ἐξουσιασθησομαι [1]
ἐξοχη	ἐξοχην [1]
ἐξυπνιζω	ἐξυπνισω [1]
ἐξυπνος	ἐξυπνος [1]
ἐξω	ἐξω [63]
ἐξωθεν	ἐξωθεν [13]
ἐξωθεω	ἐξωσαι [1], ἐξωσεν [1]
ἐξωτερος	ἐξωτερον [3]
ἐοικα	ἐοικεν [2]
ἐορταζω	ἐορταζωμεν [1]
ἐορτη	ἐορτη [4], ἐορτῃ [7], ἐορτην [10], ἐορτης [5]
ἐπαγγελια	ἐπαγγελια [6], ἐπαγγελιᾳ [1], ἐπαγγελιαι [3], ἐπαγγελιαις [1], ἐπαγγελιαν [16], ἐπαγγελιας [23], ἐπαγγελιων [2]
ἐπαγγελλομαι	ἐπαγγειλαμενον [1], ἐπαγγειλαμενος [2], ἐπαγγελλομεναις [1], ἐπαγγελλομενοι [2], ἐπηγγειλαντο [1], ἐπηγγειλατο [5], ἐπηγγελται [3]
ἐπαγγελμα	ἐπαγγελμα [1], ἐπαγγελματα [1]
ἐπαγω	ἐπαγαγειν [1], ἐπαγοντες [1], ἐπαξας [1]
ἐπαγωνιζομαι	ἐπαγωνιζεσθαι [1]
ἐπαθροιζομαι	ἐπαθροιζομενων [1]
ἐπαινετος	ἐπαινετον [1]
ἐπαινεω	ἐπαινεσατωσαν [1], ἐπαινεσω [1], ἐπαινω [3], ἐπηνεσεν [1]
ἐπαινος	ἐπαινον [7], ἐπαινος [4]

ἐπαιρω	ἐπαιρεται [1], ἐπαιρομενον [1], ἐπαιροντας [1], ἐπαραι [1], ἐπαραντες [2], ἐπαρας [5], ἐπαρασα [1], ἐπαρατε [2], ἐπηραν [2], ἐπηρεν [2], ἐπηρθη [1]		ἐπερχομαι	ἐπελευσεται [1], ἐπελθη [2], ἐπελθοντος [1], ἐπελθων [1], ἐπερχομεναις [1], ἐπερχομενοις [1], ἐπερχομενων [1], ἐπηλθαν [1]
ἐπαισχυνομαι	ἐπαισχυνεσθε [1], ἐπαισχυνεται [2], ἐπαισχυνθη [3], ἐπαισχυνθης [1], ἐπαισχυνθησεται [2], ἐπαισχυνομαι [2]		ἐπερωταω	ἐπερωταν [1], ἐπερωτατωσαν [1], ἐπερωτηθεις [1], ἐπερωτησαι [3], ἐπερωτησας [1], ἐπερωτησατε [1], ἐπερωτησω [1], ἐπερωτω [1], ἐπερωτωντα [1], ἐπερωτωσιν [2], ἐπηρωτα [10], ἐπηρωτησαν [7], ἐπηρωτησεν [16], ἐπηρωτων [10]
ἐπαιτεω	ἐπαιτειν [1], ἐπαιτων [1]			
ἐπακολουθεω	ἐπακολουθησητε [1], ἐπακολουθουντων [1], ἐπακολουθουσιν [1], ἐπηκολουθησεν [1]		ἐπερωτημα	ἐπερωτημα [1]
ἐπακουω	ἐπηκουσα [1]		ἐπεχω	ἐπειχεν [1], ἐπεσχεν [1], ἐπεχε [1], ἐπεχοντες [1], ἐπεχων [1]
ἐπακροαομαι	ἐπηκροωντο [1]		ἐπηρεαζω	ἐπηρεαζοντες [1], ἐπηρεαζοντων [1]
ἐπαν	ἐπαν [3]		ἐπι	ἐπ [145], ἐπι [664], ἐφ [82]
ἐπαναγκες	ἐπαναγκες [1]		ἐπιβαινω	ἐπεβην [1], ἐπιβαινειν [1], ἐπιβαντες [2], ἐπιβας [1], ἐπιβεβηκως [1]
ἐπαναγω	ἐπαναγαγε [1], ἐπαναγαγειν [1], ἐπαναγων [1]			
ἐπαναμιμνησκω	ἐπαναμιμνησκων [1]		ἐπιβαλλω	ἐπεβαλεν [3], ἐπεβαλλεν [1], ἐπεβαλον [5], ἐπιβαλειν [1], ἐπιβαλλει [2], ἐπιβαλλον [1], ἐπιβαλλουσιν [1], ἐπιβαλουσιν [1], ἐπιβαλω [1], ἐπιβαλων [2]
ἐπαναπαυομαι	ἐπαναπαησεται [1], ἐπαναπαυη [1]			
ἐπανερχομαι	ἐπανελθειν [1], ἐπανερχεσθαι [1]		ἐπιβαρεω	ἐπιβαρησαι [2], ἐπιβαρω [1]
ἐπανισταμαι	ἐπαναστησονται [2]		ἐπιβιβαζω	ἐπεβιβασαν [1], ἐπιβιβασαντες [1], ἐπιβιβασας [1]
ἐπανορθωσις	ἐπανορθωσιν [1]			
ἐπανω	ἐπανω [19]		ἐπιβλεπω	ἐπεβλεψεν [1], ἐπιβλεψαι [1], ἐπιβλεψητε [1]
ἐπαρατος	ἐπαρατοι [1]		ἐπιβλημα	ἐπιβλημα [4]
ἐπαρκεω	ἐπαρκειτω [1], ἐπαρκεση [1], ἐπηρκεσεν [1]		ἐπιβουλη	ἐπιβουλαις [1], ἐπιβουλη [1], ἐπιβουλης [2]
ἐπαρχεια	ἐπαρχεια [1], ἐπαρχειας [1]		ἐπιγαμβρευω	ἐπιγαμβρευσει [1]
ἐπαυλις	ἐπαυλις [1]		ἐπιγειος	ἐπιγεια [3], ἐπιγειος [2], ἐπιγειων [2]
ἐπαυριον	ἐπαυριον [17]		ἐπιγινομαι	ἐπιγενομενου [1]
ἐπαφρας	ἐπαφρα [1], ἐπαφρας [2]		ἐπιγινωσκω	ἐπεγινωσκον [3], ἐπεγνωκεναι [1], ἐπεγνωκοσι [1], ἐπεγνωμεν [1], ἐπεγνωσαν [4], ἐπεγνωσθην [1], ἐπεγνωτε [2], ἐπιγινωσκει [2], ἐπιγινωσκεις [1], ἐπιγινωσκετε [3], ἐπιγινωσκετω [1], ἐπιγινωσκομενοι [1], ἐπιγνοντες [5], ἐπιγνους [5], ἐπιγνουσα [2], ἐπιγνουσιν [1], ἐπιγνω [1], ἐπιγνωναι [4], ἐπιγνως [1], ἐπιγνωσεσθε [3], ἐπιγνωσομαι [1]
ἐπαφριζω	ἐπαφριζοντα [1]			
ἐπαφροδιτος	ἐπαφροδιτον [1], ἐπαφροδιτου [1]			
ἐπεγειρω	ἐπηγειραν [2]			
ἐπει	ἐπει [26]			
ἐπειδη	ἐπειδη [10]			
ἐπειδηπερ	ἐπειδηπερ [1]		ἐπιγνωσις	ἐπιγνωσει [7], ἐπιγνωσεως [2], ἐπιγνωσιν [10], ἐπιγνωσις [1]
ἐπειμι	ἐπιουση [1], ἐπιουση [4]			
ἐπεισαγωγη	ἐπεισαγωγη [1]		ἐπιγραφη	ἐπιγραφη [4], ἐπιγραφην [1]
ἐπεισερχομαι	ἐπεισελευσεται [1]		ἐπιγραφω	ἐπεγεγραπτο [1], ἐπιγεγραμμενα [1], ἐπιγεγραμμενη [1], ἐπιγραψω [2]
ἐπειτα	ἐπειτα [16]			
ἐπεκεινα	ἐπεκεινα [1]		ἐπιδεικνυμι	ἐπιδεικνυμεναι [1], ἐπιδεικνυς [1], ἐπιδειξαι [3], ἐπιδειξατε [2]
ἐπεκτεινομαι	ἐπεκτεινομενος [1]			
ἐπενδυομαι	ἐπενδυσασθαι [2]		ἐπιδεχομαι	ἐπιδεχεται [2]
			ἐπιδημεω	ἐπιδημουντες [2]
			ἐπιδιατασσομαι	ἐπιδιατασσεται [1]
ἐπενδυτης	ἐπενδυτην [1]		ἐπιδιδωμι	ἐπεδιδου [1], ἐπεδοθη [1], ἐπεδωκαν [2], ἐπιδοντες [1], ἐπιδωσει [4]

ἐπιδιορθοω	ἐπιδιορθωση [1]
ἐπιδυω	ἐπιδυετω [1]
ἐπιεικεια	ἐπιεικειᾳ [1], ἐπιεικειας [1]
ἐπιεικης	ἐπιεικεις [1], ἐπιεικες [1], ἐπιεικεσιν [1], ἐπιεικη [1], ἐπιεικης [1]
ἐπιζητεω	ἐπεζητησεν [1], ἐπεζητουν [1], ἐπιζητει [3], ἐπιζητειτε [1], ἐπιζητησας [1], ἐπιζητουμεν [1], ἐπιζητουσιν [3], ἐπιζητω [2]
ἐπιθανατιος	ἐπιθανατιους [1]
ἐπιθεσις	ἐπιθεσεως [4]
ἐπιθυμεω	ἐπεθυμει [1], ἐπεθυμησα [2], ἐπεθυμησαν [2], ἐπιθυμει [2], ἐπιθυμειτε [1], ἐπιθυμησαι [1], ἐπιθυμησεις [2], ἐπιθυμησετε [1], ἐπιθυμησουσιν [1], ἐπιθυμουμεν [1], ἐπιθυμουσιν [1], ἐπιθυμων [1]
ἐπιθυμητης	ἐπιθυμητας [1]
ἐπιθυμια	ἐπιθυμια [4], ἐπιθυμιᾳ [4], ἐπιθυμιαι [1], ἐπιθυμιαις [10], ἐπιθυμιαν [5], ἐπιθυμιας [13], ἐπιθυμιων [1]
ἐπικαθιζω	ἐπεκαθισεν [1]
ἐπικαλεω	ἐπεκαλεσαν [1], ἐπεκεκλητο [1], ἐπεκληθη [1], ἐπικαλεισθαι [1], ἐπικαλεισθε [1], ἐπικαλειται [2], ἐπικαλεσαμενος [1], ἐπικαλεσαμενου [2], ἐπικαλεσασθαι [1], ἐπικαλεσηται [2], ἐπικαλεσωνται [1], ἐπικαλουμαι [2], ἐπικαλουμενοις [1], ἐπικαλουμενον [2], ἐπικαλουμενος [1], ἐπικαλουμενου [1], ἐπικαλουμενους [3], ἐπικαλουμενων [1], ἐπικεκλησαι [1], ἐπικεκληται [1], ἐπικληθεις [1], ἐπικληθεν [1], ἐπικληθεντα [1]
ἐπικαλυμμα	ἐπικαλυμμα [1]
ἐπικαλυπτω	ἐπεκαλυφθησαν [1]
ἐπικαταρατος	ἐπικαταρατος [2]
ἐπικειμαι	ἐπεκειντο [1], ἐπεκειτο [1], ἐπικειμενα [1], ἐπικειμενον [1], ἐπικειμενου [1], ἐπικεισθαι [1], ἐπικειται [1]
ἐπικελλω	ἐπεκειλαν [1]
ἐπικουρειος	ἐπικουρειων [1]
ἐπικουρια	ἐπικουριας [1]
ἐπικρινω	ἐπεκρινεν [1]
ἐπιλαμβανομαι	ἐπελαβετο [2], ἐπιλαβεσθαι [1], ἐπιλαβομενοι [5], ἐπιλαβομενος [5], ἐπιλαβομενου [1], ἐπιλαβου [1], ἐπιλαβωνται [2], ἐπιλαμβανεται [2]
ἐπιλανθανομαι	ἐπελαθετο [1], ἐπελαθοντο [2], ἐπιλαθεσθαι [1], ἐπιλανθανεσθε [2], ἐπιλανθανομενος [1], ἐπιλελησμενον [1]
ἐπιλεγομαι	ἐπιλεγομενη [1], ἐπιλεξαμενος [1]
ἐπιλειπω	ἐπιλειψει [1]
ἐπιλειχω	ἐπελειχον [1]
ἐπιλησμονη	ἐπιλησμονης [1]
ἐπιλοιπος	ἐπιλοιπον [1]
ἐπιλυσις	ἐπιλυσεως [1]
ἐπιλυω	ἐπελυεν [1], ἐπιλυθησεται [1]
ἐπιμαρτυρεω	ἐπιμαρτυρων [1]
ἐπιμελεια	ἐπιμελειας [1]
ἐπιμελεομαι	ἐπεμεληθη [1], ἐπιμεληθητι [1], ἐπιμελησεται [1]
ἐπιμελως	ἐπιμελως [1]
ἐπιμενω	ἐπεμεινα [1], ἐπεμειναμεν [2], ἐπεμενεν [1], ἐπεμενον [1], ἐπιμειναι [4], ἐπιμενε [1], ἐπιμενειν [1], ἐπιμενετε [1], ἐπιμενης [1], ἐπιμενοντων [1], ἐπιμενῶ [1], ἐπιμενωμεν [1], ἐπιμενωσιν [1]
ἐπινευω	ἐπενευσεν [1]
ἐπινοια	ἐπινοια [1]
ἐπιορκεω	ἐπιορκησεις [1]
ἐπιορκος	ἐπιορκοις [1]
ἐπιουσιος	ἐπιουσιον [2]
ἐπιπιπτω	ἐπεπεσαν [1], ἐπεπεσεν [7], ἐπιπεπτωκος [1], ἐπιπεσοντες [1], ἐπιπιπτειν [1]
ἐπιπλησσω	ἐπιπληξῃς [1]
ἐπιποθεω	ἐπιποθει [1], ἐπιποθησατε [1], ἐπιποθουντες [2], ἐπιποθουντων [1], ἐπιποθω [2], ἐπιποθων [2]
ἐπιποθησις	ἐπιποθησιν [2]
ἐπιποθητος	ἐπιποθητοι [1]
ἐπιποθια	ἐπιποθιαν [1]
ἐπιπορευομαι	ἐπιπορευομενων [1]
ἐπιραπτω	ἐπιραπτει [1]
ἐπιριπτω	ἐπιριψαντες [2]
ἐπισημος	ἐπισημοι [1], ἐπισημον [1]
ἐπισιτισμος	ἐπισιτισμον [1]
ἐπισκεπτομαι	ἐπεσκεψασθε [2], ἐπεσκεψατο [3], ἐπισκεπτεσθαι [1], ἐπισκεπτη [1], ἐπισκεψασθαι [1], ἐπισκεψασθε [1], ἐπισκεψεται [1], ἐπισκεψωμεθα [1]
ἐπισκευαζομαι	ἐπισκευασαμενοι [1]
ἐπισκηνοω	ἐπισκηνωση [1]
ἐπισκιαζω	ἐπεσκιαζεν [1], ἐπεσκιασεν [1], ἐπισκιαζουσα [1], ἐπισκιασει [1], ἐπισκιαση [1]
ἐπισκοπεω	ἐπισκοπουντες [2]
ἐπισκοπη	ἐπισκοπην [1], ἐπισκοπης [3]
ἐπισκοπος	ἐπισκοποις [1], ἐπισκοπον [3], ἐπισκοπους [1]

ἐπισπαομαι	ἐπισπασθω [1]
ἐπισπειρω	ἐπεσπειρεν [1]
ἐπισταμαι	ἐπισταμαι [2], ἐπισταμενος [4], ἐπιστανται [2], ἐπιστασθε [5], ἐπισταται [1]
ἐπιστασις	ἐπιστασιν [1], ἐπιστασις [1]
ἐπιστατης	ἐπιστατα [7]
ἐπιστελλω	ἐπεστειλα [1], ἐπεστειλαμεν [1], ἐπιστειλαι [1]
ἐπιστημων	ἐπιστημων [1]
ἐπιστηριζω	ἐπεστηριξαν [1], ἐπιστηριζοντες [1], ἐπιστηριζων [2]
ἐπιστολη	ἐπιστολαι [1], ἐπιστολαις [1], ἐπιστολας [2], ἐπιστολη [4], ἐπιστολῃ [3], ἐπιστολην [6], ἐπιστολης [3], ἐπιστολων [4]
ἐπιστομιζω	ἐπιστομιζειν [1]
ἐπιστρεφω	ἐπεστραφητε [1], ἐπεστρεψα [1], ἐπεστρεψαν [2], ἐπεστρεψατε [1], ἐπεστρεψεν [2], ἐπιστραφεις [3], ἐπιστραφητω [1], ἐπιστρεφειν [2], ἐπιστρεφετε [1], ἐπιστρεφουσιν [1], ἐπιστρεψαι [2], ἐπιστρεψαντες [1], ἐπιστρεψας [6], ἐπιστρεψατε [1], ἐπιστρεψατω [3], ἐπιστρεψει [1], ἐπιστρεψῃ [3], ἐπιστρεψω [1], ἐπιστρεψωσιν [3]
ἐπιστροφη	ἐπιστροφην [1]
ἐπισυναγω	ἐπισυναγαγειν [1], ἐπισυναγει [1], ἐπισυναξαι [1], ἐπισυναξει [1], ἐπισυναξουσιν [1], ἐπισυναχθεισων [1], ἐπισυναχθησονται [1], ἐπισυνηγμενη [1]
ἐπισυναγωγη	ἐπισυναγωγην [1], ἐπισυναγωγης [1]
ἐπισυντρεχω	ἐπισυντρεχει [1]
ἐπισφαλης	ἐπισφαλους [1]
ἐπισχυω	ἐπισχυον [1]
ἐπισωρευω	ἐπισωρευσουσιν [1]
ἐπιταγη	ἐπιταγην [6], ἐπιταγης [1]
ἐπιτασσω	ἐπεταξας [1], ἐπεταξεν [3], ἐπιταξη [1], ἐπιτασσει [3], ἐπιτασσειν [1], ἐπιτασσω [1]
ἐπιτελεω	ἐπιτελειν [1], ἐπιτελεισθαι [1], ἐπιτελεισθε [1], ἐπιτελεσαι [1], ἐπιτελεσας [1], ἐπιτελεσατε [1], ἐπιτελεσει [1], ἐπιτελεση [1], ἐπιτελουντες [2]
ἐπιτηδειος	ἐπιτηδεια [1]
ἐπιτιθημι	ἐπεθεντο [1], ἐπεθηκαν [6], ἐπεθηκεν [5], ἐπετιθεσαν [1], ἐπιθειναι [1], ἐπιθεις [5], ἐπιθεντα [1], ἐπιθεντες [3], ἐπιθεντος [2], ἐπιθες [1], ἐπιθῃ [3], ἐπιθης [1], ἐπιθησει [1], ἐπιθησεται [1], ἐπιθησουσιν [1], ἐπιθω [1], ἐπιτιθεασιν [1], ἐπιτιθει [1], ἐπιτιθεις [1], ἐπιτιθεσθαι [1], ἐπιτιθησιν [1]
ἐπιτιμαω	ἐπετιμα [1], ἐπετιμησαν [2], ἐπετιμησεν [14], ἐπετιμων [3], ἐπιτιμαν [2], ἐπιτιμησαι [1], ἐπιτιμησας [1], ἐπιτιμησον [3], ἐπιτιμων [2]
ἐπιτιμια	ἐπιτιμια [1]
ἐπιτρεπω	ἐπετραπη [1], ἐπετρεψεν [6], ἐπιτρεπεται [2], ἐπιτρεπη [1], ἐπιτρεπω [1], ἐπιτρεψαντος [1], ἐπιτρεψη [2], ἐπιτρεψον [4]
ἐπιτροπη	ἐπιτροπης [1]
ἐπιτροπος	ἐπιτροπου [1], ἐπιτροπους [1], ἐπιτροπω [1]
ἐπιτυγχανω	ἐπετυχεν [3], ἐπετυχον [1], ἐπιτυχειν [1]
ἐπιφαινω	ἐπεφανη [2], ἐπιφαινοντων [1], ἐπιφαναι [1]
ἐπιφανεια	ἐπιφανειᾳ [1], ἐπιφανειαν [3], ἐπιφανειας [2]
ἐπιφανης	ἐπιφανη [1]
ἐπιφαυσκω	ἐπιφαυσει [1]
ἐπιφερω	ἐπενεγκειν [1], ἐπιφερων [1]
ἐπιφωνεω	ἐπεφωνει [1], ἐπεφωνουν [3]
ἐπιφωσκω	ἐπεφωσκεν [1], ἐπιφωσκουση [1]
ἐπιχειρεω	ἐπεχειρησαν [2], ἐπεχειρουν [1]
ἐπιχεω	ἐπιχεων [1]
ἐπιχορηγεω	ἐπιχορηγηθησεται [1], ἐπιχορηγησατε [1], ἐπιχορηγουμενον [1], ἐπιχορηγων [2]
ἐπιχορηγια	ἐπιχορηγιας [2]
ἐπιχριω	ἐπεχρισεν [2]
ἐποικοδομεω	ἐποικοδομει [3], ἐποικοδομηθεντες [1], ἐποικοδομησεν [1], ἐποικοδομουμενοι [1], ἐποικοδομουντες [1]
ἐπονομαζομαι	ἐπονομαζη [1]
ἐποπτευω	ἐποπτευοντες [1], ἐποπτευσαντες [1]
ἐποπτης	ἐποπται [1]
ἐπος	ἐπος [1]
ἐπουρανιος	ἐπουρανια [3], ἐπουρανιοι [1], ἐπουρανιοις [5], ἐπουρανιον [1], ἐπουρανιος [1], ἐπουρανιου [4], ἐπουρανιω [1], ἐπουρανιων [3]
ἑπτα	ἑπτα [88]
ἑπτακις	ἑπτακις [4]
ἑπτακισχιλιοι	ἑπτακισχιλιους [1]
ἐραστος	ἐραστον [1], ἐραστος [2]
ἐραυναω	ἐραυνα [1], ἐραυνατε [1], ἐραυνησον [1], ἐραυνων [2], ἐραυνωντες [1]
ἐργαζομαι	εἰργασαμεθα [1], εἰργασμενα [1], ἐργαζεσθαι [6], ἐργαζεσθε [3], ἐργαζεται [5], ἐργαζη [1], ἐργαζομαι [2], ἐργαζομενοι [6], ἐργαζομενος [2], ἐργαζομενους [1], ἐργαζομενω [3], ἐργαζονται [1], ἐργαζου [1], ἐργαζωμεθα [1], ἐργαση [1], ἠργαζετο [1], ἠργασαντο [1], ἠργασατο [3]
ἐργασια	ἐργασιαν [4], ἐργασιας [2]

ἐργάτης   ἐργάται [4], ἐργάτας [6], ἐργάτην [1], ἐργάτης [3], ἐργατῶν [2]

ἔργον   ἔργα [58], ἔργοις [13], ἔργον [38], ἔργου [8], ἔργῳ [10], ἔργων [42]

ἐρεθίζω   ἐρεθίζετε [1], ἠρέθισεν [1]

ἐρείδω   ἐρείσασα [1]

ἐρεύγομαι   ἐρεύξομαι [1]

ἐρημια   ἐρημίᾳ [2], ἐρημίαις [1], ἐρημίας [1]

ἐρημοομαι   ἐρημοῦται [2], ἠρημώθη [2], ἠρημωμένην [1]

ἔρημος   ἐρήμοις [3], ἔρημον [13], ἔρημος [5], ἐρήμου [2], ἐρήμους [1], ἐρήμῳ [24]

ἐρήμωσις   ἐρημώσεως [2], ἐρήμωσις [1]

ἐρίζω   ἐρίσει [1]

ἐριθεια   ἐριθεία [1], ἐριθεῖαι [2], ἐριθείαν [2], ἐριθείας [2]

ἔριον   ἔριον [1], ἐρίου [1]

ἔρις   ἔρεις [1], ἔριδες [1], ἔριδι [1], ἔριδος [1], ἔριν [1], ἔρις [4]

ἐρίφιον   ἐρίφια [1]

ἔριφος   ἔριφον [1], ἐρίφων [1]

ἑρμας   ἑρμᾶν [1]

ἑρμηνεια   ἑρμηνεία [1], ἑρμηνείαν [1]

ἑρμηνευω   ἑρμηνεύεται [2], ἑρμηνευόμενος [1]

ἑρμης   ἑρμῆν [2]

ἑρμογενης   ἑρμογένης [1]

ἑρπετον   ἑρπετά [2], ἑρπετῶν [2]

ἐρυθρος   ἐρυθρᾷ [1], ἐρυθράν [1]

ἔρχομαι   ἐλεύσεται [5], ἐλεύσομαι [6], ἐλευσόμεθα [1], ἐλεύσονται [10], ἐλήλυθα [7], ἐλήλυθας [2], ἐλήλυθει [6], ἐληλύθεισαν [1], ἐλήλυθεν [8], ἐληλυθότα [2], ἐληλυθότες [1], ἐληλυθυῖαν [1], ἔλθατω [1], ἔλθε [2], ἐλθεῖν [41], ἐλθέτω [2], ἔλθῃ [32], ἔλθῃς [1], ἔλθητε [1], ἔλθον [2], ἐλθόντα [2], ἐλθόντας [1], ἐλθόντες [22], ἐλθόντι [1], ἐλθόντος [6], ἐλθόντων [3], ἐλθοῦσα [5], ἐλθοῦσαι [1], ἐλθούσης [2], ἔλθω [6], ἐλθών [50], ἔλθωσιν [4], ἔρχεσθαι [10], ἔρχεσθε [2], ἐρχέσθω [2], ἔρχεται [90], ἔρχη [1], ἔρχηται [2], ἔρχομαι [20], ἐρχόμεθα [1], ἐρχόμενα [2], ἐρχομένη [2], ἐρχομένης [1], ἐρχόμενοι [4], ἐρχόμενον [17], ἐρχόμενος [26], ἐρχομένου [2], ἐρχομένους [1], ἐρχομένῳ [4], ἐρχομένων [1], ἔρχονται [19], ἔρχου [11], ἤλθαμεν [1], ἦλθαν [5], ἤλθατε [1], ἦλθε [1], ἦλθεν [89], ἦλθες [3], ἤλθομεν [9], ἦλθον [63], ἤρχετο [4], ἤρχοντο [6], ἤρχου [1]

ἐρω   εἴρηκα [4], εἴρηκαν [1], εἴρηκας [1], εἰρήκασιν [1], εἰρήκατε [1], εἰρήκει [3], εἴρηκεν [8], εἰρηκέναι [1], εἰρηκότος [1], εἰρημένον [4], εἴρηται [1], ἐρεῖ [17], ἐρεῖς [4], ἐρεῖτε [5], ἐροῦμεν [7], ἐροῦσιν [5], ἐρρέθη [10], ἐρρέθησαν [1], ἐρῶ [8], ῥηθείς [1], ῥηθέν [12]

ἐρωταω   ἐρώτα [5], ἐρώταν [1], ἐρωτᾷς [2], ἐρωτῆσαι [2], ἐρωτήσατε [1], ἐρωτήσετε [1], ἐρώτηση [1], ἐρώτησον [1], ἐρωτήσω [5], ἐρωτήσωσιν [1], ἐρωτῶ [9], ἐρωτῶμεν [3], ἐρωτῶν [1], ἐρωτῶντες [1], ἐρωτώντων [1], ἠρώτα [6], ἠρώτησαν [8], ἠρώτησεν [6], ἠρώτουν [1], ἠρώτων [7]

ἐσθης   ἐσθήσεσι [1], ἐσθῆτα [3], ἐσθῆτι [4]

ἐσθιω   ἐσθῆτε [1], ἐσθίει [10], ἐσθίειν [6], ἐσθίετε [6], ἐσθιέτω [3], ἐσθίῃ [2], ἐσθίητε [1], ἐσθίοντα [2], ἐσθίοντες [4], ἐσθίοντι [1], ἐσθιόντων [4], ἐσθίουσιν [8], ἐσθίων [11], ἐσθίωσιν [2], ἔφαγεν [5], ἐφάγετε [1], ἐφάγομεν [2], ἔφαγον [13], ἤσθιον [4], φάγε [4], φαγεῖν [34], φάγεσαι [1], φάγεται [2], φάγετε [1], φάγῃ [4], φάγῃς [1], φάγητε [5], φάγοι [1], φάγονται [1], φαγόντες [2], φάγω [5], φάγωμεν [5], φάγωσιν [6]

ἐσλι   ἐσλι [1]

ἔσοπτρον   ἐσόπτρου [1], ἐσόπτρῳ [1]

ἑσπερα   ἑσπέρα [1], ἑσπέραν [1], ἑσπέρας [1]

ἐσρωμ   ἐσρωμ [3]

ἑσσοομαι   ἡσσώθητε [1]

ἔσχατος   ἔσχατα [4], ἐσχάταις [3], ἐσχάτας [1], ἐσχάτη [3], ἐσχάτῃ [8], ἔσχατοι [9], ἔσχατον [7], ἔσχατος [6], ἐσχάτου [5], ἐσχάτους [1], ἐσχάτῳ [2], ἐσχάτων [3]

ἐσχατως   ἐσχάτως [1]

ἔσω   ἔσω [9]

ἔσωθεν   ἔσωθεν [12]

ἐσωτερος   ἐσωτέραν [1], ἐσώτερον [1]

ἑταιρος   ἑταῖρε [3]

ἑτερογλωσσος   ἑτερογλώσσοις [1]

ἑτεροδιδασκαλεω   ἑτεροδιδασκαλεῖ [1], ἑτεροδιδασκαλεῖν [1]

ἑτεροζυγεω   ἑτεροζυγοῦντες [1]

ἕτερος   ἕτερα [10], ἑτέρᾳ [4], ἕτεραι [1], ἑτέραις [3], ἑτέραν [3], ἑτέρας [2], ἕτεροι [6], ἑτέροις [2], ἕτερον [26], ἕτερος [16], ἑτέρου [6], ἑτέρους [4], ἑτέρῳ [12], ἑτέρων [4]

ἑτερως   ἑτέρως [1]

ἔτι   ἔτι [93]

ἐτοιμαζω	ἐτοιμαζε [1], ἐτοιμασαι [4], ἐτοιμασας [1], ἐτοιμασατε [7], ἐτοιμασθη [1], ἐτοιμασον [1], ἐτοιμασω [1], ἐτοιμασωμεν [3], ἡτοιμακα [1], ἡτοιμασαν [6], ἡτοιμασας [2], ἡτοιμασεν [3], ἡτοιμασμενην [2], ἡτοιμασμενοι [1], ἡτοιμασμενοις [1], ἡτοιμασμενον [3], ἡτοιμασται [2]	εὐθυμος	εὐθυμοι [1]
		εὐθυμως	εὐθυμως [1]
		εὐθυνω	εὐθυνατε [1], εὐθυνοντος [1]
		εὐθυς	εὐθυς [51]
ἐτοιμασια	ἐτοιμασιᾳ [1]	εὐθυς	εὐθεια [1], εὐθειαν [3], εὐθειας [4]
ἐτοιμος	ἐτοιμα [3], ἐτοιμην [2], ἐτοιμοι [6], ἐτοιμον [1], ἐτοιμος [3], ἐτοιμους [1], ἐτοιμῳ [1]	εὐθυτης	εὐθυτητος [1]
		εὐκαιρεω	εὐκαιρηση [1], εὐκαιρουν [1], ηὐκαιρουν [1]
ἐτοιμως	ἐτοιμως [3]	εὐκαιρια	εὐκαιριαν [2]
ἐτος	ἐτει [1], ἐτεσιν [2], ἐτη [29], ἐτος [2], ἐτων [15]	εὐκαιρος	εὐκαιρον [1], εὐκαιρου [1]
εὐ	εὐ [6]	εὐκαιρως	εὐκαιρως [2]
εὐα	εὐα [1], εὐαν [1]	εὐκοπωτερος	εὐκοπωτερον [7]
εὐαγγελιζω	εὐαγγελιζεσθαι [2], εὐαγγελιζεται [3], εὐαγγελιζηται [1], εὐαγγελιζομαι [1], εὐαγγελιζομεθα [1], εὐαγγελιζομενοι [7], εὐαγγελιζομενος [3], εὐαγγελιζομενου [1], εὐαγγελιζομενῳ [1], εὐαγγελιζομενων [1], εὐαγγελιζονται [2], εὐαγγελιζωμαι [2], εὐαγγελισαι [1], εὐαγγελισαμενοι [1], εὐαγγελισαμενου [1], εὐαγγελισαμενων [1], εὐαγγελισασθαι [7], εὐαγγελισθεν [2], εὐαγγελισθεντες [1], εὐαγγελισωμαι [1], εὐηγγελιζετο [3], εὐηγγελιζοντο [1], εὐηγγελισαμεθα [1], εὐηγγελισαμην [4], εὐηγγελισατο [2], εὐηγγελισεν [1], εὐηγγελισθη [1], εὐηγγελισμενοι [1]	εὐλαβεια	εὐλαβειας [2]
		εὐλαβεομαι	εὐλαβηθεις [1]
		εὐλαβης	εὐλαβεις [2], εὐλαβης [2]
		εὐλογεω	εὐλογειν [1], εὐλογειται [1], εὐλογειτε [3], εὐλογηθησονται [1], εὐλογηκεν [1], εὐλογημενη [2], εὐλογημενοι [1], εὐλογημενος [7], εὐλογης [1], εὐλογησας [5], εὐλογησεν [9], εὐλογησω [1], εὐλογουμεν [3], εὐλογουντα [1], εὐλογουνται [1], εὐλογουντες [2], εὐλογων [2]
εὐαγγελιον	εὐαγγελιον [41], εὐαγγελιου [23], εὐαγγελιῳ [12]	εὐλογητος	εὐλογητος [7], εὐλογητου [1]
εὐαγγελιστης	εὐαγγελιστας [1], εὐαγγελιστου [2]	εὐλογια	εὐλογια [4], εὐλογιᾳ [1], εὐλογιαις [2], εὐλογιαν [5], εὐλογιας [4]
εὐαρεστεω	εὐαρεστειται [1], εὐαρεστηκεναι [1], εὐαρεστησαι [1]	εὐμεταδοτος	εὐμεταδοτους [1]
		εὐνικη	εὐνικῃ [1]
εὐαρεστος	εὐαρεστοι [1], εὐαρεστον [6], εὐαρεστος [1], εὐαρεστους [1]	εὐνοεω	εὐνοων [1]
εὐαρεστως	εὐαρεστως [1]	εὐνοια	εὐνοιας [1]
εὐβουλος	εὐβουλος [1]	εὐνουχιζω	εὐνουχισαν [1], εὐνουχισθησαν [1]
εὐγενης	εὐγενεις [1], εὐγενεστεροι [1], εὐγενης [1]	εὐνουχος	εὐνουχοι [3], εὐνουχος [5]
εὐδια	εὐδια [1]	εὐοδια	εὐοδιαν [1]
εὐδοκεω	εὐδοκει [1], εὐδοκησα [5], εὐδοκησαμεν [1], εὐδοκησαν [2], εὐδοκησαντες [1], εὐδοκησας [2], εὐδοκησεν [6], εὐδοκουμεν [2], εὐδοκω [1]	εὐοδοομαι	εὐοδουσθαι [1], εὐοδουται [1], εὐοδωθησομαι [1], εὐοδωται [1]
		εὐπαρεδρος	εὐπαρεδρον [1]
εὐδοκια	εὐδοκια [3], εὐδοκιαν [4], εὐδοκιας [2]	εὐπειθης	εὐπειθης [1]
εὐεργεσια	εὐεργεσιᾳ [1], εὐεργεσιας [1]	εὐπεριστατος	εὐπεριστατον [1]
εὐεργετεω	εὐεργετων [1]	εὐποιια	εὐποιιας [1]
εὐεργετης	εὐεργεται [1]	εὐπορεομαι	εὐπορειτο [1]
εὐθετος	εὐθετον [2], εὐθετος [1]	εὐπορια	εὐπορια [1]
εὐθεως	εὐθεως [36]	εὐπρεπεια	εὐπρεπεια [1]
εὐθυδρομεω	εὐθυδρομησαμεν [1], εὐθυδρομησαντες [1]	εὐπροσδεκτος	εὐπροσδεκτος [4], εὐπροσδεκτους [1]
εὐθυμεω	εὐθυμει [1], εὐθυμειν [1], εὐθυμειτε [1]	εὐπροσωπεω	εὐπροσωπησαι [1]

εὐρακυλων	εὐρακυλων [1]
εὑρισκω	εὑραμεν [1], εὑραμενος [1], εὑρεθεις [1], εὑρεθη [17], εὑρεθημεν [1], εὑρεθην [1], εὑρεθηναι [1], εὑρεθησαν [2], εὑρεθησεται [1], εὑρεθησομεθα [1], εὑρεθητε [1], εὑρεθω [2], εὑρεθωσιν [1], εὑρειν [5], εὑρεν [16], εὑρες [2], εὑρη [5], εὑρηκα [2], εὑρηκαμεν [2], εὑρηκεναι [1], εὑρησει [8], εὑρησεις [1], εὑρησετε [10], εὑρησομεν [1], εὑρησουσιν [2], εὑρητε [2], εὑρισκει [12], εὑρισκομεθα [1], εὑρισκομεν [1], εὑρισκον [2], εὑρισκοντες [2], εὑρισκω [6], εὑροιεν [1], εὑρομεν [2], εὑρον [33], εὑροντες [8], εὑρουσα [1], εὑρουσαι [1], εὑρω [1], εὑρωμεν [1], εὑρων [10], εὑρωσιν [3], ηὑρισκετο [1], ηὑρισκον [2]
εὐρυχωρος	εὐρυχωρος [1]
εὐσεβεια	εὐσεβεια [2], εὐσεβειᾳ [3], εὐσεβειαις [1], εὐσεβειαν [7], εὐσεβειας [2]
εὐσεβεω	εὐσεβειν [1], εὐσεβειτε [1]
εὐσεβης	εὐσεβεις [1], εὐσεβη [1], εὐσεβης [1]
εὐσεβως	εὐσεβως [2]
εὐσημος	εὐσημον [1]
εὐσπλαγχνος	εὐσπλαγχνοι [2]
εὐσχημονως	εὐσχημονως [3]
εὐσχημοσυνη	εὐσχημοσυνην [1]
εὐσχημων	εὐσχημον [1], εὐσχημονα [1], εὐσχημονας [1], εὐσχημονων [1], εὐσχημων [1]
εὐτονως	εὐτονως [2]
εὐτραπελια	εὐτραπελια [1]
εὐτυχος	εὐτυχος [1]
εὐφημια	εὐφημιας [1]
εὐφημος	εὐφημα [1]
εὐφορεω	εὐφορησεν [1]
εὐφραινω	εὐφραινεσθαι [1], εὐφραινεσθε [1], εὐφραινομενος [1], εὐφραινονται [1], εὐφραινοντο [1], εὐφραινου [2], εὐφραινων [1], εὐφρανθηναι [1], εὐφρανθητε [1], εὐφρανθητι [1], εὐφρανθω [1], εὐφρανθωμεν [1], ηὐφρανθη [1]
εὐφρατης	εὐφρατῃ [1], εὐφρατην [1]
εὐφροσυνη	εὐφροσυνης [2]
εὐχαριστεω	εὐχαριστει [2], εὐχαριστειν [2], εὐχαριστεις [1], εὐχαριστειτε [1], εὐχαριστηθη [1], εὐχαριστησαντος [1], εὐχαριστησας [9], εὐχαριστησεν [1], εὐχαριστουμεν [4], εὐχαριστουντες [3], εὐχαριστω [10], εὐχαριστων [2], ηὐχαριστησαν [1]
εὐχαριστια	εὐχαριστια [2], εὐχαριστιᾳ [3], εὐχαριστιαν [4], εὐχαριστιας [5], εὐχαριστιων [1]
εὐχαριστος	εὐχαριστοι [1]
εὐχη	εὐχη [1], εὐχην [2]
εὐχομαι	εὐξαιμην [1], εὐχεσθε [1], εὐχομαι [1], εὐχομεθα [2], ηὐχομην [1], ηὐχοντο [1]
εὐχρηστος	εὐχρηστον [2], εὐχρηστος [1]
εὐψυχεω	εὐψυχω [1]
εὐωδια	εὐωδια [1], εὐωδιας [2]
εὐωνυμος	εὐωνυμον [2], εὐωνυμων [7]
ἐφαλλομαι	ἐφαλομενος [1]
ἐφαπαξ	ἐφαπαξ [5]
ἐφεσιος	ἐφεσιοι [1], ἐφεσιον [1], ἐφεσιων [3]
ἐφεσος	ἐφεσον [8], ἐφεσου [2], ἐφεσῳ [6]
ἐφευρετης	ἐφευρετας [1]
ἐφημερια	ἐφημεριας [2]
ἐφημερος	ἐφημερου [1]
ἐφικνεομαι	ἐφικεσθαι [1], ἐφικνουμενοι [1]
ἐφιστημι	ἐπεστη [2], ἐπεστησαν [5], ἐπισταντες [2], ἐπιστας [4], ἐπιστασα [2], ἐπιστη [1], ἐπιστηθι [1], ἐφεστηκεν [1], ἐφεστως [1], ἐφεστωτα [1], ἐφισταται [1]
ἐφοραω	ἐπειδεν [1], ἐπιδε [1]
ἐφραιμ	ἐφραιμ [1]
ἐφφαθα	ἐφφαθα [1]
ἐχθες	ἐχθες [3]
ἐχθρα	ἐχθρα [2], ἐχθρᾳ [1], ἐχθραι [1], ἐχθραν [2]
ἐχθρος	ἐχθρε [1], ἐχθροι [6], ἐχθρον [2], ἐχθρος [7], ἐχθρου [1], ἐχθρους [13], ἐχθρων [2]
ἐχιδνα	ἐχιδνα [1], ἐχιδνων [4]
ἐχω	εἰχε [1], εἰχεν [24], εἰχες [1], εἰχετε [3], εἰχομεν [2], εἰχον [19], εἰχοσαν [2], ἐξει [6], ἐξεις [4], ἐξετε [1], ἐξουσιν [2], ἐσχεν [5], ἐσχες [1], ἐσχηκα [1], ἐσχηκαμεν [2], ἐσχηκεν [1], ἐσχηκοτα [1], ἐσχομεν [1], ἐσχον [5], ἐχε [4], ἐχει [104], ἐχειν [30], ἐχεις [28], ἐχετε [51], ἐχετω [3], ἐχῃ [11], ἐχητε [11], ἐχοι [2], ἐχοιεν [1], ἐχομεν [43], ἐχομενα [1], ἐχομενας [1], ἐχομενῃ [3], ἐχον [4], ἐχοντα [28], ἐχοντας [16], ἐχοντες [47], ἐχοντι [10], ἐχοντος [5], ἐχοντων [9], ἐχουσα [15], ἐχουσαι [3], ἐχουσαις [3], ἐχουσαν [6], ἐχουσῃ [1], ἐχουσης [2], ἐχουσι [2], ἐχουσιν [34], ἐχω [48], ἐχωμεν [4], ἐχων [86], ἐχωσιν [5], σχητε [1], σχω [5], σχωμεν [2]
ἑως	ἑως [146]
ζαβουλων	ζαβουλων [3]
ζακχαιος	ζακχαιε [1], ζακχαιος [2]
ζαρα	ζαρα [1]

ζαχαριας	ζαχαρια [1], ζαχαριαν [2], ζαχαριας [4], ζαχαριου [4]
ζεβεδαιος	ζεβεδαιον [1], ζεβεδαιου [11]
ζεστος	ζεστος [3]
ζευγος	ζευγη [1], ζευγος [1]
ζευκτηρια	ζευκτηριας [1]
ζευς	δια [1], διος [1]
ζεω	ζεοντες [1], ζεων [1]
ζηλευω	ζηλευε [1]
ζηλος	ζηλον [4], ζηλος [8], ζηλου [2], ζηλω [2]
ζηλοω	ζηλοι [1], ζηλουσθαι [1], ζηλουσιν [1], ζηλουτε [5], ζηλω [1], ζηλωσαντες [2]
ζηλωτης	ζηλωται [3], ζηλωτην [2], ζηλωτης [3]
ζημια	ζημιαν [3], ζημιας [1]
ζημιοομαι	εζημιωθην [1], ζημιωθεις [1], ζημιωθη [1], ζημιωθηναι [1], ζημιωθησεται [1], ζημιωθητε [1]
ζηνας	ζηναν [1]
ζητεω	εζητει [7], εζητειτε [1], εζητειτο [1], εζητησαμεν [1], εζητησαν [1], εζητησεν [1], εζητουμεν [1], εζητουν [18], ζητει [9], ζητει [2], ζητειν [2], ζητεις [2], ζητειται [1], ζητειτε [22], ζητειτω [1], ζητηθησεται [1], ζητησαι [1], ζητησατω [1], ζητησετε [4], ζητηση [1], ζητησον [1], ζητησουσιν [2], ζητουν [2], ζητουντες [10], ζητουντι [1], ζητουντων [2], ζητουσιν [8], ζητω [4], ζητων [9]
ζητημα	ζητηματα [2], ζητηματος [1], ζητηματων [2]
ζητησις	ζητησεις [3], ζητησεως [2], ζητησιν [1], ζητησις [1]
ζιζανιον	ζιζανια [7], ζιζανιων [1]
ζοροβαβελ	ζοροβαβελ [3]
ζοφος	ζοφον [1], ζοφος [2], ζοφου [1], ζοφω [1]
ζυγος	ζυγον [4], ζυγος [1], ζυγω [1]
ζυμη	ζυμη [2], ζυμῃ [4], ζυμην [1], ζυμης [6]
ζυμοω	εζυμωθη [2], ζυμοι [2]
ζω	εζησα [1], εζησαν [2], εζησεν [4], εζητε [1], εζων [1], ζη [13], ζην [12], ζης [2], ζησασα [1], ζησει [3], ζησεσθε [1], ζησεται [9], ζησετε [1], ζηση [2], ζησομεν [4], ζησουσιν [1], ζησω [1], ζησωμεν [4], ζητε [1], ζω [6], ζωμεν [7], ζων [11], ζωντα [6], ζωντας [4], ζωντες [7], ζωντι [7], ζωντος [14], ζωντων [5], ζωσα [1], ζωσαν [5], ζωσι [1], ζωσιν [2]
ζωγρεω	εζωγρημενοι [1], ζωγρων [1]
ζωη	ζωη [24], ζωῃ [4], ζωην [60], ζωης [47]
ζωνη	ζωνας [2], ζωνη [1], ζωνην [5]
ζωννυμι	εζωννυες [1], ζωσαι [1], ζωσει [1]
ζωογονεω	ζωογονεισθαι [1], ζωογονησει [1], ζωογονουντος [1]
ζωον	ζωα [8], ζωον [4], ζωου [3], ζωων [8]
ζωοποιεω	ζωοποιει [3], ζωοποιειται [1], ζωοποιηθεις [1], ζωοποιηθησονται [1], ζωοποιησαι [1], ζωοποιησει [1], ζωοποιουν [2], ζωοποιουντος [1]
ἡ	ἡ [344]
ἡγεμονευω	ἡγεμονευοντος [2]
ἡγεμονια	ἡγεμονιας [1]
ἡγεμων	ἡγεμονα [2], ἡγεμονας [2], ἡγεμονι [4], ἡγεμονος [5], ἡγεμονων [1], ἡγεμοσιν [2], ἡγεμων [4]
ἡγεομαι	ἡγεισθαι [1], ἡγεισθε [2], ἡγεισθωσαν [1], ἡγημαι [2], ἡγησαμενος [2], ἡγησαμην [2], ἡγησασθε [1], ἡγησατο [3], ἡγουμαι [3], ἡγουμενοι [2], ἡγουμενοις [1], ἡγουμενον [1], ἡγουμενος [3], ἡγουμενους [2], ἡγουμενων [1], ἡγουνται [1]
ἡδεως	ἡδεως [3], ἡδιστα [2]
ἡδη	ἡδη [61]
ἡδονη	ἡδοναις [2], ἡδονην [1], ἡδονων [2]
ἡδυοσμον	ἡδυοσμον [2]
ἡθος	ἡθη [1]
ἡκω	ἡκασιν [1], ἡκει [4], ἡκω [3], ἡξει [9], ἡξουσιν [6], ἡξω [3]
ἡλι	ἡλι [2]
ἡλι	ἡλι [1]
ἡλιας	ἡλια [4], ἡλιαν [7], ἡλιας [16], ἡλιου [2]
ἡλικια	ἡλικιᾳ [2], ἡλικιαν [4], ἡλικιας [2]
ἡλικος	ἡλικην [1], ἡλικον [2]
ἡλιος	ἡλιον [4], ἡλιος [14], ἡλιου [12], ἡλιω [2]
ἡλος	ἡλων [2]
ἡμεις	ἡμας [165], ἡμεις [127], ἡμιν [168], ἡμων [404]
ἡμερα	ἡμερα [24], ἡμερᾳ [83], ἡμεραι [26], ἡμεραις [49], ἡμεραν [58], ἡμερας [127], ἡμερων [22]
ἡμετερος	ἡμετερα [1], ἡμετεραις [1], ἡμετεραν [1], ἡμετερας [1], ἡμετεροι [1], ἡμετεροις [1], ἡμετερον [1], ἡμετερων [1]
ἡμιθανης	ἡμιθανη [1]
ἡμισυς	ἡμισια [1], ἡμισους [1], ἡμισυ [3]
ἡμιωριον	ἡμιωριον [1]
ἡνικα	ἡνικα [2]
ἡπερ	ἡπερ [1]
ἡπιος	ἡπιον [1]

ἠρ	ἠρ [1]
ἠρεμος	ἠρεμον [1]
ἡρωδης	ἡρωδη [3], ἡρωδην [2], ἡρωδης [25], ἡρωδου [13]
ἡρωδιανοι	ἡρωδιανων [3]
ἡρωδιας	ἡρωδιαδα [2], ἡρωδιαδος [3], ἡρωδιας [1]
ἡρωδιων	ἡρωδιωνα [1]
ἡσαιας	ἡσαια [1], ἡσαιαν [2], ἡσαιας [10], ἡσαιου [9]
ἡσαυ	ἡσαυ [3]
ἡσσων	ἡσσον [2]
ἡσυχαζω	ἡσυχαζειν [1], ἡσυχασαμεν [1], ἡσυχασαν [3]
ἡσυχια	ἡσυχια [2], ἡσυχιαν [1], ἡσυχιας [1]
ἡσυχιος	ἡσυχιον [1], ἡσυχιου [1]
ἡτοι	ἡτοι [1]
ἡτταομαι	ἡττηται [1], ἡττωνται [1]
ἡττημα	ἡττημα [2]
ἡχεω	ἡχων [1]
ἡχος	ἡχος [2], ἡχους [1], ἡχω [1]
ϑα	ϑα [1]
ϑαδδαιος	ϑαδδαιον [1], ϑαδδαιος [1]
ϑαλασσα	ϑαλασσα [6], ϑαλασσαν [43], ϑαλασση [13], ϑαλασσης [29]
ϑαλπω	ϑαλπει [1], ϑαλπη [1]
ϑαμαρ	ϑαμαρ [1]
ϑαμβεομαι	ἐϑαμβηϑησαν [1], ἐϑαμβουντο [2]
ϑαμβος	ϑαμβος [2], ϑαμβους [1]
ϑανασιμος	ϑανασιμον [1]
ϑανατηφορος	ϑανατηφορου [1]
ϑανατος	ϑανατε [2], ϑανατοις [1], ϑανατον [25], ϑανατος [24], ϑανατου [53], ϑανατῳ [15]
ϑανατοω	ἐϑανατωϑητε [1], ϑανατουμεϑα [1], ϑανατουμενοι [1], ϑανατουτε [1], ϑανατωϑεις [1], ϑανατωσαι [2], ϑανατωσουσιν [3], ϑανατωσωσιν [1]
ϑαπτω	ἐϑαψαν [3], ἐταφη [3], ϑαψαι [4], ϑαψαντων [1]
ϑαρα	ϑαρα [1]
ϑαρρεω	ϑαρρησαι [1], ϑαρρουμεν [1], ϑαρρουντας [1], ϑαρρουντες [1], ϑαρρω [2]
ϑαρσεω	ϑαρσει [4], ϑαρσειτε [3]
ϑαρσος	ϑαρσος [1]
ϑαυμα	ϑαυμα [2]
ϑαυμαζω	ἐϑαυμαζεν [2], ἐϑαυμαζον [7], ἐϑαυμασα [1], ἐϑαυμασαν [8], ἐϑαυμασας [1], ἐϑαυμασεν [4], ἐϑαυμασϑη [1], ϑαυμαζειν [2], ϑαυμαζετε [4], ϑαυμαζητε [1], ϑαυμαζοντες [2], ϑαυμαζοντων [2], ϑαυμαζω [1], ϑαυμαζων [1], ϑαυμασαι [1], ϑαυμασαντες [1], ϑαυμασατε [1], ϑαυμασης [1], ϑαυμασϑηναι [1], ϑαυμασϑησονται [1]
ϑαυμασιος	ϑαυμασια [1]
ϑαυμαστος	ϑαυμαστα [1], ϑαυμαστη [2], ϑαυμαστον [3]
ϑεα	ϑεας [1]
ϑεαομαι	ἐϑεαϑη [1], ἐϑεασαμεϑα [2], ἐϑεασαντο [2], ἐϑεασασϑε [1], ἐϑεασατο [1], ϑεαϑηναι [2], ϑεασαμενοι [2], ϑεασαμενοις [1], ϑεασαμενος [2], ϑεασασϑαι [4], ϑεασασϑε [1], τεϑεαμαι [1], τεϑεαμεϑα [1], τεϑεαται [1]
ϑεατριζω	ϑεατριζομενοι [1]
ϑεατρον	ϑεατρον [3]
ϑειον	ϑειον [2], ϑειου [2], ϑειῳ [3]
ϑειος	ϑειας [2], ϑειον [1]
ϑειοτης	ϑειοτης [1]
ϑειωδης	ϑειωδεις [1]
ϑελημα	ϑελημα [40], ϑεληματα [2], ϑεληματι [6], ϑεληματος [14]
ϑελησις	ϑελησιν [1]
ϑελω	ἠϑελεν [14], ἠϑελες [1], ἠϑελησα [3], ἠϑελησαμεν [2], ἠϑελησαν [3], ἠϑελησας [2], ἠϑελησατε [3], ἠϑελησεν [8], ἠϑελον [8], ϑελει [19], ϑελειν [4], ϑελεις [18], ϑελετε [18], ϑελη [8], ϑελης [4], ϑελησαντας [1], ϑεληση [3], ϑελησω [1], ϑελησωσιν [1], ϑελητε [4], ϑελοι [3], ϑελομεν [7], ϑελοντα [1], ϑελοντας [1], ϑελοντες [7], ϑελοντι [2], ϑελοντος [2], ϑελοντων [3], ϑελουσιν [6], ϑελω [38], ϑελων [13], ϑελωσι [1]
ϑεμελιον	ϑεμελια [1], ϑεμελιον [8], ϑεμελιου [1], ϑεμελιῳ [1]
ϑεμελιος	ϑεμελιοι [1], ϑεμελιον [8], ϑεμελιος [2], ϑεμελιου [1], ϑεμελιους [2], ϑεμελιῳ [1]
ϑεμελιοω	ἐϑεμελιωσας [1], ϑεμελιωσει [1], τεϑεμελιωμενοι [2], τεϑεμελιωτο [1]
ϑεοδιδακτος	ϑεοδιδακτοι [1]
ϑεομαχος	ϑεομαχοι [1]
ϑεοπνευστος	ϑεοπνευστος [1]
ϑεος	ϑεε [2], ϑεοι [5], ϑεοις [1], ϑεον [148], ϑεος [309], ϑεου [692], ϑεους [2], ϑεῳ [159]
ϑεοσεβεια	ϑεοσεβειαν [1]
ϑεοσεβης	ϑεοσεβης [1]
ϑεοστυγης	ϑεοστυγεις [1]
ϑεοτης	ϑεοτητος [1]

θεοφιλος	θεοφιλε [2]
θεραπεια	θεραπειαν [1], θεραπειας [2]
θεραπευω	εθεραπευεν [1], εθεραπευθη [3], εθεραπευθησαν [1], εθεραπευον [1], εθεραπευοντο [3], εθεραπευσεν [13], θεραπευει [1], θεραπευειν [2], θεραπευεσθαι [1], θεραπευεσθε [1], θεραπευεται [1], θεραπευετε [2], θεραπευθηναι [1], θεραπευοντες [1], θεραπευσαι [3], θεραπευσει [1], θεραπευσον [1], θεραπευσω [1], θεραπευων [2], τεθεραπευμεναι [1], τεθεραπευμενον [1], τεθεραπευμενω [1]
θεραπων	θεραπων [1]
θεριζω	εθερισθη [1], θεριζειν [1], θεριζεις [1], θεριζουσιν [2], θεριζω [1], θεριζων [5], θερισαι [1], θερισαντων [1], θερισει [5], θερισομεν [2], θερισον [1]
θερισμος	θερισμον [3], θερισμος [6], θερισμου [4]
θεριστης	θερισται [1], θερισταις [1]
θερμαινομαι	εθερμαινοντο [1], θερμαινεσθε [1], θερμαινομενον [1], θερμαινομενος [3]
θερμη	θερμης [1]
θερος	θερος [3]
θεσσαλονικευς	θεσσαλονικεων [3], θεσσαλονικεως [1]
θεσσαλονικη	θεσσαλονικη [2], θεσσαλονικην [2], θεσσαλονικης [1]
θευδας	θευδας [1]
θεωρεω	εθεωρει [1], εθεωρησαν [1], εθεωρουν [4], θεωρει [9], θεωρειν [2], θεωρεις [1], θεωρειτε [12], θεωρη [1], θεωρησαι [1], θεωρησαντες [1], θεωρηση [1], θεωρησουσιν [1], θεωρητε [1], θεωρουντας [1], θεωρουντες [5], θεωρουντος [1], θεωρουντων [1], θεωρουσαι [2], θεωρουσιν [3], θεωρω [4], θεωρων [4], θεωρωσιν [1]
θεωρια	θεωριαν [1]
θηκη	θηκην [1]
θηλαζω	εθηλασας [1], θηλαζοντων [1], θηλαζουσαις [3]
θηλυς	θηλειαι [1], θηλειας [1], θηλυ [3]
θηρα	θηραν [1]
θηρευω	θηρευσαι [1]
θηριομαχεω	εθηριομαχησα [1]
θηριον	θηρια [2], θηριον [19], θηριου [16], θηριω [6], θηριων [3]
θησαυριζω	εθησαυρισατε [1], θησαυριζειν [1], θησαυριζεις [1], θησαυριζετε [2], θησαυριζων [2], τεθησαυρισμενοι [1]
θησαυρος	θησαυροι [1], θησαυρον [5], θησαυρος [2], θησαυρου [4], θησαυρους [3], θησαυρω [1], θησαυρων [1]

θιγγανω	θιγη [2], θιγης [1]
θλιβω	θλιβεσθαι [1], θλιβομεθα [1], θλιβομενοι [3], θλιβομενοις [2], θλιβουσιν [1], θλιβωσιν [1], τεθλιμμενη [1]
θλιψις	θλιψει [9], θλιψεις [1], θλιψεσιν [6], θλιψεων [3], θλιψεως [9], θλιψιν [10], θλιψις [7]
θνησκω	τεθνηκασιν [1], τεθνηκεν [3], τεθνηκεναι [1], τεθνηκοτα [1], τεθνηκοτος [1], τεθνηκως [2]
θνητος	θνητα [1], θνητη [1], θνητον [3], θνητω [1]
θορυβαζω	θορυβαζη [1]
θορυβεω	εθορυβουν [1], θορυβεισθε [2], θορυβουμενον [1]
θορυβος	θορυβον [3], θορυβος [3], θορυβου [1]
θραυω	τεθραυσμενους [1]
θρεμμα	θρεμματα [1]
θρηνεω	εθρηνησαμεν [2], εθρηνουν [1], θρηνησετε [1]
θρησκεια	θρησκεια [2], θρησκεια [1], θρησκειας [1]
θρησκος	θρησκος [1]
θριαμβευω	θριαμβευοντι [1], θριαμβευσας [1]
θριξ	θριξ [2], θριξιν [4], τριχα [1], τριχας [3], τριχες [3], τριχων [2]
θροεομαι	θροεισθαι [1], θροεισθε [2]
θρομβος	θρομβοι [1]
θρονος	θρονοι [1], θρονον [7], θρονος [6], θρονου [32], θρονους [5], θρονω [9], θρονων [2]
θυατειρα	θυατειρα [1], θυατειροις [2], θυατειρων [1]
θυγατηρ	θυγατερ [1], θυγατερα [4], θυγατερας [1], θυγατερες [3], θυγατερων [1], θυγατηρ [13], θυγατρι [1], θυγατρος [4]
θυγατριον	θυγατριον [2]
θυελλα	θυελλη [1]
θυινος	θυινον [1]
θυμιαμα	θυμιαματα [2], θυμιαματος [2], θυμιαματων [2]
θυμιατηριον	θυμιατηριον [1]
θυμιαω	θυμιασαι [1]
θυμομαχεω	θυμομαχων [1]
θυμοομαι	εθυμωθη [1]
θυμος	θυμοι [2], θυμον [3], θυμος [3], θυμου [10]
θυρα	θυρα [6], θυρα [3], θυραι [2], θυραις [2], θυραν [14], θυρας [8], θυρων [4]
θυρεος	θυρεον [1]
θυρις	θυριδος [2]

θυρωρος	θυρωρος [2], θυρωρω [2]
θυσια	θυσια [1], θυσια [1], θυσιαι [1], θυσιαις [3], θυσιαν [11], θυσιας [9], θυσιων [2]
θυσιαστηριον	θυσιαστηρια [1], θυσιαστηριον [6], θυσιαστηριου [11], θυσιαστηριω [5]
θυω	ἐθυον [1], ἐθυσας [1], ἐθυσεν [1], ἐτυθη [1], θυειν [2], θυεσθαι [1], θυουσιν [2], θυσατε [1], θυση [1], θυσον [2], τεθυμενα [1]
θωμας	θωμα [1], θωμαν [2], θωμας [8]
θωραξ	θωρακα [2], θωρακας [3]
ιαιρος	ιαιρος [2]
ιακωβ	ιακωβ [27]
ιακωβος	ιακωβον [16], ιακωβος [11], ιακωβου [13], ιακωβω [2]
ιαμα	ιαματων [3]
ιαμβρης	ιαμβρης [1]
ιανναι	ιανναι [1]
ιαννης	ιαννης [1]
ιαομαι	ιαθεις [1], ιαθη [5], ιαθηναι [1], ιαθησεται [1], ιαθητε [2], ιαθητω [1], ιασατο [4], ιασηται [1], ιασθαι [2], ιασομαι [3], ιαται [2], ιατο [2], ιωμενος [1]
ιαρετ	ιαρετ [1]
ιασις	ιασεις [1], ιασεως [1], ιασιν [1]
ιασπις	ιασπιδι [2], ιασπις [2]
ιασων	ιασονα [1], ιασονος [2], ιασων [2]
ιατρος	ιατρε [1], ιατροις [1], ιατρος [1], ιατρου [3], ιατρων [1]
ιδε	ιδε [34]
ιδιος	ιδια [9], ιδια [12], ιδιαις [3], ιδιαν [24], ιδιας [6], ιδιοι [1], ιδιοις [10], ιδιον [18], ιδιος [1], ιδιου [11], ιδιους [5], ιδιω [7], ιδιων [7]
ιδιωτης	ιδιωται [2], ιδιωτης [2], ιδιωτου [1]
ιδου	ιδου [200]
ιδουμαια	ιδουμαιας [1]
ιδρως	ιδρως [1]
ιεζαβελ	ιεζαβελ [1]
ιεραπολις	ιεραπολει [1]
ιερατεια	ιερατειαν [1], ιερατειας [1]
ιερατευμα	ιερατευμα [2]
ιερατευω	ιερατευειν [1]
ιερεμιας	ιερεμιαν [1], ιερεμιου [2]
ιερευς	ιερεα [2], ιερει [3], ιερεις [11], ιερευς [11], ιερευσιν [2], ιερεων [2]
ιεριχω	ιεριχω [7]
ιεροθυτος	ιεροθυτον [1]
ιερον	ιερον [20], ιερου [19], ιερω [32]
ιεροπρεπης	ιεροπρεπεις [1]
ιερος	ιερα [2], ιεραπολει [1], ιερον [1]
ιεροσολυμα	ιεροσολυμα [37], ιεροσολυμοις [14], ιεροσολυμων [11]
ιεροσολυμιτης	ιεροσολυμιται [1], ιεροσολυμιτων [1]
ιεροσυλεω	ιεροσυλεις [1]
ιεροσυλος	ιεροσυλους [1]
ιερουργεω	ιερουργουντα [1]
ιερουσαλημ	ιερουσαλημ [77]
ιερωσυνη	ιερωσυνην [1], ιερωσυνης [2]
ιεσσαι	ιεσσαι [5]
ιεφθαε	ιεφθαε [1]
ιεχονιας	ιεχονιαν [1], ιεχονιας [1]
ιησους	ιησου [329], ιησουν [128], ιησους [462]
ικανος	ικανα [1], ικαναι [2], ικαναις [1], ικανας [2], ικανοι [5], ικανοις [1], ικανον [9], ικανος [10], ικανου [2], ικανους [2], ικανω [2], ικανων [2]
ικανοτης	ικανοτης [1]
ικανοω	ικανωσαντι [1], ικανωσεν [1]
ικετηρια	ικετηριας [1]
ικμας	ικμαδα [1]
ικονιον	ικονιον [2], ικονιου [1], ικονιω [3]
ιλαρος	ιλαρον [1]
ιλαροτης	ιλαροτητι [1]
ιλασκομαι	ιλασθητι [1], ιλασκεσθαι [1]
ιλασμος	ιλασμον [1], ιλασμος [1]
ιλαστηριον	ιλαστηριον [2]
ιλεως	ιλεως [2]
ιλλυρικον	ιλλυρικου [1]
ιμας	ιμαντα [3], ιμασιν [1]
ιματιζω	ιματισμενον [2]
ιματιον	ιματια [29], ιματιοις [3], ιματιον [16], ιματιου [8], ιματιω [1], ιματιων [3]
ιματισμος	ιματισμον [1], ιματισμος [1], ιματισμου [1], ιματισμω [2]
ινα	ινα [663]
ινατι	ινατι [6]
ιοππη	ιοππη [4], ιοππην [4], ιοππης [2]

ιορδανης	ιορδανῃ [2], ιορδανην [2], ιορδανου [11]
ιος	ιος [2], ιου [1]
ιουδαια	ιουδαια [2], ιουδαιᾳ [9], ιουδαιαν [7], ιουδαιας [26]
ιουδαιζω	ιουδαιζειν [1]
ιουδαικος	ιουδαικοις [1]
ιουδαικως	ιουδαικως [1]
ιουδαιος	ιουδαια [1], ιουδαιαν [1], ιουδαιας [1], ιουδαιοι [58], ιουδαιοις [26], ιουδαιον [2], ιουδαιος [13], ιουδαιου [5], ιουδαιους [17], ιουδαιῳ [3], ιουδαιων [68]
ιουδαισμος	ιουδαισμῳ [2]
ιουδας	ιουδα [13], ιουδᾳ [1], ιουδαν [8], ιουδας [23]
ιουλια	ιουλιαν [1]
ιουλιος	ιουλιος [1], ιουλιῳ [1]
ιουνιας	ιουνιαν [1]
ιουστος	ιουστος [2], ιουστου [1]
ιππευς	ιππεις [2]
ιππικος	ιππικου [1]
ιππος	ιπποις [2], ιππος [5], ιππου [2], ιππους [1], ιππων [7]
ιρις	ιρις [2]
ισαακ	ισαακ [20]
ισαγγελος	ισαγγελοι [1]
ισκαριωθ	ισκαριωθ [3]
ισκαριωτης	ισκαριωτην [1], ισκαριωτης [4], ισκαριωτου [3]
ισος	ισα [3], ισαι [1], ιση [1], ισην [1], ισον [1], ισους [1]
ισοτης	ισοτης [1], ισοτητα [1], ισοτητος [1]
ισοτιμος	ισοτιμον [1]
ισοψυχος	ισοψυχον [1]
ισραηλ	ισραηλ [68]
ισραηλιτης	ισραηλιται [7], ισραηλιτης [2]
ισσαχαρ	ισσαχαρ [1]

ιστημι/ιστανω	εἰστηκει [7], εἰστηκεισαν [7], ἐσταθη [4], ἐσταθησαν [1], ἐσταναι [3], ἐστη [9], ἐστηκα [3], ἐστηκαμεν [1], ἐστηκας [2], ἐστηκασιν [3], ἐστηκατε [4], ἐστηκεν [6], ἐστηκος [1], ἐστηκοτα [1], ἐστηκοτες [2], ἐστηκοτων [4], ἐστηκως [2], ἐστησαν [9], ἐστησεν [7], ἐστος [2], ἐστως [10], ἐστωτα [8], ἐστωτας [6], ἐστωτες [5], ἐστωτος [1], ἐστωτων [1], ιστανομεν [1], σταθεις [6], σταθεντα [1], σταθεντες [2], σταθη [1], σταθηναι [4], σταθησεσθε [1], σταθησεται [5], σταθητε [1], σταντος [1], στας [2], στασα [1], στηθι [3], στηναι [4], στησαι [3], στησαντες [2], στησει [1], στηση [1], στησης [1], στησητε [1], στησονται [1], στητε [2]
ιστορεω	ιστορησαι [1]
ισχυρος	ισχυρα [3], ισχυρᾳ [1], ισχυραι [1], ισχυραν [1], ισχυρας [1], ισχυροι [4], ισχυρον [5], ισχυρος [3], ισχυροτεροι [1], ισχυροτερον [1], ισχυροτερος [4], ισχυρου [2], ισχυρων [2]
ισχυς	ισχυι [2], ισχυν [1], ισχυος [6], ισχυς [1]
ισχυω	ισχυει [4], ισχυειν [1], ισχυεν [2], ισχυον [3], ισχυοντες [2], ισχυοντος [1], ισχυσαμεν [2], ισχυσαν [3], ισχυσας [1], ισχυσατε [1], ισχυσεν [5], ισχυσουσιν [1], ισχυω [2]
ισως	ισως [1]
ιταλια	ιταλιαν [2], ιταλιας [2]
ιταλικος	ιταλικης [1]
ιτουραια	ιτουραιας [1]
ιχθυδιον	ιχθυδια [2]
ιχθυς	ιχθυας [7], ιχθυες [1], ιχθυν [3], ιχθυος [2], ιχθυων [7]
ιχνος	ιχνεσιν [3]
ιωαθαμ	ιωαθαμ [2]
ιωαναν	ιωαναν [1]
ιωαννα	ιωαννα [2]
ιωαννης	ιωαννῃ [5], ιωαννην [37], ιωαννης [54], ιωαννου [39]
ιωβ	ιωβ [1]
ιωβηδ	ιωβηδ [3]
ιωδα	ιωδα [1]
ιωηλ	ιωηλ [1]
ιωναμ	ιωναμ [1]
ιωνας	ιωνα [7], ιωνας [2]
ιωραμ	ιωραμ [2]
ιωριμ	ιωριμ [1]
ιωσαφατ	ιωσαφατ [2]
ιωσης	ιωσητος [3]

ιωσηφ	ιωσηφ [35]
ιωσηχ	ιωσηχ [1]
ιωσιας	ιωσιαν [1], ιωσιας [1]
ιωτα	ιωτα [1]
καγω	καγω [76], καμε [3], καμοι [5]
καθα	καθα [1]
καθαιρεσις	καθαιρεσιν [3]
καθαιρεω	καθαιρεισθαι [1], καθαιρουντες [1], καθειλεν [1], καθελειν [1], καθελοντες [1], καθελω [1], καθελων [3]
καθαιρω	καθαιρει [1]
καθαπερ	καθαπερ [13]
καθαπτω	καθηψεν [1]
καθαριζω	εκαθαρισεν [2], εκαθαρισθη [3], εκαθαρισθησαν [2], καθαριει [1], καθαριζει [1], καθαριζεσθαι [1], καθαριζεται [1], καθαριζετε [3], καθαριζονται [2], καθαριζων [1], καθαρισαι [3], καθαρισας [2], καθαρισατε [1], καθαριση [2], καθαρισθητι [3], καθαρισον [1], καθαρισωμεν [1], κεκαθαρισμενους [1]
καθαρισμος	καθαρισμον [2], καθαρισμου [5]
καθαρος	καθαρα [4], καθαρα [3], καθαρας [3], καθαροι [4], καθαροις [1], καθαρον [7], καθαρος [3], καθαρω [2]
καθαροτης	καθαροτητα [1]
καθεδρα	καθεδρας [3]
καθεζομαι	εκαθεζετο [2], εκαθεζομην [1], καθεζομενοι [1], καθεζομενον [1], καθεζομενος [1], καθεζομενους [1]
καθεξης	καθεξης [5]
καθευδω	εκαθευδεν [1], εκαθευδον [1], καθευδει [3], καθευδειν [1], καθευδεις [1], καθευδετε [3], καθευδη [1], καθευδοντας [5], καθευδοντες [1], καθευδουσιν [1], καθευδωμεν [2], καθευδων [2]
καθηγητης	καθηγηται [1], καθηγητης [1]
καθηκω	καθηκεν [1], καθηκοντα [1]
καθημαι	εκαθητο [11], καθη [1], καθημαι [1], καθημεναι [1], καθημενην [1], καθημενης [1], καθημενοι [7], καθημενοις [4], καθημενον [11], καθημενος [16], καθημενου [9], καθημενους [6], καθημενω [8], καθημενων [1], καθησεσθε [2], καθησθαι [2], καθηται [2], καθου [7]
καθημερινος	καθημερινη [1]
καθιζω	εκαθισα [1], εκαθισαν [3], εκαθισεν [13], καθιζετε [1], καθισαι [6], καθισαντες [2], καθισαντος [1], καθισας [11], καθισατε [3], καθισει [1], καθιση [1], καθισωμεν [1], καθισωσιν [1], κεκαθικεν [1]
καθιημι	καθηκαν [2], καθιεμενην [1], καθιεμενον [1]
καθιστημι καθιστανω	καθιστανοντες [1], καθισταται [4], καθιστησιν [2], κατασταθησονται [1], καταστησει [3], καταστησης [1], καταστησομεν [1], καταστησω [2], κατεσταθησαν [1], κατεστησεν [5]
καθο	καθο [4]
καθολου	καθολου [1]
καθοπλιζομαι	καθωπλισμενος [1]
καθοραω	καθοραται [1]
καθοτι	καθοτι [6]
καθως	καθως [182]
καθωσπερ	καθωσπερ [1]
και	καγω [76], και [9021], κακει [10], κακειθεν [10], κακεινα [4], κακεινοι [7], κακεινον [3], κακεινος [7], κακεινους [1], καμε [3], καμοι [5], καν [17]
καιαφας	καιαφα [4], καιαφαν [2], καιαφας [3]
καιν	καιν [3]
καιναμ	καιναμ [2]
καινος	καινα [3], καιναις [1], καινη [6], καινην [11], καινης [3], καινον [10], καινοτερον [1], καινου [2], καινους [4], καινω [1]
καινοτης	καινοτητι [2]
καιπερ	καιπερ [5]
καιρος	καιροι [3], καιροις [5], καιρον [22], καιρος [17], καιρου [7], καιρους [5], καιρω [24], καιρων [3]
καισαρ	καισαρα [8], καισαρι [9], καισαρος [12]
καισαρεια	καισαρεια [1], καισαρειαν [10], καισαρειας [6]
καιτοι	καιτοι [2], καιτοιγε [1]
καιτοιγε	καιτοιγε [1]
καιω	καιεται [2], καιομεναι [1], καιομενη [1], καιομενη [1], καιομενης [1], καιομενοι [1], καιομενον [1], καιομενος [2], καιουσιν [1], κεκαυμενω [1]
κακει	κακει [10]
κακειθεν	κακειθεν [10]
κακεινος	κακεινα [4], κακεινοι [7], κακεινον [3], κακεινος [7], κακεινους [1]
κακια	κακια [1], κακια [4], κακιαν [2], κακιας [4]
κακοηθεια	κακοηθειας [1]
κακολογεω	κακολογησαι [1], κακολογουντες [1], κακολογων [2]
κακοπαθεω	κακοπαθει [1], κακοπαθησον [1], κακοπαθω [1]

κακοπαθια	κακοπαθιας [1]
κακοποιεω	κακοποιησαι [2], κακοποιουντας [1], κακοποιων [1]
κακοποιος	κακοποιος [1], κακοποιων [2]
κακος	κακα [6], κακαι [1], κακην [1], κακοι [1], κακον [24], κακος [1], κακου [8], κακους [3], κακῳ [1], κακων [4]
κακουργος	κακουργοι [1], κακουργος [1], κακουργους [1], κακουργων [1]
κακουχεω	κακουχουμενοι [1], κακουχουμενων [1]
κακοω	ἐκακωσαν [1], ἐκακωσεν [1], κακωσαι [2], κακωσουσιν [1], κακωσων [1]
κακως	κακως [16]
κακωσις	κακωσιν [1]
καλαμη	καλαμην [1]
καλαμος	καλαμον [6], καλαμος [1], καλαμου [1], καλαμῳ [4]
καλεω	ἐκαλεσα [1], ἐκαλεσεν [10], ἐκαλουν [2], ἐκληθη [7], ἐκληθης [2], ἐκληθητε [7], καλει [4], κάλει [1], καλειν [1], καλεισθαι [3], καλειται [5], καλειτε [1], καλεσαι [4], καλεσαντα [1], καλεσαντες [1], καλεσαντος [4], καλεσας [6], καλεσατε [1], καλεσεις [3], καλεσητε [1], καλεσον [1], καλεσουσιν [1], καλεσω [1], καλουμενη [5], καλουμενῃ [1], καλουμενην [3], καλουμενης [1], καλουμενον [11], καλουμενος [7], καλουμενου [2], καλουνται [1], καλουντες [1], καλουντος [4], καλουσα [1], καλων [1], κεκληκεν [2], κεκληκοτι [1], κεκληκως [1], κεκλημενοι [3], κεκλημενοις [2], κεκλημενος [1], κεκλημενους [2], κεκλημενων [1], κεκληται [2], κληθεις [2], κληθεν [1], κληθεντος [1], κληθηναι [3], κληθης [2], κληθησεται [11], κληθηση [2], κληθησονται [2], κληθητε [2], κληθωμεν [1]
καλλιελαιος	καλλιελαιον [1]
καλοδιδασκαλος	καλοδιδασκαλους [1]
καλοποιεω	καλοποιουντες [1]
καλος	καλα [7], καλῃ [2], καλην [11], καλης [2], καλοι [1], καλοις [3], καλον [54], καλος [7], καλου [3], καλους [4], καλῳ [1], καλων [6]
καλυμμα	καλυμμα [4]
καλυπτω	καλυπτει [2], καλυπτεσθαι [1], καλυψατε [1], καλυψει [1], κεκαλυμμενον [3]
καλως	καλλιον [1], καλως [36]
καμηλος	καμηλον [4], καμηλου [2]
καμινος	καμινον [2], καμινου [1], καμινῳ [1]
καμμυω	ἐκαμμυσαν [2]
καμνω	καμητε [1], καμνοντα [1]
καμπτω	ἐκαμψαν [1], καμπτω [1], καμψει [1], καμψη [1]

καν	καν [17]
κανα	κανα [4]
καναναιος	καναναιον [1], καναναιος [1]
κανδακη	κανδακης [1]
κανων	κανονα [1], κανονι [2], κανονος [1]
καπηλευω	καπηλευοντες [1]
καπνος	καπνον [2], καπνος [6], καπνου [5]
καππαδοκια	καππαδοκιαν [1], καππαδοκιας [1]
καρδια	καρδια [19], καρδιᾳ [35], καρδιαι [2], καρδιαις [21], καρδιαν [18], καρδιας [58], καρδιων [4]
καρδιογνωστης	καρδιογνωστα [1], καρδιογνωστης [1]
καρπος	καρπον [38], καρπος [8], καρπου [4], καρπους [10], καρπων [6]
κάρπος	καρπῳ [1]
καρποφορεω	καρποφορει [2], καρποφορησαι [1], καρποφορησωμεν [1], καρποφορουμενον [1], καρποφορουντες [1], καρποφορουσιν [2]
καρποφορος	καρποφορους [1]
καρτερεω	ἐκαρτερησεν [1]
καρφος	καρφος [6]
κατα	καθ [61], κατ [85], κατα [330]
καταβαινω	καταβαινει [2], καταβαινειν [1], καταβαινον [7], καταβαινοντα [3], καταβαινοντας [1], καταβαινοντες [1], καταβαινοντος [1], καταβαινοντων [2], καταβαινουσα [1], καταβαινουσαν [3], καταβαινων [2], καταβαν [1], καταβαντες [2], καταβαντος [1], καταβας [12], καταβατω [5], καταβεβηκα [2], καταβεβηκοτες [1], καταβη [2], καταβηθι [4], καταβηναι [2], καταβησεται [2], καταβηση [2], κατεβαινεν [3], κατεβη [13], κατεβην [1], κατεβησαν [5]
καταβαλλω	καταβαλλομενοι [2]
καταβαρεω	κατεβαρησα [1]
καταβαρυνω	καταβαρυνομενοι [1]
καταβασις	καταβασει [1]
καταβολη	καταβολην [1], καταβολης [10]
καταβραβευω	καταβραβευετω [1]
καταγγελευς	καταγγελευς [1]
καταγγελλω	καταγγελλειν [2], καταγγελλεται [3], καταγγελλετε [1], καταγγελλομεν [1], καταγγελλουσιν [4], καταγγελλω [2], καταγγελλων [1], κατηγγειλαμεν [1], κατηγγειλαν [1], κατηγγελη [1], κατηγγελλον [1]
καταγελαω	κατεγελων [3]
καταγινωσκω	καταγινωσκη [2], κατεγνωσμενος [1]

καταγνυμι   κατεαγωσιν [1], κατεαξαν [2], κατεαξει [1]

καταγραφω   κατεγραφεν [1]

καταγω   καταγαγειν [1], καταγαγη [1], καταγαγης [1],
                    καταγαγοντες [1], καταγαγων [1],
                    καταχθεντες [1], κατηγαγον [2],
                    κατηχθημεν [1]

καταγωνιζομαι   κατηγωνισαντο [1]

καταδεω   κατεδησεν [1]

καταδηλος   καταδηλον [1]

καταδικαζω   καταδικαζετε [1], καταδικασθηση [1],
                    καταδικασθητε [1], κατεδικασατε [2]

καταδικη   καταδικην [1]

καταδιωκω   κατεδιωξεν [1]

καταδουλοω   καταδουλοι [1], καταδουλωσουσιν [1]

καταδυναστευω   καταδυναστευομενους [1],
                    καταδυναστευουσιν [1]

καταθεμα   καταθεμα [1]

καταθεματιζω   καταθεματιζειν [1]

καταισχυνω   καταισχυνει [3], καταισχυνετε [1],
                    καταισχυνη [2], καταισχυνθη [1],
                    καταισχυνθησεται [2], καταισχυνθωμεν [1],
                    καταισχυνθωσιν [1], κατησχυνθην [1],
                    κατησχυνοντο [1]

κατακαιω   κατακαησεται [1], κατακαιεται [2],
                    κατακαυθησεται [1], κατακαυσαι [1],
                    κατακαυσει [2], κατακαυσουσιν [1],
                    κατεκαη [3], κατεκαιον [1]

κατακαλυπτω   κατακαλυπτεσθαι [1], κατακαλυπτεσθω [1],
                    κατακαλυπτεται [1]

κατακαυχαομαι   κατακαυχασαι [1], κατακαυχασθε [1],
                    κατακαυχαται [1], κατακαυχω [1]

κατακειμαι   κατακειμενοι [1], κατακειμενον [3],
                    κατακειμενου [1], κατακεισθαι [2],
                    κατακειται [1], κατεκειτο [4]

κατακλαω   κατεκλασεν [2]

κατακλειω   κατεκλεισα [1], κατεκλεισεν [1]

κατακληρονομεω   κατεκληρονομησεν [1]

κατακλινω   κατακλιθηναι [1], κατακλιθης [1],
                    κατακλινατε [1], κατεκλιθη [1],
                    κατεκλιναν [1]

κατακλυζω   κατακλυσθεις [1]

κατακλυσμος   κατακλυσμον [1], κατακλυσμος [2],
                    κατακλυσμου [1]

κατακολουθεω   κατακολουθησασαι [1], κατακολουθουσα [1]

κατακοπτω   κατακοπτων [1]

κατακρημνιζω   κατακρημνισαι [1]

κατακριμα   κατακριμα [3]

κατακρινω   κατακεκριται [1], κατακριθησεται [1],
                    κατακριθωμεν [1], κατακρινει [2],
                    κατακρινεις [1], κατακρινουσιν [4],
                    κατακρινω [1], κατακρινων [1],
                    κατεκριθη [1], κατεκριναν [1], κατεκρινεν [4]

κατακρισις   κατακρισεως [1], κατακρισιν [1]

κατακυπτω   κατακυψας [1]

κατακυριευω   κατακυριευοντες [1], κατακυριευουσιν [2],
                    κατακυριευσας [1]

καταλαλεω   καταλαλει [1], καταλαλεισθε [1],
                    καταλαλειτε [1], καταλαλουσιν [1],
                    καταλαλων [1]

καταλαλια   καταλαλιαι [1], καταλαλιας [1]

καταλαλος   καταλαλους [1]

καταλαμβανω   καταλαβεσθαι [1], καταλαβη [3],
                    καταλαβητε [1], καταλαβομενοι [1],
                    καταλαβω [1], καταλαμβανομαι [1],
                    κατειλημμενην [1], κατειληπται [1],
                    κατειληφεναι [1], κατελαβεν [2],
                    κατελαβομην [1], κατελημφθην [1]

καταλεγομαι   καταλεγεσθω [1]

καταλειπω   καταλειπει [1], καταλειπομενης [1],
                    καταλειποντες [1], καταλειφθηναι [1],
                    καταλειψαντας [1], καταλειψει [3],
                    καταλελειμμενος [1], καταλιπη [1],
                    καταλιποντες [1], καταλιπων [6],
                    κατελειφθη [1], κατελιπε [1], κατελιπεν [3],
                    κατελιπον [2]

καταλιθαζω   καταλιθασει [1]

καταλλαγη   καταλλαγη [1], καταλλαγην [1],
                    καταλλαγης [2]

καταλλασσω   καταλλαγεντες [1], καταλλαγητε [1],
                    καταλλαγητω [1], καταλλαξαντος [1],
                    καταλλασσων [1], κατηλλαγημεν [1]

καταλοιπος   καταλοιποι [1]

καταλυμα   καταλυμα [2], καταλυματι [1]

καταλυω   καταλυε [1], καταλυθη [2],
                    καταλυθησεται [3], καταλυσαι [5],
                    καταλυσει [1], καταλυσω [1],
                    καταλυσωσιν [1], καταλυων [2], κατελυσα [1]

καταμανθανω   καταμαθετε [1]

καταμαρτυρεω   καταμαρτυρουσιν [3]

καταμενω   καταμενοντες [1]

καταναλισκω   κατανηλισκον [1]

καταναρκαω   καταναρκησω [1], κατεναρκησα [2]

κατανευω   κατενευσαν [1]

κατανοεω   κατανοεις [2], κατανοησαι [2],
                    κατανοησας [1], κατανοησατε [3],
                    κατανοουντι [1], κατανοωμεν [1],
                    κατενοησεν [2], κατενοουν [2]

καταντάω	καταντησαι [1], καταντησαντες [1], καταντησω [1], καταντησωμεν [1], κατηντηκεν [1], κατηντησαμεν [3], κατηντησαν [2], κατηντησεν [3]
κατανυξις	κατανυξεως [1]
κατανυσσομαι	κατενυγησαν [1]
καταξιοομαι	καταξιωθεντες [1], καταξιωθηναι [1], κατηξιωθησαν [1]
καταπατεω	καταπατειν [1], καταπατεισθαι [1], καταπατησας [1], καταπατησουσιν [1], κατεπατηθη [1]
καταπαυσις	καταπαυσεως [1], καταπαυσιν [8]
καταπαυω	κατεπαυσαν [1], κατεπαυσεν [3]
καταπετασμα	καταπετασμα [4], καταπετασματος [2]
καταπινω	καταπιειν [1], καταπινοντες [1], καταποθη [2], κατεπιεν [1], κατεποθη [1], κατεποθησαν [1]
καταπιπτω	καταπεσοντων [1], καταπιπτειν [1], κατεπεσεν [1]
καταπλεω	κατεπλευσαν [1]
καταπονεω	καταπονουμενον [1], καταπονουμενω [1]
καταποντιζομαι	καταποντιζεσθαι [1], καταποντισθη [1]
καταρα	καταρα [2], καταραν [1], καταρας [3]
καταραομαι	καταρασθε [1], καταρωμεθα [1], καταρωμενους [1], κατηραμενοι [1], κατηρασω [1]
καταργεω	καταργει [1], καταργειται [2], καταργηθη [1], καταργηθησεται [2], καταργηθησονται [1], καταργησαι [1], καταργησαντος [1], καταργησας [1], καταργησει [3], καταργηση [3], καταργουμεν [1], καταργουμενην [1], καταργουμενον [1], καταργουμενου [1], καταργουμενων [1], κατηργηθημεν [1], κατηργηθητε [1], κατηργηκα [1], κατηργηται [3]
καταριθμεω	κατηριθμημενος [1]
καταρτιζω	καταρτιζεσθε [1], καταρτιζετε [1], καταρτιζοντας [2], καταρτισαι [2], καταρτισει [1], κατηρτισθαι [1], κατηρτισμενα [1], κατηρτισμενοι [1], κατηρτισμενος [1], καταρτισω [2]
καταρτισις	καταρτισιν [1]
καταρτισμος	καταρτισμον [1]
κατασειω	κατασεισας [3], κατεσεισεν [1]
κατασκαπτω	κατεσκαμμενα [1], κατεσκαψαν [1]
κατασκευαζω	κατασκευαζεται [1], κατασκευαζομενης [1], κατασκευασας [2], κατασκευασει [3], κατεσκευασεν [1], κατεσκευασθη [1], κατεσκευασμενον [1], κατεσκευασμενων [1]
κατασκηνοω	κατασκηνουν [2], κατασκηνωσει [1], κατεσκηνωσεν [1]
κατασκηνωσις	κατασκηνωσεις [2]
κατασκιαζω	κατασκιαζοντα [1]
κατασκοπεω	κατασκοπησαι [1]
κατασκοπος	κατασκοπους [1]
κατασοφιζομαι	κατασοφισαμενος [1]
καταστελλω	καταστειλας [1], κατεσταλμενους [1]
καταστημα	καταστηματι [1]
καταστολη	καταστολη [1]
καταστρεφω	κατεστρεψεν [2]
καταστρηνιαω	καταστρηνιασωσιν [1]
καταστροφη	καταστροφη [2]
καταστρωννυμι	κατεστρωθησαν [1]
κατασυρω	κατασυρη [1]
κατασφαζω	κατασφαξατε [1]
κατασφραγιζω	κατεσφραγισμενον [1]
κατασχεσις	κατασχεσει [1], κατασχεσιν [1]
κατατιθημι	καταθεσθαι [2]
κατατομη	κατατομην [1]
κατατρεχω	κατεδραμεν [1]
καταφερω	καταφερομενος [1], καταφεροντες [1], κατενεχθεις [1], κατηνεγκα [1]
καταφευγω	καταφυγοντες [1], κατεφυγον [1]
καταφθειρω	κατεφθαρμενοι [1]
καταφιλεω	καταφιλουσα [1], κατεφιλει [1], κατεφιλησεν [3], κατεφιλουν [1]
καταφρονεω	καταφρονεις [1], καταφρονειτε [1], καταφρονειτω [1], καταφρονειτωσαν [1], καταφρονησας [1], καταφρονησει [2], καταφρονησητε [1], καταφρονουντας [1]
καταφρονητης	καταφρονηται [1]
καταχεω	κατεχεεν [2]
καταχθονιος	καταχθονιων [1]
καταχραομαι	καταχρησασθαι [1], καταχρωμενοι [1]
καταψυχω	καταψυξη [1]
κατειδωλος	κατειδωλον [1]
κατεναντι	κατεναντι [8]
κατενωπιον	κατενωπιον [3]
κατεξουσιαζω	κατεξουσιαζουσιν [2]
κατεργαζομαι	κατειργασατο [3], κατειργασθαι [1], κατειργασθη [1], κατεργαζεσθαι [1], κατεργαζεσθε [1], κατεργαζεται [6], κατεργαζομαι [3], κατεργαζομενη [1], κατεργαζομενοι [1], κατεργαζομενου [1], κατεργασαμενοι [1], κατεργασαμενον [1], κατεργασαμενος [1]

κατερχομαι	κατελθειν [2], κατελθοντες [1], κατελθοντων [1], κατελθων [3], κατερχομενη [1], κατηλθεν [2], κατηλθομεν [2], κατηλθον [4]
κατεσθιω	καταφαγε [1], καταφαγεται [1], καταφαγη [1], καταφαγων [1], κατεσθιει [2], κατεσθιετε [2], κατεσθιοντες [1], κατεσθιουσιν [1], κατεφαγεν [4], κατεφαγον [1]
κατευθυνω	κατευθυναι [3]
κατευλογεω	κατευλογει [1]
κατεφισταμαι	κατεπεστησαν [1]
κατεχω	κατασχωμεν [2], κατειχετο [1], κατειχομεθα [1], κατειχον [2], κατεχειν [2], κατεχετε [3], κατεχον [1], κατεχοντες [2], κατεχοντων [1], κατεχουσιν [1], κατεχωμεν [1], κατεχων [1]
κατηγορεω	κατηγορειν [6], κατηγορεισθαι [1], κατηγορειται [1], κατηγορειτε [1], κατηγορειτωσαν [1], κατηγορησω [1], κατηγορησωσιν [2], κατηγορουμεν [1], κατηγορουμενος [1], κατηγορουν [1], κατηγορουντες [1], κατηγορουντων [1], κατηγορουσιν [3], κατηγορων [2]
κατηγορια	κατηγοριᾳ [1], κατηγοριαν [2]
κατηγορος	κατηγοροι [2], κατηγοροις [1], κατηγορους [2]
κατηγωρ	κατηγωρ [1]
κατηφεια	κατηφειαν [1]
κατηχεω	κατηχηθης [1], κατηχηθησαν [1], κατηχημενος [1], κατηχηνται [1], κατηχησω [1], κατηχουμενος [2], κατηχουντι [1]
κατιοομαι	κατιωται [1]
κατισχυω	κατισχυον [1], κατισχυσητε [1], κατισχυσουσιν [1]
κατοικεω	κατοικει [7], κατοικειν [1], κατοικεις [1], κατοικειτε [1], κατοικησαι [3], κατοικησας [1], κατοικουντας [9], κατοικουντες [9], κατοικουντι [1], κατοικουντων [2], κατοικουσιν [5], κατοικων [1], κατωκησεν [3]
κατοικησις	κατοικησιν [1]
κατοικητηριον	κατοικητηριον [2]
κατοικια	κατοικιας [1]
κατοικιζω	κατωκισεν [1]
κατοπτριζω	κατοπτριζομενοι [1]
κατω	κατω [9]
κατωτερος	κατωτερα [1]
κατωτερω	κατωτερω [1]
καυδα	καυδα [1]
καυμα	καυμα [2]

καυματιζω	ἐκαυματισθη [2], ἐκαυματισθησαν [1], καυματισαι [1]
καυσις	καυσιν [1]
καυσοομαι	καυσουμενα [2]
καυστηριαζομαι	κεκαυστηριασμενων [1]
καυσων	καυσων [1], καυσωνα [1], καυσωνι [1]
καυχαομαι	καυχασαι [3], καυχασθαι [3], καυχασθε [1], καυχασθω [4], καυχησασθαι [2], καυχησηται [2], καυχησομαι [5], καυχησομεθα [1], καυχησωμαι [3], καυχησωνται [1], καυχωμαι [1], καυχωμεθα [2], καυχωμενοι [3], καυχωμενος [2], καυχωμενους [1], καυχωνται [2], κεκαυχημαι [1]
καυχημα	καυχημα [10], καυχηματος [1]
καυχησις	καυχησεως [3], καυχησιν [2], καυχησις [6]
καφαρναουμ	καφαρναουμ [16]
κεγχρεαι	κεγχρεαις [2]
κεδρων	κεδρων [1]
κειμαι	ἐκειτο [4], κειμαι [1], κειμεθα [1], κειμενα [3], κειμεναι [1], κειμενη [1], κειμενην [1], κειμενον [4], κειμενος [1], κειται [7]
κειρια	κειριαις [1]
κειρω	κειραμενος [1], κειραντος [1], κειρασθαι [1], κειρασθω [1]
κελευσμα	κελευσματι [1]
κελευω	ἐκελευον [1], ἐκελευσα [2], ἐκελευσεν [15], κελευεις [1], κελευσαντες [1], κελευσαντος [1], κελευσας [3], κελευσον [2]
κενοδοξια	κενοδοξιαν [1]
κενοδοξος	κενοδοξοι [1]
κενος	κενα [1], κενε [1], κενη [3], κενης [1], κενοις [1], κενον [9], κενος [1], κενους [1]
κενοφωνια	κενοφωνιας [2]
κενοω	ἐκενωσεν [1], κεκενωται [1], κενωθη [2], κενωσει [1]
κεντρον	κεντρα [2], κεντρον [2]
κεντυριων	κεντυριων [1], κεντυριωνα [1], κεντυριωνος [1]
κενως	κενως [1]
κεραια	κεραια [1], κεραιαν [1]
κεραμευς	κεραμευς [1], κεραμεως [2]
κεραμικος	κεραμικα [1]
κεραμιον	κεραμιον [2]
κεραμος	κεραμων [1]
κεραννυμι	ἐκερασεν [1], κεκερασμενου [1], κερασατε [1]

κερας	κερας [1], κερατα [8], κερατων [2]
κερατιον	κερατιων [1]
κερδαινω	ἐκερδησα [2], ἐκερδησας [1], ἐκερδησεν [2], κερδανω [1], κερδηθησονται [1], κερδησαι [2], κερδησας [1], κερδηση [1], κερδησομεν [1], κερδησω [5]
κερδος	κερδη [1], κερδος [1], κερδους [1]
κερμα	κερμα [1]
κερματιστης	κερματιστας [1]
κεφαλαιον	κεφαλαιον [1], κεφαλαιου [1]
κεφαλη	κεφαλαι [3], κεφαλας [13], κεφαλη [11], κεφαλῃ [4], κεφαλην [28], κεφαλης [15], κεφαλων [1]
κεφαλιοω	ἐκεφαλιωσαν [1]
κεφαλις	κεφαλιδι [1]
κημοω	κημωσεις [1]
κηνσος	κηνσον [3], κηνσου [1]
κηπος	κηπον [1], κηπος [2], κηπῳ [2]
κηπουρος	κηπουρος [1]
κηρυγμα	κηρυγμα [7], κηρυγματι [1], κηρυγματος [1]
κηρυξ	κηρυκα [1], κηρυξ [2]
κηρυσσω	ἐκηρυξαμεν [2], ἐκηρυξαν [2], ἐκηρυξεν [2], ἐκηρυσσεν [3], ἐκηρυσσον [1], ἐκηρυχθη [1], κηρυξαι [3], κηρυξας [1], κηρυξατε [2], κηρυξει [1], κηρυξω [1], κηρυξωσιν [1], κηρυσσει [2], κηρυσσειν [6], κηρυσσεται [1], κηρυσσετε [1], κηρυσσομεν [4], κηρυσσοντα [1], κηρυσσοντας [1], κηρυσσοντος [1], κηρυσσουσιν [1], κηρυσσω [2], κηρυσσων [13], κηρυχθεις [1], κηρυχθεντος [1], κηρυχθη [2], κηρυχθηναι [2], κηρυχθησεται [2]
κητος	κητους [1]
κηφας	κηφα [1], κηφᾳ [2], κηφαν [1], κηφας [5]
κιβωτος	κιβωτον [4], κιβωτος [1], κιβωτου [1]
κιθαρα	κιθαρα [1], κιθαραις [1], κιθαραν [1], κιθαρας [1]
κιθαριζω	κιθαριζομενον [1], κιθαριζοντων [1]
κιθαρωδος	κιθαρωδων [2]
κιλικια	κιλικιαν [3], κιλικιας [5]
κινδυνευω	ἐκινδυνευον [1], κινδυνευει [1], κινδυνευομεν [2]
κινδυνος	κινδυνοις [8], κινδυνος [1]
κινεω	ἐκινηθη [1], ἐκινηθησαν [1], κινησαι [1], κινησω [1], κινουμεθα [1], κινουντα [1], κινουντες [2]
κινναμωμον	κινναμωμον [1]
κις	κις [1]

κιχρημι	χρησον [1]
κλαδος	κλαδοι [2], κλαδοις [2], κλαδος [2], κλαδους [2], κλαδων [3]
κλαιω	ἐκλαιεν [2], ἐκλαιον [2], ἐκλαυσατε [1], ἐκλαυσεν [3], κλαιε [2], κλαιειν [1], κλαιεις [2], κλαιετε [4], κλαιοντας [2], κλαιοντες [6], κλαιοντων [1], κλαιουσα [3], κλαιουσαι [1], κλαιουσαν [1], κλαιουσιν [2], κλαιων [1], κλαυσατε [2], κλαυσετε [2], κλαυση [1], κλαυσουσιν [1]
κλασις	κλασει [2]
κλασμα	κλασματα [2], κλασματων [7]
κλαυδια	κλαυδια [1]
κλαυδιος	κλαυδιον [1], κλαυδιος [1], κλαυδιου [1]
κλαυθμος	κλαυθμος [9]
κλαω	ἐκλασα [1], ἐκλασεν [6], κλασαι [1], κλασας [4], κλωμεν [1], κλωντες [1]
κλεις	κλειδα [1], κλειδας [1], κλειν [2], κλεις [2]
κλειω	ἐκλεισεν [1], ἐκλεισθη [2], ἐκλεισθησαν [1], κεκλεισμενον [1], κεκλεισμενων [2], κεκλεισται [1], κλειετε [1], κλεισαι [2], κλεισας [1], κλεισει [1], κλειση [1], κλεισθωσιν [1], κλειων [1]
κλεμμα	κλεμματων [1]
κλεοπας	κλεοπας [1]
κλεος	κλεος [1]
κλεπτης	κλεπται [4], κλεπτης [12]
κλεπτω	ἐκλεψαν [1], κλεπτειν [1], κλεπτεις [1], κλεπτετω [1], κλεπτουσιν [2], κλεπτων [1], κλεψεις [2], κλεψη [1], κλεψης [2], κλεψωσιν [1]
κλημα	κλημα [3], κληματα [1]
κλημης	κλημεντος [1]
κληρονομεω	κεκληρονομηκεν [1], κληρονομει [1], κληρονομειν [1], κληρονομησαι [2], κληρονομησατε [1], κληρονομησει [3], κληρονομησητε [1], κληρονομησουσιν [4], κληρονομησω [3], κληρονομουντων [1]
κληρονομια	κληρονομια [3], κληρονομιαν [7], κληρονομιας [4]
κληρονομος	κληρονομοι [5], κληρονομοις [1], κληρονομον [2], κληρονομος [6], κληρονομους [1]
κληρος	κληρον [5], κληρος [2], κληρου [1], κληρους [2], κληρων [1]
κληροω	ἐκληρωθημεν [1]
κλησις	κλησει [2], κλησεως [6], κλησιν [2], κλησις [1]
κλητος	κλητοι [3], κλητοις [5], κλητος [2]
κλιβανος	κλιβανον [2]
κλιμα	κλιμασι [1], κλιμασιν [1], κλιματα [1]

κλιναριον	κλιναριων [1]
κλινη	κλινην [4], κλινης [4], κλινων [1]
κλινιδιον	κλινιδιον [1], κλινιδιῳ [1]
κλινω	ἐκλιναν [1], κεκλικεν [1], κλινας [1], κλινειν [1], κλινη [2], κλινουσων [1]
κλισια	κλισιας [1]
κλοπη	κλοπαι [2]
κλυδων	κλυδωνι [2]
κλυδωνιζομαι	κλυδωνιζομενοι [1]
κλωπας	κλωπα [1]
κνηθω	κνηθομενοι [1]
κνιδος	κνιδον [1]
κοδραντης	κοδραντην [1], κοδραντης [1]
κοιλια	κοιλια [4], κοιλιᾳ [6], κοιλιαι [1], κοιλιαν [4], κοιλιας [7]
κοιμαομαι	ἐκοιμηθη [2], ἐκοιμηθησαν [2], κεκοιμημενων [2], κεκοιμηται [2], κοιμηθεντας [2], κοιμηθεντες [1], κοιμηθη [1], κοιμηθησομεθα [1], κοιμωμενος [1], κοιμωμενους [1], κοιμωμενων [2], κοιμωνται [1]
κοιμησις	κοιμησεως [1]
κοινος	κοινα [2], κοιναις [2], κοινην [1], κοινης [1], κοινον [8]
κοινοω	κεκοινωκεν [1], κεκοινωμενους [1], κοινοι [6], κοινου [2], κοινουντα [2], κοινωσαι [2]
κοινωνεω	ἐκοινωνησαν [1], ἐκοινωνησεν [1], κεκοινωνηκεν [1], κοινωνει [1], κοινώνει [1], κοινωνειτε [1], κοινωνειτω [1], κοινωνουντες [1]
κοινωνια	κοινωνια [7], κοινωνιᾳ [2], κοινωνιαν [7], κοινωνιας [3]
κοινωνικος	κοινωνικους [1]
κοινωνος	κοινωνοι [6], κοινωνον [1], κοινωνος [2], κοινωνους [1]
κοιτη	κοιταις [1], κοιτη [1], κοιτην [2]
κοιτων	κοιτωνος [1]
κοκκινος	κοκκινην [1], κοκκινον [3], κοκκινου [2]
κοκκος	κοκκον [3], κοκκος [1], κοκκῳ [3]
κολαζω	κολαζομενους [1], κολασωνται [1]
κολακεια	κολακειας [1]
κολασις	κολασιν [2]
κολαφιζω	ἐκολαφισαν [1], κολαφιζειν [1], κολαφιζη [1], κολαφιζομεθα [1], κολαφιζομενοι [1]

κολλαομαι	ἐκολληθη [1], ἐκολληθησαν [1], κολλασθαι [3], κολληθεντα [1], κολληθεντες [1], κολληθησεται [1], κολληθητι [1], κολλωμενοι [1], κολλωμενος [2]
κολλουριον	κολλουριον [1]
κολλυβιστης	κολλυβιστων [3]
κολλυριον	κολλυριον [1]
κολοβοω	ἐκολοβωθησαν [1], ἐκολοβωσεν [2], κολοβωθησονται [1]
κολοσσαι	κολοσσαις [1]
κολπος	κολποις [1], κολπον [4], κολπῳ [1]
κολυμβαω	κολυμβαν [1]
κολυμβηθρα	κολυμβηθρα [1], κολυμβηθρᾳ [1], κολυμβηθραν [2]
κολωνια	κολωνια [1]
κομαω	κομα [2]
κομη	κομη [1]
κομιζω	ἐκομισαμην [1], ἐκομισαντο [1], ἐκομισατο [1], κομιεισθε [1], κομιζομενοι [1], κομισασα [1], κομισεται [2], κομισησθε [1], κομισηται [1]
κομψοτερον	κομψοτερον [1]
κονιαω	κεκονιαμενε [1], κεκονιαμενοις [1]
κονιορτος	κονιορτον [5]
κοπαζω	ἐκοπασεν [3]
κοπετος	κοπετον [1]
κοπη	κοπης [1]
κοπιαω	ἐκοπιασα [2], ἐκοπιασεν [2], κεκοπιακα [1], κεκοπιακασιν [1], κεκοπιακατε [1], κεκοπιακες [1], κεκοπιακως [1], κοπιᾳ [1], κοπιασαντες [1], κοπιατω [1], κοπιω [1], κοπιωμεν [2], κοπιωντα [1], κοπιωντας [2], κοπιωντες [2], κοπιωντι [1], κοπιωσας [1], κοπιωσιν [1]
κοπος	κοποις [3], κοπον [5], κοπος [2], κοπου [1], κοπους [4], κοπῳ [2], κοπων [1]
κοπρια	κοπριαν [1]
κοπριον	κοπρια [1]
κοπτω	ἐκοπτον [1], ἐκοπτοντο [2], ἐκοψασθε [1], κοψαντες [1], κοψονται [3]
κοραξ	κορακας [1]
κορασιον	κορασιον [5], κορασιῳ [3]
κορβαν	κορβαν [1]
κορβανας	κορβαναν [1]
κορε	κορε [1]
κορεννυμαι	κεκορεσμενοι [1], κορεσθεντες [1]

κορινθιος	κορινθιοι [1], κορινθιων [1]
κορινθος	κορινθον [2], κορινθω [4]
κορνηλιος	κορνηλιε [2], κορνηλιος [5], κορνηλιου [1]
κορος	κορους [1]
κοσμεω	ἐκοσμησαν [1], ἐκοσμουν [1], κεκοσμημενην [1], κεκοσμημενοι [1], κεκοσμημενον [2], κεκοσμηται [1], κοσμειν [1], κοσμειτε [1], κοσμωσιν [1]
κοσμικος	κοσμικας [1], κοσμικον [1]
κοσμιος	κοσμιον [1], κοσμιω [1]
κοσμοκρατωρ	κοσμοκρατορας [1]
κοσμος	κοσμον [46], κοσμος [32], κοσμου [72], κοσμω [36]
κουαρτος	κουαρτος [1]
κουμ	κουμ [1]
κουστωδια	κουστωδιαν [1], κουστωδιας [2]
κουφιζω	ἐκουφιζον [1]
κοφινος	κοφινοι [1], κοφινους [4], κοφινων [1]
κραβαττος	κραβαττοις [1], κραβαττον [8], κραβαττου [1], κραβαττων [1]
κραζω	ἐκεκραξα [1], ἐκραζεν [5], ἐκραζον [8], ἐκραξαν [7], ἐκραξεν [10], κεκραγεν [1], κραζει [5], κραζειν [1], κραζομεν [1], κραζον [1], κραζοντα [1], κραζοντας [1], κραζοντες [4], κραζοντων [1], κραζουσιν [1], κραζων [2], κραξαντες [1], κραξας [4], κραξουσιν [1]
κραιπαλη	κραιπαλη [1]
κρανιον	κρανιον [1], κρανιου [3]
κρασπεδον	κρασπεδα [1], κρασπεδου [4]
κραταιοομαι	ἐκραταιουτο [2], κραταιουσθε [1], κραταιωθηναι [1]
κραταιος	κραταιαν [1]
κρατεω	ἐκρατησαμεν [1], ἐκρατησαν [4], ἐκρατησατε [2], ἐκρατησεν [3], ἐκρατουντο [1], κεκρατηκεναι [1], κεκρατηνται [1], κρατει [1], κρατειν [1], κρατεις [1], κρατεισθαι [1], κρατειτε [2], κρατησαι [4], κρατησαντες [3], κρατησας [6], κρατησατε [3], κρατησει [1], κρατησωσιν [1], κρατητε [1], κρατουντας [3], κρατουντες [1], κρατουντος [1], κρατουσιν [1], κρατωμεν [1], κρατων [2]
κρατιστος	κρατιστε [3], κρατιστω [1]
κρατος	κρατει [1], κρατος [10], κρατους [1]
κραυγαζω	ἐκραυγαζον [1], ἐκραυγασαν [4], ἐκραυγασεν [1], κραυγαζοντα [1], κραυγαζοντων [1], κραυγασει [1]
κραυγη	κραυγη [4], κραυγη [1], κραυγης [1]
κρεας	κρεα [2]
κρεισσων κρειττων	κρεισσον [3], κρεισσονα [1], κρειττον [5], κρειττονα [1], κρειττονος [6], κρειττοσιν [2], κρειττων [1]
κρεμαννυμι	κρεμαμενον [1], κρεμαμενος [1], κρεμασαντες [2], κρεμασθεντων [1], κρεμασθη [1], κρεμαται [1]
κρημνος	κρημνου [3]
κρης	κρητες [2]
κρησκης	κρησκης [1]
κρητη	κρητη [1], κρητην [2], κρητης [2]
κριθη	κριθων [1]
κριθινος	κριθινους [1], κριθινων [1]
κριμα	κριμα [22], κριματα [2], κριματι [2], κριματος [2]
κρινον	κρινα [2]
κρινω	ἐκριθη [1], ἐκριθησαν [2], ἐκρινα [3], ἐκρινας [2], ἐκρινεν [2], ἐκρινομεθα [1], κεκρικα [2], κεκρικατε [1], κεκρικει [1], κεκρικεν [1], κεκριμενα [1], κεκριται [2], κριθηναι [3], κριθησεσθε [1], κριθησονται [1], κριθητε [3], κριθωσι [1], κριθωσιν [1], κριναι [2], κριναντας [1], κριναντες [2], κριναντος [1], κρινας [1], κρινατε [5], κρινει [7], κρινεῖ [6], κρινειν [4], κρινεις [4], κρινεσθαι [5], κρινεται [5], κρινετε [10], κρινετω [2], κρινη [1], κρινομαι [3], κρινομενοι [1], κρινομενος [1], κρινοντα [2], κρινοντες [2], κρινοντι [1], κρινουμεν [1], κρινοῦσιν [1], κρινω [6], κρινῶ [2], κρινωμεν [1], κρινων [9]
κρισις	κρισει [7], κρισεις [2], κρισεως [15], κρισιν [15], κρισις [8]
κρισπος	κρισπον [1], κρισπος [1]
κριτηριον	κριτηρια [2], κριτηριων [1]
κριτης	κριται [3], κριτας [1], κριτη [2], κριτην [3], κριτης [10]
κριτικος	κριτικος [1]
κρουω	κρουειν [1], κρουετε [2], κρουοντι [2], κρουσαντος [2], κρουω [1], κρουων [1]
κρυπτη	κρυπτην [1]
κρυπτος	κρυπτα [4], κρυπτον [4], κρυπτος [1], κρυπτω [8]
κρυπτω	ἐκρυβη [4], ἐκρυψα [1], ἐκρυψαν [1], ἐκρυψας [1], ἐκρυψεν [3], κεκρυμμενα [1], κεκρυμμενον [1], κεκρυμμενος [1], κεκρυμμενου [1], κεκρυμμενω [1], κεκρυπται [1], κρυβηναι [2], κρυψατε [1]
κρυσταλλιζω	κρυσταλλιζοντι [1]
κρυσταλλος	κρυσταλλον [1], κρυσταλλω [1]
κρυφαιος	κρυφαιω [2]
κρυφη	κρυφη [1]

κταομαι	ἐκτησαμην [1], ἐκτησατο [1], κτασθαι [2], κτησασθε [1], κτησησθε [1], κτωμαι [1]
κτημα	κτημα [1], κτηματα [3]
κτηνος	κτηνη [2], κτηνος [1], κτηνων [1]
κτητωρ	κτητορες [1]
κτιζω	ἐκτισας [1], ἐκτισεν [3], ἐκτισθη [2], ἐκτισθησαν [1], ἐκτισται [1], κτισαντα [1], κτισαντι [1], κτισαντος [1], κτισας [1], κτιση [1], κτισθεντα [1], κτισθεντες [1]
κτισις	κτισει [4], κτισεως [8], κτισις [7]
κτισμα	κτισμα [2], κτισματων [2]
κτιστης	κτιστη [1]
κυβεια	κυβειᾳ [1]
κυβερνησις	κυβερνησεις [1]
κυβερνητης	κυβερνητῃ [1], κυβερνητης [1]
κυκλευω	ἐκυκλευσαν [1]
κυκλοθεν	κυκλοθεν [3]
κυκλοω	ἐκυκλωσαν [1], κυκλουμενην [1], κυκλωθεντα [1], κυκλωσαντων [1]
κυκλῳ	κυκλῳ [8]
κυλιομαι	ἐκυλιετο [1]
κυλισμος	κυλισμον [1]
κυλλος	κυλλον [2], κυλλους [2]
κυμα	κυματα [2], κυματων [3]
κυμβαλον	κυμβαλον [1]
κυμινον	κυμινον [1]
κυναριον	κυναρια [2], κυναριοις [2]
κυπριος	κυπριοι [1], κυπριος [1], κυπριῳ [1]
κυπρος	κυπρον [4], κυπρου [1]
κυπτω	κυψας [2]
κυρηναιος	κυρηναιοι [1], κυρηναιον [3], κυρηναιος [1], κυρηναιων [1]
κυρηνη	κυρηνην [1]
κυρηνιος	κυρηνιου [1]
κυρια	κυρια [1], κυριᾳ [1]
κυριακος	κυριακῃ [1], κυριακον [1]
κυριευω	κυριευει [2], κυριευομεν [1], κυριευοντων [1], κυριευουσιν [1], κυριευσει [1], κυριευση [1]
κυριος	κυριε [119], κυριοι [6], κυριοις [5], κυριον [68], κυριος [177], κυριου [242], κυριῳ [99], κυριων [3]
κυριοτης	κυριοτητα [1], κυριοτητες [1], κυριοτητος [2]
κυροω	κεκυρωμενην [1], κυρωσαι [1]
κυων	κυνας [1], κυνες [2], κυσιν [1], κυων [1]
κωλον	κωλα [1]
κωλυω	ἐκωλυθην [1], ἐκωλυομεν [2], ἐκωλυσατε [1], ἐκωλυσεν [2], κωλυει [2], κωλυειν [1], κωλυεσθαι [1], κωλυετε [6], κωλυθεντες [1], κωλυοντα [1], κωλυοντων [2], κωλυσαι [2], κωλυσης [1]
κωμη	κωμας [10], κωμην [13], κωμης [4]
κωμοπολις	κωμοπολεις [1]
κωμος	κωμοι [1], κωμοις [2]
κωνωψ	κωνωπα [1]
κως	κω [1]
κωσαμ	κωσαμ [1]
κωφος	κωφοι [2], κωφον [5], κωφος [4], κωφους [3]
λαγχανω	ἐλαχε [1], ἐλαχεν [1], λαχουσιν [1], λαχωμεν [1]
λαζαρος	λαζαρε [1], λαζαρον [6], λαζαρος [8]
λαθρα	λαθρᾳ [4]
λαιλαψ	λαιλαπος [1], λαιλαψ [2]
λακαω	ἐλακησεν [1]
λακτιζω	λακτιζειν [1]
λαλεω	ἐλαλει [20], ἐλαληθη [2], ἐλαλησα [8], ἐλαλησαμεν [1], ἐλαλησαν [11], ἐλαλησατε [1], ἐλαλησεν [31], ἐλαλουμεν [1], ἐλαλουν [6], λαλει [19], λάλει [2], λαλειν [21], λαλεις [4], λαλεισθαι [1], λαλειτε [4], λαλειτω [1], λαλειτωσαν [1], λαλη [1], λαληθεις [1], λαληθεισης [1], λαληθεντος [1], λαληθεντων [1], λαληθηναι [2], λαληθησεται [4], λαληθησομενων [1], λαλησαι [22], λαλησαντες [2], λαλησας [2], λαλησει [4], λαληση [2], λαλησητε [3], λαλησομεν [1], λαλησουσιν [2], λαλησω [5], λαλουμεν [10], λαλουμενη [1], λαλουμενοις [3], λαλουμενον [2], λαλουν [2], λαλουντα [1], λαλουντας [1], λαλουντες [7], λαλουντι [2], λαλουντος [17], λαλουντων [5], λαλουσαι [1], λαλουσαν [1], λαλουσης [1], λαλουσιν [2], λαλω [19], λαλων [16], λαλωσιν [1], λελαληκα [11], λελαληκεν [2], λελαλημενοις [1], λελαληται [1]
λαλια	λαλια [1], λαλιαν [2]
λαμα	λαμα [1]

λαμβανω	ειληφα [1], ειληφας [2], ειληφεν [3], ειληφως [1], ελαβε [1], ελαβεν [20], ελαβες [2], ελαβετε [12], ελαβομεν [7], ελαβον [26], ελαμβανον [1], λαβε [2], λαβειν [22], λαβετε [7], λαβετω [2], λαβη [9], λαβητε [1], λαβοι [1], λαβοντα [1], λαβοντας [1], λαβοντες [15], λαβουσα [6], λαβουσαι [2], λαβω [1], λαβωμεν [2], λαβων [40], λαβωσιν [3], λαμβανει [18], λαμβανειν [4], λαμβανεις [1], λαμβανετε [5], λαμβανη [1], λαμβανομεν [2], λαμβανομενον [1], λαμβανομενος [1], λαμβανοντες [5], λαμβανουσιν [4], λαμβανω [2], λαμβανων [6], λημψεσθε [6], λημψεται [8], λημψομεθα [1], λημψονται [4]
λαμεχ	λαμεχ [1]
λαμπας	λαμπαδας [3], λαμπαδες [3], λαμπαδων [2], λαμπας [1]
λαμπρος	λαμπρα [2], λαμπρα [1], λαμπραν [2], λαμπρον [3], λαμπρος [1]
λαμπροτης	λαμπροτητα [1]
λαμπρως	λαμπρως [1]
λαμπω	ελαμψεν [3], λαμπει [2], λαμψατω [1], λαμψει [1]
λανθανω	ελαθεν [1], ελαθον [1], λαθειν [1], λανθανει [1], λανθανειν [1], λανθανετω [1]
λαξευτος	λαξευτω [1]
λαοδικεια	λαοδικεια [4], λαοδικειαν [1], λαοδικειας [1]
λαοδικευς	λαοδικεων [1]
λαος	λαοι [4], λαοις [2], λαον [44], λαος [25], λαου [38], λαω [26], λαων [3]
λαρυγξ	λαρυγξ [1]
λασαια	λασαια [1]
λατομεω	ελατομησεν [1], λελατομημενον [1]
λατρεια	λατρεια [1], λατρειαν [2], λατρειας [2]
λατρευω	ελατρευσαν [1], λατρευειν [3], λατρευον [1], λατρευοντα [1], λατρευοντας [1], λατρευοντες [2], λατρευουσα [1], λατρευουσιν [2], λατρευσεις [2], λατρευσουσιν [2], λατρευω [4], λατρευωμεν [1]
λαχανον	λαχανα [1], λαχανον [1], λαχανων [2]
λεγιων	λεγιων [2], λεγιωνα [1], λεγιωνας [1]
λεγω	ειπα [3], ειπαν [95], ειπας [8], ειπατε [14], ειπατω [1], ειπατωσαν [1], ειπε [15], ειπειν [16], ειπεν [615], ειπες [1], ειπη [22], ειπης [4], ειπητε [8], ειπον [62], ειποντα [3], ειποντες [3], ειποντος [5], ειπουσα [3], ειπω [7], ειπωμεν [10], ειπων [29], ειπωσιν [6], ελεγεν [71], ελεγετε [1], ελεγον [79], λεγε [1], λεγει [338], λεγειν [40], λεγεις [23], λεγεσθαι [4], λεγεται [8], λεγετε [29], λεγετω [1], λεγη [3], λεγητε [1], λεγομεν [4], λεγομενα [1], λεγομενη [2], λεγομενην [4], λεγομενης [2], λεγομενοι [2], λεγομενοις [4], λεγομενον [10], λεγομενος [12], λεγομενου [1], λεγον [1], λεγοντα [5], λεγοντας [8], λεγοντες [152], λεγοντι [1], λεγοντος [23], λεγοντων [6], λεγουσα [22], λεγουσαι [4], λεγουσαν [7], λεγουσης [7], λεγουσιν [60], λεγω [212], λεγων [179], λεγωσιν [3]
λειμμα	λειμμα [1]
λειος	λειας [1]
λειπω	λειπει [1], λειπεται [1], λειπη [1], λειπομενοι [2], λειποντα [1]
λειτουργεω	λειτουργησαι [1], λειτουργουντων [1], λειτουργων [1]
λειτουργια	λειτουργια [1], λειτουργιας [5]
λειτουργικος	λειτουργικα [1]
λειτουργος	λειτουργοι [1], λειτουργον [2], λειτουργος [1], λειτουργους [1]
λεμα	λεμα [1]
λεντιον	λεντιον [1], λεντιω [1]
λεπις	λεπιδες [1]
λεπρα	λεπρα [3], λεπρας [1]
λεπρος	λεπροι [4], λεπρος [2], λεπρου [2], λεπρους [1]
λεπτον	λεπτα [2], λεπτον [1]
λευι	λευι [2]
λευις	λευι [3], λευιν [2], λευις [1]
λευιτης	λευιτας [1], λευιτης [2]
λευιτικος	λευιτικης [1]
λευκαινω	ελευκαναν [1], λευκαναι [1]
λευκος	λευκα [3], λευκαι [2], λευκαις [1], λευκας [2], λευκη [2], λευκην [3], λευκοις [5], λευκον [4], λευκος [3]
λεων	λεοντι [1], λεοντος [2], λεοντων [3], λεων [3]
ληθη	ληθην [1]
λημψις	λημψεως [1]
ληνος	ληνον [3], ληνος [1], ληνου [1]
ληρος	ληρος [1]
ληστης	λησται [3], λησταις [1], ληστας [2], ληστην [3], ληστης [2], ληστων [4]

λιαν	λιαν [12]		λοιδορια	λοιδοριαν [1], λοιδοριας [2]
λιβανος	λιβανον [2]		λοιδορος	λοιδοροι [1], λοιδορος [1]
λιβανωτος	λιβανωτον [2]		λοιμος	λοιμοι [1], λοιμον [1]
λιβερτινος	λιβερτινων [1]		λοιπος	λοιπα [3], λοιπαι [2], λοιπας [2], λοιποι [15], λοιποις [8], λοιπον [13], λοιπου [2], λοιπους [3], λοιπων [7]
λιβυη	λιβυης [1]			
λιθαζω	ἐλιθασθην [1], ἐλιθασθησαν [1], λιθαζειν [1], λιθαζετε [1], λιθαζομεν [1], λιθασαι [1], λιθασαντες [1], λιθασθωσιν [1], λιθασωσιν [1]		λουκας	λουκας [3]
			λουκιος	λουκιος [2]
			λουτρον	λουτρου [1], λουτρω [1]
λιθινος	λιθινα [1], λιθιναι [1], λιθιναις [1]		λουω	ἐλουσεν [1], λελουμενος [1], λελουσμενοι [1], λουσαμενη [1], λουσαντες [1]
λιθοβολεω	ἐλιθοβολησαν [1], ἐλιθοβολουν [2], λιθοβοληθησεται [1], λιθοβολησαι [1], λιθοβολουσα [2]			
			λυδδα	λυδδα [2], λυδδας [1]
λιθος	λιθοι [4], λιθοις [3], λιθον [26], λιθος [9], λιθου [2], λιθους [3], λιθω [10], λιθων [2]		λυδια	λυδια [1], λυδιαν [1]
			λυκαονια	λυκαονιας [1]
λιθοστρωτος	λιθοστρωτον [1]		λυκαονιστι	λυκαονιστι [1]
λικμαω	λικμησει [2]		λυκια	λυκιας [1]
λιμην	λιμενα [1], λιμενας [1], λιμενος [1]		λυκος	λυκοι [2], λυκον [1], λυκος [1], λυκων [2]
λιμνη	λιμνη [1], λιμνῃ [1], λιμνην [8], λιμνης [1]		λυμαινομαι	ἐλυμαινετο [1]
λιμος	λιμοι [3], λιμον [1], λιμος [5], λιμω [3]		λυπεω	ἐλυπηθη [1], ἐλυπηθησαν [2], ἐλυπηθητε [3], ἐλυπησα [1], ἐλυπησεν [1], λελυπηκεν [2], λυπεισθαι [2], λυπειται [1], λυπειτε [1], λυπηθεις [1], λυπηθεντες [1], λυπηθηναι [1], λυπηθησεσθε [1], λυπηθητε [1], λυπησθε [1], λυπουμενοι [2], λυπουμενος [3], λυπω [1]
λινον	λινον [2]			
λινος	λινος [1]			
λιπαρος	λιπαρα [1]			
λιτρα	λιτραν [1], λιτρας [1]			
λιψ	λιβα [1]			
λογεια	λογειαι [1], λογειας [1]		λυπη	λυπας [1], λυπη [5], λυπῃ [2], λυπην [5], λυπης [3]
λογιζομαι	ἐλογιζομην [1], ἐλογισθη [9], ἐλογισθημεν [1], λογιζεσθαι [1], λογιζεσθε [3], λογιζεσθω [3], λογιζεται [5], λογιζῃ [1], λογιζομαι [5], λογιζομεθα [1], λογιζομενος [1], λογιζομενους [1], λογιζομενω [1], λογισαμενος [1], λογισασθαι [1], λογισηται [2], λογισθειη [1], λογισθηναι [2], λογισθησεται [1]		λυσανιας	λυσανιου [1]
			λυσιας	λυσιας [3]
			λυσις	λυσιν [1]
			λυσιτελεω	λυσιτελει [1]
λογικος	λογικην [1], λογικον [1]		λυστρα	λυστραν [3], λυστροις [3]
λογιον	λογια [3], λογιων [1]		λυτρον	λυτρον [2]
λογιος	λογιος [1]		λυτροομαι	ἐλυτρωθητε [1], λυτρουσθαι [1], λυτρωσηται [1]
λογισμος	λογισμους [1], λογισμων [1]			
λογομαχεω	λογομαχειν [1]		λυτρωσις	λυτρωσιν [3]
λογομαχια	λογομαχιας [1]		λυτρωτης	λυτρωτην [1]
λογος	λογοι [10], λογοις [17], λογον [130], λογος [68], λογου [27], λογους [23], λογω [45], λογων [10]		λυχνια	λυχνια [1], λυχνιαι [2], λυχνιαν [4], λυχνιας [3], λυχνιων [2]
λογχη	λογχῃ [1]		λυχνος	λυχνοι [1], λυχνον [4], λυχνος [6], λυχνου [2], λυχνω [1]
λοιδορεω	ἐλοιδορησαν [1], λοιδορεις [1], λοιδορουμενοι [1], λοιδορουμενος [1]			

λυω	ἔλυεν [1], ἔλυετο [1], ἐλυθη [1], ἐλυθησαν [1], ἔλυσεν [1], λελυμενα [1], λελυμενον [1], λελυσαι [1], λυει [1], λυετε [2], λυθεισης [1], λυθη [1], λυθηναι [3], λυθησεται [2], λυθησονται [1], λυομενων [1], λυοντες [1], λυοντων [1], λυουσιν [1], λυσαι [4], λυσαντες [2], λυσαντι [1], λυσας [2], λυσατε [3], λυση [2], λυσης [1], λυσητε [1], λυσον [2], λυσω [1]
λωις	λωιδι [1]
λωτ	λωτ [4]
μααθ	μααθ [1]
μαγαδαν	μαγαδαν [1]
μαγδαληνη	μαγδαληνη [11], μαγδαληνῃ [1]
μαγεια	μαγειαις [1]
μαγευω	μαγευων [1]
μαγος	μαγοι [1], μαγον [1], μαγος [1], μαγους [1], μαγων [2]
μαγωγ	μαγωγ [1]
μαδιαμ	μαδιαμ [1]
μαθητευω	ἐμαθητευθη [1], μαθητευθεις [1], μαθητευσαντες [1], μαθητευσατε [1]
μαθητης	μαθηται [109], μαθηταις [41], μαθητας [39], μαθητῃ [3], μαθητην [3], μαθητης [20], μαθητου [1], μαθητων [45]
μαθητρια	μαθητρια [1]
μαθθαιος	μαθθαιον [3], μαθθαιος [2]
μαθθατ	μαθθατ [2]
μαθθιας	μαθθιαν [2]
μαθουσαλα	μαθουσαλα [1]
μαινομαι	μαινεσθε [1], μαινεται [1], μαινη [2], μαινομαι [1]
μακαριζω	μακαριζομεν [1], μακαριουσιν [1]
μακαριος	μακαρια [2], μακαριαι [1], μακαριαν [1], μακαριοι [26], μακαριον [2], μακαριος [16], μακαριου [1], μακαριωτερα [1]
μακαρισμος	μακαρισμον [1], μακαρισμος [2]
μακεδονια	μακεδονια [1], μακεδονιᾳ [3], μακεδονιαν [11], μακεδονιας [7]
μακεδων	μακεδονας [1], μακεδονες [1], μακεδονος [1], μακεδοσιν [1], μακεδων [1]
μακελλον	μακελλῳ [1]
μακραν	μακραν [10]
μακροθεν	μακροθεν [14]
μακροθυμεω	μακροθυμει [3], μακροθυμειτε [1], μακροθυμησας [1], μακροθυμησατε [2], μακροθυμησον [2], μακροθυμων [1]
μακροθυμια	μακροθυμια [2], μακροθυμιᾳ [4], μακροθυμιαν [4], μακροθυμιας [4]
μακροθυμως	μακροθυμως [1]
μακρος	μακρα [2], μακρᾳ [1], μακραν [2]
μακροχρονιος	μακροχρονιος [1]
μαλακια	μαλακιαν [3]
μαλακος	μαλακα [1], μαλακοι [1], μαλακοις [2]
μαλελεηλ	μαλελεηλ [1]
μαλιστα	μαλιστα [12]
μαλλον	μαλλον [81]
μαλχος	μαλχος [1]
μαμμη	μαμμῃ [1]
μαμωνας	μαμωνα [1], μαμωνᾳ [3]
μαναην	μαναην [1]
μανασσης	μανασση [2], μανασσης [1]
μανθανω	ἔμαθεν [1], ἔμαθες [2], ἐμαθετε [4], ἔμαθον [1], μαθειν [3], μαθετε [4], μαθητε [1], μαθων [2], μανθανετω [1], μανθανετωσαν [2], μανθανοντα [1], μανθανουσιν [1], μανθανωσιν [1], μεμαθηκως [1]
μανια	μανιαν [1]
μαννα	μαννα [4]
μαντευομαι	μαντευομενη [1]
μαραινομαι	μαρανθησεται [1]
μαρανα	μαρανα [1]
μαργαριτης	μαργαριται [1], μαργαριταις [2], μαργαριτας [2], μαργαριτῃ [1], μαργαριτην [1], μαργαριτου [1], μαργαριτων [1]
μαρθα	μαρθα [10], μαρθαν [2], μαρθας [1]
μαρια	μαρια [17], μαριᾳ [1], μαριαν [2], μαριας [7]
μαριαμ	μαριαμ [27]
μαρκος	μαρκον [4], μαρκος [3], μαρκου [1]
μαρμαρος	μαρμαρου [1]

μαρτυρεω	ἐμαρτυρει [1], ἐμαρτυρειτο [1], ἐμαρτυρηθη [1], ἐμαρτυρηθησαν [1], ἐμαρτυρησαμεν [1], ἐμαρτυρησαν [1], ἐμαρτυρησεν [5], ἐμαρτυρουν [1], μαρτυρει [8], μαρτυρειν [1], μαρτυρεις [1], μαρτυρειται [1], μαρτυρειτε [3], μαρτυρηθεντες [1], μαρτυρησαι [2], μαρτυρησαντος [1], μαρτυρησας [1], μαρτυρησει [1], μαρτυρηση [3], μαρτυρησον [1], μαρτυρησω [1], μαρτυρουμεν [4], μαρτυρουμενη [2], μαρτυρουμενος [3], μαρτυρουμενους [1], μαρτυρουν [1], μαρτυρουντες [1], μαρτυρουντι [1], μαρτυρουντος [1], μαρτυρουντων [1], μαρτυρουσαι [1], μαρτυρουσης [1], μαρτυρουσιν [1], μαρτυρω [8], μαρτυρων [4], μεμαρτυρηκα [1], μεμαρτυρηκας [1], μεμαρτυρηκεν [5], μεμαρτυρηται [2]
μαρτυρια	μαρτυρια [15], μαρτυριαι [1], μαρτυριαν [19], μαρτυριας [2]
μαρτυριον	μαρτυριον [17], μαρτυριου [2]
μαρτυρομαι	μαρτυρομαι [3], μαρτυρομενοι [1], μαρτυρομενος [1]
μαρτυς	μαρτυρα [3], μαρτυρας [1], μαρτυρες [10], μαρτυρος [1], μαρτυρων [9], μαρτυς [8], μαρτυσιν [3]
μασαομαι	ἐμασωντο [1]
μαστιγοω	ἐμαστιγωσεν [1], μαστιγοι [1], μαστιγωσαι [1], μαστιγωσαντες [1], μαστιγωσετε [1], μαστιγωσουσιν [2]
μαστιζω	μαστιζειν [1]
μαστιξ	μαστιγας [1], μαστιγος [2], μαστιγων [2], μαστιξιν [1]
μαστος	μαστοι [2], μαστοις [1]
ματαιολογια	ματαιολογιαν [1]
ματαιολογος	ματαιολογοι [1]
ματαιοομαι	ἐματαιωθησαν [1]
ματαιος	ματαια [1], ματαιας [1], ματαιοι [2], ματαιος [1], ματαιων [1]
ματαιοτης	ματαιοτητι [2], ματαιοτητος [1]
ματην	ματην [2]
ματθαν	ματθαν [2]
ματταθα	ματταθα [1]
ματταθιας	ματταθιου [2]
μαχαιρα	μαχαιρα [2], μαχαιραι [1], μαχαιραν [12], μαχαιρη [5], μαχαιρης [4], μαχαιρων [5]
μαχη	μαχαι [2], μαχας [2]
μαχομαι	ἐμαχοντο [1], μαχεσθαι [1], μαχεσθε [1], μαχομενοις [1]
μεγαλειος	μεγαλεια [1]
μεγαλειοτης	μεγαλειοτητι [1], μεγαλειοτητος [2]

μεγαλοπρεπης	μεγαλοπρεπους [1]
μεγαλυνω	ἐμεγαλυνεν [2], ἐμεγαλυνετο [1], μεγαλυνει [1], μεγαλυνθηναι [1], μεγαλυνθησεται [1], μεγαλυνοντων [1], μεγαλυνουσιν [1]
μεγαλως	μεγαλως [1]
μεγαλωσυνη	μεγαλωσυνη [1], μεγαλωσυνης [2]
μεγας	μεγα [18], μεγαλα [8], μεγαλαι [1], μεγαλαις [1], μεγαλας [2], μεγαλη [35], μεγαλῃ [34], μεγαλην [19], μεγαλης [16], μεγαλοι [4], μεγαλου [7], μεγαλους [4], μεγαλω [5], μεγαλων [2], μεγαν [13], μεγας [25], μεγιστα [1], μειζον [7], μειζονα [7], μειζονας [1], μειζονες [1], μειζονος [3], μειζοτεραν [1], μειζω [2], μειζων [26]
μεγεθος	μεγεθος [1]
μεγιστανες	μεγιστανες [2], μεγιστασιν [1]
μεθερμηνευομαι	μεθερμηνευεται [1], μεθερμηνευομενον [7]
μεθη	μεθαι [1], μεθαις [1], μεθῃ [1]
μεθιστημι	μεθισταναι [1], μετασταθω [1], μεταστησας [1], μετεστησεν [2]
μεθοδεια	μεθοδειαν [1], μεθοδειας [1]
μεθυσκομαι	μεθυσκεσθαι [1], μεθυσκεσθε [1], μεθυσκομενοι [1]
μεθυσος	μεθυσοι [1], μεθυσος [1]
μεθυω	ἐμεθυσθησαν [1], μεθυει [1], μεθυοντων [1], μεθυουσαν [1], μεθυουσιν [2], μεθυσθωσιν [1]
μελας	μελαιναν [1], μελανι [1], μελανος [2], μελας [2]
μελεα	μελεα [1]
μελει	ἐμελεν [2], μελει [7], μελετω [1]
μελεταω	ἐμελετησαν [1], μελέτα [1]
μελι	μελι [4]
μελιτη	μελιτη [1]
μελλω	ἐμελλεν [3], ἐμελλον [3], ἠμελλεν [11], ἠμελλον [1], μελλει [16], μελλειν [6], μελλεις [4], μελλετε [2], μελλη [3], μελλησετε [1], μελλησω [1], μελλομεν [1], μελλον [3], μελλοντα [6], μελλοντας [3], μελλοντες [4], μελλοντι [4], μελλοντος [6], μελλοντων [8], μελλουσαν [4], μελλουσης [6], μελλουσιν [2], μελλω [2], μελλων [9]
μελος	μελεσιν [5], μελη [22], μελος [5], μελων [2]
μελχι	μελχι [2]
μελχισεδεκ	μελχισεδεκ [8]
μεμβρανα	μεμβρανας [1]
μεμφομαι	μεμφεται [1], μεμφομενος [1]
μεμψιμοιρος	μεμψιμοιροι [1]

μεν	μεν [180]
μεννα	μεννα [1]
μενουν	μενουν [1]
μενουνγε	μενουνγε [3]
μεντοι	μεντοι [8]
μενω	ἐμειναμεν [2], ἐμειναν [2], ἐμεινεν [10], ἐμενεν [3], ἐμενον [1], μειναι [6], μεινατε [5], μεινη [6], μεινητε [2], μεινον [1], μεινωσιν [3], μεμενηκεισαν [1], μενε [1], μενει [28], μενεῖ [1], μενειν [5], μενεις [1], μενειτε [2], μενετε [6], μενετω [5], μενη [4], μενητε [1], μενομεν [1], μενον [3], μενοντα [1], μενοντος [1], μενουσαν [5], μενουσιν [2], μενω [1], μενῶ [1], μενων [7]
μεριζω	ἐμερισεν [5], ἐμερισθη [2], μεμερισται [2], μερισασθαι [1], μερισθεισα [2], μερισθη [2]
μεριμνα	μεριμνα [2], μεριμναι [1], μεριμναις [1], μεριμναν [1], μεριμνων [1]
μεριμναω	μεριμνα [4], μεριμνας [1], μεριμνατε [5], μεριμνησει [2], μεριμνησετε [1], μεριμνησητε [3], μεριμνων [2], μεριμνωσιν [1]
μερις	μεριδα [2], μεριδος [1], μερις [2]
μερισμος	μερισμοις [1], μερισμου [1]
μεριστης	μεριστην [1]
μερος	μερει [3], μερη [11], μερος [16], μερους [12]
μεσημβρια	μεσημβριαν [2]
μεσιτευω	ἐμεσιτευσεν [1]
μεσιτης	μεσιτη [1], μεσιτης [4], μεσιτου [1]
μεσονυκτιον	μεσονυκτιον [2], μεσονυκτιου [2]
μεσοποταμια	μεσοποταμιᾳ [1], μεσοποταμιαν [1]
μεσος	μεσης [2], μεσον [16], μεσος [3], μεσου [8], μεσῳ [29]
μεσοτοιχον	μεσοτοιχον [1]
μεσουρανημα	μεσουρανηματι [3]
μεσοω	μεσουσης [1]
μεσσιας	μεσσιαν [1], μεσσιας [1]
μεστος	μεστη [2], μεστοι [2], μεστον [3], μεστους [2]
μεστοω	μεμεστωμενοι [1]
μετα	μεθ [43], μετ [131], μετα [299]
μεταβαινω	μεταβα [1], μεταβαινετε [1], μεταβας [3], μεταβεβηκαμεν [1], μεταβεβηκεν [1], μεταβη [2], μεταβηθι [1], μεταβησεται [1], μετεβη [1]
μεταβαλλομαι	μεταβαλομενοι [1]
μεταγω	μεταγεται [1], μεταγομεν [1]
μεταδιδωμι	μεταδιδοναι [1], μεταδιδους [1], μεταδοτω [1], μεταδουναι [1], μεταδω [1]

μεταθεσις	μεταθεσεως [1], μεταθεσιν [1], μεταθεσις [1]
μεταιρω	μετηρεν [2]
μετακαλεομαι	μετακαλεσαι [1], μετακαλεσομαι [1], μετεκαλεσατο [2]
μετακινεω	μετακινουμενοι [1]
μεταλαμβανω	μεταλαβειν [3], μεταλαβων [1], μεταλαμβανει [1], μεταλαμβανειν [1], μετελαμβανον [1]
μεταλημψις	μεταλημψιν [1]
μεταλλασσω	μετηλλαξαν [2]
μεταμελομαι	μεταμεληθεις [2], μεταμεληθησεται [1], μεταμελομαι [1], μετεμεληθητε [1], μετεμελομην [1]
μεταμορφοομαι	μεταμορφουμεθα [1], μεταμορφουσθε [1], μετεμορφωθη [2]
μετανοεω	μετανοειν [1], μετανοειτε [3], μετανοησαι [1], μετανοησαντων [1], μετανοησατε [2], μετανοηση [2], μετανοησης [1], μετανοησον [5], μετανοησουσιν [1], μετανοησωσιν [1], μετανοητε [2], μετανοιειν [1], μετανοουντι [2], μετανοω [1], μετανοωσιν [1], μετενοησαν [9]
μετανοια	μετανοιαν [12], μετανοιας [10]
μεταξυ	μεταξυ [9]
μεταπεμπομαι	μεταπεμπομενος [1], μεταπεμφθεις [1], μεταπεμψαι [2], μεταπεμψαμενος [1], μεταπεμψασθαι [1], μεταπεμψηται [1], μετεπεμψασθε [1], μετεπεμψατο [1]
μεταστρεφω	μεταστραφησεται [1], μεταστρεψαι [1]
μετασχηματιζω	μετασχηματιζεται [1], μετασχηματιζομενοι [1], μετασχηματιζονται [1], μετασχηματισει [1], μετεσχηματισα [1]
μετατιθημι	μετατιθεμενης [1], μετατιθεντες [1], μετατιθεσθε [1], μετεθηκεν [1], μετετεθη [1], μετετεθησαν [1]
μετατρεπω	μετατραπητω [1]
μετεπειτα	μετεπειτα [1]
μετεχω	μετεσχεν [1], μετεσχηκεν [1], μετεχειν [2], μετεχομεν [1], μετεχουσιν [1], μετεχω [1], μετεχων [1]
μετεωριζομαι	μετεωριζεσθε [1]
μετοικεσια	μετοικεσιαν [1], μετοικεσιας [3]
μετοικιζω	μετοικιω [1], μετωκισεν [1]
μετοχη	μετοχη [1]
μετοχος	μετοχοι [3], μετοχοις [1], μετοχους [2]
μετρεω	ἐμετρησεν [2], μετρειτε [3], μετρηθησεται [2], μετρηση [1], μετρησης [1], μετρησον [1], μετρουντες [1]
μετρητης	μετρητας [1]

μετριοπαθεω	μετριοπαθειν [1]
μετριως	μετριως [1]
μετρον	μετρον [8], μετρου [2], μετρῳ [4]
μετωπον	μετωπον [3], μετωπου [1], μετωπων [4]
μεχρι	μεχρι [14], μεχρις [3]
μη	μη [1036], μηγε [7]
μηγε	μηγε [7]
μηδαμως	μηδαμως [2]
μηδε	μηδ [1], μηδε [55]
μηδεις	μηδεις [15], μηδεμιαν [7], μηδεν [35], μηδενα [8], μηδενι [21], μηδενος [3]
μηδεποτε	μηδεποτε [1]
μηδεπω	μηδεπω [1]
μηδος	μηδοι [1]
μηθεις	μηθεν [1]
μηκετι	μηκετι [22]
μηκος	μηκος [3]
μηκυνομαι	μηκυνηται [1]
μηλωτη	μηλωταις [1]
μην	μην [1], μηνα [2], μηνας [14], μηνι [1]
μην	μην [1]
μηνυω	ἐμηνυσεν [1], μηνυθεισης [1], μηνυσαντα [1], μηνυση [1]
μηποτε	μηποτε [25]
μηπω	μηπω [2]
μηρος	μηρον [1]
μητε	μητε [34]
μητηρ	μητερα [26], μητερας [2], μητηρ [32], μητρι [11], μητρος [12]
μητι	μητι [18]
μητρα	μητραν [1], μητρας [1]
μητρολωας	μητρολωαις [1]
μιαινω	μεμιαμμενοις [1], μεμιανται [1], μιαινουσιν [1], μιανθωσιν [2]
μιασμα	μιασματα [1]
μιασμος	μιασμου [1]
μιγμα	μιγμα [1]
μιγνυμι	ἐμιξεν [1], μεμιγμενα [1], μεμιγμενην [1], μεμιγμενον [1]
μικρος	μικρα [2], μικραν [1], μικροι [1], μικρον [22], μικρος [1], μικροτερον [2], μικροτερος [3], μικρου [3], μικρους [3], μικρῳ [1], μικρων [7]

μιλητος	μιλητον [1], μιλητου [1], μιλητῳ [1]
μιλιον	μιλιον [1]
μιμεομαι	μιμεισθαι [2], μιμεισθε [1], μιμου [1]
μιμητης	μιμηται [6]
μιμνησκομαι	ἐμνησθη [2], ἐμνησθημεν [1], ἐμνησθην [1], ἐμνησθησαν [5], μεμνημενος [1], μεμνησθε [1], μιμνησκεσθε [1], μιμνησκη [1], μνησθηναι [3], μνησθης [1], μνησθησομαι [1], μνησθητε [2], μνησθητι [2], μνησθω [1]
μισεω	ἐμισησα [1], ἐμισησαν [1], ἐμισησας [1], ἐμισησεν [2], ἐμισουν [1], μεμισηκασιν [1], μεμισηκεν [1], μεμισημενου [1], μισει [7], μισειν [1], μισεις [1], μιση [1], μισησει [2], μισησεις [1], μισησουσιν [2], μισησωσιν [1], μισουμενοι [4], μισουντες [2], μισουντων [1], μισουσιν [1], μισω [2], μισων [5]
μισθαποδοσια	μισθαποδοσιαν [3]
μισθαποδοτης	μισθαποδοτης [1]
μισθιος	μισθιοι [1], μισθιων [1]
μισθοομαι	ἐμισθωσατο [1], μισθωσασθαι [1]
μισθος	μισθον [18], μισθος [7], μισθου [4]
μισθωμα	μισθωματι [1]
μισθωτος	μισθωτος [2], μισθωτων [1]
μιτυληνη	μιτυληνην [1]
μιχαηλ	μιχαηλ [2]
μνα	μνα [3], μναν [1], μνας [5]
μνασων	μνασωνι [1]
μνεια	μνειᾳ [1], μνειαν [6]
μνημα	μνημα [3], μνημασιν [3], μνηματι [2]
μνημειον	μνημεια [4], μνημειοις [1], μνημειον [17], μνημειου [10], μνημειῳ [5], μνημειων [3]
μνημη	μνημην [1]
μνημονευω	ἐμνημονευον [1], ἐμνημονευσεν [2], μνημονευε [3], μνημονευει [1], μνημονευειν [1], μνημονευετε [9], μνημονευητε [1], μνημονευοντες [2], μνημονευωμεν [1]
μνημοσυνον	μνημοσυνον [3]
μνηστευομαι	ἐμνηστευμενη [1], ἐμνηστευμενην [1], μνηστευθεισης [1]
μογιλαλος	μογιλαλον [1]
μογις	μογις [1]
μοδιος	μοδιον [3]
μοιχαλις	μοιχαλιδα [1], μοιχαλιδες [1], μοιχαλιδι [1], μοιχαλιδος [1], μοιχαλις [3]
μοιχαομαι	μοιχαται [4]
μοιχεια	μοιχειᾳ [1], μοιχειαι [2]

μοιχευω	ἐμοιχευσεν [1], μοιχευει [2], μοιχευειν [1], μοιχευεις [2], μοιχευθηναι [1], μοιχευομενη [1], μοιχευοντας [1], μοιχευσεις [3], μοιχευσης [3]	μωλωψ	μωλωπι [1]
		μωμαομαι	μωμηθη [1], μωμησηται [1]
μοιχος	μοιχοι [2], μοιχους [1]	μωμος	μωμοι [1]
μολις	μολις [6]	μωραινω	ἐμωρανεν [1], ἐμωρανθησαν [1], μωρανθη [2]
μολοχ	μολοχ [1]	μωρια	μωρια [3], μωριαν [1], μωριας [1]
μολυνω	ἐμολυναν [1], ἐμολυνθησαν [1], μολυνεται [1]	μωρολογια	μωρολογια [1]
μολυσμος	μολυσμου [1]	μωρος	μωρα [1], μωραι [3], μωρας [2], μωρε [1], μωροι [2], μωρον [1], μωρος [1], μωρῳ [1]
μομφη	μομφην [1]		
μονη	μοναι [1], μονην [1]	μωυσης	μωυσεα [1], μωυσει [8], μωυσεως [23], μωυσῃ [1], μωυσην [4], μωυσης [43]
μονογενης	μονογενη [3], μονογενης [4], μονογενους [2]	ναασσων	ναασσων [3]
μονοομαι	μεμονωμενη [1]	ναγγαι	ναγγαι [1]
μονος	μονα [1], μονας [2], μονην [1], μονοι [4], μονοις [1], μονον [73], μονος [21], μονου [2], μονους [3], μονῳ [7]	ναζαρα	ναζαρα [2]
		ναζαρεθ	ναζαρεθ [6]
		ναζαρετ	ναζαρετ [4]
μονοφθαλμος	μονοφθαλμον [2]	ναζαρηνος	ναζαρηνε [2], ναζαρηνον [1], ναζαρηνος [1], ναζαρηνου [2]
μορφη	μορφῃ [2], μορφην [1]		
μορφοω	μορφωθη [1]	ναζωραιος	ναζωραιον [3], ναζωραιος [5], ναζωραιου [4], ναζωραιων [1]
μορφωσις	μορφωσιν [2]		
μοσχοποιεω	ἐμοσχοποιησαν [1]	ναθαμ	ναθαμ [1]
μοσχος	μοσχον [3], μοσχῳ [1], μοσχων [2]	ναθαναηλ	ναθαναηλ [6]
μουσικος	μουσικων [1]	ναι	ναι [33]
μοχθος	μοχθον [1], μοχθῳ [2]	ναιμαν	ναιμαν [1]
μυελος	μυελων [1]	ναιν	ναιν [1]
μυεομαι	μεμυημαι [1]	ναος	ναοις [1], ναον [13], ναος [10], ναου [12], ναους [1], ναῳ [8]
μυθος	μυθοις [3], μυθους [2]		
μυκαομαι	μυκαται [1]	ναουμ	ναουμ [1]
μυκτηριζω	μυκτηριζεται [1]	ναρδος	ναρδου [2]
μυλικος	μυλικος [1]	ναρκισσος	ναρκισσου [1]
μυλινος	μυλινον [1]	ναυαγεω	ἐναυαγησα [1], ἐναυαγησαν [1]
μυλος	μυλος [2], μυλου [1], μυλῳ [1]	ναυκληρος	ναυκληρῳ [1]
μυρα	μυρα [1]	ναυς	ναυν [1]
μυριας	μυριαδας [1], μυριαδες [2], μυριαδων [3], μυριασιν [2]	ναυτης	ναυται [2], ναυτων [1]
		ναχωρ	ναχωρ [1]
μυριζω	μυρισαι [1]	νεανιας	νεανιαν [1], νεανιας [1], νεανιου [1]
μυριοι	μυριους [2], μυριων [1]	νεανισκος	νεανισκε [1], νεανισκοι [4], νεανισκον [3], νεανισκος [3]
μυρον	μυρα [1], μυρον [4], μυρου [6], μυρῳ [3]		
μυσια	μυσιαν [2]	νεαπολις	πολιν [1]
μυστηριον	μυστηρια [4], μυστηριον [17], μυστηριου [4], μυστηριῳ [2], μυστηριων [1]	νεκρος	νεκρα [3], νεκραν [1], νεκροι [14], νεκροις [2], νεκρον [3], νεκρος [9], νεκρου [1], νεκρους [19], νεκρων [76]
μυωπαζω	μυωπαζων [1]	νεκροω	νεκρωσατε [1], νενεκρωμενον [1], νενεκρωμενου [1]

νεκρωσις	νεκρωσιν [2]
νεομηνια	νεομηνιας [1]
νεος	νεαν [1], νεας [2], νεον [9], νεος [1], νεωτερας [3], νεωτεροι [2], νεωτερος [4], νεωτερους [2]
νεοτης	νεοτητος [4]
νεοφυτος	νεοφυτον [1]
νευω	νευει [1], νευσαντος [1]
νεφελη	νεφελαι [1], νεφελαις [2], νεφελη [5], νεφελῃ [3], νεφελην [5], νεφελης [5], νεφελων [4]
νεφθαλιμ	νεφθαλιμ [3]
νεφος	νεφος [1]
νεφρος	νεφρους [1]
νεωκορος	νεωκορον [1]
νεωτερικος	νεωτερικας [1]
νη	νη [1]
νηθω	νηθει [1], νηθουσιν [1]
νηπιαζω	νηπιαζετε [1]
νηπιος	νηπιοι [3], νηπιοις [3], νηπιος [6], νηπιου [1], νηπιων [2]
νηρευς	νηρεα [1]
νηρι	νηρι [1]
νησιον	νησιον [1]
νησος	νησον [2], νησος [3], νησου [1], νησῳ [3]
νηστεια	νηστειᾳ [1], νηστειαις [3], νηστειαν [1], νηστειων [1]
νηστευω	νηστευειν [2], νηστευητε [1], νηστευομεν [1], νηστευοντες [2], νηστευοντων [1], νηστευουσιν [4], νηστευσαι [1], νηστευσαντες [1], νηστευσας [1], νηστευσουσιν [3], νηστευω [1], νηστευων [2]
νηστις	νηστεις [2]
νηφαλιος	νηφαλιον [1], νηφαλιους [2]
νηφω	νηφε [1], νηφοντες [1], νηφωμεν [2], νηψατε [2]
νιγερ	νιγερ [1]
νικανωρ	νικανορα [1]
νικαω	ἐνικησα [1], ἐνικησαν [1], ἐνικησεν [1], νενικηκα [1], νενικηκατε [3], νικα [2], νικησαι [1], νικησασα [1], νικησει [2], νικησεις [1], νικηση [2], νικω [1], νικων [8], νικωντας [1], νικωντι [2]
νικη	νικη [1]
νικοδημος	νικοδημος [5]
νικολαιτης	νικολαιτων [2]
νικολαος	νικολαον [1]
νικοπολις	νικοπολιν [1]
νικος	νικος [4]
νινευιτης	νινευιται [2], νινευιταις [1]
νιπτηρ	νιπτηρα [1]
νιπτω	ἐνιψα [1], ἐνιψαμην [1], ἐνιψατο [1], ἐνιψεν [2], νιπτειν [2], νιπτεις [1], νιπτονται [1], νιψαι [3], νιψαμενος [1], νιψασθαι [1], νιψης [1], νιψω [1], νιψωνται [1]
νοεω	νόει [1], νοειτε [5], νοειτω [2], νοησαι [1], νοησωσιν [1], νοουμεν [2], νοουμενα [1], νοουντες [1]
νοημα	νοημα [1], νοηματα [5]
νοθος	νοθοι [1]
νομη	νομην [2]
νομιζω	ἐνομιζεν [1], ἐνομιζετο [1], ἐνομιζομεν [1], ἐνομιζον [1], ἐνομισαν [1], ἐνομισας [1], νομιζει [1], νομιζειν [1], νομιζοντες [1], νομιζοντων [1], νομιζω [1], νομιζων [1], νομισαντες [1], νομισητε [2]
νομικος	νομικας [1], νομικοι [1], νομικοις [2], νομικον [1], νομικος [2], νομικους [1], νομικων [1]
νομιμως	νομιμως [2]
νομισμα	νομισμα [1]
νομοδιδασκαλος	νομοδιδασκαλοι [2], νομοδιδασκαλος [1]
νομοθεσια	νομοθεσια [1]
νομοθετεω	νενομοθετηται [2]
νομοθετης	νομοθετης [1]
νομος	νομον [60], νομος [34], νομου [67], νομους [2], νομῳ [32]
νοσεω	νοσων [1]
νοσημα	νοσηματι [1]
νοσος	νοσοις [3], νοσον [3], νοσους [3], νοσων [2]
νοσσια	νοσσιαν [1]
νοσσιον	νοσσια [1]
νοσσος	νοσσους [1]
νοσφιζομαι	ἐνοσφισατο [1], νοσφιζομενους [1], νοσφισασθαι [1]
νοτος	νοτον [1], νοτου [6]
νουθεσια	νουθεσιᾳ [1], νουθεσιαν [2]
νουθετεω	νουθετειν [1], νουθετειτε [2], νουθετουντας [1], νουθετουντες [2], νουθετω[ν] [2]
νουνεχως	νουνεχως [1]

νους	νοι [6], νοος [6], νουν [9], νους [3]
νυμφα	νυμφαν [1]
νυμφη	νυμφη [2], νυμφην [5], νυμφης [1]
νυμφιος	νυμφιον [2], νυμφιος [9], νυμφιου [5]
νυμφων	νυμφωνος [3]
νυν	νυν [148]
νυνι	νυνι [20]
νυξ	νυκτα [4], νυκτας [4], νυκτι [13], νυκτος [33], νυξ [7]
νυσσω	ενυξεν [1]
νυσταζω	ενυσταξαν [1], νυσταζει [1]
νυχθημερον	νυχθημερον [1]
νωε	νωε [8]
νωθρος	νωθροι [2]
νωτος	νωτον [1]
ξενια	ξενιαν [2]
ξενιζω	εξενισεν [2], ξενιζεσθε [1], ξενιζεται [3], ξενιζοντα [1], ξενιζονται [1], ξενισαντες [1], ξενισθωμεν [1]
ξενοδοχεω	εξενοδοχησεν [1]
ξενος	ξεναις [1], ξενοι [4], ξενοις [1], ξενον [2], ξενος [3], ξενου [1], ξενους [1], ξενων [1]
ξεστης	ξεστων [1]
ξηραινω	εξηραμμενην [2], εξηρανεν [1], εξηρανθη [10], εξηρανται [1], ξηραινεται [1]
ξηρος	ξηρα [1], ξηραν [4], ξηρας [1], ξηρω [1], ξηρων [1]
ξυλινος	ξυλινα [2]
ξυλον	ξυλα [1], ξυλον [5], ξυλου [8], ξυλω [1], ξυλων [5]
ξυραομαι	εξυρημενη [1], ξυρασθαι [1], ξυρησονται [1]
ὁ	αἱ [149], ἡ [985], ὁ [2944], οἱ [1121], τα [837], ταις [203], τας [341], τη [879], την [1528], της [1302], το [1699], τοις [625], τον [1584], του [2520], τουναντιον [3], τουνομα [1], τους [731], τω [1240], των [1212]
ὀγδοηκοντα	ὀγδοηκοντα [1]
ὀγδοηκοντα-τεσσαρες	ὀγδοηκοντατεσσαρων [1]
ὀγδοος	ὀγδοη [2], ὀγδοον [1], ὀγδοος [2]
ὀγκος	ὀγκον [1]
ὁδε	ταδε [8], τηδε [1], τηνδε [1]
ὁδευω	ὁδευων [1]
ὁδηγεω	ὁδηγειν [1], ὁδηγη [1], ὁδηγησει [3]
ὁδηγος	ὁδηγοι [3], ὁδηγον [1], ὁδηγου [1]
ὁδοιπορεω	ὁδοιπορουντων [1]
ὁδοιπορια	ὁδοιποριαις [1], ὁδοιποριας [1]
ὁδος	ὁδοι [2], ὁδοις [3], ὁδον [51], ὁδος [5], ὁδου [8], ὁδους [8], ὁδω [23], ὁδων [1]
ὁδους	ὁδοντα [1], ὁδοντας [2], ὁδοντες [1], ὁδοντος [1], ὁδοντων [7]
ὀδυναομαι	ὀδυνασαι [1], ὀδυνωμαι [1], ὀδυνωμενοι [2]
ὀδυνη	ὀδυναις [1], ὀδυνη [1]
ὀδυρμος	ὀδυρμον [1], ὀδυρμος [1]
ὀζιας	ὀζιαν [1], ὀζιας [1]
ὀζω	ὀζει [1]
ὁθεν	ὁθεν [15]
ὀθονη	ὀθονην [2]
ὀθονιον	ὀθονια [3], ὀθονιοις [1], ὀθονιων [1]
οἰδα	εἰδεναι [11], εἰδης [1], εἰδησουσιν [1], εἰδητε [6], εἰδοσιν [1], εἰδοτα [1], εἰδοτας [2], εἰδοτες [23], εἰδοτι [1], εἰδυια [2], εἰδω [2], εἰδωμεν [1], εἰδως [21], ἠδει [14], ἠδειν [5], ἠδεις [3], ἠδεισαν [8], ἠδειτε [3], ἰσασι [1], ἰστε [3], οἰδα [56], οἰδαμεν [43], οἰδας [17], οἰδασιν [7], οἰδατε [63], οἰδεν [22]
οἰκειος	οἰκειοι [1], οἰκειους [1], οἰκειων [1]
οἰκετεια	οἰκετειας [1]
οἰκετης	οἰκεται [1], οἰκετην [1], οἰκετης [1], οἰκετων [1]
οἰκεω	οἰκει [4], οἰκειν [2], οἰκουσα [2], οἰκων [1]
οἰκημα	οἰκηματι [1]
οἰκητηριον	οἰκητηριον [2]
οἰκια	οἰκια [9], οἰκιᾳ [26], οἰκιαν [40], οἰκιας [18], οἰκιων [1]
οἰκιακος	οἰκιακοι [1], οἰκιακους [1]
οἰκοδεσποτεω	οἰκοδεσποτειν [1]
οἰκοδεσποτης	οἰκοδεσποτη [4], οἰκοδεσποτην [1], οἰκοδεσποτης [5], οἰκοδεσποτου [2]
οἰκοδομεω	οἰκοδομει [4], οἰκοδομειν [1], οἰκοδομεισθε [1], οἰκοδομειται [1], οἰκοδομειτε [4], οἰκοδομηθη [1], οἰκοδομηθησεται [1], οἰκοδομησαι [3], οἰκοδομησαντι [1], οἰκοδομησεν [1], οἰκοδομησετε [1], οἰκοδομησθαι [1], οἰκοδομησω [3], οἰκοδομουμενη [1], οἰκοδομουντες [4], οἰκοδομουντι [1], οἰκοδομω [2], οἰκοδομων [2], ῳκοδομησεν [5], ῳκοδομητο [1], ῳκοδομουν [1]
οἰκοδομη	οἰκοδομαι [1], οἰκοδομας [2], οἰκοδομη [2], οἰκοδομην [11], οἰκοδομης [2]
οἰκοδομος	οἰκοδομων [1]

οἰκονομεω	οἰκονομειν [1]
οἰκονομια	οἰκονομια [1], οἰκονομιαν [6], οἰκονομιας [2]
οἰκονομος	οἰκονομοι [1], οἰκονομοις [1], οἰκονομον [3], οἰκονομος [3], οἰκονομους [2]
οἰκος	οἰκοις [1], οἰκον [58], οἰκος [18], οἰκου [12], οἰκους [4], οἰκῳ [20], οἰκων [1]
οἰκουμενη	οἰκουμενη [1], οἰκουμενῃ [2], οἰκουμενην [8], οἰκουμενης [4]
οἰκουργος	οἰκουργους [1]
οἰκτιρμος	οἰκτιρμοι [1], οἰκτιρμου [1], οἰκτιρμων [3]
οἰκτιρμων	οἰκτιρμονες [1], οἰκτιρμων [2]
οἰκτιρω	οἰκτιρησω [1], οἰκτιρω [1]
οἰνοποτης	οἰνοποτης [2]
οἰνος	οἰνον [19], οἰνος [4], οἰνου [7], οἰνῳ [4]
οἰνοφλυγια	οἰνοφλυγιαις [1]
οἰομαι	οἰεσθω [1], οἰμαι [1], οἰομενοι [1]
οἰος	οἰα [4], οἰοι [2], οἰον [3], οἰος [3], οἰους [2], οἰωδηποτουν [1]
οἰοσδηποτουν	οἰωδηποτουν [1]
ὀκνεω	ὀκνησῃς [1]
ὀκνηρος	ὀκνηρε [1], ὀκνηροι [1], ὀκνηρον [1]
ὀκταημερος	ὀκταημερος [1]
ὀκτω	ὀκτω [6]
ὀλεθρος	ὀλεθρον [3], ὀλεθρος [1]
ὀλιγοπιστια	ὀλιγοπιστιαν [1]
ὀλιγοπιστος	ὀλιγοπιστε [1], ὀλιγοπιστοι [4]
ὀλιγος	ὀλιγα [6], ὀλιγαι [1], ὀλιγας [2], ὀλιγην [1], ὀλιγης [1], ὀλιγοι [7], ὀλιγοις [1], ὀλιγον [13], ὀλιγος [2], ὀλιγου [1], ὀλιγῳ [4], ὀλιγων [2]
ὀλιγοψυχος	ὀλιγοψυχους [1]
ὀλιγωρεω	ὀλιγωρει [1]
ὀλιγως	ὀλιγως [1]
ὀλοθρευτης	ὀλοθρευτου [1]
ὀλοθρευω	ὀλοθρευων [1]
ὀλοκαυτωμα	ὀλοκαυτωματα [2], ὀλοκαυτωματων [1]
ὀλοκληρια	ὀλοκληριαν [1]
ὀλοκληρος	ὀλοκληροι [1], ὀλοκληρον [1]
ὀλολυζω	ὀλολυζοντες [1]
ὀλος	ὀλη [8], ὀλῃ [14], ὀλην [20], ὀλης [19], ὀλον [35], ὀλος [4], ὀλου [3], ὀλους [1], ὀλῳ [6]
ὀλοτελης	ὀλοτελεις [1]

ὀλυμπας	ὀλυμπαν [1]
ὀλυνθος	ὀλυνθους [1]
ὀλως	ὀλως [4]
ὀμβρος	ὀμβρος [1]
ὀμειρομαι	ὀμειρομενοι [1]
ὀμιλεω	ὀμιλειν [1], ὀμιλησας [1], ὠμιλει [1], ὠμιλουν [1]
ὀμιλια	ὀμιλιαι [1]
ὀμιχλη	ὀμιχλαι [1]
ὀμμα	ὀμματα [1], ὀμματων [1]
ὀμνυω	ὀμνυει [3], ὀμνυειν [1], ὀμνυετε [1], ὀμνυναι [1], ὀμνυουσιν [1], ὀμοσαι [2], ὀμοσας [3], ὀμοσῃ [4], ὀμοσῃς [1], ὠμοσα [2], ὠμοσεν [7]
ὀμοθυμαδον	ὀμοθυμαδον [11]
ὀμοιοπαθης	ὀμοιοπαθεις [1], ὀμοιοπαθης [1]
ὀμοιος	ὀμοια [16], ὀμοιαι [1], ὀμοιας [1], ὀμοιοι [7], ὀμοιον [9], ὀμοιος [11]
ὀμοιοτης	ὀμοιοτητα [2]
ὀμοιοω	ὀμοιωθεντες [1], ὀμοιωθηναι [1], ὀμοιωθησεται [3], ὀμοιωθητε [1], ὀμοιωσω [4], ὀμοιωσωμεν [1], ὠμοιωθη [3], ὠμοιωθημεν [1]
ὀμοιωμα	ὀμοιωματα [1], ὀμοιωματι [5]
ὀμοιως	ὀμοιως [30]
ὀμοιωσις	ὀμοιωσιν [1]
ὀμολογεω	ὀμολογει [2], ὀμολογειται [1], ὀμολογησαντες [1], ὀμολογησει [2], ὀμολογησῃ [3], ὀμολογησῃς [1], ὀμολογησω [3], ὀμολογουντες [1], ὀμολογουντων [1], ὀμολογουσιν [2], ὀμολογω [1], ὀμολογωμεν [1], ὀμολογων [1], ὠμολογησας [1], ὠμολογησεν [4], ὠμολογουν [1]
ὀμολογια	ὀμολογιαν [3], ὀμολογιας [3]
ὀμολογουμενως	ὀμολογουμενως [1]
ὀμοτεχνος	ὀμοτεχνον [1]
ὀμου	ὀμου [4]
ὀμοφρων	ὀμοφρονες [1]
ὀμως	ὀμως [3]
ὀναρ	ὀναρ [6]
ὀναριον	ὀναριον [1]
ὀνειδιζω	ὀνειδιζειν [1], ὀνειδιζεσθε [1], ὀνειδιζοντος [1], ὀνειδιζοντων [1], ὀνειδισωσιν [2], ὠνειδιζον [2], ὠνειδισεν [1]
ὀνειδισμος	ὀνειδισμοι [1], ὀνειδισμοις [1], ὀνειδισμον [3]
ὀνειδος	ὀνειδος [1]

ὀνήσιμος	ὀνήσιμον [1], ὀνήσιμῳ [1]
ὀνησιφορος	ὀνησιφορου [2]
ὀνικος	ὀνικος [2]
ὀνιναμαι	ὀναιμην [1]
ὀνομα	ὀνομα [105], ὀνοματα [11], ὀνοματι [95], ὀνοματος [17], ὀνοματων [2], τουνομα [1]
ὀνομαζω	ὀνομαζειν [1], ὀνομαζεσθω [1], ὀνομαζεται [1], ὀνομαζομενος [1], ὀνομαζομενου [1], ὀνομαζων [1], ὠνομασεν [3], ὠνομασθη [1]
ὀνος	ὀνον [4], ὀνου [1]
ὀντως	ὀντως [10]
ὀξος	ὀξος [2], ὀξους [4]
ὀξυς	ὀξεια [2], ὀξειαν [1], ὀξεις [1], ὀξυ [4]
ὀπη	ὀπαις [1], ὀπης [1]
ὀπισθεν	ὀπισθεν [7]
ὀπισω	ὀπισω [35]
ὀπλιζομαι	ὀπλισασθε [1]
ὀπλον	ὀπλα [4], ὀπλων [2]
ὀποιος	ὀποιαν [1], ὀποιοι [1], ὀποιον [1], ὀποιος [2]
ὀπου	ὀπου [84]
ὀπτανομαι	ὀπτανομενος [1]
ὀπτασια	ὀπτασιᾳ [1], ὀπτασιαν [2], ὀπτασιας [1]
ὀπτος	ὀπτου [1]
ὀπωρα	ὀπωρα [1]
ὀπως	ὀπως [53]
ὀραμα	ὀραμα [7], ὀραματι [3], ὀραματος [2]
ὀρασις	ὀρασει [3], ὀρασεις [1]
ὀρατος	ὀρατα [1]
ὀραω	εἰδαμεν [2], εἰδαν [5], εἰδεν [42], εἰδες [8], εἰδετε [5], εἰδομεν [8], εἰδον [76], ἑορακα [1], ἑορακαν [1], ἑορακεν [1], ἑωρακα [3], ἑωρακαμεν [5], ἑωρακαν [1], ἑωρακας [4], ἑωρακασιν [1], ἑωρακατε [3], ἑωρακει [1], ἑωρακεν [10], ἑωρακεναι [1], ἑωρακοτες [1], ἑωρακως [2], ἰδειν [38], ἰδετε [9], ἰδη [5], ἰδης [1], ἰδητε [12], ἰδοντες [41], ἰδουσα [6], ἰδω [3], ἰδωμεν [5], ἰδων [61], ἰδωσιν [9], ὀρα [3], ὁρα [3], ὁρατε [8], ὁρω [2], ὁρωμεν [1], ὁρων [1], ὁρωντες [1], ὁρωσαι [1], ὀφθεις [1], ὀφθεντες [1], ὀφθεντος [1], ὀφθησεται [1], ὀφθησομαι [1], ὀψεσθε [13], ὀψεται [4], ὀψη [3], ὀψησθε [1], ὀψομαι [2], ὀψομεθα [1], ὀψονται [9], ὠφθη [18], ὠφθην [1], ὠφθησαν [1]
ὀργη	ὀργη [10], ὀργῃ [3], ὀργην [9], ὀργης [14]
ὀργιζομαι	ὀργιζεσθε [1], ὀργιζομενος [1], ὀργισθεις [2], ὠργισθη [3], ὠργισθησαν [1]
ὀργιλος	ὀργιλον [1]
ὀργυια	ὀργυιας [2]
ὀρεγομαι	ὀρεγεται [1], ὀρεγομενοι [1], ὀρεγονται [1]
ὀρεινος	ὀρεινῃ [1], ὀρεινην [1]
ὀρεξις	ὀρεξει [1]
ὀρθοποδεω	ὀρθοποδουσιν [1]
ὀρθος	ὀρθας [1], ὀρθος [1]
ὀρθοτομεω	ὀρθοτομουντα [1]
ὀρθριζω	ὠρθριζεν [1]
ὀρθρινος	ὀρθριναι [1]
ὀρθρος	ὀρθρον [1], ὀρθρου [2]
ὀρθως	ὀρθως [4]
ὀρια	ὀρια [4], ὀριοις [2], ὀριων [6]
ὀριζω	ὀριζει [1], ὀρισας [1], ὀρισθεντος [1], ὠρισαν [1], ὠρισεν [1], ὠρισμενῃ [1], ὠρισμενον [1], ὠρισμενος [1]
ὀρκιζω	ὀρκιζω [2]
ὀρκος	ὀρκον [2], ὀρκος [1], ὀρκου [2], ὀρκους [3], ὀρκῳ [2]
ὀρκωμοσια	ὀρκωμοσιας [4]
ὀρμαω	ὠρμησαν [2], ὠρμησεν [3]
ὀρμη	ὀρμη [2]
ὀρμημα	ὀρμηματι [1]
ὀρνεον	ὀρνεα [1], ὀρνεοις [1], ὀρνεου [1]
ὀρνις	ὀρνις [2]
ὀροθεσια	ὀροθεσιας [1]
ὀρος	ὀρει [11], ὀρεσιν [4], ὀρεων [1], ὀρη [7], ὀρος [28], ὀρους [12]
ὀρυσσω	ὠρυξεν [3]
ὀρφανος	ὀρφανους [2]
ὀρχεομαι	ὀρχησαμενης [1], ὠρχησασθε [2], ὠρχησατο [1]
ὀς	ἁ [118], αἱ [5], αἱς [14], ἁς [2], ἡ [4], ῃ [37], ἡν [98], ἡς [49], ὁ [240], οἱ [31], οἱς [46], ὁν [167], ὁς [217], οὑ [85], οὑς [53], ῳ [119], ὡν [80]
ὀσακις	ὀσακις [3]
ὀσιος	ὀσια [1], ὀσιον [3], ὀσιος [3], ὀσιους [1]
ὀσιοτης	ὀσιοτητι [2]
ὀσιως	ὀσιως [1]
ὀσμη	ὀσμη [2], ὀσμην [3], ὀσμης [1]
ὀσος	ὀσα [56], ὀσαι [1], ὀσοι [29], ὀσον [17], ὀσους [3], ὀσῳ [3], ὀσων [1]

ὀστεον	ὀστεα [1], ὀστεων [2], ὀστουν [1]
ὁστις	αἱτινες [10], ἁτινα [5], ἡτις [38], οἱτινες [60], ὁστις [26], ὁτι [9]
ὀστρακινος	ὀστρακινα [1], ὀστρακινοις [1]
ὀσφρησις	ὀσφρησις [1]
ὀσφυς	ὀσφυας [1], ὀσφυες [1], ὀσφυι [1], ὀσφυν [3], ὀσφυος [2]
ὁταν	ὁταν [123]
ὁτε	ὁτε [103]
ὁτι	ὁτι [1297]
ὁτου	ὁτου [5]
οὐ	οὐ [680], οὐκ [826], οὐχ [106]
οὖ	οὖ [17]
οὔ	οὔ [54]
οὐα	οὐα [1]
οὐαι	οὐαι [47]
οὐδαμως	οὐδαμως [1]
οὐδε	οὐδ [9], οὐδε [135]
οὐδεις	οὐδεις [98], οὐδεμια [3], οὐδεμιαν [8], οὐδεν [85], οὐδενα [16], οὐδενι [9], οὐδενος [8]
οὐδεποτε	οὐδεποτε [16]
οὐδεπω	οὐδεπω [4]
οὐθεις	οὐθεν [5], οὐθενος [2]
οὐκετι	οὐκετι [47]
οὐκουν	οὐκουν [1]
οὐν	οἰωδηποτουν [1], οὐν [500]
οὐπω	οὐπω [26]
οὐρα	οὐρα [1], οὐραι [1], οὐραις [2], οὐρας [1]
οὐρανιος	οὐρανιος [7], οὐρανιου [1], οὐρανιω [1]
οὐρανοθεν	οὐρανοθεν [2]
οὐρανος	οὐρανε [1], οὐρανοι [7], οὐρανοις [37], οὐρανον [43], οὐρανος [12], οὐρανου [92], οὐρανους [5], οὐρανω [35], οὐρανων [42]
οὐρβανος	οὐρβανον [1]
οὐριας	οὐριου [1]
οὐς	οὐς [13], ὠσιν [6], ὠτα [18]
οὐσια	οὐσιαν [1], οὐσιας [1]
οὐτε	οὐτε [87]

οὑτος	αὑται [3], αὑτη [73], οὑτοι [74], οὑτος [187], ταυτα [240], ταυταις [11], ταυτας [9], ταυτῃ [32], ταυτην [53], ταυτης [34], τουτ [17], τουτο [322], τουτοις [19], τουτον [60], τουτου [69], τουτους [28], τουτω [88], τουτων [72]
οὑτως	οὑτω [4], οὑτως [204]
οὐχι	οὐχι [54]
ὀφειλετης	ὀφειλεται [3], ὀφειλεταις [1], ὀφειλετης [3]
ὀφειλη	ὀφειλας [1], ὀφειλην [2]
ὀφειλημα	ὀφειλημα [1], ὀφειληματα [1]
ὀφειλω	ὀφειλει [11], ὀφειλεις [3], ὀφειλετε [2], ὀφειλομεν [7], ὀφειλομενον [2], ὀφειλοντες [1], ὀφειλοντι [1], ὀφειλουσιν [2], ὠφειλεν [3], ὠφειλετε [1], ὠφειλομεν [1], ὠφειλον [1]
ὀφελον	ὀφελον [4]
ὀφελος	ὀφελος [3]
ὀφθαλμοδουλια	ὀφθαλμοδουλια [1], ὀφθαλμοδουλιαν [1]
ὀφθαλμος	ὀφθαλμοι [15], ὀφθαλμοις [7], ὀφθαλμον [1], ὀφθαλμος [15], ὀφθαλμου [6], ὀφθαλμους [37], ὀφθαλμω [8], ὀφθαλμων [11]
ὀφις	ὀφεις [3], ὀφεσιν [1], ὀφεων [2], ὀφεως [1], ὀφιν [3], ὀφις [4]
ὀφρυς	ὀφρυος [1]
ὀχλεομαι	ὀχλουμενους [1]
ὀχλοποιεω	ὀχλοποιησαντες [1]
ὀχλος	ὀχλοι [28], ὀχλοις [11], ὀχλον [35], ὀχλος [46], ὀχλου [25], ὀχλους [17], ὀχλω [12], ὀχλων [1]
ὀχυρωμα	ὀχυρωματων [1]
ὀψαριον	ὀψαρια [1], ὀψαριον [2], ὀψαριων [2]
ὀψε	ὀψε [3]
ὀψια	ὀψια [1], ὀψιας [13]
ὀψιμος	ὀψιμον [1]
ὀψιος	ὀψιας [1]
ὀψις	ὀψιν [1], ὀψις [2]
ὀψωνιον	ὀψωνια [1], ὀψωνιοις [2], ὀψωνιον [1]
παγιδευω	παγιδευσωσιν [1]
παγις	παγιδα [3], παγιδος [1], παγις [1]
παγος	ἀρειονπαγον [1], ἀρειουπαγου [1]
παθημα	παθημα [1], παθημασιν [4], παθηματα [4], παθηματων [7]
παθητος	παθητος [1]
παθος	παθει [1], παθη [1], παθος [1]
παιδαγωγος	παιδαγωγον [1], παιδαγωγος [1], παιδαγωγους [1]

παιδαριον	παιδαριον [1]
παιδεια	παιδεια [1], παιδειᾳ [1], παιδειαν [2], παιδειας [2]
παιδευτης	παιδευτας [1], παιδευτην [1]
παιδευω	ἐπαιδευϑη [1], ἐπαιδευον [1], παιδευει [2], παιδευϑωσιν [1], παιδευομεϑα [1], παιδευομενοι [1], παιδευοντα [1], παιδευουσα [1], παιδευσας [2], παιδευω [1], πεπαιδευμενος [1]
παιδιοϑεν	παιδιοϑεν [1]
παιδιον	παιδια [13], παιδιοις [2], παιδιον [27], παιδιου [6], παιδιων [4]
παιδισκη	παιδισκας [1], παιδισκη [5], παιδισκην [2], παιδισκης [4], παιδισκων [1]
παιζω	παιζειν [1]
παις	παιδα [5], παιδας [3], παιδος [5], παιδων [1], παις [9], παισιν [1]
παιω	ἐπαισεν [2], παισας [2], παιση [1]
παλαι	παλαι [7]
παλαιος	παλαια [2], παλαιᾳ [1], παλαιαν [2], παλαιας [1], παλαιον [5], παλαιος [2], παλαιου [1], παλαιους [3], παλαιῳ [2]
παλαιοτης	παλαιοτητι [1]
παλαιοω	παλαιουμενα [1], παλαιουμενον [1], παλαιωϑησονται [1], πεπαλαιωκεν [1]
παλη	παλη [1]
παλιγγενεσια	παλιγγενεσιᾳ [1], παλιγγενεσιας [1]
παλιν	παλιν [141]
παμπληϑει	παμπληϑει [1]
παμφυλια	παμφυλιαν [3], παμφυλιας [2]
πανδοχειον	πανδοχειον [1]
πανδοχευς	πανδοχει [1]
πανηγυρις	πανηγυρει [1]
πανοικει	πανοικει [1]
πανοπλια	πανοπλιαν [3]
πανουργια	πανουργιᾳ [4], πανουργιαν [1]
πανουργος	πανουργος [1]
πανταχη	πανταχη [1]
πανταχου	πανταχου [7]
παντελης	παντελες [2]
παντη	παντη [1]
παντοϑεν	παντοϑεν [3]
παντοκρατωρ	παντοκρατορος [2], παντοκρατωρ [8]
παντοτε	παντοτε [41]

παντως	παντως [8]
παρα	παρ [60], παρα [134]
παραβαινω	παραβαινετε [1], παραβαινουσιν [1], παρεβη [1]
παραβαλλω	παρεβαλομεν [1]
παραβασις	παραβασει [1], παραβασεων [2], παραβασεως [2], παραβασις [2]
παραβατης	παραβαται [1], παραβατην [2], παραβατης [2]
παραβιαζομαι	παρεβιασαντο [1], παρεβιασατο [1]
παραβολευομαι	παραβολευσαμενος [1]
παραβολη	παραβολαις [12], παραβολας [4], παραβολη [3], παραβολῃ [2], παραβολην [26], παραβολης [3]
παραγγελια	παραγγελιᾳ [1], παραγγελιαν [2], παραγγελιας [2]
παραγγελλω	παραγγειλαντες [1], παραγγειλας [4], παραγγειλης [1], παραγγελλε [3], παραγγελλει [2], παραγγελλειν [1], παραγγελλομεν [3], παραγγελλω [3], παραγγελλων [1], παρηγγειλαμεν [2], παρηγγειλαν [2], παρηγγειλεν [7], παρηγγελλομεν [1], παρηγγελμενα [1]
παραγινομαι	παραγενομενοι [6], παραγενομενον [1], παραγενομενος [11], παραγενομενου [1], παραγενομενους [1], παραγενωμαι [1], παραγενωνται [1], παραγινεται [3], παρεγενετο [5], παρεγενομην [2], παρεγενοντο [4], παρεγινοντο [1]
παραγω	παραγει [2], παραγεται [2], παραγοντα [1], παραγοντι [1], παραγων [4]
παραδειγματιζω	παραδειγματιζοντας [1]
παραδεισος	παραδεισον [1], παραδεισῳ [2]
παραδεχομαι	παραδεξονται [1], παραδεχεσϑαι [1], παραδεχεται [1], παραδεχονται [1], παραδεχου [1], παρεδεχϑησαν [1]
παραδιδωμι	παραδεδομενοι [1], παραδεδοται [1], παραδεδωκεισαν [1], παραδεδωκοσι [1], παραδιδομεϑα [1], παραδιδοναι [2], παραδιδοντα [1], παραδιδοντες [2], παραδιδοντος [1], παραδιδοσϑαι [2], παραδιδοται [7], παραδιδους [10], παραδιδω [1], παραδιδως [1], παραδοϑεις [1], παραδοϑεισῃ [1], παραδοϑεισης [1], παραδοϑηναι [2], παραδοϑησεσϑε [1], παραδοϑησεται [3], παραδοϑω [1], παραδοι [4], παραδοντος [1], παραδουναι [3], παραδους [4], παραδω [4], παραδωσει [7], παραδωσιν [1], παραδωσουσιν [7], παραδωσω [1], παραδωσων [1], παρεδιδετο [1], παρεδιδοσαν [1], παρεδιδου [2], παρεδιδουν [1], παρεδοϑη [4], παρεδοϑην [1], παρεδοϑητε [1], παρεδοσαν [1], παρεδωκα [4], παρεδωκαμεν [1], παρεδωκαν [6], παρεδωκας [2], παρεδωκατε [2], παρεδωκεν [17]
παραδοξος	παραδοξα [1]

παραδοσις	παραδοσει [1], παραδοσεις [2], παραδοσεων [1], παραδοσιν [9]	παραλυτικος	παραλυτικον [2], παραλυτικος [2], παραλυτικους [1], παραλυτικῳ [5]
παραζηλοω	παραζηλουμεν [1], παραζηλωσαι [1], παραζηλωσω [2]	παραμενω	παραμεινας [1], παραμενειν [1], παραμενῶ [2]
παραθαλασσιος	παραθαλασσιαν [1]	παραμυθεομαι	παραμυθεισθε [1], παραμυθησωνται [1], παραμυθουμενοι [2]
παραθεωρεομαι	παρεθεωρουντο [1]	παραμυθια	παραμυθιαν [1]
παραθηκη	παραθηκην [3]	παραμυθιον	παραμυθιον [1]
παραινεω	παραινω [1], παρηνει [1]	παρανομεω	παρανομων [1]
παραιτεομαι	παραιτεισθαι [1], παραιτησαμενοι [1], παραιτησησθε [1], παραιτου [4], παραιτουμαι [1], παρητημενον [2], παρητησαντο [1], παρητουντο [1]	παρανομια	παρανομιας [1]
		παραπικραινω	παρεπικραναν [1]
		παραπικρασμος	παραπικρασμῳ [2]
παρακαθεζομαι	παρακαθεσθεισα [1]	παραπιπτω	παραπεσοντας [1]
παρακαλεω	παρακαλει [1], παρακάλει [4], παρακαλειν [3], παρακαλεισθε [1], παρακαλειται [1], παρακαλειτε [3], παρακαλεσαι [6], παρακαλεσας [2], παρακαλεση [2], παρακαλεσον [1], παρακαλουμεθα [2], παρακαλουμεν [6], παρακαλουντες [4], παρακαλουντος [1], παρακαλουσιν [2], παρακαλω [20], παρακαλων [9], παρακαλωνται [1], παρακεκλημεθα [1], παρακληθηναι [1], παρακληθησονται [1], παρακληθωσιν [1], παρεκαλει [8], παρεκαλεσα [5], παρεκαλεσαμεν [6], παρεκαλεσας [1], παρεκαλεσεν [3], παρεκαλουμεν [1], παρεκαλουν [8], παρεκληθη [1], παρεκληθημεν [2], παρεκληθησαν [1]	παραπλεω	παραπλευσαι [1]
		παραπλησιος	παραπλησιον [1]
		παραπλησιως	παραπλησιως [1]
		παραπορευομαι	παραπορευεσθαι [1], παραπορευομενοι [3], παρεπορευοντο [1]
		παραπτωμα	παραπτωμα [3], παραπτωμασιν [3], παραπτωματα [7], παραπτωματι [4], παραπτωματος [1], παραπτωματων [2]
		παραρρεω	παραρυωμεν [1]
		παρασημος	παρασημῳ [1]
παρακαλυπτω	παρακεκαλυμμενον [1]	παρασκευαζω	παρασκευαζοντων [1], παρασκευασεται [1], παρεσκευασμενοι [1], παρεσκευασται [1]
παρακειμαι	παρακειται [2]		
παρακλησις	παρακλησει [7], παρακλησεως [12], παρακλησιν [7], παρακλησις [3]	παρασκευη	παρασκευη [3], παρασκευην [2], παρασκευης [1]
παρακλητος	παρακλητον [2], παρακλητος [3]	παρατεινω	παρετεινεν [1]
παρακοη	παρακοη [1], παρακοην [1], παρακοης [1]	παρατηρεω	παρατηρεισθε [1], παρατηρησαντες [1], παρατηρουμενοι [1], παρετηρουν [1], παρετηρουντο [2]
παρακολουθεω	παρακολουθησει [1], παρηκολουθηκας [1], παρηκολουθηκοτι [1], παρηκολουθησας [1]		
		παρατηρησις	παρατηρησεως [1]
παρακουω	παρακουσας [1], παρακουση [2]	παρατιθημι	παραθειναι [1], παραθησω [1], παραθου [1], παρατιθεμαι [3], παρατιθεμενα [1], παρατιθεμενον [1], παρατιθεμενος [1], παρατιθεναι [1], παρατιθεσθωσαν [1], παρατιθωσιν [2], παρεθεντο [2], παρεθηκαν [1], παρεθηκεν [3]
παρακυπτω	παρακυψαι [1], παρακυψας [3], παρεκυψεν [1]		
παραλαμβανω	παραλαβε [3], παραλαβειν [1], παραλαβοντα [1], παραλαβοντες [2], παραλαβων [10], παραλαμβανει [8], παραλαμβανεται [2], παραλαμβανοντες [1], παραλαμβανουσιν [1], παραλημφθησεται [3], παραλημψομαι [1], παρελαβεν [4], παρελαβες [1], παρελαβετε [5], παρελαβον [6], παρελαβοσαν [1]		
		παρατυγχανω	παρατυγχανοντας [1]
		παραυτικα	παραυτικα [1]
		παραφερω	παραφερεσθε [1], παραφερομεναι [1], παρενεγκε [2]
παραλεγομαι	παραλεγομενοι [1], παρελεγοντο [1]	παραφρονεω	παραφρονων [1]
παραλιος	παραλιου [1]	παραφρονια	παραφρονιαν [1]
παραλλαγη	παραλλαγη [1]		
παραλογιζομαι	παραλογιζηται [1], παραλογιζομενοι [1]	παραχειμαζω	παρακεχειμακοτι [1], παραχειμασαι [2], παραχειμασω [1]
παραλυομαι	παραλελυμενα [1], παραλελυμενοι [1], παραλελυμενος [2], παραλελυμενῳ [1]	παραχειμασια	παραχειμασιαν [1]

παραχρημα	παραχρημα [18]
παρδαλις	παρδαλει [1]
παρεδρευω	παρεδρευοντες [1]
παρειμι	παρει [1], παρειναι [3], παρεισιν [1], παρεσμεν [1], παρεσται [1], παρεστε [1], παρεστιν [3], παρησαν [2], παρον [1], παροντες [1], παροντος [1], παρουση [1], παρουσιν [1], παρων [6]
παρεισαγω	παρεισαξουσιν [1]
παρεισακτος	παρεισακτους [1]
παρεισδυω	παρεισεδυσαν [1]
παρεισερχομαι	παρεισηλθεν [1], παρεισηλθον [1]
παρεισφερω	παρεισενεγκαντες [1]
παρεκτος	παρεκτος [3]
παρεμβαλλω	παρεμβαλουσιν [1]
παρεμβολη	παρεμβολας [1], παρεμβολην [7], παρεμβολης [2]
παρενοχλεω	παρενοχλειν [1]
παρεπιδημος	παρεπιδημοι [1], παρεπιδημοις [1], παρεπιδημους [1]
παρερχομαι	παρελευσεται [2], παρελευσονται [5], παρεληλυθεναι [1], παρεληλυθως [1], παρελθατω [1], παρελθειν [4], παρελθη [6], παρελθοντες [1], παρελθων [3], παρελθωσιν [1], παρερχεσθε [1], παρερχεται [1], παρηλθεν [2], παρηλθον [1]
παρεσις	παρεσιν [1]
παρεχω	παρασχων [1], παρειχεν [1], παρειχετο [1], παρειχον [1], παρεξη [1], παρεσχον [1], παρεχε [2], παρεχειν [1], παρεχεσθε [1], παρεχετε [2], παρεχετω [1], παρεχομενος [1], παρεχοντι [1], παρεχουσιν [1]
παρηγορια	παρηγορια [1]
παρθενια	παρθενιας [1]
παρθενος	παρθενοι [4], παρθενοις [1], παρθενον [5], παρθενος [3], παρθενου [1], παρθενων [1]
παρθος	παρθοι [1]
παριημι	παρειμενας [1], παρειναι [1]
παριστημι	παραστηναι [1], παραστησαι [7], παραστησατε [2], παραστησει [3], παραστηση [1], παραστησομεθα [1], παραστησωμεν [1], παραστητε [1], παρειστηκεισαν [1], παρεστη [2], παρεστηκεν [2], παρεστηκοτων [2], παρεστηκως [3], παρεστησαν [3], παρεστησατε [1], παρεστησεν [2], παρεστωσιν [3], παρεστωτα [1], παρεστωτες [2], παριστανετε [2]
παρμενας	παρμεναν [1]
παροδος	παροδω [1]
παροικεω	παροικεις [1], παρωκησεν [1]
παροικια	παροικια [1], παροικιας [1]
παροικος	παροικοι [1], παροικον [1], παροικος [1], παροικους [1]
παροιμια	παροιμιαις [2], παροιμιαν [2], παροιμιας [1]
παροινος	παροινον [2]
παροιχομαι	παρωχημεναις [1]
παρομοιαζω	παρομοιαζετε [1]
παρομοιος	παρομοια [1]
παροξυνομαι	παροξυνεται [1], παρωξυνετο [1]
παροξυσμος	παροξυσμον [1], παροξυσμος [1]
παροργιζω	παροργιζετε [1], παροργιω [1]
παροργισμος	παροργισμω [1]
παροτρυνω	παρωτρυναν [1]
παρουσια	παρουσια [6], παρουσια [9], παρουσιαν [3], παρουσιας [6]
παροψις	παροψιδος [1]
παρρησια	παρρησια [2], παρρησια [14], παρρησιαν [10], παρρησιας [5]
παρρησιαζομαι	επαρρησιαζετο [1], επαρρησιασαμεθα [1], επαρρησιασατο [1], παρρησιασεσθαι [1], παρρησιαζομενοι [1], παρρησιαζομενος [2], παρρησιασαμενοι [1], παρρησιασωμαι [1]
πας	παν [75], παντα [244], παντα [18], παντας [90], παντες [178], παντι [59], παντος [34], παντων [135], πας [96], πασα [46], πασαι [16], πασαις [7], πασαν [57], πασας [9], παση [45], πασης [42], πασι [7], πασιν [81], πασων [5]
πασχα	πασχα [29]
πασχω	επαθεν [5], επαθετε [2], επαθον [1], παθειν [12], παθη [1], παθοντας [1], παθοντος [1], παθουσα [1], παθων [1], πασχει [2], πασχειν [4], πασχετε [1], πασχετω [1], πασχοιτε [1], πασχομεν [1], πασχοντες [2], πασχω [1], πασχων [2], πεπονθασιν [1], πεπονθεν [1]
παταρα	παταρα [1]
πατασσω	επαταξεν [2], παταξαι [1], παταξας [3], παταξη [1], παταξομεν [1], παταξω [2]
πατεω	επατηθη [1], πατει [1], πατειν [1], πατησουσιν [1], πατουμενη [1]
πατηρ	πατερ [24], πατερα [93], πατερας [12], πατερες [24], πατερων [14], πατηρ [111], πατρασιν [3], πατρι [33], πατρος [100]
πατμος	πατμω [1]
πατρια	πατρια [1], πατριαι [1], πατριας [1]
πατριαρχης	πατριαρχαι [1], πατριαρχας [1], πατριαρχης [1], πατριαρχου [1]
πατρικος	πατρικων [1]
πατρις	πατριδα [3], πατριδι [5]

πατροβας	πατροβαν [1]
πατρολωας	πατρολωαις [1]
πατροπαραδοτος	πατροπαραδοτου [1]
πατρωος	πατρωοις [1], πατρωου [1], πατρωῳ [1]
παυλος	παυλε [2], παυλον [30], παυλος [79], παυλου [30], παυλῳ [17]
παυω	ἐπαυοντο [1], ἐπαυσαμην [1], ἐπαυσαντο [3], ἐπαυσατο [2], παυεται [1], παυομαι [1], παυομεθα [1], παυσασθαι [1], παυσατω [1], παυση [1], παυσονται [1], πεπαυται [1]
παφος	παφου [2]
παχυνομαι	ἐπαχυνθη [2]
πεδη	πεδαις [2], πεδας [1]
πεδινος	πεδινου [1]
πεζευω	πεζευειν [1]
πεζῃ	πεζῃ [2]
πειθαρχεω	πειθαρχειν [2], πειθαρχησαντας [1], πειθαρχουσιν [1]
πειθος	πειθοις [1]
πειθω	ἐπειθεν [1], ἐπειθετο [1], ἐπειθον [1], ἐπειθοντο [3], ἐπεισαν [1], ἐπεισθησαν [2], ἐπεποιθει [1], πειθεις [1], πειθεσθαι [2], πειθεσθε [1], πειθομαι [1], πειθομεθα [1], πειθομεν [1], πειθομενοις [1], πειθομενου [1], πειθω [1], πειθων [2], πεισαντες [2], πεισας [1], πεισθης [1], πεισθησονται [1], πεισομεν [2], πεπεισμαι [5], πεπεισμεθα [1], πεπεισμενος [1], πεποιθα [2], πεποιθαμεν [1], πεποιθας [1], πεποιθεν [2], πεποιθεναι [1], πεποιθοτας [2], πεποιθοτες [2], πεποιθως [5]
πειθώ	πειθοι [1]
πειναω	ἐπεινασα [2], ἐπεινασαν [1], ἐπεινασεν [7], πεινα [3], πειναν [1], πεινασετε [1], πειναση [1], πεινασουσιν [1], πεινωμεν [1], πεινωντα [2], πεινωντας [1], πεινωντες [2]
πειρα	πειραν [2]
πειραζω	ἐπειραζεν [1], ἐπειραζον [1], ἐπειρασαν [2], ἐπειρασας [1], ἐπειρασεν [2], πειραζει [1], πειραζεται [1], πειραζετε [4], πειραζη [1], πειραζομαι [1], πειραζομενοις [1], πειραζομενος [4], πειραζοντες [6], πειραζων [4], πειρασαι [2], πειρασθεις [1], πειρασθηναι [2], πειρασθης [1], πειρασθητε [1], πεπειρασμενον [1]
πειραομαι	ἐπειρωντο [1]
πειρασμος	πειρασμοις [3], πειρασμον [11], πειρασμος [1], πειρασμου [4], πειρασμῳ [1], πειρασμων [1]
πεισμονη	πεισμονη [1]
πελαγος	πελαγει [1], πελαγος [1]
πελεκιζομαι	πεπελεκισμενων [1]
πεμπτος	πεμπτην [1], πεμπτος [3]

πεμπω	ἐπεμφθη [1], ἐπεμψα [9], ἐπεμψαμεν [1], ἐπεμψατε [1], ἐπεμψεν [3], πεμπει [1], πεμπειν [1], πεμπομενοις [1], πεμποντα [1], πεμπω [1], πεμφθεντες [1], πεμψαι [8], πεμψαντα [7], πεμψαντες [1], πεμψαντι [1], πεμψαντος [9], πεμψας [15], πεμψασιν [1], πεμψει [1], πεμψης [1], πεμψον [7], πεμψουσιν [1], πεμψω [6]
πενης	πενησιν [1]
πενθερα	πενθερα [3], πενθεραν [2], πενθερας [1]
πενθερος	πενθερος [1]
πενθεω	ἐπενθησατε [1], πενθειν [1], πενθησατε [1], πενθησετε [1], πενθησω [1], πενθουντες [3], πενθουσι [1], πενθουσιν [1]
πενθος	πενθος [5]
πενιχρος	πενιχραν [1]
πεντακις	πεντακις [1]
πεντακισχιλιοι	πεντακισχιλιοι [4], πεντακισχιλιους [1], πεντακισχιλιων [1]
πεντακοσιοι	πεντακοσια [1], πεντακοσιοις [1]
πεντε	πεντε [36]
πεντεκαιδεκατος	πεντεκαιδεκατῳ [1]
πεντηκοντα	πεντηκοντα [5]
πεντηκοστη	πεντηκοστης [3]
πεποιθησις	πεποιθησει [4], πεποιθησιν [2]
περαιτερω	περαιτερω [1]
περαν	περαν [23]
περας	περας [1], περατα [1], περατων [2]
περγαμος	περγαμον [1], περγαμῳ [1]
περγη	περγῃ [1], περγην [1], περγης [1]
περι	περ [1], περι [333]
περιαγω	περιαγειν [1], περιαγετε [1], περιαγων [1], περιηγεν [3]
περιαιρεω	περιαιρειται [1], περιελειν [1], περιελοντες [1], περιηρειτο [1]
περιαπτω	περιαψαντων [1]
περιαστραπτω	περιαστραψαι [1], περιηστραψεν [1]
περιβαλλω	περιβαλειται [1], περιβαλη [1], περιβαληται [1], περιβαλου [1], περιβαλωμεθα [1], περιβαλων [1], περιβεβλημενη [3], περιβεβλημενοι [2], περιβεβλημενον [2], περιβεβλημενος [2], περιβεβλημενους [2], περιεβαλετε [2], περιεβαλετο [2], περιεβαλομεν [1], περιεβαλον [1]
περιβλεπομαι	περιβλεψαμενοι [1], περιβλεψαμενος [5], περιεβλεπετο [1]
περιβολαιον	περιβολαιον [1], περιβολαιου [1]

περιδεω	περιεδεδετο [1]		περιποιησις	περιποιησεως [1], περιποιησιν [4]
περιεργαζομαι	περιεργαζομενους [1]		περιρηγνυμι	περιρηξαντες [1]
περιεργος	περιεργα [1], περιεργοι [1]		περισπαομαι	περιεσπατο [1]
περιερχομαι	περιελθοντες [1], περιερχομεναι [1], περιερχομενων [1], περιηλθον [1]		περισσεια	περισσεια [1], περισσειαν [3]
περιεχω	περιεσχεν [1], περιεχει [1]		περισσευμα	περισσευμα [2], περισσευματα [1], περισσευματος [2]
περιζωννυμαι	περιεζωσμεναι [1], περιεζωσμενοι [1], περιεζωσμενον [1], περιζωσαμενοι [1], περιζωσαμενος [1], περιζωσεται [1]		περισσευω	ἐπερισσευον [1], ἐπερισσευσαν [1], ἐπερισσευσεν [4], περισσευει [3], περισσευειν [5], περισσευετε [1], περισσευη [2], περισσευητε [4], περισσευθησεται [2], περισσευομεν [1], περισσευον [2], περισσευονται [1], περισσευοντες [2], περισσευοντος [2], περισσευουσα [1], περισσευσαι [2], περισσευσαν [1], περισσευσαντα [1], περισσευση [2], περισσευω [1]
περιθεσις	περιθεσεως [1]			
περιιστημι	περιεστησαν [1], περιεστωτα [1], περιιστασο [2]			
περικαθαρμα	περικαθαρματα [1]			
περικαλυπτω	περικαλυπτειν [1], περικαλυψαντες [1], περικεκαλυμμενην [1]		περισσος	περισσον [5], περισσου [1]
περικειμαι	περικειμαι [1], περικειμενον [1], περικειται [3]		περισσοτερος	περισσοτερα [1], περισσοτεραν [3], περισσοτερον [13]
περικεφαλαια	περικεφαλαιαν [2]		περισσοτερως	περισσοτερως [12]
περικρατης	περικρατεις [1]		περισσως	περισσως [4]
περικρυβω	περιεκρυβεν [1]		περιστερα	περιστεραι [1], περιστεραν [4], περιστερας [4], περιστερων [1]
περικυκλοω	περικυκλωσουσιν [1]		περιτεμνω	περιετεμεν [2], περιετμηθητε [1], περιτεμειν [2], περιτεμνειν [2], περιτεμνεσθαι [2], περιτεμνεσθω [1], περιτεμνετε [1], περιτεμνησθε [1], περιτεμνομενοι [1], περιτεμνομενω [1], περιτετμημενος [1], περιτμηθηναι [1], περιτμηθητε [1]
περιλαμπω	περιελαμψεν [1], περιλαμψαν [1]			
περιλειπομαι	περιλειπομενοι [2]			
περιλυπος	περιλυπον [1], περιλυπος [4]			
περιμενω	περιμενειν [1]			
περιξ	περιξ [1]		περιτιθημι	περιεθηκαν [1], περιεθηκεν [2], περιθεις [2], περιθεντες [1], περιτιθεασιν [1], περιτιθεμεν [1]
περιοικεω	περιοικουντας [1]			
περιοικος	περιοικοι [1]		περιτομη	περιτομη [10], περιτομῃ [4], περιτομην [7], περιτομης [15]
περιουσιος	περιουσιον [1]		περιτρεπω	περιτρεπει [1]
περιοχη	περιοχη [1]		περιτρεχω	περιεδραμον [1]
περιπατεω	περιεπατει [7], περιεπατεις [1], περιεπατησαμεν [1], περιεπατησατε [2], περιεπατησεν [3], περιεπατουν [1], περιπατει [5], περιπάτει [5], περιπατειν [10], περιπατεις [2], περιπατειτε [9], περιπατειτω [1], περιπατη [3], περιπατησαι [2], περιπατηση [1], περιπατησουσιν [2], περιπατησωμεν [3], περιπατητε [2], περιπατουμεν [1], περιπατουντα [5], περιπατουντας [6], περιπατουντες [5], περιπατουντι [1], περιπατουντος [2], περιπατουσιν [6], περιπατωμεν [3], περιπατων [6]		περιφερω	περιφερειν [1], περιφερομενοι [1], περιφεροντες [1]
			περιφρονεω	περιφρονειτω [1]
			περιχωρος	περιχωρον [4], περιχωρος [1], περιχωρου [3], περιχωρω [1]
			περιψημα	περιψημα [1]
			περπερευομαι	περπερευεται [1]
			περσις	περσιδα [1]
			περυσι	περυσι [2]
περιπειρω	περιεπειραν [1]		πετεινον	πετεινα [11], πετεινων [3]
περιπιπτω	περιεπεσεν [1], περιεπεσητε [1], περιπεσοντες [1]		πετομαι	πετηται [1], πετομενοις [1], πετομενον [1], πετομενου [1], πετομενω [1]
περιποιεομαι	περιεποιησατο [1], περιποιησασθαι [1], περιποιουνται [1]		πετρα	πετρα [2], πετρᾳ [2], πετραι [1], πετραις [1], πετραν [5], πετρας [4]

πετρος	πετρε [3], πετρον [26], πετρος [100], πετρου [12], πετρω [15]
πετρωδης	πετρωδες [1], πετρωδη [3]
πηγανον	πηγανον [1]
πηγη	πηγαι [1], πηγας [4], πηγη [4], πηγη [1], πηγης [1]
πηγνυμι	ἐπηξεν [1]
πηδαλιον	πηδαλιου [1], πηδαλιων [1]
πηλικος	πηλικοις [1], πηλικος [1]
πηλος	πηλον [5], πηλου [1]
πηρα	πηραν [5], πηρας [1]
πηχυς	πηχυν [2], πηχων [2]
πιαζω	ἐπιασατε [1], ἐπιασεν [2], ἐπιασθη [1], πιασαι [4], πιασας [2], πιασωσιν [2]
πιεζω	πεπιεσμενον [1]
πιθανολογια	πιθανολογια [1]
πικραινω	ἐπικρανθη [1], ἐπικρανθησαν [1], πικραινεσθε [1], πικρανει [1]
πικρια	πικρια [1], πικριας [3]
πικρος	πικρον [2]
πικρως	πικρως [2]
πιλατος	πιλατον [7], πιλατος [39], πιλατου [3], πιλατω [6]
πιμπλημι	ἐπλησαν [1], ἐπλησθη [5], ἐπλησθησαν [12], πλησας [1], πλησθεις [2], πλησθηναι [1], πλησθης [1], πλησθησεται [1]
πιμπρημι	πιμπρασθαι [1]
πινακιδιον	πινακιδιον [1]
πιναξ	πινακι [4], πινακος [1]
πινω	ἐπιεν [2], ἐπινον [3], ἐπιομεν [1], ἐπιον [2], πειν [5], πεπωκαν [1], πιε [1], πιειν [8], πιεσαι [1], πιεσθε [2], πιεται [1], πιετε [1], πιη [2], πιητε [3], πινει [1], πινειν [4], πινετε [2], πινετω [2], πινη [2], πινητε [3], πινοντες [2], πινουσιν [1], πινω [4], πινων [8], πιουσα [1], πιω [6], πιωμεν [2], πιων [1], πιωσιν [1]
πιοτης	πιοτητος [1]
πιπρασκω	ἐπιπρασκον [1], ἐπραθη [1], πεπρακεν [1], πεπραμενος [1], πιπρασκομενων [1], πραθεν [1], πραθηναι [3]
πιπτω	ἐπεσα [4], ἐπεσαν [12], ἐπεσεν [29], ἐπιπτεν [1], πεπτωκας [1], πεπτωκοτα [1], πεπτωκυιαν [1], πεσειν [1], πεσειται [2], πεσετε [2], πεση [5], πεσητε [1], πεσον [1], πεσοντα [1], πεσοντας [1], πεσοντες [1], πεσουνται [4], πεσων [13], πεσωσιν [1], πιπτει [5], πιπτοντες [1], πιπτοντων [2]
πισιδια	πισιδιαν [2]
πιστευω	ἐπιστευεν [1], ἐπιστευετε [2], ἐπιστευθη [2], ἐπιστευθην [2], ἐπιστευθησαν [1], ἐπιστευον [4], ἐπιστευσα [1], ἐπιστευσαμεν [2], ἐπιστευσαν [22], ἐπιστευσας [2], ἐπιστευσατε [7], ἐπιστευσεν [14], πεπιστευκα [2], πεπιστευκαμεν [2], πεπιστευκας [1], πεπιστευκατε [1], πεπιστευκεισαν [1], πεπιστευκεν [2], πεπιστευκοσιν [1], πεπιστευκοτας [1], πεπιστευκοτες [2], πεπιστευκοτων [3], πεπιστευκως [1], πεπιστευμαι [2], πιστευε [2], πιστευει [3], πιστευειν [5], πιστευεις [8], πιστευεται [1], πιστευετε [21], πιστευη [2], πιστευητε [2], πιστευθηναι [1], πιστευομεν [6], πιστευοντα [1], πιστευοντας [4], πιστευοντες [7], πιστευοντι [4], πιστευοντων [4], πιστευουσιν [14], πιστευσαι [6], πιστευσαντας [1], πιστευσαντες [7], πιστευσαντων [1], πιστευσας [2], πιστευσασα [1], πιστευσασιν [3], πιστευσει [1], πιστευσετε [2], πιστευσης [2], πιστευσητε [11], πιστευσομεν [1], πιστευσον [2], πιστευσουσιν [1], πιστευσω [2], πιστευσωμεν [3], πιστευσωσιν [4], πιστευω [5], πιστευων [24]
πιστικος	πιστικης [2]
πιστις	πιστει [58], πιστεως [94], πιστιν [55], πιστις [36]
πιστος	πιστα [2], πιστας [1], πιστε [2], πιστη [1], πιστην [1], πιστης [1], πιστοι [7], πιστοις [4], πιστον [5], πιστος [33], πιστου [2], πιστους [2], πιστω [4], πιστων [2]
πιστοω	ἐπιστωθης [1]
πλαναω	ἐπλανηθησαν [2], ἐπλανησεν [1], πεπλανημενοις [1], πεπλανησθε [1], πλανα [3], πλανασθε [7], πλανατω [1], πλανηθη [2], πλανηθητε [1], πλανησαι [2], πλανηση [3], πλανησουσιν [3], πλανωμεν [1], πλανωμενοι [4], πλανωμενοις [1], πλανωμενον [1], πλανων [2], πλανωνται [1], πλανωντες [1], πλανωντων [1]
πλανη	πλανη [1], πλανη [3], πλανης [6]
πλανητης	πλανηται [1]
πλανος	πλανοι [2], πλανοις [1], πλανος [2]
πλαξ	πλακες [1], πλαξιν [2]
πλασμα	πλασμα [1]
πλασσω	ἐπλασθη [1], πλασαντι [1]
πλαστος	πλαστοις [1]
πλατεια	πλατεια [1], πλατειαις [2], πλατειας [5], πλατειων [1]
πλατος	πλατος [4]
πλατυνω	πεπλατυνται [1], πλατυνθητε [1], πλατυνουσιν [1]
πλατυς	πλατεια [1]
πλεγμα	πλεγμασιν [1]
πλεκω	πλεξαντες [3]

πλεοναζω	ἐπλεονασεν [2], πλεοναζει [1], πλεοναζοντα [2], πλεονασαι [1], πλεονασασα [1], πλεοναση [2]
πλεονεκτεω	ἐπλεονεκτησα [1], ἐπλεονεκτησαμεν [1], ἐπλεονεκτησεν [1], πλεονεκτειν [1], πλεονεκτηθωμεν [1]
πλεονεκτης	πλεονεκται [1], πλεονεκταις [1], πλεονεκτης [2]
πλεονεξια	πλεονεξια [1], πλεονεξιᾳ [3], πλεονεξιαι [1], πλεονεξιαν [2], πλεονεξιας [3]
πλευρα	πλευραν [5]
πλεω	ἐπλεομεν [1], πλειν [1], πλεον [1], πλεοντας [1], πλεοντων [1], πλεων [1]
πληγη	πληγαι [2], πληγαις [3], πληγας [6], πληγη [3], πληγῃ [1], πληγην [1], πληγης [1], πληγων [5]
πληθος	πληθει [1], πληθη [1], πληθος [25], πληθους [4]
πληθυνω	ἐπληθυνετο [3], ἐπληθυνθη [1], πληθυνεῖ [1], πληθυνθειη [3], πληθυνθηναι [1], πληθυνοντων [1], πληθυνῶ [1], πληθυνων [1]
πληκτης	πληκτην [2]
πλημμυρα	πλημμυρης [1]
πλην	πλην [31]
πληρης	πληρεις [5], πληρη [2], πληρης [9]
πληροφορεω	πεπληροφορημενοι [1], πεπληροφορημενων [1], πληροφορεισθω [1], πληροφορηθεις [1], πληροφορηθη [1], πληροφορησον [1]
πληροφορια	πληροφοριᾳ [2], πληροφοριαν [1], πληροφοριας [1]
πληροω	ἐπληρου [1], ἐπληρουντο [2], ἐπληρουτο [1], ἐπληρωθη [7], ἐπληρωσαν [2], ἐπληρωσεν [4], πεπληρωκατε [1], πεπληρωκεν [2], πεπληρωκεναι [1], πεπληρωμαι [2], πεπληρωμενα [1], πεπληρωμενη [3], πεπληρωμενην [1], πεπληρωμενοι [3], πεπληρωμενους [1], πεπληρωται [5], πληροις [1], πληρουμενον [1], πληρουμενου [1], πληρουν [1], πληρουσθε [1], πληρωθεισης [1], πληρωθεντων [1], πληρωθη [20], πληρωθηναι [2], πληρωθησεται [1], πληρωθησονται [1], πληρωθητε [2], πληρωθω [1], πληρωθωσιν [5], πληρωσαι [4], πληρωσαντες [1], πληρωσατε [2], πληρωσει [1], πληρωσεις [1], πληρωση [2]
πληρωμα	πληρωμα [11], πληρωματα [2], πληρωματι [1], πληρωματος [3]
πλησιον	πλησιον [17]
πλησμονη	πλησμονην [1]
πλησσω	ἐπληγη [1]
πλοιαριον	πλοιαρια [2], πλοιαριον [2], πλοιαριῳ [1]
πλοιον	πλοια [7], πλοιον [33], πλοιου [12], πλοιῳ [14], πλοιων [2]

πλους	πλοος [1], πλουν [2]
πλουσιος	πλουσιοι [4], πλουσιοις [2], πλουσιον [3], πλουσιος [13], πλουσιου [2], πλουσιους [4]
πλουσιως	πλουσιως [4]
πλουτεω	ἐπλουτησαν [2], ἐπλουτησατε [1], πεπλουτηκα [1], πλουτειν [2], πλουτησαντες [1], πλουτησης [1], πλουτησητε [1], πλουτουντας [1], πλουτων [2]
πλουτιζω	ἐπλουτισθητε [1], πλουτιζομενοι [1], πλουτιζοντες [1]
πλουτος	πλουτον [3], πλουτος [13], πλουτου [6]
πλυνω	ἐπλυναν [1], ἐπλυνον [1], πλυνοντες [1]
πνευμα	πνευμα [158], πνευμασι [2], πνευμασιν [3], πνευματα [18], πνευματι [91], πνευματος [96], πνευματων [11]
πνευματικος	πνευματικα [4], πνευματικαις [2], πνευματικας [1], πνευματικη [2], πνευματικης [1], πνευματικοι [1], πνευματικοις [3], πνευματικον [7], πνευματικος [4], πνευματικων [1]
πνευματικως	πνευματικως [2]
πνεω	ἐπνευσαν [2], πνεη [1], πνει [1], πνεοντα [1], πνεοντος [1], πνεουση [1]
πνιγω	ἐπνιγεν [1], ἐπνιγοντο [1], ἐπνιξαν [1]
πνικτος	πνικτον [1], πνικτου [1], πνικτων [1]
πνοη	πνοην [1], πνοης [1]
ποδηρης	ποδηρη [1]
ποθεν	ποθεν [29]
ποιεω	ἐποιει [13], ἐποιειτε [1], ἐποιησα [10], ἐποιησαμεν [2], ἐποιησαμην [1], ἐποιησαν [15], ἐποιησας [6], ἐποιησατε [8], ἐποιησεν [75], ἐποιουν [3], ἐποιουντο [1], πεποιηκα [2], πεποιηκαμεν [1], πεποιηκατε [1], πεποιηκεισαν [1], πεποιηκεν [5], πεποιηκεναι [1], πεποιηκοσιν [1], πεποιηκοτες [1], πεποιηκοτος [1], πεποιηκως [2], πεποιημενων [1], ποιει [28], ποίει [3], ποιειν [25], ποιεις [13], ποιεισθαι [3], ποιεισθε [1], ποιειται [1], ποιειτε [34], ποιειτω [2], ποιη [3], ποιης [5], ποιησαι [46], ποιῆσαι [1], ποιησαιεν [1], ποιησαμενοι [1], ποιησαμενος [2], ποιησαντες [7], ποιησαντι [3], ποιησας [20], ποιησασαν [1], ποιησασθαι [1], ποιησατε [11], ποιησατω [2], ποιησει [17], ποιησεις [3], ποιησετε [2], ποιηση [9], ποιησης [1], ποιησητε [1], ποιησομεθα [1], ποιησομεν [4], ποιησον [9], ποιησουσιν [5], ποιησω [25], ποιησωμεν [8], ποιησων [1], ποιησωσιν [4], ποιητε [7], ποιουμαι [2], ποιουμεν [4], ποιουμενοι [1], ποιουμενος [5], ποιουν [6], ποιουντα [5], ποιουνται [1], ποιουντας [3], ποιουντες [7], ποιουντι [2], ποιουντος [1], ποιουσιν [12], ποιω [23], ποιωμεν [2], ποιων [27], ποιωσιν [4]
ποιημα	ποιημα [1], ποιημασιν [1]
ποιησις	ποιησει [1]

ποιητης	ποιηται [2], ποιητης [3], ποιητων [1]
ποικιλος	ποικιλαις [7], ποικιλης [1], ποικιλοις [2]
ποιμαινω	ποιμαινε [1], ποιμαινει [1], ποιμαινειν [2], ποιμαινοντα [1], ποιμαινοντες [1], ποιμανατε [1], ποιμανει [4]
ποιμην	ποιμενα [6], ποιμενας [1], ποιμενες [3], ποιμενων [1], ποιμην [7]
ποιμνη	ποιμνη [1], ποιμνην [2], ποιμνης [2]
ποιμνιον	ποιμνιον [2], ποιμνιου [2], ποιμνιω [1]
ποιος	ποια [7], ποια [12], ποιαν [1], ποιας [3], ποιον [4], ποιου [1], ποιω [5]
πολεμεω	ἐπολεμησεν [1], πολεμει [1], πολεμειτε [1], πολεμησαι [2], πολεμησουσιν [1], πολεμησω [1]
πολεμος	πολεμοι [1], πολεμον [10], πολεμος [1], πολεμους [3], πολεμω [1], πολεμων [2]
πολις	ἱεραπολει [1], πολει [21], πολεις [12], πολεσιν [2], πολεων [6], πολεως [36], πολιν [64], πολις [22]
πολιταρχης	πολιταρχας [2]
πολιτεια	πολιτειαν [1], πολιτειας [1]
πολιτευμα	πολιτευμα [1]
πολιτευομαι	πεπολιτευμαι [1], πολιτευεσθε [1]
πολιτης	πολιται [1], πολιτην [1], πολιτης [1], πολιτων [1]
πολλακις	πολλακις [18]
πολλαπλασιων	πολλαπλασιονα [1]
πολυλογια	πολυλογια [1]
πολυμερως	πολυμερως [1]
πολυποικιλος	πολυποικιλος [1]
πολυς	πλειον [18], πλειονα [6], πλειονας [6], πλειονες [4], πλειονος [1], πλειονων [5], πλειοσιν [2], πλειους [9], πλεισται [1], πλειστον [1], πλειστος [2], πλειω [1], πλεον [3], πολλα [65], πολλαι [6], πολλαις [4], πολλας [11], πολλη [4], πολλη [8], πολλην [10], πολλης [14], πολλοι [83], πολλοις [7], πολλου [7], πολλους [23], πολλω [20], πολλων [39], πολυ [23], πολυν [9], πολυς [26]
πολυσπλαγχνος	πολυσπλαγχνος [1]
πολυτελης	πολυτελει [1], πολυτελες [1], πολυτελους [1]
πολυτιμος	πολυτιμον [1], πολυτιμοτερον [1], πολυτιμου [1]
πολυτροπως	πολυτροπως [1]
πομα	πομα [1], πομασιν [1]
πονηρια	πονηρια [1], πονηριαι [1], πονηριαν [1], πονηριας [3], πονηριων [1]
πονηρος	πονηρα [13], πονηρα [2], πονηραι [2], πονηρας [1], πονηρε [3], πονηροι [5], πονηροις [3], πονηρον [12], πονηρος [8], πονηροτερα [2], πονηρου [12], πονηρους [7], πονηρω [2], πονηρων [6]
πονος	πονον [1], πονος [1], πονου [1], πονων [1]
ποντικος	ποντικον [1]
ποντιος	ποντιος [1], ποντιου [2]
ποντος	ποντον [1], ποντου [1]
ποπλιος	ποπλιου [1], ποπλιω [1]
πορεια	πορειαις [1], πορειαν [1]
πορευομαι	ἐπορευετο [6], ἐπορευθη [12], ἐπορευθησαν [5], ἐπορευομεθα [1], ἐπορευομην [1], ἐπορευοντο [5], πεπορευμενους [1], πορευεσθαι [17], πορευεσθε [7], πορευεται [7], πορευθεις [8], πορευθεισα [1], πορευθεισαι [1], πορευθεντες [15], πορευθεντι [1], πορευθη [1], πορευθηναι [2], πορευθητε [1], πορευθητι [4], πορευθω [2], πορευθωσιν [1], πορευομαι [8], πορευομενη [1], πορευομενοι [7], πορευομενοις [1], πορευομενον [2], πορευομενος [3], πορευομενου [2], πορευομενους [2], πορευομενω [1], πορευομενων [4], πορευου [16], πορευσεται [1], πορευση [1], πορευσομαι [2], πορευσομεθα [1], πορευσονται [1], πορευωμαι [2]
πορθεω	ἐπορθει [1], ἐπορθουν [1], πορθησας [1]
πορισμος	πορισμον [1], πορισμος [1]
πορκιος	πορκιον [1]
πορνεια	πορνεια [4], πορνεια [4], πορνειαι [2], πορνειαν [3], πορνειας [12]
πορνευω	ἐπορνευσαν [3], πορνευσαι [2], πορνευσαντες [1], πορνευωμεν [1], πορνευων [1]
πορνη	πορναι [2], πορνη [3], πορνη [1], πορνην [2], πορνης [2], πορνων [2]
πορνος	πορνοι [2], πορνοις [4], πορνος [3], πορνους [1]
πορρω	πορρω [3], πορρωτερον [1]
πορρωθεν	πορρωθεν [2]
πορφυρα	πορφυραν [3], πορφυρας [1]
πορφυροπωλις	πορφυροπωλις [1]
πορφυρους	πορφυρουν [4]
ποσακις	ποσακις [3]
ποσις	ποσει [1], ποσις [2]
ποσος	ποσα [2], ποσαι [1], ποσας [1], ποσην [1], ποσοι [1], ποσον [3], ποσος [1], ποσους [5], ποσω [11], ποσων [1]
ποταμος	ποταμοι [3], ποταμον [5], ποταμος [2], ποταμου [1], ποταμους [1], ποταμω [3], ποταμων [2]

ποταμοφορητος	ποταμοφορητον [1]
ποταπος	ποταπαι [1], ποταπη [1], ποταπην [1], ποταποι [1], ποταπος [2], ποταπους [1]
ποτε	ποτε [29]
πότε	πότε [19]
ποτερον	ποτερον [1]
ποτηριον	ποτηριον [24], ποτηριου [4], ποτηριῳ [2], ποτηριων [1]
ποτιζω	ἐποτιζεν [2], ἐποτισα [1], ἐποτισαμεν [1], ἐποτισατε [2], ἐποτισεν [1], ἐποτισθημεν [1], πεποτικεν [1], ποτιζε [1], ποτιζει [1], ποτιζων [2], ποτιση [2]
ποτιολοι	ποτιολους [1]
ποτος	ποτοις [1]
που	που [4]
ποῦ	ποῦ [48]
πουδης	πουδης [1]
πους	ποδα [3], ποδας [55], ποδες [7], ποδος [1], ποδων [19], ποσιν [5], πους [3]
πραγμα	πραγμα [3], πραγματι [3], πραγματος [1], πραγματων [4]
πραγματεια	πραγματειαις [1]
πραγματευομαι	πραγματευσασθε [1]
πραιτωριον	πραιτωριον [6], πραιτωριῳ [2]
πρακτωρ	πρακτορι [1], πρακτωρ [1]
πραξις	πραξει [1], πραξεις [2], πραξεσιν [1], πραξιν [2]
πρασια	πρασιαι [2]
πρασσω	ἐπραξα [1], ἐπραξαμεν [1], ἐπραξαν [1], ἐπραξατε [1], ἐπραξεν [2], πεπραγμενον [2], πεπραχα [1], πεπραχεναι [1], πραξαι [1], πραξαντες [1], πραξαντων [2], πραξας [1], πραξετε [1], πραξης [1], πρασσει [1], πρασσειν [4], πρασσεις [1], πρασσετε [2], πρασσης [1], πρασσοντας [3], πρασσοντες [2], πρασσοντι [1], πρασσουσιν [2], πρασσω [4], πρασσων [1]
πραυπαθια	πραυπαθιαν [1]
πραυς	πραεις [1], πραεως [1], πραυς [2]
πραυτης	πραυτης [1], πραυτητα [2], πραυτητι [3], πραυτητος [5]
πρεπω	ἐπρεπεν [2], πρεπει [3], πρεπον [2]
πρεσβεια	πρεσβειαν [2]
πρεσβευω	πρεσβευομεν [1], πρεσβευω [1]
πρεσβυτεριον	πρεσβυτεριον [2], πρεσβυτεριου [1]
πρεσβυτερος	πρεσβυτερας [1], πρεσβυτεροι [21], πρεσβυτεροις [5], πρεσβυτερος [3], πρεσβυτερου [1], πρεσβυτερους [12], πρεσβυτερῳ [1], πρεσβυτερων [22]
πρεσβυτης	πρεσβυτας [1], πρεσβυτης [2]
πρεσβυτις	πρεσβυτιδας [1]
πρηνης	πρηνης [1]
πριζω	ἐπρισθησαν [1]
πριν	πριν [13]
πρισκα	πρισκα [1], πρισκαν [2]
πρισκιλλα	πρισκιλλα [2], πρισκιλλαν [1]
προ	προ [47]
προαγω	προαγαγειν [2], προαγαγων [1], προαγει [2], προαγειν [2], προαγοντες [3], προαγουσαι [1], προαγουσας [1], προαγουσης [1], προαγουσιν [1], προαγων [2], προαξω [2], προηγαγον [1], προηγεν [1]
προαιρεω	προηρηται [1]
προαιτιαομαι	προητιασαμεθα [1]
προακουω	προηκουσατε [1]
προαμαρτανω	προημαρτηκοσιν [1], προημαρτηκοτων [1]
προαυλιον	προαυλιον [1]
προβαινω	προβας [2], προβεβηκοτες [1], προβεβηκυια [2]
προβαλλω	προβαλοντων [1], προβαλωσιν [1]
προβατικος	προβατικη [1]
προβατον	προβατα [26], προβατον [3], προβατου [1], προβατων [9]
προβιβαζω	προβιβασθεισα [1]
προβλεπομαι	προβλεψαμενου [1]
προγινομαι	προγεγονοτων [1]
προγινωσκω	προγινωσκοντες [2], προεγνω [2], προεγνωσμενου [1]
προγνωσις	προγνωσει [1], προγνωσιν [1]
προγονος	προγονοις [1], προγονων [1]
προγραφω	προγεγραμμενοι [1], προεγραφη [2], προεγραψα [1]
προδηλος	προδηλα [1], προδηλοι [1], προδηλον [1]
προδιδωμι	προεδωκεν [1]
προδοτης	προδοται [2], προδοτης [1]
προδρομος	προδρομος [1]
προελπιζω	προηλπικοτας [1]
προεναρχομαι	προενηρξασθε [1], προενηρξατο [1]
προεπαγγελλομαι	προεπηγγειλατο [1], προεπηγγελμενην [1]

προερχομαι	προελευσεται [1], προελθοντες [2], προελθων [2], προελθωσιν [1], προηλθον [2], προηρχετο [1]
προετοιμαζω	προητοιμασεν [2]
προευαγγελι-ζομαι	προευηγγελισατο [1]
προεχω	προεχομεθα [1]
προηγεομαι	προηγουμενοι [1]
προθεσις	προθεσει [2], προθεσεως [4], προθεσιν [4], προθεσις [2]
προθεσμια	προθεσμιας [1]
προθυμια	προθυμια [2], προθυμιαν [2], προθυμιας [1]
προθυμος	προθυμον [3]
προθυμως	προθυμως [1]
προιμος	προιμον [1]
προιστημι	προεστωτες [1], προισταμενοι [1], προισταμενον [1], προισταμενος [1], προισταμενους [1], προιστασθαι [2], προστηναι [1]
προκαλεω	προκαλουμενοι [1]
προκαταγγελλω	προκαταγγειλαντας [1], προκατηγγειλεν [1]
προκαταρτιζω	προκαταρτισωσιν [1]
προκειμαι	προκειμενης [2], προκειμενον [1], προκεινται [1], προκειται [1]
προκηρυσσω	προκηρυξαντος [1]
προκοπη	προκοπη [1], προκοπην [2]
προκοπτω	προεκοπτεν [1], προεκοπτον [1], προεκοψεν [1], προκοψουσιν [3]
προκριμα	προκριματος [1]
προκυροω	προκεκυρωμενην [1]
προλαμβανω	προελαβεν [1], προλαμβανει [1], προλημφθη [1]
προλεγω	προειπαμεν [1], προειπεν [1], προειπον [1], προειρηκα [4], προειρηκαμεν [1], προειρηκεν [1], προειρημενων [2], προειρηται [1], προελεγομεν [1], προλεγω [2]
προμαρτυρομαι	προμαρτυρομενον [1]
προμελεταω	προμελεταν [1]
προμεριμναω	προμεριμνατε [1]
προνοεω	προνοει [1], προνοουμεν [1], προνοουμενοι [1]
προνοια	προνοιαν [1], προνοιας [1]
προοραω	προεωρακοτες [1], προιδουσα [1], προιδων [1], προορωμην [1]
προοριζω	προορισας [1], προορισθεντες [1], προωρισεν [4]

προπασχω	προπαθοντες [1]
προπατωρ	προπατορα [1]
προπεμπω	προεπεμπον [1], προπεμποντων [1], προπεμφθεντες [1], προπεμφθηναι [2], προπεμψας [1], προπεμψατε [1], προπεμψητε [1], προπεμψον [1]
προπετης	προπετεις [1], προπετες [1]
προπορευομαι	προπορευση [1], προπορευσονται [1]
προς	προς [699]
προσαββατον	προσαββατον [1]
προσαγορευω	προσαγορευθεις [1]
προσαγω	προσαγαγε [1], προσαγαγη [1], προσαγαγοντες [1], προσαγειν [1]
προσαγωγη	προσαγωγην [3]
προσαιτεω	προσαιτων [1]
προσαιτης	προσαιτης [2]
προσαναβαινω	προσαναβηθι [1]
προσαναλοω	προσαναλωσασα [1]
προσαναπληροω	προσαναπληρουσα [1], προσανεπληρωσαν [1]
προσανατιθεμαι	προσανεθεμην [1], προσανεθεντο [1]
προσαπειλεομαι	προσαπειλησαμενοι [1]
προσδαπαναω	προσδαπανησης [1]
προσδεομαι	προσδεομενος [1]
προσδεχομαι	προσδεξαμενοι [1], προσδεξησθε [1], προσδεχεσθε [1], προσδεχεται [1], προσδεχομενοι [3], προσδεχομενοις [2], προσδεχομενος [2], προσδεχονται [1], προσεδεξασθε [1], προσεδεχετο [1]
προσδοκαω	προσδοκα [2], προσδοκωμεν [4], προσδοκων [3], προσδοκωντας [1], προσδοκωντες [3], προσδοκωντος [1], προσδοκωντων [1], προσεδοκων [1]
προσδοκια	προσδοκιας [2]
προσεαω	προσεωντος [1]
προσεργαζομαι	προσηργασατο [1]
προσερχομαι	προσεληλυθατε [2], προσελθε [1], προσελθοντες [17], προσελθοντων [1], προσελθουσα [2], προσελθουσαι [1], προσελθων [23], προσερχεσθαι [1], προσερχεται [1], προσερχομενοι [2], προσερχομενον [1], προσερχομενου [2], προσερχομενους [2], προσερχονται [2], προσερχωμεθα [2], προσηλθαν [2], προσηλθεν [8], προσηλθον [15], προσηρχοντο [1]
προσευχη	προσευχαι [2], προσευχαις [6], προσευχας [3], προσευχη [2], προσευχη [11], προσευχην [2], προσευχης [6], προσευχων [5]

προσευχομαι	πρόσευξαι [1], προσευξαμενοι [5], προσευξαμενος [1], προσευξασθαι [6], προσευξασθωσαν [1], προσευξηται [1], προσευξομαι [2], προσευξωμαι [2], προσευξωμεθα [1], προσευξεσθαι [6], προσευχεσθε [14], προσευχεσθω [2], προσευχεται [2], προσευχη [1], προσευχησθε [2], προσευχομαι [1], προσευχομεθα [1], προσευχομενη [1], προσευχομενοι [11], προσευχομενον [3], προσευχομενος [5], προσευχομενου [2], προσευχονται [1], προσευχωμαι [1], προσηυξαντο [1], προσηυξατο [7], προσηυχετο [5]
προσεχω	προσειχον [3], προσεσχηκεν [1], προσεχε [1], προσεχειν [4], προσεχετε [11], προσεχοντας [1], προσεχοντες [3]
προσηλοω	προσηλωσας [1]
προσηλυτος	προσηλυτοι [1], προσηλυτον [2], προσηλυτων [1]
προσκαιρος	προσκαιρα [1], προσκαιροι [1], προσκαιρον [1], προσκαιρος [1]
προσκαλεομαι	προσεκαλεσατο [1], προσκαλειται [2], προσκαλεσαμενοι [2], προσκαλεσαμενος [20], προσκαλεσασθω [1], προσκαλεσηται [1], προσκεκλημαι [1], προσκεκληται [1]
προσκαρτερεω	προσκαρτερειτε [1], προσκαρτερη [1], προσκαρτερησομεν [1], προσκαρτερουντες [5], προσκαρτερουντων [1], προσκαρτερων [1]
προσκαρτερησις	προσκαρτερησει [1]
προσκεφαλαιον	προσκεφαλαιον [1]
προσκληροομαι	προσεκληρωθησαν [1]
προσκλινομαι	προσεκλιθη [1]
προσκλισις	προσκλισιν [1]
προσκολλαομαι	προσκολληθησεται [2]
προσκομμα	προσκομμα [2], προσκομματος [4]
προσκοπη	προσκοπην [1]
προσκοπτω	προσεκοψαν [2], προσκοπτει [3], προσκοπτουσιν [1], προσκοψης [2]
προσκυλιω	προσεκυλισεν [1], προσεκυλισας [1]
προσκυνεω	προσεκυνει [4], προσεκυνησαν [12], προσεκυνησεν [4], προσεκυνουν [1], προσκυνει [1], προσκυνειν [3], προσκυνειτε [1], προσκυνησαι [3], προσκυνησαντες [1], προσκυνησατε [1], προσκυνησατωσαν [1], προσκυνησει [1], προσκυνησεις [2], προσκυνησετε [1], προσκυνησης [2], προσκυνησον [2], προσκυνησουσιν [7], προσκυνησω [1], προσκυνησων [2], προσκυνησωσιν [2], προσκυνουμεν [1], προσκυνουντας [5], προσκυνουντες [1], προσκυνουσα [1]
προσκυνητης	προσκυνηται [1]
προσλαλεω	προσλαλησαι [1], προσλαλουντες [1]
προσλαμβανομαι	προσελαβετο [2], προσελαβοντο [3], προσλαβομενοι [2], προσλαβομενος [2], προσλαβου [1], προσλαμβανεσθε [2]
προσλημψις	προσλημψις [1]
προσμενω	προσμειναι [1], προσμεινας [1], προσμενει [1], προσμενειν [2], προσμενουσιν [2]
προσορμιζομαι	προσωρμισθησαν [1]
προσοφειλω	προσοφειλεις [1]
προσοχθιζω	προσωχθισα [1], προσωχθισεν [1]
προσπεινος	προσπεινος [1]
προσπηγνυμι	προσπηξαντες [1]
προσπιπτω	προσεπεσαν [1], προσεπεσεν [5], προσεπιπτον [1], προσπεσουσα [1]
προσποιεομαι	προσεποιησατο [1]
προσπορευομαι	προσπορευονται [1]
προσρηγνυμι	προσερηξεν [2]
προστασσω	προσεταξεν [5], προστεταγμενα [1], προστεταγμενους [1]
προστατις	προστατις [1]
προστιθημι	προσεθετο [3], προσεθηκεν [1], προσετεθη [3], προσετεθησαν [1], προσετιθει [1], προσετιθεντο [1], προσθειναι [2], προσθεις [1], προσθες [1], προστεθηναι [1], προστεθησεται [3]
προστρεχω	προσδραμων [2], προστρεχοντες [1]
προσφαγιον	προσφαγιον [1]
προσφατος	προσφατον [1]
προσφατως	προσφατως [1]
προσφερω	προσενεγκαι [1], προσενεγκας [2], προσενεγκε [2], προσενεγκη [1], προσενεγκον [1], προσενεχθεις [1], προσενηνοχεν [1], προσεφερεν [1], προσεφερον [3], προσηνεγκα [1], προσηνεγκαν [7], προσηνεγκατε [2], προσηνεγκεν [4], προσηνεχθη [3], προσηνεχθησαν [1], προσφερε [1], προσφερει [1], προσφερειν [3], προσφερεται [1], προσφερη [2], προσφερης [1], προσφερομεναι [1], προσφερονται [2], προσφεροντες [1], προσφεροντων [1], προσφερουσιν [1], προσφερων [1]
προσφιλης	προσφιλη [1]
προσφορα	προσφορα [3], προσφορᾳ [1], προσφοραν [2], προσφορας [3]
προσφωνεω	προσεφωνει [1], προσεφωνησεν [4], προσφωνουντα [1], προσφωνουσιν [1]
προσχυσις	προσχυσιν [1]
προσψαυω	προσψαυετε [1]
προσωπολημπτεω	προσωπολημπτειτε [1]

προσωπολημπτης	προσωπολημπτης [1]
προσωπολημψια	προσωπολημψια [3], προσωπολημψιαις [1]
προσωπον	προσωπα [7], προσωπον [43], προσωπου [18], προσωπω [7], προσωπων [1]
προτεινω	προετειναν [1]
προτερος	προτεραν [1], προτερον [10]
προτιθεμαι	προεθεμην [1], προεθετο [2]
προτρεπομαι	προτρεψαμενοι [1]
προτρεχω	προδραμων [1], προεδραμεν [1]
προυπαρχω	προυπηρχεν [1], προυπηρχον [1]
προφασις	προφασει [6], προφασιν [1]
προφερω	προφερει [2]
προφητεια	προφητεια [5], προφητεια [1], προφητειαι [1], προφητειαν [2], προφητειας [10]
προφητευω	ἐπροφητευον [1], ἐπροφητευσαμεν [1], ἐπροφητευσαν [1], ἐπροφητευσεν [4], προεφητευσεν [1], προφητευειν [2], προφητευητε [2], προφητευομεν [1], προφητευουσα [1], προφητευουσαι [1], προφητευσαι [1], προφητευσαντες [1], προφητευσον [3], προφητευσουσιν [3], προφητευων [4], προφητευωσιν [1]
προφητης	προφηται [21], προφηταις [10], προφητας [15], προφητη [1], προφητην [12], προφητης [27], προφητου [26], προφητων [32]
προφητικος	προφητικον [1], προφητικων [1]
προφητις	προφητιν [1], προφητις [1]
προφθανω	προεφθασεν [1]
προχειριζομαι	προεχειρισατο [1], προκεχειρισμενον [1], προχειρισασθαι [1]
προχειροτονεω	προκεχειροτονημενοις [1]
προχορος	προχορον [1]
πρυμνα	πρυμνα [1], πρυμνη [1], πρυμνης [1]
πρωι	πρωι [12]
πρωια	πρωιας [2]
πρωινος	πρωινον [1], πρωινος [1]
πρωρα	πρωρα [1], πρωρης [1]
πρωτευω	πρωτευων [1]
πρωτοκαθεδρια	πρωτοκαθεδριαν [1], πρωτοκαθεδριας [3]
πρωτοκλισια	πρωτοκλισιαν [2], πρωτοκλισιας [3]
πρωτος	πρωτα [2], πρωτη [12], πρωτῃ [6], πρωτην [6], πρωτης [5], πρωτοι [11], πρωτοις [2], πρωτον [65], πρωτος [31], πρωτου [2], πρωτους [3], πρωτω [4], πρωτων [7]
πρωτοστατης	πρωτοστατην [1]
πρωτοτοκια	πρωτοτοκια [1]

πρωτοτοκος	πρωτοτοκα [1], πρωτοτοκον [3], πρωτοτοκος [3], πρωτοτοκων [1]
πρωτως	πρωτως [1]
πταιω	ἐπταισαν [1], πταιει [1], πταιομεν [1], πταιση [1], πταισητε [1]
πτερνα	πτερναν [1]
πτερυγιον	πτερυγιον [2]
πτερυξ	πτερυγας [3], πτερυγες [1], πτερυγων [1]
πτηνος	πτηνων [1]
πτοεομαι	πτοηθεντες [1], πτοηθητε [1]
πτοησις	πτοησιν [1]
πτολεμαις	πτολεμαιδα [1]
πτυον	πτυον [2]
πτυρομαι	πτυρομενοι [1]
πτυσμα	πτυσματος [1]
πτυσσω	πτυξας [1]
πτυω	ἐπτυσεν [1], πτυσας [2]
πτωμα	πτωμα [6], πτωματα [1]
πτωσις	πτωσιν [1], πτωσις [1]
πτωχεια	πτωχεια [1], πτωχεια [1], πτωχειαν [1]
πτωχευω	ἐπτωχευσεν [1]
πτωχος	πτωχα [1], πτωχη [3], πτωχοι [5], πτωχοις [9], πτωχον [2], πτωχος [3], πτωχους [8], πτωχω [1], πτωχων [2]
πυγμη	πυγμῃ [1]
πυθων	πυθωνα [1]
πυκνος	πυκνα [1], πυκνας [1], πυκνοτερον [1]
πυκτευω	πυκτευω [1]
πυλη	πυλαι [1], πυλας [1], πυλη [2], πυλῃ [2], πυλην [1], πυλης [3]
πυλων	πυλωνα [4], πυλωνας [3], πυλωνες [6], πυλωνος [2], πυλωνων [1], πυλωσιν [2]
πυνθανομαι	ἐπυθετο [1], ἐπυνθανετο [5], ἐπυνθανοντο [2], πυθεσθαι [1], πυθομενος [1], πυνθανεσθαι [1], πυνθανομαι [1]
πυρ	πυρ [28], πυρι [17], πυρος [28]
πυρα	πυραν [2]
πυργος	πυργον [3], πυργος [1]
πυρεσσω	πυρεσσουσα [1], πυρεσσουσαν [1]
πυρετος	πυρετοις [1], πυρετος [3], πυρετω [2]
πυρινος	πυρινους [1]

πυροομαι	πεπυρωμενα [1], πεπυρωμενης [1], πεπυρωμενον [1], πυρουμαι [1], πυρουμενοι [1], πυρουσθαι [1]		ρεω	ρευσουσιν [1]
			ρηγιον	ρηγιον [1]
πυρραζω	πυρραζει [2]		ρηγμα	ρηγμα [1]
πύρρος	πυρρου [1]		ρηγνυμι	ερρηξεν [1], ρηγνυνται [1], ρηξει [2], ρηξον [1], ρηξωσιν [1], ρησσει [1]
πυρρός	πυρρός [2]			
πυρωσις	πυρωσει [1], πυρωσεως [2]		ρημα	ρημα [22], ρημασιν [1], ρηματα [27], ρηματι [5], ρηματος [7], ρηματων [6]
πωλεω	επωλησεν [1], επωλουν [1], πωλει [1], πωλειται [1], πωλησαι [1], πωλησας [1], πωλησατε [1], πωλησατω [1], πωλησον [3], πωλουμενον [1], πωλουνται [1], πωλουντας [5], πωλουντες [1], πωλουντων [2], πωλουσιν [1]		ρησα	ρησα [1]
			ρητωρ	ρητορος [1]
			ρητως	ρητως [1]
			ριζα	ριζα [7], ριζαν [8], ριζης [1], ριζων [1]
			ριζοω	ερριζωμενοι [2]
πωλος	πωλον [12]		ριπη	ριπη [1]
πωποτε	πωποτε [6]		ριπιζω	ριπιζομενω [1]
πωροω	επωρωθη [1], επωρωθησαν [1], επωρωσεν [1], πεπωρωμενη [1], πεπωρωμενην [1]		ριπτεω	ριπτουντων [1]
			ριπτω	ερριμμενοι [1], ερριπται [1], ερριψαν [2], ριψαν [1], ριψαντες [1], ριψας [1]
πωρωσις	πωρωσει [1], πωρωσιν [1], πωρωσις [1]			
πως	πως [15]		ροβοαμ	ροβοαμ [2]
πῶς	πῶς [103]		ροδη	ροδη [1]
ρααβ	ρααβ [2]		ροδος	ροδον [1]
ραββι	ραββι [15]		ροιζηδον	ροιζηδον [1]
ραββουνι	ραββουνι [2]		ρομφαια	ρομφαια [3], ρομφαια [3], ρομφαιαν [1]
ραβδιζω	ερραβδισθην [1], ραβδιζειν [1]		ρουβην	ρουβην [1]
ραβδος	ραβδον [3], ραβδος [3], ραβδου [1], ραβδω [5]		ρουθ	ρουθ [1]
ραβδουχος	ραβδουχοι [1], ραβδουχους [1]		ρουφος	ρουφον [1], ρουφου [1]
ραγαυ	ραγαυ [1]		ρυμη	ρυμαις [1], ρυμας [1], ρυμην [2]
ραδιουργημα	ραδιουργημα [1]		ρυομαι	ερρυσατο [4], ερρυσθην [1], ρυεσθαι [1], ρυομενον [1], ρυομενος [1], ρυσαι [1], ρυσασθω [1], ρυσεται [4], ρυσθεντας [1], ρυσθω [1], ρυσθωμεν [1]
ραδιουργια	ραδιουργιας [1]			
ραιφαν	ραιφαν [1]			
ρακα	ρακα [1]			
ρακος	ρακους [2]		ρυπαινομαι	ρυπανθητω [1]
ραμα	ραμα [1]		ρυπαρια	ρυπαριαν [1]
ραντιζω	ερραντισεν [2], ραντιζουσα [1], ρεραντισμενοι [1]		ρυπαρος	ρυπαρα [1], ρυπαρος [1]
			ρυπος	ρυπου [1]
ραντισμος	ραντισμον [1], ραντισμου [1]		ρυσις	ρυσει [2], ρυσις [1]
ραπιζω	εραπισαν [1], ραπιζει [1]		ρυτις	ρυτιδα [1]
ραπισμα	ραπισμα [1], ραπισμασιν [1], ραπισματα [1]		ρωμαιος	ρωμαιοι [3], ρωμαιοις [2], ρωμαιον [1], ρωμαιος [4], ρωμαιους [1], ρωμαιων [1]
ραφις	ραφιδος [2]			
ραχαβ	ραχαβ [1]		ρωμαιστι	ρωμαιστι [1]
ραχηλ	ραχηλ [1]		ρωμη	ρωμη [3], ρωμην [4], ρωμης [1]
ρεβεκκα	ρεβεκκα [1]		ρωννυμαι	ερρωσθε [1]
ρεδη	ρεδων [1]		σαβαχθανι	σαβαχθανι [2]

σαβαωθ	σαβαωθ [2]
σαββατισμος	σαββατισμος [1]
σαββατον	σαββασιν [13], σαββατα [1], σαββατον [14], σαββατου [13], σαββατω [16], σαββατων [11]
σαγηνη	σαγηνη [1]
σαδδουκαιος	σαδδουκαιοι [5], σαδδουκαιους [1], σαδδουκαιων [8]
σαδωκ	σαδωκ [2]
σαινω	σαινεσθαι [1]
σακκος	σακκος [1], σακκους [1], σακκω [2]
σαλα	σαλα [2]
σαλαθιηλ	σαλαθιηλ [3]
σαλαμις	σαλαμινι [1]
σαλειμ	σαλειμ [1]
σαλευω	ἐσαλευθη [1], ἐσαλευσεν [1], σαλευθηναι [2], σαλευθησονται [3], σαλευθω [1], σαλευομενα [1], σαλευομενον [2], σαλευομενων [1], σαλευοντες [1], σαλευσαι [1], σεσαλευμενον [1]
σαλημ	σαλημ [2]
σαλμων	σαλμων [2]
σαλμωνη	σαλμωνην [1]
σαλος	σαλου [1]
σαλπιγξ	σαλπιγγα [1], σαλπιγγας [1], σαλπιγγες [1], σαλπιγγι [2], σαλπιγγος [5], σαλπιγξ [1]
σαλπιζω	ἐσαλπισεν [7], σαλπιζειν [2], σαλπισει [1], σαλπισης [1], σαλπισωσιν [1]
σαλπιστης	σαλπιστων [1]
σαλωμη	σαλωμη [2]
σαμαρεια	σαμαρεια [1], σαμαρεια [1], σαμαρειαν [1], σαμαρειας [8]
σαμαριτης	σαμαριται [1], σαμαριταις [1], σαμαριτης [3], σαμαριτων [4]
σαμαριτις	σαμαριτιδος [1], σαμαριτις [1]
σαμοθρακη	σαμοθρακην [1]
σαμος	σαμον [1]
σαμουηλ	σαμουηλ [3]
σαμψων	σαμψων [1]
σανδαλιον	σανδαλια [2]
σανις	σανισιν [1]
σαουλ	σαουλ [9]
σαπρος	σαπρα [1], σαπρον [6], σαπρος [1]
σαπφιρα	σαπφιρη [1]
σαπφιρος	σαπφιρος [1]
σαργανη	σαργανη [1]
σαρδεις	σαρδεις [1], σαρδεσιν [2]
σαρδιον	σαρδιον [1], σαρδιω [1]
σαρδονυξ	σαρδονυξ [1]
σαρεπτα	σαρεπτα [1]
σαρκικος	σαρκικα [2], σαρκικη [1], σαρκικοι [2], σαρκικοις [1], σαρκικων [1]
σαρκινος	σαρκιναις [1], σαρκινης [1], σαρκινοις [1], σαρκινος [1]
σαρξ	σαρκα [37], σαρκας [7], σαρκι [39], σαρκος [37], σαρκων [1], σαρξ [26]
σαροω	σαροι [1], σεσαρωμενον [2]
σαρρα	σαρρα [2], σαρρα [1], σαρρας [1]
σαρων	σαρωνα [1]
σατανας	σατανα [13], σατανα [2], σαταναν [4], σατανας [17]
σατον	σατα [2]
σαυλος	σαυλον [4], σαυλος [8], σαυλου [2], σαυλω [1]
σβεννυμι	ἐσβεσαν [1], σβεννυνται [1], σβεννυται [3], σβεννυτε [1], σβεσαι [1], σβεσει [1]
σεαυτου	σεαυτον [33], σεαυτου [5], σεαυτω [5]
σεβαζομαι	ἐσεβασθησαν [1]
σεβασμα	σεβασμα [1], σεβασματα [1]
σεβαστος	σεβαστης [1], σεβαστον [1], σεβαστου [1]
σεβομαι	σεβεσθai [1], σεβεται [1], σεβομενας [1], σεβομενη [1], σεβομενοις [1], σεβομενου [1], σεβομενων [2], σεβονται [2]
σειρα	σειραις [1]
σεισμος	σεισμοι [3], σεισμον [1], σεισμος [9], σεισμω [1]
σειω	ἐσεισθη [2], ἐσεισθησαν [1], σειομενη [1], σεισω [1]
σεκουνδος	σεκουνδος [1]
σελευκεια	σελευκειαν [1]
σεληνη	σεληνη [5], σεληνη [1], σεληνης [3]
σεληνιαζομαι	σεληνιαζεται [1], σεληνιαζομενους [1]
σεμειν	σεμειν [1]
σεμιδαλις	σεμιδαλιν [1]
σεμνος	σεμνα [1], σεμνας [1], σεμνους [2]
σεμνοτης	σεμνοτητα [1], σεμνοτητι [1], σεμνοτητος [1]
σεργιος	σεργιω [1]
σερουχ	σερουχ [1]

σηϑ	σηϑ [1]		σιωπαω	ἐσιωπα [2], ἐσιωπων [2], σιωπα [1], σιωπηση [1], σιωπησης [1], σιωπησουσιν [1], σιωπησωσιν [1], σιωπων [1]
σημ	σημ [1]			
σημαινω	ἐσημανεν [2], σημαινων [3], σημαναι [1]		σκανδαλιζω	ἐσκανδαλιζοντο [2], ἐσκανδαλισθησαν [1], σκανδαλιζει [6], σκανδαλιζεται [2], σκανδαλιζη [3], σκανδαλιζονται [1], σκανδαλιση [3], σκανδαλισθη [2], σκανδαλισθησεσθε [2], σκανδαλισθησομαι [1], σκανδαλισθησονται [3], σκανδαλισθητε [1], σκανδαλισω [1], σκανδαλισωμεν [1]
σημειον	σημεια [32], σημειοις [4], σημειον [38], σημειων [3]			
σημειοομαι	σημειουσθε [1]			
σημερον	σημερον [41]			
σηπω	σεσηπεν [1]		σκανδαλον	σκανδαλα [4], σκανδαλον [8], σκανδαλου [2], σκανδαλων [1]
σης	σης [3]			
σητοβρωτος	σητοβρωτα [1]		σκαπτω	ἐσκαψεν [1], σκαπτειν [1], σκαψω [1]
σθενοω	σθενωσει [1]		σκαφη	σκαφην [1], σκαφης [2]
σιαγων	σιαγονα [2]		σκελος	σκελη [3]
σιγαω	ἐσιγησαν [2], ἐσιγησεν [1], σεσιγημενου [1], σιγαν [1], σιγατω [2], σιγατωσαν [1], σιγησαι [1], σιγηση [1]		σκεπασμα	σκεπασματα [1]
			σκευας	σκευα [1]
			σκευη	σκευην [1]
σιγη	σιγη [1], σιγης [1]		σκευος	σκευει [2], σκευεσιν [1], σκευη [8], σκευος [12]
σιδηρος	σιδηρου [1]			
σιδηρους	σιδηρᾳ [3], σιδηραν [1], σιδηρους [1]		σκηνη	σκηναις [1], σκηνας [4], σκηνη [4], σκηνῃ [1], σκηνην [6], σκηνης [4]
σιδων	σιδωνα [2], σιδωνι [4], σιδωνος [3]			
σιδωνιος	σιδωνιας [1], σιδωνιοις [1]		σκηνοπηγια	σκηνοπηγια [1]
σικαριος	σικαριων [1]		σκηνοποιος	σκηνοποιοι [1]
σικερα	σικερα [1]		σκηνος	σκηνει [1], σκηνους [1]
σιλας	σιλᾳ [3], σιλαν [6], σιλας [4]		σκηνοω	ἐσκηνωσεν [1], σκηνουντας [1], σκηνουντες [1], σκηνωσει [2]
σιλουανος	σιλουανος [2], σιλουανου [2]			
σιλωαμ	σιλωαμ [3]		σκηνωμα	σκηνωμα [1], σκηνωματι [1], σκηνωματος [1]
σιμικινθιον	σιμικινθια [1]		σκια	σκια [2], σκιᾳ [3], σκιαν [2]
σιμων	σιμων [36], σιμωνα [16], σιμωνι [7], σιμωνος [16]		σκιρταω	ἐσκιρτησεν [2], σκιρτησατε [1]
			σκληροκαρδια	σκληροκαρδιαν [3]
σινα	σινα [4]		σκληρος	σκληρον [1], σκληρος [2], σκληρων [2]
σιναπι	σιναπεως [5]		σκληροτης	σκληροτητα [1]
σινδων	σινδονα [3], σινδονι [3]		σκληροτραχηλος	σκληροτραχηλοι [1]
σινιαζω	σινιασαι [1]		σκληρυνω	ἐσκληρυνοντο [1], σκληρυνει [1], σκληρυνητε [3], σκληρυνθη [1]
σιρικος	σιρικου [1]			
σιτευτος	σιτευτον [3]		σκολιος	σκολια [1], σκολιας [2], σκολιοις [1]
σιτιον	σιτια [1]		σκολοψ	σκολοψ [1]
σιτιστος	σιτιστα [1]		σκοπεω	σκοπει [1], σκοπειν [1], σκοπειτε [1], σκοπουντες [1], σκοπουντων [1], σκοπων [1]
σιτομετριον	σιτομετριον [1]			
			σκοπος	σκοπον [1]
σιτος	σιτον [9], σιτου [5]		σκορπιζω	ἐσκορπισεν [1], σκορπιζει [3], σκορπισθητε [1]
			σκορπιος	σκορπιοι [1], σκορπιοις [1], σκορπιον [1], σκορπιου [1], σκορπιων [1]
σιων	σιων [7]			
			σκοτεινος	σκοτεινον [3]

σκοτια	σκοτια [6], σκοτιᾳ [9], σκοτιας [1]
σκοτιζομαι	ἐσκοτισθη [1], σκοτισθη [1], σκοτισθησεται [2], σκοτισθητωσαν [1]
σκοτοομαι	ἐσκοτωθη [1], ἐσκοτωμενη [1], ἐσκοτωμενοι [1]
σκοτος	σκοτει [5], σκοτος [14], σκοτους [12]
σκυβαλον	σκυβαλα [1]
σκυθης	σκυθης [1]
σκυθρωπος	σκυθρωποι [2]
σκυλλω	ἐσκυλμενοι [1], σκυλλε [1], σκυλλεις [1], σκυλλου [1]
σκυλον	σκυλα [1]
σκωληκοβρωτος	σκωληκοβρωτος [1]
σκωληξ	σκωληξ [3]
σμαραγδινος	σμαραγδινῳ [1]
σμαραγδος	σμαραγδος [1]
σμυρνα	σμυρναν [1], σμυρνης [1]
σμυρνα	σμυρναν [1], σμυρνῃ [1]
σμυρνιζω	ἐσμυρνισμενον [1]
σοδομα	σοδομα [3], σοδομοις [2], σοδομων [4]
σολομων	σολομων [4], σολομωνα [1], σολομωνος [5], σολομωντος [2]
σορος	σορου [1]
σος	σα [4], σῃ [4], σην [1], σης [3], σοι [3], σοί [1], σον [4], σος [1], σους [1], σῳ [5]
σουδαριον	σουδαρια [1], σουδαριον [1], σουδαριῳ [2]
σουσαννα	σουσαννα [1]
σοφια	σοφια [12], σοφιᾳ [13], σοφιαν [14], σοφιας [12]
σοφιζω	σεσοφισμενοις [1], σοφισαι [1]
σοφος	σοφοι [3], σοφοις [1], σοφος [6], σοφους [4], σοφῳ [1], σοφων [4], σοφωτερον [1]
σπανια	σπανιαν [2]
σπαομαι	σπασαμενος [2]
σπαρασσω	σπαραξαν [1], σπαραξας [1], σπαρασσει [1]
σπαργανοω	ἐσπαργανωμενον [1], ἐσπαργανωσεν [1]
σπαταλαω	ἐσπαταλησατε [1], σπαταλωσα [1]
σπειρα	σπειρα [1], σπειραν [3], σπειρης [3]
σπειρω	ἐσπαρμενον [2], ἐσπειρα [2], ἐσπειραμεν [1], ἐσπειρας [3], ἐσπειρεν [1], σπαρεις [4], σπαρεντες [1], σπαρη [2], σπειραι [2], σπειραντι [1], σπειραντος [1], σπειρας [1], σπειρει [1], σπειρειν [4], σπειρεις [3], σπειρεται [6], σπειρη [1], σπειρομενοι [2], σπειροντι [1], σπειρουσιν [2], σπειρων [11]

σπεκουλατωρ	σπεκουλατορα [1]
σπενδομαι	σπενδομαι [2]
σπερμα	σπερμα [24], σπερμασιν [1], σπερματι [7], σπερματος [8], σπερματων [3]
σπερμολογος	σπερμολογος [1]
σπευδω	ἐσπευδεν [1], σπευδοντας [1], σπευσαντες [1], σπευσας [2], σπευσον [1]
σπηλαιον	σπηλαια [1], σπηλαιοις [1], σπηλαιον [4]
σπιλας	σπιλαδες [1]
σπιλος	σπιλοι [1], σπιλον [1]
σπιλοω	ἐσπιλωμενον [1], σπιλουσα [1]
σπλαγχνιζομαι	ἐσπλαγχνισθη [6], σπλαγχνιζομαι [2], σπλαγχνισθεις [4]
σπλαγχνον	σπλαγχνα [9], σπλαγχνοις [2]
σπογγος	σπογγον [3]
σποδος	σποδος [1], σποδῳ [2]
σπορα	σπορας [1]
σποριμος	σποριμων [3]
σπορος	σπορον [4], σπορος [2]
σπουδαζω	ἐσπουδασα [1], ἐσπουδασαμεν [1], σπουδαζοντες [1], σπουδασατε [2], σπουδασον [4], σπουδασω [1], σπουδασωμεν [1]
σπουδαιος	σπουδαιον [1], σπουδαιοτερον [1], σπουδαιοτερος [1]
σπουδαιως	σπουδαιοτερως [1], σπουδαιως [3]
σπουδη	σπουδῃ [3], σπουδην [6], σπουδης [3]
σπυρις	σπυριδας [3], σπυριδι [1], σπυριδων [1]
σταδιον	σταδιους [3], σταδιῳ [1], σταδιων [3]
σταμνος	σταμνος [1]
στασιαστης	στασιαστων [1]
στασις	στασει [1], στασεις [1], στασεως [3], στασιν [3], στασις [1]
στατηρ	στατηρα [1]
σταυρος	σταυρον [10], σταυρος [1], σταυρου [12], σταυρῳ [4]
σταυροω	ἐσταυρωθη [5], ἐσταυρωμενον [4], ἐσταυρωμενος [1], ἐσταυρωσαν [7], ἐσταυρωσατε [2], ἐσταυρωται [1], σταυρου [2], σταυρουνται [1], σταυρουσιν [2], σταυρωθη [3], σταυρωθηναι [3], σταυρωθητω [2], σταυρωσαι [3], σταυρωσαντες [1], σταυρωσατε [1], σταυρωσετε [1], σταυρωσον [5], σταυρωσω [1], σταυρωσωσιν [1]
σταφυλη	σταφυλαι [1], σταφυλας [1], σταφυλην [1]
σταχυς	σταχυας [3], σταχυι [1], σταχυν [1]

σταχυς	σταχυν [1]	στρατεια	στρατειαν [1], στρατειας [1]
στεγη	στεγην [3]	στρατευμα	στρατευμα [1], στρατευμασιν [1], στρατευματα [3], στρατευματι [1], στρατευματος [1], στρατευματων [1]
στεγω	στεγει [1], στεγομεν [1], στεγοντες [1], στεγων [1]		
στειρα	στειρα [3], στειρᾳ [1], στειραι [1]	στρατευομαι	στρατευεται [1], στρατευη [1], στρατευομεθα [1], στρατευομενοι [1], στρατευομενος [1], στρατευομενων [1], στρατευονται [1]
στελλομαι	στελλεσθαι [1], στελλομενοι [1]		
στεμμα	στεμματα [1]	στρατηγος	στρατηγοι [3], στρατηγοις [3], στρατηγος [3], στρατηγους [1]
στεναγμος	στεναγμοις [1], στεναγμου [1]	στρατια	στρατιᾳ [1], στρατιας [1]
στεναζω	ἐστεναξεν [1], στεναζετε [1], στεναζομεν [3], στεναζοντες [1]	στρατιωτης	στρατιωται [9], στρατιωταις [3], στρατιωτας [5], στρατιωτῃ [2], στρατιωτην [1], στρατιωτης [1], στρατιωτων [5]
στενος	στενη [1], στενης [2]		
στενοχωρεω	στενοχωρεισθε [2], στενοχωρουμενοι [1]	στρατολογεω	στρατολογησαντι [1]
στενοχωρια	στενοχωρια [2], στενοχωριαις [2]	στρατοπεδον	στρατοπεδων [1]
στερεος	στερεα [1], στερεας [1], στερεοι [1], στερεος [1]	στρεβλοω	στρεβλουσιν [1]
στερεοω	ἐστερεουντο [1], ἐστερεωθησαν [1], ἐστερεωσεν [1]	στρεφω	ἐστραφη [1], ἐστραφησαν [1], ἐστρεψεν [2], στραφεις [10], στραφεισα [1], στραφεντες [1], στραφητε [1], στραφωσιν [1], στρεφειν [1], στρεφομεθα [1], στρεψον [1]
στερεωμα	στερεωμα [1]		
στεφανας	στεφανα [3]	στρηνιαω	ἐστρηνιασεν [1], στρηνιασαντες [1]
στεφανος	στεφανοι [1], στεφανον [10], στεφανος [5], στεφανους [2]	στρηνος	στρηνους [1]
		στρουθιον	στρουθια [2], στρουθιων [2]
στεφανος	στεφανον [3], στεφανος [1], στεφανου [1], στεφανῳ [2]	στρωννυω στρωννυμι	ἐστρωμενον [2], ἐστρωννυον [1], ἐστρωσαν [2], στρωσον [1]
στεφανοω	ἐστεφανωμενον [1], ἐστεφανωσας [1], στεφανουται [1]	στυγητος	στυγητοι [1]
στηθος	στηθη [2], στηθος [3]	στυγναζω	στυγναζων [1], στυγνασας [1]
στηκω	ἐστηκεν [1], στηκει [1], στηκετε [7], στηκοντες [1]	στυλος	στυλοι [2], στυλον [1], στυλος [1]
		στωικος	στωικων [1]
στηριγμος	στηριγμου [1]	συ	σε [162], σέ [36], σοι [169], σοί [44], σου [427], σοῦ [54], συ [174]
στηριζω	ἐστηριγμενους [1], ἐστηρικται [1], ἐστηρισεν [1], στηριξαι [4], στηριξατε [1], στηριξει [2], στηρισον [2], στηριχθηναι [1]		
		συγγενεια	συγγενειαν [1], συγγενειας [2]
		συγγενευς	συγγενευσιν [2]
στιβας	στιβαδας [1]	συγγενης	συγγενεις [5], συγγενη [1], συγγενης [1], συγγενων [2]
στιγμα	στιγματα [1]		
στιγμη	στιγμῃ [1]	συγγενις	συγγενις [1]
στιλβω	στιλβοντα [1]	συγγνωμη	συγγνωμην [1]
στοα	στοᾳ [3], στοας [1]	συγκαθημαι	συγκαθημενοι [1], συγκαθημενος [1]
στοιχειον	στοιχεια [6], στοιχειων [1]	συγκαθιζω	συγκαθισαντων [1], συνεκαθισεν [1]
στοιχεω	στοιχειν [1], στοιχεις [1], στοιχησουσιν [1], στοιχουσιν [1], στοιχωμεν [1]	συγκακοπαθεω	συγκακοπαθησον [2]
		συγκακουχεομαι	συγκακουχεισθαι [1]
στολη	στολαις [2], στολας [4], στολη [1], στολην [2]	συγκαλεω	συγκαλει [2], συγκαλεσαμενος [3], συγκαλεσασθαι [1], συγκαλουσιν [1], συνεκαλεσαν [1]
στομα	στομα [28], στοματα [3], στοματι [11], στοματος [34], στοματων [2]		
στομαχος	στομαχον [1]	συγκαλυπτω	συγκεκαλυμμενον [1]

συγκαμπτω	συγκαμψον [1]
συγκαταβαινω	συγκαταβαντες [1]
συγκαταθεσις	συγκαταθεσις [1]
συγκατατιθεμαι	συγκατατεθειμενος [1]
συγκατα-ψηφιζομαι	συγκατεψηφισθη [1]
συγκεραννυμι	συγκεκερασμενους [1], συνεκερασεν [1]
συγκινεω	συνεκινησαν [1]
συγκλειω	συγκλειομενοι [1], συνεκλεισαν [1], συνεκλεισεν [2]
συγκληρονομος	συγκληρονομα [1], συγκληρονομοι [1], συγκληρονομοις [1], συγκληρονομων [1]
συγκοινωνεω	συγκοινωνειτε [1], συγκοινωνησαντες [1], συγκοινωνησητε [1]
συγκοινωνος	συγκοινωνος [3], συγκοινωνους [1]
συγκομιζω	συνεκομισαν [1]
συγκρινω	συγκριναι [1], συγκρινοντες [2]
συγκυπτω	συγκυπτουσα [1]
συγκυρια	συγκυριαν [1]
συγχαιρω	συγχαιρει [2], συγχαιρετε [1], συγχαιρω [1], συγχαρητε [2], συνεχαιρον [1]
συγχεω	συνεχεον [1]
συγχραομαι	συγχρωνται [1]
συγχυννω	συγκεχυμενη [1], συγχυννεται [1], συνεχυθη [1], συνεχυννεν [1]
συγχυσις	συγχυσεως [1]
συζαω	συζην [1], συζησομεν [2]
συζευγνυμι	συνεζευξεν [2]
συζητεω	συζητειν [4], συζητειτε [1], συζητουντας [1], συζητουντες [2], συζητουντων [1], συνεζητει [1]
συζητησις	συζητησιν [1]
συζητητης	συζητητης [1]
συζυγος	συζυγε [1]
συζωοποιεω	συνεζωοποιησεν [2]
συκαμινος	συκαμινῳ [1]
συκη	συκη [5], συκῃ [1], συκην [6], συκης [4]
συκομορεα	συκομορεαν [1]
συκον	συκα [3], συκων [1]
συκοφαντεω	ἐσυκοφαντησα [1], συκοφαντησητε [1]
συλαγωγεω	συλαγωγων [1]
συλαω	ἐσυλησα [1]
συλλαλεω	συλλαλησας [1], συλλαλουντες [2], συνελαλησεν [1], συνελαλουν [2]
συλλαμβανω	συλλαβειν [3], συλλαβεσθαι [1], συλλαβομενοι [1], συλλαβοντες [1], συλλαβουσα [1], συλλαβουσιν [1], συλλαμβανου [1], συλλημφθεντα [1], συλλημφθηναι [1], συλλημψη [1], συνειληφεν [1], συνελαβεν [1], συνελαβον [2]
συλλεγω	συλλεγεται [1], συλλεγοντες [1], συλλεγουσιν [2], συλλεξατε [1], συλλεξουσιν [1], συλλεξωμεν [1], συνελεξαν [1]
συλλογιζομαι	συνελογισαντο [1]
συλλυπεομαι	συλλυπουμενος [1]
συμβαινω	συμβαινειν [1], συμβαινοντος [1], συμβαντων [1], συμβεβηκεν [1], συμβεβηκοτι [1], συμβεβηκοτων [1], συνεβαινεν [1], συνεβη [1]
συμβαλλω	συμβαλειν [1], συμβαλλουσα [1], συνεβαλετο [1], συνεβαλλεν [1], συνεβαλλον [2]
συμβασιλευω	συμβασιλευσομεν [1], συμβασιλευσωμεν [1]
συμβιβαζω	συμβιβαζομενον [2], συμβιβαζοντες [1], συμβιβαζων [1], συμβιβασει [1], συμβιβασθεντες [1], συνεβιβασαν [1]
συμβουλευω	συμβουλευσας [1], συμβουλευω [1], συνεβουλευσαντο [2]
συμβουλιον	συμβουλιον [7], συμβουλιου [1]
συμβουλος	συμβουλος [1]
συμεων	συμεων [7]
συμμαθητης	συμμαθηταις [1]
συμμαρτυρεω	συμμαρτυρει [1], συμμαρτυρουσης [2]
συμμεριζομαι	συμμεριζονται [1]
συμμετοχος	συμμετοχα [1], συμμετοχοι [1]
συμμιμητης	συμμιμηται [1]
συμμορφιζομαι	συμμορφιζομενος [1]
συμμορφος	συμμορφον [1], συμμορφους [1]
συμπαθεω	συμπαθησαι [1], συνεπαθησατε [1]
συμπαθης	συμπαθεις [1]
συμπαραγινομαι	συμπαραγενομενοι [1]
συμπαρακαλεομαι	συμπαρακληθηναι [1]
συμπαραλαμβανω	συμπαραλαβειν [1], συμπαραλαβοντες [1], συμπαραλαβων [1], συμπαραλαμβανειν [1]
συμπαρειμι	συμπαροντες [1]
συμπασχω	συμπασχει [1], συμπασχομεν [1]
συμπεμπω	συνεπεμψαμεν [2]
συμπεριλαμβανω	συμπεριλαβων [1]

συμπινω	συνεπιομεν [1]		συνακολουθεω	συνακολουθησαι [1], συνακολουθουσαι [1], συνηκολουθει [1]
συμπιπτω	συνεπεσεν [1]		συναλιζομαι	συναλιζομενος [1]
συμπληρωω	συμπληρουσθαι [2], συνεπληρουντο [1]		συναλλασσω	συνηλλασσεν [1]
συμπνιγω	συμπνιγει [1], συμπνιγονται [1], συμπνιγουσιν [1], συνεπνιγον [1], συνεπνιξαν [1]		συναναβαινω	συναναβασαι [1], συναναβασιν [1]
συμπολιτης	συμπολιται [1]		συνανακειμαι	συνανακειμενοι [1], συνανακειμενοις [1], συνανακειμενους [1], συνανακειμενων [2], συνανεκειντο [2]
συμπορευομαι	συμπορευονται [1], συνεπορευετο [1], συνεπορευοντο [2]		συναναμιγνυμαι	συναναμιγνυσθαι [3]
συμποσιον	συμποσια [2]		συναναπαυομαι	συναναπαυσωμαι [1]
συμπρεσβυτερος	συμπρεσβυτερος [1]		συνανταω	συναντησας [2], συναντησει [1], συναντησοντα [1], συνηντησεν [2]
συμφερω	συμφερει [10], συμφερον [3], συμφεροντων [1], συνενεγκαντες [1]		συναντι-λαμβανομαι	συναντιλαβηται [1], συναντιλαμβανεται [1]
συμφημι	συμφημι [1]		συναπαγομαι	συναπαγομενοι [1], συναπαχθεντες [1], συναπηχθη [1]
συμφορος	συμφορον [2]			
συμφυλετης	συμφυλετων [1]		συναποθνησκω	συναπεθανομεν [1], συναποθανειν [2]
συμφυτος	συμφυτοι [1]		συναπολλυμαι	συναπωλετο [1]
συμφυω	συμφυεισαι [1]		συναποστελλω	συναπεστειλα [1]
συμφωνεω	συμφωνησας [1], συμφωνησει [1], συμφωνησωσιν [1], συμφωνουσιν [1], συνεφωνηθη [1], συνεφωνησας [1]		συναρμολογεω	συναρμολογουμενη [1], συναρμολογουμενον [1]
συμφωνησις	συμφωνησις [1]		συναρπαζω	συναρπασαντες [1], συναρπασθεντος [1], συνηρπακει [1], συνηρπασαν [1]
συμφωνια	συμφωνιας [1]		συναυξανομαι	συναυξανεσθαι [1]
συμφωνος	συμφωνου [1]		συνδεσμος	συνδεσμον [1], συνδεσμος [1], συνδεσμω [1], συνδεσμων [1]
συμψηφιζω	συνεψηφισαν [1]			
συμψυχος	συμψυχοι [1]		συνδεω	συνδεδεμενοι [1]
συν	συν [128]		συνδοξαζω	συνδοξασθωμεν [1]
συναγω	συναγαγειν [3], συναγαγετε [2], συναγαγη [1], συναγαγοντες [2], συναγαγουση [1], συναγαγων [2], συναγει [1], συναγεται [1], συναγονται [2], συναγουσιν [2], συναγω [1], συναγων [3], συναξει [1], συναξω [2], συναχθεντες [1], συναχθεντων [1], συναχθηναι [2], συναχθησονται [2], συναχθητε [1], συνηγαγεν [1], συνηγαγετε [2], συνηγαγομεν [1], συνηγαγον [4], συνηγμενα [1], συνηγμενοι [3], συνηγμενων [3], συνηχθη [4], συνηχθησαν [9]		συνδουλος	συνδουλοι [2], συνδουλον [1], συνδουλος [4], συνδουλου [1], συνδουλους [1], συνδουλων [1]
			συνδρομη	συνδρομη [1]
			συνεγειρω	συνηγειρεν [1], συνηγερθητε [2]
			συνεδριον	συνεδρια [2], συνεδριον [10], συνεδριου [3], συνεδριω [7]
			συνειδησις	συνειδησει [3], συνειδησεσιν [1], συνειδησεως [7], συνειδησιν [16], συνειδησις [3]
συναγωγη	συναγωγαις [15], συναγωγας [8], συναγωγη [2], συναγωγη [12], συναγωγην [12], συναγωγης [6], συναγωγων [1]		συνειμι	συνησαν [1], συνοντων [1]
			συνειμι	συνιοντος [1]
συναγωνιζομαι	συναγωνισασθαι [1]		συνεισερχομαι	συνεισηλθεν [2]
συναθλεω	συναθλουντες [1], συνηθλησαν [1]		συνεκδημος	συνεκδημος [1], συνεκδημους [1]
συναθροιζω	συναθροισας [1], συνηθροισμενοι [1]		συνεκλεκτος	συνεκλεκτη [1]
συναιρω	συναιρει [1], συναιρειν [1], συναραι [1]		συνεπιμαρτυρεω	συνεπιμαρτυρουντος [1]
συναιχμαλωτος	συναιχμαλωτος [2], συναιχμαλωτους [1]		συνεπιτιθεμαι	συνεπεθεντο [1]

συνεπομαι	συνειπετο [1]	συνομιλεω	συνομιλων [1]
συνεργεω	συνεργει [1], συνεργουντες [1], συνεργουντι [1], συνεργουντος [1], συνηργει [1]	συνομορεω	συνομορουσα [1]
		συνοραω	συνιδοντες [1], συνιδων [1]
συνεργος	συνεργοι [5], συνεργον [3], συνεργος [2], συνεργους [1], συνεργω [1], συνεργων [1]	συνοχη	συνοχη [1], συνοχης [1]
		συντασσω	συνεταξεν [3]
συνερχομαι	συνεληλυθεισαν [1], συνεληλυθοτας [1], συνεληλυθυιαι [1], συνελθειν [3], συνελθη [1], συνελθοντα [1], συνελθοντας [1], συνελθοντες [1], συνελθοντων [3], συνελθουσαις [1], συνερχεσθε [1], συνερχεται [1], συνερχησθε [2], συνερχομενοι [1], συνερχομενων [2], συνερχονται [2], συνηλθαν [1], συνηλθεν [2], συνηλθον [2], συνηρχετο [1], συνηρχοντο [1]	συντελεια	συντελεια [1], συντελεια [3], συντελειας [2]
		συντελεω	συντελεισθαι [2], συντελεσας [1], συντελεσθεισων [1], συντελεσω [1], συντελων [1]
		συντεμνω	συντεμνων [1]
		συντηρεω	συνετηρει [2], συντηρουνται [1]
		συντιθεμαι	συνεθεντο [2], συνετεθειντο [1]
		συντομως	συντομως [2]
συνεσθιω	συνεσθιει [1], συνεσθιειν [1], συνεφαγες [1], συνεφαγομεν [1], συνησθιεν [1]	συντρεχω	συνεδραμεν [1], συνεδραμον [1], συντρεχοντων [1]
συνεσις	συνεσει [2], συνεσεως [2], συνεσιν [3]	συντριβω	συντετριμμενον [1], συντετριφθαι [1], συντριβεται [1], συντριβησεται [1], συντριβον [1], συντριψασα [1], συντριψει [1]
συνετος	συνετω [1], συνετων [3]		
συνευδοκεω	συνευδοκει [2], συνευδοκειτε [1], συνευδοκουσιν [1], συνευδοκων [2]		
		συντριμμα	συντριμμα [1]
συνευωχεομαι	συνευωχουμενοι [2]	συντροφος	συντροφος [1]
συνεφιστημι	συνεπεστη [1]	συντυγχανω	συντυχειν [1]
συνεχω	συνειχετο [1], συνειχοντο [1], συνεξουσιν [1], συνεσχον [1], συνεχει [1], συνεχομαι [2], συνεχομενη [1], συνεχομενον [1], συνεχομενους [1], συνεχοντες [1], συνεχουσιν [1]	συντυχη	συντυχην [1]
		συνυποκρινομαι	συνυπεκριθησαν [1]
		συνυπουργεω	συνυπουργουντων [1]
		συνωδινω	συνωδινει [1]
		συνωμοσια	συνωμοσιαν [1]
συνηδομαι	συνηδομαι [1]	συρακουσαι	συρακουσας [1]
συνηθεια	συνηθεια [1], συνηθεια [1], συνηθειαν [1]	συρια	συριαν [6], συριας [2]
συνηλικιωτης	συνηλικιωτας [1]	συρος	συρος [1]
συνθαπτω	συνεταφημεν [1], συνταφεντες [1]	συροφοινικισσα	συροφοινικισσα [1]
συνθλαω	συνθλασθησεται [2]	συρτις	συρτιν [1]
συνθλιβω	συνεθλιβον [1], συνθλιβοντα [1]	συρω	εσυρον [2], συρει [1], συροντες [1], συρων [1]
συνθρυπτω	συνθρυπτοντες [1]		
συνιημι	συνετε [1], συνηκαν [6], συνηκατε [1], συνησουσιν [1], συνητε [2], συνιασιν [1], συνιεις [1], συνιεναι [2], συνιεντος [1], συνιετε [4], συνιουσιν [1], συνιων [1], συνιωσιν [2], συνωσιν [2]	συσπαρασσω	συνεσπαραξεν [2]
		συσσημον	συσσημον [1]
		συσσωμος	συσσωμα [1]
		συστατικος	συστατικων [1]
συνιστημι συνιστανω	συνεστηκεν [1], συνεστησατε [1], συνεστωσα [1], συνεστωτας [1], συνιστανειν [1], συνιστανομεν [1], συνιστανοντες [1], συνιστανοντων [1], συνισταντες [1], συνιστανω [1], συνιστανων [1], συνιστασθαι [1], συνιστημι [1], συνιστησιν [3]	συσταυροω	συνεσταυρωθη [1], συνεσταυρωμαι [1], συνεσταυρωμενοι [1], συσταυρωθεντες [1], συσταυρωθεντος [1]
		συστελλω	συνεσταλμενος [1], συνεστειλαν [1]
συνοδευω	συνοδευοντες [1]		
συνοδια	συνοδια [1]		
συνοιδα	συνειδυιης [1], συνοιδα [1]	συστεναζω	συστεναζει [1]
συνοικεω	συνοικουντες [1]	συστοιχεω	συστοιχει [1]
συνοικοδομεω	συνοικοδομεισθε [1]		

συστρατιωτης	συστρατιωτη [1], συστρατιωτην [1]
συστρεφω	συστρεφομενων [1], συστρεψαντος [1]
συστροφη	συστροφην [1], συστροφης [1]
συσχηματιζομαι	συσχηματιζεσθε [1], συσχηματιζομενοι [1]
συχαρ	συχαρ [1]
συχεμ	συχεμ [2]
σφαγη	σφαγην [1], σφαγης [2]
σφαγιον	σφαγια [1]
σφαζω	ἐσφαγης [1], ἐσφαγμενην [1], ἐσφαγμενον [2], ἐσφαγμενου [1], ἐσφαγμενων [2], ἐσφαξεν [2], σφαξουσιν [1]
σφοδρα	σφοδρα [11]
σφοδρως	σφοδρως [1]
σφραγιζω	ἐσφραγισεν [3], ἐσφραγισθητε [2], ἐσφραγισμενοι [3], ἐσφραγισμενων [1], σφραγισαμενος [2], σφραγισαντες [1], σφραγισης [1], σφραγισον [1], σφραγισωμεν [1]
σφραγις	σφραγιδα [10], σφραγιδας [3], σφραγιδων [1], σφραγις [1], σφραγισιν [1]
σφυδρον	σφυδρα [1]
σχεδον	σχεδον [3]
σχημα	σχημα [1], σχηματι [1]
σχιζω	ἐσχισθη [6], ἐσχισθησαν [1], σχιζομενους [1], σχισας [1], σχισει [1], σχισωμεν [1]
σχισμα	σχισμα [6], σχισματα [2]
σχοινιον	σχοινια [1], σχοινιων [1]
σχολαζω	σχολαζοντα [1], σχολασητε [1]
σχολη	σχολη [1]
σωζω	ἐσωζοντο [1], ἐσωθη [4], ἐσωθημεν [1], ἐσωσεν [4], σεσωκεν [7], σεσωσμενοι [2], σεσωται [1], σωζει [1], σωζειν [2], σωζεσθαι [1], σωζεσθε [1], σωζεται [1], σωζετε [1], σωζομενοι [1], σωζομενοις [2], σωζομενους [1], σωθη [3], σωθηναι [10], σωθησεται [13], σωθηση [3], σωθησομαι [2], σωθησομεθα [2], σωθητε [2], σωθω [1], σωθωσιν [3], σωσαι [14], σωσαντος [1], σωσας [1], σωσατω [1], σωσει [6], σωσεις [3], σωσον [7], σωσω [3], σωσων [1]
σωμα	σωμα [70], σωματα [10], σωματι [25], σωματος [36], σωματων [1]
σωματικος	σωματικη [1], σωματικω [1]
σωματικως	σωματικως [1]
σωπατρος	σωπατρος [1]
σωρευω	σεσωρευμενα [1], σωρευσεις [1]
σωσθενης	σωσθενην [1], σωσθενης [1]
σωσιπατρος	σωσιπατρος [1]

σωτηρ	σωτηρ [4], σωτηρα [4], σωτηρι [2], σωτηρος [14]
σωτηρια	σωτηρια [8], σωτηριαν [18], σωτηριας [20]
σωτηριον	σωτηριον [3], σωτηριου [1]
σωτηριος	σωτηριος [1]
σωφρονεω	σωφρονειν [2], σωφρονησατε [1], σωφρονουμεν [1], σωφρονουντα [2]
σωφρονιζω	σωφρονιζωσιν [1]
σωφρονισμος	σωφρονισμου [1]
σωφρονως	σωφρονως [1]
σωφροσυνη	σωφροσυνης [3]
σωφρων	σωφρονα [2], σωφρονας [2]
ταβερνη	τριωνταβερνων [1]
ταβιθα	ταβιθα [2]
ταγμα	ταγματι [1]
τακτος	τακτη [1]
ταλαιπωρεω	ταλαιπωρησατε [1]
ταλαιπωρια	ταλαιπωρια [1], ταλαιπωριαις [1]
ταλαιπωρος	ταλαιπωρος [2]
ταλαντιαιος	ταλαντιαια [1]
ταλαντον	ταλαντα [10], ταλαντον [3], ταλαντων [1]
ταλιθα	ταλιθα [1]
ταμειον	ταμειοις [2], ταμειον [2]
ταξις	ταξει [1], ταξιν [8]
ταπεινος	ταπεινοις [3], ταπεινος [3], ταπεινους [2]
ταπεινοφροσυνη	ταπεινοφροσυνη [3], ταπεινοφροσυνην [2], ταπεινοφροσυνης [2]
ταπεινοφρων	ταπεινοφρονες [1]
ταπεινοω	ἐταπεινωσεν [1], ταπεινουσθαι [1], ταπεινωθησεται [4], ταπεινωθητε [2], ταπεινων [3], ταπεινωσει [2], ταπεινωση [1]
ταπεινωσις	ταπεινωσει [2], ταπεινωσεως [1], ταπεινωσιν [1]
ταρασσω	ἐταραξαν [2], ἐταραξεν [1], ἐταρασσετο [1], ἐταραχθη [3], ἐταραχθησαν [2], ταρασσεσθω [2], ταρασσοντες [2], ταρασσων [1], ταραχθη [1], ταραχθητε [1], τεταραγμενοι [1], τεταρακται [1]
ταραχη	ταραχην [1]
ταραχος	ταραχος [2]
ταρσευς	ταρσεα [1], ταρσευς [1]
ταρσος	ταρσον [2], ταρσω [1]
ταρταροω	ταρταρωσας [1]

τασσω	ἐταξαν [2], ἐταξατο [1], ταξαμενοι [1], τασσομενος [1], τεταγμεναι [1], τεταγμενοι [1], τετακται [1]
ταυρος	ταυροι [1], ταυρους [1], ταυρων [2]
ταφη	ταφην [1]
ταφος	ταφοις [1], ταφον [3], ταφος [1], ταφου [1], ταφους [1]
ταχα	ταχα [2]
ταχεως	ταχεως [10], ταχιον [4], ταχιστα [1]
ταχινος	ταχινη [1], ταχινην [1]
ταχος	ταχει [8]
ταχυς	ταχυ [12], ταχυς [1]
τε	τε [215]
τειχος	τειχη [1], τειχος [4], τειχους [4]
τεκμηριον	τεκμηριοις [1]
τεκνιον	τεκνια [8]
τεκνογονεω	τεκνογονειν [1]
τεκνογονια	τεκνογονιας [1]
τεκνον	τεκνα [63], τεκνοις [8], τεκνον [16], τεκνου [2], τεκνῳ [3], τεκνων [7]
τεκνοτροφεω	ἐτεκνοτροφησεν [1]
τεκτων	τεκτονος [1], τεκτων [1]
τελειος	τελεια [1], τελειοι [5], τελειοις [1], τελειον [7], τελειος [3], τελειοτερας [1], τελειων [1]
τελειοτης	τελειοτητα [1], τελειοτητος [1]
τελειοω	ἐτελειωθη [1], ἐτελειωσεν [1], τελειουμαι [1], τελειωθεις [1], τελειωθη [1], τελειωθωσιν [1], τελειωσαι [4], τελειωσαντων [1], τελειωσας [1], τελειωσω [2], τετελειωκεν [1], τετελειωμαι [1], τετελειωμενη [1], τετελειωμενοι [1], τετελειωμενον [1], τετελειωμενων [1], τετελειωται [3]
τελειως	τελειως [1]
τελειωσις	τελειωσις [2]
τελειωτης	τελειωτην [1]
τελεσφορεω	τελεσφορουσιν [1]
τελευταω	ἐτελευτησεν [4], τελευτα [3], τελευταν [1], τελευτατω [2], τελευτησαντος [1], τελευτων [1], τετελευτηκοτος [1]
τελευτη	τελευτης [1]
τελεω	ἐτελεσαν [2], ἐτελεσεν [5], ἐτελεσθη [2], τελει [1], τελειται [1], τελειτε [2], τελεσητε [2], τελεσθη [4], τελεσθηναι [1], τελεσθησεται [1], τελεσθησονται [1], τελεσθωσιν [1], τελεσωσιν [1], τελουσα [1], τετελεκα [1], τετελεσται [2]
τελος	τελη [2], τελος [33], τελους [5]

τελωνης	τελωναι [8], τελωνην [1], τελωνης [5], τελωνων [7]
τελωνιον	τελωνιον [3]
τερας	τερασι [1], τερασιν [3], τερατα [11], τερατων [1]
τερτιος	τερτιος [1]
τερτυλλος	τερτυλλος [1], τερτυλλου [1]
τεσσαρες	τεσσαρα [6], τεσσαρας [6], τεσσαρες [3], τεσσαρσιν [5], τεσσαρων [10]
τεσσαρεσ-καιδεκατος	τεσσαρεσκαιδεκατη [1], τεσσαρεσκαιδεκατην [1]
τεσσερακοντα	τεσσερακοντα [15]
τεσσερακονταδυο	τεσσερακονταδυο [2]
τεσσερακοντα-ετης	τεσσερακονταετη [1], τεσσερακονταετης [1]
τεσσερακοντα-καιδυο	τεσσερακοντακαιδυο [2]
τεσσερακοντα-καιεξ	τεσσερακοντακαιεξ [1]
τεταρταιος	τεταρταιος [1]
τεταρτος	τεταρτῃ [1], τεταρτην [2], τεταρτης [1], τεταρτον [2], τεταρτος [3], τεταρτου [1]
τετρααρχεω	τετρααρχουντος [3]
τετρααρχης	τετρααρχης [3], τετρααρχου [1]
τετραγωνος	τετραγωνος [1]
τετραδιον	τετραδιοις [1]
τετρακισχιλιοι	τετρακισχιλιοι [2], τετρακισχιλιους [2], τετρακισχιλιων [1]
τετρακοσιοι	τετρακοσια [1], τετρακοσιων [1]
τετρακοσιοι-καιπεντηκοντα	τετρακοσιοισκαιπεντηκοντα [1]
τετρακοσιοι-καιτριακοντα	τετρακοσιακαιτριακοντα [1]
τετραμηνος	τετραμηνος [1]
τετραπλους	τετραπλουν [1]
τετραπους	τετραποδα [2], τετραποδων [1]
τεφροω	τεφρωσας [1]
τεχνη	τεχνῃ [1], τεχνης [2]
τεχνιτης	τεχνιται [1], τεχνιταις [1], τεχνιτης [2]
τηκομαι	τηκεται [1]
τηλαυγως	τηλαυγως [1]
τηλικουτος	τηλικαυτα [1], τηλικαυτης [1], τηλικουτος [1], τηλικουτου [1]

τηρεω	ἐτηρειτο [1], ἐτηρησα [1], ἐτηρησαν [1], ἐτηρησας [2], ἐτηρουν [3], τετηρηκα [2], τετηρηκαν [1], τετηρηκας [1], τετηρηκεν [1], τετηρημενην [1], τετηρημενοις [1], τετηρηται [2], τηρει [3], τήρει [2], τηρειν [7], τηρεισθαι [3], τηρειτε [1], τηρη [1], τηρηθειη [1], τηρηθηναι [1], τηρησαι [1], τηρησαντας [1], τηρησατε [1], τηρησει [1], τηρησετε [1], τηρηση [4], τηρησης [1], τηρησητε [1], τηρησον [2], τηρησουσιν [1], τηρησω [2], τηρουμεν [1], τηρουμενοι [1], τηρουμενους [1], τηρουντες [4], τηρουντων [2], τηρω [1], τηρωμεν [2], τηρων [6]
τηρησις	τηρησει [1], τηρησιν [1], τηρησις [1]
τιβεριας	τιβεριαδος [3]
τιβεριος	τιβεριου [1]
τιθημι	ἐθεντο [4], ἐθεσθε [1], ἐθετο [7], ἐθηκα [3], ἐθηκαν [7], ἐθηκας [2], ἐθηκεν [11], ἐθου [1], ἐτεθη [1], ἐτεθην [2], ἐτεθησαν [2], ἐτιθει [1], ἐτιθησαν [1], ἐτιθουν [2], θειναι [4], θεις [4], θεμενος [2], θεντες [1], θεντος [1], θεσθε [1], θετε [1], θη [2], θησει [2], θησεις [1], θησω [3], θω [5], θωμεν [1], τεθεικα [2], τεθεικατε [1], τεθεικως [1], τεθειμενος [1], τεθειται [1], τεθη [2], τεθηναι [1], τεθωσιν [1], τιθεασιν [1], τιθεις [1], τιθεναι [2], τιθεντες [1], τιθετω [1], τιθημι [5], τιθησιν [6]
τικτω	ἐτεκεν [4], ἐτεχθη [1], τεκειν [4], τεκη [1], τεξεται [2], τεξη [1], τεχθεις [1], τικτει [1], τικτη [1], τικτουσα [2]
τιλλω	ἐτιλλον [1], τιλλειν [1], τιλλοντες [1]
τιμαιος	τιμαιου [1]
τιμαω	ἐτιμησαν [1], ἐτιμησαντο [1], τετιμημενου [1], τιμα [8], τίμα [2], τιματε [1], τιμησατε [1], τιμησει [2], τιμω [1], τιμων [1], τιμωσι [2]
τιμη	τιμαις [1], τιμας [2], τιμη [7], τιμῃ [5], τιμην [19], τιμης [7]
τιμιος	τιμια [1], τιμιαν [1], τιμιον [1], τιμιος [2], τιμιου [1], τιμιους [1], τιμιω [4], τιμιωτατου [1], τιμιωτατω [1]
τιμιοτης	τιμιοτητος [1]
τιμοθεος	τιμοθεε [2], τιμοθεον [6], τιμοθεος [12], τιμοθεου [2], τιμοθεω [2]
τιμων	τιμωνα [1]
τιμωρεω	τιμωρηθωσιν [1], τιμωρων [1]
τιμωρια	τιμωριας [1]
τινω	τισουσιν [1]
τις	τι [95], τινα [42], τινα [3], τινας [24], τινες [76], τινι [13], τινος [21], τινων [10], τις [238], τισιν [4]
τίς	τί [340], τίνα [22], τίνα [2], τίνας [2], τίνες [6], τίνι [19], τίνος [13], τίνων [3], τίς [146], τίσιν [2]
τιτιος	τιτιου [1]
τιτλος	τιτλον [2]
τιτος	τιτον [4], τιτος [3], τιτου [5], τιτω [1]
τοιγαρουν	τοιγαρουν [2]
τοινυν	τοινυν [3]
τοιοσδε	τοιασδε [1]
τοιουτος	τοιαυτα [9], τοιαυται [1], τοιαυταις [2], τοιαυτας [1], τοιαυτη [3], τοιαυτην [6], τοιουτο [1], τοιουτοι [6], τοιουτοις [3], τοιουτον [6], τοιουτος [5], τοιουτου [1], τοιουτους [5], τοιουτω [2], τοιουτων [6]
τοιχος	τοιχε [1]
τοκος	τοκω [2]
τολμαω	ἐτολμα [4], ἐτολμησεν [2], ἐτολμων [1], τολμα [3], τολμαν [1], τολμησαι [1], τολμησας [1], τολμησω [1], τολμω [1], τολμωμεν [1]
τολμηρος	τολμηροτερον [1]
τολμητης	τολμηται [1]
τομος	τομωτερος [1]
τοξον	τοξον [1]
τοπαζιον	τοπαζιον [1]
τοπος	τοποις [2], τοπον [46], τοπος [16], τοπου [7], τοπους [5], τοπω [15], τοπων [3]
τοσουτος	τοσαυτα [4], τοσαυτην [2], τοσουτο [1], τοσουτοι [1], τοσουτον [4], τοσουτος [1], τοσουτου [2], τοσουτους [1], τοσουτω [3], τοσουτων [1]
τοτε	τοτε [160]
τουναντιον	τουναντιον [3]
τουνομα	τουνομα [1]
τραγος	τραγων [4]
τραπεζα	τραπεζα [2], τραπεζαις [1], τραπεζαν [2], τραπεζας [3], τραπεζης [7]
τραπεζιτης	τραπεζιταις [1]
τραυμα	τραυματα [1]
τραυματιζω	τετραυματισμενους [1], τραυματισαντες [1]
τραχηλιζομαι	τετραχηλισμενα [1]
τραχηλος	τραχηλον [7]
τραχυς	τραχειαι [1], τραχεις [1]
τραχωνιτις	τραχωνιτιδος [1]
τρεις	τρεις [42], τρια [9], τρισιν [6], τριων [9], τριωνταβερνων [1]
τρεισταβερναι	τριωνταβερνων [1]
τρεμω	τρεμουσα [2], τρεμουσιν [1]
τρεφω	ἐθρεψαμεν [1], ἐθρεψαν [1], ἐθρεψατε [1], τεθραμμενος [1], τρεφει [2], τρεφεσθαι [1], τρεφεται [1], τρεφωσιν [1]

τρεχω	δραμων [3], ἐδραμεν [2], ἐδραμον [3], ἐτρεχετε [1], ἐτρεχον [1], τρεχει [1], τρεχετε [1], τρεχη [1], τρεχοντες [1], τρεχοντος [1], τρεχοντων [1], τρεχουσιν [1], τρεχω [2], τρεχωμεν [1]	τυγχανω	τετυχεν [1], τυγχανοντες [1], τυχειν [2], τυχοι [2], τυχον [1], τυχουσαν [1], τυχουσας [1], τυχων [1], τυχωσιν [2]
τρημα	τρηματος [1]	τυμπανιζω	ἐτυμπανισθησαν [1]
τριακοντα	τριακοντα [9]	τυπικως	τυπικως [1]
τριακοντα-καιοκτω	τριακοντακαιοκτω [1]	τυπος	τυποι [2], τυπον [10], τυπος [2], τυπους [1]
τριακοσιοι	τριακοσιων [2]	τυπτω	ἐτυπτεν [1], ἐτυπτον [3], τυπτειν [4], τυπτεσθαι [1], τυπτοντες [3], τυπτοντι [1]
τριβολος	τριβολους [1], τριβολων [1]	τυραννος	τυραννου [1]
τριβος	τριβους [3]	τυριος	τυριοις [1]
τριετια	τριετιαν [1]	τυρος	τυρον [2], τυρου [5], τυρῳ [4]
τριζω	τριζει [1]	τυφλος	τυφλε [1], τυφλοι [14], τυφλοις [2], τυφλον [6], τυφλος [15], τυφλου [3], τυφλους [4], τυφλῳ [1], τυφλων [4]
τριμηνος	τριμηνον [1]		
τρις	τρις [12]	τυφλοω	ἐτυφλωσεν [2], τετυφλωκεν [1]
τριστεγον	τριστεγου [1]	τυφομαι	τυφομενον [1]
τρισχιλιοι	τρισχιλιαι [1]	τυφοομαι	τετυφωμενοι [1], τετυφωται [1], τυφωθεις [1]
τριτος	τριτη [3], τριτη [13], τριτην [3], τριτης [2], τριτον [25], τριτος [7], τριτου [3]	τυφωνικος	τυφωνικος [1]
		τυχικος	τυχικον [2], τυχικος [3]
τριχινος	τριχινος [1]	ὑακινθινος	ὑακινθινους [1]
τρομος	τρομος [1], τρομου [3], τρομῳ [1]	ὑακινθος	ὑακινθος [1]
τροπη	τροπης [1]	ὑαλινος	ὑαλινη [1], ὑαλινην [2]
τροπος	τροπον [10], τροπος [1], τροπῳ [2]	ὑαλος	ὑαλος [1], ὑαλῳ [1]
τροποφορεω	ἐτροποφορησεν [1]	ὑβριζω	ὑβριζεις [1], ὑβρισαι [1], ὑβρισαν [1], ὑβρισθεντες [1], ὑβρισθησεται [1]
τροφη	τροφας [1], τροφη [2], τροφην [2], τροφης [11]	ὑβρις	ὑβρεσιν [1], ὑβρεως [1], ὑβριν [1]
τροφιμος	τροφιμον [2], τροφιμος [1]	ὑβριστης	ὑβριστας [1], ὑβριστην [1]
τροφος	τροφος [1]	ὑγιαινω	ὑγιαινειν [1], ὑγιαινοντα [2], ὑγιαινοντας [1], ὑγιαινοντες [1], ὑγιαινοντων [1], ὑγιαινουση [1], ὑγιαινουση [2], ὑγιαινουσης [1], ὑγιαινουσιν [1], ὑγιαινωσιν [1]
τροχια	τροχιας [1]		
τροχος	τροχον [1]		
τρυβλιον	τρυβλιον [1], τρυβλιῳ [1]		
τρυγαω	ἐτρυγησεν [1], τρυγησον [1], τρυγωσιν [1]		
τρυγων	τρυγονων [1]	ὑγιης	ὑγιεις [1], ὑγιη [4], ὑγιης [7]
τρυμαλια	τρυμαλιας [1]	ὑγρος	ὑγρῳ [1]
τρυπημα	τρυπηματος [1]	ὑδρια	ὑδριαι [1], ὑδριαν [1], ὑδριας [1]
τρυφαινα	τρυφαιναν [1]	ὑδροποτεω	ὑδροποτει [1]
τρυφαω	ἐτρυφησατε [1]	ὑδρωπικος	ὑδρωπικος [1]
τρυφη	τρυφη [1], τρυφην [1]	ὑδωρ	ὑδασιν [1], ὑδατα [5], ὑδατι [13], ὑδατος [23], ὑδατων [12], ὑδωρ [24]
τρυφωσα	τρυφωσαν [1]	ὑετος	ὑετον [3], ὑετος [1], ὑετους [1]
τρωας	τρωαδα [3], τρωαδι [2], τρωαδος [1]	υἱοθεσια	υἱοθεσια [1], υἱοθεσιαν [3], υἱοθεσιας [1]
τρωγω	τρωγοντες [1], τρωγων [5]	υἱος	υἱε [9], υἱοι [33], υἱοις [7], υἱον [86], υἱος [162], υἱου [36], υἱους [14], υἱῳ [15], υἱων [17]
		ὕλη	ὕλην [1]

ὑμεις	ὑμας [436], ὑμεις [237], ὑμιν [610], ὑμων [564]
ὑμεναιος	ὑμεναιος [2]
ὑμετερος	ὑμετερα [1], ὑμετερᾳ [1], ὑμετεραν [1], ὑμετερας [2], ὑμετερον [3], ὑμετερος [1], ὑμετερῳ [2]
ὑμνεω	ὑμνησαντες [2], ὑμνησω [1], ὑμνουν [1]
ὑμνος	ὑμνοις [2]
ὑπαγω	ὑπαγε [24], ὑπαγει [11], ὑπαγειν [5], ὑπαγεις [5], ὑπαγετε [14], ὑπαγη [1], ὑπαγητε [1], ὑπαγοντας [1], ὑπαγοντες [1], ὑπαγω [14], ὑπηγον [2]
ὑπακοη	ὑπακοη [2], ὑπακοῃ [2], ὑπακοην [8], ὑπακοης [3]
ὑπακουω	ὑπακουει [2], ὑπακουειν [1], ὑπακουετε [5], ὑπακουουσιν [5], ὑπακουσαι [1], ὑπηκουον [1], ὑπηκουσαν [1], ὑπηκουσατε [2], ὑπηκουσεν [3]
ὑπανδρος	ὑπανδρος [1]
ὑπανταω	ὑπαντησαι [2], ὑπηντησαν [2], ὑπηντησεν [6]
ὑπαντησις	ὑπαντησιν [3]
ὑπαρξις	ὑπαρξεις [1], ὑπαρξιν [1]
ὑπαρχω	ὑπαρχει [3], ὑπαρχειν [6], ὑπαρχοντα [8], ὑπαρχοντας [1], ὑπαρχοντες [6], ὑπαρχοντος [3], ὑπαρχοντων [5], ὑπαρχουσης [1], ὑπαρχουσιν [4], ὑπαρχων [15], ὑπαρχωσιν [1], ὑπηρχεν [5], ὑπηρχον [2]
ὑπεικω	ὑπεικετε [1]
ὑπεναντιος	ὑπεναντιον [1], ὑπεναντιους [1]
ὑπερ	ὑπερ [149]
ὑπεραιρομαι	ὑπεραιρομενος [1], ὑπεραιρωμαι [2]
ὑπερακμος	ὑπερακμος [1]
ὑπερανω	ὑπερανω [3]
ὑπεραυξανω	ὑπεραυξανει [1]
ὑπερβαινω	ὑπερβαινειν [1]
ὑπερβαλλοντως	ὑπερβαλλοντως [1]
ὑπερβαλλω	ὑπερβαλλον [2], ὑπερβαλλουσαν [2], ὑπερβαλλουσης [1]
ὑπερβολη	ὑπερβολη [1], ὑπερβολῃ [1], ὑπερβολην [6]
ὑπερεκεινα	ὑπερεκεινα [1]
ὑπερεκπερισσου	ὑπερεκπερισσου [3]
ὑπερεκτεινω	ὑπερεκτεινομεν [1]
ὑπερεκχυννομαι	ὑπερεκχυννομενον [1]
ὑπερεντυγχανω	ὑπερεντυγχανει [1]
ὑπερεχω	ὑπερεχον [1], ὑπερεχοντας [1], ὑπερεχοντι [1], ὑπερεχουσα [1], ὑπερεχουσαις [1]
ὑπερηφανια	ὑπερηφανια [1]
ὑπερηφανος	ὑπερηφανοι [1], ὑπερηφανοις [2], ὑπερηφανους [2]
ὑπερλιαν	ὑπερλιαν [2]
ὑπερνικαω	ὑπερνικωμεν [1]
ὑπερογκος	ὑπερογκα [2]
ὑπεροραω	ὑπεριδων [1]
ὑπεροχη	ὑπεροχῃ [1], ὑπεροχην [1]
ὑπερπερισσευω	ὑπερεπερισσευσεν [1], ὑπερπερισσευομαι [1]
ὑπερπερισσως	ὑπερπερισσως [1]
ὑπερπλεοναζω	ὑπερεπλεονασεν [1]
ὑπερυψοω	ὑπερυψωσεν [1]
ὑπερφρονεω	ὑπερφρονειν [1]
ὑπερωον	ὑπερωον [2], ὑπερωῳ [2]
ὑπεχω	ὑπεχουσαι [1]
ὑπηκοος	ὑπηκοοι [2], ὑπηκοος [1]
ὑπηρετεω	ὑπηρετειν [1], ὑπηρετησαν [1], ὑπηρετησας [1]
ὑπηρετης	ὑπηρεται [9], ὑπηρεταις [1], ὑπηρετας [3], ὑπηρετῃ [2], ὑπηρετην [2], ὑπηρετων [3]
ὑπνος	ὑπνου [4], ὑπνῳ [2]
ὑπο	ὑπ [25], ὑπο [186], ὑφ [9]
ὑποβαλλω	ὑπεβαλον [1]
ὑπογραμμος	ὑπογραμμον [1]
ὑποδειγμα	ὑποδειγμα [3], ὑποδειγματα [1], ὑποδειγματι [2]
ὑποδεικνυμι	ὑπεδειξα [1], ὑπεδειξεν [2], ὑποδειξω [3]
ὑποδεομαι	ὑποδεδεμενους [1], ὑποδησαι [1], ὑποδησαμενοι [1]
ὑποδεχομαι	ὑπεδεξατο [2], ὑποδεδεκται [1], ὑποδεξαμενη [1]
ὑποδημα	ὑποδημα [2], ὑποδηματα [4], ὑποδηματος [1], ὑποδηματων [3]
ὑποδικος	ὑποδικος [1]
ὑποζυγιον	ὑποζυγιον [1], ὑποζυγιου [1]
ὑποζωννυμι	ὑποζωννυντες [1]
ὑποκατω	ὑποκατω [11]
ὑποκρινομαι	ὑποκρινομενους [1]
ὑποκρισις	ὑποκρισει [2], ὑποκρισεις [1], ὑποκρισεως [1], ὑποκρισιν [1], ὑποκρισις [1]
ὑποκριτης	ὑποκριτα [2], ὑποκριται [14], ὑποκριτων [2]
ὑπολαμβανω	ὑπελαβεν [1], ὑπολαβων [1], ὑπολαμβανειν [1], ὑπολαμβανετε [1], ὑπολαμβανω [1]

ὑπολειμμα	ὑπολειμμα [1]
ὑπολειπομαι	ὑπελειφθην [1]
ὑποληνιον	ὑποληνιον [1]
ὑπολιμπανω	ὑπολιμπανων [1]
ὑπομενω	ὑπεμειναν [1], ὑπεμεινατε [1], ὑπεμεινεν [2], ὑπομειναντας [1], ὑπομεινας [3], ὑπομεμενηκοτα [1], ὑπομενει [2], ὑπομενειτε [2], ὑπομενετε [1], ὑπομενομεν [1], ὑπομενοντες [1], ὑπομενω [1]
ὑπομιμνησκω	ὑπεμνησθη [1], ὑπομιμνησκε [2], ὑπομιμνησκειν [1], ὑπομνησαι [1], ὑπομνησει [1], ὑπομνησω [1]
ὑπομνησις	ὑπομνησει [2], ὑπομνησιν [1]
ὑπομονη	ὑπομονη [4], ὑπομονη [9], ὑπομονην [1], ὑπομονην [10], ὑπομονης [8]
ὑπονοεω	ὑπενοουν [2], ὑπονοειτε [1]
ὑπονοια	ὑπονοιαι [1]
ὑποπλεω	ὑπεπλευσαμεν [2]
ὑποπνεω	ὑποπνευσαντος [1]
ὑποποδιον	ὑποποδιον [7]
ὑποστασις	ὑποστασει [2], ὑποστασεως [2], ὑποστασις [1]
ὑποστελλω	ὑπεστειλαμην [2], ὑπεστελλεν [1], ὑποστειληται [1]
ὑποστολη	ὑποστολης [1]
ὑποστρεφω	ὑπεστρεφον [2], ὑπεστρεψα [1], ὑπεστρεψαν [10], ὑπεστρεψεν [6], ὑποστρεφε [1], ὑποστρεφειν [4], ὑποστρεφοντι [1], ὑποστρεφων [1], ὑποστρεψαι [2], ὑποστρεψαντες [3], ὑποστρεψαντι [1], ὑποστρεψασαι [2], ὑποστρεψω [1]
ὑποστρωννυω	ὑπεστρωννυον [1]
ὑποταγη	ὑποταγη [4]
ὑποτασσω	ὑπεταγη [1], ὑπεταγησαν [1], ὑπεταξας [1], ὑπεταξεν [3], ὑποταγεντων [1], ὑποταγη [1], ὑποταγησεται [1], ὑποταγησομεθα [1], ὑποταγητε [3], ὑποταξαι [2], ὑποταξαντα [1], ὑποταξαντι [1], ὑποταξαντος [1], ὑποτασσεσθαι [3], ὑποτασσεσθε [1], ὑποτασσεσθω [1], ὑποτασσεσθωσαν [1], ὑποτασσεται [5], ὑποτασσησθε [1], ὑποτασσομεναι [2], ὑποτασσομενας [1], ὑποτασσομενοι [2], ὑποτασσομενος [1], ὑποτεταγμενα [1], ὑποτετακται [1]
ὑποτιθημι	ὑπεθηκαν [1], ὑποτιθεμενος [1]
ὑποτρεχω	ὑποδραμοντες [1]
ὑποτυπωσις	ὑποτυπωσιν [2]
ὑποφερω	ὑπενεγκειν [1], ὑπηνεγκα [1], ὑποφερει [1]
ὑποχωρεω	ὑπεχωρησεν [1], ὑποχωρων [1]
ὑπωπιαζω	ὑπωπιαζη [1], ὑπωπιαζω [1]

ὑς	ὑς [1]
ὑσσωπος	ὑσσωπου [1], ὑσσωπω [1]
ὑστερεω	ὑστερει [1], ὑστερεισθαι [3], ὑστερηθεις [1], ὑστερηκεναι [2], ὑστερησα [1], ὑστερησαντος [1], ὑστερησατε [1], ὑστερουμεθα [1], ὑστερουμενοι [1], ὑστερουμενω [1], ὑστερουνται [1], ὑστερω [1], ὑστερων [1]
ὑστερημα	ὑστερημα [5], ὑστερηματα [3], ὑστερηματος [1]
ὑστερησις	ὑστερησεως [1], ὑστερησιν [1]
ὑστερος	ὑστεροις [1], ὑστερον [11]
ὑφαντος	ὑφαντος [1]
ὑψηλος	ὑψηλα [2], ὑψηλοις [1], ὑψηλον [6], ὑψηλοτερος [1], ὑψηλου [1]
ὑψηλοφρονεω	ὑψηλοφρονειν [1]
ὑψιστος	ὑψιστοις [4], ὑψιστος [1], ὑψιστου [8]
ὑψος	ὑψει [1], ὑψος [3], ὑψους [2]
ὑψοω	ὑψωθεις [1], ὑψωθηναι [2], ὑψωθησεται [3], ὑψωθηση [2], ὑψωθητε [1], ὑψωθω [1], ὑψων [2], ὑψωσει [2], ὑψωσεν [4], ὑψωση [1], ὑψωσητε [1]
ὑψωμα	ὑψωμα [2]
φαγος	φαγος [2]
φαιλονης	φαιλονην [1]
φαινω	ἐφανη [5], ἐφανησαν [1], φαινει [3], φαινεσθε [2], φαινεται [4], φαινομενη [1], φαινομενου [1], φαινομενων [1], φαινονται [1], φαινοντι [1], φαινων [1], φαινωσιν [1], φανειται [1], φανη [3], φανης [1], φανησεται [1], φανωμεν [1], φανωσιν [2]
φαλεκ	φαλεκ [1]
φανερος	φανερα [4], φανεροι [1], φανερον [10], φανερους [1], φανερω [2]
φανεροω	ἐφανερωθη [11], ἐφανερωθησαν [1], ἐφανερωσα [1], ἐφανερωσεν [5], πεφανερωμεθα [1], πεφανερωσθαι [2], πεφανερωται [2], φανερουμενοι [1], φανερουμενον [1], φανερουντι [1], φανερουται [1], φανερωθεισαν [1], φανερωθεντος [3], φανερωθη [10], φανερωθηναι [2], φανερωθησεσθε [1], φανερωθωσιν [1], φανερωσαντες [1], φανερωσει [1], φανερωσον [1], φανερωσω [1]
φανερως	φανερως [3]
φανερωσις	φανερωσει [1], φανερωσις [1]
φανος	φανων [1]
φανουηλ	φανουηλ [1]
φανταζομαι	φανταζομενον [1]
φαντασια	φαντασιας [1]

φαντασμα	φαντασμα [2]
φαραγξ	φαραγξ [1]
φαραω	φαραω [5]
φαρες	φαρες [3]
φαρισαιος	φαρισαιε [1], φαρισαιοι [51], φαρισαιοις [2], φαρισαιος [9], φαρισαιου [2], φαρισαιους [5], φαρισαιων [29]
φαρμακεια	φαρμακεια [1], φαρμακεια [1]
φαρμακον	φαρμακων [1]
φάρμακος	φαρμακοι [1], φαρμακοις [1]
φασις	φασις [1]
φασκω	ἐφασκεν [1], φασκοντες [2]
φατνη	φατνῃ [3], φατνης [1]
φαυλος	φαυλα [2], φαυλον [4]
φεγγος	φεγγος [2]
φειδομαι	ἐφεισατο [4], φειδομαι [2], φειδομενοι [1], φειδομενος [1], φεισεται [1], φεισομαι [1]
φειδομενως	φειδομενως [2]
φερω	ἐνεγκαι [1], ἐνεγκας [2], ἐνεγκατε [1], ἐνεχθεισαν [1], ἐνεχθεισης [1], ἐφερεν [1], ἐφερομεθα [1], ἐφερον [4], ἐφεροντο [1], ἠνεγκα [1], ἠνεγκαν [3], ἠνεγκεν [5], ἠνεχθη [2], οἰσει [1], οἰσουσιν [1], φερε [3], φερει [3], φερειν [2], φερεσθαι [1], φερετε [8], φερῃ [1], φερητε [2], φερομενην [1], φερομενης [1], φερομενοι [1], φερον [2], φεροντες [4], φερουσαι [1], φερουσαν [1], φερουσιν [6], φερωμεθα [1], φερων [2]
φευγω	ἐφυγεν [5], ἐφυγον [7], φευγε [3], φευγει [2], φευγετε [3], φευγετωσαν [3], φευξεται [1], φευξονται [1], φυγειν [3], φυγητε [1]
φηλιξ	φηλικα [1], φηλικι [1], φηλικος [1], φηλιξ [6]
φημη	φημη [2]
φημι	ἐφη [43], φασιν [1], φημι [4], φησιν [18]
φηστος	φηστε [1], φηστον [3], φηστος [7], φηστου [1], φηστῳ [1]
φθανω	ἐφθασαμεν [2], ἐφθασεν [4], φθασωμεν [1]
φθαρτος	φθαρτης [1], φθαρτοις [1], φθαρτον [3], φθαρτου [1]
φθεγγομαι	φθεγγεσθαι [1], φθεγγομενοι [1], φθεγξαμενον [1]
φθειρω	ἐφθειραμεν [1], ἐφθειρεν [1], φθαρη [1], φθαρησονται [1], φθειρει [2], φθειρομενον [1], φθειρονται [1], φθειρουσιν [1]
φθινοπωρινος	φθινοπωρινα [1]
φθογγος	φθογγοις [1], φθογγος [1]
φθονεω	φθονουντες [1]

φθονος	φθονοι [1], φθονον [4], φθονος [1], φθονου [1], φθονους [1], φθονῳ [1]
φθορα	φθορα [1], φθορᾳ [2], φθοραν [3], φθορας [3]
φιαλη	φιαλας [5], φιαλην [7]
φιλαγαθος	φιλαγαθον [1]
φιλαδελφεια	φιλαδελφειᾳ [1], φιλαδελφειαν [1]
φιλαδελφια	φιλαδελφια [1], φιλαδελφιᾳ [2], φιλαδελφιαν [2], φιλαδελφιας [1]
φιλαδελφος	φιλαδελφοι [1]
φιλανδρος	φιλανδρους [1]
φιλανθρωπια	φιλανθρωπια [1], φιλανθρωπιαν [1]
φιλανθρωπως	φιλανθρωπως [1]
φιλαργυρια	φιλαργυρια [1]
φιλαργυρος	φιλαργυροι [2]
φιλαυτος	φιλαυτοι [1]
φιλεω	ἐφιλει [3], πεφιληκατε [1], φιλει [3], φιλεις [3], φιλησαι [1], φιλησω [2], φιλουντας [1], φιλουντων [1], φιλουσιν [2], φιλω [4], φιλων [4]
φιληδονος	φιληδονοι [1]
φιλημα	φιλημα [1], φιληματι [6]
φιλημων	φιλημονι [1]
φιλητος	φιλητος [1]
φιλια	φιλια [1]
φιλιππησιος	φιλιππησιοι [1]
φιλιπποι	φιλιπποις [2], φιλιππους [1], φιλιππων [1]
φιλιππος	φιλιππε [1], φιλιππον [9], φιλιππος [14], φιλιππου [7], φιλιππῳ [5]
φιλοθεος	φιλοθεοι [1]
φιλολογος	φιλολογον [1]
φιλονεικια	φιλονεικια [1]
φιλονεικος	φιλονεικος [1]
φιλοξενια	φιλοξενιαν [1], φιλοξενιας [1]
φιλοξενος	φιλοξενοι [1], φιλοξενον [2]
φιλοπρωτευω	φιλοπρωτευων [1]
φιλος	φιλας [1], φιλε [2], φιλοι [4], φιλοις [1], φιλον [2], φιλος [8], φιλους [8], φιλων [3]
φιλοσοφια	φιλοσοφιας [1]
φιλοσοφος	φιλοσοφων [1]
φιλοστοργος	φιλοστοργοι [1]
φιλοτεκνος	φιλοτεκνους [1]

φιλοτιμεομαι	φιλοτιμεισθαι [1], φιλοτιμουμεθα [1], φιλοτιμουμενον [1]
φιλοφρονως	φιλοφρονως [1]
φιμοω	ἐφιμωθη [1], ἐφιμωσεν [1], πεφιμωσο [1], φιμουν [1], φιμωθητι [2], φιμωσεις [1]
φλεγων	φλεγοντα [1]
φλογιζω	φλογιζομενη [1], φλογιζουσα [1]
φλοξ	φλογα [2], φλογι [2], φλογος [1], φλοξ [2]
φλυαρεω	φλυαρων [1]
φλυαρος	φλυαροι [1]
φοβεομαι	ἐφοβειτο [1], ἐφοβηθη [5], ἐφοβηθησαν [14], ἐφοβουμην [1], ἐφοβουντο [10], φοβεισθαι [1], φοβεισθε [12], φοβη [1], φοβηθεις [3], φοβηθεισα [1], φοβηθεντες [1], φοβηθη [1], φοβηθης [1], φοβηθησομαι [1], φοβηθητε [4], φοβήθητε [3], φοβηθωμεν [1], φοβηται [1], φοβου [12], φοβουμαι [4], φοβουμεθα [1], φοβουμεναι [1], φοβουμενοι [6], φοβουμενοις [2], φοβουμενος [6]
φοβερος	φοβερα [1], φοβερον [2]
φοβητρον	φοβητρα [1]
φοβος	φοβοι [1], φοβον [15], φοβος [12], φοβου [10], φοβῳ [10]
φοιβη	φοιβην [1]
φοινικη	φοινικην [2], φοινικης [1]
φοινιξ	φοινικες [1], φοινικων [1]
φοινιξ	φοινικα [1]
φονευς	φονεα [1], φονεις [3], φονευς [2], φονευσιν [1]
φονευω	ἐφονευσατε [2], φονευεις [1], φονευετε [1], φονευσαντων [1], φονευσεις [3], φονευση [1], φονευσης [3]
φονος	φονοι [2], φονον [3], φονου [2], φονῳ [1], φονων [1]
φορεω	ἐφορεσαμεν [1], φορει [1], φορεσομεν [1], φορουντα [1], φορουντες [1], φορων [1]
φορον	ἁππιουφορου [1]
φορος	φορον [3], φορους [2]
φορτιζω	πεφορτισμενοι [1], φορτιζετε [1]
φορτιον	φορτια [2], φορτιοις [1], φορτιον [2], φορτιου [1]
φορτουνατος	φορτουνατου [1]
φραγελλιον	φραγελλιον [1]
φραγελλοω	φραγελλωσας [2]
φραγμος	φραγμον [2], φραγμου [1], φραγμους [1]
φραζω	φρασον [1]
φρασσω	ἐφραξαν [1], φραγη [1], φραγησεται [1]
φρεαρ	φρεαρ [4], φρεατος [3]
φρεναπαταω	φρεναπατα [1]
φρεναπατης	φρεναπαται [1]
φρην	φρεσιν [2]
φρισσω	φρισσουσιν [1]
φρονεω	ἐφρονειτε [1], ἐφρονουν [1], φρονει [2], φρονειν [6], φρονεις [3], φρονειτε [4], φρονησετε [1], φρονητε [1], φρονουντες [4], φρονουσιν [1], φρονωμεν [1], φρονων [1]
φρονημα	φρονημα [4]
φρονησις	φρονησει [2]
φρονιμος	φρονιμοι [8], φρονιμοις [2], φρονιμος [2], φρονιμῳ [1], φρονιμωτεροι [1]
φρονιμως	φρονιμως [1]
φροντιζω	φροντιζωσιν [1]
φρουρεω	ἐφρουρει [1], ἐφρουρουμεθα [1], φρουρησει [1], φρουρουμενους [1]
φρυασσω	ἐφρυαξαν [1]
φρυγανον	φρυγανων [1]
φρυγια	φρυγιαν [3]
φυγελος	φυγελος [1]
φυγη	φυγη [1]
φυλακη	φυλακαις [3], φυλακας [3], φυλακη [3], φυλακη [17], φυλακην [15], φυλακης [6]
φυλακιζω	φυλακιζων [1]
φυλακτηριον	φυλακτηρια [1]
φυλαξ	φυλακας [2], φυλακες [1]
φυλασσω	ἐφυλαξα [3], ἐφυλαξαμην [1], ἐφυλαξατε [1], ἐφυλαξεν [1], φυλαξαι [2], φυλαξατε [1], φυλαξει [2], φυλαξη [1], φυλαξης [1], φυλαξον [2], φυλασσειν [2], φυλασσεσθαι [2], φυλασσεσθε [2], φυλασση [2], φυλασσομενος [1], φυλασσοντες [2], φυλασσοντι [1], φυλασσου [1], φυλασσουσιν [1], φυλασσων [2]
φυλη	φυλαι [2], φυλαις [1], φυλας [2], φυλην [3], φυλης [20], φυλων [3]
φυλλον	φυλλα [6]
φυραμα	φυραμα [4], φυραματος [1]
φυσικος	φυσικα [1], φυσικην [2]
φυσικως	φυσικως [1]
φυσιοω	ἐφυσιωθησαν [1], πεφυσιωμενοι [1], πεφυσιωμενων [1], φυσιοι [1], φυσιουμενος [1], φυσιουσθε [1], φυσιουται [1]
φυσις	φυσει [5], φυσεως [2], φυσιν [5], φυσις [2]
φυσιωσις	φυσιωσεις [1]

φυτεια	φυτεια [1]
φυτευω	ἐφυτευον [1], ἐφυτευσα [1], ἐφυτευσεν [4], πεφυτευμενην [1], φυτευει [1], φυτευθητι [1], φυτευων [2]
φυω	φυεν [2], φυουσα [1]
φωλεος	φωλεους [2]
φωνεω	ἐφωνει [1], ἐφωνησαν [2], ἐφωνησεν [13], φωνει [6], φώνει [1], φωνειτε [1], φωνηθηναι [1], φωνησαι [6], φωνησαν [1], φωνησαντες [1], φωνησας [5], φωνησατε [1], φωνησει [1], φωνηση [1], φωνησον [1], φωνουσιν [1]
φωνη	φωναι [6], φωναις [1], φωνας [2], φωνη [33], φωνῃ [32], φωνην [40], φωνης [23], φωνων [2]
φως	φως [48], φωτα [1], φωτι [9], φωτος [14], φωτων [1]
φωστηρ	φωστηρ [1], φωστηρες [1]
φωσφορος	φωσφορος [1]
φωτεινος	φωτεινη [1], φωτεινον [4]
φωτιζω	ἐφωτισεν [1], ἐφωτισθη [1], πεφωτισμενους [1], φωτιζει [1], φωτιζη [1], φωτισαι [1], φωτισαντος [1], φωτισει [2], φωτισθεντας [1], φωτισθεντες [1]
φωτισμος	φωτισμον [2]
χαιρω	ἐχαιρεν [1], ἐχαιρον [1], ἐχαρη [3], ἐχαρημεν [1], ἐχαρην [3], ἐχαρησαν [5], ἐχαρητε [1], χαιρε [5], χαιρει [3], χαιρειν [7], χαιρετε [11], χαιρη [1], χαιρομεν [2], χαιροντες [6], χαιροντων [1], χαιρουσιν [1], χαιρω [8], χαιρωμεν [1], χαιρων [4], χαρηναι [2], χαρησεται [2], χαρησομαι [1], χαρησονται [1], χαρητε [3]
χαλαζα	χαλαζα [3], χαλαζης [1]
χαλαω	ἐχαλασθην [1], χαλασαντες [2], χαλασαντων [1], χαλασατε [1], χαλασω [1], χαλωσι [1]
χαλδαιος	χαλδαιων [1]
χαλεπος	χαλεποι [2]
χαλιναγωγεω	χαλιναγωγησαι [1], χαλιναγωγων [1]
χαλινος	χαλινους [1], χαλινων [1]
χαλκευς	χαλκευς [1]
χαλκηδων	χαλκηδων [1]
χαλκιον	χαλκιων [1]
χαλκολιβανον	χαλκολιβανῳ [2]
χαλκος	χαλκον [3], χαλκος [1], χαλκου [1]
χαλκους	χαλκα [1]
χαμαι	χαμαι [2]
χανααν	χανααν [2]
χαναναιος	χαναναια [1]

χαρα	χαρα [17], χαρᾳ [6], χαραν [14], χαρας [22]
χαραγμα	χαραγμα [7], χαραγματι [1]
χαρακτηρ	χαρακτηρ [1]
χαραξ	χαρακα [1]
χαριζομαι	ἐχαρισατο [6], ἐχαρισθη [1], κεχαρισμαι [2], κεχαρισται [2], χαριζεσθαι [1], χαριζεσθε [1], χαριζομενοι [2], χαρισαμενος [1], χαρισασθαι [2], χαρισασθε [1], χαρισεται [1], χαρισθεντα [1], χαρισθηναι [1], χαρισθησομαι [1]
χαριν	χαριν [9]
χαρις	χαριν [42], χαρις [61], χαριτα [2], χαριτι [24], χαριτος [27]
χαρισμα	χαρισμα [8], χαρισματα [6], χαρισματι [1], χαρισματος [1], χαρισματων [1]
χαριτοω	ἐχαριτωσεν [1], κεχαριτωμενη [1]
χαρραν	χαρραν [2]
χαρτης	χαρτου [1]
χασμα	χασμα [1]
χειλος	χειλεσιν [3], χειλεων [1], χειλη [2], χειλος [1]
χειμαζομαι	χειμαζομενων [1]
χειμαρρος	χειμαρρου [1]
χειμων	χειμων [2], χειμωνος [4]
χειρ	χειρ [13], χειρα [30], χειρας [60], χειρες [2], χειρι [20], χειρος [26], χειρων [17], χερσιν [10]
χειραγωγεω	χειραγωγουμενος [1], χειραγωγουντες [1]
χειραγωγος	χειραγωγους [1]
χειρογραφον	χειρογραφον [1]
χειροποιητος	χειροποιητα [1], χειροποιητοις [2], χειροποιητον [1], χειροποιητου [2]
χειροτονεω	χειροτονηθεις [1], χειροτονησαντες [1]
χειρων	χειρον [5], χειρονα [3], χειρονος [1], χειρων [2]
χερουβιμ	χερουβιμ [1]
χηρα	χηρα [10], χηραι [3], χηραις [2], χηραν [3], χηρας [6], χηρων [3]
χιλιαρχος	χιλιαρχοι [1], χιλιαρχοις [2], χιλιαρχον [3], χιλιαρχος [11], χιλιαρχῳ [4], χιλιαρχων [1]
χιλιας	χιλιαδες [19], χιλιαδων [3], χιλιασιν [1]
χιλιοι	χιλια [8]
χιλιοιδιακο-σιοιεξηκοντα	χιλιασδιακοσιασεξηκοντα [2]
χιλιοιεξακοσιοι	χιλιωνεξακοσιων [1]
χιος	χιου [1]
χιτων	χιτων [1], χιτωνα [4], χιτωνας [6]

χιων	χιων [2]
χλαμυς	χλαμυδα [2]
χλευαζω	ἐχλευαζον [1]
χλιαρος	χλιαρος [1]
χλοη	χλοης [1]
χλωρος	χλωρον [1], χλωρος [2], χλωρῳ [1]
χοικος	χοικοι [1], χοικος [2], χοικου [1]
χοινιξ	χοινικες [1], χοινιξ [1]
χοιρος	χοιροι [1], χοιρους [5], χοιρων [6]
χολαω	χολατε [1]
χολη	χολην [1], χολης [1]
χοραζιν	χοραζιν [2]
χορηγεω	χορηγει [1], χορηγησει [1]
χορος	χορων [1]
χορταζω	ἐχορτασθησαν [6], ἐχορτασθητε [1], χορταζεσθαι [1], χορταζεσθε [1], χορτασαι [2], χορτασθηναι [3], χορτασθησεσθε [1], χορτασθησονται [1]
χορτασμα	χορτασματα [1]
χορτος	χορτον [6], χορτος [5], χορτου [3], χορτῳ [1]
χουζας	χουζα [1]
χους	χουν [2]
χραομαι	ἐχρησαμεθα [1], ἐχρησαμην [1], ἐχρωντο [1], κεχρημαι [1], χρησαι [1], χρησαμενος [1], χρησωμαι [1], χρηται [1], χρω [1], χρωμεθα [1], χρωμενοι [1]
χρεια	χρεια [2], χρειαις [2], χρειαν [40], χρειας [5]
χρεοφειλετης	χρεοφειλεται [1], χρεοφειλετων [1]
χρη	χρη [1]
χρηζω	χρηζει [1], χρηζετε [2], χρηζῃ [1], χρηζομεν [1]
χρημα	χρημα [1], χρηματα [4], χρηματων [1]
χρηματιζω	ἐχρηματισθη [1], κεχρηματισμενον [1], κεχρηματισται [1], χρηματιζοντα [1], χρηματισαι [1], χρηματισει [1], χρηματισθεις [2], χρηματισθεντες [1]
χρηματισμος	χρηματισμος [1]
χρησιμος	χρησιμον [1]
χρησις	χρησιν [2]
χρηστευομαι	χρηστευεται [1]
χρηστολογια	χρηστολογιας [1]
χρηστος	χρηστα [1], χρηστοι [1], χρηστον [1], χρηστος [4]
χρηστοτης	χρηστοτης [3], χρηστοτητα [3], χρηστοτητι [3], χρηστοτητος [1]
χρισμα	χρισμα [3]
χριστιανος	χριστιανον [1], χριστιανος [1], χριστιανους [1]
χριστος	χριστε [1], χριστον [66], χριστος [111], χριστου [250], χριστῳ [103]
χριω	ἐχρισας [1], ἐχρισεν [3], χρισας [1]
χρονιζω	χρονιζει [2], χρονιζειν [1], χρονιζοντος [1], χρονισει [1]
χρονος	χρονοις [2], χρονον [27], χρονος [7], χρονου [4], χρονους [3], χρονῳ [5], χρονων [6]
χρονοτριβεω	χρονοτριβησαι [1]
χρυσιον	χρυσιον [4], χρυσιου [2], χρυσιῳ [5], χρυσιων [1]
χρυσοδακτυλιος	χρυσοδακτυλιος [1]
χρυσολιθος	χρυσολιθος [1]
χρυσοπρασος	χρυσοπρασος [1]
χρυσος	χρυσον [4], χρυσος [2], χρυσου [1], χρυσῳ [3]
χρυσους	χρυσα [2], χρυσαν [1], χρυσας [5], χρυση [1], χρυσου [1], χρυσουν [6], χρυσους [1], χρυσων [1]
χρυσοω	κεχρυσωμενη [2]
χρως	χρωτος [1]
χωλος	χωλοι [4], χωλον [3], χωλος [2], χωλους [4], χωλων [1]
χωρα	χωρα [2], χωρᾳ [3], χωραις [1], χωραν [14], χωρας [8]
χωρεω	χωρει [2], χωρειν [2], χωρειτω [1], χωρησαι [1], χωρησατε [1], χωρησειν [1], χωρουσαι [1], χωρουσιν [1]
χωριζω	ἐχωρισθη [1], κεχωρισμενος [1], χωριζεσθαι [2], χωριζεσθω [1], χωριζεται [1], χωριζετω [2], χωρισαι [1], χωρισει [1], χωρισθεις [1], χωρισθη [1], χωρισθηναι [1]
χωριον	χωρια [1], χωριον [6], χωριου [2], χωριων [1]
χωρις	χωρις [41]
χωρος	χωρον [1]
ψαλλω	ψαλλετω [1], ψαλλοντες [1], ψαλω [3]
ψαλμος	ψαλμοις [3], ψαλμον [1], ψαλμῳ [1], ψαλμων [2]
ψευδαδελφος	ψευδαδελφοις [1], ψευδαδελφους [1]
ψευδαποστολος	ψευδαποστολοι [1]
ψευδης	ψευδεις [2], ψευδεσιν [1]
ψευδοδιδασκαλος	ψευδοδιδασκαλοι [1]
ψευδολογος	ψευδολογων [1]

ψευδομαι	ἐψευσω [1], ψευδεσθε [2], ψευδομαι [4], ψευδομεθα [1], ψευδομενοι [1], ψευδονται [1], ψευσασθαι [2]	ὡρα	ὡρα [33], ὡρᾳ [28], ὡραι [1], ὡραν [22], ὡρας [21], ὡρων [1]
ψευδομαρτυρεω	ἐψευδομαρτυρουν [2], ψευδομαρτυρησεις [1], ψευδομαρτυρησης [2]	ὡραιος	ὡραιᾳ [1], ὡραιαν [1], ὡραιοι [2]
ψευδομαρτυρια	ψευδομαρτυριαι [1], ψευδομαρτυριαν [1]	ὡρυομαι	ὡρυομενος [1]
ψευδομαρτυς	ψευδομαρτυρες [1], ψευδομαρτυρων [1]	ὡς	ὡς [504]
ψευδοπροφητης	ψευδοπροφηται [5], ψευδοπροφηταις [1], ψευδοπροφητην [1], ψευδοπροφητης [2], ψευδοπροφητου [1], ψευδοπροφητων [1]	ὡσαννα	ὡσαννα [6]
		ὡσαυτως	ὡσαυτως [17]
ψευδος	ψευδει [2], ψευδος [7], ψευδους [1]	ὡσει	ὡσει [21]
ψευδοχριστος	ψευδοχριστοι [2]	ὡσηε	ὡσηε [1]
ψευδωνυμος	ψευδωνυμου [1]	ὡσπερ	ὡσπερ [36]
ψευσμα	ψευσματι [1]	ὡσπερει	ὡσπερει [1]
ψευστης	ψευσται [1], ψευσταις [1], ψευστην [2], ψευστης [6]	ὡστε	ὡστε [83]
		ὡταριον	ὡταριον [2]
ψηλαφαω	ἐψηλαφησαν [1], ψηλαφησατε [1], ψηλαφησειαν [1], ψηλαφωμενῳ [1]	ὡτιον	ὡτιον [2], ὡτιου [1]
ψηφιζω	ψηφιζει [1], ψηφισατω [1]	ὡφελεια	ὡφελεια [1], ὡφελειας [1]
ψηφος	ψηφον [3]	ὡφελεω	ὡφελει [4], ὡφελειται [1], ὡφελειτε [1], ὡφεληθεισα [1], ὡφεληθῇς [2], ὡφεληθησαν [1], ὡφεληθησεται [1], ὡφελησει [1], ὡφελησεν [1], ὡφελησω [1], ὡφελουμαι [1]
ψιθυρισμος	ψιθυρισμοι [1]		
ψιθυριστης	ψιθυριστας [1]	ὡφελιμος	ὡφελιμα [1], ὡφελιμος [3]
ψιχιον	ψιχιων [2]		
ψυχη	ψυχαι [3], ψυχαις [3], ψυχας [15], ψυχη [16], ψυχῃ [8], ψυχην [41], ψυχης [12], ψυχων [5]		
ψυχικος	ψυχικη [1], ψυχικοι [1], ψυχικον [3], ψυχικος [1]		
ψυχομαι	ψυγησεται [1]		
ψυχος	ψυχει [1], ψυχος [2]		
ψυχρος	ψυχρος [3], ψυχρου [1]		
ψωμιζω	ψωμιζε [1], ψωμισω [1]		
ψωμιον	ψωμιον [4]		
ψωχω	ψωχοντες [1]		
ὠ	ὠ [17]		
ὡ	ὡ [3]		
ὡδε	ὡδε [61]		
ὡδη	ὡδαις [2], ὡδην [5]		
ὡδιν	ὡδιν [1], ὡδινας [1], ὡδινων [2]		
ὡδινω	ὡδινουσα [2], ὡδινω [1]		
ὡμος	ὡμους [2]		
ὡνεομαι	ὡνησατο [1]		
ὡον	ὡον [1]		

ÜBERSICHT
ÜBER DEN NEUTESTAMENTLICHEN WORTBESTAND
IN DER HÄUFIGKEIT DES VORKOMMENS,
IN ABSTEIGENDER REIHENFOLGE

	ὁ [19904]		πατηρ [414]		ὀχλος [175]
	και [9164]		ἡμερα [389]		ἁμαρτια [173]
	αὐτος [5601]		πνευμα [379]		ἐργον [169]
	δε [2801]	50	υἱος [379]		ἀν [167]
	ἐν [2757]		ἐαν [351]		δοξα [166]
	εἰμι [2461]		εἰς [346]		πολις [164]
	λεγω [2262]		ἠ [344]		βασιλεια [162]
	ὑμεις [1847]		ἀδελφος [343]	100	ἐθνος [162]
	ἐγω [1802]		περι [334]		τοτε [160]
10	εἰς [1768]		λογος [330]		ἐσθιω [158]
	οὐ [1612]		ἑαυτου [321]		παυλος [158]
	οὑτος [1391]		οἰδα [318]		καρδια [157]
	ὁς [1365]		λαλεω [296]		πετρος [156]
	θεος [1318]	60	οὐρανος [274]		πρωτος [156]
	ὁτι [1297]		ἐκεινος [265]		χαρις [156]
	πας [1244]		μαθητης [261]		ἀλλος [155]
	συ [1066]		λαμβανω [260]		ἱστημι/ἱστανω [154]
	μη [1043]		γη [250]	110	πορευομαι [154]
	γαρ [1042]		μεγας [243]		ὑπερ [149]
20	ἰησους [919]		πιστευω [243]		καλεω [148]
	ἐκ [916]		πιστις [243]		νυν [148]
	ἐπι [891]		ἁγιος [233]		ὁστις [148]
	ἡμεις [864]		ἀποκρινομαι [232]		σαρξ [147]
	κυριος [719]	70	ὀνομα [231]		ἀφιημι [146]
	ἐχω [711]		οὐδεις [227]		ἑως [146]
	προς [699]		γινωσκω [222]		ἐγειρω [144]
	γινομαι [670]		ὑπο [220]		οὐδε [144]
	δια [668]		ἐξερχομαι [218]	120	προφητης [144]
	ἱνα [663]		ἀνηρ [216]		ἀγαπαω [143]
30	ἀπο [646]		γυνη [215]		λαος [142]
	ἀλλα [638]		τε [215]		σωμα [142]
	ἐρχομαι [636]		δυναμαι [210]		παλιν [141]
	ποιεω [568]		θελω [209]		ζω [140]
	τίς [555]	80	οὑτως [208]		φωνη [139]
	ἀνθρωπος [551]		ἰδου [200]		ζωη [135]
	χριστος [531]		ἰουδαιος [195]		ἰωαννης [135]
	τις [526]		νομος [195]		βλεπω [133]
	εἰ [507]		εἰσερχομαι [194]	130	ἀποστελλω [132]
	ὡς [504]		παρα [194]		δυο [132]
40	οὐν [501]		γραφω [191]		ἀμην [130]
	κατα [476]		κοσμος [186]		νεκρος [128]
	μετα [473]		καθως [182]		συν [128]
	ὁραω [449]		μεν [180]		δουλος [124]
	ἀκουω [430]	90	χειρ [178]		ὁταν [123]
	πολυς [418]		ἀγγελος [176]		αἰων [122]
	διδωμι [415]		εὑρισκω [176]		ἀρχιερευς [122]

βαλλω [122]

140 θανατος [120]

δυναμις [119]

παραδιδωμι [119]

ἀπερχομαι [118]

μενω [118]

ζητεω [117]

ἀγαπη [116]

βασιλευς [115]

κρινω [115]

μονος [115]

150 ἐκκλησια [114]

ἰδιος [114]

οἰκος [114]

ἀποθνησκω [111]

ὁλος [110]

ὁσος [110]

ἀληθεια [109]

μελλω [109]

παρακαλεω [109]

ἀνιστημι [108]

160 σωζω [107]

ὡρα [106]

ἐκει [105]

ὁτε [103]

πῶς [103]

ψυχη [103]

ἀγαθος [102]

ἐξουσια [102]

αἰρω [101]

δει [101]

170 καλος [101]

ὁδος [101]

ἀλληλων [100]

ὀφθαλμος [100]

τιθημι [100]

ἑτερος [99]

τεκνον [99]

φαρισαιος [99]

αἱμα [97]

ἀρτος [97]

180 γενναω [97]

διδασκω [97]

ἐρω [96]

περιπατεω [95]

ἐνωπιον [94]

οἰκια [94]

τοπος [94]

φοβεομαι [94]

ἐτι [93]

πους [93]

190 δικαιοσυνη [92]

εἰρηνη [92]

ἀπολλυμι [91]

θαλασσα [91]

καθημαι [91]

ἀκολουθεω [90]

πιπτω [90]

μηδεις [89]

ἑπτα [88]

οὐτε [87]

200 πληροω [87]

ἀρχω [86]

καιρος [86]

προσερχομαι [86]

προσευχομαι [86]

καγω [84]

ὁπου [84]

μητηρ [83]

ὡστε [83]

ἀναβαινω [82]

210 ἑκαστος [82]

καταβαινω [82]

ἐκβαλλω [81]

μαλλον [81]

ἀποστολος [80]

μωυσης [80]

δικαιος [79]

πεμπω [79]

ὑπαγω [79]

πονηρος [78]

220 στομα [78]

ὑδωρ [78]

ἀνοιγω [77]

βαπτιζω [77]

ἰερουσαλημ [77]

σημειον [77]

ἐμος [76]

εὐαγγελιον [76]

μαρτυρεω [76]

προσωπον [76]

230 δωδεκα [75]

κεφαλη [75]

σιμων [75]

ἀποκτεινω
ἀποκτεννω [74]

χαιρω [74]

ἀβρααμ [73]

πινω [73]

πυρ [73]

φως [73]

αἰωνιος [71]

240 ἰερον [71]

αἰτεω [70]

τηρεω [70]

ἰσραηλ [68]

πλοιον [68]

ῥημα [68]

σαββατον [68]

ἀγω [67]

ἀπολυω [67]

ἐντολη [67]

250 πιστος [67]

τρεις [67]

καρπος [66]

πρεσβυτερος [66]

φερω [66]

φημι [66]

εἰτε [65]

γραμματευς [64]

δαιμονιον [63]

δοκεω [63]

260 ἐξω [63]

ἐρωταω [63]

ὁρος [63]

θελημα [62]

θρονος [62]

ἰεροσολυμα [62]

ἀγαπητος [61]

γαλιλαια [61]

δοξαζω [61]

ἠδη [61]

270 κηρυσσω [61]

νυξ [61]

ὡδε [61]

ἰματιον [60]

προσκυνεω [60]

ὑπαρχω [60]

ἀσπαζομαι [59]

δαυιδ [59]

διδασκαλος [59]

λιθος [59]

280 συναγω [59]

χαρα [59]

θεωρεω [58]

μεσος [58]

τοιουτος [57]

δεχομαι [56]

ἐπερωταω [56]

κραζω [56]

μηδε [56]

συναγωγη [56]

290 τριτος [56]

ἀρχη [55]

λοιπος [55]

πιλατος [55]

δεξιος [54]

εὐαγγελιζω [54]

οὐ [54]

οὐχι [54]

χρονος [54]

διο [53]

300 ἐλπις [53]

ὁπως [53]

ἐπαγγελια [52]

ἐσχατος [52]

παιδιον [52]

πειθω [52]

σπειρω [52]

γραφη [51]

εὐθυς [51]

σοφια [51]

310 γλωσσα [50]

κακος [50]

μακαριος [50]

παραβολη [50]

παραλαμβανω [50]

τυφλος [50]

ἀρα [49]

ἀχρι [49]

ἐτος [49]

φανεροω [49]

320 χρεια [49]

ἀποδιδωμι [48]

ἐμπροσθεν [48]

ἐρημος [48]

ποῦ [48]

φοβος [48]

ἁμαρτωλος [47]

κρατεω [47]

κρισις [47]

οὐαι [47]

330 οὐκετι [47]

προ [47]

προσφερω [47]

φυλακη [47]

θηριον [46]

καθιζω [46]

μικρος [46]

σταυροω [46]

σωτηρια [46]

ἀπαγγελλω [45]

340 διωκω [45]

θλιψις [45]

ἰουδας [45]

ναος [45]

ὁμοιος [45]

ἐπιγινωσκω [44]

ἰουδαια [44]

κατοικεω [44]

ἁμαρτανω [43]

γενεα [43]

350 δευτερος [43]

δεω [43]

διερχομαι [43]

ἡρωδης [43]

θαυμαζω [43]

θεραπευω [43]

σεαυτου [43]

σπερμα [43]

φωνεω [43]

ἀναστασις [42]

360 ἐγγιζω [42]

εὐλογεω [42]

ἰακωβος [42]

καινος [42]

λυω [42]

μερος [42]

πασχω [42]

ἀξιος [41]

ἐργαζομαι [41]

λογιζομαι [41]

370 ὀλιγος [41]

παντοτε [41]

παριστημι [41]

σημερον [41]

τιμη [41]

χωρις [41]

ἑτοιμαζω [40]

κλαιω [40]

μισεω [40]

μνημειον [40]

380 οἰκοδομεω [40]

τελος [40]

ἀπτω [39]

δικαιοω [39]

ἐπιτιθημι [39]

θυρα [39]

ἱκανος [39]

περισσευω [39]

πλαναω [39]

πρασσω [39]

390 προβατον [39]

ἐπιθυμια [38]

εὐχαριστεω [38]

πειραζω [38]

ὑποτασσω [38]

ἀγρος [37]

ἀρχων [37]

βουλομαι [37]

διαβολος [37]

διακονεω [37]

400 ἐκειθεν [37]

ἐμαυτου [37]

καλως [37]

καυχαομαι [37]

μαρτυρια [37]

οὐς [37]

παραγινομαι [37]

προσευχη [37]

ἀρτι [36]

ἐπιστρεφω [36]

410 εὐθεως [36]

ὀργη [36]

πεντε [36]

περιτομη [36]

καταλειπω [24]

κειμαι [24]

νεος [24]

νους [24]

παις [24]

παρειμι [24]

παρουσια [24]

πιμπλημι [24]

560 προσεχω [24]

σωτηρ [24]

τιμοθεος [24]

ἀμπελων [23]

ἀναγω [23]

ἀπιστος [23]

αὐξανω [23]

διοτι [23]

εἰκων [23]

ἐλευθερος [23]

570 ζωον [23]

θυσιαστηριον [23]

κατηγορεω [23]

κοπιαω [23]

κωλυω [23]

μιμνησκομαι [23]

πειναω [23]

περαν [23]

περιβαλλω [23]

σκευος [23]

580 τελειοω [23]

χαριζομαι [23]

χιλιας [23]

ἀγνοεω [22]

ἀντι [22]

γρηγορεω [22]

δεομαι [22]

δοκιμαζω [22]

ἐκλεγομαι [22]

ἐκλεκτος [22]

590 ἠσαιας [22]

θεαομαι [22]

καθευδω [22]

κακεινος [22]

κατεργαζομαι [22]

κοιλια [22]

μακεδονια [22]

μετανοια [22]

μηκετι [22]

πληγη [22]

600 πλουτος [22]

πωλεω [22]

συνεδριον [22]

χιλιαρχος [22]

βασιλευω [21]

γενος [21]

διδασκαλια [21]

ἐνεργεω [21]

εὐδοκεω [21]

ἐφιστημι [21]

610 θεριζω [21]

καθιστημι
καθιστανω [21]

λατρευω [21]

μνημονευω [21]

πειρασμος [21]

στρεφω [21]

τελωνης [21]

τιμαω [21]

ὑπακουω [21]

ὡσει [21]

620 αἰτια [20]

ἀκροβυστια [20]

ἀργυριον [20]

γονεις [20]

ἐπιγνωσις [20]

ἡγεμων [20]

ἰσαακ [20]

ἰχθυς [20]

νηστευω [20]

νυνι [20]

630 ξυλον [20]

παραπτωμα [20]

προαγω [20]

σκηνη [20]

σοφος [20]

τοσουτος [20]

τρεχω [20]

ὑπηρετης [20]

ὑψοω [20]

ἀπεχω [19]

640 βαπτισμα [19]

γεωργος [19]

διακρινω [19]

δωρον [19]

ἑνεκεν [19]

ἐπαιρω [19]

ἐπανω [19]

ἐπιλαμβανομαι [19]

ἐπουρανιος [19]

κοινωνια [19]

650 κρεισσων
κρειττων [19]

κριτης [19]

κρυπτω [19]

κτισις [19]

μαρτυριον [19]

μεριμναω [19]

παλαιος [19]

παρατιθημι [19]

ποτε [19]

προφητεια [19]

660 τελειος [19]

ἀληθως [18]

ἀναγκη [18]

ἀντιοχεια [18]

ἀποκαλυψις [18]

ἀπωλεια [18]

ἀριθμος [18]

ἀσια [18]

βλασφημια [18]

δεησις [18]

670 δεσμος [18]

εἰσπορευομαι [18]

ἐπιβαλλω [18]

ἐπιτρεπω [18]

θυμος [18]

καταγγελλω [18]

κατακρινω [18]

κατεχω [18]

κενος [18]

κληρονομεω [18]

680 κοιμαομαι [18]

κοπος [18]

μην [18]

μητι [18]

οἰκοδομη [18]

παραχρημα [18]

ποιμην [18]

πολεμος [18]

ἀπειθεω [14]	διαφερω [13]	βοαω [12]
ἁρπαζω [14]	δρακων [13]	βουλη [12]
ἀτενιζω [14]	ἐκπλησσομαι [13]	βροντη [12]
αὐριον [14]	ἐλαια [13]	920 γεεννα [12]
ἀφιστημι [14]	ἐλεημοσυνη [13]	γονυ [12]
830 γραμμα [14]	ἐμπαιζω [13]	δευτε [12]
διαλογισμος [14]	ἐξαποστελλω [13]	διανοια [12]
ἐκτος [14]	ἐξωθεν [13]	δικτυον [12]
ἐλαχιστος [14]	ἐπιζητεω [13]	ἐθος [12]
ἐνιαυτος [14]	880 ζυμη [13]	ἐμβλεπω [12]
ἐπισταμαι [14]	θερισμος [13]	ἐξαγω [12]
εὐφραινω [14]	καθαπερ [13]	ἐσωθεν [12]
θυω [14]	καπνος [13]	ζεβεδαιος [12]
κατανοεω [14]	καταισχυνω [13]	930 καιω [12]
κλαω [14]	κατανταω [13]	καλαμος [12]
840 κληρονομια [14]	καταρτιζω [13]	κατακαιω [12]
κοινος [14]	κλεπτω [13]	κατακειμαι [12]
κοινοω [14]	μαρθα [13]	κολλαομαι [12]
κωφος [14]	ναζωραιος [13]	κρατος [12]
λυχνος [14]	890 παιδευω [13]	λιαν [12]
μακροθεν [14]	παιδισκη [13]	λιμος [12]
μακροθυμια [14]	παραδοσις [13]	λυχνια [12]
μεριζω [14]	πριν [13]	μαγδαληνη [12]
μετρον [14]	σιλας [13]	940 μαλιστα [12]
μυρον [14]	στηριζω [13]	μεταβαινω [12]
850 νοεω [14]	συνεργος [13]	μωρος [12]
ξενος [14]	ταχυς [13]	ὀδους [12]
ὀφις [14]	τελευταω [13]	οἰκοδεσποτης [12]
ὀψια [14]	τιμιος [13]	ὀραμα [12]
πετεινον [14]	900 τιτος [13]	ὀρια [12]
προσδεχομαι [14]	τροπος [13]	παραιτεομαι [12]
σαδδουκαιος [14]	τυπτω [13]	περισσοτερως [12]
σεισμος [14]	ὑψιστος [13]	πιαζω [12]
σιτος [14]	φηστος [13]	950 πληθυνω [12]
ταλαντον [14]	χωριζω [13]	πλουτεω [12]
860 ταπεινοω [14]	ἀδικος [12]	πορνη [12]
φρονιμος [14]	ἀλεκτωρ [12]	προθεσις [12]
φυσις [14]	ἀναπαυω [12]	προσλαμβανομαι [12]
χωλος [14]	ἀναπιπτω [12]	πρωι [12]
ἀνα [13]	910 ἀσκος [12]	πυνθανομαι [12]
ἀναλαμβανω [13]	αὐλη [12]	πωλος [12]
ἀναστροφη [13]	βαβυλων [12]	ῥαβδος [12]
ἀνδρεας [13]	βαπτιστης [12]	ῥωμαιος [12]
ἀνωθεν [13]	βασανιζω [12]	960 σαλπιζω [12]
δαιμονιζομαι [13]	βηθανια [12]	σολομων [12]
870 διαλεγομαι [13]	βημα [12]	σπλαγχνιζομαι [12]

σπουδη [12]	θανατοω [11]	ἀνομος [10]
συνεχω [12]	θαπτω [11]	ἀπολαμβανω [10]
τρις [12]	θεμελιον [11]	ἀπολλως [10]
τυγχανω [12]	θωμας [11]	ἀπολογεομαι [10]
ὑγιαινω [12]	κακια [11]	ἀπολυτρωσις [10]
ὑγιης [12]	καταβολη [11]	ἀσελγεια [10]
ὑστερος [12]	κατασκευαζω [11]	ἀσπασμος [10]
970 φιαλη [12]	καυχημα [11]	ἀφαιρεω [10]
φονευω [12]	καυχησις [11]	ἀφοριζω [10]
χοιρος [12]	κερας [11]	ἀχαια [10]
χρυσιον [12]	κλαδος [11]	βιβλος [10]
ψευδομαι [12]	κληρος [11]	βιος [10]
ἀγαλλιαω [11]	κλησις [11]	δακρυον [10]
ἀγορα [11]	κραβαττος [11]	δεσποτης [10]
ἀγριππας [11]	λιμνη [11]	δικαιωμα [10]
ἀλυσις [11]	μετρεω [11]	διωγμος [10]
ἀνανιας [11]	νεανισκος [11]	ἐγκαταλειπω [10]
980 ἀνατολη [11]	νοσος [11]	ἐκκοπτω [10]
ἀντιλεγω [11]	ὁμοθυμαδον [11]	ἐκπιπτω [10]
ἀπαρνεομαι [11]	πηγη [11]	ἐμφανιζω [10]
ἀπιστια [11]	ποιμαινω [11]	ἐνατος [10]
ἀρχαιος [11]	πραγμα [11]	ἐνοχος [10]
ἀφρων [11]	πραυτης [11]	ἐντευθεν [10]
βαραββας [11]	προτερος [11]	ἑξ [10]
βρωσις [11]	σαλπιγξ [11]	ἐξομολογεω [10]
γαλιλαιος [11]	σαμαρεια [11]	ἐπειδη [10]
γεμω [11]	σπλαγχνον [11]	ἐπιτασσω [10]
990 διαμεριζω [11]	σπουδαζω [11]	ἐπιτελεω [10]
δολος [11]	σφοδρα [11]	θλιβω [10]
δωρεα [11]	σχιζω [11]	ἰοππη [10]
ἐαω [11]	τυρος [11]	ἰσχυς [10]
εἰδωλον [11]	ὑμετερος [11]	κακει [10]
εἰσαγω [11]	ὑποκατω [11]	κακειθεν [10]
ἑκατον [11]	ὑψηλος [11]	κλητος [10]
ἐκχυννομαι [11]	φυτευω [11]	κοινωνος [10]
ἐλαιον [11]	φωτιζω [11]	κομιζω [10]
ἐλευθερια [11]	χειρων [11]	κοσμεω [10]
ἐνδεικνυμαι [11]	χιτων [11]	μακραν [10]
ἐξουθενεω [11]	χραομαι [11]	μακροθυμεω [10]
ἐπαινος [11]	ψευδοπροφητης [11]	μελει [10]
ἐπαισχυνομαι [11]	ἀγιασμος [10]	ξενιζω [10]
ἐπιπιπτω [11]	ἀδης [10]	ὁδε [10]
ἐπισκεπτομαι [11]	ἀδυνατος [10]	οἰκονομος [10]
ζαχαριας [11]	ἀκαθαρσια [10]	ὀνομαζω [10]
ζηλοω [11]	ἀμα [10]	ὀντως [10]
ζωοποιεω [11]	ἀναφερω [10]	ὁρκος [10]

παντοκρατωρ [10]

παραγω [10]

παραλυτικος [10]

παρεμβολη [10]

πατασσω [10]

πενθεω [10]

περιστερα [10]

πλανη [10]

πλεονεξια [10]

ποικιλος [10]

πορνος [10]

προσκαρτερεω [10]

πυλη [10]

σεβομαι [10]

σιγαω [10]

σιωπαω [10]

στηκω [10]

στρατηγος [10]

συζητεω [10]

συνδουλος [10]

σφαζω [10]

τεταρτος [10]

ὑπανταω [10]

ὑποδημα [10]

φειδομαι [10]

χρηστοτης [10]

χρυσος [10]

χωρεω [10]

χωριον [10]

ψευδος [10]

ψευστης [10]

ἀβυσσος [9]

ἀγαθοποιεω [9]

ἀδαμ [9]

ἀζυμος [9]

αἱρεσις [9]

ἀκριβως [9]

ἀλειφω [9]

ἀμπελος [9]

ἀναγκαζω [9]

ἀναστρεφω [9]

ἀνατελλω [9]

ἀνω [9]

ἀπαρχη [9]

ἀποδοκιμαζω [9]

ἀποστρεφω [9]

ἀποτιθεμαι [9]

ἀρσην [9]

ἀρχισυναγωγος [9]

ἀσεβης [9]

ἀστραπη [9]

βοσκω [9]

γαστηρ [9]

γνωμη [9]

γωνια [9]

δευρο [9]

διασκορπιζω [9]

διατριβω [9]

δωρεαν [9]

ἑβδομος [9]

εἰδωλοθυτον [9]

ἐκδικησις [9]

ἐλισαβετ [9]

ἐντρεπω [9]

ἐπερχομαι [9]

ἐπιδιδωμι [9]

ἐπιποθεω [9]

ἐρις [9]

ἐσω [9]

εὐαρεστος [9]

εὐδοκια [9]

εὐωνυμος [9]

θνησκω [9]

ἰσραηλιτης [9]

ἰωνας [9]

καθαιρεω [9]

καιαφας [9]

καταγω [9]

καταπαυσις [9]

καταφρονεω [9]

κατω [9]

κηρυγμα [9]

κηφας [9]

κινδυνος [9]

κλασμα [9]

κλαυθμος [9]

κλινη [9]

κραυγαζω [9]

κρουω [9]

λαμπας [9]

λαμπρος [9]

λεπρος [9]

λεων [9]

λιθαζω [9]

μαργαριτης [9]

μεστος [9]

μεταξυ [9]

μεταπεμπομαι [9]

μνα [9]

μονογενης [9]

νησος [9]

νομικος [9]

οἰκεω [9]

οἰκονομια [9]

ὀνειδιζω [9]

οὐρανιος [9]

παρρησιαζομαι [9]

περιχωρος [9]

πιπρασκω [9]

πλατεια [9]

πλεοναζω [9]

προερχομαι [9]

προπεμπω [9]

προσφορα [9]

σαμαριτης [9]

σαουλ [9]

σεληνη [9]

σιδων [9]

σοδομα [9]

στασις [9]

στολη [9]

συγγενης [9]

ταξις [9]

τειχος [9]

τρεφω [9]

τριακοντα [9]

ὑστερημα [9]

φηλιξ [9]

φθειρω [9]

φθονος [9]

φθορα [9]

φονος [9]

χαριν [9]

χρηματιζω [9]

ἁγνος [8]

ἀγωνιζομαι [8]

ἀδοκιμος [8]

αἰνεω [8]

ἁλας [8]	ζηλωτης [8]	ῥωμη [8]
ἁμωμος [8]	ζιζανιον [8]	σαπρος [8]
ἀναγκαιος [8]	ζωνη [8]	σβεννυμι [8]
ἀντικειμαι [8]	ἡλικια [8]	στρατευμα [8]
ἀπεκδεχομαι [8]	ἡμετερος [8]	συγκαλεω [8]
ἀπιστεω [8]	θησαυριζω [8]	συλλεγω [8]
ἁπλοτης [8]	ἰσκαριωτης [8]	συμβαινω [8]
ἀποκαθιστημι	ἰσος [8]	συμβουλιον [8]
ἀποκαθιστανω [8]	καλυπτω [8]	συρια [8]
ἀπολογια [8]	καρποφορεω [8]	σχισμα [8]
ἀργος [8]	κατεναντι [8]	ταπεινος [8]
ἀρκεω [8]	κατηχεω [8]	τασσω [8]
ἀφθαρτος [8]	κιλικια [8]	ταχος [8]
βαθος [8]	κινεω [8]	τεκνιον [8]
βεβαιος [8]	κοινωνεω [8]	ὑπερβολη [8]
βεβαιοω [8]	κοπτω [8]	χαραγμα [8]
βηθλεεμ [8]	κορασιον [8]	χιλιοι [8]
βοηθεω [8]	κορνηλιος [8]	ἀγανακτεω [7]
βους [8]	κυκλῳ [8]	ἀγελη [7]
βρεφος [8]	μαρκος [8]	ἁγνιζω [7]
γεμιζω [8]	μεγαλυνω [8]	ἀει [7]
γογγυζω [8]	μεθερμηνευομαι [8]	ἀηρ [7]
δακτυλος [8]	μελχισεδεκ [8]	ἀκαρπος [7]
διανοιγω [8]	μεντοι [8]	ἀνθρωπινος [7]
διαστελλομαι [8]	μετεχω [8]	ἀνταποδιδωμι [7]
διασωζω [8]	μετωπον [8]	ἀξιοω [7]
διηγεομαι [8]	μνημα [8]	ἀπατη [7]
δουλοω [8]	μυριας [8]	ἀπειθεια [7]
δρεπανον [8]	νουθετεω [8]	ἀπειμι [7]
εἰσφερω [8]	νυμφη [8]	ἀποδεχομαι [7]
ἑκτος [8]	νωε [8]	ἀπολειπω [7]
ἐκφερω [8]	ξηρος [8]	ἀτιμαζω [7]
ἐκφευγω [8]	ὀξυς [8]	ἀτιμια [7]
ἑλκω [8]	ὀργιζομαι [8]	ἀφθαρσια [7]
ἐναντιον [8]	ὀριζω [8]	ἀφορμη [7]
ἐναντιος [8]	ὁσιος [8]	βεελζεβουλ [7]
ἐνδυμα [8]	ὀσφυς [8]	βηθσαιδα [7]
ἐνεργεια [8]	παντως [8]	βραχυς [7]
ἐνθαδε [8]	πατρις [8]	βρεχω [7]
ἐξαιρεω [8]	περιτιθημι [8]	βρυγμος [7]
ἐπιλανθανομαι [8]	πορνευω [8]	γαμιζω [7]
ἐπισυναγω [8]	πραιτωριον [8]	δηλοω [7]
ἐσθης [8]	προιστημι [8]	διαστρεφω [7]
εὐθυς [8]	προσκοπτω [8]	διατιθεμαι [7]
εὐλογητος [8]	προσπιπτω [8]	δοκιμη [7]
εὐνουχος [8]	πρωτοτοκος [8]	δοκιμος [7]

δωμα [7]

ἑβραιστι [7]

ἐγκαλεω [7]

εἰδωλολατρης [7]

ἑκατονταρχος [7]

ἐκζητεω [7]

ἐκλογη [7]

ἐκστασις [7]

ἐλευθεροω [7]

ἐμπιπτω [7]

ἐνδυναμοω [7]

ἐνιστημι [7]

ἐπιγειος [7]

ἐπιδεικνυμι [7]

ἐπικειμαι [7]

ἐπιστατης [7]

ἐπιταγη [7]

ἐποικοδομεω [7]

ἐριθεια [7]

εὐκοπωτερος [7]

εὐχομαι [7]

ζητησις [7]

θαρσεω [7]

θειον [7]

θορυβος [7]

ἰατρος [7]

ἰεριχω [7]

καθαρισμος [7]

καθεζομαι [7]

καταπινω [7]

κλινω [7]

κοκκος [7]

κρεμαννυμι [7]

κταομαι [7]

κυριευω [7]

λαμπω [7]

λιθοβολεω [7]

μαστιγοω [7]

μεθυω [7]

μεταλαμβανω [7]

μηγε [7]

μνεια [7]

μοιχαλις [7]

νοτος [7]

ὀπισθεν [7]

οὐθεις [7]

ὀφειλετης [7]

παλαι [7]

πανταχου [7]

παραβασις [7]

περιβλεπομαι [7]

πνεω [7]

πολεμεω [7]

πονηρια [7]

ποταπος [7]

πρεπω [7]

προσμενω [7]

προστασσω [7]

προσφωνεω [7]

προφασις [7]

πτωμα [7]

ῥηγνυμι [7]

ῥιπτω [7]

ῥομφαια [7]

σαρκικος [7]

σιων [7]

σκια [7]

σπειρα [7]

σταδιον [7]

στεφανος [7]

στοιχειον [7]

στρατευομαι [7]

συγχαιρω [7]

συμβιβαζω [7]

συμεων [7]

συνανακειμαι [7]

συνεσις [7]

συντριβω [7]

ταπεινοφροσυνη [7]

ταφος [7]

τραχηλος [7]

ὑπομιμνησκω [7]

ὑποποδιον [7]

φθανω [7]

φιλημα [7]

φιμοω [7]

φλοξ [7]

φονευς [7]

φρεαρ [7]

φυσιοω [7]

χαλαω [7]

χειλος [7]

χρηστος [7]

ψαλμος [7]

ᾠδη [7]

ἀγων [6]

αἰγιαλος [6]

αἰσχυνη [6]

ἀκρον [6]

ἀκυλας [6]

ἀλεξανδρος [6]

ἀλλασσω [6]

ἀναθεμα [6]

ἀνακλινω [6]

ἀναμιμνησκω [6]

ἀναπληροω [6]

ἀνοητος [6]

ἀνυποκριτος [6]

ἀξιως [6]

ἀπειθης [6]

ἀποδημεω [6]

ἀποθηκη [6]

ἀποκοπτω [6]

ἀπορεω [6]

ἀποστερεω [6]

ἀποτασσομαι [6]

ἀποφερω [6]

ἀπωθεομαι [6]

ἀσεβεια [6]

βαρβαρος [6]

βαρεω [6]

βαρος [6]

βαρυς [6]

βασανισμος [6]

βδελυγμα [6]

βουλευομαι [6]

διαλεκτος [6]

διαπεραω [6]

διαφθειρω [6]

διαφθορα [6]

διεγειρω [6]

διερμηνευω [6]

δις [6]

δοκος [6]

ἐγκακεω [6]

ἐγκεντριζω [6]

εἰκῃ [6]

εἰκοσιτεσσαρες [6]

είπερ [6]	λειπω [6]	προκοπτω [6]
ἐκδεχομαι [6]	λειτουργια [6]	προοριζω [6]
ἐκδικεω [6]	λευις [6]	προσκομμα [6]
ἐκδυω [6]	λυκος [6]	πυρετος [6]
ἐμπτυω [6]	λυστρα [6]	πυροομαι [6]
ἐνδεκα [6]	μαγος [6]	πωποτε [6]
ἐνι [6]	μαστιξ [6]	σημαινω [6]
ἐξαπαταω [6]	ματαιος [6]	σινδων [6]
ἐξαυτης [6]	μελας [6]	σκληρυνω [6]
ἐξηγεομαι [6]	μεριμνα [6]	σκοπεω [6]
ἐξηκοντα [6]	μεσιτης [6]	σπευδω [6]
ἐπαινεω [6]	μεταμελομαι [6]	σπηλαιον [6]
ἐπιβαινω [6]	μετατιθημι [6]	σπορος [6]
ἐπιφανεια [6]	μετοχος [6]	στεναζω [6]
ἐραυναω [6]	μιμητης [6]	στρωννυω
ἐργασια [6]	μολις [6]	στρωννυμι [6]
εὐ [6]	μοσχος [6]	συλλαλεω [6]
ἐχθρα [6]	ναζαρεθ [6]	συμβαλλω [6]
ζημιοομαι [6]	ναζαρηνος [6]	συμφωνεω [6]
ζυγος [6]	ναθαναηλ [6]	συνανταω [6]
ἡρωδιας [6]	νηστεια [6]	συνευδοκεω [6]
θαρρεω [6]	νηφω [6]	συντελεια [6]
θαυμαστος [6]	νοημα [6]	συντελεω [6]
θερμαινομαι [6]	ὀκτω [6]	σωφρονεω [6]
θνητος [6]	ὁμοιωμα [6]	τρωας [6]
θυμιαμα [6]	ὁμολογια [6]	τρωγω [6]
ἰκονιον [6]	ὀναρ [6]	ὑπνος [6]
ἱνατι [6]	ὀξος [6]	ὑποδειγμα [6]
καθοτι [6]	ὁπλον [6]	ὑποδεικνυμι [6]
κακοω [6]	ὀσμη [6]	ὑποκρισις [6]
καμηλος [6]	παιδεια [6]	ὑψος [6]
καρφος [6]	παραδεχομαι [6]	φαυλος [6]
καταλλασσω [6]	παρασκευη [6]	φθαρτος [6]
καταπετασμα [6]	παρατηρεω [6]	φιλαδελφια [6]
καταρα [6]	πενθερα [6]	φορεω [6]
καταφιλεω [6]	πεντακισχιλιοι [6]	φορτιον [6]
κιβωτος [6]	πεποιθησις [6]	φυλλον [6]
κλεις [6]	περιαγω [6]	χειμων [6]
κοκκινος [6]	περιζωννυμαι [6]	χειροποιητος [6]
κολπος [6]	περισσος [6]	χρημα [6]
κορινθος [6]	πηλος [6]	ψυχικος [6]
κοφινος [6]	πηρα [6]	ὡσαννα [6]
κραυγη [6]	πλεω [6]	ἀαρων [5]
κυρηναιος [6]	πληροφορεω [6]	ἀγαλλιασις [5]
λανθανω [6]	ποιητης [6]	ἀδω [5]
λαοδικεια [6]	πραξις [6]	ἀετος [5]

αἱγυπτιος [5]

αἰσχυνομαι [5]

αἰτιος [5]

ἀκαταστασια [5]

ἁλιευς [5]

ἀλφαιος [5]

ἀμεμπτος [5]

ἁμμος [5]

ἀνακραζω [5]

ἀναπαυσις [5]

ἀναπεμπω [5]

ἀνεγκλητος [5]

ἀνεκτοτερος [5]

ἀνεσις [5]

ἀνθυπατος [5]

ἀντιδικος [5]

ἀντιτασσομαι [5]

ἀντιχριστος [5]

ἀορατος [5]

ἀπεναντι [5]

ἀργυρος [5]

ἀρετη [5]

ἀρισταρχος [5]

ἁρπαξ [5]

ἀρρωστος [5]

ἀρτεμις [5]

ἀσυνετος [5]

ἀσφαλης [5]

ἀφανιζω [5]

βασιλικος [5]

βατος [5]

βεβηλος [5]

βυσσινος [5]

γαζοφυλακιον [5]

γαιος [5]

γαλα [5]

γενεσις [5]

δαπαναω [5]

δεκατεσσαρες [5]

δεκτος [5]

δη [5]

διακοσιοι [5]

διαμενω [5]

διαπορευομαι [5]

διαρρησσω [5]

δικαιως [5]

δογμα [5]

δουλεια [5]

δυσμη [5]

ἐγκοπτω [5]

εἰδος [5]

εἰσακουω [5]

εἰσοδος [5]

ἐκλυομαι [5]

ἐκμασσω [5]

ἐκτρεπομαι [5]

ἐλαυνω [5]

ἐμβριμαομαι [5]

ἐμπιμπλημι
    ἐμπιμπλαω [5]

ἐμπορος [5]

ἐμφοβος [5]

ἐνοικεω [5]

ἐντιμος [5]

ἐντυγχανω [5]

ἐξαιφνης [5]

ἐξαλειφω [5]

ἑξης [5]

ἐπειμι [5]

ἐπεχω [5]

ἐπιγραφη [5]

ἐπιγραφω [5]

ἐπιεικης [5]

ἐπισκιαζω [5]

ἐπισκοπος [5]

ἐπιτυγχανω [5]

ἐπιχορηγεω [5]

ἐρημοομαι [5]

εὐπροσδεκτος [5]

εὐσχημων [5]

ἐφαπαξ [5]

ἐφεσιος [5]

ἐχιδνα [5]

ζητημα [5]

ζοφος [5]

ἡδεως [5]

ἡδονη [5]

ἡμισυς [5]

ἡσυχαζω [5]

θεμελιοω [5]

θεσσαλονικη [5]

θηλαζω [5]

θηλυς [5]

θωραξ [5]

ἰασων [5]

ἰδιωτης [5]

ἰεσσαι [5]

ἱματισμος [5]

καθεξης [5]

καιπερ [5]

καταδικαζω [5]

κατακλινω [5]

καταλαλεω [5]

καταπατεω [5]

καταραομαι [5]

κατηγορος [5]

κενοω [5]

κηπος [5]

κολαφιζω [5]

κονιορτος [5]

κρασπεδον [5]

κρητη [5]

κυμα [5]

κυπρος [5]

κυων [5]

λατρεια [5]

λειτουργος [5]

ληνος [5]

λουω [5]

μαθθαιος [5]

μαινομαι [5]

μακεδων [5]

μακρος [5]

μαρτυρομαι [5]

μεθιστημι [5]

μερις [5]

μεταδιδωμι [5]

μετασχηματιζω [5]

μιαινω [5]

μυθος [5]

μωρια [5]

νικοδημος [5]

ὀγδοος [5]

ὀδηγεω [5]

ὀδηγος [5]

ὀθονιον [5]

οἰκτιρμος [5]

ὀλιγοπιστος [5]

ὀνειδισμος [5]	σκορπιζω [5]	ἀλαβαστρον [4]
ὀνος [5]	σκορπιος [5]	ἀλληλουια [4]
ὁποιος [5]	σκοτιζομαι [5]	ἁμαρτημα [4]
ὁρμαω [5]	σπυρις [5]	ἀμελεω [4]
ὁτου [5]	σταχυς [5]	ἀμιαντος [4]
οὐρα [5]	στειρα [5]	ἀμνος [4]
ὀψαριον [5]	στηθος [5]	ἀναθεματιζω [4]
παγις [5]	στοιχεω [5]	ἀνακαμπτω [4]
παιω [5]	συμπνιγω [5]	ἀνακυπτω [4]
παμφυλια [5]	συνεργεω [5]	ἀναμνησις [4]
πανουργια [5]	συνεσθιω [5]	ἀνθος [4]
παραβατης [5]	συρω [5]	ἀνιημι [4]
παραγγελια [5]	συσταυρ οω [5]	ἀννας [4]
παρακλητος [5]	τετρακισχιλιοι [5]	ἀντεχομαι [4]
παρακυπτω [5]	τρομος [5]	ἀντιλογια [4]
παραλυομαι [5]	τυχικος [5]	ἀντλεω [4]
παραπορευομαι [5]	ὑβριζω [5]	ἀνυδρος [4]
παροιμια [5]	ὑετος [5]	ἀνυποτακτος [4]
πατεω [5]	υἱοθεσια [5]	ἀποβαινω [4]
πενθος [5]	ὑπερβαλλω [5]	ἀπογραφομαι [4]
πεντηκοντα [5]	ὑπερεχω [5]	ἀποδεικνυμι [4]
περικειμαι [5]	ὑπερηφανος [5]	ἀποδεκατοω [4]
περιλυπος [5]	ὑπολαμβανω [5]	ἀποκειμαι [4]
περιποιησις [5]	ὑποστασις [5]	ἀποκεφαλιζω [4]
περισσευμα [5]	φαραω [5]	ἀποκρισις [4]
πετομαι [5]	φορος [5]	ἀποκρυπτω [4]
πιναξ [5]	φυραμα [5]	ἀποκυλιω [4]
πλανος [5]	φωτεινος [5]	ἀποπλεω [4]
πλεονεκτεω [5]	χαλκος [5]	ἀποσπαω [4]
πλευρα [5]	χρηζω [5]	ἀποστολη [4]
πλοιαριον [5]	χριω [5]	ἀρεστος [4]
ποιμνη [5]	χρονιζω [5]	ἀριμαθαια [4]
ποιμνιον [5]	ψαλλω [5]	ἀριστερος [4]
προβαινω [5]	ψευδομαρτυρεω [5]	ἁρμα [4]
προγινωσκω [5]	ἀβελ [4]	ἀρχηγος [4]
προθυμια [5]	ἀγαθωσυνη [4]	ἀρωμα [4]
προκειμαι [5]	ἀγαμος [4]	ἀσπιλος [4]
πρωτοκλισια [5]	ἀγκυρα [4]	ἀστρον [4]
πταιω [5]	ἀγνοια [4]	ἀσφαλιζομαι [4]
πτερυξ [5]	ἀγρυπνεω [4]	ἀτιμος [4]
πωροω [5]	ἀδιαλειπτως [4]	ἀτοπος [4]
σειω [5]	ἀθηναι [4]	αὐτου [4]
σιδηρους [5]	αἰσχρος [4]	ἀφοβως [4]
σιναπι [5]	αἰχμαλωτιζω [4]	ἀφροσυνη [4]
σκηνοω [5]	ἀκρις [4]	ἀφωνος [4]
σκληρος [5]	ἀκροατης [4]	βαθυς [4]

βαλλαντιον [4]

βαπτισμος [4]

βαπτω [4]

βαρθολομαιος [4]

βασιλισσα [4]

βενιαμιν [4]

βια [4]

βλαστανω [4]

βλασφημος [4]

γαλατια [4]

γειτων [4]

γενημα [4]

γεννημα [4]

γλυκυς [4]

γνησιος [4]

γογγυσμος [4]

γομορρα [4]

γονυπετεω [4]

γυμναζω [4]

δαμαζω [4]

δανιζω [4]

δειπνεω [4]

δεκατη [4]

δεσμωτηριον [4]

δημος [4]

δημοσιος [4]

διαδιδωμι [4]

διαπορεω [4]

διαφορος [4]

διηνεκης [4]

διορυσσω [4]

διπλους [4]

δομα [4]

ἑβραιος [4]

ἐγκρατεια [4]

ἐθνικος [4]

εἰδωλολατρια [4]

εἰρηνευω [4]

εἰσειμι [4]

εἰωθα [4]

ἑκατοντεσσερα-
κοντατεσσαρες [4]

ἐκδιδομαι [4]

ἐκθαμβεομαι [4]

ἐκλειπω [4]

ἐκπειραζω [4]

ἐκριζοω [4]

ἐκτιθημι [4]

ἐκτινασσω [4]

ἐλασσων [4]

ἐλεαω [4]

ἐμμενω [4]

ἐνδειξις [4]

ἐνδοξος [4]

ἑνεκα [4]

ἐνενηκονταεννεα [4]

ἐνθυμησις [4]

ἐξαγοραζω [4]

ἐξειμι [4]

ἐξουσιαζω [4]

ἐπακολουθεω [4]

ἐπιβλημα [4]

ἐπιβουλη [4]

ἐπιθεσις [4]

ἐπισκοπη [4]

ἐπιστηριζω [4]

ἐπιφαινω [4]

ἐπιφωνεω [4]

ἑπτακις [4]

ἐρημια [4]

ἑρπετον [4]

εὐλαβης [4]

εὐοδοομαι [4]

ζημια [4]

ζυμοω [4]

ἡσυχια [4]

ἠχος [4]

θεσσαλονικευς [4]

θορυβεω [4]

θρηνεω [4]

θρησκεια [4]

θυατειρα [4]

θυρωρος [4]

ἰασπις [4]

ἱερος [4]

ἱμας [4]

ἰταλια [4]

καθιημι [4]

καθο [4]

κακολογεω [4]

κακοποιεω [4]

κακουργος [4]

καλυμμα [4]

καμινος [4]

καμπτω [4]

κανα [4]

κανων [4]

καταγνυμι [4]

κατακαυχαομαι [4]

κατακλυσμος [4]

κατακυριευω [4]

καταλλαγη [4]

καταπαυω [4]

κατασειω [4]

κατασκηνοω [4]

καταφερω [4]

καυματιζω [4]

κειρω [4]

κεντρον [4]

κηνσος [4]

κιθαρα [4]

κινδυνευω [4]

κλημα [4]

κοιτη [4]

κολοβοω [4]

κολυμβηθρα [4]

κρανιον [4]

κραταιοομαι [4]

κρατιστος [4]

κτημα [4]

κτηνος [4]

κτισμα [4]

κυκλοω [4]

κυλλος [4]

κυναριον [4]

κυριοτης [4]

λαγχανω [4]

λαθρᾳ [4]

λαχανον [4]

λεγιων [4]

λεπρα [4]

λογιον [4]

λοιδορεω [4]

λωτ [4]

μαθητευω [4]

μαλακος [4]

μαμωνας [4]

μαννα [4]

αἴτημα [3]

αἰχμαλωσια [3]

ἀκεραιος [3]

ἀκυροω [3]

ἀλαλος [3]

ἀλλομαι [3]

ἀλοαω [3]

ἀλογος [3]

ἀλφα [3]

ἀλωπηξ [3]

ἀμιναδαβ [3]

ἀμφιεννυμι [3]

ἀμως [3]

ἀναγνωσις [3]

ἀναζητεω [3]

ἀναστατοω [3]

ἀνατρεπω [3]

ἀνατρεφω [3]

ἀνεπιλημπτος [3]

ἀνερχομαι [3]

ἀνευ [3]

ἀνηκω [3]

ἀνθρωποκτονος [3]

ἀνορθοω [3]

ἀντιλαμβανομαι [3]

ἀπαιρομαι [3]

ἀπαλλασσω [3]

ἀπαλλοτριοομαι [3]

ἀπαντησις [3]

ἀπαταω [3]

ἀπειλη [3]

ἀποκαταλλασσω [3]

ἀποκρυφος [3]

ἀποστασιον [3]

ἀποσυναγωγος [3]

ἀποφευγω [3]

ἀποφθεγγομαι [3]

ἀποχωρεω [3]

ἀπροσκοπος [3]

ἆρα [3]

ἀργυρους [3]

ἀριθμεω [3]

ἀρισταω [3]

ἀριστον [3]

ἀρκετος [3]

ἀροτριαω [3]

ἁρπαγη [3]

ἀρραβων [3]

ἀρτυω [3]

ἀρχιτρικλινος [3]

ἀσβεστος [3]

ἀστοχεω [3]

ἀσφαλεια [3]

ἀσφαλως [3]

ἀσωτια [3]

αὐλεω [3]

ἀφνω [3]

ἀχειροποιητος [3]

βαλααμ [3]

βασανος [3]

βερνικη [3]

βηθφαγη [3]

βιβλαριδιον [3]

βιωτικος [3]

βοθυνος [3]

βουλημα [3]

βραδυς [3]

βραχιων [3]

βυρσευς [3]

γαληνη [3]

γαλλιων [3]

γεννησαρετ [3]

γερασηνος [3]

γολγοθα [3]

γομος [3]

γυμνοτης [3]

δειλος [3]

δεκαπεντε [3]

δεκαπολις [3]

δεκατος [3]

δελεαζω [3]

δερβη [3]

δεσμευω [3]

δεσμοφυλαξ [3]

δηλος [3]

δημας [3]

δημητριος [3]

διαβαινω [3]

διαβλεπω [3]

διαγγελλω [3]

διαγινομαι [3]

διαδημα [3]

διαζωννυμι [3]

διαιρεσις [3]

διακρισις [3]

διαρπαζω [3]

διασπειρω [3]

διασπορα [3]

διαστολη [3]

διαφημιζω [3]

διδακτος [3]

διδυμος [3]

διιστημι [3]

δικη [3]

διστομος [3]

δουλη [3]

δραχμη [3]

δρομος [3]

δυναστης [3]

δυνατεω [3]

δυσκολως [3]

δωρεομαι [3]

ἐανπερ [3]

ἑβδομηκοντα [3]

ἑβραις [3]

ἐγγραφω [3]

ἑδραιος [3]

εἰλικρινεια [3]

εἱνεκεν [3]

ἑκατονταπλασιων [3]

ἐκδημεω [3]

ἐκκλαομαι [3]

ἐκκλινω [3]

ἐκπλεω [3]

ἐκπνεω [3]

ἐκτενως [3]

ἐκψυχω [3]

ἐλαιων [3]

ἐλαττοω [3]

ἐλιακιμ [3]

ἑλκος [3]

ἑλληνιστης [3]

ἑνδεκατος [3]

ἐνδημεω [3]

ἐνεργης [3]

ἐνεχω [3]

ἐνταλμα [3]

ἐντρομος [3]

ἐντυλισσω [3]	ἠσαυ [3]	κλιμα [3]
ἐνωχ [3]	θαμβεομαι [3]	κολλυβιστης [3]
ἐξακολουθεω [3]	θαμβος [3]	κοπαζω [3]
ἐξανιστημι [3]	θεατρον [3]	κουστωδια [3]
ἐξεταζω [3]	θειος [3]	κρημνος [3]
ἐξοδος [3]	θεραπεια [3]	κριτηριον [3]
ἐξωτερος [3]	θερος [3]	κυκλοθεν [3]
ἐπαγω [3]	θιγγανω [3]	κυπριος [3]
ἐπαν [3]	θροεομαι [3]	κωμος [3]
ἐπαναγω [3]	ἰαμα [3]	λαιλαψ [3]
ἐπαρκεω [3]	ἰασις [3]	λαλια [3]
ἐπαφρας [3]	ἰερεμιας [3]	λειτουργεω [3]
ἐπιβαρεω [3]	ἱερωσυνη [3]	λεπτον [3]
ἐπιβιβαζω [3]	ἰος [3]	λευιτης [3]
ἐπιβλεπω [3]	ἰουστος [3]	λιθινος [3]
ἐπιμελεομαι [3]	ἰσκαριωθ [3]	λιμην [3]
ἐπιστελλω [3]	ἰσοτης [3]	λοιδορια [3]
ἐπιτροπος [3]	ἰχνος [3]	λουκας [3]
ἐπιχειρεω [3]	ἰωβηδ [3]	λυδδα [3]
ἐραστος [3]	ἰωσης [3]	λυσιας [3]
ἐρημωσις [3]	καθαιρεσις [3]	λυτροομαι [3]
ἐρμηνευω [3]	καθεδρα [3]	λυτρωσις [3]
ἐσπερα [3]	καιν [3]	μακαρισμος [3]
ἐσρωμ [3]	καιτοι [3]	μαλακια [3]
ἐταιρος [3]	κακοπαθεω [3]	μανασσης [3]
ἐτοιμως [3]	κακοποιος [3]	μαστος [3]
εὐαγγελιστης [3]	καταγελαω [3]	ματαιοτης [3]
εὐαρεστεω [3]	καταγινωσκω [3]	μεγαλειοτης [3]
εὐγενης [3]	κατακαλυπτω [3]	μεγαλωσυνη [3]
εὐθετος [3]	κατακριμα [3]	μεγιστανες [3]
εὐθυμεω [3]	καταλυμα [3]	μεθη [3]
εὐκαιρεω [3]	καταμαρτυρεω [3]	μεθυσκομαι [3]
εὐσεβης [3]	καταναρκαω [3]	μενουνγε [3]
εὐσχημονως [3]	καταξιοομαι [3]	μεσουρανημα [3]
εὐχη [3]	καταπιπτω [3]	μεταθεσις [3]
εὐχρηστος [3]	κατενωπιον [3]	μηκος [3]
εὐωδια [3]	κατευθυνω [3]	μιλητος [3]
ἐχθες [3]	κατηγορια [3]	μισθαποδοσια [3]
ζαβουλων [3]	κατισχυω [3]	μισθωτος [3]
ζακχαιος [3]	καυσων [3]	μνημοσυνον [3]
ζεστος [3]	κεντυριων [3]	μνηστευομαι [3]
ζοροβαβελ [3]	κεραμευς [3]	μοδιος [3]
ζωννυμι [3]	κεραννυμι [3]	μοιχεια [3]
ζωογονεω [3]	κερδος [3]	μοιχος [3]
ἡλικος [3]	κηρυξ [3]	μολυνω [3]
ἡρωδιανοι [3]	κλαυδιος [3]	μορφη [3]

μοχθος [3]	περιπιπτω [3]	σιλωαμ [3]
μυριοι [3]	περιποιεομαι [3]	σιτευτος [3]
ναασσων [3]	περιφερω [3]	σκαπτω [3]
ναυτης [3]	πλαξ [3]	σκαφη [3]
νεανιας [3]	πλατυνω [3]	σκελος [3]
νεκροω [3]	πλεκω [3]	σκηνωμα [3]
νεφθαλιμ [3]	πλους [3]	σκιρταω [3]
νηφαλιος [3]	πλουτιζω [3]	σκληροκαρδια [3]
νινευιτης [3]	πλυνω [3]	σκοτεινος [3]
νομοδιδασκαλος [3]	πνιγω [3]	σκοτοομαι [3]
νοσφιζομαι [3]	πνικτος [3]	σκωληξ [3]
νουθεσια [3]	πολυτελης [3]	σπαρασσω [3]
νυμφων [3]	πολυτιμος [3]	σπογγος [3]
ξυραομαι [3]	ποντιος [3]	σποδος [3]
οικειος [3]	πορθεω [3]	σποριμος [3]
οικτιρμων [3]	ποσακις [3]	σπουδαιος [3]
οιομαι [3]	ποσις [3]	σταφυλη [3]
οκνηρος [3]	πρεσβυτεριον [3]	στεγη [3]
ολοκαυτωμα [3]	πρεσβυτης [3]	στενος [3]
ομως [3]	πρισκα [3]	στενοχωρεω [3]
ορεγομαι [3]	πρισκιλλα [3]	στερεοω [3]
ορθρος [3]	προδηλος [3]	στεφανας [3]
ορνεον [3]	προδοτης [3]	στεφανοω [3]
ορυσσω [3]	προθυμος [3]	συγγενεια [3]
οσακις [3]	προκοπη [3]	συγκοινωνεω [3]
οφειλη [3]	προλαμβανω [3]	συγκρινω [3]
οφελος [3]	προνοεω [3]	συζαω [3]
οψε [3]	προσαγωγη [3]	συμμαρτυρεω [3]
οψις [3]	προστρεχω [3]	συμπληροω [3]
παθος [3]	προτιθεμαι [3]	συναιρω [3]
παιδαγωγος [3]	προχειριζομαι [3]	συναιχμαλωτος [3]
πανοπλια [3]	πρυμνα [3]	συνακολουθεω [3]
παντοθεν [3]	πτυω [3]	συναναμιγνυμαι [3]
παραβαινω [3]	πτωχεια [3]	συναπαγομαι [3]
παραδεισος [3]	πυκνος [3]	συναποθνησκω [3]
παραθηκη [3]	πυρωσις [3]	συνεγειρω [3]
παρακοη [3]	πωρωσις [3]	συνηθεια [3]
παρακουω [3]	ραπισμα [3]	συντασσω [3]
παρεκτος [3]	ρυσις [3]	συντηρεω [3]
παρεπιδημος [3]	σαλαθιηλ [3]	συντιθεμαι [3]
πατρια [3]	σαμουηλ [3]	συντρεχω [3]
πατρωος [3]	σαρδεις [3]	σφαγη [3]
πεδη [3]	σαροω [3]	σχεδον [3]
πεντηκοστη [3]	σεβαστος [3]	σωφροσυνη [3]
περγη [3]	σεμνοτης [3]	ταρσος [3]
περικαλυπτω [3]	σης [3]	τελωνιον [3]

τετρααρχεω [3]	ὠδινω [3]	ἀληθευω [2]
τετραπους [3]	ὠτιον [3]	ἀληθω [2]
τεχνη [3]	ἀβιουδ [2]	ἀλιζω [2]
τηρησις [3]	ἀγαβος [2]	ἀλων [2]
τιβεριας [3]	ἀγαρ [2]	ἀμαχος [2]
τιλλω [3]	ἀγγελια [2]	ἀμεμπτως [2]
τοινυν [3]	ἀγε [2]	ἀμεριμνος [2]
τουναντιον [3]	ἀγναφος [2]	ἀμεταθετος [2]
τρεμω [3]	ἀγνεια [2]	ἀμεταμελητος [2]
τριβος [3]	ἀγνοτης [2]	ἀμετρος [2]
τροφιμος [3]	ἀγνωσια [2]	ἀναβαθμος [2]
τρυγαω [3]	ἀγοραιος [2]	ἀναγαιον [2]
τυφλοω [3]	ἀγρα [2]	ἀναγενναω [2]
τυφοομαι [3]	ἀγριελαιος [2]	ἀναδεικνυμι [2]
ὑαλινος [3]	ἀγρυπνια [2]	ἀναδεχομαι [2]
ὑβρις [3]	ἀδελφοτης [2]	ἀναζαω [2]
ὑδρια [3]	ἀδηλος [2]	ἀναθεωρεω [2]
ὑπαντησις [3]	ἀδιαλειπτος [2]	ἀναιτιος [2]
ὑπεραιρομαι [3]	ἀδυνατεω [2]	ἀνακαθιζω [2]
ὑπερανω [3]	ἀζωρ [2]	ἀνακαινοω [2]
ὑπερεκπερισσου [3]	ἀθεμιτος [2]	ἀνακαινωσις [2]
ὑπηκοος [3]	ἀθεσμος [2]	ἀνακαλυπτω [2]
ὑπηρετεω [3]	ἀθετησις [2]	ἀνακεφαλαιοομαι [2]
ὑποδεομαι [3]	ἀθηναιος [2]	ἀναλισκω [2]
ὑπομνησις [3]	ἀθλεω [2]	ἀναλυω [2]
ὑπονοεω [3]	ἀθωος [2]	ἀναπειρος [2]
ὑποφερω [3]	ἀιδιος [2]	ἀναπολογητος [2]
φανερως [3]	αἰθιοψ [2]	ἀναπτω [2]
φαρες [3]	αἰνεας [2]	ἀνασειω [2]
φασκω [3]	αἰνος [2]	ἀνασπαω [2]
φθεγγομαι [3]	αἰσχροκερδης [2]	ἀνατιθεμαι [2]
φιλοξενος [3]	αἰφνιδιος [2]	ἀναφαινω [2]
φιλοτιμεομαι [3]	ἀκακος [2]	ἀνεξιχνιαστος [2]
φοβερος [3]	ἀκανθινος [2]	ἀνεταζω [2]
φοινικη [3]	ἀκατακαλυπτος [2]	ἀνευρισκω [2]
φρασσω [3]	ἀκατακριτος [2]	ἀνθρακια [2]
φρυγια [3]	ἀκαταστατος [2]	ἀνθρωπαρεσκος [2]
φυλαξ [3]	ἀκρασια [2]	ἀνιπτος [2]
φυσικος [3]	ἀκριβοω [2]	ἀνοια [2]
φυω [3]	ἀκρογωνιαιος [2]	ἀνοικοδομεω [2]
χρισμα [3]	ἀλαζονεια [2]	ἀνομως [2]
χριστιανος [3]	ἀλαζων [2]	ἀνοσιος [2]
ψευδης [3]	ἀλαλαζω [2]	ἀνοχη [2]
ψηφος [3]	ἀλεξανδρευς [2]	ἀνταλλαγμα [2]
ψυχος [3]	ἀλεξανδρινος [2]	ἀνταποδομα [2]
ὡ [3]	ἀλευρον [2]	ἀνταποκρινομαι [2]

ἀντιμισθια [2]

ἀντιπαρερχομαι [2]

ἀντιτυπος [2]

ἀνωτερον [2]

ἀνωφελης [2]

ἀξινη [2]

ἀπαιτεω [2]

ἀπαλος [2]

ἀπανταω [2]

ἀπειλεω [2]

ἀπεκδυομαι [2]

ἁπλους [2]

ἀποβαλλω [2]

ἀποβολη [2]

ἀπογραφη [2]

ἀποδεκτος [2]

ἀποδοχη [2]

ἀποθεσις [2]

ἀποκαραδοκια [2]

ἀποκυεω [2]

ἀπολαυσις [2]

ἀπολουομαι [2]

ἀποπλαναω [2]

ἀποπνιγω [2]

ἀποστασια [2]

ἀποτελεω [2]

ἀποτινασσω [2]

ἀποτομια [2]

ἀποτομως [2]

ἀποχωριζομαι [2]

ἀραβια [2]

ἀραμ [2]

ἀρειος [2]

ἀρειοσπαγος [2]

ἀρσενοκοιτης [2]

ἀρχαγγελος [2]

ἀρχιππος [2]

ἀσαλευτος [2]

ἀσαφ [2]

ἀσεβεω [2]

ἀστηρ [2]

ἀσσαριον [2]

ἀσσος [2]

ἀστειος [2]

ἀστηρικτος [2]

ἀστοργος [2]

ἀστραπτω [2]

ἀσχημονεω [2]

ἀσχημοσυνη [2]

ἀτακτως [2]

ἀτεκνος [2]

ἀτερ [2]

ἀτμις [2]

αὐθαδης [2]

αὐθαιρετος [2]

αὐλητης [2]

αὐλιζομαι [2]

αὐξησις [2]

αὐστηρος [2]

αὐταρκεια [2]

αὐτοματος [2]

ἀφεδρων [2]

ἁφη [2]

ἀφιλαργυρος [2]

ἀφοραω [2]

ἀφριζω [2]

ἀχαζ [2]

ἀχαριστος [2]

ἀχιμ [2]

ἀχρειος [2]

ἀχυρον [2]

ἀψινθος [2]

βαρεως [2]

βαρσαββας [2]

βασιλειος [2]

βδελυσσομαι [2]

βεβαιωσις [2]

βεβηλοω [2]

βεροια [2]

βιαζομαι [2]

βιθυνια [2]

βλαπτω [2]

βοες [2]

βοηθεια [2]

βολιζω [2]

βορρας [2]

βουλευτης [2]

βουνος [2]

βραβειον [2]

βραδυνω [2]

βροχη [2]

βυθιζω [2]

γαβριηλ [2]

γαλατικος [2]

γαμαλιηλ [2]

γεθσημανι [2]

γελαω [2]

γενεαλογια [2]

γενεσια [2]

γεννητος [2]

γηρασκω [2]

γλωσσοκομον [2]

δειγματιζω [2]

δεινως [2]

δεκαοκτω [2]

δεκατοω [2]

δερματινος [2]

δεσμωτης [2]

διαβεβαιοομαι [2]

διαγινωσκω [2]

διαγογγυζω [2]

διαγω [2]

διαιρεω [2]

διαλαλεω [2]

διαπονεομαι [2]

διαπριω [2]

διασαφεω [2]

διασπαω [2]

διαταγη [2]

διατηρεω [2]

διαχειριζομαι [2]

διδακτικος [2]

διδραχμον [2]

διετια [2]

διισχυριζομαι [2]

δικαιωσις [2]

δικαστης [2]

διοδευω [2]

διοπερ [2]

δισταζω [2]

διχοστασια [2]

διχοτομεω [2]

διψυχος [2]

δοκιμιον [2]

δορκας [2]

δοσις [2]

δουλος [2]

δοχη [2]

δυναμοω [2]	ἐνδιδυσκω [2]	ἐπιριπτω [2]
δυνω/δυω [2]	ἐνδικος [2]	ἐπισημος [2]
δυσβαστακτος [2]	ἐνδοξαζομαι [2]	ἐπισκοπεω [2]
δωρημα [2]	ἐνεδρα [2]	ἐπιστασις [2]
ἑβδομηκονταδυο [2]	ἐνεδρευω [2]	ἐπισυναγωγη [2]
ἐγκαινιζω [2]	ἐνεργημα [2]	ἐπιφερω [2]
ἐγκλημα [2]	ἐνευλογεω [2]	ἐπιφωσκω [2]
ἐγκρατευομαι [2]	ἐνθεν [2]	ἐπιχορηγια [2]
ἐγκρυπτω [2]	ἐνθυμεομαι [2]	ἐπιχριω [2]
ἐζεκιας [2]	ἐνισχυω [2]	ἐποπτευω [2]
εἰκοσι [2]	ἐννοια [2]	ἐρεθιζω [2]
εἰλικρινης [2]	ἐννομος [2]	ἐριον [2]
εἰρηνικος [2]	ἐνοτης [2]	ἐριφος [2]
ἐκβασις [2]	ἐνοχλεω [2]	ἑρμηνεια [2]
ἐκδιηγεομαι [2]	ἐνταφιαζω [2]	ἑρμης [2]
ἐκδικος [2]	ἐνταφιασμος [2]	ἐρυθρος [2]
ἐκεισε [2]	ἐντευξις [2]	ἐσοπτρον [2]
ἐκκαθαιρω [2]	ἐντος [2]	ἐσωτερος [2]
ἐκκεντεω [2]	ἐντροπη [2]	ἑτεροδιδασκαλεω [2]
ἐκκλειω [2]	ἐνυπνιαζομαι [2]	εὑα [2]
ἐκμυκτηριζω [2]	ἐξαγγελλω [2]	εὐεργεσια [2]
ἐκουσιως [2]	ἐξανατελλω [2]	εὐθυδρομεω [2]
ἐκπαλαι [2]	ἐξαπορεομαι [2]	εὐθυνω [2]
ἐκπεμπω [2]	ἐξαρτιζω [2]	εὐκαιρια [2]
ἐκτελεω [2]	ἐξεγειρω [2]	εὐκαιρος [2]
ἐκτρεφω [2]	ἐξορυσσω [2]	εὐκαιρως [2]
ἐκφοβος [2]	ἐξωθεω [2]	εὐλαβεια [2]
ἐκφυω [2]	ἐοικα [2]	εὐνουχιζω [2]
ἑκων [2]	ἐπαγγελμα [2]	εὐσεβεω [2]
ἐλαφρος [2]	ἐπαιτεω [2]	εὐσεβως [2]
ἐλεαζαρ [2]	ἐπαναπαυομαι [2]	εὐσπλαγχνος [2]
ἐλεεινος [2]	ἐπανερχομαι [2]	εὐτονως [2]
ἐλεημων [2]	ἐπανισταμαι [2]	εὐφρατης [2]
ἐλιουδ [2]	ἐπαρχεια [2]	εὐφροσυνη [2]
ἐλισσω [2]	ἐπαφροδιτος [2]	ἐφημερια [2]
ἑλληνις [2]	ἐπεγειρω [2]	ἐφικνεομαι [2]
ἑλληνιστι [2]	ἐπενδυομαι [2]	ἐφοραω [2]
ἐλωι [2]	ἐπηρεαζω [2]	ζευγος [2]
ἐμβαπτω [2]	ἐπιδεχομαι [2]	ζευς [2]
ἐμπαικτης [2]	ἐπιδημεω [2]	ζεω [2]
ἐμπλεκω [2]	ἐπιεικεια [2]	ζωγρεω [2]
ἐμπορευομαι [2]	ἐπικαταρατος [2]	ἡγεμονευω [2]
ἐμφανης [2]	ἐπιλεγομαι [2]	ἡδυοσμον [2]
ἐναγκαλιζομαι [2]	ἐπιλυω [2]	ἡλι [2]
ἐναντι [2]	ἐπιουσιος [2]	ἡλος [2]
ἐναρχομαι [2]	ἐπιποθησις [2]	ἡνικα [2]

ἡσσων [2]

ἡσυχιος [2]

ἡτταομαι [2]

ἡττημα [2]

θαδδαιος [2]

θαλπω [2]

θαυμα [2]

θεοφιλος [2]

θεριστης [2]

θριαμβευω [2]

θυγατριον [2]

θυρις [2]

ἰαιρος [2]

ἱερατεια [2]

ἱερατευμα [2]

ἱεροσολυμιτης [2]

ἱεχονιας [2]

ἱκανοω [2]

ἱλασκομαι [2]

ἱλασμος [2]

ἱλαστηριον [2]

ἱλεως [2]

ἱματιζω [2]

ἰουδαισμος [2]

ἰουλιος [2]

ἱππευς [2]

ἱρις [2]

ἰχθυδιον [2]

ἰωαθαμ [2]

ἰωαννα [2]

ἰωραμ [2]

ἰωσαφατ [2]

ἰωσιας [2]

καθηγητης [2]

καθηκω [2]

καιναμ [2]

καινοτης [2]

κακουχεω [2]

καμμυω [2]

καμνω [2]

καναναιος [2]

καππαδοκια [2]

καρδιογνωστης [2]

καταβαλλω [2]

καταδουλοω [2]

καταδυναστευω [2]

κατακλαω [2]

κατακλειω [2]

κατακολουθεω [2]

κατακρισις [2]

καταλαλια [2]

καταπονεω [2]

καταποντιζομαι [2]

κατασκαπτω [2]

κατασκηνωσις [2]

καταστελλω [2]

καταστρεφω [2]

καταστροφη [2]

κατασχεσις [2]

κατατιθημι [2]

καταφευγω [2]

καταχεω [2]

καταχραομαι [2]

κατεξουσιαζω [2]

κατοικητηριον [2]

καυμα [2]

καυσοομαι [2]

κεγχρεαι [2]

κενοφωνια [2]

κεραια [2]

κεραμιον [2]

κεφαλαιον [2]

κιθαριζω [2]

κιθαρωδος [2]

κλασις [2]

κλιβανος [2]

κλινιδιον [2]

κλοπη [2]

κλυδων [2]

κοδραντης [2]

κολαζω [2]

κολασις [2]

κομαω [2]

κονιαω [2]

κορεννυμαι [2]

κορινθιος [2]

κοσμικος [2]

κοσμιος [2]

κρεας [2]

κρης [2]

κριθινος [2]

κρινον [2]

κρισπος [2]

κρυσταλλος [2]

κρυφαιος [2]

κυβερνητης [2]

κυπτω [2]

κυρια [2]

κυριακος [2]

κυροω [2]

λατομεω [2]

λεντιον [2]

λευι [2]

λευκαινω [2]

λιβανος [2]

λιβανωτος [2]

λικμαω [2]

λινον [2]

λιτρα [2]

λογεια [2]

λογικος [2]

λογισμος [2]

λοιδορος [2]

λοιμος [2]

λουκιος [2]

λουτρον [2]

λυδια [2]

λυτρον [2]

μαθθατ [2]

μαθθιας [2]

μακαριζω [2]

ματην [2]

ματθαν [2]

ματταθιας [2]

μεθοδεια [2]

μεθυσος [2]

μελεταω [2]

μελχι [2]

μεμφομαι [2]

μερισμος [2]

μεσημβρια [2]

μεσοποταμια [2]

μεσσιας [2]

μεταγω [2]

μεταιρω [2]

μεταλλασσω [2]

μεταστρεφω [2]

μετοικιζω [2]

μηδαμως [2]	ὁρκιζω [2]	πικρως [2]
μηπω [2]	ὁρμη [2]	πισιδια [2]
μητρα [2]	ὁρνις [2]	πιστικος [2]
μισθιος [2]	ὀρφανος [2]	πλασσω [2]
μισθοομαι [2]	ὁσιοτης [2]	πληκτης [2]
μιχαηλ [2]	ὀστρακινος [2]	πνευματικως [2]
μονη [2]	οὐρανοθεν [2]	πνοη [2]
μονοφθαλμος [2]	οὐσια [2]	ποιημα [2]
μορφωσις [2]	ὀφειλημα [2]	πολιταρχης [2]
μυσια [2]	ὀφθαλμοδουλια [2]	πολιτεια [2]
μωμαομαι [2]	παγος [2]	πολιτευομαι [2]
ναζαρα [2]	παιδευτης [2]	πομα [2]
ναρδος [2]	παλιγγενεσια [2]	ποντος [2]
ναυαγεω [2]	παντελης [2]	ποπλιος [2]
νεκρωσις [2]	παραβιαζομαι [2]	πορεια [2]
νευω [2]	παραινεω [2]	πορισμος [2]
νηθω [2]	παρακειμαι [2]	πορρωθεν [2]
νηστις [2]	παραλεγομαι [2]	πρακτωρ [2]
νικολαιτης [2]	παραλογιζομαι [2]	πρασια [2]
νομη [2]	παραπικρασμος [2]	πρεσβεια [2]
νομιμως [2]	παρεισερχομαι [2]	πρεσβευω [2]
νομοθετεω [2]	παριημι [2]	προαμαρτανω [2]
νυσταζω [2]	παροικεω [2]	προβαλλω [2]
νωθρος [2]	παροικια [2]	προγνωσις [2]
ξενια [2]	παροινος [2]	προγονος [2]
ξυλινος [2]	παροξυνομαι [2]	προεναρχομαι [2]
ὁδοιπορια [2]	παροξυσμος [2]	προεπαγγελλομαι [2]
ὀδυνη [2]	παροργιζω [2]	προετοιμαζω [2]
ὀδυρμος [2]	παφος [2]	προκαταγγελλω [2]
ὀζιας [2]	παχυνομαι [2]	προνοια [2]
ὀθονη [2]	πεζῃ [2]	προπετης [2]
οἰκητηριον [2]	πειρα [2]	προπορευομαι [2]
οἰκιακος [2]	πελαγος [2]	προσαιτης [2]
οἰκτιρω [2]	πεντακοσιοι [2]	προσαναπληροω [2]
οἰνοποτης [2]	περγαμος [2]	προσανατιθεμαι [2]
ὁλοκληρος [2]	περιαστραπτω [2]	προσδοκια [2]
ὀμμα [2]	περιβολαιον [2]	προσκολλαομαι [2]
ὁμοιοπαθης [2]	περιεργος [2]	προσκυλιω [2]
ὁμοιοτης [2]	περιεχω [2]	προσλαλεω [2]
ὀνησιμος [2]	περικεφαλαια [2]	προσοχθιζω [2]
ὀνησιφορος [2]	περιλαμπω [2]	προσρηγνυμι [2]
ὀνικος [2]	περιλειπομαι [2]	προτρεχω [2]
ὀπη [2]	περυσι [2]	προυπαρχω [2]
ὀργυια [2]	πηδαλιον [2]	προφερω [2]
ὀρεινος [2]	πηλικος [2]	προφητικος [2]
ὀρθος [2]	πικρος [2]	προφητις [2]

πρωια [2]

πρωινος [2]

πρωρα [2]

πτερυγιον [2]

πτοεομαι [2]

πτυον [2]

πτωσις [2]

πυρα [2]

πυρεσσω [2]

πυρραζω [2]

πυρρός [2]

ρααβ [2]

ραββουνι [2]

ραβδιζω [2]

ραβδουχος [2]

ρακος [2]

ραντισμος [2]

ραπιζω [2]

ραφις [2]

ριζοω [2]

ροβοαμ [2]

ρουφος [2]

ρυπαρος [2]

σαβαχθανι [2]

σαβαωθ [2]

σαδωκ [2]

σαλα [2]

σαλημ [2]

σαλμων [2]

σαλωμη [2]

σαμαριτις [2]

σανδαλιον [2]

σαρδιον [2]

σατον [2]

σεβασμα [2]

σεληνιαζομαι [2]

σιαγων [2]

σιγη [2]

σιδωνιος [2]

σκηνος [2]

σκυθρωπος [2]

σμυρνα [2]

σμυρνα [2]

σοφιζω [2]

σπανια [2]

σπαομαι [2]

σπαργανοω [2]

σπαταλαω [2]

σπενδομαι [2]

σπιλος [2]

σπιλοω [2]

στελλομαι [2]

στεναγμος [2]

στρατεια [2]

στρατια [2]

στρηνιαω [2]

στυγναζω [2]

συγγενευς [2]

συγκαθημαι [2]

συγκαθιζω [2]

συγκακοπαθεω [2]

συγκεραννυμι [2]

συζευγνυμι [2]

συζωοποιεω [2]

συκοφαντεω [2]

συμβασιλευω [2]

συμμετοχος [2]

συμμορφος [2]

συμπαθεω [2]

συμπασχω [2]

συμπεμπω [2]

συμποσιον [2]

συμφορος [2]

συναθλεω [2]

συναθροιζω [2]

συναναβαινω [2]

συναντι-
λαμβανομαι [2]

συναρμολογεω [2]

συνειμι [2]

συνεισερχομαι [2]

συνεκδημος [2]

συνευωχεομαι [2]

συνθαπτω [2]

συνθλαω [2]

συνθλιβω [2]

συνοιδα [2]

συνοραω [2]

συνοχη [2]

συντομως [2]

συσπαρασσω [2]

συστελλω [2]

συστρατιωτης [2]

συστρεφω [2]

συστροφη [2]

συσχηματιζομαι [2]

συχεμ [2]

σχημα [2]

σχοινιον [2]

σχολαζω [2]

σωματικος [2]

σωρευω [2]

σωσθενης [2]

ταβιθα [2]

ταλαιπωρια [2]

ταλαιπωρος [2]

ταραχος [2]

ταρσευς [2]

ταχα [2]

ταχινος [2]

τεκτων [2]

τελειοτης [2]

τελειωσις [2]

τερτυλλος [2]

τεσσαρεσ-
καιδεκατος [2]

τεσσερακονταδυο [2]

τεσσερακοντα-
ετης [2]

τεσσερακοντα-
καιδυο [2]

τετρακοσιοι [2]

τιμωρεω [2]

τιτλος [2]

τοιγαρουν [2]

τοκος [2]

τραυματιζω [2]

τραχυς [2]

τριακοσιοι [2]

τριβολος [2]

τρυβλιον [2]

τρυφη [2]

ὑαλος [2]

ὑβριστης [2]

ὑμεναιος [2]

ὑμνος [2]

ὑπαρξις [2]

ὑπεναντιος [2]

ὑπερλιαν [2]

ὑπερογκος [2]

ὑπεροχη [2]

ὑπερπερισσευω [2]

ὑποζυγιον [2]

ὑποπλεω [2]

ὑποτιθημι [2]

ὑποτυπωσις [2]

ὑποχωρεω [2]

ὑπωπιαζω [2]

ὑσσωπος [2]

ὑστερησις [2]

ὑψωμα [2]

φαγος [2]

φανερωσις [2]

φαντασμα [2]

φαρμακεια [2]

φάρμακος [2]

φεγγος [2]

φειδομενως [2]

φημη [2]

φθογγος [2]

φιλαδελφεια [2]

φιλανθρωπια [2]

φιλαργυρος [2]

φιλοξενια [2]

φλογιζω [2]

φοινιξ [2]

φορτιζω [2]

φραγελλοω [2]

φρην [2]

φρονησις [2]

φωλεος [2]

φωστηρ [2]

φωτισμος [2]

χαλεπος [2]

χαλιναγωγεω [2]

χαλινος [2]

χαλκολιβανον [2]

χαμαι [2]

χανααν [2]

χαριτοω [2]

χαρραν [2]

χειραγωγεω [2]

χειροτονεω [2]

χιλιοιδιακο-
σιοιεξηκοντα [2]

χιων [2]

χλαμυς [2]

χοινιξ [2]

χολη [2]

χοραζιν [2]

χορηγεω [2]

χους [2]

χρεοφειλετης [2]

χρησις [2]

χρυσοω [2]

ψευδαδελφος [2]

ψευδομαρτυρια [2]

ψευδομαρτυς [2]

ψευδοχριστος [2]

ψηφιζω [2]

ψιχιον [2]

ψωμιζω [2]

ὠμος [2]

ὠταριον [2]

ὠφελεια [2]

ἀβαδδων [Apc]

ἀβαρης [2Co]

ἀβιαθαρ [Mc]

ἀβιληνη [Lc]

ἀγαθοεργεω [1Tm]

ἀγαθοποιια [1Pt]

ἀγαθοποιος [1Pt]

ἀγαθουργεω [Ac]

ἀγανακτησις [2Co]

ἀγγειον [Mt]

ἀγγελλω [Jh]

ἀγγος [Mt]

ἀγενεαλογητος [Heb]

ἀγενης [1Co]

ἀγιοτης [Heb]

ἀγκαλη [Lc]

ἀγκιστρον [Mt]

ἀγνισμος [Ac]

ἀγνοημα [Heb]

ἀγνως [Php]

ἀγνωστος [Ac]

ἀγραμματος [Ac]

ἀγραυλεω [Lc]

ἀγρευω [Mc]

ἀγωγη [2Tm]

ἀγωνια [Lc]

ἀδαπανος [1Co]

ἀδδι [Lc]

ἀδηλοτης [1Tm]

ἀδηλως [1Co]

ἀδιακριτος [Ja]

ἀδικως [1Pt]

ἀδμιν [Lc]

ἀδολος [1Pt]

ἀδραμυττηνος [Ac]

ἀδριας [Ac]

ἀδροτης [2Co]

ἀζωτος [Ac]

ἀθεος [Eph]

ἀθλησις [Heb]

ἀθροιζω [Lc]

ἀθυμεω [Col]

αἰγειος [Heb]

αἰδως [1Tm]

αἱματεκχυσια [Heb]

αἱμορροεω [Mt]

αἰνεσις [Heb]

αἰνιγμα [1Co]

αἰνων [Jh]

αἱρετιζω [Mt]

αἱρετικος [Tit]

αἰσθανομαι [Lc]

αἰσθησις [Php]

αἰσθητηριον [Heb]

αἰσχροκερδως [1Pt]

αἰσχρολογια [Col]

αἰσχροτης [Eph]

αἰτιωμα [Ac]

αἰχμαλωτευω [Eph]

αἰχμαλωτος [Lc]

ἀκαιρεομαι [Php]

ἀκαιρως [2Tm]

ἀκαταγνωστος [Tit]

ἀκαταλυτος [Heb]

ἀκαταπαυστος [2Pt]

ἀκελδαμαχ [Ac]

ἀκλινης [Heb]

ἀκμαζω [Apc]

ἀκμην [Mt]

ἀκρατης [2Tm]

ἀκρατος [Apc]

ἀκριβεια [Ac]

ἀκριβης [Ac]

ἀκροατηριον [Ac]

ἀκροθινιον [Heb]

ἀκωλυτως [Ac]

ἀκων [1Co]

ἀλαλητος [Rm]

ἀλεκτοροφωνια [Mc]

ἀλιευω [Jh]

ἀλισγημα [Ac]

ἀλλαχοθεν [Jh]

ἀλλαχου [Mc]

ἀλληγορεω [Ga]

ἀλλογενης [Lc]

ἀλλοτρι-
επισκοπος [1Pt]

ἀλλοφυλος [Ac]

ἀλλως [1Tm]

ἀλοη [Jh]

ἀλυκος [Ja]

ἀλυπος [Php]

ἀλυσιτελης [Heb]

ἀλωσις [2Pt]

ἀμαθης [2Pt]

ἀμαραντινος [1Pt]

ἀμαραντος [1Pt]

ἀμαρτυρος [Ac]

ἀμαω [Ja]

ἀμεθυστος [Apc]

ἀμετακινητος [1Co]

ἀμετανοητος [Rm]

ἀμητωρ [Heb]

ἀμοιβη [1Tm]

ἀμπελουργος [Lc]

ἀμπλιατος [Rm]

ἀμυνομαι [Ac]

ἀμφιβαλλω [Mc]

ἀμφιβληστρον [Mt]

ἀμφιεζω [Lc]

ἀμφιπολις [Ac]

ἀμφοδον [Mc]

ἀμωμητος [2Pt]

ἀμωμον [Apc]

ἀναβαλλω [Ac]

ἀναβιβαζω [Mt]

ἀναβλεψις [Lc]

ἀναβοαω [Mt]

ἀναβολη [Ac]

ἀναγκαστως [1Pt]

ἀναγνωριζω [Ac]

ἀναδειξις [Lc]

ἀναδιδωμι [Ac]

ἀναζωννυμαι [1Pt]

ἀναζωπυρεω [2Tm]

ἀναθαλλω [Php]

ἀναθημα [Lc]

ἀναιδεια [Lc]

ἀναιρεσις [Ac]

ἀνακαινιζω [Heb]

ἀνακρισις [Ac]

ἀναλημψις [Lc]

ἀναλογια [Rm]

ἀναλογιζομαι [Heb]

ἀναλος [Mc]

ἀναλυσις [2Tm]

ἀναμαρτητος [Jh]

ἀναμενω [1Th]

ἀνανεοομαι [Eph]

ἀνανηφω [2Tm]

ἀναντιρρητος [Ac]

ἀναντιρρητως [Ac]

ἀναξιος [1Co]

ἀναξιως [1Co]

ἀναπειθω [Ac]

ἀναπηδαω [Mc]

ἀναπτυσσω [Lc]

ἀναριθμητος [Heb]

ἀνασκευαζω [Ac]

ἀνασταυροω [Heb]

ἀναστεναζω [Mc]

ἀνατασσομαι [Lc]

ἀναφωνεω [Lc]

ἀναχυσις [1Pt]

ἀναψυξις [Ac]

ἀναψυχω [2Tm]

ἀνδραποδιστης [1Tm]

ἀνδριζομαι [1Co]

ἀνδρονικος [Rm]

ἀνδροφονος [1Tm]

ἀνεκδιηγητος [2Co]

ἀνεκλαλητος [1Pt]

ἀνεκλειπτος [Lc]

ἀνελεημων [Rm]

ἀνελεος [Ja]

ἀνεμιζομαι [Ja]

ἀνενδεκτος [Lc]

ἀνεξεραυνητος [Rm]

ἀνεξικακος [2Tm]

ἀνεπαισχυντος [2Tm]

ἀνευθετος [Ac]

ἀνεψιος [Col]

ἀνηθον [Mt]

ἀνημερος [2Tm]

ἀνθομολογεομαι [Lc]

ἀνθραξ [Rm]

ἀννα [Lc]

ἀνοιξις [Eph]

ἀνταγωνιζομαι [Heb]

ἀνταναπληροω [Col]

ἀνταποδοσις [Col]

ἀντιβαλλω [Lc]

ἀντιδιατιθεμαι [2Tm]

ἀντιθεσις [1Tm]

ἀντικαθιστημι [Heb]

ἀντικαλεω [Lc]

ἀντικρυς [Ac]

ἀντιλημψις [1Co]

ἀντιλοιδορεω [1Pt]

ἀντιλυτρον [1Tm]

ἀντιμετρεω [Lc]

ἀντιοχευς [Ac]

ἀντιπας [Apc]

ἀντιπατρις [Ac]

ἀντιπερα [Lc]

ἀντιπιπτω [Ac]

ἀντιστρατευομαι [Rm]

ἀντλημα [Jh]

ἀντοφθαλμεω [Ac]

ἀνωτερικος [Ac]

ἀπαγχομαι [Mt]

ἀπαιδευτος [2Tm]

ἀπαλγεω [Eph]

ἀπαραβατος [Heb]

ἀπαρασκευαστος [2Co]

ἀπαρτισμος [Lc]

ἀπασπαζομαι [Ac]

ἀπατωρ [Heb]

ἀπαυγασμα [Heb]

ἀπειμι [Ac]

βαριωνα [Mt]

βαρτιμαιος [Mc]

βαρυτιμος [Mt]

βασανιστης [Mt]

βασις [Ac]

βασκαινω [Ga]

βατος [Lc]

βατραχος [Apc]

βατταλογεω [Mt]

βδελυκτος [Tit]

βελιαρ [2Co]

βελονη [Lc]

βελος [Eph]

βελτιων [2Tm]

βεροιαιος [Ac]

βηϑζαϑα [Jh]

βηρυλλος [Apc]

βιαιος [Ac]

βιαστης [Mt]

βιβρωσκω [Jh]

βιοω [1Pt]

βιωσις [Ac]

βλαβερος [1Tm]

βλαστος [Ac]

βλεμμα [2Pt]

βλητεος [Lc]

βοανηργες [Mc]

βοη [Ja]

βοηϑος [Heb]

βολη [Lc]

βοος [Lc]

βορβορος [2Pt]

βοσορ [2Pt]

βοτανη [Heb]

βοτρυς [Apc]

βραβευω [Col]

βραδυπλοεω [Ac]

βραδυτης [2Pt]

βροχος [1Co]

βρυχω [Ac]

βρυω [Ja]

βρωσιμος [Lc]

βυϑος [2Co]

βυσσος [Lc]

βωμος [Ac]

γαββαϑα [Jh]

γαγγραινα [2Tm]

γαδ [Apc]

γαδαρηνος [Mt]

γαζα [Ac]

γαζα [Ac]

γαλατης [Ga]

γαμισκω [Lc]

γεδεων [Heb]

γελως [Ja]

γενεαλογεομαι [Heb]

γενετη [Jh]

γερουσια [Ac]

γερων [Jh]

γεωργεομαι [Heb]

γεωργιον [1Co]

γηρας [Lc]

γλευκος [Ac]

γναφευς [Mc]

γνησιως [Php]

γνοφος [Heb]

γνωστης [Ac]

γογγυστης [Ju]

γοης [2Tm]

γραπτος [Rm]

γραωδης [1Tm]

γυμνασια [1Tm]

γυμνιτευω [1Co]

γυναικαριον [2Tm]

γυναικειος [1Pt]

γωγ [Apc]

δαιμονιωδης [Ja]

δαιμων [Mt]

δακνω [Ga]

δακρυω [Jh]

δακτυλιος [Lc]

δαλμανουϑα [Mc]

δαλματια [2Tm]

δαμαλις [Heb]

δαμαρις [Ac]

δαμασκηνος [2Co]

δανειον [Mt]

δανιηλ [Mt]

δανιστης [Lc]

δαπανη [Lc]

δειγμα [Ju]

δειλια [2Tm]

δειλιαω [Jh]

δεινα [Mt]

δεισιδαιμονια [Ac]

δεισιδαιμων [Ac]

δεκακαιοκτω [Lc]

δεξιολαβος [Ac]

δεος [Heb]

δερβαιος [Ac]

δερμα [Heb]

δεσμη [Mt]

δευτεραιος [Ac]

δημηγορεω [Ac]

δημιουργος [Heb]

δηποτε [Jh]

δηπου [Heb]

διαβαλλω [Lc]

διαγνωσις [Ac]

διαγρηγορεω [Lc]

διαδεχομαι [Ac]

διαδοχος [Ac]

διακαϑαιρω [Lc]

διακαϑαριζω [Mt]

διακατελεγχομαι [Ac]

διακοσιοι-
εβδομηκονταεξ [Ac]

διακουω [Ac]

διακωλυω [Mt]

διαλειπω [Lc]

διαλλασσομαι [Mt]

διαλυω [Ac]

διαμαχομαι [Ac]

διαμερισμος [Lc]

διανεμομαι [Ac]

διανευω [Lc]

διανοημα [Lc]

διανυκτερευω [Lc]

διανυω [Ac]

διαπαρατριβη [1Tm]

διαπλεω [Ac]

διαπραγμα-
τευομαι [Lc]

διασειω [Lc]

διαστημα [Ac]

διαταγμα [Heb]

διαταρασσω [Lc]

διατελεω [Ac]

διατροφη [1Tm]

διαυγαζω [2Pt]

διαυγης [Apc]

διαφευγω [Ac]

διαφυλασσω [Lc]

διαχλευαζω [Ac]

διαχωριζομαι [Lc]

διενθυμεομαι [Ac]

διεξοδος [Mt]

διερμηνευτης [1Co]

διερωταω [Ac]

διετης [Mt]

διηγησις [Lc]

διθαλασσος [Ac]

διικνεομαι [Heb]

δικαιοκρισια [Rm]

διλογος [1Tm]

διονυσιος [Ac]

διοπετης [Ac]

διορθωμα [Ac]

διορθωσις [Heb]

διοσκουροι [Ac]

διοτρεφης [3Jh]

διπλοω [Apc]

δισμυριας [Apc]

δισχιλιοι [Mc]

διυλιζω [Mt]

διχαζω [Mt]

διψος [2Co]

διωκτης [1Tm]

δογματιζομαι [Col]

δοκιμασια [Heb]

δολιος [2Co]

δολιοω [Rm]

δολοω [2Co]

δοτης [2Co]

δουλαγωγεω [1Co]

δρασσομαι [1Co]

δρουσιλλα [Ac]

δυσεντεριον [Ac]

δυσερμηνευτος [Heb]

δυσις [Mc]

δυσκολος [Mc]

δυσνοητος [2Pt]

δυσφημεω [1Co]

δυσφημια [2Co]

δωδεκατος [Apc]

δωδεκαφυλον [Ac]

ἐα [Lc]

ἑβδομηκοντακις [Mt]

ἑβδομηκοντα-
πεντε [Ac]

ἐβερ [Lc]

ἐγγυος [Heb]

ἐγερσις [Mt]

ἐγκαθετος [Lc]

ἐγκαινια [Jh]

ἐγκατοικεω [2Pt]

ἐγκαυχαομαι [2Th]

ἐγκομβοομαι [1Pt]

ἐγκοπη [1Co]

ἐγκρατης [Tit]

ἐγκρινω [2Co]

ἐγκυος [Lc]

ἐγχριω [Apc]

ἐδαφιζω [Lc]

ἐδαφος [Ac]

ἑδραιωμα [1Tm]

ἐθελοθρησκια [Col]

ἐθιζω [Lc]

ἐθναρχης [2Co]

ἐθνικως [Ga]

εἰδεα [Mt]

εἰδωλειον [1Co]

εἰκοσιπεντε [Jh]

εἰκοσιτρεις [1Co]

εἰκω [Ga]

εἰρηνοποιεω [Col]

εἰρηνοποιος [Mt]

εἰσδεχομαι [2Co]

εἰσκαλεομαι [Ac]

εἰσπηδαω [Ac]

εἰστρεχω [Ac]

ἑκαστοτε [2Pt]

ἑκατονεικοσι [Ac]

ἑκατονπεντη-
κοντατρεις [Jh]

ἑκατονταετης [Rm]

ἐκβαινω [Heb]

ἐκβολη [Ac]

ἐκγονος [1Tm]

ἐκδαπαναω [2Co]

ἐκδηλος [2Tm]

ἐκδιωκω [1Th]

ἐκδοτος [Ac]

ἐκδοχη [Heb]

ἐκζητησις [1Tm]

ἐκθαμβος [Ac]

ἐκθαυμαζω [Mc]

ἐκθετος [Ac]

ἐκκαιομαι [Rm]

ἐκκολυμβαω [Ac]

ἐκκομιζω [Lc]

ἐκκρεμαννυμι [Lc]

ἐκλαλεω [Ac]

ἐκλαμπω [Mt]

ἐκλανθανομαι [Heb]

ἐκνευω [Jh]

ἐκνηφω [1Co]

ἐκουσιος [Phm]

ἐκπερισσως [Mc]

ἐκπεταννυμι [Rm]

ἐκπηδαω [Ac]

ἐκπληροω [Ac]

ἐκπληρωσις [Ac]

ἐκπορνευω [Ju]

ἐκπτυω [Ga]

ἐκστρεφομαι [Tit]

ἐκταρασσω [Ac]

ἐκτενεια [Ac]

ἐκτενης [1Pt]

ἐκτρωμα [1Co]

ἐκφοβεω [2Co]

ἐκχωρεω [Lc]

ἐλαμιτης [Ac]

ἐλαττονεω [2Co]

ἐλαφρια [2Co]

ἐλεγμος [2Tm]

ἐλεγξις [2Pt]

ἐλεγχος [Heb]

ἐλευσις [Ac]

ἐλεφαντινος [Apc]

ἐλιεζερ [Lc]

ἐλισαιος [Lc]

ἑλκοομαι [Lc]

ἑλλας [Ac]

ἑλληνικος [Apc]

ἐλλογαω [Phm]

ἐλλογεω [Rm]

ἐλμαδαμ [Lc]

ἐλυμας [Ac]

ἐμβαλλω [Lc]

ἐμβατευω [Col]

ἐμβιβαζω [Ac]

ἐμεω [Apc]

ἐμμαινομαι [Ac]

ἐμμανουηλ [Mt]

ἐμμαους [Lc]

ἐμμωρ [Ac]

ἐμπαιγμονη [2Pt]

ἐμπαιγμος [Heb]

ἐμπεριπατεω [2Co]

ἐμπιμπρημι [Mt]

ἐμπλοκη [1Pt]

ἐμπνεω [Ac]

ἐμπορια [Mt]

ἐμποριον [Jh]

ἐμφυσαω [Jh]

ἐμφυτος [Ja]

ἐναλιος [Ja]

ἐνδεης [Ac]

ἐνδειγμα [2Th]

ἐνδεχεται [Lc]

ἐνδυνω [2Tm]

ἐνδυσις [1Pt]

ἐνδωμησις [Apc]

ἐνειλεω [Mc]

ἐνειμι [Lc]

ἐνεος [Ac]

ἐννεα [Lc]

ἐννευω [Lc]

ἐννυχα [Mc]

ἐνορκιζω [1Th]

ἐντοπιος [Ac]

ἐντρεφομαι [1Tm]

ἐντρυφαω [2Pt]

ἐντυπow [2Co]

ἐνυβριζω [Heb]

ἐνυπνιον [Ac]

ἐνως [Lc]

ἐνωτιζομαι [Ac]

ἐξαιρω [1Co]

ἐξαιτεομαι [Lc]

ἐξακοσιοι-
εξηκονταεξ [Apc]

ἐξαλλομαι [Ac]

ἐξαναστασις [Php]

ἐξαπινα [Mc]

ἐξαστραπτω [Lc]

ἐξελκομαι [Ja]

ἐξεραμα [2Pt]

ἐξεραυναω [1Pt]

ἐξηχεομαι [1Th]

ἐξις [Heb]

ἐξισχυω [Eph]

ἐξολεθρευω [Ac]

ἐξορκιζω [Mt]

ἐξορκιστης [Ac]

ἐξουδενεω [Mc]

ἐξοχη [Ac]

ἐξυπνιζω [Jh]

ἐξυπνος [Ac]

ἐορταζω [1Co]

ἐπαγωνιζομαι [Ju]

ἐπαθροιζομαι [Lc]

ἐπαινετος [Rm]

ἐπακουω [2Co]

ἐπακροαομαι [Ac]

ἐπαναγκες [Ac]

ἐπαναμιμνησκω [Rm]

ἐπανορθωσις [2Tm]

ἐπαρατος [Jh]

ἐπαυλις [Ac]

ἐπαφριζω [Ju]

ἐπειδηπερ [Lc]

ἐπεισαγωγη [Heb]

ἐπεισερχομαι [Lc]

ἐπεκεινα [Ac]

ἐπεκτεινομαι [Php]

ἐπενδυτης [Jh]

ἐπερωτημα [1Pt]

ἐπιγαμβρευω [Mt]

ἐπιγινομαι [Ac]

ἐπιδιατασσομαι [Ga]

ἐπιδιορθοω [Tit]

ἐπιδυω [Eph]

ἐπιθανατιος [1Co]

ἐπιθυμητης [1Co]

ἐπικαθιζω [Mt]

ἐπικαλυμμα [1Pt]

ἐπικαλυπτω [Rm]

ἐπικελλω [Ac]

ἐπικουρειος [Ac]

ἐπικουρια [Ac]

ἐπικρινω [Lc]

ἐπιλειπω [Heb]

ἐπιλειχω [Lc]

ἐπιλησμονη [Ja]

ἐπιλοιπος [1Pt]

ἐπιλυσις [2Pt]

ἐπιμαρτυρεω [1Pt]

ἐπιμελεια [Ac]

ἐπιμελως [Lc]

ἐπινευω [Ac]

ἐπινοια [Ac]

ἐπιορκεω [Mt]

ἐπιορκος [1Tm]

ἐπιπλησσω [1Tm]

ἐπιποθητος [Php]

ἐπιποθια [Rm]

ἐπιπορευομαι [Lc]

ἐπιραπτω [Mc]

ἐπισιτισμος [Lc]

ἐπισκευαζομαι [Ac]

ἐπισκηνοω [2Co]

ἐπισπαομαι [1Co]

ἐπισπειρω [Mt]

ἐπιστημων [Ja]

ἐπιστομιζω [Tit]

ἐπιστροφη [Ac]

ἐπισυντρεχω [Mc]

ἐπισφαλης [Ac]

ἐπισχυω [Lc]

ἐπισωρευω [2Tm]

ἐπιτηδειος [Ja]

ἐπιτιμια [2Co]

ἐπιτροπη [Ac]

ἐπιφανης [Ac]

ἐπιφαυσκω [Eph]

ἐπιχεω [Lc]

ἐπονομαζομαι [Rm]

ἐποπτης [2Pt]

ἐπος [Heb]

ἐπτακισχιλιοι [Rm]

ἐρειδω [Ac]

ἐρευγομαι [Mt]	ἐφευρετης [Rm]	θηριομαχεω [1Co]
ἐριζω [Mt]	ἐφημερος [Ja]	θορυβαζω [Lc]
ἐριφιον [Mt]	ἐφραιμ [Jh]	θραυω [Lc]
ἐρμας [Rm]	ἐφφαθα [Mc]	θρεμμα [Jh]
ἐρμογενης [2Tm]	ζαρα [Mt]	θρησκος [Ja]
ἐσλι [Lc]	ζευκτηρια [Ac]	θρομβος [Lc]
ἐσσοομαι [2Co]	ζηλευω [Apc]	θυελλα [Heb]
ἐσχατως [Mc]	ζηνας [Tit]	θυινος [Apc]
ἐτερογλωσσος [1Co]	ἡγεμονια [Lc]	θυμιατηριον [Heb]
ἐτεροζυγεω [2Co]	ἠθος [1Co]	θυμιαω [Lc]
ἐτερως [Php]	ἠλι [Lc]	θυμομαχεω [Ac]
ἐτοιμασια [Eph]	ἡμιθανης [Lc]	θυμοομαι [Mt]
εὐαρεστως [Heb]	ἡμιωριον [Apc]	θυρεος [Eph]
εὐβουλος [2Tm]	ἠπερ [Jh]	ἰαμβρης [2Tm]
εὐδια [Mt]	ἠπιος [2Tm]	ἰανναι [Lc]
εὐεργετεω [Ac]	ἠρ [Lc]	ἰαννης [2Tm]
εὐεργετης [Lc]	ἠρεμος [1Tm]	ἰαρετ [Lc]
εὐθυμος [Ac]	ἡρωδιων [Rm]	ἰδουμαια [Mc]
εὐθυμως [Ac]	ἠτοι [Rm]	ἰδρως [Lc]
εὐθυτης [Heb]	ἠχεω [1Co]	ἰεζαβελ [Apc]
εὐλαβεομαι [Heb]	θα [1Co]	ἰεραπολις [Col]
εὐμεταδοτος [1Tm]	θαμαρ [Mt]	ἰερατευω [Lc]
εὐνικη [2Tm]	θανασιμος [Mc]	ἰεροθυτος [1Co]
εὐνοεω [Mt]	θανατηφορος [Ja]	ἰεροπρεπης [Tit]
εὐνοια [Eph]	θαρα [Lc]	ἰεροσυλεω [Rm]
εὐοδια [Php]	θαρσος [Ac]	ἰεροσυλος [Ac]
εὐπαρεδρος [1Co]	θαυμασιος [Mt]	ἰερουργεω [Rm]
εὐπειθης [Ja]	θεα [Ac]	ἰεφθαε [Heb]
εὐπεριστατος [Heb]	θεατριζω [Heb]	ἰκανοτης [2Co]
εὐποιια [Heb]	θειοτης [Rm]	ἰκετηρια [Heb]
εὐπορεομαι [Ac]	θειωδης [Apc]	ἰκμας [Lc]
εὐπορια [Ac]	θελησις [Heb]	ἰλαρος [2Co]
εὐπρεπεια [Ja]	θεοδιδακτος [1Th]	ἰλαροτης [Rm]
εὐπροσωπεω [Ga]	θεομαχος [Ac]	ἰλλυρικον [Rm]
εὐρακυλων [Ac]	θεοπνευστος [2Tm]	ἰουδαιζω [Ga]
εὐρυχωρος [Mt]	θεοσεβεια [1Tm]	ἰουδαικος [Tit]
εὐσημος [1Co]	θεοσεβης [Jh]	ἰουδαικως [Ga]
εὐσχημοσυνη [1Co]	θεοστυγης [Rm]	ἰουλια [Rm]
εὐτραπελια [Eph]	θεοτης [Col]	ἰουνιας [Rm]
εὐτυχος [Ac]	θεραπων [Heb]	ἰππικος [Apc]
εὐφημια [2Co]	θερμη [Ac]	ἰσαγγελος [Lc]
εὐφημος [Php]	θευδας [Ac]	ἰσοτιμος [2Pt]
εὐφορεω [Lc]	θεωρια [Lc]	ἰσοψυχος [Php]
εὐχαριστος [Col]	θηκη [Jh]	ἰσσαχαρ [Apc]
εὐψυχεω [Php]	θηρα [Rm]	ἰστορεω [Ga]
ἐφαλλομαι [Ac]	θηρευω [Lc]	ἰσως [Lc]

ιταλικος [Ac]

ιτουραια [Lc]

ιωαναν [Lc]

ιωβ [Ja]

ιωδα [Lc]

ιωηλ [Ac]

ιωναμ [Lc]

ιωριμ [Lc]

ιωσηχ [Lc]

ιωτα [Mt]

καθα [Mt]

καθαιρω [Jh]

καθαπτω [Ac]

καθαροτης [Heb]

καθημερινος [Ac]

καθολου [Ac]

καθοπλιζομαι [Lc]

καθοραω [Rm]

καθωσπερ [Heb]

καιτοιγε [Jh]

κακοηθεια [Rm]

κακοπαθια [Ja]

κακωσις [Ac]

καλαμη [1Co]

καλλιελαιος [Rm]

καλοδιδασκαλος [Tit]

καλοποιεω [2Th]

κανδακη [Ac]

καπηλευω [2Co]

κάρπος [2Tm]

καρποφορος [Ac]

καρτερεω [Heb]

καταβαρεω [2Co]

καταβαρυνω [Mc]

καταβασις [Lc]

καταβραβευω [Col]

καταγγελευς [Ac]

καταγραφω [Jh]

καταγωνιζομαι [Heb]

καταδεω [Lc]

καταδηλος [Heb]

καταδικη [Ac]

καταδιωκω [Mc]

καταθεμα [Apc]

καταθεματιζω [Mt]

κατακληρονομεω [Ac]

κατακλυζω [2Pt]

κατακοπτω [Mc]

κατακρημνιζω [Lc]

κατακυπτω [Jh]

καταλαλος [Rm]

καταλεγομαι [1Tm]

καταλιθαζω [Lc]

καταλοιπος [Ac]

καταμανθανω [Mt]

καταμενω [Ac]

καταναλισκω [Heb]

κατανευω [Lc]

κατανυξις [Rm]

κατανυσσομαι [Ac]

καταπλεω [Lc]

καταριθμεω [Ac]

καταρτισις [2Co]

καταρτισμος [Eph]

κατασκιαζω [Heb]

κατασκοπεω [Ga]

κατασκοπος [Heb]

κατασοφιζομαι [Ac]

καταστημα [Tit]

καταστολη [1Tm]

καταστρηνιαω [1Tm]

καταστρωννυμι [1Co]

κατασυρω [Lc]

κατασφαζω [Lc]

κατασφραγιζω [Apc]

κατατομη [Php]

κατατρεχω [Ac]

καταφθειρω [2Tm]

καταφρονητης [Ac]

καταχθονιος [Php]

καταψυχω [Lc]

κατειδωλος [Ac]

κατευλογεω [Mc]

κατεφισταμαι [Ac]

κατηγωρ [Apc]

κατηφεια [Ja]

κατιοομαι [Ja]

κατοικησις [Mc]

κατοικια [Ac]

κατοικιζω [Ja]

κατοπτριζω [2Co]

κατωτερος [Eph]

κατωτερω [Mt]

καυδα [Ac]

καυσις [Heb]

καυστηριαζομαι [1Tm]

κεδρων [Jh]

κειρια [Jh]

κελευσμα [1Th]

κενοδοξια [Php]

κενοδοξος [Ga]

κενως [Ja]

κεραμικος [Apc]

κεραμος [Lc]

κερατιον [Lc]

κερμα [Jh]

κερματιστης [Jh]

κεφαλιοω [Mc]

κεφαλις [Heb]

κημοω [1Co]

κηπουρος [Jh]

κητος [Mt]

κινναμωμον [Apc]

κις [Ac]

κιχρημι [Lc]

κλαυδια [2Tm]

κλεμμα [Apc]

κλεοπας [Lc]

κλεος [1Pt]

κλημης [Php]

κληροω [Eph]

κλιναριον [Ac]

κλισια [Lc]

κλυδωνιζομαι [Eph]

κλωπας [Jh]

κνηθω [2Tm]

κνιδος [Ac]

κοιμησις [Jh]

κοινωνικος [1Tm]

κοιτων [Ac]

κολακεια [1Th]

κολλουριον [Apc]

κολλυριον [Apc]

κολοσσαι [Col]

κολυμβαω [Ac]

κολωνια [Ac]

κομη [1Co]

κομψοτερον [Jh]

κοπετος [Ac]	λασαια [Ac]	μαραινομαι [Ja]
κοπη [Heb]	λειμμα [Rm]	μαρανα [1Co]
κοπρια [Lc]	λειος [Lc]	μαρμαρος [Apc]
κοπριον [Lc]	λειτουργικος [Heb]	μασαομαι [Apc]
κοραξ [Lc]	λεμα [Mt]	μαστιζω [Ac]
κορβαν [Mc]	λεπις [Ac]	ματαιολογια [1Tm]
κορβανας [Mt]	λευιτικος [Heb]	ματαιολογος [Tit]
κορε [Ju]	ληϑη [2Pt]	ματαιοομαι [Rm]
κορος [Lc]	λημψις [Php]	ματταϑα [Lc]
κοσμοκρατωρ [Eph]	ληρος [Lc]	μεγαλειος [Ac]
κουαρτος [Rm]	λιβερτινος [Ac]	μεγαλοπρεπης [2Pt]
κουμ [Mc]	λιβυη [Ac]	μεγαλως [Php]
κουφιζω [Ac]	λιϑοστρωτος [Jh]	μεγεϑος [Eph]
κραιπαλη [Lc]	λινος [2Tm]	μελεα [Lc]
κραταιος [1Pt]	λιπαρος [Apc]	μελιτη [Ac]
κρησκης [2Tm]	λιψ [Ac]	μεμβρανα [2Tm]
κριϑη [Apc]	λογιος [Ac]	μεμψιμοιρος [Ju]
κριτικος [Heb]	λογομαχεω [2Tm]	μεννα [Lc]
κρυπτη [Lc]	λογομαχια [1Tm]	μενουν [Lc]
κρυσταλλιζω [Apc]	λογχη [Jh]	μεριστης [Lc]
κρυφῃ [Eph]	λυκαονια [Ac]	μεσιτευω [Heb]
κτητωρ [Ac]	λυκαονιστι [Ac]	μεσοτοιχον [Eph]
κτιστης [1Pt]	λυκια [Ac]	μεσοω [Jh]
κυβεια [Eph]	λυμαινομαι [Ac]	μεστοω [Ac]
κυβερνησις [1Co]	λυσανιας [Lc]	μεταβαλλομαι [Ac]
κυκλευω [Apc]	λυσις [1Co]	μετακινεω [Col]
κυλιομαι [Mc]	λυσιτελεω [Lc]	μεταλημψις [1Tm]
κυλισμος [2Pt]	λυτρωτης [Ac]	μετατρεπω [Ja]
κυμβαλον [1Co]	λωις [2Tm]	μετεπειτα [Heb]
κυμινον [Mt]	μααϑ [Lc]	μετεωριζομαι [Lc]
κυρηνη [Ac]	μαγαδαν [Mt]	μετοχη [2Co]
κυρηνιος [Lc]	μαγεια [Ac]	μετρητης [Jh]
κωλον [Heb]	μαγευω [Ac]	μετριοπαϑεω [Heb]
κωμοπολις [Mc]	μαγωγ [Apc]	μετριως [Ac]
κωνωψ [Mt]	μαδιαμ [Ac]	μηδεποτε [2Tm]
κως [Ac]	μαϑητρια [Ac]	μηδεπω [Heb]
κωσαμ [Lc]	μαϑουσαλα [Lc]	μηδος [Ac]
λακαω [Ac]	μακελλον [1Co]	μηϑεις [Ac]
λακτιζω [Ac]	μακροϑυμως [Ac]	μηκυνομαι [Mc]
λαμα [Mc]	μακροχρονιος [Eph]	μηλωτη [Heb]
λαμεχ [Lc]	μαλελεηλ [Lc]	μην [Heb]
λαμπροτης [Ac]	μαλχος [Jh]	μηρος [Apc]
λαμπρως [Lc]	μαμμη [2Tm]	μητρολωας [1Tm]
λαξευτος [Lc]	μαναην [Ac]	μιασμα [2Pt]
λαοδικευς [Col]	μανια [Ac]	μιασμος [2Pt]
λαρυγξ [Rm]	μαντευομαι [Ac]	μιγμα [Jh]

μιλιον [Mt]

μισθαποδοτης [Heb]

μισθωμα [Ac]

μιτυληνη [Ac]

μνασων [Ac]

μνημη [2Pt]

μογιλαλος [Mc]

μογις [Lc]

μολοχ [Ac]

μολυσμος [2Co]

μομφη [Col]

μονοομαι [1Tm]

μορφοω [Ga]

μοσχοποιεω [Ac]

μουσικος [Apc]

μυελος [Heb]

μυεομαι [Php]

μυκαομαι [Apc]

μυκτηριζω [Ga]

μυλικος [Lc]

μυλινος [Apc]

μυρα [Ac]

μυριζω [Mc]

μυωπαζω [2Pt]

μωλωψ [1Pt]

μωμος [2Pt]

μωρολογια [Eph]

ναγγαι [Lc]

ναθαμ [Lc]

ναιμαν [Lc]

ναιν [Lc]

ναουμ [Lc]

ναρκισσος [Rm]

ναυκληρος [Ac]

ναυς [Ac]

ναχωρ [Lc]

νεαπολις [Ac]

νεομηνια [Col]

νεοφυτος [1Tm]

νεφος [Heb]

νεφρος [Apc]

νεωκορος [Ac]

νεωτερικος [2Tm]

νη [1Co]

νηπιαζω [1Co]

νηρευς [Rm]

νηρι [Lc]

νησιον [Ac]

νιγερ [Ac]

νικανωρ [Ac]

νικη [1Jh]

νικολαος [Ac]

νικοπολις [Tit]

νιπτηρ [Jh]

νοθος [Heb]

νομισμα [Mt]

νομοθεσια [Rm]

νομοθετης [Ja]

νοσεω [1Tm]

νοσημα [Jh]

νοσσια [Lc]

νοσσιον [Mt]

νοσσος [Lc]

νουνεχως [Mc]

νυμφα [Col]

νυσσω [Jh]

νυχθημερον [2Co]

νωτος [Rm]

ξενοδοχεω [1Tm]

ξεστης [Mc]

ὀγδοηκοντα [Lc]

ὀγδοηκοντα-
τεσσαρες [Lc]

ὀγκος [Heb]

ὀδευω [Lc]

ὀδοιπορεω [Ac]

ὀζω [Jh]

οἰκετεια [Mt]

οἰκημα [Ac]

οἰκοδεσποτεω [1Tm]

οἰκοδομος [Ac]

οἰκονομεω [Lc]

οἰκουργος [Tit]

οἰνοφλυγια [1Pt]

οἰοσδηποτουν [Jh]

ὀκνεω [Ac]

ὀκταημερος [Php]

ὀλιγοπιστια [Mt]

ὀλιγοψυχος [1Th]

ὀλιγωρεω [Heb]

ὀλιγως [2Pt]

ὀλοθρευτης [1Co]

ὀλοθρευω [Heb]

ὀλοκληρια [Ac]

ὀλολυζω [Ja]

ὀλοτελης [1Th]

ὀλυμπας [Rm]

ὀλυνθος [Apc]

ὀμβρος [Lc]

ὀμειρομαι [1Th]

ὀμιλια [1Co]

ὀμιχλη [2Pt]

ὀμοιωσις [Ja]

ὀμολογουμενως [1Tm]

ὀμοτεχνος [Ac]

ὀμοφρων [1Pt]

ὀναριον [Jh]

ὀνειδος [Lc]

ὀνιναμαι [Phm]

ὀπλιζομαι [1Pt]

ὀπτανομαι [Ac]

ὀπτος [Lc]

ὀπωρα [Apc]

ὀρατος [Col]

ὀργιλος [Tit]

ὀρεξις [Rm]

ὀρθοποδεω [Ga]

ὀρθοτομεω [2Tm]

ὀρθριζω [Lc]

ὀρθρινος [Lc]

ὀρμημα [Apc]

ὀροθεσια [Ac]

ὀσιως [1Th]

ὀσφρησις [1Co]

οὐα [Mc]

οὐδαμως [Mt]

οὐκουν [Jh]

οὐρβανος [Rm]

οὐριας [Mt]

ὀφρυς [Lc]

ὀχλεομαι [Ac]

ὀχλοποιεω [Ac]

ὀχυρωμα [2Co]

ὀψιμος [Ja]

ὀψιος [Mc]

παγιδευω [Mt]

παθητος [Ac]

παιδαριον [Jh]

παιδιοθεν [Mc]

παιζω [1Co]

παλαιοτης [Rm]

παλη [Eph]

παμπληθει [Lc]

πανδοχειον [Lc]

πανδοχευς [Lc]

πανηγυρις [Heb]

πανοικει [Ac]

πανουργος [2Co]

πανταχη [Ac]

παντη [Ac]

παραβαλλω [Ac]

παραβολευομαι [Php]

παραδειγματιζω [Heb]

παραδοξος [Lc]

παραθαλασσιος [Mt]

παραθεωρεομαι [Ac]

παρακαθεζομαι [Lc]

παρακαλυπτω [Lc]

παραλιος [Lc]

παραλλαγη [Ja]

παραμυθια [1Co]

παραμυθιον [Php]

παρανομεω [Ac]

παρανομια [2Pt]

παραπικραινω [Heb]

παραπιπτω [Heb]

παραπλεω [Ac]

παραπλησιος [Php]

παραπλησιως [Heb]

παραρρεω [Heb]

παρασημος [Ac]

παρατεινω [Ac]

παρατηρησις [Lc]

παρατυγχανω [Ac]

παραυτικα [2Co]

παραφρονεω [2Co]

παραφρονια [2Pt]

παραχειμασια [Ac]

παρδαλις [Apc]

παρεδρευω [1Co]

παρεισαγω [2Pt]

παρεισακτος [Ga]

παρεισδυω [Ju]

παρεισφερω [2Pt]

παρεμβαλλω [Lc]

παρενοχλεω [Ac]

παρεσις [Rm]

παρηγορια [Col]

παρθενια [Lc]

παρθος [Ac]

παρμενας [Ac]

παροδος [1Co]

παροιχομαι [Ac]

παρομοιαζω [Mt]

παρομοιος [Mc]

παροργισμος [Eph]

παροτρυνω [Ac]

παροψις [Mt]

παταρα [Ac]

πατμος [Apc]

πατρικος [Ga]

πατροβας [Rm]

πατρολωας [1Tm]

πατροπαραδοτος [1Pt]

πεδινος [Lc]

πεζευω [Ac]

πειθος [1Co]

πειθώ [1Co]

πειραομαι [Ac]

πεισμονη [Ga]

πελεκιζομαι [Apc]

πενης [2Co]

πενθερος [Jh]

πενιχρος [Lc]

πεντακις [2Co]

πεντεκαιδεκατος [Lc]

περαιτερω [Ac]

περιαπτω [Lc]

περιδεω [Jh]

περιεργαζομαι [2Th]

περιθεσις [1Pt]

περικαθαρμα [1Co]

περικρατης [Ac]

περικρυβω [Lc]

περικυκλοω [Lc]

περιμενω [Ac]

περιξ [Ac]

περιοικεω [Lc]

περιοικος [Lc]

περιουσιος [Tit]

περιοχη [Ac]

περιπειρω [1Tm]

περιρηγνυμι [Ac]

περισπαομαι [Lc]

περιτρεπω [Ac]

περιτρεχω [Mc]

περιφρονεω [Tit]

περιψημα [1Co]

περπερευομαι [1Co]

περσις [Rm]

πηγανον [Lc]

πηγνυμι [Heb]

πιεζω [Lc]

πιθανολογια [Col]

πιμπρημι [Ac]

πινακιδιον [Lc]

πιοτης [Rm]

πιστοω [2Tm]

πλανητης [Ju]

πλασμα [Rm]

πλαστος [2Pt]

πλατυς [Mt]

πλεγμα [1Tm]

πλημμυρα [Lc]

πλησμονη [Col]

πλησσω [Apc]

ποδηρης [Apc]

ποιησις [Ja]

πολιτευμα [Php]

πολλαπλασιων [Lc]

πολυλογια [Mt]

πολυμερως [Heb]

πολυποικιλος [Eph]

πολυσπλαγχνος [Ja]

πολυτροπως [Heb]

ποντικος [Ac]

πορκιος [Ac]

πορφυροπωλις [Ac]

ποταμοφορητος [Apc]

ποτερον [Jh]

ποτιολοι [Ac]

ποτος [1Pt]

πουδης [2Tm]

πραγματεια [2Tm]

πραγματευομαι [Lc]

πραυπαθια [1Tm]

προσβυτις [Tit]

πρηνης [Ac]

πριζω [Heb]

προαιρεω [2Co]

προαιτιαομαι [Rm]

προακουω [Col]

προαυλιον [Mc]

προβατικος [Jh]

προβιβαζω [Mt]

προβλεπομαι [Heb]

προγινομαι [Rm]

προδιδωμι [Rm]

προδρομος [Heb]

προελπιζω [Eph]

προευαγγελι-
ζομαι [Ga]

προεχω [Rm]

προηγεομαι [Rm]

προθεσμια [Ga]

προθυμως [1Pt]

προιμος [Ja]

προκαλεω [Ga]

προκαταρτιζω [2Co]

προκηρυσσω [Ac]

προκριμα [1Tm]

προκυροω [Ga]

προμαρτυρομαι [1Pt]

προμελεταω [Lc]

προμεριμναω [Mc]

προπασχω [1Th]

προπατωρ [Rm]

προσαββατον [Mc]

προσαγορευω [Heb]

προσαιτεω [Jh]

προσαναβαινω [Lc]

προσαναλοω [Lc]

προσαπειλεομαι [Ac]

προσδαπαναω [Lc]

προσδεομαι [Ac]

προσεαω [Ac]

προσεργαζομαι [Lc]

προσηλοω [Col]

προσκαρτερησις [Eph]

προσκεφαλαιον [Mc]

προσκληροομαι [Ac]

προσκλινομαι [Ac]

προσκλισις [1Tm]

προσκοπη [2Co]

προσκυνητης [Jh]

προσλημψις [Rm]

προσορμιζομαι [Mc]

προσοφειλω [Phm]

προσπεινος [Ac]

προσπηγνυμι [Ac]

προσποιεομαι [Lc]

προσπορευομαι [Mc]

προστατις [Rm]

προσφαγιον [Jh]

προσφατος [Heb]

προσφατως [Ac]

προσφιλης [Php]

προσχυσις [Heb]

προσψαυω [Lc]

προσωπολημπτεω [Ja]

προσωπολημπτης [Ac]

προτεινω [Ac]

προτρεπομαι [Ac]

προφθανω [Mt]

προχειροτονεω [Ac]

προχορος [Ac]

πρωτευω [Col]

πρωτοστατης [Ac]

πρωτοτοκια [Heb]

πρωτως [Ac]

πτερνα [Jh]

πτηνος [1Co]

πτοησις [1Pt]

πτολεμαις [Ac]

πτυρομαι [Php]

πτυσμα [Jh]

πτυσσω [Lc]

πτωχευω [2Co]

πυγμη [Mc]

πυθων [Ac]

πυκτευω [1Co]

πυρινος [Apc]

πύρρος [Ac]

ραγαυ [Lc]

ραδιουργημα [Ac]

ραδιουργια [Ac]

ραιφαν [Ac]

ρακα [Mt]

ραμα [Mt]

ραχαβ [Mt]

ραχηλ [Mt]

ρεβεκκα [Rm]

ρεδη [Apc]

ρεω [Jh]

ρηγιον [Ac]

ρηγμα [Lc]

ρησα [Lc]

ρητωρ [Ac]

ρητως [1Tm]

ριπη [1Co]

ριπιζω [Ja]

ριπτεω [Ac]

ροδη [Ac]

ροδος [Ac]

ροιζηδον [2Pt]

ρουβην [Apc]

ρουθ [Mt]

ρυπαινομαι [Apc]

ρυπαρια [Ja]

ρυπος [1Pt]

ρυτις [Eph]

ρωμαιστι [Jh]

ρωννυμαι [Ac]

σαββατισμος [Heb]

σαγηνη [Mt]

σαινω [1Th]

σαλαμις [Ac]

σαλειμ [Jh]

σαλμωνη [Ac]

σαλος [Lc]

σαλπιστης [Apc]

σαμοθρακη [Ac]

σαμος [Ac]

σαμψων [Heb]

σανις [Ac]

σαπφιρα [Ac]

σαπφιρος [Apc]

σαργανη [2Co]

σαρδονυξ [Apc]

σαρεπτα [Lc]

σαρων [Ac]

σεβαζομαι [Rm]

σειρα [2Pt]

σεκουνδος [Ac]

σελευκεια [Ac]

σεμειν [Lc]

σεμιδαλις [Apc]

σεργιος [Ac]

σερουχ [Lc]

σηθ [Lc]

σημ [Lc]

σημειοομαι [2Th]

σηπω [Ja]

σητοβρωτος [Ja]

σθενοω [1Pt]

σιδηρος [Apc]

σικαριος [Ac]

σικερα [Lc]

σιμικινθιον [Ac]

σινιαζω [Lc]

σιρικος [Apc]

σιτιον [Ac]

σιτιστος [Mt]

σιτομετριον [Lc]

σκεπασμα [1Tm]

σκευας [Ac]

σκευη [Ac]

σκηνοπηγια [Jh]

σκηνοποιος [Ac]

σκληροτης [Rm]

σκληροτραχηλος [Ac]

σκολοψ [2Co]

σκοπος [Php]

σκυβαλον [Php]

σκυθης [Col]

σκυλον [Lc]

σκωληκοβρωτος [Ac]

σμαραγδινος [Apc]

σμαραγδος [Apc]

σμυρνιζω [Mc]

σορος [Lc]

σουσαννα [Lc]

σπεκουλατωρ [Mc]

σπερμολογος [Ac]

σπιλας [Ju]

σπορα [1Pt]

σταμνος [Heb]

στασιαστης [Mc]

στατηρ [Mt]

σταχυς [Rm]

στεμμα [Ac]

στερεωμα [Col]

στηριγμος [2Pt]

στιβας [Mc]

στιγμα [Ga]

στιγμη [Lc]

στιλβω [Mc]

στομαχος [1Tm]

στρατολογεω [2Tm]

στρατοπεδον [Lc]

στρεβλοω [2Pt]

στρηνος [Apc]

στυγητος [Tit]

στωικος [Ac]

συγγενις [Lc]

συγγνωμη [1Co]

συγκακουχεομαι [Heb]

συγκαλυπτω [Lc]

συγκαμπτω [Rm]

συγκαταβαινω [Ac]

συγκαταθεσις [2Co]

συγκατατιθεμαι [Lc]

συγκατα-
ψηφιζομαι [Ac]

συγκινεω [Ac]

συγκομιζω [Ac]

συγκυπτω [Lc]

συγκυρια [Lc]

συγχεω [Ac]

συγχραομαι [Jh]

συγχυσις [Ac]

συζητησις [Ac]

συζητητης [1Co]

συζυγος [Php]

συκαμινος [Lc]

συκομορεα [Lc]

συλαγωγεω [Col]

συλαω [2Co]

συλλογιζομαι [Lc]

συλλυπεομαι [Mc]

συμβουλος [Rm]

συμμαθητης [Jh]

συμμεριζομαι [1Co]

συμμιμητης [Php]

συμμορφιζομαι [Php]

συμπαθης [1Pt]

συμπαραγινομαι [Lc]

συμπαρακαλεομαι [Rm]

συμπαρειμι [Ac]

συμπεριλαμβανω [Ac]

συμπινω [Ac]

συμπιπτω [Lc]

συμπολιτης [Eph]

συμπρεσβυτερος [1Pt]

συμφημι [Rm]

συμφυλετης [1Th]

συμφυτος [Rm]

συμφυω [Lc]

συμφωνησις [2Co]

συμφωνια [Lc]

συμφωνος [1Co]

συμψηφιζω [Ac]

συμψυχος [Php]

συναγωνιζομαι [Rm]

συναλιζομαι [Ac]

συναλλασσω [Ac]

συναναπαυομαι [Rm]

συναπολλυμαι [Heb]

συναποστελλω [2Co]

συναυξανομαι [Mt]

συνδεω [Heb]

συνδοξαζω [Rm]

συνδρομη [Ac]

συνειμι [Lc]

συνεκλεκτος [1Pt]

συνεπιμαρτυρεω [Heb]

συνεπιτιθεμαι [Ac]

συνεπομαι [Ac]

συνεφιστημι [Ac]

συνηδομαι [Rm]

συνηλικιωτης [Ga]

συνθρυπτω [Ac]

συνοδευω [Ac]

συνοδια [Lc]

συνοικεω [1Pt]

συνοικοδομεω [Eph]

συνομιλεω [Ac]

συνομορεω [Ac]

συντεμνω [Rm]

συντριμμα [Rm]

συντροφος [Ac]

συντυγχανω [Lc]

συντυχη [Php]

συνυποκρινομαι [Ga]

συνυπουργεω [2Co]

συνωδινω [Rm]

συνωμοσια [Ac]

συρακουσαι [Ac]

συρος [Lc]

συροφοινικισσα [Mc]

συρτις [Ac]

συσσημον [Mc]

συσσωμος [Eph]

συστατικος [2Co]

συστεναζω [Rm]

συστοιχεω [Ga]

συχαρ [Jh]

σφαγιον [Ac]

σφοδρως [Ac]

σφυδρον [Ac]

σχολη [Ac]

σωματικως [Col]

σωπατρος [Ac]

σωσιπατρος [Rm]

σωτηριος [Tit]

σωφρονιζω [Tit]

σωφρονισμος [2Tm]

σωφρονως [Tit]

ταβερνη [Ac]

ταγμα [1Co]

τακτος [Ac]

ταλαιπωρεω [Ja]

ταλαντιαιος [Apc]

ταλιθα [Mc]

ταπεινοφρων [1Pt]

ταραχη [Jh]

ταρταροω [2Pt]

ταφη [Mt]

τεκμηριον [Ac]

τεκνογονεω [1Tm]

τεκνογονια [1Tm]

τεκνοτροφεω [1Tm]

τελειως [1Pt]

τελειωτης [Heb]

τελεσφορεω [Lc]

τελευτη [Mt]

τερτιος [Rm]

τεσσερακοντα-
καιεξ [Jh]

τεταρταιος [Jh]

τετραγωνος [Apc]

τετραδιον [Ac]

τετρακοσιοι-
καιπεντηκοντα [Ac]

τετρακοσιοι-
καιτριακοντα [Ga]

τετραμηνος [Jh]

τετραπλους [Lc]

τεφροω [2Pt]

τηκομαι [2Pt]

τηλαυγως [Mc]

τιβεριος [Lc]

τιμαιος [Mc]

τιμιοτης [Apc]

τιμων [Ac]

τιμωρια [Heb]

τινω [2Th]

τιτιος [Ac]

τοιοσδε [2Pt]

τοιχος [Ac]

τολμηρος [Rm]

τολμητης [2Pt]

τομος [Heb]

τοξον [Apc]

τοπαζιον [Apc]

τουνομα [Mt]

τραπεζιτης [Mt]

τραυμα [Lc]

τραχηλιζομαι [Heb]

τραχωνιτις [Lc]

τρεισταβερναι [Ac]

τρημα [Lc]

τριακοντα-
καιοκτω [Jh]

τριετια [Ac]

τριζω [Mc]

τριμηνος [Heb]

τριστεγον [Ac]

τρισχιλιοι [Ac]

τριχινος [Apc]

τροπη [Ja]

τροποφορεω [Ac]

τροφος [1Th]

τροχια [Heb]

τροχος [Ja]

τρυγων [Lc]

τρυμαλια [Mc]

τρυπημα [Mt]

τρυφαινα [Rm]

τρυφαω [Ja]

τρυφωσα [Rm]

τυμπανιζω [Heb]

τυπικως [1Co]

τυραννος [Ac]

τυριος [Ac]

τυφομαι [Mt]

τυφωνικος [Ac]

ὑακινθινος [Apc]

ὑακινθος [Apc]

ὑγρος [Lc]

ὑδροποτεω [1Tm]

ὑδρωπικος [Lc]

ὑλη [Ja]

ὑπανδρος [Rm]

ὑπεικω [Heb]

ὑπερακμος [1Co]

ὑπεραυξανω [2Th]

ὑπερβαινω [1Th]

ὑπερβαλλοντως [2Co]

ὑπερεκεινα [2Co]

ὑπερεκτεινω [2Co]

ὑπερεκχυννομαι [Lc]

ὑπερεντυγχανω [Rm]

ὑπερηφανια [Mc]

ὑπερνικαω [Rm]

ὑπεροραω [Ac]

ὑπερπερισσως [Mc]

ὑπερπλεοναζω [1Tm]

ὑπερυψοω [Php]

ὑπερφρονεω [Rm]

ὑπεχω [Ju]

ὑποβαλλω [Ac]

ὑπογραμμος [1Pt]

ὑποδικος [Rm]

ὑποζωννυμι [Ac]

ὑποκρινομαι [Lc]

ὑπολειμμα [Rm]

ὑπολειπομαι [Rm]

ὑποληνιον [Mc]

ὑπολιμπανω [1Pt]

HAPAXLEGOMENA DES NEUEN TESTAMENTS, NACH SCHRIFTEN GEORDNET

Mt

άγγειον
άγγος
άγκιστρον
αίμορροεω
αίρετιζω
άκμην
άμφιβληστρον
άναβιβαζω
άναβοαω
άνηθον
άπαγχομαι
άπονιπτω
άρχελαος
βαραχιας
βαριωνα
βαρυτιμος
βασανιστης
βατταλογεω
βιαστης
γαδαρηνος
δαιμων
δανειον
δανιηλ
δεινα
δεσμη
διακαθαριζω
διακωλυω
διαλλασσομαι
διεξοδος
διετης
διυλιζω
διχαζω
έβδομηκοντακις
έγερσις
είδεα
είρηνοποιος
έκλαμπω
έμμανουηλ
έμπιμπρημι
έμπορια
έξορκιζω
έπιγαμβρευω
έπικαθιζω
έπιορκεω

έπισπειρω
έρευγομαι
έριζω
έριφιον
εύδια
εύνοεω
εύρυχωρος
ζαρα
θαμαρ
θαυμασιος
θυμοομαι
ίωτα
καθα
καταθεματιζω
καταμανθανω
κατωτερω
κητος
κορβανας
κυμινον
κωνωψ
λεμα
μαγαδαν
μιλιον
νομισμα
νοσσιον
οίκετεια
όλιγοπιστια
ούδαμως
ούριας
παγιδευω
παραθαλασσιος
παρομοιαζω
παροψις
πλατυς
πολυλογια
προβιβαζω
προφθανω
ρακα
ραμα
ραχαβ
ραχηλ
ρουθ
σαγηνη
σιτιστος
στατηρ
συναυξανομαι

ταφη
τελευτη
τουνομα
τραπεζιτης
τρυπημα
τυφομαι
φραζω
φυγη
φυλακτηριον
φυτεια
χαναναιος
ψυχομαι

Mc

άβιαθαρ
άγρευω
άλεκτοροφωνια
άλλαχου
άμφιβαλλω
άμφοδον
άναλος
άναπηδαω
άναστεναζω
άποδημος
άποστεγαζω
βαρτιμαιος
βοανηργες
γναφευς
δαλμανουθα
δισχιλιοι
δυσις
δυσκολος
έκθαυμαζω
έκπερισσως
ένειλεω
έννυχα
έξαπινα
έξουδενεω
έπιραπτω
έπισυντρεχω
έσχατως
έφφαθα
θανασιμος
ίδουμαια
καταβαρυνω

καταδιωκω
κατακοπτω
κατευλογεω
κατοικησις
κεφαλιοω
κορβαν
κουμ
κυλιομαι
κωμοπολις
λαμα
μηκυνομαι
μογιλαλος
μυριζω
νουνεχως
ξεστης
ούα
όψιος
παιδιοθεν
παρομοιος
περιτρεχω
προαυλιον
προμεριμναω
προσαββατον
προσκεφαλαιον
προσορμιζομαι
προσπορευομαι
πυγμη
σμυρνιζω
σπεκουλατωρ
στασιαστης
στιβας
στιλβω
συλλυπεομαι
συροφοινικισσα
συσσημον
ταλιθα
τηλαυγως
τιμαιος
τριζω
τρυμαλια
ύπερηφανια
ύπερπερισσως
ύπολτηνιον
χαλκιον

Lc

ἀβιληνη	ἀφαντος	ἐμμαους	καταβασις
ἀγκαλη	ἀφρος	ἐνδεχεται	καταδεω
ἀγραυλεω	ἀφυπνοω	ἐνειμι	κατακρημνιζω
ἀγωνια	βαθυνω	ἐννεα	καταλιθαζω
ἀδδι	βατος	ἐννευω	κατανευω
ἀδμιν	βελονη	ἐνως	καταπλεω
ἀθροιζω	βλητεος	ἐξαιτεομαι	κατασυρω
αἰσθανομαι	βολη	ἐξαστραπτω	κατασφαζω
αἰχμαλωτος	βοος	ἐπαθροιζομαι	καταψυχω
ἀλλογενης	βρωσιμος	ἐπειδηπερ	κεραμος
ἀμπελουργος	βυσσος	ἐπεισερχομαι	κερατιον
ἀμφιεζω	γαμισκω	ἐπικρινω	κιχρημι
ἀναβλεψις	γηρας	ἐπιλειχω	κλεοπας
ἀναδειξις	δακτυλιος	ἐπιμελως	κλισια
ἀναθημα	δανιστης	ἐπιπορευομαι	κοπρια
ἀναιδεια	δαπανη	ἐπισιτισμος	κοπριον
ἀναλημψις	δεκακαιοκτω	ἐπισχυω	κοραξ
ἀναπτυσσω	διαβαλλω	ἐπιχεω	κορος
ἀνατασσομαι	διαγρηγορεω	ἐσλι	κραιπαλη
ἀναφωνεω	διακαθαιρω	εὐεργετης	κρυπτη
ἀνεκλειπτος	διαλειπω	εὐφορεω	κυρηνιος
ἀνενδεκτος	διαμερισμος	ἡγεμονια	κωσαμ
ἀνθομολογεομαι	διανευω	ἡλι	λαμεχ
ἀννα	διανοημα	ἡμιθανης	λαμπρως
ἀντιβαλλω	διανυκτερευω	ἡρ	λαξευτος
ἀντικαλεω	διαπραγμα-	θαρα	λειος
ἀντιμετρεω	τευομαι	θεωρια	ληρος
ἀντιπερα	διασειω	θηρευω	λυσανιας
ἀπαρτισμος	διαταρασσω	θορυβαζω	λυσιτελεω
ἀπελπιζω	διαφυλασσω	θραυω	μααθ
ἀποθλιβω	διαχωριζομαι	θρομβος	μαθουσαλα
ἀποκλειω	διηγησις	θυμιαω	μαλελεηλ
ἀπομασσομαι	ἐα	ιανναι	ματταθα
ἀπορια	ἐβερ	ιαρετ	μελεα
ἀποστοματιζω	ἐγκαθετος	ιδρως	μεννα
ἀποψυχω	ἐγκυος	ιερατευω	μενουν
ἀρην	ἐδαφιζω	ικμας	μεριστης
ἀρνι	ἐθιζω	ισαγγελος	μετεωριζομαι
ἀροτρον	ἐκκομιζω	ισως	μογις
ἀρφαξαδ	ἐκκρεμαννυμι	ιτουραια	μυλικος
ἀρχιτελωνης	ἐκχωρεω	ιωαναν	ναγγαι
ἀσωτως	ἐλιεζερ	ιωδα	ναθαμ
αὐγουστος	ἐλισαιος	ιωναμ	ναιμαν
αὐτοπτης	ἐλκοομαι	ιωριμ	ναιν
	ἐλμαδαμ	ιωσηχ	ναουμ
	ἐμβαλλω	καθοπλιζομαι	ναχωρ

νηρι

νοσσια

νοσσος

ὀγδοηκοντα

ὀγδοηκοντα-
τεσσαρες

ὀδευω

οἰκονομεω

ὀμβρος

ὀνειδος

ὀπτος

ὀρθριζω

ὀρθρινος

ὀφρυς

παμπληθει

πανδοχειον

πανδοχευς

παραδοξος

παρακαθεζομαι

παρακαλυπτω

παραλιος

παρατηρησις

παρεμβαλλω

παρθενια

πεδινος

πενιχρος

πεντεκαιδεκατος

περιαπτω

περικρυβω

περικυκλοω

περιοικεω

περιοικος

περισπαομαι

πηγανον

πιεζω

πινακιδιον

πλημμυρα

πολλαπλασιων

πραγματευομαι

προμελεταω

προσαναβαινω

προσαναλοω

προσδαπαναω

προσεργαζομαι

προσποιεομαι

προσψαυω

πτυσσω

ραγαυ

ρηγμα

ρησα

σαλος

σαρεπτα

σεμειν

σερουχ

σηθ

σημ

σικερα

σινιαζω

σιτομετριον

σκυλον

σορος

σουσαννα

στιγμη

στρατοπεδον

συγγενις

συγκαλυπτω

συγκατατιθεμαι

συγκυπτω

συγκυρια

συκαμινος

συκομορεα

συλλογιζομαι

συμπαραγινομαι

συμπιπτω

συμφυω

συμφωνια

συνειμι

συνοδια

συντυγχανω

συρος

τελεσφορεω

τετραπλους

τιβεριος

τραυμα

τραχωνιτις

τρημα

τρυγων

ὑγρος

ὑδρωπικος

ὑπερεκχυννομαι

ὑποκρινομαι

ὑποστρωννυω

φαλεκ

φανουηλ

φαραγξ

φιλονεικια

φοβητρον

φρονιμως

χαραξ

χασμα

χορος

χουζας

ψωχω

ᾠον

Jh

ἀγγελλω

αἰνων

ἁλιευω

ἀλλαχοθεν

ἀλοη

ἀναμαρτητος

ἀντλημα

ἀραφος

αὐτοφωρος

βαιον

βηθζαθα

βιβρωσκω

γαββαθα

γενετη

γερων

δακρυω

δειλιαω

δηποτε

ἐγκαινια

εἰκοσιπεντε

ἑκατονπεντη-
κοντατρεις

ἐκνευω

ἐμποριον

ἐμφυσαω

ἐξυπνιζω

ἐπαρατος

ἐπενδυτης

ἐφραιμ

ἤπερ

θεοσεβης

θηκη

θρεμμα

καθαιρω

καιτοιγε

καταγραφω

κατακυπτω

κεδρων

κειρια

κερμα

κερματιστης

κηπουρος

κλωπας

κοιμησις

κομψοτερον

λιθοστρωτος

λογχη

μαλχος

μεσοω

μετρητης

μιγμα

νιπτηρ

νοσημα

νυσσω

ὀζω

οἱοσδηποτουν

ὀναριον

οὐκουν

παιδαριον

πενθερος

περιδεω

ποτερον

προβατικος

προσαιτεω

προσκυνητης

προσφαγιον

πτερνα

πτυσμα

ρεω

ρωμαιστι

σαλειμ

σκηνοπηγια

συγχραομαι

συμμαθητης

συχαρ

ταραχη

τεσσερακοντα-
  καιεξ

τεταρταιος

τετραμηνος

τριακοντα-
  καιοκτω

υφαντος

φανος

φραγελλιον

χειμαρρος

χολαω

Ac

ἀγαθουργεω

ἁγνισμος

ἀγνωστος

ἀγραμματος

ἀδραμυττηνος

ἀδριας

ἀζωτος

αἰτιωμα

ἀκελδαμαχ

ἀκριβεια

ἀκριβης

ἀκροατηριον

ἀκωλυτως

ἀλισγημα

ἀλλοφυλος

ἀμαρτυρος

ἀμυνομαι

ἀμφιπολις

ἀναβαλλω

ἀναβολη

ἀναγνωριζω

ἀναδιδωμι

ἀναιρεσις

ἀνακρισις

ἀναντιρρητος

ἀναντιρρητως

ἀναπειθω

ἀνασκευαζω

ἀναψυξις

ἀνευθετος

ἀντικρυς

ἀντιοχευς

ἀντιπατρις

ἀντιπιπτω

ἀντοφθαλμεω

ἀνωτερικος

ἀπασπαζομαι

ἀπειμι

ἀπελαυνω

ἀπελεγμος

ἀπεριτμητος

ἀποκαταστασις

ἀπολλωνια

ἀποπιπτω

ἀποριπτω

ἀποφορτιζομαι

ἀππιος

ἀππιουφορον

ἀραψ

ἀργυροκοπος

ἀρεοπαγιτης

ἀρτεμων

ἀρχιερατικος

ἀσημος

ἀσιανος

ἀσιαρχης

ἀσιτια

ἀσιτος

ἀσκεω

ἀσμενως

ἀσσον

ἀσυμφωνος

ἀτταλεια

αὐγη

αὐτοχειρ

ἀφελοτης

ἀφιξις

ἀχλυς

βαριησους

βασις

βεροιαιος

βιαιος

βιωσις

βλαστος

βραδυπλοεω

βρυχω

βωμος

γαζα

γαζα

γερουσια

γλευκος

γνωστης

δαμαρις

δεισιδαιμονια

δεισιδαιμων

δεξιολαβος

δερβαιος

δευτεραιος

δημηγορεω

διαγνωσις

διαδεχομαι

διαδοχος

διακατελεγχομαι

διακοσιοι-
  εβδομηκονταεξ

διακουω

διαλυω

διαμαχομαι

διανεμομαι

διανυω

διαπλεω

διαστημα

διατελεω

διαφευγω

διαχλευαζω

διενθυμεομαι

διερωταω

διθαλασσος

διονυσιος

διοπετης

διορθωμα

διοσκουροι

δρουσιλλα

δυσεντεριον

δωδεκαφυλον

ἑβδομηκοντα-
  πεντε

ἐδαφος

εἰσκαλεομαι

εἰσπηδαω

εἰστρεχω

ἑκατονεικοσι

ἐκβολη

ἐκδοτος

ἐκθαμβος

ἐκθετος

ἐκκολυμβαω

ἐκλαλεω

ἐκπηδαω

ἐκπληροω

ἐκπληρωσις

ἐκταρασσω

ἐκτενεια

ἐλαμιτης

ἐλευσις

ἑλλας

ἐλυμας

ἐμβιβαζω

ἐμμαινομαι

ἐμμωρ

ἐμπνεω

ἐνδεης

ἐνεος

ἐντοπιος

ἐνυπνιον

ἐνωτιζομαι

ἐξαλλομαι

ἐξολεθρευω

ἐξορκιστης

ἐξοχη

ἐξυπνος

ἐπακροαομαι

ἐπαναγκες

ἐπαυλις

ἐπεκεινα

ἐπιγινομαι

ἐπικελλω

ἐπικουρειος

ἐπικουρια

ἐπιμελεια

ἐπινευω

ἐπινοια

ἐπισκευαζομαι

ἐπιστροφη

ἐπισφαλης

ἐπιτροπη

ἐπιφανης

ἐρειδω

εὐεργετεω

εὐθυμος

εὐθυμως	κως	οἱκημα	προσκληροομαι
εὐπορεομαι	λακαω	οἱκοδομος	προσκλινομαι
εὐπορια	λακτιζω	ὀκνεω	προσπεινος
εὐρακυλων	λαμπροτης	ὁλοκληρια	προσπηγνυμι
εὐτυχος	λασαια	ὁμοτεχνος	προσφατως
ἐφαλλομαι	λεπις	ὀπτανομαι	προσωπολημπτης
ζευκτηρια	λιβερτινος	ὁροθεσια	προτεινω
θαρσος	λιβυη	ὀχλεομαι	προτρεπομαι
θεα	λιψ	ὀχλοποιεω	προχειροτονεω
θεομαχος	λογιος	παθητος	προχορος
θερμη	λυκαονια	πανοικει	πρωτοστατης
θευδας	λυκαονιστι	πανταχῃ	πρωτως
θυμομαχεω	λυκια	παντῃ	πτολεμαις
ἱεροσυλος	λυμαινομαι	παραβαλλω	πυθων
ἰταλικος	λυτρωτης	παραθεωρεομαι	πυρρος
ἰωηλ	μαγεια	παρανομεω	ῥαδιουργημα
καθαπτω	μαγευω	παραπλεω	ῥαδιουργια
καθημερινος	μαδιαμ	παρασημος	ῥαιφαν
καθολου	μαθητρια	παρατεινω	ῥηγιον
κακωσις	μακροθυμως	παρατυγχανω	ῥητωρ
κανδακη	μαναην	παραχειμασια	ῥιπτεω
καρποφορος	μανια	παρενοχλεω	ῥοδη
καταγγελευς	μαντευομαι	παρθος	ῥοδος
καταδικη	μαστιζω	παρμενας	ῥωννυμαι
κατακληρονομεω	μεγαλειος	παροιχομαι	σαλαμις
καταλοιπος	μελιτη	παροτρυνω	σαλμωνη
καταμενω	μεστοω	παταρα	σαμοθρακη
κατανυσσομαι	μεταβαλλομαι	πεζευω	σαμος
καταριθμεω	μετριως	πειραομαι	σανις
κατασοφιζομαι	μηδος	περαιτερω	σαπφιρα
κατατρεχω	μηθεις	περικρατης	σαρων
καταφρονητης	μισθωμα	περιμενω	σεκουνδος
κατειδωλος	μιτυληνη	περιξ	σελευκεια
κατεφισταμαι	μνασων	περιοχη	σεργιος
κατοικια	μολοχ	περιρηγνυμι	σικαριος
καυδα	μοσχοποιεω	περιτρεπω	σιμικινθιον
κις	μυρα	πιμπρημι	σιτιον
κλιναριον	ναυκληρος	ποντικος	σκευας
κνιδος	ναυς	πορκιος	σκευη
κοιτων	νεαπολις	πορφυροπωλις	σκηνοποιος
κολυμβαω	νεωκορος	ποτιολοι	σκληροτραχηλος
κολωνια	νησιον	πρηνης	σκωληκοβρωτος
κοπετος	νιγερ	προκηρυσσω	σπερμολογος
κουφιζω	νικανωρ	προσαπειλεομαι	στεμμα
κτητωρ	νικολαος	προσδεομαι	στωικος
κυρηνη	ὁδοιπορεω	προσεαω	συγκαταβαινω

συγκατα-
  ψηφιζομαι

συγκινεω

συγκομιζω

συγχεω

συγχυσις

συζητησις

συμπαρειμι

συμπεριλαμβανω

συμπινω

συμψηφιζω

συναλιζομαι

συναλλασσω

συνδρομη

συνεπιτιθεμαι

συνεπομαι

συνεφιστημι

συνθρυπτω

συνοδευω

συνομιλεω

συνομορεω

συντροφος

συνωμοσια

συρακουσαι

συρτις

σφαγιον

σφοδρως

σφυδρον

σχολη

σωπατρος

ταβερνη

τακτος

τεκμηριον

τετραδιον

τετρακοσιοι-
  καιπεντηκοντα

τιμων

τιτιος

τοιχος

τρεισταβερναι

τριετια

τριστεγον

τρισχιλιοι

τροποφορεω

τυραννος

τυριος

τυφωνικος

ὑπεροραω

ὑποβαλλω

ὑποζωννυμι

ὑποπνεω

ὑποτρεχω

φαντασια

φασις

φιλανθρωπως

φιλοσοφος

φιλοφρονως

φοινιξ

φορον

φρυασσω

φρυγανον

φυλακιζω

χαλδαιος

χειμαζομαι

χειραγωγος

χιος

χλευαζω

χορτασμα

χρονοτριβεω

χρως

χωρος

ὠνεομαι

Rm

ἀλαλητος

ἀμετανοητος

ἀμπλιατος

ἀναλογια

ἀνδρονικος

ἀνελεημων

ἀνεξεραυνητος

ἀνθραξ

ἀντιστρατευομαι

ἀπελλης

ἀποστυγεω

ἀποτολμαω

ἀρά

ἀριστοβουλος

ἀσθενημα

ἀσπις

ἀσυγκριτος

ἀσυνθετος

ἀφικνεομαι

ἀχρειοομαι

βααλ

γραπτος

δικαιοκρισια

δολιοω

ἑκατονταετης

ἐκκαιομαι

ἐκπεταννυμι

ἐλλογεω

ἐπαινετος

ἐπαναμιμνησκω

ἐπικαλυπτω

ἐπιποθια

ἐπονομαζομαι

ἑπτακισχιλιοι

ἑρμας

ἐφευρετης

ἡρωδιων

ἡτοι

θειοτης

θεοστυγης

θηρα

ἱεροσυλεω

ἱερουργεω

ἱλαροτης

ἰλλυρικον

ἰουλια

ἰουνιας

καθοραω

κακοηθεια

καλλιελαιος

καταλαλος

κατανυξις

κουαρτος

λαρυγξ

λειμμα

ματαιοομαι

ναρκισσος

νηρευς

νομοθεσια

νωτος

ὀλυμπας

ὀρεξις

οὐρβανος

παλαιοτης

παρεσις

πατροβας

περσις

πιοτης

πλασμα

προαιτιαομαι

προγινομαι

προδιδωμι

προεχω

προηγεομαι

προπατωρ

προσλημψις

προστατις

ῥεβεκκα

σεβαζομαι

σκληροτης

σταχυς

συγκαμπτω

συμβουλος

συμπαρακαλεομαι

συμφημι

συμφυτος

συναγωνιζομαι

συναναπαυομαι

συνδοξαζω

συνηδομαι

συντεμνω

συντριμμα

συνωδινω

συστεναζω

σωσιπατρος

τερτιος

τολμηρος

τρυφαινα

τρυφωσα

ὑπανδρος

ὑπερεντυγχανω

ὑπερνικαω

ὑπερφρονεω

ὑποδικος

ὑπολειμμα

ὑπολειπομαι

φιλολογος

φιλοστοργος

φλεγων

φοιβη

χρηματισμος

χρηστολογια

ψευσμα

ψιθυριστης

ὡσηε

1Co

ἀγενης

ἀδαπανος

ἀδηλως

αἰνιγμα

ἀκων

ἀμετακινητος

ἀναξιος

ἀναξιως

ἀνδριζομαι

ἀντιλημψις

ἀπελευθερος

ἀπερισπαστως

ἀποδειξις

ἀρχιτεκτων

ἀστατεω

ἀσχημων

ἀτομος

αὐλος

ἀχαικος

ἀψυχος

βροχος

γεωργιον

γυμνιτευω

διερμηνευτης

δουλαγωγεω

δρασσομαι

δυσφημεω

ἐγκοπη

εἰδωλειον

εἰκοσιτρεις

ἐκνηφω

ἐκτρωμα

ἐξαιρω

ἑορταζω

ἐπιθανατιος

ἐπιθυμητης

ἐπισπαομαι

ἑτερογλωσσος

εὐπαρεδρος

εὐσημος

εὐσχημοσυνη

ἠθος

ἠχεω

θα

θηριομαχεω

ἱεροθυτος

καλαμη

καταστρωννυμι

κημοω

κομη

κυβερνησις

κυμβαλον

λυσις

μακελλον

μαρανα

νη

νηπιαζω

ὀλοθρευτης

ὁμιλια

ὀσφρησις

παιζω

παραμυθια

παρεδρευω

παροδος

πειθος

πειθώ

περικαθαρμα

περιψημα

περπερευομαι

πτηνος

πυκτευω

ῥιπη

συγγνωμη

συζητητης

συμμεριζομαι

συμφωνος

ταγμα

τυπικως

ὑπερακμος

φιλονεικος

φορτουνατος

χλοη

χρηστευομαι

ὡσπερει

2Co

ἀβαρης

ἀγανακτησις

ἁδροτης

ἀνεκδιηγητος

ἀπαρασκευαστος

ἀπειπον

ἀποκριμα

ἀρετας

ἁρμοζω

ἀρρητος

αὐγαζω

βελιαρ

βυθος

δαμασκηνος

διψος

δολιος

δολοω

δοτης

δυσφημια

ἐγκρινω

ἐθναρχης

εἰσδεχομαι

ἐκδαπαναω

ἐκφοβεω

ἐλαττονεω

ἐλαφρια

ἐμπεριπατεω

ἐντυπωω

ἐπακουω

ἐπισκηνοω

ἐπιτιμια

ἑσσοομαι

ἑτεροζυγεω

εὐφημια

ἱκανοτης

ἱλαρος

καπηλευω

καταβαρεω

καταρτισις

κατοπτριζω

μετοχη

μολυσμος

νυχθημερον

ὀχυρωμα

πανουργος

παραυτικα

παραφρονεω

πενης

πεντακις

προαιρεω

προκαταρτιζω

προσκοπη

πτωχευω

σαργανη

σκολοψ

συγκαταθεσις

συλαω

συμφωνησις

συναποστελλω

συνυπουργεω

συστατικος

ὑπερβαλλοντως

ὑπερεκεινα

ὑπερεκτεινω

φυσιωσις

ψευδαποστολος

ψιθυρισμος

Ga

ἀλληγορεω

βασκαινω

γαλατης

δακνω

ἐθνικως

εἰκω

ἐκπτυω

ἐπιδιατασσομαι

εὐπροσωπεω

ἰουδαιζω

ἰουδαικως

ἱστορεω

κατασκοπεω

κενοδοξος

μορφοω

μυκτηριζω

ὀρθοποδεω

παρεισακτος

πατρικος

πεισμονη

προευαγγελι-
ζομαι

προθεσμια

προκαλεω

προκυροω

στιγμα

συνηλικιωτης

συνυποκρινομαι

συστοιχεω

τετρακοσιοι-
καιτριακοντα

φθονεω

φρεναπαταω

Eph

ἀθεος

αἰσχροτης

αἰχμαλωτευω

ἀνανεοομαι

ἀνοιξις

ἀπαλγεω

ἀσοφος

βελος

ἐξισχυω

ἐπιδυω

ἐπιφαυσκω

ἑτοιμασια

εὐνοια

εὐτραπελια

θυρεος

καταρτισμος

κατωτερος

κληροω

κλυδωνιζομαι

κοσμοκρατωρ

κρυφῃ

κυβεια

μακροχρονιος

μεγεθος

μεσοτοιχον

μωρολογια

παλη

παροργισμος

πολυποικιλος

προελπιζω

προσκαρτερησις

ῥυτις

συμπολιτης

συνοικοδομεω

συσσωμος

Php

ἀγνως

αἰσθησις

ἀκαιρεομαι

ἀλυπος

ἀναθαλλω

ἀπουσια

ἁρπαγμος

αὐταρκης

γνησιως

ἐξαναστασις

ἐπεκτεινομαι

ἐπιποθητος

ἑτερως

εὐοδια

εὐφημος

εὐψυχεω

ἰσοψυχος

κατατομη

καταχθονιος

κενοδοξια

κλημης

λημψις

μεγαλως

μυεομαι

ὀκταημερος

παραβολευομαι

παραμυθιον

παραπλησιος

πολιτευμα

προσφιλης

πτυρομαι

σκοπος

σκυβαλον

συζυγος

συμμιμητης

συμμορφιζομαι

συμψυχος

συντυχη

ὑπερυψοω

φιλιππησιος

Col

ἀθυμεω

αἰσχρολογια

ἀνεψιος

ἀνταναπληροω

ἀνταποδοσις

ἀπεκδυσις

ἀποχρησις

ἀρεσκεια

ἀφειδια

βραβευω

δογματιζομαι

ἐθελοθρησκια

εἰρηνοποιεω

ἐμβατευω

εὐχαριστος

θεοτης

ἱεραπολις

καταβραβευω

κολοσσαι

λαοδικευς

μετακινεω

μομφη

νεομηνια

νυμφα

ὁρατος

παρηγορια

πιθανολογια

πλησμονη

προακουω

προσηλοω

πρωτευω

σκυθης

στερεωμα

συλαγωγεω

σωματικως

φιλοσοφια

χειρογραφον

1Th

ἀναμενω

ἀπορφανιζω

ἀτακτος

ἐκδιωκω

ἐνορκιζω

ἐξηχεομαι

θεοδιδακτος

κελευσμα

κολακεια

ὀλιγοψυχος

ὁλοτελης

ὁμειρομαι

ὁσιως

προπασχω

σαινω

συμφυλετης

τροφος

ὑπερβαινω

2Th

ἀτακτεω

ἐγκαυχαομαι

ἐνδειγμα

καλοποιεω

περιεργαζομαι

σημειοομαι

τινω

ὑπεραυξανω

1Tm

ἀγαθοεργεω

ἀδηλοτης

αἰδως

ἀλλως

ἀμοιβη

ἀνδραποδιστης

ἀνδροφονος

ἀντιθεσις

ἀντιλυτρον

ἀπεραντος

ἀποβλητος

ἀποθησαυριζω

άπροσιτος

αὐθεντεω

βαθμος

βλαβερος

γραωδης

γυμνασια

διαπαρατριβη

διατροφη

διλογος

διωκτης

ἑδραιωμα

ἐκγονος

ἐκζητησις

ἐντρεφομαι

ἐπιορκος

ἐπιπλησσω

εὐμεταδοτος

ἠρεμος

θεοσεβεια

καταλεγομαι

καταστολη

καταστρηνιαω

καυστηριαζομαι

κοινωνικος

λογομαχια

ματαιολογια

μεταλημψις

μητρολωας

μονοομαι

νεοφυτος

νοσεω

ξενοδοχεω

οἰκοδεσποτεω

ὁμολογουμενως

πατρολωας

περιπειρω

πλεγμα

πραυπαθια

προκριμα

προσκλισις

ῥητως

σκεπασμα

στομαχος

τεκνογονεω

τεκνογονια

τεκνοτροφεω

ὑδροποτεω

ὑπερπλεοναζω

ὑπονοια

ὑψηλοφρονεω

φιλαργυρια

φλυαρος

ψευδολογος

ψευδωνυμος

2Tm

ἀγωγη

ἀκαιρως

ἀκρατης

ἀναζωπυρεω

ἀναλυσις

ἀνανηφω

ἀναψυχω

ἀνεξικακος

ἀνεπαισχυντος

ἀνημερος

ἀντιδιατιθεμαι

ἀπαιδευτος

ἀποτρεπω

ἀρτιος

ἀσπονδος

ἀφιλαγαθος

βελτιων

γαγγραινα

γοης

γυναικαριον

δαλματια

δειλια

ἐκδηλος

ἐλεγμος

ἐνδυνω

ἐπανορθωσις

ἐπισωρευω

ἑρμογενης

εὐβουλος

εὐνικη

ἠπιος

θεοπνευστος

ἰαμβρης

ἰαννης

κάρπος

καταφθειρω

κλαυδια

κνηθω

κρησκης

λινος

λογομαχεω

λωις

μαμμη

μεμβρανα

μηδεποτε

νεωτερικος

ὀρθοτομεω

πιστοω

πουδης

πραγματεια

στρατολογεω

σωφρονισμος

φαιλονης

φιλαυτος

φιληδονος

φιλητος

φιλοθεος

φυγελος

χαλκευς

χρησιμος

Tit

αἱρετικος

ἀκαταγνωστος

ἀρτεμας

αὐτοκατακριτος

ἀφθορια

ἀψευδης

βδελυκτος

ἐγκρατης

ἐκστρεφομαι

ἐπιδιορθοω

ἐπιστομιζω

ζηνας

ἱεροπρεπης

ἰουδαικος

καλοδιδασκαλος

καταστημα

ματαιολογος

νικοπολις

οἰκουργος

ὀργιλος

περιουσιος

περιφρονεω

πρεσβυτις

στυγητος

σωτηριος

σωφρονιζω

σωφρονως

φιλαγαθος

φιλανδρος

φιλοτεκνος

φρεναπατης

φροντιζω

Phm

ἀποτινω

ἀπφια

ἀχρηστος

ἑκουσιος

ἐλλογαω

ὀνιναμαι

προσοφειλω

φιλημων

Heb

ἀγενεαλογητος

ἁγιοτης

ἀγνοημα

ἀθλησις

αἰγειος

αἱματεκχυσια

αἰνεσις

αἰσθητηριον

ἀκαταλυτος

ἀκλινης

ἀκροθινιον

ἀλυσιτελης

ἀμητωρ

ἀνακαινιζω

ἀναλογιζομαι

ἀναριθμητος

ἀνασταυροω

ἀνταγωνιζομαι

ἀντικαθιστημι	θυελλα	προσχυσις	θανατηφορος
ἀπαραβατος	θυμιατηριον	πρωτοτοκια	θρησκος
ἀπατωρ	ἰεφθαε	σαββατισμος	ἰωβ
ἀπαυγασμα	ἰκετηρια	σαμψων	κακοπαθια
ἀπειρος	καθαροτης	σταμνος	κατηφεια
ἀποβλεπω	καθωσπερ	συγκακουχεομαι	κατιοομαι
ἀρμος	καρτερεω	συναπολλυμαι	κατοικιζω
ἀφανης	καταγωνιζομαι	συνδεω	κενως
ἀφανισμος	καταδηλος	συνεπιμαρτυρεω	μαραινομαι
ἀφομοιοω	καταναλισκω	τελειωτης	μετατρεπω
βαρακ	κατασκιαζω	τιμωρια	νομοθετης
βοηθος	κατασκοπος	τομος	ὀλολυζω
βοτανη	καυσις	τραχηλιζομαι	ὁμοιωσις
γεδεων	κεφαλις	τριμηνος	ὀψιμος
γενεαλογεομαι	κοπη	τροχια	παραλλαγη
γεωργεομαι	κριτικος	τυμπανιζω	ποιησις
γνοφος	κωλον	ὑπεικω	πολυσπλαγχνος
δαμαλις	λειτουργικος	ὑποστολη	προιμος
δεος	λευιτικος	φανταζομαι	προσωποπλημπτεω
δερμα	μεσιτευω	χαρακτηρ	ῥιπιζω
δημιουργος	μετεπειτα	χερουβιμ	ῥυπαρια
δηπου	μετριοπαθεω		σηπω
διαταγμα	μηδεπω		σητοβρωτος
διικνεομαι	μηλωτη	**Ja**	ταλαιπωρεω
διορθωσις	μην		τροπη
δοκιμασια	μισθαποδοτης	ἀδιακριτος	τροχος
δυσερμηνευτος	μυελος	ἀλυκος	τρυφαω
ἐγγυος	νεφος	ἀμαω	ὑλη
ἐκβαινω	νοθος	ἀνελεος	φιλια
ἐκδοχη	ὀγκος	ἀνεμιζομαι	φρισσω
ἐκλανθανομαι	ὀλιγωρεω	ἀπειραστος	χρη
ἐλεγχος	ὀλοθρευω	ἁπλως	χρυσοδακτυλιος
ἐμπαιγμος	πανηγυρις	ἀποσκιασμα	
ἐνυβριζω	παραδειγματιζω	αὐχεω	
ἑξις	παραπικραινω	βοη	**1Pt**
ἐπεισαγωγη	παραπιπτω	βρυω	
ἐπιλειπω	παραπλησιως	γελως	ἀγαθοποιια
ἐπος	παραρρεω	δαιμονιωδης	ἀγαθοποιος
εὐαρεστως	πηγνυμι	ἐμφυτος	ἀδικως
εὐθυτης	πολυμερως	ἐναλιος	ἀδολος
εὐλαβεομαι	πολυτροπως	ἐξελκομαι	αἰσχροκερδως
εὐπεριστατος	πριζω	ἐπιλησμονη	ἀλλοτρι-
εὐποιια	προβλεπομαι	ἐπιστημων	επισκοπος
θεατριζω	προδρομος	ἐπιτηδειος	ἀμαραντινος
θελησις	προσαγορευω	εὐπειθης	ἀμαραντος
θεραπων	προσφατος	εὐπρεπεια	ἀναγκαστως
		ἐφημερος	ἀναζωννυμαι

ἀναχυσις

ἀνεκλαλητος

ἀντιλοιδορεω

ἀπογινομαι

ἀπονεμω

ἀπροσωπολημπτως

ἀρτιγεννητος

ἀρχιποιμην

βιοω

γυναικειος

ἐγκομβοομαι

ἐκτενης

ἐμπλοκη

ἐνδυσις

ἐξεραυναω

ἐπερωτημα

ἐπικαλυμμα

ἐπιλοιπος

ἐπιμαρτυρεω

κλεος

κραταιος

κτιστης

μωλωψ

οἰνοφλυγια

ὁμοφρων

ὁπλιζομαι

πατροπαραδοτος

περιθεσις

ποτος

προθυμως

προμαρτυρομαι

πτοησις

ῥυπος

σθενοω

σπορα

συμπαθης

συμπρεσβυτερος

συνεκλεκτος

συνοικεω

ταπεινοφρων

τελειως

ὑπογραμμος

ὑπολιμπανω

φιλαδελφος

ὠρυομαι

2Pt

ἀκαταπαυστος

ἀλωσις

ἀμαθης

ἀμωμητος

ἀργεω

αὐχμηρος

βλεμμα

βορβορος

βοσορ

βραδυτης

διαυγαζω

δυσνοητος

ἐγκατοικεω

ἑκαστοτε

ἐλεγξις

ἐμπαιγμονη

ἐντρυφαω

ἐξεραμα

ἐπιλυσις

ἐποπτης

ἰσοτιμος

κατακλυζω

κυλισμος

ληθη

μεγαλοπρεπης

μιασμα

μιασμος

μνημη

μυωπαζω

μωμος

ὀλιγως

ὀμιχλη

παρανομια

παραφρονια

παρεισαγω

παρεισφερω

πλαστος

ῥοιζηδον

σειρα

στηριγμος

στρεβλοω

ταρταροω

τεφροω

τηκομαι

τοιοσδε

τολμητης

ὑς

φωσφορος

ψευδοδιδασκαλος

1Jh

νικη

2Jh

χαρτης

3Jh

διοτρεφης

φιλοπρωτευω

φλυαρεω

Ju

ἀποδιοριζω

ἀπταιστος

γογγυστης

δειγμα

ἐκπορνευω

ἐπαγωνιζομαι

ἐπαφριζω

κορε

μεμψιμοιρος

παρεισδυω

πλανητης

σπιλας

ὑπεχω

φθινοπωρινος

φυσικως

Apc

ἀβαδδων

ἀκμαζω

ἀκρατος

ἀμεθυστος

ἀμωμον

ἀντιπας

ἀπολλυων

ἀρκος

ἀρμαγεδων

βαλακ

βατραχος

βηρυλλος

βοτρυς

γαδ

γωγ

διαυγης

διπλοω

δισμυριας

δωδεκατος

ἐγχριω

ἐλεφαντινος

ἑλληνικος

ἐμεω

ἐνδωμησις

ἑξακοσιοι-
    εξηκονταεξ

ζηλευω

ἡμιωριον

θειωδης

θυινος

ἰεζαβελ

ἱππικος

ἰσσαχαρ

καταθεμα

κατασφραγιζω

κατηγωρ

κεραμικος

κινναμωμον

κλεμμα

κολλουριον

κολλυριον

κριθη

κρυσταλλιζω

κυκλευω

λιπαρος

μαγωγ

μαρμαρος

μασαομαι

μηρος

μουσικος

μυκαομαι

μυλινος

νεφρος

ὀλυνθος

ὀπωρα

ὀρμημα

παρδαλις

πατμος

πελεκιζομαι

πλησσω

ποδηρης

ποταμοφορητος

πυρινος

ῥεδη

ῥουβην

ῥυπαινομαι

σαλπιστης

σαπφιρος

σαρδονυξ

σεμιδαλις

σιδηρος

σιρικος

σμαραγδινος

σμαραγδος

στρηνος

ταλαντιαιος

τετραγωνος

τιμιοτης

τοξον

τοπαζιον

τριχινος

ὑακινθινος

ὑακινθος

φαρμακον

χαλκηδων

χαλκους

χιλιοιεξακοσιοι

χλιαρος

χρυσολιθος

χρυσοπρασος

RÜCKLÄUFIGES WÖRTERBUCH
DER FLEKTIERTEN FORMEN

ἁ	βασιλεα	κειμεθα	κατειχομεθα
ἀναβα	γενεα	θλιβομεθα	ἀρχομεθα
βαρναβα	αἰνεα	παραδιδομεθα	ἐρχομεθα
μεταβα	ἐννεα	ψευδομεθα	εἰσερχομεθα
ἀββα	ἐνενηκονταεννεα	δεομεθα	εὐχομεθα
λιβα	φονεα	λογιζομεθα	προσευχομεθα
σαλπιγγα	ὀρνεα	εὐαγγελιζομεθα	λημψομεθα
μεγα	βαρεα	ἀγωνιζομεθα	ὀψομεθα
ὀλιγα	ἀνδρεα	κολαφιζομεθα	δεδοκιμασμεθα
ἀλογα	ἱερεα	πειθομεθα	πεπεισμεθα
ἐλλογα	ἀρχιερεα	εὑρισκομεθα	ἀπολλυμεθα
φλογα	στερεα	βουλομεθα	φοβουμεθα
ἐργα	νηρεα	ἀνακρινομεθα	ἀπολογουμεθα
περιεργα	κρεα	ἐκρινομεθα	παρακαλουμεθα
ἡρωδιαδα	δωρεα	ἐκφευξομεθα	βλασφημουμεθα
ἑλλαδα	ταρσεα	ἐνετρεπομεθα	φιλοτιμουμεθα
ἰκμαδα	μωυσεα	ἐφερομεθα	κινουμεθα
τρωαδα	ὀστεα	ἐσομεθα	ὑστερουμεθα
λυδδα	ἀντιοχεα	ἀλλαγησομεθα	ἐφρουρουμεθα
κρασπεδα	χαλαζα	ἁρπαγησομεθα	θανατουμεθα
πτολεμαιδα	τραπεζα	ὑποταγησομεθα	αἰτουμεθα
παιδα	ῥιζα	εὑρεθησομεθα	μεταμορφουμεθα
βηθσαιδα	χουζα	κοιμηθησομεθα	ἐργαζωμεθα
παγιδα	θα	ἀρκεσθησομεθα	ἀποθωμεθα
σφραγιδα	γαββαθα	σωθησομεθα	περιβαλωμεθα
κλειδα	ἀγαθα	ποιησομεθα	γενωμεθα
μοιχαλιδα	βηθζαθα	ἀρνησομεθα	γινωμεθα
ἀτμιδα	καθα	δυνησομεθα	προσευξωμεθα
οἰδα	ματταθα	παραστησομεθα	καταρωμεθα
συνοιδα	ἐφφαθα	καυχησομεθα	πεφανερωμεθα
ἐλπιδα	τεθεαμεθα	ἀπομασσομεθα	φερωμεθα
μεριδα	διεστειλαμεθα	ἐλευσομεθα	χρωμεθα
πατριδα	δυναμεθα	ἀπελευσομεθα	ἀπειλησομεθα
ἀντιπατριδα	ἐδεξαμεθα	πορευσομεθα	ἐνδυσομεθα
περσιδα	ἀπειπαμεθα	ἐμπορευσομεθα	αἰτωμεθα
ῥυτιδα	διεμαρτυραμεθα	ἀκουσομεθα	ἐξερχωμεθα
ποδα	εἰργασαμεθα	γνωσομεθα	προσερχωμεθα
τετραποδα	ἐθεασαμεθα	παυομεθα	καυχωμεθα
καυδα	ἐπαρρησιασαμεθα	παιδευομεθα	ἐπισκεψωμεθα
χλαμυδα	προητιασαμεθα	ἐπορευομεθα	ταβιθα
ἰουδα	ἀπησπασαμεθα	στρατευομεθα	ταλιθα
ἰωδα	ἐχρησαμεθα	στρεφομεθα	πεποιθα
ἐα	εὐηγγελισαμεθα	ἀπεκδεχομεθα	ἀπηλθα
εἰδεα	ἠμεθα	ἀποδεχομεθα	γολγοθα
βαθεα	παρακεκλημεθα	ἀνεχομεθα	μαρθα
μελεα	γεγεννημεθα	προεχομεθα	ἦσθα

ἐλήλυθα	εία	φιλαδελφεια	ἀποτομια
δαλμανουθα	εὐσεβεια	μοιχεια	ἐπιθυμια
βαια	κυβεια	στοιχεια	μακροθυμια
βεβαια	ἐπιγεια	ἀντιοχεια	προθυμια
ιουδαια	ἀσελγεια	ἐπαρχεια	ζιζανια
ταλαντιαια	ἐπιτηδεια	πτωχεια	βηθανια
ἀναγκαια	παιδεια	σιμικινθια	ἀνανια
δικαια	ἀληθεια	στρουθια	ἐπουρανια
παλαια	συνηθεια	ἀγαθοποια	ὑπερηφανια
ἐλαια	ἀπειθεια	κακια	ἐγκαινια
σπηλαια	ἐριθεια	ἀδικια	σχοινια
γαλιλαια	εὐθεια	φιλονεικια	τεκνια
χαναναια	φαρμακεια	ἡλικια	μακεδονια
κεραια	λαοδικεια	οἰκια	ὀθονια
ὡραια	ἐπιεικεια	παροικια	διακονια
λασαια	θρησκεια	ἀποκαραδοκια	δαιμονια
ἠσαια	μεγαλεια	εὐδοκια	ἀρνια
ματαια	ἀσφαλεια	πρωτοτοκια	λυχνια
ῥομφαια	τελεια	σκια	γωνια
ἀχαια	συντελεια	ἐθελοθρησκια	ἀγωνια
ἀρχαια	ὠφελεια	σανδαλια	αἰωνια
ἀβια	βασιλεια	διδασκαλια	κολωνια
ἀραβια	ἀπωλεια	λαλια	κοινωνια
ἀγια	μνημεια	βιβλια	ὀψωνια
σφαγια	σημεια	ἀγγελια	ἀξια
σκηνοπηγια	ἐπιφανεια	ἐπαγγελια	δεξια
λογια	ἀγνεια	παραγγελια	πλεονεξια
ἀντιλογια	ἀσθενεια	θεμελια	οἰα
πιθανολογια	ἐκτενεια	εὐτραπελια	πλοια
ἀπολογια	ἑρμηνεια	ἡλια	ὁμοια
μωρολογια	εἰλικρινεια	κοιλια	παρομοια
εὐλογια	μνεια	φιλια	ἀνοια
πολυλογια	ἀλαζονεια	χιλια	διανοια
πανουργια	πορνεια	σκολια	ἀγνοια
λειτουργια	ὀξεια	ὀφθαλμοδουλια	ἐπινοια
δια	εὐπρεπεια	μια	ποια
ἰδια	σαμαρεια	μεσοποταμια	βεροια
παιδια	καισαρεια	οὐδεμια	κοπια
ἀφειδια	λατρεια	ἐρημια	φιλανθρωπια
συνοδια	χρεια	βλασφημια	σουδαρια
καρδια	περισσεια	τιμια	πλοιαρια
κλαυδια	πλατεια	ἀτιμια	μακαρια
εὐδια	ἐγκρατεια	ἐπιτιμια	γυναικαρια
ἰχθυδια	προφητεια	ἀνομια	μαρια
λυδια	νηστεια	οἰκονομια	δηναρια
εὐωδια	φυτεια	κληρονομια	κυναρια

ζαχαρια	νομοθεσια	ῥακα	βιωτικα
ὀψαρια	νουθεσια	χαρακα	ῥεβεκκα
ἀγρια	παλιγγενεσια	ἑορακα	ἀπεσταλκα
ἀδρια	ἐκκλησια	ἑωρακα	χαλκα
συνεδρια	παρρησια	θωρακα	προσδοκα
ἐλευθερια	ἡμισια	ἡνεγκα	πρωτοτοκα
θηρια	ὁσια	ὑπηνεγκα	σαρκα
πονηρια	τετρακοσια	προσηνεγκα	πρισκα
αἰσθητηρια	πεντακοσια	κατηνεγκα	λευκα
κριτηρια	δημοσια	ὑπερογκα	πεπιστευκα
φυλακτηρια	συμποσια	δεκα	κηρυκα
θυσιαστηρια	ἀκαθαρσια	ἐνδεκα	συκα
μυστηρια	ἀφθαρσια	δωδεκα	ἐδωκα
σωτηρια	νοσσια	τετελεκα	δεδωκα
πικρια	θυσια	ἐνεκα	παρεδωκα
ὁρια	ἐξουσια	ἀναβεβηκα	ἐγνωκα
παρηγορια	ἀπουσια	καταβεβηκα	ἁλα
κατηγορια	παρουσια	κατηργηκα	σκυβαλα
ἀπορια	ἱματια	ἐθηκα	γαλα
εὐπορια	στρατια	πεποιηκα	μεγαλα
πληροφορια	αἰτια	νενικηκα	σκανδαλα
κοπρια	σιτια	λελαληκα	καλα
τρια	βαλλαντια	γεγεννηκα	σαλα
εἰδωλολατρια	ἐναντια	τετηρηκα	μαθουσαλα
πατρια	σκοτια	εἰρηκα	ἀδηλα
μαθητρια	ἁμαρτια	προειρηκα	προδηλα
ἀλλοτρια	φορτια	εὑρηκα	ὑψηλα
ἀργυρια	ἀπιστια	μεμαρτυρηκα	ἀπεστειλα
φιλαργυρια	εὐχαριστια	ἑστηκα	συναπεστειλα
κυρια	ἀκροβυστια	πεπλουτηκα	ἐπεστειλα
μαρτυρια	ἀσωτια	ἀφηκα	σιλα
ἐλαφρια	εἰδυια	ἐσχηκα	ἀλλα
μωρια	προβεβηκυια	γυναικα	πρισκιλλα
ταλαιπωρια	γεγονυια	λειτουργικα	πολλα
χωρια	ἀλληλουια	τεθεικα	φυλλα
στενοχωρια	ἐριφια	σαρκικα	διπλα
ἀσια	φιλαδελφια	φηλικα	ὁπλα
δοκιμασια	σοφια	κεραμικα	φαυλα
ἑτοιμασια	ἀπφια	νικα	σκυλα
θαυμασια	ἡσυχια	ἡνικα	ξυλα
γυμνασια	προσωπολημψια	φοινικα	δουλα
ὀπτασια	ὀψια	ἀνωτερικα	εἰδωλα
ἀκαταστασια	κεκοπιακα	κεκρικα	κωλα
ἀποστασια	κακα	φυσικα	ἁμα
εὐεργεσια	μαλακα	πνευματικα	λαμα
υἱοθεσια	ἡτοιμακα	παραυτικα	ῥαμα

ἐξεραμα	ἡττημα	νομισμα	κενα
ὁραμα	ἐπερωτημα	ῥαπισμα	δυναμενα
φυραμα	βλασφημα	χαρισμα	ὑποτεταγμενα
ἀνταλλαγμα	εὐφημα	χρισμα	προστεταγμενα
χαραγμα	σχημα	κτισμα	συνηγμενα
πραγμα	καυχημα	βαπτισμα	μεμιγμενα
διαταγμα	περιψημα	σχισμα	δεδεμενα
ῥηγμα	αἱμα	θαυμα	παρατιθεμενα
δειγμα	ὠφελιμα	καυμα	ἐξουθενημενα
ἐνδειγμα	ἑτοιμα	ἐνδυμα	γεγεννημενα
ὑποδειγμα	κριμα	πνευμα	κειμενα
μιγμα	κατακριμα	περισσευμα	ἐπικειμενα
δογμα	ἀποκριμα	ἱερατευμα	λιμενα
βδελυγμα	τιμα	στρατευμα	ποιμενα
κηρυγμα	ἐπετιμα	πολιτευμα	κεκριμενα
ἐμα	ἐπαγγελμα	ἀζυμα	παρηγγελμενα
ἀναθεμα	τολμα	καταλυμα	κατεσκαμμενα
καταθεμα	ἐτολμα	ἱεροσολυμα	γεγραμμενα
λεμα	ἀποτολμα	διδραχμα	ἐπιγεγραμμενα
βημα	γραμμα	δωμα	διεστραμμενα
ἐγημα	λειμμα	στερεωμα	κεκρυμμενα
ῥαδιουργημα	ὑπολειμμα	θωμα	ἀγομενα
ὑποδημα	συντριμμα	δικαιωμα	λεγομενα
παθημα	προσκομμα	ἑδραιωμα	βαλλομενα
ποιημα	καλυμμα	ἀμωμα	ἀποστελλομενα
ἀδικημα	ἐπικαλυμμα	σκηνωμα	αὐξανομενα
ἐπιβλημα	δομα	βρωμα	γενομενα
θελημα	ἀνταποδομα	πληρωμα	γινομενα
ὀφειλημα	σοδομα	σωμα	ἐλαυνομενα
φιλημα	κομα	συσσωμα	βλεπομενα
κλημα	ὀνομα	πτωμα	σαλευομενα
ἐγκλημα	συγκληρονομα	παραπτωμα	ἐκπορευομενα
ἀντλημα	τουνομα	ὑψωμα	γραφομενα
βουλημα	πομα	ἀνα	ἐλεγχομενα
μνημα	στομα	κανα	ἐχομενα
φρονημα	ἀρμα	ἱκανα	ἐρχομενα
νοημα	κερμα	πλανα	εἰργασμενα
ῥημα	σπερμα	μαρανα	γεγυμνασμενα
ὑστερημα	σεβασμα	σατανα	τετραχηλισμενα
χρημα	ἀπαυγασμα	στεφανα	διεσκορπισμενα
παραχρημα	ἀποσκιασμα	λαχανα	κατηρτισμενα
δωρημα	πλασμα	ἀγνα	σεσωρευμενα
αἰτημα	καταπετασμα	ἐχιδνα	τεθυμενα
κτημα	φαντασμα	ἐνα	λελυμενα
ἁμαρτημα	χασμα	μηδενα	παραλελυμενα
διαστημα	δεσμα	οὐδενα	παλαιουμενα

νοουμενα	μειζονα	ἐδειξα	ἀντιπερα
ἀλληγορουμενα	πλειονα	ὑπεδειξα	ἑσπερα
καυσουμενα	πολλαπλασιονα	δοξα	θυγατερα
πεπληρωμενα	ἑκατονταπλασιονα	παραδοξα	πατερα
πεπυρωμενα	εἰκονα	ἐδοξα	ἑτερα
ἀρσενα	μονα	ἐδιωξα	ἡμετερα
μηνα	ἡγεμονα	στοα	ὑμετερα
ἱνα	ἀσχημονα	ἀγαπα	μητερα
καινα	εὐσχημονα	ἡγαπα	ἀτιμοτερα
γαγγραινα	κανονα	εἰπα	πονηροτερα
δεινα	χειρονα	λοιπα	περισσοτερα
κακεινα	ἀφρονα	ἀγριππα	ἀμφοτερα
ἐκεινα	σωφρονα	ἀκαρπα	ἀστερα
ἐπεκεινα	ἰασονα	ἀντιτυπα	ἀσθενεστερα
ὑπερεκεινα	κρεισσονα	σιωπα	ἀριστερα
ἐπεμεινα	κρειττονα	ἐσιωπα	δευτερα
πεινα	ἐραυνα	κλωπα	βαρυτερα
πετεινα	σπλαγχνα	κωνωπα	μακαριωτερα
λιθινα	ἀρραβωνα	προσωπα	κατωτερα
ὀστρακινα	ἀγωνα	ἀρα	σιδηρα
ξυλινα	σιδωνα	ζαρα	πονηρα
κοινα	πυθωνα	ναζαρα	ξηρα
ἐξαπινα	ἰωνα	θαρα	στατηρα
κρινα	αἰωνα	καθαρα	νιπτηρα
ἐκρινα	λεγιωνα	κιθαρα	σωτηρα
φθινοπωρινα	ἡρωδιωνα	παρα	χηρα
σινα	βαριωνα	λιπαρα	λαθρα
τινα	κεντυριωνα	ῥυπαρα	κολυμβηθρα
ἀτινα	ἀλωνα	καισαρα	ἐρυθρα
τεκνα	ἀμπελωνα	τεσσαρα	ἐχθρα
πυκνα	πυλωνα	καταρα	προσκαιρα
μνα	μαμωνα	παταρα	μαχαιρα
σεμνα	ἀρτεμωνα	χαρα	ἐξηγειρα
μεριμνα	σιμωνα	ἀγρα	σπειρα
γυμνα	τιμωνα	ἀνδρα	ἐσπειρα
πρυμνα	σολομωνα	δενδρα	θυατειρα
ἀννα	σαρωνα	σφοδρα	στειρα
μαννα	ἀφεδρωνα	σφυδρα	χειρα
σουσαννα	καυσωνα	ἀερα	μακρα
ὡσαννα	χιτωνα	φοβερα	νεκρα
ἰωαννα	ἀφωνα	πενθερα	μικρα
μεννα	ἐδιδαξα	ἐλευθερα	ὁρα
σιαγονα	ἐφυλαξα	ἱερα	ἀγορα
γεγονα	ἐκεκραξα	σικερα	φθορα
ἐκγονα	ἐπραξα	ἡμερα	νικανορα
σινδονα	διεταξα	φανερα	διασπορα

σπεκουλατορα	δαπανησασα	ἐθηριομαχησα	ραντιζουσα
προπατορα	βλαστησασα	ἐδιψησα	παθουσα
ἀλεκτορα	ἐρεισασα	ἰσα	ἐλθουσα
διαφορα	κομισασα	φοβηθεισα	ἐξελθουσα
προσφορα	ἀτενισασα	ὠφεληθεισα	ἀπελθουσα
σαπρα	πιστευσασα	διακονηθεισα	εἰσελθουσα
λεπρα	ἀπολυσασα	ἐξαπατηθεισα	προσελθουσα
λαμπρα	ἀκουσασα	ἀποκριθεισα	κατακολουθουσα
σαρρα	προσαναλωσασα	δοθεισα	κλαιουσα
βορρα	ἐξεπετασα	προβιβασθεισα	πιουσα
γομορρα	στασα	παρακαθεσθεισα	ἐκουσα
ἀμετρα	ἀναστασα	ἀποτελεσθεισα	ἠκουσα
πετρα	ἐπιστασα	μερισθεισα	ἐπηκουσα
φοβητρα	ἐμβλεψασα	διαμερισθεισα	οἰκουσα
κεντρα	ἀλειψασα	πορευθεισα	δοκουσα
ἀστρα	συντριψασα	κατεκλεισα	βαλουσα
ἀργυρα	ἐκαλεσα	στραφεισα	ἐκβαλουσα
θυρα	παρεκαλεσα	ἐκαθισα	καλουσα
μυρα	ἀπωλεσα	προσωχθισα	τελουσα
οὐρα	ἐπεσα	ἀπεκεφαλισα	σπιλουσα
μαρτυρα	ἐναυαγησα	διεσκορπισα	καταφιλουσα
ἰσχυρα	ἐκερδησα	ἐγνωρισα	συμβαλλουσα
ἐπαφρα	ἠλεησα	μετεσχηματισα	ἀγγελλουσα
ὡρα	ἐζησα	ἠρετισα	λιθοβολουσα
δωρα	ἐβοηθησα	ἐποτισα	εἰσδραμουσα
μωρα	ἐποιησα	ἐβαπτισα	τρεμουσα
ὀπωρα	ἠδικησα	ὀσα	ἐπιγνουσα
πρωρα	ἐνικησα	ὠμοσα	καταβαινουσα
χωρα	εὐδοκησα	ποσα	ὠδινουσα
σα	κατεναρκησα	θαλασσα	ἀποκτεινουσα
ἐσπουδασα	ἐλαλησα	συροφοινικισσα	προσκυνουσα
ἐκοπιασα	ἠθελησα	βασιλισσα	αἱμορροουσα
ἐκλασα	ἠμελησα	γλωσσα	εἰπουσα
ἐθαυμασα	ἐσυλησα	ἐκελευσα	ἐκφερουσα
ἐπεινασα	ἐπεθυμησα	ἐπιστευσα	προσαναπληρουσα
ἐκμαξασα	ἠσθενησα	ἐφυτευσα	συνομορουσα
ἐδοξασα	ἐγεννησα	κατελυσα	εὐρουσα
πασα	ἠγαπησα	οὐσα	προσπεσουσα
ἐπαρασα	ἐλυπησα	λαβουσα	πυρεσσουσα
ἠγορασα	ρησα	συλλαβουσα	αἰτουσα
πλεονασασα	κατεβαρησα	ἀπαγουσα	τικτουσα
βαστασασα	ὑστερησα	λεγουσα	ἀστραπτουσα
ζησασα	ἐτηρησα	ἰδουσα	συγκυπτουσα
νικησασα	ἐμισησα	προιδουσα	παιδευουσα
γαμησασα	ἐπλεονεκτησα	ἐπισκιαζουσα	λατρευουσα
	ἐσυκοφαντησα	φλογιζουσα	περισσευουσα

προφητευουσα	θρεμματα	μετα	γεννησαντα
φυουσα	στεμματα	ἑρπετα	κτισαντα
ἑχουσα	ὀμματα	ἀρετα	περισσευσαντα
ὑπερεχουσα	δοματα	ἐσθητα	μηνυσαντα
χρυσα	ὀνοματα	χειροποιητα	ἀποσταντα
ζωσα	ὀνομα[τα]	ἀμεταμελητα	πεμψαντα
ἠξιωσα	ὀνοματα	θνητα	ἁρπαγεντα
σπαταλωσα	στοματα	ἀρτιγεννητα	σταθεντα
ἐδουλωσα	περικαθαρματα	ἀνεξεραυνητα	ἐπικληθεντα
γεννωσα	σεβασματα	δυσνοητα	κολληθεντα
ἐφανερωσα	μιασματα	ἀγαπητα	ἐπιθεντα
συνεστωσα	κλασματα	ἀρρητα	χαρισθεντα
τα	σκεπασματα	τελειοτητα	κτισθεντα
σαββατα	χορτασματα	ὁμοιοτητα	συλλημφθεντα
προβατα	ῥαπισματα	κυριοτητα	διαταχθεντα
ὑδατα	χαρισματα	ἁπλοτητα	δειχθεντα
κατα	σχισματα	ἑνοτητα	ἐκριζωθεντα
θυμιαματα	τραυματα	σεμνοτητα	κυκλωθεντα
ὑποδειγματα	πνευματα	καθαροτητα	διασωθεντα
στιγματα	περισσευματα	σκληροτητα	ὀντα
δογματα	στρατευματα	λαμπροτητα	λαβοντα
ἐνεργηματα	κυματα	ἰσοτητα	παραλαβοντα
διαδηματα	δικαιωματα	χρηστοτητα	συνθλιβοντα
ὑποδηματα	ὁμοιωματα	ἀδελφοτητα	στιλβοντα
παθηματα	αἰτιωματα	πραυτητα	ἀγαγοντα
ἀδικηματα	ἀρωματα	βραδυτητα	παραγοντα
θεληματα	βρωματα	εἰτα	λεγοντα
ὀφειληματα	πληρωματα	ἐπειτα	ἀντιλεγοντα
κληματα	σωματα	μετεπειτα	φλεγοντα
γενηματα	πτωματα	χαριτα	δοντα
ἀσθενηματα	παραπτωματα	ὑποκριτα	διδοντα
γεννηματα	ὁλοκαυτωματα	ἀνυποτακτα	παραδιδοντα
νοηματα	γονατα	δυσβαστακτα	ὀδοντα
διανοηματα	δυνατα	νυκτα	δεοντα
ῥηματα	ἀδυνατα	ἀναβαντα	πνεοντα
ὑστερηματα	φρεναπατα	ἐμβαντα	κραυγαζοντα
χρηματα	κερατα	ταλαντα	κατασκιαζοντα
ζητηματα	περατα	ἀποστειλαντα	σχολαζοντα
αἰτηματα	τερατα	ἱμαντα	πλεοναζοντα
κτηματα	ὀρατα	διακριναντα	κραζοντα
ἁμαρτηματα	ἀορατα	ὑποταξαντα	ξενιζοντα
κλιματα	σατα	παντα	ἐπαφριζοντα
κριματα	ἐπιστατα	ἀπαντα	χρηματιζοντα
ἐνταλματα	ἐσχατα	ἐγειραντα	αἰχμαλωτιζοντα
ἐπαγγελματα	ἐκθετα	ἀγορασαντα	ἐλθοντα
γραμματα	μελετα	καλεσαντα	διελθοντα

συνελθοντα	ἀκουοντα	σαρεπτα	πεπραχα
ἐξελθοντα	διαστρεφοντα	κρυπτα	ταχα
εἰσελθοντα	ἀποστρεφοντα	ἀκαθαρτα	τριχα
ἐσθιοντα	ἐχοντα	βλαστα	συμμετοχα
τριακοντα	ἀρχοντα	θαυμαστα	πασχα
τετρακοσια-καιτριακοντα	ὑπαρχοντα	ἀναστα	ἐννυχα
	ἀποδεικνυντα	ἀρεστα	ἀψυχα
δρακοντα	εὐλογουντα	χρηστα	πτωχα
τεσσερακοντα	ἱερουργουντα	μεγιστα	ἐγραψα
καθηκοντα	ἀπειθουντα	ἡδιστα	προεγραψα
ἑβδομηκοντα	ἀκολουθουντα	μαλιστα	ἐβλεψα
ἑξηκοντα	δικαιουντα	πιστα	ἀνεβλεψα
χιλιασδια-κοσιασεξηκοντα	ποιουντα	σιτιστα	ἐπεστρεψα
ὀγδοηκοντα	δοκουντα	ταχιστα	ὑπεστρεψα
πεντηκοντα	λαλουντα	γνωστα	διψα
τετρακοσιοισ-καιπεντηκοντα	ὀρθοτομουντα	καρδιογνωστα	ἐνιψα
	ἀσθενουντα	αὑτα	ἐπεμψα
διωκοντα	αἰνουντα	ἑαυτα	ἀνεπεμψα
θελοντα	κινουντα	τοιαυτα	ἐκρυψα
ἐκβαλλοντα	κοινουντα	τηλικαυτα	ζωα
μελλοντα	σωφρονουντα	τοσαυτα	ῥααβ
γεμον[τα]	προσφωνουντα	ταυτα	ἀμιναδαβ
μανθανοντα	φορουντα	τελευτα	ῥαχαβ
ἀποθανοντα	περιπατουντα	εἰδωλοθυτα	ιωβ
ἁμαρτανοντα	ζωντα	ὠτα	ἰακωβ
γνοντα	κοπιωντα	ιωτα	γωγ
ἐνοντα	ἀροτριωντα	σητοβρωτα	μαγωγ
μενοντα	πεινωντα	ἐρωτα	δ
ἀναβαινοντα	βοωντα	ἠρωτα	γαδ
καταβαινοντα	ἁλωντα	ἐπηρωτα	ἀρφαξαδ
ὑγιαινοντα	ἐπερωτωντα	πρωτα	ιωβηδ
ποιμαινοντα	διψωντα	ἑστωτα	μηδ
κρινοντα	ἀνεωγοτα	περιεστωτα	δαυιδ
καμνοντα	εἰδοτα	ἐνεστωτα	οὐδ
βλεποντα	ἐληλυθοτα	παρεστωτα	ἀβιουδ
εἰποντα	διεληλυθοτα	ἐφεστωτα	ἐλιουδ
λειποντα	ὑπομεμενηκοτα	φωτα	ιεφθαε
πεμποντα	τεθνηκοτα	εὑα	λαβε
διαφεροντα	ἑστηκοτα	σκευα	παραλαβε
πεσοντα	ἐνεστηκοτα	οὐα	ἐλαβε
συναντησοντα	ἐσχηκοτα	δικτυα	γε
κηρυσσοντα	πεπτωκοτα	καιαφα	ἀγε
παιδευοντα	ἀπολωλοτα	γεγραφα	ἐπαναγαγε
λατρευοντα	δεσποτα	κηφα	ἀπαγαγε
πιστευοντα	ἑπτα	εἰληφα	εἰσαγαγε
κωλυοντα	λεπτα	ἀλφα	προσαγαγε

ὑπαγε	ἀσπασασθε	σωζεσθε	ἁπτεσθε
φαγε	ἡγησασθε	θεσθε	ἀναπαυεσθε
καταφαγε	ἠρνησασθε	ἑθεσθε	θεραπευεσθε
λεγε	ἡτησασθε	πειθεσθε	πορευεσθε
μηγε	αἰτησασθε	μετατιθεσθε	πολιτευεσθε
καιτοιγε	κτησασθε	ἀποθεσθε	μαχεσθε
μενουνγε	ὠρχησασθε	πιεσθε	ἐκδεχεσθε
φευγε	ἀναλογισασθε	μιμνησκεσθε	προσδεχεσθε
συζυγε	ἀσφαλισασθε	ἀναμιμνησκεσθε	ἀνεχεσθε
δε	ὁπλισασθε	μεθυσκεσθε	ἐνεχεσθε
ἐνθαδε	χαρισασθε	βουλεσθε	ἀπεχεσθε
ταδε	διεχειρισασθε	προσλαμβανεσθε	παρεχεσθε
μηδε	ἐνωτισασθε	ἐπιλανθανεσθε	ἀντεχεσθε
τηδε	ἀναπαυσασθε	ἐγενεσθε	ἀνειχεσθε
ἰδε	ἐνεδυσασθε	μαινεσθε	ἐρχεσθε
ἐπιδε	ἐνδυσασθε	θερμαινεσθε	συνερχεσθε
τηνδε	ἐγευσασθε	πικραινεσθε	ἐξερχεσθε
τοιασδε	πραγματευσασθε	εὐφραινεσθε	παρερχεσθε
οὐδε	ἀπελουσασθε	φαινεσθε	εἰσερχεσθε
ὡδε	ἐγκομβωσασθε	γινεσθε	εὐχεσθε
θεε	ἐπιστασθε	ἐπαισχυνεσθε	προσευχεσθε
τιμοθεε	καυχασθε	ἀρξεσθε	λημψεσθε
ἑτοιμαζε	κατακαυχασθε	παραφερεσθε	ἀπολημψεσθε
γυμναζε	ἐπεσκεψασθε	ἐγειρεσθε	ὀψεσθε
ψωμιζε	ἐπισκεψασθε	ἐσεσθε	ἐκλελησθε
ποτιζε	μετεπεμψασθε	ζησεσθε	πεπλανησθε
ὡσηε	ἐκοψασθε	καθησεσθε	γενησθε
ἀγαθε	ἀγεσθε	σταθησεσθε	μεμνησθε
ἐλθε	ἡγεσθε	λυπηθησεσθε	περιτεμνησθε
ἐξελθε	ψευδεσθε	κριθησεσθε	προσδεξησθε
εἰσελθε	ἐργαζεσθε	παραδοθησεσθε	ἀρξησθε
προσελθε	κατεργαζεσθε	χορτασθησεσθε	λυπησθε
ἠλθε	χορταζεσθε	σκανδαλισθησεσθε	ἀσπασησθε
ἀγαλλιασθε	λογιζεσθε	βαπτισθησεσθε	ἀπολογησησθε
πλανασθε	διαλογιζεσθε	ἀπολυθησεσθε	γενησησθε
δυνασθε	διελογιζεσθε	ἀχθησεσθε	παραιτησησθε
ἐδυνασθε	ὀργιζεσθε	φανερωθησεσθε	κτησησθε
δεξασθε	ὀνειδιζεσθε	γενησεσθε	κομισησθε
ἐδεξασθε	ξενιζεσθε	δυνησεσθε	ὑποτασσησθε
προσεδεξασθε	ἀγωνιζεσθε	δαρησεσθε	ἐνδυσησθε
ἐξελεξασθε	χαριζεσθε	αἰτησεσθε	συνερχησθε
ἐνεδειξασθε	ἀνδριζεσθε	φυλασσεσθε	εἰσερχησθε
προενηρξασθε	μετεωριζεσθε	ὑποτασσεσθε	προσευχησθε
καταρασθε	δογματιζεσθε	ἀκουσεσθε	ὀψησθε
θεασασθε	συσχηματιζεσθε	γνωσεσθε	ἐκθαμβεισθε
ἐθεασασθε	καταρτιζεσθε	ἐπιγνωσεσθε	φοβεισθε

θορυβεισθε	διδασκε	ἰατρε	ποιμανατε
ἡγεισθε	ὑπομιμνησκε	πετρε	μεινατε
ἐξομολογεισθε	νεανισκε	μωρε	ὑπεμεινατε
παραμυθεισθε	βοσκε	σε	ἐξετεινατε
ἀπωθεισθε	γινωσκε	ἀναπεσε	ἀπεκτεινατε
κομιεισθε	διωκε	ἐκεισε	κατακλινατε
ποιεισθε	βαλε	ἀπελυσε	κρινατε
ἀδικεισθε	ἐκβαλε	τε	μεριμνατε
ἀρκεισθε	διδασκαλε	ἀναβατε	προμεριμνατε
παρακαλεισθε	ἐξελε	ἠγαγατε	γεγονατε
ἐπικαλεισθε	φιλε	οἰδατε	ἐραυνατε
καταλαλεισθε	θεοφιλε	ἐατε	εὐθυνατε
ἐπιτελεισθε	διαγγελλε	ἐλεατε	φυλαξατε
ἀπολεισθε	παραγγελλε	ἐξελθατε	ἐφυλαξατε
μιμεισθε	σκυλλε	εἰσελθατε	ἐκτιναξατε
οἰκοδομεισθε	παυλε	ἠλθατε	ἐπραξατε
συνοικοδομεισθε	δουλε	ἐξηλθατε	κατασφαξατε
ἐνθυμεισθε	τυφλε	εἰσηλθατε	συλλεξατε
ἀποθανεισθε	με	εἰσεληλυθατε	δειξατε
θροεισθε	καμε	προσεληλυθατε	ἐπιδειξατε
ἀποστερεισθε	ἐμε	κεκοπιακατε	στηριξατε
παρατηρεισθε	οὐρανε	ἐωρακατε	κηρυξατε
ἠκαιρεισθε	ἀμαρτανε	ἐνεγκατε	ἀκηκοατε
στενοχωρεισθε	κενε	ἐξενεγκατε	ἀγαπατε
αἰτεισθε	μενε	προσηνεγκατε	ἠγαπατε
ἀπεδοσθε	κεκονιαμενε	πεποιηκατε	εἰπατε
δικαιουσθε	ἐπιμενε	νενικηκατε	ἀρατε
κραταιουσθε	ναζαρηνε	πεφιληκατε	ἐκκαθαρατε
σημειουσθε	ποιμαινε	συνηκατε	ἐξαρατε
φυσιουσθε	ἐδοξε	εἰρηκατε	ἐπαρατε
ἐνδυναμουσθε	βλεπε	ἐστηκατε	ἠρατε
πληρουσθε	εἰπε	ἀφηκατε	ὁρατε
μεταμορφουσθε	κατελιπε	τεθεικατε	σπουδασατε
ἐρρωσθε	φιλιππε	ἠλπικατε	ἁγιασατε
δικαιε	ἀνθρωπε	κεκρικατε	ἐπιασατε
κλαιε	λαζαρε	ἀπεσταλκατε	ἠναγκασατε
φαρισαιε	φερε	πεπιστευκατε	κατεδικασατε
ζακχαιε	προσφερε	ἐδωκατε	χαλασατε
ἁγιε	ὀκνηρε	παρεδωκατε	ἐτοιμασατε
κορνηλιε	πονηρε	ἐγνωκατε	ἠτιμασατε
πιε	ἐχθρε	πεπληρωκατε	θαυμασατε
κυριε	αἰρε	ἀπαγγειλατε	δοξασατε
γνησιε	ἐταιρε	ἀνειλατε	κερασατε
υἱε	χαιρε	χολατε	ἀγορασατε
παρενεγκε	ἐγειρε	τιματε	ἐξετασατε
προσενεγκε	κορε	θανατε	καλεσατε

ἐπιτελεσατε	ἐτρυφησατε	καλυψατε	θετε
ἐξεπεσατε	ἐγγισατε	κρυψατε	μαθετε
ἐπιχορηγησατε	καθισατε	λαβετε	καταμαθετε
δησατε	γεμισατε	ἀναλαβετε	ἐμαθετε
συνεπαθησατε	ἐμφανισατε	ἐλαβετε	ἐπαθετε
ἠπειθησατε	ἁγνισατε	ἀνελαβετε	κλαιετε
πενθησατε	ἐλπισατε	παρελαβετε	κλειετε
ἐπενθησατε	καθαρισατε	ἀγαγετε	ἐσθιετε
ἐπιποθησατε	διαμερισατε	συναγαγετε	κατεσθιετε
ἀκολουθησατε	ἀφορισατε	ἠγαγετε	συνιετε
ποιησατε	ἐθησαυρισατε	συνηγαγετε	πιετε
ἐποιησατε	ἐποτισατε	περιαγετε	ἀφιετε
ἠδικησατε	κλαυσατε	ἀπαγετε	στηκετε
ἐλαλησατε	ἐκλαυσατε	ὑπαγετε	ὑπεικετε
ἐσπαταλησατε	ἐνδυσατε	φαγετε	γινωσκετε
ἠθελησατε	ἐβασιλευσατε	ἐφαγετε	ἀναγινωσκετε
ἀντλησατε	ἐδουλευσατε	λεγετε	ἐπιγινωσκετε
πωλησατε	ἐφονευσατε	ἐλεγετε	διωκετε
τιμησατε	μαθητευσατε	φευγετε	βαλετε
κληρονομησατε	ἐπιστευσατε	ἰδετε	περιεβαλετε
μακροθυμησατε	θυσατε	εἰδετε	ἐκβαλετε
ἐξουθενησατε	λυσατε	καθευδετε	ἀνεθαλετε
σωφρονησατε	ἐκωλυσατε	ἐκχεετε	θελετε
προσκυνησατε	ἀκουσατε	λιθαζετε	ὀφειλετε
φωνησατε	ἠκουσατε	παρομοιαζετε	ὠφειλετε
κατανοησατε	προηκουσατε	νηπιαζετε	ἀντιβαλλετε
μετανοησατε	ὑπηκουσατε	καταδικαζετε	ἐκβαλλετε
ἀγαπησατε	ἐξεπτυσατε	δοκιμαζετε	καταγγελλετε
ὑστερησατε	ἰσχυσατε	ἀτιμαζετε	μελλετε
τηρησατε	ἀνορθωσατε	θαυμαζετε	λαμβανετε
γρηγορησατε	διπλωσατε	στεναζετε	ὑπολαμβανετε
ταλαιπωρησατε	πληρωσατε	πειραζετε	ἀπεθανετε
χωρησατε	νεκρωσατε	βασταζετε	αὐξανετε
περιεπατησατε	σταυρωσατε	χρηζετε	ἁμαρτανετε
κρατησατε	ἐσταυρωσατε	παροργιζετε	παρισTανετε
ἐκρατησατε	ἠκυρωσατε	καθιζετε	μενετε
ἠτησατε	ἐγραψατε	ἐρεθιζετε	ἐπιμενετε
σκιρτησατε	ἐμβλεψατε	δανιζετε	ὑπομενετε
παραστησατε	ἐθρεψατε	ἀτενιζετε	παραβαινετε
συνεστησατε	ἐπεστρεψατε	ἐλπιζετε	μεταβαινετε
παρεστησατε	ἐπιστρεψατε	καθαριζετε	ἐκκλινετε
ἀριστησατε	νηψατε	θησαυριζετε	πινετε
ἐπλουτησατε	ἐκνηψατε	καταρτιζετε	κρινετε
ἐρωτησατε	ἐπεμψατε	φορτιζετε	δακνετε
ἐπερωτησατε	προπεμψατε	γογγυζετε	περιτεμνετε
ψηλαφησατε	ἀνακυψατε	σωζετε	συνετε

καταισχυνετε	πιστευετε	δεηθητε	συναχθητε
πραξετε	ἐπιστευετε	ἠλεηθητε	ταραχθητε
ἑξετε	λυετε	μετεμεληθητε	ἐδικαιωθητε
διωξετε	ἀπολυετε	κληθητε	ζημιωθητε
βλεπετε	κωλυετε	ἐκληθητε	ὁμοιωθητε
φερετε	ὀμνυετε	περιετμηθητε	ἀναλωθητε
διαφερετε	ἀκουετε	περιτμηθητε	ἐδουλωθητε
αἱρετε	ὑπακουετε	πλανηθητε	ταπεινωθητε
χαιρετε	κρουετε	γενηθητε	πληρωθητε
συγχαιρετε	ἀφετε	ἐγενηθητε	ἐλυτρωθητε
ἐγειρετε	ἐκτρεφετε	δυνηθητε	σωθητε
γελασετε	ἐπιστρεφετε	ἠδυνηθητε	ἠσσωθητε
πεινασετε	ἐλεγχετε	αὐξηθητε	ἐθανατωθητε
πεσετε	ἐχετε	πτοηθητε	ὑψωθητε
ζησετε	ἀπεχετε	λυπηθητε	ἐσθιητε
πενθησετε	παρεχετε	ἐλυπηθητε	ποιητε
ποιησετε	τρεχετε	κριθητε	ἀγαθοποιητε
μελλησετε	ἐτρεχετε	διακριθητε	πιητε
οἰκοδομησετε	προσεχετε	διεκριθητε	γινωσκητε
ἐπιθυμησετε	κατεχετε	ἀποκριθητε	βαλητε
θρηνησετε	εἰχετε	ἐλθητε	ἀποβαλητε
μεριμνησετε	πασχετε	ἐξελθητε	θελητε
φρονησετε	βλεψετε	ἀπελθητε	ἐξαγγειλητε
προσκυνησετε	ἠτε	εἰσελθητε	μητε
τηρησετε	λαβητε	εὐφρανθητε	καμητε
εὑρησετε	καταλαβητε	πλατυνθητε	μενητε
ζητησετε	ἀπολαβητε	παρεδοθητε	μεινητε
ἐρωτησετε	ἀναβητε	ἐγερθητε	πινητε
ἀποτιναξετε	καταλλαγητε	συνηγερθητε	φρονητε
πρασσετε	ὑπαγητε	ἡγιασθητε	σκληρυνητε
κηρυσσετε	ὑποταγητε	καταδικασθητε	συνητε
κλαυσετε	φαγητε	πειρασθητε	δοξητε
πιστευσετε	λεγητε	ἠγορασθητε	διωξητε
ἀκουσετε	φυγητε	ἐχορτασθητε	μετανοητε
ἀρτυσετε	ἰδητε	ἐσθητε	ἀγαπητε
μαστιγωσετε	εἰδητε	μνησθητε	εἰπητε
ἀναπληρωσετε	ζητε	ἐσφραγισθητε	χαρητε
σταυρωσετε	θαυμαζητε	σκανδαλισθητε	συγχαρητε
ἀντιπιπτετε	δοξαζητε	ἀφανισθητε	ἐχαρητε
προσψαυετε	ἐζητε	σκορπισθητε	φερητε
δουλευετε	ἰαθητε	ἀφορισθητε	εὑρητε
εἰρηνευετε	μαθητε	ἐβαπτισθητε	θεωρητε
μνημονευετε	σταθητε	ἐπλουτισθητε	σχολασητε
φονευετε	εὑρεθητε	πορευθητε	δοκιμασητε
θεραπευετε	φοβηθητε	ἀπολυθητε	καλεσητε
περισσευετε	κατηργηθητε	ἐδιδαχθητε	τελεσητε

ἀπολεσητε	ἀφητε	φωνειτε	ἑκαστοτε
πεσητε	στραφητε	νοειτε	ἑστε
περιπεσητε	ἀναστραφητε	μετανοειτε	παρεστε
ἐκπεσητε	ἐπεστραφητε	ἀγνοειτε	φηστε
βατταλογησητε	ἐχητε	ὑπονοειτε	ἰστε
δησητε	σχητε	σκοπειτε	πιστε
ἐπακολουθησητε	ἐπιβλεψητε	λυπειτε	ὀλιγοπιστε
ποιησητε	προπεμψητε	ἐρειτε	χριστε
ἐγκακησητε	εἰτε	προσκαρτερειτε	κρατιστε
ἀδικησητε	εὐσεβειτε	ἀποστερειτε	ὡστε
λαλησητε	εὐλογειτε	τηρειτε	δευτε
κληρονομησητε	ἠδειτε	γρηγορειτε	σβεννυτε
δαπανησητε	βοηθειτε	κατηγορειτε	οὐτε
μεριμνησητε	ποιειτε	μετρειτε	ζηλουτε
καταφρονησητε	ἐποιειτε	μαρτυρειτε	ἀποδεκατουτε
συγκοινωνησητε	ἀγαθοποιειτε	θεωρειτε	θανατουτε
ἀγαπησητε	ἀδικειτε	ἀναχωρειτε	δωτε
τηρησητε	κατοικειτε	ἀποχωρειτε	γνωτε
αἰτησητε	δοκειτε	θαρσειτε	ἀναγνωτε
συκοφαντησητε	συνευδοκειτε	περιπατειτε	ἀνεγνωτε
στησητε	ἐγνωκειτε	κρατειτε	ἐπεγνωτε
πλουτησητε	καλειτε	ἀθετειτε	ζηλευε
πταισητε	παρακαλειτε	νουθετειτε	μνημονευε
διασεισητε	λαλειτε	ζητειτε	πιστευε
νομισητε	καταλαλειτε	ἐζητειτε	καταλυε
δανισητε	τελειτε	ἐπιζητειτε	ἀπολλυε
πιστευσητε	διατελειτε	συζητειτε	ἀκουε
λυσητε	ὠφελειτε	αἰτειτε	γραφε
ἀκουσητε	πολεμειτε	προσωπολημπτειτε	ὑποστρεφε
ἐξισχυσητε	οἰκοδομειτε	εὐχαριστειτε	νηφε
κατισχυσητε	κοσμειτε	πασχοιτε	ἀδελφε
ἐκριζωσητε	ἐπιθυμειτε	πεντε	ἐλαχε
ὑψωσητε	μακροθυμειτε	δεκαπεντε	ἐλεγχε
περιπατητε	εὐθυμειτε	ἑβδομηκονταπεντε	ἐχε
κρατητε	ἐξουθενειτε	εἰκοσιπεντε	ἐπεχε
ἀμαρτητε	μενειτε	ὀτε	παρεχε
στητε	ὑπομενειτε	δοτε	προσεχε
παραστητε	ἀποκτενειτε	διδοτε	εἰχε
ἀντικατεστητε	αἰνειτε	ἀποδοτε	τοιχε
ἀντιστητε	φρονειτε	ποτε	ὀψε
ἀποστητε	καταφρονειτε	μηδεποτε	νωε
μνημονευητε	ἐφρονειτε	οὐδεποτε	ἀχαζ
περισσευητε	ἀγρυπνειτε	μηποτε	ἠ
προφητευητε	προσκυνειτε	πωποτε	ἠ
νηστευητε	κοινωνειτε	τοτε	κατεκαη
πιστευητε	συγκοινωνειτε	παντοτε	λαβη

καταλαβη	ζευγη	ἀνεθη	ἐμαρτυρηθη
ἀπολαβη	φυγη	ἀνηρεθη	ἐπατηθη
καταβη	διαφυγη	ἐρρεθη	κατεπατηθη
μεταβη	ἀγωγη	εὑρεθη	ἠπατηθη
ἀνεβη	συναγωγη	τεθη	ἐκζητηθη
ἐνεβη	ἐπεισαγωγη	ἐτεθη	στηθη
συνεβη	δη	προσετεθη	εὐχαριστηθη
παρεβη	ἀδη	μετετεθη	προσεκλιθη
ἀσεβη	αὐθαδη	ἀφεθη	κατεκλιθη
εὐσεβη	ἠδη	ἠθη	ἐπιθη
κατεβη	ἰδη	φοβηθη	διακριθη
μετεβη	ἐπειδη	ἐφοβηθη	ἐκριθη
φοβη	ῥοδη	καταργηθη	διεκριθη
ἐκρυβη	κερδη	ἐδεηθη	ἀπεκριθη
γη	αἰσχροκερδη	ἀδικηθη	κατεκριθη
ἀγαγη	καθευδη	ἀληθη	ἀποκριθη
συναγαγη	σπουδη	ἐλαληθη	ἐλθη
εἰσαγαγη	ἠρωδη	βληθη	συνελθη
προσαγαγη	πετρωδη	ἐβληθη	ἐξελθη
καταγαγη	δεη	διεβληθη	ἀπελθη
παραλλαγη	πνεη	ἐξεβληθη	ἐπελθη
καταλλαγη	ζη	ἐπεμεληθη	παρελθη
ἡρπαγη	θορυβαζη	ἐκληθη	εἰσελθη
ὑπαγη	ἐργαζη	ἐπεκληθη	ἐξηρανθη
φραγη	ὑπωπιαζη	παρεκληθη	ἐπικρανθη
διαταγη	ἐπονομαζη	ἐκολληθη	ηὐφρανθη
ὑπεταγη	πειραζη	πληθη	μωρανθη
ὑποταγη	πεζη	βουληθη	ἀπεκτανθη
φαγη	χρηζη	ἐβουληθη	ἐπληθυνθη
καταφαγη	λογιζη	διανεμηθη	σκληρυνθη
βηθφαγη	σκανδαλιζη	κοιμηθη	ἐπαχυνθη
ἀγγη	φωτιζη	ἐκοιμηθη	ἐπαισχυνθη
λεγη	κολαφιζη	ἐνεβριμηθη	καταισχυνθη
ὁδηγη	θη	οἰκοδομηθη	δοθη
πληγη	βαθη	μωμηθη	ἐδοθη
ἐπληγη	ἀγαθη	πλανηθη	ἐπεδοθη
πηγη	ἐθεαθη	ἐγενηθη	παρεδοθη
θιγη	ἰαθη	ἐξουδενηθη	καταποθη
ἀπεπνιγη	καθη	ἐκινηθη	κατεποθη
ἠνοιγη	παθη	γεννηθη	ἀρθη
σιγη	ἐπραθη	ἐγεννηθη	ἀπαρθη
ἐκλογη	σταθη	ἠδυνηθη	ἐγερθη
ἀργη	ἐσταθη	συνεφωνηθη	ἠγερθη
περγη	ἀπεκατεσταθη	αὐξηθη	ἠρθη
ὀργη	ἐθη	ἐλυπηθη	ἐπηρθη
κραυγη	μεθη	πληροφορηθη	κατειργασθη

ἡγιασθη	ἀπεχωρισθη	ἤχθη	ἀναγκη
ἐπιασθη	ἐχρηματισθη	ἀνηχθη	διενεγκη
ἠναγκασθη	ἐκαυματισθη	συνηχθη	προσενεγκη
ἐπλασθη	ἐκτισθη	συναπηχθη	τεκη
κρεμασθη	καταποντισθη	ἐνεπαιχθη	διαθηκη
ἀπεδοκιμασθη	σκοτισθη	ἠνοιχθη	ἀποθηκη
ἐτοιμασθη	ἐσκοτισθη	κηρυχθη	δικη
ὠνομασθη	ἐβαπτισθη	ἐκηρυχθη	εἰκη
ἐθαυμασθη	ἐφωτισθη	ἀνεωχθη	ἐπιεικη
δοξασθη	συγκατεψηφισθη	ἀνωρθωθη	σαρκικη
ἐδοξασθη	ἐσχισθη	ἐβεβαιωθη	νικη
ἐνδοξασθη	ἀκουσθη	ἐδικαιωθη	ἑλληνικη
ἡρπασθη	ἠκουσθη	τελειωθη	εἰρηνικη
διασπασθη	εἰσηκουσθη	ἐτελειωθη	θεσσαλονικη
ἀνεσπασθη	γνωσθη	ζημιωθη	βερνικη
ἀπεσπασθη	ἀναγνωσθη	ὡμοιωθη	εὐνικη
κατεσκευασθη	ἐγνωσθη	ἐδηλωθη	προβατικη
τελεσθη	ἐπαιδευθη	ἐνεδυναμωθη	πνευματικη
ἐτελεσθη	ἐσαλευθη	ἠρημωθη	σωματικη
ἐπλησθη	ἐθεραπευθη	ἐφιμωθη	ψυχικη
ἐμνησθη	πορευθη	ἐζυμωθη	ἑλκη
ἀνεμνησθη	ἐπορευθη	ἐθυμωθη	δοκη
ὑπεμνησθη	ἐμαθητευθη	κενωθη	διδασκη
ἐλογισθη	ἐπιστευθη	φανερωθη	μιμνησκη
ὠργισθη	λυθη	ἐφανερωθη	παιδισκη
ἐκλεισθη	καταλυθη	πληρωθη	γινωσκη
ἐξεκλεισθη	ἐλυθη	ἐπληρωθη	καταγινωσκη
ἐσεισθη	ἐτυθη	σταυρωθη	λευκη
σκανδαλισθη	συνεχυθη	ἐσταυρωθη	συκη
εὐηγγελισθη	ἐξεχυθη	συνεσταυρωθη	βαλη
ἠυλισθη	ἀνηφθη	ἐπωρωθη	περιβαλη
γεμισθη	κατελειφθη	σωθη	ἐκβαλη
ἐγεμισθη	ἐγκατελειφθη	ἐσωθη	μεγαλη
διεφημισθη	ἐπεμφθη	ἐσκοτωθη	καλη
ἐσπλαγχνισθη	ἀνελημφθη	μορφωθη	λαλη
ἐκαθαρισθη	προλημφθη	μετεμορφωθη	παλη
ἐχαρισθη	ἀπεκαλυφθη	ὑγιη	κραιπαλη
ἐθερισθη	ἀποκαλυφθη	εἰη	ἀπεσταλη
μερισθη	ὤφθη	τηρηθειη	ἐξαπεσταλη
ἐμερισθη	ταραχθη	πληθυνθειη	κεφαλη
διεμερισθη	ἐταραχθη	λογισθειη	ἀσφαλη
γνωρισθη	διεταραχθη	ἐσθιη	βελη
ἐγνωρισθη	ἐλεγχθη	ποιη	ἀγελη
ἀνεγνωρισθη	ἠνεχθη	πιη	διαγγελη
χωρισθη	προσηνεχθη	κυριακη	ἀνηγγελη
ἐχωρισθη	ἐτεχθη	φυλακη	ἀπηγγελη

κατηγγελη	κομη	κατεργαζομενη	σαγηνη
θελη	συνδρομη	φλογιζομενη	σκηνη
σκελη	περιτομη	βασανιζομενη	γαληνη
μελη	ὁρμη	ἀφανιζομενη	μαγδαληνη
τελη	ὀσμη	καιομενη	σεληνη
ἀφελη	ζυμη	σειομενη	εἰρηνη
νεφελη	σαλωμη	βοσκομενη	κτηνη
ἀθλη	γνωμη	γινωσκομενη	ἐθνη
ἀνατειλη	ῥωμη	ἀναγινωσκομενη	καινη
ἀποστειλη	νη	φαινομενη	μαινη
χειλη	λαμβανη	γινομενη	ἐκεινη
προσφιλη	σαργανη	βλεπομενη	μεινη
ἀλλη	ἰορδανη	διερμηνευομενη	διαμεινη
μελλη	ἡμιθανη	πορευομενη	ὀρεινη
ἀποστελλη	ἀποθανη	ἐκπορευομενη	φωτεινη
θυελλη	πλανη	μαντευομενη	ἀληθινη
δρουσιλλη	φανη	μοιχευομενη	ὑαλινη
πολλη	ἐφανη	ἐχομενη	κλινη
ὁλη	ἐπεφανη	συνεχομενη	ἀκλινη
παραβολη	ἐπιφανη	ἐρχομενη	ἀξινη
ἀποβολη	ἐμφανη	κατερχομενη	πινη
ὑπερβολη	ἀγνη	προσευχομενη	ἀνθρωπινη
ἀνατολη	γενη	ἡγιασμενη	καθημερινη
ἐντολη	ἀγενη	δεδοξασμενη	κρινη
στολη	συγγενη	ὡρισμενη	εἰλικρινη
διαστολη	μονογενη	ἐμνηστευμενη	ἀποκρινη
καταστολη	ἀσθενη	συναρμολογουμενη	ταχινη
ἐπιστολη	κενη	ἐνεργουμενη	λιμνη
σχολη	μενη	οἰκουμενη	ποιμνη
αὐλη	δυναμενη	καλουμενη	πρυμνη
βουλη	δεξαμενη	λαλουμενη	ἰωαννη
ἐπιβουλη	ὑποδεξαμενη	οἰκοδομουμενη	γεεννη
δουλη	λουσαμενη	διακονουμενη	διακονη
πυλη	ἐπισυνηγμενη	μαρτυρουμενη	ἐμπαιγμονη
ἐνοχλη	ἠνεωγμενη	πατουμενη	ὑπομονη
μη	εὐλογημενη	συγκεχυμενη	πεισμονη
στιγμη	περιβεβλημενη	τετελειωμενη	πορνη
πυγμη	ἐξυρημενη	μεμονωμενη	σμυρνη
ἐμη	κειμενη	ἐντετυπωμενη	φατνη
γημη	ἐγγεγραμμενη	πεπληρωμενη	γυνη
φημη	ἐπιγεγραμμενη	πεπωρωμενη	δυνη
δοκιμη	διεστραμμενη	κεχρυσωμενη	ὀδυνη
τιμη	τεθλιμμενη	κεχαριτωμενη	δικαιοσυνη
μαμμη	σεβομενη	ἐσκοτωμενη	ἐλεημοσυνη
ἐβδομη	λεγομενη	ἐκτενη	ἀφροσυνη
οἰκοδομη	ἐπιλεγομενη	στενη	ταπεινοφροσυνη

ἀγαθωσυνη	φθαρη	ζηση	κλειση
ἀγιωσυνη	σπαρη	βληθηση	ἀποκλειση
μεγαλωσυνη	ἐχαρη	κληθηση	καθιση
αἰσχυνη	μερη	καταδικασθηση	σκανδαλιση
καταισχυνη	προσκαρτερη	δικαιωθηση	μιση
τεχνη	φερη	σωθηση	καθαριση
ζωνη	προσφερη	ὑψωθηση	γνωριση
φωνη	ποδηρη	ποιηση	κτιση
διδαξη	πληρη	ἀδικηση	ποτιση
ἀπαλλαξη	τηρη	νικηση	ὀμοση
ἀποκαταλλαξη	χαιρη	λαληση	θαλασση
φυλαξη	μαχαιρη	θεληση	φυλασση
παταξη	σπειρη	ἀθληση	μανασση
ἐπιταξη	σαπφιρη	γαμηση	γλωσση
παρεξη	ὀρη	βλασφημηση	κλαυση
τεξη	γρηγορη	πλανηση	παυση
ἀνοιξη	εὑρη	ἐξουθενηση	γευση
δοξη	κατασυρη	γεννηση	κυριευση
ἀρξη	χρη	ἀρνηση	βασιλευση
ἐκφευξη	θεωρη	ἀπαρνηση	φονευση
καταψυξη	ση	δυνηση	πορευση
ὀγδοη	ἐργαση	φωνηση	προπορευση
ἀκοη	διαυγαση	μετανοηση	περισσευση
ὑπακοη	ἀγιαση	ἐκκοπηση	θυση
παρακοη	ἐπισκιαση	σιωπηση	ἑλκυση
ἀγαπη	πειναση	τηρηση	λυση
ἐπετραπη	πλεοναση	εὐκαιρηση	ἀναλυση
ἐκτραπη	δοξαση	μετρηση	ἀπολυση
ἐντραπη	παση	μαρτυρηση	μηνυση
ἀστραπη	ἐξαγοραση	θεωρηση	οὐση
ποταπη	ἐση	ἐξαπατηση	συναγαγουση
βλεπη	ἀρκεση	περιπατηση	πνεουση
ἐπιτρεπη	ἐπαρκεση	ζητηση	ἐξελθουση
εἰπη	παρακαλεση	αἰτηση	ἐπιουση
λειπη	ἐπιτελεση	ἀμαρτηση	ἀκουση
καταλιπη	ἀπολεση	στηση	παρακουση
ἐκλιπη	πεση	ἐξαναστηση	ἐπιφωσκουση
ῥιπη	ἐμπεση	παραστηση	ὑγιαινουση
θαλπη	ἀρεση	ἀριστηση	παρουση
προκοπη	καταβηση	ἐρωτηση	ἀστραπτουση
ἰοππη	σιγηση	ἰση	ἐχουση
λυπη	ὀμολογηση	παιση	χρυση
ἀρη	καταργηση	πταιση	μωυση
βαρη	δηση	βληθεισ	δωση
ἀβαρη	κερδηση	δοθεισ	ἐπιδιορθωση
ἐκκαθαρη	ἐλεηση	παραδοθεισ	ἀξιωση

γνωση	ἑορτη	ἑφη	καθ
ἐπισκηνωση	ἑκαστη	βρεφη	μεθ
ταπεινωση	θαυμαστη	ἀδελφη	ναζαρεθ
ἐλευθερωση	ἀναστη	νυμφη	σηθ
πληρωση	ἐστη	τροφη	ἀνθ
ἀναπληρωση	διεστη	ἀναστροφη	ῥουθ
διασωση	μεστη	καταστροφη	σαβαωθ
ὑψωση	ἀνεστη	μορφη	ἰσκαριωθ
τη	ἐξεστη	κρυφη	αἱ
δεκατη	ἀπεστη	τρυφη	διαπαρατριβαι
τεσσαρες-	ἐπεστη	διδαχη	ναγγαι
καιδεκατη	συνεπεστη	πανταχη	πληγαι
αὐτοματη	παρεστη	λογχη	πηγαι
ἐνατη	ἀπεκατεστη	ἐχη	ὀλιγαι
ἀπατη	ἀντεστη	βρεχη	ἀργαι
περιπατη	δανιστη	τρεχη	γενεαι
ἐγκρατη	πιστη	τειχη	ἐκχεαι
εὐφρατη	ἐπιστη	ἐκδοχη	μεθαι
ἀγιωτατη	κτιστη	περιοχη	ἀκανθαι
ἐσχατη	ἐλαχιστη	ἀνοχη	κατειργασθαι
ἐτη	ἀποστη	συνοχη	ἰασθαι
τεσσερακονταετη	αὐτη	βροχη	κολλασθαι
ἀρετη	αὐτη	ὑπεροχη	δυνασθαι
ὑπηρετη	ἑαυτη	μετοχη	ἀναταξασθαι
μαθητη	τοιαυτη	ἀρχη	ἀποταξασθαι
θνητη	ταυτη	ἀπαρχη	δεξασθαι
κυβερνητη	στρατιωτη	ἑκατονταρχη	ἀποδεξασθαι
κρητη	συστρατιωτη	ἐρχη	ἐνδειξασθαι
προφητη	πρωτη	ἀπερχη	ἀρξασθαι
μελιτη	ἐπαναπαυη	εὐχη	προσευξασθαι
κοιτη	σκευη	προσευχη	διεσπασθαι
μαργαριτη	παρασκευη	ψυχη	κειρασθαι
κριτη	διερμηνευη	πτωχη	πιμπρασθαι
τριτη	περισσευη	ἀψη	ξυρασθαι
μεσιτη	στρατευη	βαφη	διαμαρτυρασθαι
τακτη	πιστευη	βλαψη	θεασασθαι
ἐκτη	ἐκφυη	ἀναβλεψη	συγκαλεσασθαι
ἐκλεκτη	ἀφη	κλεψη	ἐπικαλεσασθαι
συνεκλεκτη	γραφη	ἐπιτρεψη	ποιησασθαι
τικτη	ἐγραφη	ἐπιστρεψη	περιποιησασθαι
παντη	προεγραφη	καμψη	ἀρνησασθαι
δεσποτη	ἐπιγραφη	συλλημψη	καταχρησασθαι
οἰκοδεσποτη	ἀπογραφη	ὀψη	καυχησασθαι
ἐπισκεπτη	ἀνετραφη	δωη	λογισασθαι
ἀμαρτη	ἐστραφη	ζωη	εὐαγγελισασθαι
τεταρτη	ἐταφη	μααθ	δανισασθαι

συναγωνισασθαι
χαρισασθαι
μερισασθαι
διαχειρισασθαι
προχειρισασθαι
νοσφισασθαι
παυσασθαι
ἐκδυσασθαι
ἐνδυσασθαι
ἐπενδυσασθαι
γευσασθαι
ψευσασθαι
μισθωσασθαι
ἀνακεφαλαιω-
σασθαι
κτασθαι
ἀνιστασθαι
συνιστασθαι
ἐξιστασθαι
προιστασθαι
καυχασθαι
ἐγκαυχασθαι
ἀπογραψασθαι
ἐπισκεψασθαι
νιψασθαι
μεταπεμψασθαι
καταλαβεσθαι
ἐπιλαβεσθαι
συλλαβεσθαι
σεβεσθαι
θλιβεσθαι
ἀγεσθαι
ἀναγεσθαι
εἰσαγεσθαι
φθεγγεσθαι
ἀποφθεγγεσθαι
λεγεσθαι
δεδεσθαι
ἐργαζεσθαι
κατεργαζεσθαι
παρρησιαζεσθαι
ἀτιμαζεσθαι
ἀσπαζεσθαι
ἀνεταζεσθαι
χορταζεσθαι
βασταζεσθαι

λογιζεσθαι
διαλογιζεσθαι
βυθιζεσθαι
εὐαγγελιζεσθαι
γεμιζεσθαι
ἐπαγωνιζεσθαι
καθαριζεσθαι
χαριζεσθαι
χωριζεσθαι
διαχωριζεσθαι
καταποντιζεσθαι
σωζεσθαι
ἐπιλαθεσθαι
καταθεσθαι
πειθεσθαι
ἐπιτιθεσθαι
ἀποθεσθαι
πυθεσθαι
ἐφικεσθαι
ἱλασκεσθαι
μεθυσκεσθαι
ἐξελεσθαι
στελλεσθαι
ἀπολεσθαι
ἀντιλαμβανεσθαι
πυνθανεσθαι
συναυξανεσθαι
γενεσθαι
γεγενεσθαι
εὐφραινεσθαι
σαινεσθαι
ἀναφαινεσθαι
γινεσθαι
κρινεσθαι
ἀποκρινεσθαι
περιτεμνεσθαι
ἀποκτεννεσθαι
φερεσθαι
ἀποφερεσθαι
ἐσεσθαι
ἀπαλλασσεσθαι
φυλασσεσθαι
ὑποτασσεσθαι
ἐκπλησσεσθαι
εἰσελευσεσθαι
ἁπτεσθαι

ἐπισκεπτεσθαι
ἐγκοπτεσθαι
καλυπτεσθαι
κατακαλυπτεσθαι
ἀποκαλυπτεσθαι
τυπτεσθαι
θεραπευεσθαι
πορευεσθαι
διαπορευεσθαι
παραπορευεσθαι
ἐκπορευεσθαι
θυεσθαι
κωλυεσθαι
ῥυεσθαι
γραφεσθαι
ἀπογραφεσθαι
τρεφεσθαι
ἀναστρεφεσθαι
μαχεσθαι
παραδεχεσθαι
ἀπεχεσθαι
ἐρχεσθαι
διερχεσθαι
ἐπανερχεσθαι
ἀπερχεσθαι
προσερχεσθαι
προσευχεσθαι
καθησθαι
οἰκοδομησθαι
γεγενησθαι
ἐκθαμβεισθαι
φοβεισθαι
ἡγεισθαι
ἀπολογεισθαι
ποιεισθαι
κατακεισθαι
ἐπικεισθαι
καλεισθαι
ἐγκαλεισθαι
ἐπικαλεισθαι
λαλεισθαι
ἐπιτελεισθαι
συντελεισθαι
μιμεισθαι
φιλοτιμεισθαι
ζωογονεισθαι

ἀρνεισθαι
θροεισθαι
λυπεισθαι
ὑστερεισθαι
τηρεισθαι
καθαιρεισθαι
ἀναιρεισθαι
κατηγορεισθαι
ἀπορεισθαι
καταπατεισθαι
κρατεισθαι
αἰτεισθαι
παραιτεισθαι
συγκακουχεισθαι
κατηρτισθαι
παραδιδοσθαι
ἀπολελυσθαι
συναναμιγνυσθαι
ἐνδεικνυσθαι
εὐοδουσθαι
ἀνανεουσθαι
βεβαιουσθαι
διαβεβαιουσθαι
δικαιουσθαι
ζηλουσθαι
ταπεινουσθαι
συμπληρουσθαι
λυτρουσθαι
πυρουσθαι
ἐλαττουσθαι
πεφανερωσθαι
συντετριφθαι
ἀπηλλαχθαι
δικαιαι
ἐλαιαι
ἁγιαι
καρδιαι
λογειαι
ἐριθειαι
θηλειαι
πορνειαι
βαρειαι
προφητειαι
τραχειαι
μοιχειαι
καταλαλιαι

ἐπαγγελιαι	φυλαι	διαταξομαι	διερχομαι
ὁμιλιαι	σταφυλαι	εἰσδεξομαι	εὐχομαι
κοιλιαι	ὁμιχλαι	ἀνεξομαι	προσευχομαι
τρισχιλιαι	τεθεαμαι	ἐρευξομαι	παραλημψομαι
βλασφημιαι	δυναμαι	προσευξομαι	ὀψομαι
ἀνομιαι	ἐπισταμαι	ἐντρεπομαι	δεδοξασμαι
ἐπιθυμιαι	χαμαι	ἐγειρομαι	πεπεισμαι
λυχνιαι	δεδεμαι	μαρτυρομαι	ἠγωνισμαι
πλεονεξιαι	διατιθεμαι	διαμαρτυρομαι	κεχαρισμαι
ὁμοιαι	παρατιθεμαι	ἰασομαι	πεπολιτευμαι
ὑπονοιαι	ἠγημαι	ἐσομαι	πεπιστευμαι
μακαριαι	καθημαι	μετακαλεσομαι	ἀπολλυμαι
ὑδριαι	προσκεκλημαι	ἐξομολογησομαι	φοβουμαι
πονηριαι	γεγεννημαι	διαθησομαι	ἡγουμαι
πατριαι	κεχρημαι	φοβηθησομαι	ἐξομολογουμαι
μαρτυριαι	μεμυημαι	ἐκδαπανηθησομαι	ἀπολογουμαι
ψευδομαρτυριαι	κεκαυχημαι	αἰσχυνθησομαι	τελειουμαι
πρασιαι	κειμαι	ἐξουσιασθησομαι	ποιουμαι
ἀκαταστασιαι	περικειμαι	μνησθησομαι	ἐγκαλουμαι
διχοστασιαι	οἰμαι	σκανδαλισθησομαι	ἐπικαλουμαι
ἐκκλησιαι	ἀποφθεγγομαι	χαρισθησομαι	ὠφελουμαι
θυσιαι	συνηδομαι	ὀφθησομαι	βλασφημουμαι
ἐξουσιαι	φειδομαι	εὐοδωθησομαι	ἀπορουμαι
ἁμαρτιαι	σπενδομαι	σωθησομαι	πυρουμαι
συνεληλυθυιαι	οἰκοδομαι	ἀρνησομαι	αἰτουμαι
και	ψευδομαι	ἀπαρνησομαι	παραιτουμαι
κακαι	δεομαι	χαρησομαι	εὐαγγελιζωμαι
ἐνεγκαι	ἐργαζομαι	αἱρησομαι	δεδικαιωμαι
ἀνενεγκαι	κατεργαζομαι	καυχησομαι	τετελειωμαι
προσενεγκαι	ἀσπαζομαι	φεισομαι	ἀφελωμαι
διαθηκαι	πειραζομαι	διατασσομαι	γενωμαι
λευκαι	λογιζομαι	ἐλευσομαι	παραγενωμαι
μεγαλαι	εὐαγγελιζομαι	ἀπελευσομαι	ὀδυνωμαι
παλαι	σπλαγχνιζομαι	εἰσελευσομαι	ἐνδειξωμαι
ἐκπαλαι	βαπτιζομαι	πορευσομαι	προσευξωμαι
κεφαλαι	πειθομαι	διακουσομαι	ἀγαπωμαι
νεφελαι	διωκομαι	γνωσομαι	πεπληρωμαι
ἀναγγειλαι	μεταμελομαι	διαγνωσομαι	ὑπεραιρωμαι
ἀπαγγειλαι	ἐντελλομαι	ἐπιγνωσομαι	συνεσταυρωμαι
ἐπιστειλαι	βουλομαι	παυομαι	παρρησιασωμαι
ἀποστειλαι	καταλαμβανομαι	βουλευομαι	χρησωμαι
ἀλλαι	πυνθανομαι	πορευομαι	αἰτησωμαι
πολλαι	μαινομαι	ὑπερπερισσευομαι	καυχησωμαι
ἐντολαι	κρινομαι	ἐκδεχομαι	εὐαγγελισωμαι
ἐπιστολαι	αἰσχυνομαι	συνεχομαι	συναναπαυσωμαι
πυλαι	ἐπαισχυνομαι	ἐρχομαι	κτωμαι

πορευωμαι	προσφερομεναι	εὐφρανθηναι	κραταιωθηναι
διερχωμαι	ὑποτασσομεναι	ἀποκτανθηναι	ζημιωθηναι
καυχωμαι	εἰσπορευομεναι	πληθυνθηναι	καταξιωθηναι
προσευχωμαι	περιερχομεναι	μεγαλυνθηναι	ὁμοιωθηναι
ἀψωμαι	περιεζωσμεναι	δοθηναι	φανερωθηναι
ναι	τεθεραπευμεναι	παραδοθηναι	πληρωθηναι
ἱκαναι	ἐπιδεικνυμεναι	ἀποδοθηναι	σταυρωθηναι
λευκαναι	φοβουμεναι	ἐγερθηναι	σωθηναι
σημαναι	γεγονεναι	ἀποδοκιμασθηναι	διασωθηναι
ἑσταναι	κατειληφεναι	ἀτιμασθηναι	ὑψωθηναι
μεθισταναι	πεπραχεναι	θαυμασθηναι	χαρηναι
ἐπιφαναι	διατεταχεναι	ἐνδοξασθηναι	στηναι
ἐκπεφευγεναι	διαβηναι	πειρασθηναι	ἀναστηναι
εἰδεναι	καταβηναι	χορτασθηναι	παραστηναι
πεποιθεναι	ἐμβηναι	τελεσθηναι	ἀντιστηναι
τιθεναι	κρυβηναι	πλησθηναι	ἀποστηναι
παρατιθεναι	θεαθηναι	μνησθηναι	προστηναι
παρεληλυθεναι	ἰαθηναι	λογισθηναι	εἶναι
συνιεναι	ἀγαλλιαθηναι	ἀσφαλισθηναι	θειναι
ἐξιεναι	πραθηναι	ἐμφανισθηναι	παραθειναι
εἰσιεναι	σταθηναι	χαρισθηναι	ἐπιθειναι
ἀφιεναι	δεθηναι	χωρισθηναι	προσθειναι
ἑωρακεναι	ἀναιρεθηναι	ἀποχωρισθηναι	ἐκειναι
ἐξεστακεναι	εὑρεθηναι	βαπτισθηναι	μειναι
πεποιηκεναι	τεθηναι	ἀναγνωσθηναι	ἐπιμειναι
τεθνηκεναι	προστεθηναι	σαλευθηναι	προσμειναι
ὑστερηκεναι	ἀπολογηθηναι	θεραπευθηναι	παρειναι
εἰρηκεναι	λαληθηναι	πορευθηναι	ἀποκτειναι
εὑρηκεναι	βληθηναι	πιστευθηναι	ἀφειναι
κεκρατηκεναι	κληθηναι	μοιχευθηναι	ἀληθιναι
εὐαρεστηκεναι	παρακληθηναι	λυθηναι	λιθιναι
ἠλπικεναι	συμπαρακληθηναι	ἐξαλειφθηναι	ἀνακλιναι
ἐγνωκεναι	γαμηθηναι	καταλειφθηναι	ὀρθριναι
ἐπεγνωκεναι	περιτμηθηναι	προπεμφθηναι	κριναι
πεπληρωκεναι	γενηθηναι	συλλημφθηναι	διακριναι
δυναμεναι	γεννηθηναι	ἀποκαλυφθηναι	ἐγκριναι
τεταγμεναι	διακονηθηναι	ἀχθηναι	συγκριναι
καθημεναι	φωνηθηναι	ἀναχθηναι	μεριμναι
ἠριθμημεναι	λυπηθηναι	συναχθηναι	ἱανναι
κειμεναι	τηρηθηναι	ἀπαχθηναι	διδοναι
διαμεριζομεναι	ἐξαπορηθηναι	ἀπενεχθηναι	παραδιδοναι
καιομεναι	ἀνακλιθηναι	στηριχθηναι	μεταδιδοναι
γενομεναι	κατακλιθηναι	κηρυχθηναι	ἀποδιδοναι
γινομεναι	κριθηναι	διορυχθηναι	μοναι
ἐλαυνομεναι	ἀποκριθηναι	ἀνεωχθηναι	πορναι
παραφερομεναι	ἀνταποκριθηναι	δικαιωθηναι	γυναι

κατευθυναι	πονηραι	κατακαυχασαι	πολεμησαι
ὀμνυναι	χηραι	ἀναβλεψασαι	ἐκδημησαι
δουναι	ἐχθραι	ὑποστρεψασαι	ἐνδημησαι
παραδουναι	μαχαιραι	σβεσαι	βλασφημησαι
μεταδουναι	ἐγειραι	φαγεσαι	ἀριθμησαι
ἀποδουναι	διαφθειραι	δεδεσαι	ἐπιτιμησαι
ἀνταποδουναι	σπειραι	πιεσαι	τολμησαι
ἐλεημοσυναι	στειραι	καλεσαι	οἰκοδομησαι
τελωναι	εἰδωλολατραι	παρακαλεσαι	κληρονομησαι
γνωναι	πετραι	μετακαλεσαι	ἐπιθυμησαι
ἀναγνωναι	θυραι	ἐπιτελεσαι	πλανησαι
ἐπιγνωναι	οὐραι	ἐκτελεσαι	κινησαι
φωναι	ἰσχυραι	ἀπολεσαι	ὑπομνησαι
διδαξαι	ὠραι	ἐμεσαι	διακονησαι
ἀλλαξαι	μωραι	ἀρεσαι	δειπνησαι
ἀποκαταλλαξαι	συναναβασαι	χρονοτριβησαι	προσκυνησαι
φυλαξαι	αὐγασαι	σιγησαι	φωνησαι
διαφυλαξαι	λιθασαι	κακολογησαι	νοησαι
ἐπισυναξαι	ἁγιασαι	καταργησαι	κατανοησαι
πραξαι	θυμιασαι	λειτουργησαι	μετανοησαι
παταξαι	σινιασαι	χαλιναγωγησαι	κατασκοπησαι
ὑποταξαι	πιασαι	δησαι	εὐπροσωπησαι
ἐλεγξαι	ἐνταφιασαι	ὑποδησαι	ἐπιβαρησαι
δεξαι	κλασαι	κερδησαι	τηρησαι
βρεξαι	δαμασαι	ἐλεησαι	γρηγορησαι
ἐμπαιξαι	παραχειμασαι	συμπαθησαι	ἱστορησαι
δειξαι	δοκιμασαι	βοηθησαι	καρποφορησαι
ἐπιδειξαι	ἐτοιμασαι	ἀκολουθησαι	θαρρησαι
ἀποδειξαι	θαυμασαι	συνακολουθησαι	μαρτυρησαι
ἀνοιξαι	πλεονασαι	ποιησαι	χρησαι
στηριξαι	δυνασαι	ἀγαθοποιησαι	θεωρησαι
προσευξαι	ὀδυνασαι	κακοποιησαι	χωρησαι
κηρυξαι	δοξασαι	ζωοποιησαι	περιπατησαι
βοαι	πασαι	ἀδικησαι	κρατησαι
ἀκοαι	ἁρπασαι	ἐκδικησαι	ἀθετησαι
ἀστραπαι	διαρπασαι	νικησαι	ζητησαι
ποταπαι	ἀσπασαι	κατοικησαι	ἀναζητησαι
λοιπαι	πειρασαι	λαλησαι	αἰτησαι
κλοπαι	ἀγορασαι	ἐκλαλησαι	ὑπαντησαι
ἀραι	κατακολουθησασαι	προσλαλησαι	καταντησαι
διακαθαραι	ἐκπορνευσασαι	φιλησαι	στησαι
συναραι	ἐξετασαι	ἐπικεκλησαι	παραστησαι
ἐπαραι	χορτασαι	λιθοβολησαι	εὐαρεστησαι
ἡμεραι	βαστασαι	ἀντλησαι	ἐρωτησαι
ἑτεραι	διχασαι	πωλησαι	ἐπερωτησαι
περιστεραι	καυχασαι	γαμησαι	ἰσαι

ἐγγισαι	καταλυσαι	ἀναπληρωσαι	δοξαζεται
πορευθεισαι	λελυσαι	ὁρωσαι	ἀσπαζεται
κλεισαι	ἀπολελυσαι	σταυρωσαι	πειραζεται
ἐκκλεισαι	ἀπολυσαι	κυρωσαι	κατασκευαζεται
συμφυεισαι	κωλυσαι	σωσαι	λογιζεται
καθισαι	οὐσαι	διασωσαι	σκανδαλιζεται
εὐαγγελισαι	λαβουσαι	θανατωσαι	εὐαγγελιζεται
βασανισαι	προαγουσαι	παραβαται	ξενιζεται
ἀτενισαι	λεγουσαι	ἐργαται	δαιμονιζεται
κατακρημνισαι	ἐλπιζουσαι	τεθεαται	καθαριζεται
καθαρισαι	ἀληθουσαι	ἰαται	μυκτηριζεται
ὑβρισαι	ἐλθουσαι	μυκαται	χωριζεται
θερισαι	ἐξελθουσαι	γαλαται	μετασχηματιζεται
ἐγκεντρισαι	ἀπελθουσαι	κρεμαται	σωζεται
μυρισαι	εἰσελθουσαι	γενναται	καιεται
ἐγχρισαι	προσελθουσαι	δυναται	κατακαιεται
γνωρισαι	συνακολουθουσαι	ἀκροαται	πιεται
χωρισαι	κλαιουσαι	φρεναπαται	ἀφιεται
δειγματισαι	ἀγαθοποιουσαι	καθοραται	ἐμπλεκεται
χρηματισαι	ἀκουσαι	καθισταται	τηκεται
καυματισαι	ὑπακουσαι	ἀνισταται	οἰκεται
βαπτισαι	λαλουσαι	ἐπισταται	γινωσκεται
ἐξαρτισαι	ἀπολουσαι	ἐφισταται	ὀφειλεται
καταρτισαι	διακονουσαι	μοιχαται	χρεοφειλεται
φωτισαι	φερουσαι	κατακαυχαται	βαλλεται
σοφισαι	εὐρουσαι	σεβεται	ἐκβαλλεται
ὁσαι	μαρτυρουσαι	συντριβεται	καταγγελλεται
ὀμοσαι	θεωρουσαι	συναγεται	βουλεται
ποσαι	χωρουσαι	παραγεται	παραλαμβανεται
ἱεσσαι	προφητευουσαι	μεταγεται	ἐπιλαμβανεται
γλωσσαι	ἐχουσαι	φαγεται	συναντι-λαμβανεται
κατακαυσαι	ὑπεχουσαι	καταφαγεται	
σαλευσαι	ῥυσαι	λεγεται	μαινεται
βασιλευσαι	μαστιγωσαι	διαλεγεται	ξηραινεται
παραπλευσαι	ζωσαι	ἀντιλεγεται	φαινεται
ἐκπλευσαι	βεβαιωσαι	συλλεγεται	γινεται
πορνευσαι	δικαιωσαι	ὀρεγεται	παραγινεται
θεραπευσαι	βιωσαι	εὐεργεται	κρινεται
θηρευσαι	τελειωσαι	δεδεται	ἀνακρινεται
περισσευσαι	κακωσαι	ἐργαζεται	ἀποκρινεται
προφητευσαι	ἀναλωσαι	κατεργαζεται	συγχυννεται
νηστευσαι	βεβηλωσαι	βιαζεται	μολυνεται
πιστευσαι	παραζηλωσαι	ἁγιαζεται	παροξυνεται
ἐλκυσαι	κοινωσαι	σεληνιαζεται	ἐπαισχυνεται
λυσαι	ἐξωσαι	δαμαζεται	ἀνθεξεται
ἀναλυσαι	πληρωσαι	ὀνομαζεται	τεξεται

φευξεται	οἰκοδομηθησεται	ἀξιωθησεται	μεθερμηνευεται
ἐπιτρεπεται	ἀπαρνηθησεται	ὁμοιωθησεται	θεραπευεται
λειπεται	ἀγαπηθησεται	ταπεινωθησεται	περπερευεται
ἀπολειπεται	μετρηθησεται	ἐλευθερωθησεται	πορευεται
εἰσφερεται	ἀντιμετρηθησεται	πληρωθησεται	ἐκπορευεται
προσφερεται	ζητηθησεται	σωθησεται	εἰσπορευεται
ὑπηρεται	ἐκζητηθησεται	ὑψωθησεται	ἐγκρατευεται
αἱρεται	ἐπιθησεται	ἐπιμελησεται	στρατευεται
ἐπαιρεται	κατακριθησεται	φανησεται	χρηστευεται
ἐγειρεται	ἀποκριθησεται	γενησεται	πιστευεται
διαφθειρεται	μαρανθησεται	ἀρνησεται	ἀκουεται
σπειρεται	μεγαλυνθησεται	δυνησεται	τρεφεται
διαμαρτυρεται	ἐπαισχυνθησεται	δαρησεται	μεμφεται
παρασκευασεται	καταισχυνθησεται	χαρησεται	ἐλεγχεται
κατακαησεται	δοθησεται	ἀναστησεται	δεχεται
ἐπαναπαησεται	παραδοθησεται	μεταστραφησεται	παραδεχεται
ἀναβησεται	ἀνταποδοθησεται	φεισεται	ἐπιδεχεται
καταβησεται	ἀρθησεται	κομισεται	ἐκδεχεται
μεταβησεται	ἐγερθησεται	χαρισεται	ἀπεκδεχεται
συντριβησεται	συνθλασθησεται	ἐπιδιατασσεται	ἐνδεχεται
ἀποβησεται	τελεσθησεται	ἀντιτασσεται	προσδεχεται
φραγησεται	πλησθησεται	ἀποτασσεται	ἐρχεται
ὑποταγησεται	λογισθησεται	ὑποτασσεται	διερχεται
διηγησεται	ἁλισθησεται	κηρυσσεται	συνερχεται
ἀνοιγησεται	βασανισθησεται	γευσεται	ἐξερχεται
ἐξομολογησεται	ὑβρισθησεται	ἐλευσεται	παρερχεται
ψυγησεται	σκοτισθησεται	διελευσεται	εἰσερχεται
ζησεται	ἀκουσθησεται	ἐξελευσεται	προσερχεται
ἰαθησεται	ἐμπτυσθησεται	προελευσεται	προσευχεται
σταθησεται	γνωσθησεται	ἐπελευσεται	ἐπισκεψεται
ἀφαιρεθησεται	κατακαυθησεται	παρελευσεται	λημψεται
εὑρεθησεται	ἐξολεθρευθησεται	εἰσελευσεται	ὀψεται
προστεθησεται	περισσευθησεται	ἐπεισελευσεται	συναντιλαβηται
ἀφεθησεται	λυθησεται	βουλευσεται	φοβηται
ἐπιχορηγηθησεται	καταλυθησεται	πορευσεται	καθηγηται
καταργηθησεται	ἐπιλυθησεται	ῥυσεται	ἐκδιηγηται
λαληθησεται	ἀρτυθησεται	ἐκδωσεται	κατηργηται
βληθησεται	ἐκχυθησεται	περιζωσεται	δοξαζηται
ἐκβληθησεται	παραλημφθησεται	γνωσεται	παραλογιζηται
μεταμεληθησεται	ὀφθησεται	ἁπτεται	εὐαγγελιζηται
ὠφεληθησεται	ἀποκαλυφθησεται	ἐκκοπτεται	καθηται
κληθησεται	ἐμπαιχθησεται	κατακαλυπτεται	μαθηται
κολληθησεται	κηρυχθησεται	ἀποκαλυπτεται	ποιηται
προσκολληθησεται	ἐκριζωθησεται	παυεται	ἀναγινωσκηται
λιθοβοληθησεται	δικαιωθησεται	ἀναπαυεται	περιβαληται
βλασφημηθησεται	ζημιωθησεται	ἑρμηνευεται	λελαληται

βεβληται	γευσηται	λυπειται	συναγονται
ἐξεληται	λυτρωσηται	περιαιρειται	φαγονται
ὑποστειληται	νενομοθετηται	ἀφαιρειται	ὀρεγονται
κεκληται	πετηται	κατηγορειται	συμπνιγονται
ἐπικεκληται	ἁπτηται	μαρτυρειται	ψευδονται
προσκεκληται	ἡττηται	πεσειται	ἐργαζονται
ἀποληται	γραφηται	ζητειται	ἀσπαζονται
βουληται	προφηται	εὐαρεστειται	διαλογιζονται
βλασφημηται	ψευδοπροφηται	ἐκχειται	σκανδαλιζονται
μιμηται	δεχηται	ἰσραηλιται	εὐαγγελιζονται
συμμιμηται	ἐξηχηται	πολιται	γαμιζονται
κεκοιμηται	ἐρχηται	συμπολιται	ξενιζονται
τολμηται	ἀψηται	ἐλαμιται	καθαριζονται
κεκοσμηται	μεταπεμψηται	ἱεροσολυμιται	διαμεριζονται
πλανηται	ἐλλογειται	τεχνιται	συμμεριζονται
γενηται	ὁμολογειται	ἀρσενοκοιται	μετασχημα-τιζονται
γεγεννηται	εὐλογειται	μαργαριται	
καταφρονηται	καταργειται	σαμαριται	βαπτιζονται
ἠρνηται	ἐνεργειται	κριται	γαμισκονται
δυνηται	γεωργειται	κεκριται	εὐφραινονται
μηκυνηται	τεθειται	κατακεκριται	φαινονται
προσκυνηται	ποιειται	ὑποκριται	παραδεξονται
δεξηται	ζωοποιειται	νινευιται	ἀνεξονται
ἐνδειξηται	κειται	τεταρακται	ἀρξονται
ἀρξηται	παρακειται	τετακται	φευξονται
προσευξηται	κατακειται	ὑποτετακται	βρονται
προηρηται	ἐπικειται	δεδεκται	προσφερονται
τετηρηται	περικειται	ὑποδεδεκται	ἐγειρονται
εἰρηται	ἀντικειται	πλεονεκται	φθειρονται
ἐγειρηται	ἀποκειται	ἐμπαικται	ἐσονται
προειρηται	προκειται	ἐστηρικται	ἀναπαησονται
διαμαρτυρηται	περιβαλειται	ἐντεταλται	ἀλλαγησονται
μεμαρτυρηται	καλειται	ἐπηγγελται	κατασταθησονται
χρηται	παρακαλειται	μεμιανται	εὐλογηθησονται
δεδωρηται	ἐπικαλειται	δυνανται	ἐνευλογηθησονται
ἰασηται	προσκαλειται	ἐξηρανται	καταργηθησονται
ἐπικαλεσηται	τελειται	ἀνθιστανται	κερδηθησονται
προσκαλεσηται	ἐντελειται	ἐπιστανται	ἐλεηθησονται
ἐξομολογησηται	ὠφελειται	ἀφιστανται	ζωοποιηθησονται
μωμησηται	ἀπολειται	ἀφιενται	ἐκβληθησονται
ἀρνησηται	πωλειται	ἠριθμηνται	κληθησονται
αἰτησηται	βλασφημειται	κεκρατηνται	παρακληθησονται
καυχησηται	οἰκοδομειται	κατηχηνται	ἀνακλιθησονται
λογισηται	ἀποθανειται	προκεινται	κριθησονται
κομισηται	φανειται	σεβονται	ἀποκριθησονται
ἐνδυσηται	ἀγνοειται	ἀγονται	ἐγερθησονται

ἐνυπνιασθησονται	ἐμπορευσονται	αἰσθωνται	παρεσκευασται
θαυμασθησονται	προπορευσονται	διωκωνται	ἐσται
χορτασθησονται	ἀκουσονται	παρακαλωνται	τετελεσται
τελεσθησονται	εἰσακουσονται	ἀπολωνται	παρεσται
πεισθησονται	γνωσονται	κοιμωνται	λησται
σκανδαλι-σθησονται	νιπτονται	πλανωνται	κεκλεισται
	ἐκπορευονται	γενωνται	πλεισται
βασανισθησονται	συμπορευονται	παραγενωνται	ἀποκεκυλισται
διασκορπι-σθησονται	εἰσπορευονται	γινωνται	ἐγκεκαινισται
διαμερισθησονται	προσπορευονται	δυνωνται	κεχαρισται
ἐγκεντρι-σθησονται	περισσευονται	δεξωνται	θερισται
	ἐγκρατευονται	ἀρξωνται	μεμερισται
αἰχμαλωτι-σθησονται	στρατευονται	συγχρωνται	κεχρηματισται
	δεχονται	κολασωνται	ἐκτισται
εἰσακουσθησονται	παραδεχονται	ἐπικαλεσωνται	γογγυσται
σαλευθησονται	προσδεχονται	διηγησωνται	ψευσται
λυθησονται	ἐρχονται	παραμυθησωνται	ἐγνωσται
ἐκλυθησονται	συνερχονται	αἰτησωνται	αὐται
συναχθησονται	ἐξερχονται	καυχησωνται	τοιαυται
ἐπισυναχθησονται	προσερχονται	βαπτισωνται	ναυται
διωχθησονται	προσευχονται	γευσωνται	πεπαυται
κολοβωθησονται	λημψονται	ἡττωνται	ἀναπεπαυται
δικαιωθησονται	ὀψονται	δεχωνται	ἀπολλυται
παλαιωθησονται	κοψονται	καυχωνται	σβεννυται
πληρωθησονται	ἀποκοψονται	ἀψωνται	εὐοδουται
γενησονται	ἀπολλυνται	νιψωνται	δικαιουται
δυνησονται	ῥηγνυνται	δεδοται	ἀνακεφαλαιουται
ἐκτραπησονται	ἐνδεικνυνται	παραδεδοται	φυσιουται
ἐντραπησονται	σβεννυνται	διδοται	ἐρημουται
φθαρησονται	ἡγουνται	παραδιδοται	στεφανουται
χαρησονται	εὐλογουνται	προδοται	ἀνακαινουται
ξυρησονται	διαβεβαιουνται	γεγραπται	φανερουται
στησονται	ποιουνται	ἐγγεγραπται	ἀναπληρουται
ἀναστησονται	περιποιουνται	ἐξεστραπται	ἐκκεχυται
ἐπαναστησονται	καλουνται	κλεπται	εὐοδωται
ἐνστησονται	ἀπολουνται	κατειληπται	δεδικαιωται
ἀποστησονται	πωλουνται	ἐρριπται	ἰδιωται
παυσονται	ἀρνουνται	ἐποπται	τετελειωται
ἀναπαυσονται	ὑστερουνται	αὐτοπται	ἡξιωται
ἐλευσονται	συντηρουνται	κεκρυπται	κατιωται
ἐξελευσονται	σταυρουνται	ἐγηγερται	στρατιωται
ἀπελευσονται	πεσουνται	βιασται	ζηλωται
παρελευσονται	ἐμπεσουνται	ἡγιασται	δεδουλωται
εἰσελευσονται	πεπλατυνται	δεδαμασται	κεκενωται
πορευσονται	ἐπιλαβωνται	ἡτοιμασται	πεφανερωται
ἐκπορευσονται	ἀφεωνται	δεδοξασται	πεπληρωται

ἐσταυρωται	πελαγει	ἁγνιζει	ζωοποιει
σεσωται	συναγει	χρονιζει	καθαριει
δεδεκατωται	ἐπισυναγει	ῥαπιζει	διακαθαριει
τετυφωται	ἐξαγει	ἐλπιζει	κακει
οὐαι	προαγει	σκορπιζει	συνηρπακει
γραφαι	ὑπαγει	καθαριζει	ἑωρακει
ἀδελφαι	παραγει	ὁριζει	ἐκει
μαχαι	λεγει	ἀφοριζει	ἡκει
ἀρχαι	ἀντιλεγει	τριζει	ἐκβεβληκει
πατριαρχαι	στεγει	ἀφριζει	εἰρηκει
προσευχαι	χορηγει	ποτιζει	στηκει
ψυχαι	συμπνιγει	βαπτιζει	εἱστηκει
θαψαι	ἀνοιγει	φωτιζει	οἰκει
γραψαι	ὁμολογει	ψηφιζει	πανοικει
περιαστραψαι	κατευλογει	ὀζει	κατοικει
ἐπιβλεψαι	ἀργει	σωζει	κεκρικει
διαστρεψαι	καταργει	εἰσηει	δοκει
μεταστρεψαι	ἐνεργει	βαθει	ἐδοκει
ἐπιστρεψαι	συνεργει	παθει	εὐδοκει
ὑποστρεψαι	συνηργει	κακοπαθει	συνευδοκει
ἀλειψαι	φευγει	ἐθει	ἀρκει
νιψαι	δει	πληθει	διδασκει
ἀνακαμψαι	ἐδει	παμπληθει	ἀποθνησκει
πεμψαι	ἡδει	νηθει	εὑρισκει
μεταπεμψαι	εἰδει	βοηθει	γινωσκει
ἀνακυψαι	καθευδει	ἀναπειθει	ἐπιγινωσκει
παρακυψαι	ψευδει	ἐπεποιθει	δεδωκει
ἀποκαλυψαι	ἐλεει	ἐτιθει	βαλει
ῥαββι	ἁγιαζει	προσετιθει	παρδαλει
σαλπιγγι	ἐξουσιαζει	ἐπιτιθει	καλει
φλογι	δοκιμαζει	ἐπιποθει	παρακαλει
δι	συστεναζει	ἐπορθει	συγκαλει
τρωαδι	πλεοναζει	ἐληλυθει	παρεκαλει
ἀδδι	ἁρπαζει	ἐξεληλυθει	ἑτεροδιδασκαλει
ἑβραιδι	πειραζει	ἀκολουθει	λαλει
κεφαλιδι	κραζει	ἡκολουθει	καταλαλει
μοιχαλιδι	ἀγοραζει	συνηκολουθει	ἐλαλει
ἐλπιδι	πυρραζει	εἰωθει	ἀναγγελει
ἰασπιδι	βασταζει	πταιει	ἀπαγγελει
ἐριδι	νυσταζει	ἐγγιει	θελει
πατριδι	ἀμφιεζει	ἀνασειει	μελει
σπυριδι	χρηζει	ἐσθιει	ἀμελει
λωιδι	ἐγγιζει	συνεσθιει	ἀνελει
εἰ	σκανδαλιζει	κατεσθιει	τελει
ἀει	νομιζει	ποιει	λυσιτελει
ἀγει	ἀφανιζει	ἐποιει	ἀποστελει

πολυτελει	ἐντυγχανει	διδαξει	ὑποφερει
ἀφελει	ὑπερεντυγχανει	κατεαξει	προφερει
ὠφελει	γενει	ἀλλαξει	προσφερει
ἠπειλει	ἀσθενει	φυλαξει	γηρει
ὀφειλει	ἠσθενει	συναξει	τηρει
ὠμιλει	μενει	ἐπισυναξει	διετηρει
βασιλει	διαμενει	πραξει	συνετηρει
φιλει	ἐμμενει	ταξει	αἱρει
ἐφιλει	ὑπομενει	ἐλεγξει	καθαιρει
κατεφιλει	προσμενει	ἑξει	ἀναιρει
βαλλει	ἀποκτενει	ὀρεξει	συναιρει
ἐπιβαλλει	σκηνει	ἡξει	χαιρει
ἐκβαλλει	παρηνει	ῥηξει	συγχαιρει
παραγγελλει	ἐθνει	δειξει	ἐγειρει
μελλει	ἀναβαινει	ἀποδειξει	φθειρει
ἀνατελλει	καταβαινει	ἀνοιξει	διαφθειρει
ἀποστελλει	ποιμαινει	στηριξει	σπειρει
πολει	φαινει	αὐξει	ὀρει
δεκαπολει	συνωδινει	νοει	ἐδημηγορει
ἱεραπολει	ἀνακλινει	ἀγνοει	ἀντελοιδορει
ἐξεπλει	πινει	προνοει	ἠπορει
βουλει	κρινει	ἐπει	διηπορει
πωλει	διακρινει	βλεπει	φορει
δυναμει	ἀνακρινει	πρεπει	καρποφορει
γεμει	κατακρινει	περιτρεπει	πανηγυρει
πολεμει	ἀποκτεννει	λειπει	ἐφρουρει
βλασφημει	γεγονει	καταλειπει	συρει
ἐβλασφημει	ἐγεγονει	θαλπει	μαρτυρει
οἰκοδομει	διακονει	λαμπει	ἐμαρτυρει
ἐποικοδομει	διηκονει	πεμπει	συμμαρτυρει
κληρονομει	ἀσχημονει	σκοπει	ὀλιγωρει
ἐπεθυμει	φρονει	βαρει	θεωρει
ἐπιθυμει	πνει	παρει	ἐθεωρει
μακροθυμει	βραδυνει	ἐρει	χωρει
εὐθυμει	πληθυνει	ἐγερει	ἀποχωρει
λαμβανει	προσεκυνει	ἐξεγερει	παραβασει
παραλαμβανει	προσκυνει	δερει	καταβασει
μεταλαμβανει	μεγαλυνει	ἱερει	συμβιβασει
προλαμβανει	σκληρυνει	ἀρχιερει	κραυγασει
λανθανει	καταισχυνει	μερει	ἐασει
ποιμανει	κοινωνει	ὡσπερει	καταλιθασει
αὐξανει	φωνει	ὑστερει	ἐπισκιασει
ὑπεραυξανει	ἐφωνει	φερει	ἀγαλλιασει
πικρανει	ἐπεφωνει	διαφερει	κλασει
ἁμαρτανει	προσεφωνει	ἀναφερει	δοκιμασει
ἀποκαθιστανει	ἀξει	συμφερει	δοξασει

ἁρπασει	ὑπομνησει	χρηματισει	σθενωσει
διαρπασει	γεννησει	μετασχηματισει	κενωσει
ἀνασπασει	ζωογονησει	κτισει	σκηνωσει
ὁρασει	διακονησει	βαπτισει	κατασκηνωσει
στασει	φρονησει	καταρτισει	ἀνακαινωσει
βαστασει	καταφρονησει	φωτισει	ταπεινωσει
ἀναστασει	προσκυνησει	σχισει	βρωσει
ἐκστασει	φωνησει	παραδοσει	ἐλευθερωσει
ὑποστασει	συμφωνησει	ποσει	φανερωσει
κατασκευασει	αὐξησει	θαρσει	πληρωσει
προφασει	ἀγαπησει	βυρσει	πυρωσει
σβεσει	προσκαρτερησει	σπαρασσει	πωρωσει
προθεσει	τηρησει	πρασσει	σωσει
ἐγκαλεσει	εὑρησει	ἐπιτασσει	ὑψωσει
ἐπιτελεσει	φρουρησει	ῥησσει	δυνατει
ἀπολεσει	μαρτυρησει	κηρυσσει	πατει
γενεσει	ἀποχρησει	κατακαυσει	περιεπατει
συνεσει	μισησει	ἐπιφαυσει	περιπατει
ἀναιρεσει	ἀδυνατησει	ἀπεκδυσει	κρατει
ἀφεσει	κρατησει	κυριευσει	ἐτει
κατασχεσει	αἰτησει	βασιλευσει	ἀθετει
ὁδηγησει	συναντησει	δουλευσει	ζητει
χορηγησει	ἀπαντησει	θεραπευσει	ἐζητει
ὁμολογησει	ἁμαρτησει	ἀγγαρευσει	συνεζητει
καταργησει	στησει	ἐπιγαμβρευσει	ἐπιζητει
συνειδησει	ἀναστησει	πιστευσει	ἀπαιτει
δεησει	παραστησει	ἀλυσει	τικτει
ζησει	καταστησει	καταλυσει	σκοτει
θησει	ἀποκαταστησει	ἀκουσει	ὑδροποτει
πεποιθησει	ἀφησει	ῥυσει	ἁπτει
ἐπιθησει	διψησει	φυσει	ἀναπτει
αἰσθησει	κλεισει	μωυσει	ἐπιραπτει
παρακολουθησει	καθισει	ὡσει	πιπτει
ποιησει	ἀποκυλισει	δωσει	προσκοπτει
ζωοποιησει	μισει	παραδωσει	καλυπτει
νικησει	χρονισει	ἐπιδωσει	πιστει
λαλησει	οἰσει	ἀποδωσει	εὐχαριστει
ὠφελησει	σαλπισει	ζωσει	παιδευει
κλησει	ἐρισει	βεβαιωσει	κυριευει
παρακλησει	θερισει	δικαιωσει	σκευει
τιμησει	κρισει	θεμελιωσει	βασιλευει
λικμησει	ἀποκρισει	δηλωσει	δουλευει
κληρονομησει	ὑποκρισει	γνωσει	νευει
διχοτομησει	ἀφορισει	ἀναγνωσει	μνημονευει
ἀναμνησει	γνωρισει	ἐπιγνωσει	κινδυνευει
μεριμνησει	χωρισει	προγνωσει	θεραπευει

περισσευει	ὑψει	φιλημονι	μηδοι
πιστευει	καλυψει	κανονι	ἀσπονδοι
φυτευει	ἀποκαλυψει	ἐλασσονι	ὁδοι
μοιχευει	προσαναβηθι	ἀρνι	θεοι
μεθυει	καταβηθι	νυνι	ἀθεοι
ἀποκυει	μεταβηθι	ῥαββουνι	φιλοθεοι
λυει	διαλλαγηθι	ἀγωνι	ἐνεοι
ἀπολλυει	στηθι	σιδωνι	στερεοι
ἀπολυει	ἀναστηθι	κλυδωνι	ἀφιλαγαθοι
κωλυει	ἐπιστηθι	αἰωνι	πειθοι
ὀμνυει	ἰσθι	γαλλιωνι	λιθοι
ἀκουει	γνωθι	ἀμπελωνι	νοθοι
ὑπακουει	δεσμοφυλακι	βαβυλωνι	παρθοι
βρυει	πινακι	σιμωνι	ἰουδαιοι
ἰσχυει	ἀλωπεκι	μνασωνι	δικαιοι
γραφει	γυναικι	καυσωνι	σαδδουκαιοι
τρεφει	φηλικι	γυναιξι	γαλιλαιοι
ἐκτρεφει	σαρκι	οἱ	ῥωμαιοι
ταχει	μελι	λαοι	ἀθηναιοι
ἐλεγχει	ἠλι	λαβοι	κυρηναιοι
ἐχει	ἐσλι	ἐκθαμβοι	ἐβραιοι
περιεχει	τιθημι	θρομβοι	ἑδραιοι
συνεχει	ἀφιημι	φοβοι	ἀκεραιοι
ἀπεχει	συνιστημι	ἐκφοβοι	δευτεραιοι
βρεχει	φημι	ἐμφοβοι	ἀγοραιοι
τρεχει	συμφημι	μαγοι	ὡραιοι
ἐπισυντρεχει	εἰμι	φαγοι	φαρισαιοι
συστοιχει	ἀπειμι	ὁδηγοι	ματαιοι
πανδοχει	δεικνυμι	στρατηγοι	ἀγιοι
ὑπαρχει	διδωμι	ὀλιγοι	ἰδιοι
πασχει	ἀποδιδωμι	μαστιγοι	οἰκειοι
συμπασχει	σαβαχθανι	λογοι	τελειοι
αὐχει	μελανι	ματαιολογοι	ἀχρειοι
ψυχει	γεθσημανι	ἀργοι	κορινθιοι
ἐπιστρεψει	ἐνι	περιεργοι	μισθιοι
ἀποστρεψει	ἐνι	συνεργοι	θεμελιοι
διψει	μηδενι	ἀστοργοι	δισχιλιοι
ἐξαλειψει	οὐδενι	φιλοστοργοι	τετρακισχιλιοι
καταλειψει	ἐλληνι	κακουργοι	πεντακισχιλιοι
ἐπιλειψει	μηνι	λειτουργοι	δολιοι
θλιψει	σαλαμινι	γεωργοι	δεσμιοι
συντριψει	τινι	ἀρχισυναγωγοι	ἐπουρανιοι
καμψει	σινδονι	ἀποσυναγωγοι	ἀξιοι
ἀνακαμψει	βραχιονι	δοι	ἀναξιοι
λαμψει	εἰκονι	κλαδοι	οἱοι
πεμψει	ἡγεμονι	παραδοι	ὁμοιοι

ὁποιοι	δειλοι	εὐθυμοι	προτρεψαμενοι
σκηνοποιοι	σπιλοι	κωμοι	τεταραγμενοι
εἰρηνοποιοι	ἀσπιλοι	μωμοι	τεταγμενοι
νηπιοι	φιλοι	ἀμωμοι	συνηγμενοι
ἐντοπιοι	ἀλλοι	νοι	δεδιωγμενοι
σκορπιοι	πολλοι	ἀσιανοι	συνδεδεμενοι
μακαριοι	διαβολοι	ἱκανοι	ἀποθεμενοι
κυπριοι	ἀποστολοι	πλανοι	εὐλογημενοι
κυριοι	ψευδαποστολοι	οὐρανοι	ἠλεημενοι
ἐφεσιοι	δουλοι	στεφανοι	καθημενοι
φιλιππησιοι	καταδουλοι	ὑπερηφανοι	συγκαθημενοι
ἀνοσιοι	συνδουλοι	γνοι	περιβεβλημενοι
πλουσιοι	στυλοι	παρθενοι	κεκλημενοι
φυσιοι	τυφλοι	δυναμενοι	κεκοσμημενοι
ἀναιτιοι	ὀχλοι	ἐκτιναξαμενοι	ἀναγεγεννημενοι
αἰγυπτιοι	ἀμαρτωλοι	ταξαμενοι	ἠρνημενοι
υἱοι	χωλοι	δεξαμενοι	ἠγαπημενοι
οἰκιακοι	μοι	διαδεξαμενοι	βεβαρημενοι
κακοι	καμοι	ἀποδεξαμενοι	ἐζωγρημενοι
μαλακοι	ποταμοι	προσδεξαμενοι	πεπληροφορημενοι
φαρμακοι	ἐμοι	ἀρξαμενοι	συνανακειμενοι
ἀδικοι	πολεμοι	ἐναρξαμενοι	κατακειμενοι
σαρκικοι	ἀνεμοι	προσευξαμενοι	ἀντικειμενοι
νομικοι	παρεπιδημοι	κατηραμενοι	ἀπεσταλμενοι
ἐθνικοι	ἐπισημοι	διαμαρτυράμενοι	ἐσκυλμενοι
περιοικοι	βλασφημοι	κατεργασαμενοι	γεγραμμενοι
παροικοι	δοκιμοι	θεασαμενοι	προγεγραμμενοι
χοικοι	ἀδοκιμοι	παρρησιασαμενοι	ἐρριμμενοι
πνευματικοι	λιμοι	ἀσπασαμενοι	καταλαβομενοι
ψυχικοι	φρονιμοι	ἐπισκευασαμενοι	ἐπιλαβομενοι
ἀσκοι	λοιμοι	προσκαλεσαμενοι	συλλαβομενοι
ἀνθρωπαρεσκοι	ἑτοιμοι	ὑποδησαμενοι	προσλαβομενοι
νεανισκοι	ἀτιμοι	ποιησαμενοι	θλιβομενοι
λυκοι	ὀφθαλμοι	προσαπ- ειλησαμενοι	ἀπαγομενοι
μεγαλοι	οἰκονομοι		συναπαγομενοι
καλοι	κληρονομοι	ἀρνησαμενοι	φθεγγομενοι
διδασκαλοι	συγκληρονομοι	παραιτησαμενοι	λεγομενοι
ψευδοδιδασκαλοι	οἰκτιρμοι	εὐαγγελισαμενοι	παραλεγομενοι
νομοδιδασκαλοι	διαλογισμοι	ἐκδυσαμενοι	ὀρεγομενοι
ἀγγελοι	ὀνειδισμοι	ἀπεκδυσαμενοι	παραδεδομενοι
ἰσαγγελοι	σεισμοι	ἐνδυσαμενοι	φειδομενοι
θελοι	ψιθυρισμοι	ἀναζωσαμενοι	ψευδομενοι
δηλοι	ζυμοι	περιζωσαμενοι	δεομενοι
προδηλοι	ἀζυμοι	ἀπωσαμενοι	ἐργαζομενοι
ζηλοι	θυμοι	προισταμενοι	κατεργαζομενοι
σκληροτραχηλοι		περιβλεψαμενοι	ἁγιαζομενοι

ἐνυπνιαζομενοι	ἐγκαταλειπομενοι	ἐνδεδυμενοι	ἀπηλλοτριωμενοι
παρρησιαζομενοι	περιλειπομενοι	παραλελυμενοι	πεφυσιωμενοι
ἐξαγοραζομενοι	φερομενοι	ἀπολλυμενοι	κολλωμενοι
καθεζομενοι	περιφερομενοι	ἐνδεικνυμενοι	δεδουλωμενοι
διαλογιζομενοι	ὁμειρομενοι	φοβουμενοι	πλανωμενοι
παραλογιζομενοι	σπειρομενοι	ἡγουμενοι	ὀδυνωμενοι
εὐαγγελιζομενοι	πτυρομενοι	ἐκδιηγουμενοι	πεπληρωμενοι
κομιζομενοι	μαρτυρομενοι	προηγουμενοι	συνεσταυρωμενοι
δαιμονιζομενοι	ὑποτασσομενοι	ἐξομολογουμενοι	χρωμενοι
ἀνταγωνιζομενοι	παιδευομενοι	παραμυθουμενοι	καταχρωμενοι
κλυδωνιζομενοι	πορευομενοι	βεβαιουμενοι	ἐσκοτωμενοι
χαριζομενοι	παραπορευομενοι	δικαιουμενοι	μεμεστωμενοι
διαμεριζομενοι	ἐκπορευομενοι	ποιουμενοι	τετυφωμενοι
θεατριζομενοι	εἰσπορευομενοι	ἀδικουμενοι	καυχωμενοι
κατοπτριζομενοι	στρατευομενοι	ἀρκουμενοι	ξενοι
μετασχημα- τιζομενοι	ἐκλυομενοι	προκαλουμενοι	φιλοξενοι
συσχηματιζομενοι	ἀποστρεφομενοι	ἐνοχλουμενοι	κακεινοι
βαπτιζομενοι	ἐλεγχομενοι	δυναμουμενοι	ἐκεινοι
πλουτιζομενοι	ἀπεκδεχομενοι	δυσφημουμενοι	ἀληθινοι
κολαφιζομενοι	προσδεχομενοι	ἐποικοδομουμενοι	κοινοι
σωζομενοι	ἀνεχομενοι	μετακινουμενοι	κοφινοι
κνηθομενοι	ἐρχομενοι	ἐφικνουμενοι	γυμνοι
καιομενοι	συνερχομενοι	διαπονουμενοι	φιληδονοι
συγκλειομενοι	ἐξερχομενοι	ἀρνουμενοι	φθονοι
οἰομενοι	εἰσερχομενοι	ἀγνοουμενοι	διακονοι
μεθυσκομενοι	προσερχομενοι	προνοουμενοι	μονοι
ἐπιγινωσκομενοι	προσευχομενοι	λυπουμενοι	θρονοι
διωκομενοι	κατεφθαρμενοι	βαρουμενοι	φονοι
μεταβαλομενοι	ἡγιασμενοι	φανερουμενοι	πορνοι
καταβαλλομενοι	ἡτοιμασμενοι	ὑστερουμενοι	εὐσπλαγχνοι
ἐκβαλλομενοι	ἡγορασμενοι	τηρουμενοι	λυχνοι
ἐπαγγελλομενοι	παρεσκευασμενοι	παρατηρουμενοι	κοινωνοι
στελλομενοι	κεκορεσμενοι	λοιδορουμενοι	ἀσυμφωνοι
βουλομενοι	ἐμπεπλησμενοι	ἀπορουμενοι	ἐνδοξοι
ἀντιλαμβανομενοι	ἐσφραγισμενοι	ἐξαπορουμενοι	κενοδοξοι
αὐξανομενοι	εὐηγγελισμενοι	πυρουμενοι	ὑπηκοοι
γενομενοι	συνηθροισμενοι	στενοχωρουμενοι	ποταποι
παραγενομενοι	διαμεμερισμενοι	μισουμενοι	χαλεποι
συμπαραγενομενοι	τεθησαυρισμενοι	θανατουμενοι	λοιποι
ἀπογενομενοι	ῥεραντισμενοι	αἰτουμενοι	καταλοιποι
γινομενοι	βεβαπτισμενοι	κακουχουμενοι	ἀπροσκοποι
κρινομενοι	κατηρτισμενοι	συνευωχουμενοι	ἀκαρποι
περιτεμνομενοι	πεφορτισμενοι	ἐρριζωμενοι	τυποι
καταβαρυνομενοι	λελουσμενοι	τετελειωμενοι	ἀνθρωποι
λειπομενοι	περιεζωσμενοι	τεθεμελιωμενοι	σκυθρωποι
	σεσωσμενοι	ἀγαλλιωμενοι	βαρβαροι

καθαροι	ἀετοι	τοσουτοι	ἀσεβεσι
σαροι	ἀσυνετοι	συμφυτοι	ἐθεσι
φλυαροι	αὐθαιρετοι	πρωτοι	δυναμεσι
ἀνυδροι	ἠτοι	ἀδελφοι	ἐσθησεσι
ἐλευθεροι	στυγητοι	φιλαδελφοι	ἀλυσεσι
ἀνημεροι	ἐπιποθητοι	σοφοι	ἠγαπηκοσι
φανεροι	κλητοι	ἀσοφοι	εἰκοσι
ἑτεροι	ἀνεγκλητοι	ἀποκρυφοι	ἑκατονεικοσι
ἡμετεροι	ἀπεριτμητοι	κωφοι	παραδεδωκοσι
ἐλεεινοτεροι	ἀμωμητοι	θεομαχοι	ἐπεγνωκοσι
ἰσχυροτεροι	ἀμετακινητοι	βατραχοι	δυσι
ἀμφοτεροι	ἀνοητοι	ἐχοι	ἀπειθουσι
εὐγενεστεροι	ἀγαπητοι	μοιχοι	πενθουσι
πρεσβυτεροι	καιτοι	ἐνοχοι	γινωσκουσι
νεωτεροι	ἀσιτοι	μετοχοι	βλεπουσι
φρονιμωτεροι	διδακτοι	συμμετοχοι	ἐχουσι
ὁλοκληροι	θεοδιδακτοι	χιλιαρχοι	περυσι
ὀκνηροι	ἀνυποτακτοι	ῥαβδουχοι	ζωσι
πονηροι	ἐκλεκτοι	εὐνουχοι	κριθωσι
ἐχθροι	ἀστηρικτοι	τυχοι	χαλωσι
νωθροι	βδελυκτοι	διψυχοι	θελωσι
καιροι	μεντοι	συμψυχοι	τιμωσι
προσκαιροι	ἀμεμπτοι	πτωχοι	διασωσωσι
μεμψιμοιροι	ἀνεπιλημπτοι	ἐπι	τι
χοιροι	ἀρτοι	μωλωπι	ὑδατι
νεκροι	ἀφθαρτοι	καισαρι	ἀλατι
μικροι	ἀνεξιχνιαστοι	ἀνδρι	ὁραματι
κατηγοροι	ἑκαστοι	περι	χαραγματι
λοιδοροι	μαστοι	νηρι	πραγματι
ἐμποροι	μεστοι	σωτηρι	ταγματι
λεπροι	εὐαρεστοι	χειρι	ὑποδειγματι
θησαυροι	χρηστοι	πρακτορι	αἰνιγματι
ταυροι	πιστοι	θυγατρι	κηρυγματι
φιλαργυροι	ἀπιστοι	πατρι	ἀναθεματι
ἀκυροι	ὀλιγοπιστοι	μητρι	βηματι
ἰσχυροι	ἀχαριστοι	γαστρι	οἰκηματι
μωροι	εὐχαριστοι	πυρι	θεληματι
σοι	ἀντιχριστοι	ἀχρι	φιληματι
ὁσοι	ψευδοχριστοι	μεχρι	βουληματι
ποσοι	γνωστοι	κλιμασι	ὁρμηματι
μεθυσοι	ἀρρωστοι	ἐνδυμασι	μεσουρανηματι
ἀγραμματοι	αὐτοι	πνευμασι	μνηματι
δυνατοι	φιλαυτοι	πασι	ῥηματι
ἀνθυπατοι	προσηλυτοι	τερασι	νοσηματι
ἐπαρατοι	οὐτοι	βαστασασι	καταστηματι
ἐσχατοι	τοιουτοι	ἰσασι	σχηματι

αἵματι	μεγαλειοτητι	κρυσταλλιζοντι	ἀγαπωντι
κριματι	ὁσιοτητι	ἐλθοντι	διψωντι
γραμματι	ἀφελοτητι	ἐξελθοντι	ὅτι
βλεμματι	ἀδηλοτητι	ἀπελθοντι	εἰδοτι
ὀνοματι	ἁπλοτητι	εἰσελθοντι	καθοτι
στοματι	ἁγνοτητι	ἐσθιοντι	διοτι
ἁρματι	καινοτητι	δρακοντι	παρακεχειμακοτι
σπερματι	σεμνοτητι	διδασκοντι	συμβεβηκοτι
χαρισματι	γυμνοτητι	θελοντι	παρηκολουθηκοτι
κελευσματι	ἱλαροτητι	ὀφειλοντι	κεκληκοτι
ψευσματι	ἁδροτητι	μελλοντι	γεγονοτι
πνευματι	χρηστοτητι	ἀποθανοντι	ἀρτι
στρατευματι	ἀδελφοτητι	φαινοντι	ἐστι
καταλυματι	πραυτητι	κρινοντι	ῥωμαιστι
μισθωματι	χαριτι	ἐγειροντι	ἑβραιστι
ὁμοιωματι	νυκτι	σπειροντι	ἑλληνιστι
σκηνωματι	ἀντι	φυλασσοντι	λυκαονιστι
βρωματι	ἐμβαντι	πρασσοντι	φωτι
πληρωματι	ἐναντι	τυπτοντι	λευι
ἐκτρωματι	ἀπεναντι	θριαμβευοντι	ὀσφυι
σωματι	κατεναντι	πιστευοντι	σταχυι
παραπτωματι	ὑποταξαντι	ἀκουοντι	ἰσχυι
ἱνατι	παντι	κρουοντι	μελχι
ἐτι	σπειραντι	ὑποστρεφοντι	οὐχι
μηκετι	πλασαντι	ἐχοντι	ἐλωι
οὐκετι	στρατολογησαντι	παρεχοντι	πρωι
δεηθητι	ποιησαντι	ὑπερεχοντι	ἰσαακ
βληθητι	βλασφημησαντι	ἀρχοντι	βαλακ
ἐπιμεληθητι	οἰκοδομησαντι	συνεργουντι	βαρακ
κολληθητι	κτισαντι	ἀκολουθουντι	ἐκ
εὐφρανθητι	λυσαντι	ποιουντι	μελχισεδεκ
ἀρθητι	ἐνδυναμωσαντι	κατοικουντι	φαλεκ
ἐγερθητι	ἱκανωσαντι	λαλουντι	οὐκ
ἱλασθητι	ὑποστρεψαντι	ἐνδυναμουντι	σαδωκ
ἐσθητι	πεμψαντι	οἰκοδομουντι	βααλ
μνησθητι	ἐγερθεντι	κατανοουντι	ἀβελ
ἀγνισθητι	πορευθεντι	μετανοουντι	ζοροβαβελ
καθαρισθητι	ἀποσταλεντι	φανερουντι	ἰεζαβελ
πορευθητι	ὀντι	μαρτυρουντι	ναθαναηλ
φυτευθητι	παραγοντι	περιπατουντι	ἰσραηλ
διανοιχθητι	λεγοντι	ζητουντι	μιχαηλ
ἐκριζωθητι	δοντι	αἰτουντι	μαλελεηλ
φιμωθητι	διδοντι	κατηχουντι	σαλαθιηλ
μητι	λεοντι	ζωντι	γαμαλιηλ
παλαιοτητι	δοκιμαζοντι	κοπιωντι	δανιηλ
ματαιοτητι	ἐγγιζοντι	νικωντι	γαβριηλ

σαμουηλ	πατροβαν	ὁμολογιαν	σαμαρειαν
ἐμμανουηλ	κορβαν	ἀπολογιαν	καισαρειαν
φανουηλ	μεγαν	αἰσχρολογιαν	πορειαν
ῥαχηλ	σιγαν	εὐλογιαν	λατρειαν
ἰωηλ	μαγαδαν	πανουργιαν	χρειαν
ἀλλ	βηθσαιδαν	φρυγιαν	ψηλαφησειαν
σαουλ	εἰδαν	ἰδιαν	περισσειαν
βεελζεβουλ	ἰουδαν	πισιδιαν	ἱερατειαν
βαλααμ	ἐαν	εὐοδιαν	ἐγκρατειαν
ἀβρααμ	νεαν	καρδιαν	στρατειαν
ἀδαμ	γενεαν	σκληροκαρδιαν	προφητειαν
ἐλμαδαμ	αἰνεαν	λυδιαν	πολιτειαν
ναθαμ	ἀνδρεαν	κουστωδιαν	νηστειαν
ἰωαθαμ	συκομορεαν	ἀσεβειαν	κατηφειαν
μαδιαμ	δωρεαν	θεοσεβειαν	φιλαδελφειαν
μαριαμ	ἐξεχεαν	εὐσεβειαν	ἀντιοχειαν
καιναμ	γαζαν	ἀκριβειαν	πτωχειαν
ἰωναμ	τραπεζαν	πρεσβειαν	ὀζιαν
ῥοβοαμ	ῥιζαν	ἀσελγειαν	πραυπαθιαν
ἀραμ	ἠλθαν	ἐνεργειαν	μαθθιαν
ἰωραμ	συνηλθαν	ἀναιδειαν	ἐπιποθιαν
κωσαμ	ἐξηλθαν	παιδειαν	ἀντιμισθιαν
σιλωαμ	ἀπηλθαν	μεθοδειαν	παραμυθιαν
βηθλεεμ	ἐπηλθαν	ἀληθειαν	κακιαν
συχεμ	προσηλθαν	συνηθειαν	μαλακιαν
σαλημ	γολγοθαν	βοηθειαν	ἀνθρακιαν
ἰερουσαλημ	μαρθαν	ἀπειθειαν	ἐζεκιαν
σημ	ματθαν	ἐριθειαν	ἀδικιαν
ἐφραιμ	βεβαιαν	εὐθειαν	ἡλικιαν
χερουβιμ	ἰουδαιαν	λαοδικειαν	κιλικιαν
σαλειμ	δικαιαν	αὐταρκειαν	οἰκιαν
ἐλιακιμ	παλαιαν	ἀρεσκειαν	καππαδοκιαν
νεφθαλιμ	περικεφαλαιαν	σελευκειαν	ἀποκαραδοκιαν
ἰωριμ	γαλιλαιαν	ἀτταλειαν	εὐδοκιαν
ἀχιμ	κεραιαν	ἀσφαλειαν	σκιαν
ναουμ	ὡραιαν	βασιλειαν	λιαν
καφαρναουμ	ἠσαιαν	δουλειαν	διδασκαλιαν
κουμ	κραταιαν	ἀπωλειαν	λαλιαν
ἐσρωμ	ῥομφαιαν	ἐπιφανειαν	ἰταλιαν
ἀν	ἀχαιαν	συγγενειαν	ἐπαγγελιαν
χανααν	βιαν	ἀσθενειαν	παραγγελιαν
βαρναβαν	ἀραβιαν	ἑρμηνειαν	ἡλιαν
καταβαν	ἀγιαν	μνειαν	κοιλιαν
βαραββαν	ἀναλογιαν	πορνειαν	πανοπλιαν
βαρσαββαν	ἀντιλογιαν	ὀξειαν	ὑπερλιαν
κολυμβαν	ματαιολογιαν	θεραπειαν	ὀφθαλμοδουλιαν

ἰουλιαν	ὁποιαν	παραθαλασσιαν	ἐδωκαν
παμφυλιαν	βεροιαν	μεσσιαν	ἐπεδωκαν
μιαν	φιλανθρωπιαν	νοσσιαν	παρεδωκαν
μεσοποταμιαν	μακαριαν	θυσιαν	ἐγνωκαν
μηδεμιαν	μαριαν	μυσιαν	πεπωκαν
οὐδεμιαν	ῥυπαριαν	οὐσιαν	ἐβαλαν
ἱερεμιαν	ζαχαριαν	ἐξουσιαν	ἀνηγγειλαν
ζημιαν	μεσημβριαν	παρουσιαν	ἐξηγγειλαν
βλασφημιαν	πρωτοκαθεδριαν	γερουσιαν	ἀπηγγειλαν
παροιμιαν	ὑδριαν	ἰωσιαν	παρηγγειλαν
τιμιαν	ἐλευθεριαν	αἰχμαλωσιαν	κατηγγειλαν
ἀτιμιαν	ὁλοκληριαν	ἀγνωσιαν	ἐπεκειλαν
ἀνομιαν	πονηριαν	γαλατιαν	ἀνειλαν
οἰκονομιαν	σωτηριαν	δαλματιαν	συνεστειλαν
κληρονομιαν	εὐκαιριαν	διετιαν	ἀπεστειλαν
ἀποτομιαν	κατηγοριαν	τριετιαν	ἐξαπεστειλαν
ἐπιθυμιαν	λοιδοριαν	αἰτιαν	σιλαν
μακροθυμιαν	ἀφθοριαν	ἁμαρτιαν	πρισκιλλαν
προθυμιαν	ἐμποριαν	ἀπιστιαν	ἀκυλαν
νεανιαν	πληροφοριαν	ὀλιγοπιστιαν	ἀρτεμαν
βηθανιαν	κοπριαν	εὐχαριστιαν	ναιμαν
βηθανια[ν]	ἀλλοτριαν	ἀκροβυστιαν	ἐπιτιμαν
μανιαν	ἀροτριαν	ἐληλυθυιαν	τολμαν
ἀνανιαν	συγκυριαν	ἐξεληλυθυιαν	ἐρμαν
σπανιαν	συριαν	πεπτωκυιαν	θωμαν
ξενιαν	μαρτυριαν	φιλαδελφιαν	κορβαναν
φιλοξενιαν	ψευδομαρτυριαν	σοφιαν	ἐλευκαναν
μακεδονιαν	θεωριαν	ἡσυχιαν	ἀποπλαναν
διακονιαν	μωριαν	καν	παρεπικραναν
παραφρονιαν	ἀσιαν	ἑορακαν	σαταναν
ἰεχονιαν	ἐργασιαν	ἑωρακαν	ἰωαναν
βιθυνιαν	παραχειμασιαν	ἠνεγκαν	παρμεναν
ἰουνιαν	ἀθανασιαν	ἀπηνεγκαν	ζηναν
λυχνιαν	ἀκρασιαν	προσηνεγκαν	μελαιναν
αἰωνιαν	ὀπτασιαν	καθηκαν	τρυφαιναν
ἀπολλωνιαν	ἀποστασιαν	ἐθηκαν	ἐμειναν
κοινωνιαν	υἱοθεσιαν	περιεθηκαν	ἐνεμειναν
δεξιαν	νουθεσιαν	ἐπεθηκαν	ὑπεμειναν
πλεονεξιαν	μετοικεσιαν	ὑπεθηκαν	πειναν
κενοδοξιαν	ἐκκλησιαν	παρεθηκαν	προετειναν
διανοιαν	παρρησιαν	συνηκαν	ἀπεκτειναν
μετανοιαν	πρωτοκλισιαν	τετηρηκαν	ἐκλιναν
ἀγνοιαν	μισθαποδοσιαν	εἰρηκαν	ἐξεκλιναν
ἐννοιαν	συνωμοσιαν	ἀφηκαν	κατεκλιναν
προνοιαν	ἀκαθαρσιαν	ἀπεσταλκαν	κατεκριναν
ποιαν	ἀφθαρσιαν	πρισκαν	μναν

μεριμναν	περαν	ἀγκυραν	ἀνεβησαν
ἀνναν	ἑσπεραν	πυραν	ἐνεβησαν
γεενναν	ἑτεραν	πορφυραν	ἐξεβησαν
γεγοναν	ἡμετεραν	ἰσχυραν	ἀπεβησαν
πτερναν	ὑμετεραν	πενιχραν	ἠσεβησαν
σμυρναν	μειζοτεραν	ὡραν	κατεβησαν
ἐμολυναν	προτεραν	χωραν	ἐξεπλαγησαν
ἐπλυναν	περισσοτεραν	συνεβιβασαν	ὑπεταγησαν
παρωτρυναν	περιστεραν	ἐπεβιβασαν	ἐναυαγησαν
ἐδιδαξαν	δευτεραν	ἀπεστεγασαν	ἠνοιγησαν
κατεαξαν	ἑσωτεραν	ἐκραυγασαν	ἐσιγησαν
ἠλλαξαν	ἡραν	εἰασαν	κατενυγησαν
μετηλλαξαν	σιδηραν	ἐδοκιμασαν	ἐδησαν
σπαραξαν	θηραν	ἀπεδοκιμασαν	ἐξεπηδησαν
ἐταραξαν	ξηραν	ἡτοιμασαν	ἐζησαν
ἐκραξαν	πηραν	ἡτιμασαν	ἐσταθησαν
ἀνεκραξαν	ἐπηραν	ἡκμασαν	κατεσταθησαν
ἐπραξαν	χηραν	ἐθαυμασαν	ἐρρεθησαν
ἐφραξαν	κολυμβηθραν	ἐπεινασαν	εὑρεθησαν
ἐταξαν	ἐρυθραν	ἐδοξασαν	ἐτεθησαν
ἐνυσταξαν	ἐχθραν	πασαν	προσετεθησαν
ἐφρυαξαν	μαχαιραν	ἀπασαν	μετετεθησαν
συνελεξαν	ἠγειραν	συνηρπασαν	ἀφεθησαν
ἐνεπαιξαν	διηγειραν	ἐπειρασαν	ἐθαμβηθησαν
ἐπνιξαν	ἐπηγειραν	ἡγορασαν	ἐξεθαμβηθησαν
συνεπνιξαν	ἐδειραν	ποιησασαν	ἐφοβηθησαν
ἀπεπνιξαν	πειραν	ἀσθενησασαν	ἐβληθησαν
ἐπεστηριξαν	περιεπειραν	ἐβαστασαν	ὠφεληθησαν
δοξαν	σπειραν	ἐδιστασαν	παρεκληθησαν
ἐδοξαν	μακραν	ἡσυχασαν	ἐκολληθησαν
ἐκηρυξαν	νεκραν	ἐσβεσαν	ἐκοιμηθησαν
ἐδιωξαν	μικραν	ἐξησαν	ἐπλανηθησαν
παν	ἀγοραν	ἀπησαν	ἀπεπλανηθησαν
ἀπαν	φθοραν	ἐπετιθεσαν	ἐγενηθησαν
ἀγαπαν	διαφθοραν	συνεκαλεσαν	ἐκινηθησαν
ἐπαν	διασποραν	ἐπεκαλεσαν	ἐγεννηθησαν
εἰπαν	προσφοραν	παρεκαλεσαν	ἠδυνηθησαν
ὀλυμπαν	λαμπραν	ἐτελεσαν	ἐλυπηθησαν
ἀποσπαν	χαρραν	ἐπεσαν	ἐμαρτυρηθησαν
κιθαραν	πετραν	ἀνεπεσαν	κατηχηθησαν
καταραν	μητραν	ἐξεπεσαν	ἠπειθησαν
χαραν	λιτραν	ἀπεπεσαν	ἐκριθησαν
ἀγραν	λυστραν	ἐπεπεσαν	ἀπεκριθησαν
ἐνεδραν	πλευραν	προσεπεσαν	συνυπεκριθησαν
πενθεραν	ἀνευραν	ἡσαν	ἐτιθεσαν
ἡμεραν	θυραν	διεβησαν	ἐπικρανθησαν

ἐμωρανθησαν	προσηνεχθησαν	διεφθαρησαν	δοθεισαν
ἀπεκτανθησαν	ἀνηχθησαν	παρησαν	ἐληλυθεισαν
ἐμολυνθησαν	συνηχθησαν	διεσπαρησαν	συνεληλυθεισαν
ἐδοθησαν	ἠνοιχθησαν	ἐχαρησαν	ἀπεληλυθεισαν
κατεποθησαν	διηνοιχθησαν	ἐτηρησαν	ἐνεχθεισαν
ἠγερθησαν	ἀνεωχθησαν	ἐπεχειρησαν	φανερωθεισαν
ἐσεβασθησαν	ἠνεωχθησαν	ἐλοιδορησαν	πεποιηκεισαν
ἐλιθασθησαν	ἐκολοβωθησαν	ἐμαρτυρησαν	μεμενηκεισαν
ἐξεκλασθησαν	ἐστερεωθησαν	ἐθεωρησαν	εἰστηκεισαν
ἠγορασθησαν	ἠχρεωθησαν	ἀνεχωρησαν	παρειστηκεισαν
ἐχορτασθησαν	ἐματαιωθησαν	ἐμισησαν	πεπιστευκεισαν
ἐπλησθησαν	κατηξιωθησαν	ἐκρατησαν	δεδωκεισαν
ἐνεπλησθησαν	ἐφυσιωθησαν	ἠθετησαν	παραδεδωκεισαν
ἐμνησθησαν	ἐδυναμωθησαν	ἐμελετησαν	συνεκλεισαν
ὠργισθησαν	ἐφανερωθησαν	ὑπηρετησαν	ἐπεισαν
ἐκλεισθησαν	προσεκληρωθησαν	ἐζητησαν	ἀνεσεισαν
ἐπεισθησαν	κατεστρωθησαν	ἐξεζητησαν	ἐκαθισαν
ἐσεισθησαν	ἐπωρωθησαν	ἠγανακτησαν	ἐγεμισαν
ἐσκανδαλισθησαν	διεσωθησαν	ἐξεκεντησαν	διεφημισαν
προσωρμισθησαν	ἐποιησαν	ἀπηντησαν	συνεκομισαν
ἐτυμπανισθησαν	ἐμοσχοποιησαν	ὑπηντησαν	ἐνομισαν
ἐνεφανισθησαν	ἐνικησαν	κατηντησαν	ἐβασανισαν
διεσκορπισθησαν	εὐδοκησαν	ἐστησαν	ἐνεφανισαν
ἐκαθαρισθησαν	ἐλαλησαν	περιεστησαν	ἐραπισαν
ἐπρισθησαν	ἠθελησαν	ἀνεστησαν	ὑβρισαν
ἐκαυματισθησαν	συνηθλησαν	ἐξανεστησαν	ὡρισαν
ἐκτισθησαν	ἐλιθοβολησαν	ἐξεστησαν	ἐγνωρισαν
ἐβαπτισθησαν	ἐπλησαν	ἀπεστησαν	ἀνεθεματισαν
ἐσχισθησαν	ἐβλασφημησαν	ἐπεστησαν	ἐκολαφισαν
εὐνουχισθησαν	ἐτιμησαν	κατεπεστησαν	συνεψηφισαν
ἐμεθυσθησαν	ἐπετιμησαν	παρεστησαν	εὐνουχισαν
ἐξεκαυθησαν	ὡρμησαν	ἀντεστησαν	παρελαβοσαν
ἐθεραπευθησαν	ἐκοσμησαν	ἠπιστησαν	παρεδοσαν
ἐπορευθησαν	ἐπεθυμησαν	ηὐχαριστησαν	ἐδιδοσαν
ἐπιστευθησαν	ἐφανησαν	ἠριστησαν	παρεδιδοσαν
ἐλυθησαν	συνεκινησαν	ἐπλουτησαν	εἰχοσαν
διελυθησαν	ἐγεννησαν	ἠρωτησαν	θαλασσαν
ἀπελυθησαν	ἐξηραυνησαν	ἐπηρωτησαν	γλωσσαν
ἠκολουθησαν	προσεκυνησαν	ἐψηλαφησαν	ἀνεπαυσαν
ἐξεχυθησαν	συνησαν	ἐστραφησαν	κατεπαυσαν
ἐπεκαλυφθησαν	ἐκοινωνησαν	ἀπεστραφησαν	ἐγογγυσαν
ὠφθησαν	φωνησαν	διεσαφησαν	ἐνεδυσαν
ἐδιδαχθησαν	ἐφωνησαν	ἠστοχησαν	ἐξεδυσαν
ἐταραχθησαν	μετενοησαν	ἐπταισαν	παρεισεδυσαν
παρεδεχθησαν	ἠγαπησαν	ἠγγισαν	ἐβασιλευσαν
διελεχθησαν	ἐξετραπησαν	ἠδεισαν	ἐκυκλευσαν

ἀπεπλευσαν	ἀξιουσθωσαν	νυμφαν	μηδεν
κατεπλευσαν	ἐδικαιωσαν	ἐθαψαν	εἰδεν
κατενευσαν	ἐκεφαλιωσαν	κατεσκαψαν	ἐπειδεν
ἐπνευσαν	ἐκακωσαν	βλαψαν	οἰδεν
ἐπορνευσαν	ἐκυκλωσαν	ἐγραψαν	ἐκαθευδεν
ἠγγαρευσαν	ἐγνωσαν	ἀνεβλεψαν	ἐσπευδεν
ἐλατρευσαν	ἀνεγνωσαν	ἐκλεψαν	οὐδεν
περισσευσαν	ἐπεγνωσαν	ἐθρεψαν	ἐξεχεεν
ἐπερισσευσαν	ἐπληρωσαν	ἐπεστρεψαν	κατεχεεν
ἐπροφητευσαν	ἀνεπληρωσαν	ὑπεστρεψαν	ἐπεσκιαζεν
ἐπιστευσαν	προσανεπληρωσαν	ῥιψαν	ἐθαυμαζεν
εἱλκυσαν	ἐστρωσαν	ἐρριψαν	ἐδοξαζεν
ἀπελυσαν	ἐσταυρωσαν	διετριψαν	ἐπειραζεν
ἐκαμμυσαν	σιγατωσαν	ἐκαμψαν	ἐκραζεν
οὐσαν	εἰπατωσαν	περιλαμψαν	ἐβασταζεν
λεγουσαν	ἐπαινεσατωσαν	ἐξεπεμψαν	ἠγγιζεν
ἐγγιζουσαν	γαμησατωσαν	ἀπεκοψαν	ἐνομιζεν
ἐξελθουσαν	προσκυνησατωσαν	προσεκοψαν	ἐβασανιζεν
κλαιουσαν	ἀκουσατωσαν	ἐκρυψαν	ἠλπιζεν
ἐδολιουσαν	ἐπερωτατωσαν	ἐν	ὠρθριζεν
ἠκουσαν	ἐξαγαγετωσαν	ἐν	ἀφωριζεν
ὑπηκουσαν	φευγετωσαν	ἐλαβεν	ἐποτιζεν
λαλουσαν	μανθανετωσαν	συνελαβεν	ἐβαπτιζεν
βαλλουσαν	διακρινετωσαν	προελαβεν	ἐλαθεν
ὑπερβαλλουσαν	δουλευετωσαν	ἀπελαβεν	ἐμαθεν
μελλουσαν	σκοτισθητωσαν	ὑπελαβεν	ἐπαθεν
ἀνατελλουσαν	ἐγκαλειτωσαν	παρελαβεν	πραθεν
ἀσθενουσαν	λαλειτωσαν	κατελαβεν	βληθεν
μενουσαν	γαμειτωσαν	διετριβεν	κληθεν
καταβαινουσαν	διακονειτωσαν	περιεκρυβεν	ἐπικληθεν
φερουσαν	καταφρονειτωσαν	ἠγαγεν	μηθεν
πυρεσσουσαν	κατηγορειτωσαν	συνηγαγεν	γεννηθεν
μεθυουσαν	ἐκχωρειτωσαν	ἐξηγαγεν	ῥηθεν
ἐχουσαν	ἐστωσαν	ἀπηγαγεν	κακειθεν
ἀπεχουσαν	ἐνεστωσαν	εἰσηγαγεν	ἐκειθεν
τυχουσαν	τρυφωσαν	κεκραγεν	ἐπειθεν
χρυσαν	προμελεταν	ἐφαγεν	πεποιθεν
ἐνεπτυσαν	ὅταν	κατεφαγεν	ἀποκριθεν
ἰσχυσαν	ἀνασταν	ἐλεγεν	ἠλθεν
ζωσαν	τελευταν	ἠγεν	διηλθεν
προσευξασθωσαν	ἐρωταν	περιηγεν	ἀνηλθεν
δοκιμαζεσθωσαν	ἐπερωταν	προηγεν	συνηλθεν
παρατιθεσθωσαν	εὐαν	ἐπνιγεν	ἐξηλθεν
ὑποτασσεσθωσαν	καιαφαν	διηνοιγεν	ἀπηλθεν
εἰσερχεσθωσαν	κηφαν	ἐφυγεν	παρηλθεν
ἡγεισθωσαν	ῥαιφαν	ἀνεωγεν	ἀντιπαρηλθεν

εἰσηλθεν	ἀναβεβηκεν	ἐδιδασκεν	ὑπεστελλεν
συνεισηλθεν	μεταβεβηκεν	ἐφασκεν	μεν
παρεισηλθεν	συμβεβηκεν	ἀπεθνησκεν	εἰδαμεν
προσηλθεν	εὐλογηκεν	ἐγινωσκεν	οἰδαμεν
κατηλθεν	καθηκεν	ἀνεγινωσκεν	πεποιθαμεν
ἐνθεν	ἐθηκεν	ἐπεφωσκεν	ἠλθαμεν
πεπονθεν	περιεθηκεν	πεπιστευκεν	ἑωρακαμεν
ὀθεν	ἐπεθηκεν	ἐδωκεν	εἰσηνεγκαμεν
παιδιοθεν	παρεθηκεν	δεδωκεν	μεταβεβηκαμεν
κυκλοθεν	προσεθηκεν	διεδωκεν	ἠκολουθηκαμεν
οὐρανοθεν	μετεθηκεν	προεδωκεν	πεποιηκαμεν
ποθεν	πεποιηκεν	ἀπεδωκεν	ἠσθενηκαμεν
μακροθεν	λελαληκεν	παρεδωκεν	ἠγαπηκαμεν
παντοθεν	κεκληκεν	πεπαλαιωκεν	προειρηκαμεν
ἀλλαχοθεν	κεκληρονομηκεν	ἐδιωκεν	εὑρηκαμεν
εὐαγγελισθεν	ἀνηκεν	τετελειωκεν	ἠτηκαμεν
ὀπισθεν	τεθνηκεν	τετυφλωκεν	ἡμαρτηκαμεν
ἐμπροσθεν	κεκοινωνηκεν	ἐγνωκεν	ἐστηκαμεν
ἐντευθεν	λελυπηκεν	κεκοινωκεν	ἀφηκαμεν
ἐληλυθεν	τετηρηκεν	πεπληρωκεν	ἐσχηκαμεν
ἐξεληλυθεν	εἰρηκεν	ἐκπεπληρωκεν	ἠλπικαμεν
ἀπεληλυθεν	προειρηκεν	σεσωκεν	ἀπεσταλκαμεν
οὐθεν	μεμαρτυρηκεν	δεδεκατωκεν	δεδουλευκαμεν
ἀνωθεν	μεμισηκεν	ἐκπεπτωκεν	πεπιστευκαμεν
ἐξωθεν	κατηντηκεν	ἐβαλεν	ἐδωκαμεν
πορρωθεν	ἐστηκεν	ἐξεβαλεν	παρεδωκαμεν
ἐσωθεν	ἐστηκεν	ἐπεβαλεν	ἐγνωκαμεν
ἐκλαιεν	ἀνθεστηκεν	ἠθελεν	παρηγγειλαμεν
ποιησαιεν	ἐνεστηκεν	ἐμελεν	κατηγγειλαμεν
συνησθιεν	συνεστηκεν	ἀνηγγειλεν	ἐπεστειλαμεν
εὑροιεν	παρεστηκεν	ἀπηγγειλεν	ἐμειναμεν
ἐχοιεν	ἐφεστηκεν	παρηγγειλεν	ἐπεμειναμεν
ἐπιεν	ἀφηκεν	προκατηγγειλεν	γεγοναμεν
κατεπιεν	ἐσχηκεν	καθειλεν	ἐπραξαμεν
ἠφιεν	προσεσχηκεν	διειλεν	εἰξαμεν
ἑορακεν	μετεσχηκεν	ἀνειλεν	ἐκηρυξαμεν
πεπρακεν	ἠγγικεν	ἀνετειλεν	ἀκηκοαμεν
ἑωρακεν	κεκαθικεν	ἐξανετειλεν	προειπαμεν
ἠνεγκεν	κεκλικεν	ἀπεστειλεν	ἐδραμεν
ἀνηνεγκεν	ἐοικεν	ἐξαπεστειλεν	συνεδραμεν
ἐξηνεγκεν	ἠλπικεν	ἀφειλεν	προεδραμεν
ἀπηνεγκεν	κεκρικεν	ὠφειλεν	κατεδραμεν
προσηνεγκεν	πεποτικεν	συνεβαλλεν	ἐφθειραμεν
ἐνεκεν	ἀνατεταλκεν	ἐπεβαλλεν	ἐσπειραμεν
εἰνεκεν	ἀπεσταλκεν	ἐμελλεν	εὑραμεν
ἐτεκεν	ἠρκεν	ἠμελλεν	ἐσπουδασαμεν

ἐφθασαμεν	ἠδυνηθημεν	γινωσκομεν	κυριευομεν
ἐδοκιμασαμεν	ἐβαρηθημεν	περιεβαλομεν	κινδυνευομεν
ἡσυχασαμεν	ἐμνησθημεν	ἐξεβαλομεν	περισσευομεν
ἐφορεσαμεν	ἐλογισθημεν	παρεβαλομεν	προφητευομεν
ἠκολουθησαμεν	ἐποτισθημεν	θελομεν	γυμνιτευομεν
ἐποιησαμεν	ἐβαπτισθημεν	ὀφειλομεν	νηστευομεν
ἠδικησαμεν	ἀνηχθημεν	ὠφειλομεν	πιστευομεν
εὐδοκησαμεν	κατηχθημεν	βαλλομεν	ἐκωλυομεν
ἐλαλησαμεν	ὡμοιωθημεν	ἀναγγελλομεν	ἀκουομεν
ἠθελησαμεν	ἐκληρωθημεν	ἀπαγγελλομεν	γραφομεν
ηὐλησαμεν	ἐσωθημεν	παραγγελλομεν	ἐχομεν
εὐθυδρομησαμεν	ἐχαρημεν	καταγγελλομεν	μετεχομεν
ἐθρηνησαμεν	ἐξεστημεν	παρηγγελλομεν	εἰχομεν
διηκονησαμεν	ἀνεστραφημεν	μελλομεν	πασχομεν
ἐμαρτυρησαμεν	συνεταφημεν	λαμβανομεν	συμπασχομεν
περιεπατησαμεν	ἐλαβομεν	ἀπολαμβανομεν	ἐσχομεν
ἐκρατησαμεν	συνηγαγομεν	ἀπεθανομεν	ἐσμεν
ἐζητησαμεν	μεταγομεν	συναπεθανομεν	παρεσμεν
ἠτακτησαμεν	ἐφαγομεν	ἱστανομεν	εὐλογουμεν
ἐπλεονεκτησαμεν	συνεφαγομεν	συνιστανομεν	καταργουμεν
κατηντησαμεν	λεγομεν	μενομεν	ἀξιουμεν
ἠλπισαμεν	προελεγομεν	ὑπομενομεν	ποιουμεν
ἐγνωρισαμεν	στεγομεν	ἀναβαινομεν	ἐγκακουμεν
ἀνεθεματισαμεν	εἰδομεν	ἀνεβαινομεν	δοκουμεν
ἐποτισαμεν	ἐπλεομεν	ὑπερεκτεινομεν	εὐδοκουμεν
ἐξεπλευσαμεν	λιθαζομεν	διεκρινομεν	παρακαλουμεν
ὑπεπλευσαμεν	στεναζομεν	παταξομεν	παρεκαλουμεν
ἐπροφητευσαμεν	κραζομεν	βλεπομεν	λαλουμεν
ἐπιστευσαμεν	χρῃζομεν	χαιρομεν	ἐλαλουμεν
ἠκουσαμεν	ἐγγιζομεν	εὑρομεν	παραζηλουμεν
ἰσχυσαμεν	ἐνομιζομεν	φορεσομεν	ἐκδημουμεν
ἐθρεψαμεν	ἐλπιζομεν	κερδησομεν	ἐπιθυμουμεν
διετριψαμεν	ἠλπιζομεν	ζησομεν	ἀσθενουμεν
ἐπεμψαμεν	μακαριζομεν	συζησομεν	κρινουμεν
συνεπεμψαμεν	γνωριζομεν	ποιησομεν	σωφρονουμεν
περιτιθεμεν	πειθομεν	λαλησομεν	προσκυνουμεν
περιετεμεν	ἠλθομεν	προσκαρτερησομεν	νοουμεν
ἠμεν	ἐξηλθομεν	εὑρησομεν	ἀγνοουμεν
ἀνεβημεν	εἰσηλθομεν	καταστησομεν	προνοουμεν
κατηλλαγημεν	κατηλθομεν	πεισομεν	ἐρουμεν
εὑρεθημεν	πταιομεν	θερισομεν	τηρουμεν
κατηργηθημεν	ἐπιομεν	κηρυσσομεν	κατηγορουμεν
ἠλεηθημεν	συνεπιομεν	συμβασιλευσομεν	θαρρουμεν
παρεκληθημεν	ἀφιομεν	πιστευσομεν	μαρτυρουμεν
ἐγενηθημεν	ἀποθνησκομεν	δωσομεν	περιπατουμεν
ἐγεννηθημεν	εὑρισκομεν	πρεσβευομεν	ἀστατουμεν

ἐζητουμεν	πλανωμεν	μνημονευωμεν	ἐταραξεν
ἐπιζητουμεν	φανωμεν	πορνευωμεν	ἐκραξεν
ἀπιστουμεν	ἐπεγνωμεν	λατρευωμεν	ἀνεκραξεν
εὐχαριστουμεν	ἀσθενωμεν	παραρυωμεν	ἐπραξεν
ὠμεν	ἐπιμενωμεν	ἀφωμεν	ἐπαταξεν
λαβωμεν	πεινωμεν	νηφωμεν	διεταξεν
ἀπολαβωμεν	ἀποκτεινωμεν	λαχωμεν	συνεταξεν
ἀγωμεν	κρινωμεν	ἐχωμεν	ἐπεταξεν
διαγωμεν	φρονωμεν	τρεχωμεν	ὑπεταξεν
φαγωμεν	συλλεξωμεν	κατεχωμεν	προσεταξεν
ὁμολογωμεν	κατανοωμεν	στοιχωμεν	ἐσφαξεν
δωμεν	ἀγαπωμεν	σχωμεν	ἐβρεξεν
ἰδωμεν	εἰπωμεν	κατασχωμεν	ἐπηξεν
εἰδωμεν	ἀναφερωμεν	διψωμεν	προσερηξεν
καθευδωμεν	τηρωμεν	ἀπεθανεν	ἐρρηξεν
ζωμεν	χαιρωμεν	ἐβασκανεν	διερρηξεν
ἐκπειραζωμεν	ὁρωμεν	ἐσημανεν	ἐδειξεν
ἐορταζωμεν	γρηγορωμεν	ηὐξανεν	ἀνεδειξεν
θωμεν	εὑρωμεν	ἐξηρανεν	ἀπεδειξεν
φοβηθωμεν	σπουδασωμεν	ἐμωρανεν	ὑπεδειξεν
κληθωμεν	φθασωμεν	ἐμενεν	ἐνετυλιξεν
γενηθωμεν	ἑτοιμασωμεν	διεμενεν	ἐμιξεν
πλεονεκτηθωμεν	ἀγορασωμεν	ἐπεμενεν	ἠνοιξεν
κατακριθωμεν	ἐκπεσωμεν	συνεβαινεν	διηνοιξεν
διελθωμεν	ζησωμεν	κατεβαινεν	ἐδοξεν
εἰσελθωμεν	ποιησωμεν	ἐμεινεν	συνεζευξεν
εὐφρανθωμεν	αὐξησωμεν	ἐνεμεινεν	ἐνυξεν
αἰσχυνθωμεν	καρποφορησωμεν	ὑπεμεινεν	ἐκηρυξεν
καταισχυνθωμεν	περιπατησωμεν	ἐξετεινεν	ὠρυξεν
συνδοξασθωμεν	αἰτησωμεν	παρετεινεν	ἀνεψυξεν
ξενισθωμεν	κατηντησωμεν	ἀπεκτεινεν	ἐξεψυξεν
ῥυσθωμεν	ἁμαρτησωμεν	ἀνεκλινεν	ἀνεωξεν
δικαιωθωμεν	παραστησωμεν	ἐκρινεν	ἠνεωξεν
ἀγαλλιωμεν	σφραγισωμεν	διεκρινεν	ἐδιωξεν
ποιωμεν	καθισωμεν	ἐπεκρινεν	κατεδιωξεν
πιωμεν	σκανδαλισωμεν	κατεκρινεν	ἐβλεπεν
κοπιωμεν	καθαρισωμεν	συνεχυννεν	ἐνεβλεπεν
ἐγκακωμεν	σχισωμεν	γεγονεν	ἀπεβλεπεν
ὑπερνικωμεν	συμβασιλευσωμεν	ἐβαθυνεν	ἐπρεπεν
προσδοκωμεν	πιστευσωμεν	ἐμεγαλυνεν	σεσηπεν
ἀποθνησκωμεν	δωσωμεν	ἐδιδαξεν	εἰπεν
γινωσκωμεν	ὁμοιωσωμεν	ἀποκατηλλαξεν	προειπεν
διωκωμεν	περιπατωμεν	ἐφυλαξεν	διελιπεν
κλωμεν	κρατωμεν	ἐξεμαξεν	κατελιπεν
τολμωμεν	αἰτωμεν	ἐστεναξεν	ἐγκατελιπεν
ἀποθανωμεν	ἐρωτωμεν	συνεσπαραξεν	ἐφερεν

προσεφερεν	ἐκαλεσεν	ἐνεπλησεν	ἠγανακτησεν
ἠρεν	παρεκαλεσεν	ἐπωλησεν	ἐπλεονεκτησεν
ἐπηρεν	ἐτελεσεν	ἐγαμησεν	συνηντησεν
μετηρεν	ἀπωλεσεν	ἐπολεμησεν	ὑπηντησεν
ἐχαιρεν	ἐπηνεσεν	ἀπεδημησεν	κατηντησεν
ἠγειρεν	ἐπεσεν	ἐβλασφημησεν	ἐσκιρτησεν
συνηγειρεν	περιεπεσεν	ἐπετιμησεν	ἐβλαστησεν
ἐφθειρεν	ἀνεπεσεν	ἐτολμησεν	ἐστησεν
ἐσπειρεν	συνεπεσεν	οἰκοδομησεν	ἀνεστησεν
ἐπεσπειρεν	ἐξεπεσεν	ἐποικοδομησεν	ἀπεστησεν
εὑρεν	ἐπεπεσεν	ὠκοδομησεν	παρεστησεν
ἐνεβιβασεν	προσεπεσεν	κατεκληρονομησεν	κατεστησεν
ἐκραυγασεν	κατεπεσεν	ἐλατομησεν	μετεστησεν
ἐφθασεν	ἠρεσεν	ὡρμησεν	εὐχαριστησεν
προεφθασεν	ἐσιγησεν	ἐπλανησεν	ἐτελευτησεν
ἡγιασεν	ὠμολογησεν	ἠσθενησεν	ἠρωτησεν
εἰασεν	ἐξωμολογησεν	ἐγεννησεν	ἐπηρωτησεν
ἐπεσκιασεν	εὐλογησεν	διηκονησεν	ἀπεκυησεν
ἠγαλλιασεν	ἐνηργησεν	ἠλαττονησεν	ἐτεκνοτροφησεν
ἐστρηνιασεν	ἐτρυγησεν	προσεκυνησεν	ἐξενοδοχησεν
ἐπιασεν	ἐδησεν	ἐκοινωνησεν	ἐπαισεν
ἐκοπιασεν	κατεδησεν	ἐφωνησεν	ἐσφραγισεν
ἠναγκασεν	εἰσεπηδησεν	ἀνεφωνησεν	ἠγγισεν
ἀπηλασεν	ἐκερδησεν	προσεφωνησεν	ὠνειδισεν
ἐκλασεν	ἠλεησεν	ηὐξησεν	ἐκλεισεν
κατεκλασεν	ἐζησεν	ἐβοησεν	συνεκλεισεν
ἠτοιμασεν	ἀνεζησεν	ἀνεβοησεν	κατεκλεισεν
προητοιμασεν	ἐβοηθησεν	κατενοησεν	κατεσεισεν
ὠνομασεν	ἠκολουθησεν	ἠγαπησεν	ἐκαθισεν
ἐθαυμασεν	ἐπηκολουθησεν	ἐλυπησεν	ἀνεκαθισεν
ἐπεινασεν	ἐποιησεν	ἐκαρτερησεν	συνεκαθισεν
ἐπλεονασεν	συνεζωοποιησεν	ἐγρηγορσεν	ἐπεκαθισεν
ὑπερεπλεονασεν	ἐλακησεν	ἐτροποφορησεν	ἠρεθισεν
ἐδοξασεν	ἐξεδικησεν	εὐφορησεν	προσωχθισεν
ἐκοπασεν	ἠδικησεν	ἐνεπρησεν	κατωκισεν
ἡρπασεν	ἐνικησεν	ἐμετρησεν	μετωκισεν
ἀπεσπασεν	εὐδοκησεν	ἐμαρτυρησεν	ἀπεκεφαλισεν
ἐκερασεν	ἐνωκησεν	ἀνεχωρησεν	εὐηγγελισεν
συνεκερασεν	παρωκησεν	ὑπεχωρησεν	ἀπεκυλισεν
διεπερασεν	κατωκησεν	ἐμισησεν	προσεκυλισεν
ἐπειρασεν	ἐλαλησεν	ἐνεφυσησεν	ἐγεμισεν
ἠγορασεν	συνελαλησεν	περιεπατησεν	ἐξενισεν
ἐξηγορασεν	ἠθελησεν	ἐξηπατησεν	ἐνεκαινισεν
ἐβαστασεν	ὠφελησεν	ἐκρατησεν	ἐσαλπισεν
κατεσκευασεν	ἐνειλησεν	ἐζητησεν	ἐσκορπισεν
ἐπηρκεσεν	κατεφιλησεν	ἐπεζητησεν	διεσκορπισεν

ἐκαθαρισεν	ἐκωλυσεν	ἐπελυεν	προεκοψεν
ἐμερισεν	ἐμηνυσεν	διεκωλυεν	ἀπεκοψεν
ἐστηρισεν	ἠκουσεν	ἠκουεν	ἀνεκυψεν
ἐχρισεν	ὑπηκουσεν	φυεν	παρεκυψεν
ἐπεχρισεν	ἐλουσεν	ἰσχυεν	ἀπεκαλυψεν
ὡρισεν	ἐδακρυσεν	ἐγραφεν	ἐκρυψεν
ἐγνωρισεν	ἐπτυσεν	κατεγραφεν	ἐνεκρυψεν
προωρισεν	ἰσχυσεν	εἰληφεν	ἠν
ἀφωρισεν	ἐνισχυσεν	συνειληφεν	ἠν
ἐδειγματισεν	ἠκριβωσεν	ἠλειφεν	μαναην
ἐκτισεν	ἐκολοβωσεν	ἐλαχεν	ἀνεβην
ἐρραντισεν	ἐμαστιγωσεν	εἰχεν	ἐπεβην
ἐποτισεν	ἐστερεωσεν	ἐνειχεν	κατεβην
ἐβαπτισεν	διεζωσεν	ἀπειχεν	φοιβην
ἐφωτισεν	ἐδικαιωσεν	ἐπειχεν	δερβην
ὠμοσεν	ἐτελειωσεν	παρειχεν	ῥουβην
ἀρσεν	ἐκακωσεν	προσενηνοχεν	γην
συνηλλασσεν	ἐδηλωσεν	ὑπηρχεν	καταλλαγην
ἐξεμασσεν	ἐτυφλωσεν	προυπηρχεν	ἀρπαγην
ἐκηρυσσεν	ἐνεδυναμωσεν	ἐσχεν	ἐπιταγην
ἐκλαυσεν	ἐφιμωσεν	περιεσχεν	σφαγην
κατεπαυσεν	ἐσπαργανωσεν	ἐπεσχεν	στεγην
ἐσαλευσεν	ἱκανωσεν	μετεσχεν	πληγην
ἐκελευσεν	ἐκενωσεν	ἐπετυχεν	ὀλιγην
ἐβασιλευσεν	ἐσκηνωσεν	τετυχεν	ἐκλογην
ἐδουλευσεν	κατεσκηνωσεν	ἐσκαψεν	περγην
ἐξενευσεν	ἐταπεινωσεν	ἐγραψεν	ὀργην
ἐπενευσεν	ἀφυπνωσεν	περιηστραψεν	συναγωγην
διερμηνευσεν	ἐξωσεν	διεβλεψεν	ἐπισυναγωγην
ἐμνημονευσεν	ἠλευθερωσεν	ἀνεβλεψεν	προσαγωγην
ἐξεπνευσεν	ἐφανερωσεν	ἐνεβλεψεν	ἀδην
ἐθεραπευσεν	ἐπληρωσεν	ἐπεβλεψεν	σπουδην
ἐπερισσευσεν	ἐπωρωσεν	ἀνετρεψεν	ὠδην
ὑπερεπερισσευσεν	ἐσωσεν	ἐπετρεψεν	ἠρωδην
προεφητευσεν	ἐχαριτωσεν	ἐστρεψεν	ζην
ἐπροφητευσεν	ὑψωσεν	ἐπεστρεψεν	συζην
ἐμεσιτευσεν	ὑπερυψωσεν	ὑπεστρεψεν	ἀγαθην
ἐπιστευσεν	ἐπιπτεν	κατεστρεψεν	εὑρεθην
ἐφυτευσεν	προεκοπτεν	καθηψεν	ἐτεθην
ἠχμαλωτευσεν	ἐτυπτεν	ἠλειψεν	ἐδεηθην
ἐμοιχευσεν	ἠμαρτεν	ἐνιψεν	ἠλεηθην
ἐπτωχευσεν	διωδευεν	ἐλαμψεν	ληθην
ἐθυσεν	ἐθεραπευεν	περιελαμψεν	ἐβουληθην
εἱλκυσεν	ἐπιστευεν	ἐπεμψεν	ἐγενηθην
ἐλυσεν	ἐλυεν	ἀνεπεμψεν	ἠδυνηθην
ἀπελυσεν	ἀπελυεν	ἐνεκοψεν	ἀπεκριθην

κατησχυνθην	ἑλλην	ἡμην	δεδεμενην
παρεδοθην	ἀπελλην	μνημην	καθιεμενην
ἐλιθασθην	πολλην	ὀναιμην	καθημενην
ἠναγκασθην	ὀλην	δυναιμην	βεβλημενην
ἐχαλασθην	βολην	εὐξαιμην	κεκοσμημενην
ἐμνησθην	ἀναβολην	δοκιμην	ἠγαπημενην
ἐρραβδισθην	παραβολην	ποιμην	τετηρημενην
ἐρρυσθην	καταβολην	ἑτοιμην	κειμενην
ἐπεγνωσθην	ἐκβολην	τιμην	ἀποκειμενην
ἐπιστευθην	παρεμβολην	ἀκμην	προεπηγγελμενην
ἐκωλυθην	ὑπερβολην	κατελαβομην	γεγραμμενην
ὑπελειφθην	ἐντολην	ἐβδομην	ἐξηραμμενην
κατελη`μφθην	στολην	οἰκοδομην	κατειλημμενην
ὤφθην	διαστολην	ἐκαθεζομην	περικεκαλυμμενην
ἐδιδαχθην	ἐπιστολην	ἐλογιζομην	ἀποκεκρυμμενην
ἐζημιωθην	ἀποστολην	μετεμελομην	λεγομενην
κακην	χολην	ἐβουλομην	δεδομενην
φυλακην	πλην	νομην	γενομενην
σαμοθρακην	ὑλην	ἐγενομην	φερομενην
ἀναγκην	αὐλην	παρεγενομην	εἰσερχομενην
θηκην	βουλην	κατατομην	ἠτοιμασμενην
διαθηκην	πυλην	περιτομην	γεγυμνασμενην
παραθηκην	φυλην	ἐνεκοπτομην	ἐμνηστευμενην
ἀποθηκην	σταφυλην	ἐπορευομην	πεφυτευμενην
λογικην	μην	ἀνεσχομην	ἀπολελυμενην
δικην	ἀμην	ηὐχομην	ἀπολλυμενην
καταδικην	καλαμην	ἑρμην	καταργουμενην
ἡλικην	ἐξειλαμην	ἀφορμην	ἐνεργουμενην
βασιλικην	ἐνετειλαμην	ὀσμην	οἰκουμενην
φοινικην	ὑπεστειλαμην	ζυμην	καλουμενην
θεσσαλονικην	ἐφυλαξαμην	ἐφοβουμην	κυκλουμενην
φυσικην	διεταξαμην	ῥυμην	ἠρημωμενην
γαλατικην	ἐξελεξαμην	δραχμην	πεπληρωμενην
παιδισκην	ἡγησαμην	κωμην	κεκυρωμενην
λευκην	ἐποιησαμην	γνωμην	προκεκυρωμενην
συκην	ἐχρησαμην	συγγνωμην	πεπωρωμενην
μεγαλην	ἐκτησαμην	ῥωμην	σκηνην
φιαλην	εὐηγγελισαμην	προορωμην	μιτυληνην
καλην	ἐκομισαμην	ἰορδανην	εἰρηνην
ἀπεσταλην	ἡρμοσαμην	δαπανην	κυρηνην
κεφαλην	ἐπαυσαμην	βοτανην	καινην
ἀγελην	ἐνιψαμην	ἀγνην	ἐκεινην
νεφελην	ἐμην	σωσθενην	ὀρεινην
ἀπειλην	ἀνεθεμην	ἐσφαγμενην	κοκκινην
ὀφειλην	προσανεθεμην	μεμιγμενην	ὑαλινην
ἀλλην	προεθεμην	ἠνεωγμενην	κλινην

κοινην	παραβατην	γνωστην	παραλαβειν
δερματινην	ἐργατην	αὑτην	συμπαραλαβειν
ταχινην	δεκατην	ἐαυτην	μεταλαβειν
λιμνην	τεσσαρες-καιδεκατην	τοιαυτην	συλλαβειν
ποιμνην	ἐνδεκατην	τοσαυτην	ἀσεβειν
γυμνην	ματην	ταυτην	εὐσεβειν
ἰωαννην	ἐνατην	ἐπενδυτην	ἐκφοβειν
ἡδονην	εὐφρατην	παιδευτην	ἀγειν
ὀθονην	ἀκριβεστατην	τελειωτην	ἀγαγειν
φαιλονην	πρωτοστατην	ἰσκαριωτην	ἀναγαγειν
μονην	οἰκετην	στρατιωτην	ἐπαναγαγειν
ὑπομονην	ἀρετην	συστρατιωτην	συναγαγειν
ὑπομονην	ὑπηρετην	ζηλωτην	ἐπισυναγαγειν
πλησμονην	μαθητην	πρωτην	ἐξαγαγειν
πορνην	ἀγαπητην	λυτρωτην	προαγαγειν
δικαιοσυνην	κρητην	σκευην	ἐπαγαγειν
ἐλεημοσυνην	προφητην	παρασκευην	εἰσαγαγειν
ἀσχημοσυνην	ψευδοπροφητην	σκαφην	καταγαγειν
εὐσχημοσυνην	πολιτην	γραφην	περιαγειν
ταπεινοφροσυνην	κοιτην	ἐπιγραφην	προαγειν
ἀγιωσυνην	μαργαριτην	ταφην	ὑπαγειν
ἱερωσυνην	κριτην	ἀδελφην	προσαγειν
ζωνην	τριτην	μομφην	φαγειν
τελωνην	ἐκτην	νυμφην	λεγειν
σαλμωνην	δεκτην	τροφην	ὁδηγειν
φωνην	πληκτην	ἀναστροφην	ἀνοιγειν
ἀκοην	διωκτην	ἐπιστροφην	εὐλογειν
ὑπακοην	κοδραντην	συστροφην	ἐνεργειν
παρακοην	βροντην	μορφην	ἀγαθοεργειν
πνοην	δοτην	τρυφην	φυγειν
ἀγαπην	δεσποτην	διδαχην	ἐκφυγειν
ἀστραπην	οἰκοδεσποτην	ταραχην	δειν
ποταπην	πεμπτην	δοχην	ἡδειν
ἐγκοπην	κρυπτην	ἐξοχην	ἰδειν
προκοπην	τεταρτην	ὑπεροχην	καθευδειν
ἐπισκοπην	ἐορτην	ἀρχην	λιθαζειν
προσκοπην	ἐκαστην	ἀπαρχην	ἐνταφιαζειν
ἐντροπην	δικαστην	εὐχην	δοκιμαζειν
ἰοππην	ἀντεστην	προσευχην	ὀνομαζειν
λυπην	ληστην	συντυχην	θαυμαζειν
ἐχαρην	πιστην	ψυχην	δοξαζειν
σην	ὑβριστην	ζωην	ἀρπαζειν
ἰσην	μεριστην	καιν	κραζειν
ποσην	βαπτιστην	ναιν	ἀνεταζειν
μωυσην	ψευστην	ὠδιν	βασταζειν
την		λαβειν	ἡσυχαζειν

ιουδαιζειν	άνενεγκειν	σεμειν	φρονειν
παιζειν	έξενεγκειν	περιτεμειν	ύψηλοφρονειν
έμπαιζειν	άπενεγκειν	βλασφημειν	ύπερφρονειν
έγγιζειν	έπενεγκειν	άντοφθαλμειν	σωφρονειν
ραβδιζειν	ύπενεγκειν	οίκοδομειν	έλαυνειν
όνειδιζειν	είσενεγκειν	οίκονομειν	προσκυνειν
διαφημιζειν	τεκειν	κληρονομειν	μετανοειν
νομιζειν	οίκειν	κοσμειν	άγνοειν
έπιστομιζειν	κατοικειν	εύθυμειν	πειν
έμφανιζειν	δοκειν	λαμβανειν	βλεπειν
άνακαινιζειν	διδασκειν	άναλαμβανειν	είπειν
χρονιζειν	άρεσκειν	συμπαραλαμβανειν	άντειπειν
σαλπιζειν	άποθνησκειν	μεταλαμβανειν	πεμπειν
θεριζειν	ύπομιμνησκειν	ύπολαμβανειν	σκοπειν
θησαυριζειν	βοσκειν	λανθανειν	φερειν
άναθεματιζειν	γινωσκειν	άποθανειν	άναφερειν
καταθεματιζειν	διαγινωσκειν	συναποθανειν	περιφερειν
άποστοματιζειν	βαλειν	αύξανειν	έκφερειν
λακτιζειν	έπιβαλειν	άμαρτανειν	προσφερειν
βαπτιζειν	έκβαλειν	συνιστανειν	τηρειν
μαστιζειν	έμβαλειν	έντυγχανειν	άναιρειν
κολαφιζειν	συμβαλειν	μενειν	συναιρειν
σωζειν	καλειν	άναμενειν	άφαιρειν
λαθειν	παρακαλειν	παραμενειν	χαιρειν
μαθειν	έτεροδιδασκαλειν	έπιμενειν	έγειρειν
παθειν	λαλειν	περιμενειν	διεγειρειν
μετριοπαθειν	θελειν	έμμενειν	σπειρειν
έλθειν	καθελειν	προσμενειν	κατηγορειν
διελθειν	περιελειν	αίνειν	εύρειν
έπανελθειν	άνελειν	άναβαινειν	άναζωπυρειν
συνελθειν	έπιτελειν	καταβαινειν	μαρτυρειν
έξελθειν	άφελειν	έπιβαινειν	θεωρειν
άπελθειν	όμιλειν	συμβαινειν	χωρειν
παρελθειν	κλειν	ύπερβαινειν	πεσειν
είσελθειν	βαλλειν	ύγιαινειν	άναπεσειν
κατελθειν	έκβαλλειν	ποιμαινειν	έκπεσειν
πενθειν	παραγγελλειν	έκτεινειν	έμπεσειν
άκολουθειν	καταγγελλειν	κλινειν	χωρησειν
κλαιειν	μελλειν	πινειν	μισειν
έσθιειν	άποστελλειν	κρινειν	φυλασσειν
συνεσθιειν	τιλλειν	διακρινειν	έκμασσειν
μετανοιειν	πλειν	περιτεμνειν	πρασσειν
ποιειν	άποπλειν	τεκνογονειν	έπιτασσειν
πιειν	άντλειν	διακονειν	κηρυσσειν
καταπιειν	παρενοχλειν	άδημονειν	πατειν
έγκακειν	γαμειν	άσχημονειν	καταπατειν

περιπατειν	ἐπιστρεφειν	πριν	διδοασιν
κρατειν	ἀποστρεφειν	συναναβασιν	ἀκηκοασιν
νουθετειν	ὑποστρεφειν	σαββασιν	πασιν
ὑπηρετειν	λογομαχειν	ἐκβασιν	ἀνδρασιν
ζητειν	ἐλεγχειν	οἰδασιν	τερασιν
συζητειν	ἐχειν	ὑδασιν	πατρασιν
αἰτειν	ἐνεχειν	τιθεασιν	ἀπειθησασιν
ἐπαιτειν	παρεχειν	ἐπιτιθεασιν	ἁμαρτησασιν
ἀγανακτειν	βρεχειν	περιτιθεασιν	πιστευσασιν
πλεονεκτειν	προσεχειν	πεπονθασιν	ἀκουσασιν
αὐθεντειν	κατεχειν	ἐξεληλυθασιν	στασιν
οἰκοδεσποτειν	μετεχειν	εἰσεληλυθασιν	ἀναστασιν
σκαπτειν	στοιχειν	ἰασιν	ἐξαναστασιν
κλεπτειν	ἀρχειν	χιλιασιν	μεγιστασιν
νιπτειν	πειθαρχειν	συνιασιν	ἐπιστασιν
καταπιπτειν	ὑπαρχειν	μυριασιν	φασιν
ἐπιπιπτειν	πασχειν	εἰσιασιν	προφασιν
περικαλυπτειν	τυχειν	κεκοπιακασιν	πεμψασιν
τυπτειν	ἐπιτυχειν	ἑωρακασιν	ἀσεβεσιν
εὐχαριστειν	συντυχειν	ἡκασιν	σαρδεσιν
πλουτειν	χοραζιν	τεθνηκασιν	ψευδεσιν
πεζευειν	σεμιδαλιν	εἰρηκασιν	μεταθεσιν
ἁλιευειν	παλιν	μεμισηκασιν	ἐθεσιν
βασιλευειν	πολιν	ἐστηκασιν	προθεσιν
δουλευειν	ἀμφιπολιν	κολασιν	ἐπιεικεσιν
μνημονευειν	νικοπολιν	πλεγμασιν	μελεσιν
θεραπευειν	βενιαμιν	δογμασιν	χειλεσιν
λατρευειν	δυναμιν	ἀναθημασιν	πολεσιν
περισσευειν	ἀδμιν	παθημασιν	δυναμεσιν
ἱερατευειν	ἡμιν	ποιημασιν	ἀνεσιν
προφητευειν	ὑμιν	μνημασιν	ἀσθενεσιν
νηστευειν	πλαξιν	ῥημασιν	ἐθνεσιν
πιστευειν	ἁρπαξιν	ἱμασιν	συνεσιν
μοιχευειν	πραξιν	κλιμασιν	ἰχνεσιν
θυειν	ταξιν	γραμμασιν	πραξεσιν
ἀπολυειν	ἐλεγξιν	πομασιν	παρεσιν
κωλυειν	ἐξιν	δερμασιν	ὑβρεσιν
δεικνυειν	γυναιξιν	σπερμασιν	αἱρεσιν
ὀμνυειν	ἐνδειξιν	ῥαπισμασιν	καθαιρεσιν
ἀκουειν	θριξιν	πνευμασιν	ὀρεσιν
ὑπακουειν	μαστιξιν	στρατευμασιν	φρεσιν
κρουειν	ἀφιξιν	δικαιωμασιν	συνειδησεσιν
ἐμπτυειν	ὑπαρξιν	βρωμασιν	δεησεσιν
ἰσχυειν	χαριν	παραπτωμασιν	ἀποκρισεσιν
γραφειν	ὑβριν	γονασιν	ἀρσεσιν
στρεφειν	ἐριν	γεγονασιν	ἁλυσεσιν

ἔτεσιν	σανισιν	ἀγουσιν	ἀποθνησκουσιν
σκευεσιν	κρισιν	συναγουσιν	ἐνδιδυσκουσιν
ἀφεσιν	διακρισιν	ἐξαγουσιν	γινωσκουσιν
ὀφεσιν	κατακρισιν	προαγουσιν	βαλουσιν
κατασχεσιν	ἀποκρισιν	λεγουσιν	ἐπιβαλουσιν
θλιψεσιν	ὑποκρισιν	συλλεγουσιν	ἐκβαλουσιν
διηγησιν	τρισιν	συμπνιγουσιν	παρεμβαλουσιν
συνειδησιν	τισιν	ὁμολογουσιν	παρακαλουσιν
δεησιν	καταρτισιν	ἐνεργουσιν	συγκαλουσιν
πεποιθησιν	παραδοσιν	ἀδουσιν	λαλουσιν
τιθησιν	μακεδοσιν	ὀρθοποδουσιν	καταλαλουσιν
ἐπιτιθησιν	εἰδοσιν	καθευδουσιν	στρεβλουσιν
ἐπιποθησιν	ἀνταποδοσιν	δελεαζουσιν	θελουσιν
περιποιησιν	πλειοσιν	κατεξουσιαζουσιν	βεβηλουσιν
ἀφιησιν	πεποιηκοσιν	ἀναγκαζουσιν	ζηλουσιν
ἐκδικησιν	γεγαμηκοσιν	ἁρπαζουσιν	ὀφειλουσιν
κατοικησιν	προημαρτηκοσιν	κραζουσιν	φιλουσιν
θελησιν	πεπιστευκοσιν	ἐγγιζουσιν	βαλλουσιν
ἀθλησιν	βεβρωκοσιν	βυθιζουσιν	ἐπιβαλλουσιν
κλησιν	ἡγεμοσιν	δανιζουσιν	ἐκβαλλουσιν
παρακλησιν	ποσιν	ἀφανιζουσιν	ἀπαγγελλουσιν
ἐλλησιν	κρειττοσιν	ἐμφανιζουσιν	καταγγελλουσιν
πενησιν	τεσσαρσιν	θεριζουσιν	μελλουσιν
ἀναμνησιν	ἐγερσιν	γογγυζουσιν	ἀποστελλουσιν
ὑπομνησιν	χερσιν	νηθουσιν	πωλουσιν
αὐξησιν	καυσιν	ἀπειθουσιν	γαμουσιν
πτοησιν	ἀπολαυσιν	πενθουσιν	γεμουσιν
ὑστερησιν	ἀναπαυσιν	ἀκολουθουσιν	τρεμουσιν
τηρησιν	καταπαυσιν	ἐπακολουθουσιν	βλασφημουσιν
χρησιν	δυσιν	καιουσιν	ἐπιθυμουσιν
ἀθετησιν	βασιλευσιν	κλαιουσιν	λαμβανουσιν
ζητησιν	συγγενευσιν	ἐσθιουσιν	παραλαμβανουσιν
συζητησιν	γονευσιν	κατεσθιουσιν	μανθανουσιν
ἀγανακτησιν	φονευσιν	συνιουσιν	αὐξανουσιν
ἀπαντησιν	ἱερευσιν	ποιουσιν	ἁμαρτανουσιν
ὑπαντησιν	ἀρχιερευσιν	ἐλπιουσιν	ἐπιγνουσιν
καθιστησιν	γραμματευσιν	μακαριουσιν	μενουσιν
συνιστησιν	κυσιν	ἀφοριουσιν	προσμενουσιν
φησιν	λυσιν	ἀφιουσιν	ἀποκτενουσιν
καυχησιν	ἀλυσιν	ἐδαφιουσιν	ἀναβαινουσιν
παισιν	δεικνυσιν	ἀδικουσιν	παραβαινουσιν
σφραγισιν	ἀμφιεννυσιν	κατοικουσιν	ὑγιαινουσιν
εἰσιν	οὐσιν	ἑλκουσιν	μιαινουσιν
ἀκουσθεισιν	συλλαβουσιν	δοκουσιν	πινουσιν
παρεισιν	θλιβουσιν	συνευδοκουσιν	κρινουσιν
προσκλισιν	ἀποθλιβουσιν	ἀρκουσιν	ἀνακρινουσιν

κατακρινουσιν	ἐξακολουθησουσιν	ἐμπτυσουσιν	ἀπεχουσιν
φρονουσιν	ποιησουσιν	ἰσχυσουσιν	παρεχουσιν
ἀγρυπνουσιν	ἀδικησουσιν	κατισχυσουσιν	τρεχουσιν
μεγαλυνουσιν	λαλησουσιν	μαστιγωσουσιν	κατεχουσιν
πλατυνουσιν	πολεμησουσιν	δωσουσιν	μετεχουσιν
φωνουσιν	κληρονομησουσιν	παραδωσουσιν	στοιχουσιν
συμφωνουσιν	ἐπιθυμησουσιν	ἀποδωσουσιν	ἀρχουσιν
προσφωνουσιν	πλανησουσιν	κακωσουσιν	πειθαρχουσιν
ἐπισυναξουσιν	προσκυνησουσιν	περικυκλωσουσιν	ὑπαρχουσιν
κραξουσιν	συνησουσιν	δουλωσουσιν	ἀποστρεψουσιν
παρεισαξουσιν	μετανοησουσιν	καταδουλωσουσιν	ἐκλειψουσιν
σφαξουσιν	σιωπησουσιν	θανατωσουσιν	ἐκλαμψουσιν
ἑξουσιν	τηρησουσιν	περιπατουσιν	πεμψουσιν
συλλεξουσιν	εὑρησουσιν	κρατουσιν	προκοψουσιν
συνεξουσιν	θεωρησουσιν	ἀθετουσιν	δακρυσιν
ἡξουσιν	μισησουσιν	ζητουσιν	μαρτυσιν
ἐμπαιξουσιν	πατησουσιν	ἐπιζητουσιν	φυσιν
διωξουσιν	καταπατησουσιν	ἐκζητουσιν	ἀναχυσιν
ἀγνοουσιν	περιπατησουσιν	αἰτουσιν	προσχυσιν
βλεπουσιν	ζητησουσιν	ἀπαιτουσιν	ὡσιν
ἀναβλεπουσιν	αἰτησουσιν	κλεπτουσιν	λαβωσιν
ἀνατρεπουσιν	ἀφησουσιν	ἐμπιπτουσιν	ἀπολαβωσιν
ἀρουσιν	στοιχησουσιν	προσκοπτουσιν	θλιβωσιν
παρουσιν	διψησουσιν	ἀπιστουσιν	ἀγωσιν
ἐρουσιν	μισουσιν	κυριευουσιν	κατεαγωσιν
φερουσιν	οἰσουσιν	κατακυριευουσιν	φαγωσιν
προσφερουσιν	ἐξοισουσιν	δουλευουσιν	λεγωσιν
χαιρουσιν	γνωρισουσιν	δεσμευουσιν	ἀνοιγωσιν
ἐγειρουσιν	τισουσιν	διερμηνευουσιν	τρυγωσιν
φθειρουσιν	φυλασσουσιν	ἀγγαρευουσιν	ἐκφυγωσιν
σπειρουσιν	ἐκταρασσουσιν	ἐνεδρευουσιν	δωσιν
κατηγορουσιν	πρασσουσιν	λατρευουσιν	παραδωσιν
καρποφορουσιν	φρισσουσιν	καταδυνα-	ἰδωσιν
τελεσφορουσιν	κηρυσσουσιν	στευουσιν	διδωσιν
σταυρουσιν	διορυσσουσιν	νηστευουσιν	διαδιδωσιν
μαρτυρουσιν	κατακαυσουσιν	πιστευουσιν	ἀποδιδωσιν
καταμαρτυρουσιν	κλαυσουσιν	θυουσιν	ζωσιν
θεωρουσιν	βασιλευσουσιν	μεθυουσιν	σωφρονιζωσιν
χωρουσιν	δουλευσουσιν	λυουσιν	φροντιζωσιν
πειnασουσιν	ῥευσουσιν	ὀμνυουσιν	εὑρεθωσιν
καλεσουσιν	λατρευσουσιν	ἀκουουσιν	τεθωσιν
δησουσιν	ἐπισωρευσουσιν	ὑπακουουσιν	ἐλεηθωσιν
εἰδησουσιν	προφητευσουσιν	ἐπιστρεφουσιν	παρακληθωσιν
ζησουσιν	νηστευσουσιν	λαχουσιν	βαρηθωσιν
ἐπιθησουσιν	πιστευσουσιν	ἑχουσιν	τιμωρηθωσιν
ἀκολουθησουσιν	ἀκουσουσιν	συνεχουσιν	κριθωσιν

ἀποκριθωσιν	πυλωσιν	τελεσωσιν	ἀλειψωσιν
παρατιθωσιν	κοσμωσιν	ἀπολεσωσιν	προφητιν
ἐλθωσιν	ἀθυμωσιν	πεσωσιν	συρτιν
προελθωσιν	μανθανωσιν	ἐκπεσωσιν	ἐστιν
ἀπελθωσιν	φανωσιν	ποιησωσιν	ἐξεστιν
παρελθωσιν	γνωσιν	θελησωσιν	παρεστιν
εἰσελθωσιν	διαγνωσιν	βλασφημησωσιν	πιστιν
μιανθωσιν	ἀναγνωσιν	προσκυνησωσιν	λευιν
ἀποκτανθωσιν	ἐπιγνωσιν	συμφωνησωσιν	ὀφιν
καταισχυνθωσιν	προγνωσιν	νοησωσιν	ἀναβλεψιν
ἀρθωσιν	ἐπιμενωσιν	μετανοησωσιν	θλιψιν
ἐπανορθωσιν	ὑγιαινωσιν	σιωπησωσιν	μεταλημψιν
λιθασθωσιν	φαινωσιν	κατηγορησωσιν	ὀψιν
δοξασθωσιν	μεινωσιν	μισησωσιν	ἀποκαλυψιν
τελεσθωσιν	ταπεινωσιν	κρατησωσιν	ὀν
κλεισθωσιν	ἀποκτεινωσιν	ἐκζητησωσιν	ὀν
μεθυσθωσιν	μεριμνωσιν	ἐρωτησωσιν	λαον
παιδευθωσιν	γεννωσιν	ὀνειδισωσιν	νικολαον
πορευθωσιν	συνωσιν	καθισωσιν	ναον
ἐκλυθωσιν	διδαξωσιν	ἀγνισωσιν	ἐλαβον
ἀποκαλυφθωσιν	ῥηξωσιν	σαλπισωσιν	συνελαβον
τελειωθωσιν	ἀνοιξωσιν	ἀφορισωσιν	παρελαβον
φανερωθωσιν	κηρυξωσιν	προκαταρτισωσιν	συνεθλιβον
πληρωθωσιν	διωξωσιν	παγιδευσωσιν	διετριβον
σωθωσιν	μετανοωσιν	ἀγρευσωσιν	συντριβον
αἰωσιν	ἀγαπωσιν	πιστευσωσιν	φοβον
βεβαιωσιν	βλεπωσιν	καταλυσωσιν	θορυβον
δικαιωσιν	εἰπωσιν	ἀκουσωσιν	ἰακωβον
βιωσιν	ὑποτυπωσιν	σταυρωσωσιν	ἠγαγον
ἐσθιωσιν	βρωσιν	θανατωσωσιν	ἀνηγαγον
συνιωσιν	διαπερωσιν	ἐξαπατωσιν	συνηγαγον
ὁμοιωσιν	εἰσφερωσιν	πτωσιν	προηγαγον
ποιωσιν	ἐκπληρωσιν	ἀναστωσιν	ἀπηγαγον
πιωσιν	αἰρωσιν	παρεστωσιν	εἰσηγαγον
κοπιωσιν	νεκρωσιν	ἐπερωτωσιν	κατηγαγον
κακωσιν	λυτρωσιν	προφητευωσιν	μαγον
εἰσενεγκωσιν	ἀπολυτρωσιν	ἀκουωσιν	ἀρειονπαγον
γινωσκωσιν	εὑρωσιν	στραφωσιν	ἀνεκραγον
διωκωσιν	θεωρωσιν	τρεφωσιν	ἐφαγον
ἁλωσιν	πωρωσιν	μορφωσιν	κατεφαγον
βαλωσιν	λιθασωσιν	ἐχωσιν	σπογγον
ἐκβαλωσιν	καταστρηνιασωσιν	ὑπαρχωσιν	λεγον
προβαλωσιν	πιασωσιν	τυχωσιν	ἐλεγον
λαλωσιν	δοξασωσιν	κλεψωσιν	ἀντελεγον
ἀποσταλωσιν	ἀγορασωσιν	ἐπιστρεψωσιν	ὀδηγον
ἀνελωσιν	ἀντικαλεσωσιν	ἀνανηψωσιν	ὑπηγον

ἀρχηγον	ἐπειραζον	μαθθαιον	τοπαζιον
ὀλιγον	κραζον	ἀκρογωνιαιον	ἠσθιον
συνεπνιγον	ἐκραζον	ἀναγκαιον	παραμυθιον
διανοιγον	ἠγοραζον	κατεκαιον	γαζοφυλακιον
λογον	ἐχλευαζον	δικαιον	πορκιον
ἀλογον	ἐνεπαιζον	παλαιον	νηφαλιον
φιλολογον	ὠνειδιζον	κεφαλαιον	βιβλιον
ἀργον	μειζον	προσκεφαλαιον	τρυβλιον
ἐργον	ἐνομιζον	ἐλαιον	εὐαγγελιον
συνεργον	διεμεριζον	καλλιελαιον	θεμελιον
ἀμπελουργον	ἐξεμυκτηριζον	σπηλαιον	ἠλιον
λειτουργον	ἐκουφιζον	ἐκλαιον	μιλιον
πυργον	ἐγογγυζον	περιβολαιον	καλλιον
γεωργον	διεγογγυζον	βαρθολομαιον	φραγελλιον
ζυγον	ἀγαθον	ῥωμαιον	προαυλιον
ἐφυγον	φιλαγαθον	καναναιον	συμβουλιον
ἐξεφυγον	ἐλαθον	κυρηναιον	δακτυλιον
κατεφυγον	ἐμαθον	ναζωραιον	κεραμιον
παιδαγωγον	ἐπαθον	βιον	δοκιμιον
ἀρχισυναγωγον	ἀνηθον	ἀγιον	τιμιον
ὁμοθυμαδον	ἐπειθον	προσφαγιον	δεσμιον
ῥαβδον	λιθον	ῥηγιον	κοσμιον
σχεδον	ἐλθον	γεωργιον	ψωμιον
ῥοιζηδον	ἠλθον	ὑποζυγιον	κρανιον
εἰδον	διηλθον	πτερυγιον	ἐπουρανιον
κνιδον	περιηλθον	ἰδιον	ὑποληνιον
ὁδον	ἀνηλθον	παιδιον	ποιμνιον
ἐξοδον	συνηλθον	πινακιδιον	ἰκονιον
ῥοδον	ἐξηλθον	κλινιδιον	δαιμονιον
εἰσοδον	προηλθον	βιβλαριδιον	ἀρνιον
ἐκαθευδον	ἀπηλθον	μοδιον	αἰωνιον
δεον	παρηλθον	ὑποποδιον	τελωνιον
θεον	εἰσηλθον	σαρδιον	ὀψωνιον
τιμοθεον	παρεισηλθον	κλαυδιον	ἀξιον
πλεον	προσηλθον	βραβειον	δεξιον
νεον	κατηλθον	θειον	οἰον
θυρεον	κορινθον	τελειον	πλοιον
βλητεον	ἀψινθον	βασιλειον	ὁμοιον
συνεχεον	μισθον	πλειον	ποιον
ἐκραυγαζον	μοχθον	ταμειον	ὀποιον
ἀγιαζον	γαιον	μνημειον	ἐπιον
ἠναγκαζον	ἀναγαιον	σημειον	ἠπιον
ἀλαλαζον	θαδδαιον	δανειον	σκορπιον
ἐθαυμαζον	ζεβεδαιον	ἀχρειον	ἐνωπιον
ἐξεθαυμαζον	ἰουδαιον	ἀστειον	κατενωπιον
ἐδοξαζον	σπουδαιον	πανδοχειον	παιδαριον

σουδαριον	πλουσιον	πρωτοτοκον	ἀπαγγειλον
πλοιαριον	χρυσιον	μαρκον	ἀποστειλον
μακαριον	ἱματιον	ὁρκον	ὠφειλον
δηναριον	αἰτιον	ἐδιδασκον	σπιλον
ὀναριον	μεσονυκτιον	δαμασκον	ἀσπιλον
ὠταριον	βελτιον	γηρασκον	φιλον
ὀψαριον	βαλλαντιον	ἐπιπρασκον	ἀλλον
ἀγριον	ἐναντιον	ἠρεσκον	ἐβαλλον
συνεδριον	ὑπεναντιον	καταναλισκον	συνεβαλλον
ἐριον	τουναντιον	νεανισκον	ἐξεβαλλον
πρεσβυτεριον	λεντιον	εὑρισκον	ἐπιβαλλον
θηριον	αἰγυπτιον	ηὑρισκον	ὑπερβαλλον
θυμιατηριον	φορτιον	ἐγινωσκον	μαλλον
ἀκροατηριον	ὠτιον	ἐπεγινωσκον	κρυσταλλον
οἰκητηριον	υἱον	λευκον	ἀνηγγελλον
κατοικητηριον	νυμφιον	λυκον	ἀπηγγελλον
ποτηριον	ταχιον	ἀλυκον	κατηγγελλον
θυσιαστηριον	ἡσυχιον	ἐδιωκον	μελλον
ἱλαστηριον	κυριακον	ἐβαλον	ἐμελλον
μυστηριον	κακον	περιεβαλον	ἠμελλον
δεσμωτηριον	ἀνεξικακον	ἐξεβαλον	ἐτιλλον
σωτηριον	προσενεγκον	ἐπεβαλον	κυλλον
θυγατριον	ὀγκον	ὑπεβαλον	ὀλον
σιτομετριον	ἀνηκον	κυμβαλον	διαβολον
ἀλλοτριον	λογικον	σκανδαλον	δολον
αὐριον	ἐνδικον	αἰγιαλον	ἀδολον
ἐπαυριον	ἡλικον	καλον	δυσκολον
ἀργυριον	βασιλικον	διδασκαλον	ἀποστολον
κυριον	νομικον	ἀλαλον	τιτλον
κολλυριον	κοσμικον	μογιλαλον	παυλον
κολλουριον	εἰρηνικον	ἀναλον	σαυλον
μαρτυριον	ἀνδρονικον	ἀγγελον	φαυλον
ἡμιωριον	οἰκον	ἠθελον	ξυλον
πραιτωριον	παροικον	ἀμπελον	δουλον
χωριον	πνευματικον	ὀφελον	συνδουλον
κορασιον	αἱρετικον	δηλον	δακτυλον
ἀποστασιον	προφητικον	ἀδηλον	στυλον
ἐφεσιον	διδακτικον	καταδηλον	δωδεκαφυλον
πλησιον	ποντικον	προδηλον	τυφλον
παραπλησιον	παραλυτικον	ζηλον	ὀχλον
νησιον	τυχικον	καμηλον	εἰδωλον
γνησιον	ψυχικον	πηλον	κατειδωλον
ὁσιον	κοκκον	τραχηλον	πωλον
ἐπιουσιον	χαλκον	ὑψηλον	ἀμαρτωλον
περιουσιον	εἱλκον	ὀργιλον	χωλον
ἐκουσιον	δοκον		γαμον

περγαμον	γομον	ἀπεθανον	γεγραμμενον
καλαμον	γλωσσοκομον	χριστιανον	συντετριμμενον
ἐδραμον	νομον	ἱκανον	κεκαλυμμενον
περιεδραμον	οἰκονομον	ἀδαπανον	παρακεκαλυμμενον
συνεδραμον	κληρονομον	δρεπανον	συγκεκαλυμμενον
σαμον	δρομον	οὐρανον	κεκρυμμενον
ποταμον	διστομον	στεφανον	ἀποκεκρυμμενον
ἁρπαγμον	ὀδυρμον	λαχανον	λεγομενον
φραγμον	ἁγιασμον	ἁγνον	διαλεγομενον
ἐλεγμον	ἐνταφιασμον	παρθενον	ἀντιλεγομενον
ἀπελεγμον	ἱλασμον	κενον	δεδομενον
διωγμον	ἀσπασμον	μενον	διδομενον
ἐμον	πειρασμον	ἐπαγγειλαμενον	συμβιβαζομενον
γεμον	συνδεσμον	κρεμαμενον	φανταζομενον
πολεμον	διαλογισμον	δυναμενον	καθεζομενον
ἀνεμον	ὀνειδισμον	φθεγξαμενον	βασανιζομενον
ἠρεμον	σεισμον	κατεργασαμενον	δαιμονιζομενον
δημον	κυλισμον	προισταμενον	κιθαριζομενον
ἐρημον	βασανισμον	πεπραγμενον	ἀποφορτιζομενον
ἐπισημον	καθαρισμον	διατεταγμενον	καιομενον
συσσημον	μακαρισμον	ἐσφαγμενον	ὀφειλομενον
εὐσημον	θερισμον	ἀποδεδειγμενον	βαλλομενον
βλασφημον	διαμερισμον	ἐντετυλιγμενον	διαστελλομενον
εὐσχημον	πορισμον	μεμιγμενον	λαμβανομενον
βαθμον	ἱματισμον	ἀνεωγμενον	αὐξανομενον
ἀριθμον	ἐπισιτισμον	ἠνεωγμενον	γενομενον
δοκιμον	ῥαντισμον	ἐμενον	παραγενομενον
ἀδοκιμον	ἀπαρτισμον	δεδεμενον	θερμαινομενον
λιμον	καταρτισμον	παρατιθεμενον	γινομενον
λοιμον	φωτισμον	καθιεμενον	ἐκχυννομενον
προιμον	κοσμον	ἐπεμενον	ὑπερεκχυννομενον
ἐτοιμον	ἡδυοσμον	καθημενον	βλεπομενον
θανασιμον	κατακλυσμον	βεβλημενον	αἰρομενον
ὀνησιμον	παροξυσμον	περιβεβλημενον	ἐπαιρομενον
χρησιμον	θυμον	λελατομημενον	φθειρομενον
βρωσιμον	προθυμον	κεκοσμημενον	προμαρτυρομενον
ἐντιμον	εὐωνυμον	γεγενημενον	ἐσομενον
ἰσοτιμον	βωμον	γεγεννημενον	γενησομενον
πολυτιμον	ἀμωμον	εἰρημενον	ἑλισσομενον
τροφιμον	κινναμωμον	παρητημενον	πετομενον
ὀψιμον	λιβανον	κειμενον	ἀνακαλυπτομενον
ὀφθαλμον	κλιβανον	κατακειμενον	σαλευομενον
μονοφθαλμον	ἐλαμβανον	ἐπικειμενον	μεθερμηνευομενον
ψαλμον	μετελαμβανον	περικειμενον	πορευομενον
ἀμμον	οὐρβανον	προκειμενον	ἐκπορευομενον
ὑπογραμμον	πηγανον	βεβαμμενον	εἰσπορευομενον

ἀντι-	παλαιουμενον	κοκκινον	ὀγδοον
στρατευομενον	ἀδικουμενον	λινον	ἐβλεπον
ῥυομενον	καλουμενον	μυλινον	ἐνεβλεπον
τυφομενον	ἐγκαλουμενον	καμινον	πρεπον
συνεχομενον	ἐπικαλουμενον	κυμινον	κηπον
ἀντεχομενον	λαλουμενον	οἰνον	εἰπον
ἐρχομενον	αὐλουμενον	κοινον	προειπον
διερχομενον	πωλουμενον	παροινον	ἀπελιπον
εἰσερχομενον	φιλοτιμουμενον	ἐπινον	κατελιπον
προσερχομενον	ἀνακαινουμενον	ἀνθρωπινον	ἐγκατελιπον
προσευχομενον	καταπονουμενον	ἀλεξανδρινον	λοιπον
ἐσπαρμενον	φανερουμενον	βυσσινον	ἐπιλοιπον
ἐγηγερμενον	πληρουμενον	ἀμαραντινον	κολπον
ἡρμενον	καρποφορουμενον	ἐλεφαντινον	προεπεμπον
ἡγιασμενον	ἐκκεχυμενον	θυινον	κοπον
ἀποδεδοκι-	τετελειωμενον	πρωινον	σκοπον
μασμενον	ἐσπιλωμενον	τεκνον	ἐπισκοπον
ἡτοιμασμενον	ἐσπαργανωμενον	γυμνον	ἀπροσκοπον
δεδοξασμενον	πλανωμενον	ὀνον	τροπον
πεπειρασμενον	ἐστεφανωμενον	φθονον	τοπον
κατεσκευασμενον	γεννωμενον	διακονον	ἀτοπον
πεπιεσμενον	σεσαρωμενον	μονον	φιλιππον
ἡμφιεσμενον	νενεκρωμενον	πονον	καρπον
ἐπιλελησμενον	ἐστρωμενον	θρονον	κρισπον
κατεσφραγισμενον	ἐσταυρωμενον	χρονον	περιλυπον
κεκλεισμενον	πεπυρωμενον	φονον	τυπον
εἰθισμενον	ἡλαττωμενον	καπνον	ἀντιτυπον
ἀποκεκυλισμενον	ξενον	δειπνον	ἀνθρωπον
ἡγνισμενον	φιλοξενον	βοθυνον	προσωπον
ἐσμυρνισμενον	ληνον	ἐπλυνον	μετωπον
προκεχειρισμενον	τριμηνον	μνημοσυνον	ἀρον
ὡρισμενον	ναζαρηνον	ὁμοτεχνον	λαζαρον
κεχρηματισμενον	αἰνον	λυχνον	καθαρον
ἱματισμενον	ἀναβαινον	κοινωνον	ἱλαρον
περιεζωσμενον	καταβαινον	ἀφωνον	παρον
ἐνδεδυμενον	ἀνεβαινον	διδαξον	ἀγρον
σεσαλευμενον	καινον	φυλαξον	εὐπαρεδρον
τεθεραπευμενον	ἐπαινον	ἐλεγξον	ἀλεξανδρον
λελυμενον	κακεινον	ἐξον	δενδρον
ἀπολελυμενον	ἐκεινον	ῥηξον	φοβερον
θορυβουμενον	μεινον	δειξον	ἱερον
ἡγουμενον	ἐκτεινον	ἀναδειξον	νυχθημερον
διηγουμενον	σκοτεινον	ἀνοιξον	σημερον
ἐπιχορηγουμενον	φωτεινον	ἐνδοξον	φανερον
συναρμο-	ἀληθινον	τοξον	ἐτερον
λογουμενον	ἀκανθινον	κηρυξον	ἡμετερον
καταργουμενον			

ὑμετερον	χειρον	ἑτοιμασον	ἀσσον
βεβαιοτερον	ἀκρον	δοξασον	διθαλασσον
σπουδαιοτερον	νεκρον	ἀγορασον	ἡσσον
ἀναγκαιοτερον	μικρον	φρασον	κρεισσον
διπλοτερον	πικρον	καλεσον	περισσον
πολυτιμοτερον	νεωκορον	παρακαλεσον	βυσσον
καινοτερον	σπορον	μεσον	ἀβυσσον
πυκνοτερον	φορον	πεσον	ἐκηρυσσον
ποτερον	συμφορον	ἐφεσον	ἀναπαυσον
τολμηροτερον	προχορον	τρυγησον	κελευσον
μικροτερον	σαπρον	ἐλεησον	θεραπευσον
προτερον	λαμπρον	κακοπαθησον	σπευσον
ἰσχυροτερον	κυπρον	συγκακοπαθησον	προφητευσον
περισσοτερον	θεατρον	βοηθησον	πιστευσον
ἀνεκτοτερον	μετρον	ποιησον	θυσον
κομψοτερον	πετρον	ἐκδικησον	λυσον
ἀκριβεστερον	κεντρον	πωλησον	ἀπολυσον
ἐκτενεστερον	ἀροτρον	ἐπιτιμησον	χρυσον
ὑστερον	ἀστρον	μακροθυμησον	φανερωσον
ἐγγυτερον	ἀλαβαστρον	νησον	στρωσον
δευτερον	ἀμφιβληστρον	δαπανησον	σταυρωσον
ἀνωτερον	ἀγκιστρον	ἐραυνησον	σωσον
ἐξωτερον	λυτρον	προσκυνησον	τον
εὐκοπωτερον	ἀντιλυτρον	φωνησον	ἀπαραβατον
διαφορωτερον	θησαυρον	βοησον	σαββατον
πορρωτερον	σταυρον	μετανοησον	προσαββατον
ἐσωτερον	ἀργυρον	τηρησον	προβατον
σοφωτερον	ἀφιλαργυρον	πληροφορησον	ἀμπλιατον
φερον	εὑρον	μετρησον	ἑκατον
ἐφερον	μυρον	μαρτυρησον	δεκατον
προσεφερον	ἐσυρον	χρησον	πιλατον
συμφερον	τυρον	ζητησον	θανατον
κληρον	ἀμαρτυρον	αἰτησον	δυνατον
ὁλοκληρον	ἀχυρον	ἐρωτησον	ἀδυνατον
σκληρον	ἰσχυρον	διασαφησον	ἀνθυπατον
μηρον	ἐλαφρον	ἰσον	ἀορατον
ὀκνηρον	αἰσχρον	σφραγισον	ἀκαταστατον
πονηρον	δωρον	παραδεισον	εὐπεριστατον
ὀλεθρον	χλωρον	καθαρισον	προσφατον
ὀρθρον	μωρον	θερισον	ἐσχατον
ἐχθρον	χωρον	στηρισον	ἀμεταθετον
καιρον	περιχωρον	κηνσον	εὐθετον
προσκαιρον	σον	ὁσον	ἀρκετον
εὐκαιρον	σπουδασον	νοσον	ἐπαινετον
ἐχαιρον	ἁγιασον	ποσον	κοπετον
συνεχαιρον	ἀναγκασον	ταρσον	ὑετον

χειροποιητον	ἀκαθαρτον	ἐμφυτον	ἐχον
ἀχειροποιητον	φθαρτον	νεοφυτον	ὑπερεχον
ἀποβλητον	ἀφθαρτον	κιβωτον	ἐτρεχον
ἀμεταμελητον	ἡμαρτον	ἀζωτον	κατεχον
μιλητον	τεταρτον	νωτον	εἰχον
παρακλητον	κονιορτον	λιβανωτον	ἐπελειχον
ἀνεγκλητον	χορτον	πρωτον	παρειχον
θνητον	σεβαστον	λιθοστρωτον	προσειχον
ἀμετανοητον	ἀνεξιχνιαστον	ἐπαιδευον	κατειχον
ἀγαπητον	ἑκαστον	ἐκελευον	μεσοτοιχον
ποταμοφορητον	βλαστον	ἐνενευον	διαδοχον
ἐπαφροδιτον	θαυμαστον	ἐμνημονευον	ἐνοχον
ἀθεμιτον	ἐραστον	ἐκινδυνευον	βροχον
ἀκατακριτον	ἀσβεστον	ἐθεραπευον	τροχον
ἀσυγκριτον	μεστον	λατρευον	χιλιαρχον
ἀνυποκριτον	ἀρεστον	περισσευον	ἑκατονταρχον
τριτον	εὐαρεστον	ἐπερισσευον	ἀρισταρχον
σιτον	χρηστον	ἐπροφητευον	ὑπηρχον
ἀπροσιτον	ἀχρηστον	ἐπιστευον	προυπηρχον
τιτον	εὐχρηστον	ἐφυτευον	ἐσχον
ἀνυποτακτον	φηστον	ἐθυον	συνεσχον
δεκτον	πλειστον	ἐστρωννυον	παρεσχον
ἀνενδεκτον	πιστον	ὑπεστρωννυον	μοσχον
ἀποδεκτον	ἀπιστον	ἡκουον	ἐβρυχον
ἐκλεκτον	ἀριστον	ὑπηκουον	τυχον
πνικτον	χριστον	δακρυον	ἐνετυχον
ἀμιαντον	ἐλαχιστον	δικτυον	ἐπετυχον
ταλαντον	γνωστον	πτυον	ἰσοψυχον
ἀμαραντον	ἀκαταγνωστον	ἐνεπτυον	πτωχον
ποντον	κραβαττον	ἰσχυον	γραψον
ἀνεπαισχυντον	ἐλαττον	ἐπισχυον	βλεψον
ἐκδοτον	κρειττον	κατισχυον	ἀναβλεψον
νοτον	αὐτον	χειρογραφον	ἐπιτρεψον
γραπτον	ἑαυτον	ταφον	στρεψον
λεπτον	σεαυτον	ὑπεστρεφον	ἀποστρεψον
ἀδιαλειπτον	ἐνιαυτον	ψηφον	συγκαμψον
ἀνεκλειπτον	ἐμαυτον	ἡλειφον	πεμψον
προσεπιπτον	ἀσαλευτον	ἐριφον	προπεμψον
ἀνεπιλημπτον	σιτευτον	ἀδελφον	ἐκκοψον
ἐκοπτον	εἰδωλοθυτον	ζοφον	ἀποκοψον
προεκοπτον	ἱεροθυτον	συμμορφον	ὡον
αἰγυπτον	προσηλυτον	ῥουφον	ζωον
ἀκατακαλυπτον	τοιουτον	ἀποκρυφον	ἀθωον
κρυπτον	πλουτον	κωφον	ὑπερωον
ἐτυπτον	τοσουτον	ἀμαχον	ναυν
ἀρτον	τουτον	στομαχον	ἰχθυν

πολυν	ἐφρονουν	συμπαραλαβων	τρωγων
νυν	προσεκυνουν	μεταλαβων	χιλιαδων
τοινυν	ἐπεφωνουν	συμπεριλαβων	μυριαδων
οὐν	ἠγνοουν	ὑπολαβων	κλαδων
βουν	ὑπενοουν	ἀρραβων	λαμπαδων
ἐθορυβουν	κατενοουν	ἀσεβων	ἀβαδδων
ὡμολογουν	τοιγαρουν	ἐμφοβων	ἀρμαγεδων
ἐδιδουν	πληρουν	ἀναγαγων	μακεδων
ἀπεδιδουν	ἐτηρουν	συναγαγων	στρατοπεδων
παρεδιδουν	παρετηρουν	ἐξαγαγων	ῥεδων
ἀποδιδουν	διαιρουν	προαγαγων	χαλκηδων
ἠπειθουν	εὐκαιρουν	ἀπαγαγων	ἰδων
ἐτιθουν	ηὐκαιρουν	καταγαγων	παιδων
ἐπορθουν	ἐπεχειρουν	περιαγων	σφραγιδων
ἠκολουθουν	κατηγορουν	μαγων	ἑλληνιδων
ποιουν	διηπορουν	ἐπαναγων	συνιδων
ἐποιουν	μαρτυρουν	συναγων	προιδων
ζωοποιουν	ἐμαρτυρουν	προαγων	ἀσπιδων
δοκουν	ἐψευδομαρτυρουν	παραγων	ὑπεριδων
ἐδοκουν	πορφυρουν	τραγων	ἀκριδων
οὐκουν	ἐθεωρουν	καταφαγων	σπυριδων
ἐκαλουν	ἰησουν	λεγων	ὁδων
ἐνεκαλουν	ἐμισουν	στεγων	ποδων
παρεκαλουν	χρυσουν	πληγων	τετραποδων
λαλουν	ἀποδεκατουν	ἐπιχορηγων	καθευδων
ἐλαλουν	περιεπατουν	ὀλιγων	κιθαρωδων
διελαλουν	ζητουν	ἀνοιγων	γεδεων
συνελαλουν	ἐζητουν	διανοιγων	ζεων
ὡμιλουν	ἀνεζητουν	μαστιγων	λαοδικεων
κατεφιλουν	ἐπεζητουν	λογων	θεσσαλονικεων
ἐλιθοβολουν	οἱωδηποτουν	ψευδολογων	λεων
πλουν	ἠπιστουν	κακολογων	ἐλεων
τετραπλουν	ὀστουν	ὁμολογων	χειλεων
διπλουν	ἠρωτουν	εὐλογων	βασιλεων
ἐπωλουν	χουν	ἐργων	πολεων
ἐγαμουν	συν	ἐνεργων	πλεων
ἐβλασφημουν	ὀσφυν	συνεργων	δυναμεων
φιμουν	σταχυν	ἀγαθουργων	συμεων
ὡκοδομουν	πηχυν	κακουργων	γενεων
ἐκοσμουν	ἰσχυν	λειτουργων	γονεων
νουν	ὤν	γεωργων	ἐμπνεων
μενουν	ὠν	πτερυγων	ἀλεξανδρεων
κατασκηνουν	λαων	συλαγωγων	ἱερεων
ἐθρηνουν	λαβων	χαλιναγωγων	ἀρχιερεων
ὑμνουν	ἀναλαβων	συναγωγων	ὀρεων
διηκονουν	παραλαβων	ἀρχισυναγωγων	παραβασεων

ἐνθυμησεων	διελθων	νηστειων	ποτηριων
παραδοσεων	ἐξελθων	στοιχειων	μυστηριων
γραμματεων	προελθων	κορινθιων	ὁριων
ὀστεων	ἀπελθων	ἐσθιων	τριων
ὀφεων	ἐπελθων	μισθιων	ἑκατονπεντη-
βραχεων	παρελθων	στρουθιων	κοντατριων
ἐπιχεων	εἰσελθων	οἰκιων	ἀλλοτριων
θλιψεων	προσελθων	χαλκιων	ἀροτριων
ἀποκαλυψεων	κατελθων	πηδαλιων	κυριων
ζων	ἀκανθων	ἐναλιων	μυριων
συμβιβαζων	ἐπιποθων	ἐπαγγελιων	κεντυριων
ἀγιαζων	ἀκολουθων	τετρακισχιλιων	χωριων
δοκιμαζων	βεβαιων	πεντακισχιλιων	σιων
ὀνομαζων	χαλδαιων	γαλλιων	ἐφεσιων
θαυμαζων	ἰουδαιων	ἀνομιων	ἐκκλησιων
στυγναζων	δικαιων	δεσμιων	διακοσιων
δοξαζων	σαδδουκαιων	ἐπιθυμιων	τριακοσιων
μυωπαζων	ἐλαιων	ζιζανιων	χιλιωνεξακοσιων
πειραζων	γαλιλαιων	ἐπουρανιων	τετρακοσιων
ἐκπειραζων	κλαιων	ἀκροθινιων	θυσιων
κραζων	ῥωμαιων	σχοινιων	ἐξουσιων
βασταζων	κυρηναιων	ὀθονιων	χρυσιων
ἐζων	ἑβραιων	καταχθονιων	ἱματιων
μειζων	ἀγοραιων	διακονιων	κερατιων
φυλακιζων	ναζωραιων	δαιμονιων	ἐναντιων
γαμιζων	φαρισαιων	συνιων	αἰγυπτιων
νομιζων	ματαιων	λυχνιων	ἀμαρτιων
ἐλπιζων	ἀρχαιων	αἰωνιων	εὐχαριστιων
διασκορπιζων	ἀγιων	δεξιων	υἱων
ῥιζων	λεγιων	πλοιων	χιων
καθαριζων	λογιων	διανοιων	βραχιων
θεριζων	σταδιων	ἐννοιων	ψιχιων
ἐπιστηριζων	ἰδιων	ποιων	ἀκων
θησαυριζων	παιδιων	ἀγαθοποιων	κακων
ἀφριζων	καρδιων	κακοποιων	ἀκακων
ποτιζων	εἰων	πιων	φαρμακων
βαπτιζων	ἀσεβειων	νηπιων	δρακων
ἀγαθων	ἐπιγειων	σκορπιων	ἑκων
μαθων	οἰκειων	σικαριων	διαθηκων
παθων	τελειων	δηναριων	γυναικων
ἐθων	κλειων	κλιναριων	ἀδικων
πειθων	μνημειων	ἀσσαριων	εἰκων
ἀπειθων	σημειων	ὀψαριων	σαρκικων
λιθων	ἀσθενειων	θηριων	νομικων
κριθων	ἐπικουρειων	πονηριων	νικων
ἐλθων	πλατειων	κριτηριων	ἐθνικων

φοινικων	ἡλων	ἡμων	ὑπολιμπανων
οἰκων	ἀλληλων	ἀποδημων	οὐρανων
κατοικων	συνομιλων	ἐλεημων	ἁμαρτανων
ἐγκατοικων	φιλων	ἐπιστημων	συνιστανων
πατρικων	ἀλλων	εὐσχημων	ἐξιστανων
μουσικων	ἐκβαλλων	ἀναβαθμων	φανων
πνευματικων	διαγγελλων	χειμων	λαχανων
συστατικων	ἀναγγελλων	σποριμων	ἐγνων
προφητικων	ἀπαγγελλων	σιμων	ἐχιδνων
στωικων	παραγγελλων	τιμων	συγγενων
ἑλκων	καταγγελλων	ἐπετιμων	παρθενων
δοκων	μελλων	ἐπιτιμων	ἀσθενων
προσεδοκων	πολλων	ὀφθαλμων	μενων
προσδοκων	ἀπολλων	σαλμων	δυναμενων
συνευδοκων	τριβολων	ψαλμων	εὐαγγελισαμενων
πρωτοτοκων	ἀνατολων	ἐτολμων	ἐσφαγμενων
σαρκων	ἐντολων	οἰκοδομων	συνηγμενων
διδασκων	ἐπιστολων	σοδομων	ἀνεωγμενων
ἀποθνησκων	ἀποστολων	σολομων	καθημενων
ἐπαναμιμνησκων	ἐμπιπλων	ἀνομων	πεποιημενων
παιδισκων	ὁπλων	παρανομων	κεκλημενων
γινωσκων	βαβυλων	συγκληρονομων	κεκοιμημενων
ἀναγινωσκων	εὐρακυλων	ἀρμων	ἀπεστερημενων
λυκων	ξυλων	οἰκτιρμων	προειρημενων
συκων	ζαβουλων	πειρασμων	πεπληροφορημενων
διωκων	δουλων	δεσμων	ἀνακειμενων
ἐπιβαλων	συνδουλων	συνδεσμων	συνανακειμενων
περιβαλων	δακτυλων	ἀθεσμων	ἀντικειμενων
ἐκβαλων	φυλων	λογισμων	ποιμενων
ἀποβαλων	τυφλων	διαλογισμων	γεγραμμενων
μεγαλων	ὀχλων	βαπτισμων	ἀπογεγραμμενων
σκανδαλων	εἰδωλων	γογγυσμων	σεβομενων
καλων	ἁμαρτωλων	δυσμων	χειμαζομενων
παρακαλων	χωλων	ὑμων	διαλογιζομενων
διδασκαλων	γαμων	ἀζυμων	εὐαγγελιζομενων
λαλων	δραμων	ἐπιθυμων	δαιμονιζομενων
καταλαλων	προδραμων	μακροθυμων	ἐπαθροιζομενων
κεφαλων	προσδραμων	ἱεροσολυμων	ἐλπιζομενων
ἀγγελων	κεραμων	εὐωνυμων	πιπρασκομενων
κατεγελων	ποταμων	λαμβανων	γενομενων
θελων	ἐμπαιγμων	φρυγανων	διαγενομενων
καθελων	διωγμων	ἀποθανων	φαινομενων
μελων	ἐμων	ἡρωδιανων	γινομενων
συντελων	ἡγεμων	ἱκανων	βλεπομενων
μυελων	πολεμων	πλανων	διαφερομενων
νεφελων	ἀνεμων	αὐξανων	λαληθησομενων

άντιτασσομενων	ἀναβαινων	τελωνων	γερων
σαλευομενων	καταβαινων	πυλωνων	δερων
πορευομενων	σημαινων	φωνων	ἐλευθερων
ἐπιπορευομενων	εὐφραινων	ἀξων	ἡμερων
ἐκπορευομενων	φαινων	βοων	διαπερων
εἰσπορευομενων	ὠδινων	ἀλοων	θυγατερων
στρατευομενων	ἐκεινων	ἀγνοων	πατερων
λυομενων	ταπεινων	εὐνοων	ἑτερων
ἀναστρεφομενων	πετεινων	ἀπων	ἡμετερων
ἀποστρεφομενων	ἀληθινων	ἀγαπων	ἀμφοτερων
συστρεφομενων	κριθινων	ἀγαπω[ν]	προσκαρτερων
ἀρχομενων	χαλινων	ἀγαπων	ἀστερων
ἐρχομενων	κλινων	θεραπων	ἀριστερων
περιερχομενων	πινων	βλεπων	περιστερων
συνερχομενων	ἀνθρωπινων	ἐντρεπων	ὑστερων
ἐξερχομενων	κρινων	εἰπων	πρεσβυτερων
ἀπερχομενων	διακρινων	καταλιπων	φερων
ἐπερχομενων	ἀνακρινων	λοιπων	ἐπιφερων
διεφθαρμενων	κατακρινων	αἰθιοπων	προσφερων
κεκαυστη-ριασμενων	τινων	κοπων	κληρων
κατεσκευασμενων	λιβερτινων	σκοπων	σκληρων
ἐσφραγισμενων	κοφινων	τοπων	ἀναπληρων
κεκλεισμενων	τεκνων	ἀτοπων	πονηρων
πεπελεκισμενων	συντεμνων	ἱππων	ξηρων
ἡγουμενων	μεριμνων	φιλιππων	τηρων
ἐξηγουμενων	προγονων	καρπων	χηρων
ἀπολογουμενων	τρυγονων	σιωπων	ἐχθρων
καταργουμενων	ἡδονων	ἐσιωπων	αἱρων
ἐπικαλουμενων	πλειονων	ἀνθρωπων	καιρων
ἀρνουμενων	διακονων	προσωπων	χαιρων
ἀναιρουμενων	ἡγεμονων	μετωπων	μαχαιρων
κακουχουμενων	ἀδημονων	ἀαρων	σπειρων
τετελειωμενων	εὐσχημονων	παρων	θυατειρων
πεφυσιωμενων	πονων	τεσσαρων	χειρων
κοιμωμενων	θρονων	δεκατεσσαρων	χοιρων
ξενων	φρονων	ἑκατοντεσσερα-κοντατεσσαρων	ἀκρων
ἀθηνων	ἀφρονων	ὀγδοηκοντα-τεσσαρων	νεκρων
δαμασκηνων	παραφρονων		μικρων
ἑλληνων	χρονων	φλυαρων	ὁρων
γαδαρηνων	φονων	ἀγρων	γρηγορων
γερασηνων	τριωνταβερνων	ζωγρων	κατηγορων
κτηνων	πορνων	κεδρων	φορων
πτηνων	ἐραυνων	ἀνδρων	χορων
ἐθνων	πληθυνων	δενδρων	γομορρων
	ἐλεημοσυνων		ἰατρων
αἰνων	αἰωνων	ἀνυδρων	ἀστρων

ϑησαυρων	ἐργατων	εὐεργετων	μετανοησαντων
ταυρων	ὑδατων	ἀϑετων	ἀναχωρησαντων
εὑρων	ἰαματων	ἀμεταϑετων	ἁμαρτησαντων
ϑυρων	ϑυμιαματων	νουϑετω[ν]	συγκαϑισαντων
συρων	πραγματων	νουϑετων	ϑερισαντων
μαρτυρων	δογματων	οἰκετων	φονευσαντων
ἐπιμαρτυρων	βδελυγματων	χρεοφειλετων	πιστευσαντων
ψευδομαρτυρων	ἐνεργηματων	συμφυλετων	ἀκουσαντων
ἰσχυρων	ἀλισγηματων	συνετων	τελειωσαντων
ἀφρων	ὑποδηματων	ἐρπετων	κυκλωσαντων
ὡρων	παϑηματων	γονυπετων	ϑαψαντων
ϑεωρων	ἀγνοηματων	ὑπηρετων	περιαψαντων
ἀναϑεωρων	ῥηματων	ζητων	ὑποταγεντων
τιμωρων	χρηματων	ἐκζητων	δεηϑεντων
ὑποχωρων	ζητηματων	μαϑητων	λαληϑεντων
ἰασων	ἁμαρτηματων	ποιητων	γενηϑεντων
πασων	αἱματων	αὐλητων	γεννηϑεντων
πεσων	κλεμματων	ἀναντιρρητων	κρεμασϑεντων
ἀναπεσων	ὀμματων	προφητων	συναχϑεντων
ποιησων	ὀνοματων	ψευδοπροφητων	πληρωϑεντων
προσκυνησων	στοματων	αἰτων	ὀντων
συντελεσϑεισων	ἀρματων	νικολαιτων	λεγοντων
ἐπισυναχϑεισων	σπερματων	ἐπαιτων	ἀντιλεγοντων
μισων	κλασματων	προσαιτων	ὀδοντων
ὁσων	χαρισματων	πολιτων	λεοντων
νοσων	κτισματων	ἱεροσολυμιτων	πλεοντων
ποσων	πνευματων	μαργαριτων	κραυγαζοντων
νααςσων	στρατευματων	σαμαριτων	ἐπηρεαζοντων
καταλλασσων	κυματων	ὑποκριτων	ϑηλαζοντων
φυλασσων	δωματων	χιτων	ϑαυμαζοντων
ταρασσων	διορϑωματων	ἀγανακτων	κραζοντων
πρασσων	ἀρωματων	ἐκλεκτων	παρασκευαζοντων
διατασσων	βρωματων	τεκτων	ἐγγιζοντων
διαρρησσων	ὀχυρωματων	ἀρχιτεκτων	ὀνειδιζοντων
κηρυσσων	σωματων	πνικτων	νομιζοντων
γλωσσων	παραπτωματων	ἀναβαντων	κιϑαριζοντων
καυσων	ὁλοκαυτωματων	συμβαντων	ἐλϑοντων
οὑσων	ἀδυνατων	ταλαντων	συνελϑοντων
κλινουσων	ἀπατων	ἀποκτειναντων	ἐξελϑοντων
χρυσων	περιπατων	πραξαντων	ἀπελϑοντων
παραδωσων	κερατων	ἐκδιωξαντων	εἰσελϑοντων
κακωσων	περατων	παντων	προσελϑοντων
σωσων	τερατων	ἁπαντων	κατελϑοντων
των	κρατων	χαλασαντων	κλαιοντων
σαββατων	ἐσχατων	ἀκολουϑησαντων	ἐσϑιοντων
προβατων	ἐτων	ἁμησαντων	ἐξιοντων

ἀρεσκοντων	ἐπιποθουντων	ἐξορκιστων	καταλυων
διωκοντων	ἐπακολουθουντων	ἑλληνιστων	ἀπολλυων
προβαλοντων	κατοικουντων	πιστων	ἀπολυων
θελοντων	δοκουντων	ἀπιστων	ἀκουων
βαλλοντων	λαλουντων	σαλπιστων	κρουων
μελλοντων	φιλουντων	εὐχαριστων	δακρυων
γεμοντων	πωλουντων	ἐλαχιστων	ἐνισχυων
ἁμαρτανοντων	βλασφημουντων	κραβαττων	ἀφων
συνιστανοντων	κληρονομουντων	κρειττων	γραφων
ἐπιμενοντων	ἀσθενουντων	αὐτων	διαστρεφων
ἀναβαινοντων	αἰνουντων	ἑαυτων	ὑποστρεφων
καταβαινοντων	διακονουντων	ναυτων	ἐριφων
ὑγιαινοντων	σκοπουντων	τελευτων	ἀδελφων
ἐπιφαινοντων	προσκαρτερουντων	εἰδωλοθυτων	σοφων
ἀποκτεινοντων	τηρουντων	προσηλυτων	φιλοσοφων
ἀποκτεννοντων	ἀναιρουντων	τοιουτων	θυμομαχων
πληθυνοντων	κατηγορουντων	πλουτων	ἐχων
μεγαλυνοντων	ὁδοιπορουντων	τοσουτων	ἐπεχων
συνοντων	μαρτυρουντων	τουτων	κατεχων
βλεποντων	θεωρουντων	μισθωτων	μετεχων
προπεμποντων	μισουντων	στρατιωτων	ἠχων
βροντων	ζητουντων	ἐρωτων	πηχων
συμφεροντων	συζητουντων	ἠρωτων	τριχων
προσφεροντων	ῥιπτουντων	ἐπηρωτων	ἀρχων
χαιροντων	ἀπιστουντων	πρωτων	χιλιαρχων
καταπεσοντων	ζωντων	ἑστωτων	ἀσιαρχων
πιπτοντων	προσδοκουντων	φωτων	ὑπαρχων
κυριευοντων	πλανωντων	μαγευων	ἑκατονταρχων
βασιλευοντων	βοωντων	ὁδευων	πασχων
νηστευοντων	ἀγαπωντων	ἀληθευων	παρασχων
πιστευοντων	ἐρωτωντων	δουλευων	μοσχων
μεθυοντων	συμβεβηκοτων	δεσμευων	προσευχων
λυοντων	προημαρτηκοτων	διανευων	τυχων
κωλυοντων	ἑστηκοτων	πορνευων	ψυχων
ἀκουοντων	παρεστηκοτων	θεραπευων	πτωχων
ἐχοντων	πεπιστευκοτων	διανυκτερευων	διψων
τρεχοντων	προγεγονοτων	ὁλοθρευων	σαμψων
συντρεχοντων	ἐξαστραπτων	ἐμβατευων	ὑψων
κατεχοντων	κλεπτων	προφητευων	ζωων
ἀρχοντων	κατακοπτων	νηστευων	δεσμοφυλαξ
ὑπαρχοντων	ἀρτων	πιστευων	ἁπαξ
ἀποψυχοντων	ἀκαθαρτων	φυτευων	ἐφαπαξ
ὁμολογουντων	στασιαστων	πρωτευων	ἁρπαξ
συνυπουργουντων	ξεστων	φιλοπρωτευων	φαραγξ
λειτουργουντων	ληστων	ἰχθυων	σαλπιγξ
ἀπειθουντων	κολλυβιστων	κυων	λαρυγξ

ἐξ	ἀπηγξατο	ἐγευσατο	ἀφικετο
ἐξ	ἐδεξατο	ἐρρυσατο	ηὑρισκετο
διακοσιαι-εβδομηκονταεξ	ἀπεδεξατο	διεζωσατο	ἐνεδιδυσκετο
	ὑπεδεξατο	ἐμισθωσατο	περιεβαλετο
ἑξακοσιοι-εξηκονταεξ	διελεξατο	ἀπωσατο	ἀνεβαλετο
τεσσερακοντα-καιεξ	ἐξελεξατο	ἀνθιστατο	συνεβαλετο
	ἐνεδειξατο	ἐξιστατο	διεστελλετο
σκωληξ	ἠρξατο	ἀφιστατο	ἐβουλετο
φηλιξ	προενηρξατο	ἐπεσκεψατο	ἀπωλετο
χοινιξ	προσηυξατο	ἀνεθρεψατο	συναπωλετο
περιξ	περιεσπατο	ἡψατο	ἐπυνθανετο
θριξ	διεμαρτυρατο	ἐνιψατο	ἐγενετο
φλοξ	ἠργασατο	ἀπενιψατο	παρεγενετο
σαρξ	προσηργασατο	μετεπεμψατο	ἐλυμαινετο
νυξ	κατειργασατο	ἐπελαβετο	ἐγινετο
σαρδονυξ	ἐθεασατο	προσελαβετο	ἐξεχυννετο
κηρυξ	ἰασατο	ἀντελαβετο	ἠλαυνετο
ὁ	παρεβιασατο	διελεγετο	ἐπληθυνετο
καθο	ἠγαλλιασατο	ἠγετο	ἐμεγαλυνετο
διο	ἐπαρρησιασατο	περιεδεδετο	παρωξυνετο
ἀλλο	ἠσπασατο	ἐξεδετο	περιεβλεπετο
ἐκεινο	προσεκαλεσατο	ἀπεδετο	συνειπετο
ἀπο	μετεκαλεσατο	διεδιδετο	διεφερετο
ὑπο	ἡγησατο	παρεδιδετο	ἀνεφερετο
προ	διηγησατο	ἠργαζετο	διεγειρετο
δευρο	ἐξηγησατο	ἐπαρρησιαζετο	ἐταρασσετο
περιστασο	περιεποιησατο	ἐβασταζετο	ἐξεπλησσετο
πεφιμωσο	προσεποιησατο	ἐκαθεζετο	διερρησσετο
το	ἐνεβριμησατο	διελογιζετο	ἐδεσμευετο
ἰατο	ἠρνησατο	εὐηγγελιζετο	ἐπορευετο
ἠλατο	ὠνησατο	ηὐλιζετο	διεπορευετο
εἰλατο	ἐδωρησατο	ἐξεκομιζετο	συνεπορευετο
ἐπηγγειλατο	ἠτησατο	ἐνομιζετο	ἐξεπορευετο
προεπηγγειλατο	ἐξητησατο	διισχυριζετο	εἰσεπορευετο
ἀνειλατο	ἐκτησατο	ἐπελαθετο	ἐλυετο
ἐξειλατο	ὠρχησατο	ἐθετο	διακατηλεγχετο
ἐνετειλατο	ἐφεισατο	διεθετο	ἐξεδεχετο
διεστειλατο	ἠσφαλισατο	ἀνεθετο	ἀπεξεδεχετο
ἐξεκρεματο	εὐηγγελισατο	προεθετο	ἀπεδεχετο
ἀπεκρινατο	προευηγγελισατο	ἀπεθετο	προσεδεχετο
ἐδυνατο	ἐκομισατο	προσεθετο	συνειχετο
ἠδυνατο	ἐχαρισατο	ἐπειθετο	παρειχετο
ἠμυνατο	προεχειρισατο	ἐξετιθετο	κατειχετο
ἐταξατο	ἐνοσφισατο	ἐπυθετο	ἠρχετο
διεταξατο	ἐπαυσατο	ἐκυλιετο	διηρχετο
ἀπεφθεγξατο	ἐνεδυσατο	ἀφιετο	

συνηρχετο	διεμερισαντο	παρεγινοντο	ἐκραταιουτο
ἐξηρχετο	ἐπαυσαντο	διεκρινοντο	τοιουτο
προηρχετο	ἐβουλευσαντο	ἐσκληρυνοντο	ἐνεδυναμουτο
προσηυχετο	συνεβουλευσαντο	κατησχυνοντο	ἐπληρουτο
ἐκαθητο	διεπραγμα-	ἐφεροντο	τοσουτο
ἐβεβλητο	τευσαντο	ἐξεπλησσοντο	τουτο
ἐπεκεκλητο	ἀπωσαντο	ἐκοπτοντο	τεθεμελιωτο
ὠκοδομητο	ἐξισταντο	ἐπαυοντο	δυο
ἐφοβειτο	ἡψαντο	ἐβουλευοντο	τεσσερακονταδυο
ἐξηγειτο	ἐθεντο	ἐθεραπευοντο	ἐβδομηκονταδυο
ἀπελογειτο	προσανεθεντο	ἐπορευοντο	τεσσερακοντα-
ἀνθωμολογειτο	συνεθεντο	διεπορευοντο	καιδυο
ἐνηργειτο	ἐξεθεντο	συνεπορευοντο	ἀπ
ἐδειτο	ἀπεθεντο	ἐξεπορευοντο	ἐπ
ἐκειτο	ἐπεθεντο	παρεπορευοντο	ὑπ
ἀνεκειτο	συνεπεθεντο	ἀπελυοντο	γαρ
ἐπεκειτο	παρεθεντο	ἐμαχοντο	ἀγαρ
κατεκειτο	προσετιθεντο	διεμαχοντο	φρεαρ
διελαλειτο	δυναιντο	συνειχοντο	ἐλεαζαρ
ἡρνειτο	συνετεθειντο	ἡρχοντο	ἀβιαθαρ
περιηρειτο	συνανεκειντο	διηρχοντο	βελιαρ
ἐτηρειτο	ἐπεκειντο	συνηρχοντο	θαμαρ
εὐπορειτο	προσελαβοντο	ἐξηρχοντο	ὀναρ
ἐμαρτυρειτο	ἐξελεγοντο	προσηρχοντο	παρ
ἐζητειτο	παρελεγοντο	ηὐχοντο	ἰσσαχαρ
βουλοιτο	ἡγοντο	ἀπωλλυντο	συχαρ
γενοιτο	ἐπνιγοντο	ἐθαμβουντο	ἐβερ
ἐπηγγειλαντο	ἀπεδοντο	ἐφοβουντο	νιγερ
ἡδυναντο	ἡσπαζοντο	ἐξηγουντο	ἐλιεζερ
ἐδεξαντο	διελογιζοντο	ἐστερεουντο	ἀνερ
ἀπεδεξαντο	ἐσκανδαλιζοντο	ἐποιουντο	περ
ἐξελεξαντο	εὐηγγελιζοντο	ἐπληρουντο	καθαπερ
ἡρξαντο	ἐγαμιζοντο	συνεπληρουντο	ἡπερ
προσηυξαντο	ἡγωνιζοντο	παρετηρουντο	ἐπειδηπερ
ἡργασαντο	ἐβαπτιζοντο	παρεθεωρουντο	καιπερ
ἐθεασαντο	ἐσωζοντο	ἐκρατουντο	εἰπερ
παρεβιασαντο	ἐπελαθοντο	ἡτουντο	ἐανπερ
διηγησαντο	ἐπειθοντο	παρητουντο	διοπερ
ἐτιμησαντο	διεπριοντο	ἐνεβριμωντο	ὡσπερ
ἡρνησαντο	ἐβουλοντο	ἐπηκροωντο	καθωσπερ
ἡτησαντο	ἀπωλοντο	ἐπειρωντο	ὑπερ
παρητησαντο	ἐπυνθανοντο	ἐχρωντο	ἀτερ
συνελογισαντο	ἐγενοντο	ἐμασωντο	θυγατερ
ἡσφαλισαντο	παρεγενοντο	ἐπεγεγραπτο	πατερ
ἐκομισαντο	ἐθερμαινοντο	αὐτο	ἡρ
κατηγωνισαντο	εὐφραινοντο		ἀηρ

ἀνηρ	πεδας	ῥαδιουργιας	στρατειας
ἀστηρ	παιδας	λειτουργιας	οἰκετειας
θυγατηρ	σφραγιδας	ἰδιας	προφητειας
πατηρ	κλειδας	καρδιας	πολιτειας
μητηρ	οἰδας	ἡρωδιας	ἀντιοχειας
χαρακτηρ	ἀκριδας	κουστωδιας	ἐπαρχειας
ἀστηρ	σπυριδας	εὐωδιας	ὀζιας
φωστηρ	πρεσβυτιδας	εὐλαβειας	κακοπαθιας
σωτηρ	ποδας	ἀσεβειας	εὐποιιας
χειρ	θευδας	εὐσεβειας	κακιας
βοσορ	ἰουδας	λογειας	ἐζεκιας
πυρ	θεας	ἐνεργειας	ἀδικιας
κατηγωρ	νεας	παιδειας	ἡλικιας
ὑδωρ	γενεας	μεθοδειας	κιλικιας
ἀζωρ	ἀνδρεας	θειας	οἰκιας
ἐμμωρ	στερεας	ἀληθειας	παροικιας
ἀπατωρ	δωρεας	κακοηθειας	κατοικιας
παντοκρατωρ	τραπεζας	ἀπειθειας	καππαδοκιας
ἀμητωρ	ἀγαθας	ἐριθειας	προσδοκιας
πρακτωρ	πεποιθας	εὐθειας	εὐδοκιας
ἀλεκτωρ	ἀκανθας	κολακειας	λυκιας
ναχωρ	μαρθας	λαοδικειας	διδασκαλιας
ἀς	ὀρθας	ἐπιεικειας	καταλαλιας
διαβας	ἐληλυθας	αὐταρκειας	τρυμαλιας
ἀναβας	ἰουδαιας	θρησκειας	ἰταλιας
βαρναβας	ἀριμαθαιας	λειας	ἐπαγγελιας
καταβας	βιαιας	ἐπιμελειας	παραγγελιας
μεταβας	ἀναγκαιας	συντελειας	ἡλιας
βαραββας	δικαιας	ὠφελειας	δειλιας
ἀμοιβας	παλαιας	θηλειας	κοιλιας
ἐπιβας	ἐλαιας	βασιλειας	σκολιας
ἐμβας	γαλιλαιας	δουλειας	παμφυλιας
προβας	ἰδουμαιας	ἀπωλειας	μιας
διαταγας	ἰτουραιας	ἐπιφανειας	ζημιας
σαλπιγγας	ἡσαιας	συγγενειας	ἐρημιας
μεγας	ματαιας	ἀσθενειας	βλασφημιας
πληγας	ἀχαιας	εἰλικρινειας	δυσφημιας
πηγας	βιας	πορνειας	εὐφημιας
ὀλιγας	ἀγιας	θεραπειας	παροιμιας
μαστιγας	ἐπιχορηγιας	σαμαρειας	ἀτιμιας
πτερυγας	γενεαλογιας	καισαρειας	ἀνομιας
συναγωγας	ἀντιλογιας	λατρειας	παρανομιας
στιβαδας	ὁμολογιας	χρειας	οἰκονομιας
μυριαδας	ἀπολογιας	πλατειας	κληρονομιας
λαμπαδας	χρηστολογιας	ἱερατειας	προθεσμιας
λυδδας	εὐλογιας	ἐγκρατειας	ἐπιθυμιας

μακροθυμιας	πληροφοριας	ἀσωτιας	κεφαλας
προθυμιας	εἰδωλολατριας	ὀργιας	μελας
νεανιας	πατριας	φιλαδελφιας	παραγγειλας
βηθανιας	ἐπικουριας	σοφιας	ἀπειλας
ἀνανιας	συριας	φιλοσοφιας	καταστειλας
παρθενιας	μαρτυριας	λογομαχιας	ἀπεστειλας
φιλοξενιας	μωριας	τροχιας	ἀποστειλας
νεομηνιας	τιμωριας	ἡσυχιας	ὀφειλας
λυκαονιας	ἀσιας	ὀψιας	σιλας
τεκνογονιας	ἐργασιας	πρωιας	φιλας
μακεδονιας	ἀκρασιας	φυλακας	ἀλλας
διακονιας	φαντασιας	ἀνθρακας	πολλας
ἡγεμονιας	ὀπτασιας	κορακας	παραβολας
δεισιδαιμονιας	ἀκαταστασιας	ἑωρακας	παρεμβολας
ἱεχονιας	διχοστασιας	θωρακας	ἐντολας
βιθυνιας	εὐεργεσιας	ἐνεγκας	στολας
λυχνιας	υἱοθεσιας	ἀνενεγκας	ἐπιστολας
γωνιας	ὁροθεσιας	προσενεγκας	ἀκυλας
σιδωνιας	μετοικεσιας	ἐθηκας	βουλας
κοινωνιας	παλιγγενεσιας	ἀποθηκας	δουλας
συμφωνιας	ἐκκλησιας	παρηκολουθηκας	πυλας
κενοφωνιας	παρρησιας	τετηρηκας	φυλας
ἀλεκτοροφωνιας	κλισιας	εἰρηκας	σταφυλας
δεξιας	πρωτοκλισιας	μεμαρτυρηκας	ἐμας
πλεονεξιας	δικαιοκρισιας	ἑστηκας	ἡμας
ὁμοιας	ὀρκωμοσιας	γυναικας	γημας
ἀνοιας	ἀκαθαρσιας	νομικας	δημας
διανοιας	μεσσιας	κοσμικας	τιμας
μετανοιας	θυσιας	νεωτερικας	οἰκοδομας
ἀγνοιας	λυσιας	πνευματικας	δεσμας
προνοιας	οὐσιας	σαρκας	ὑμας
εὐνοιας	ἐξουσιας	δορκας	ἐλυμας
ποιας	παρουσιας	παιδισκας	ῥυμας
μαριας	αἱματεκχυσιας	λευκας	δραχμας
ζαχαριας	ἰωσιας	πεπιστευκας	θωμας
πρωτοκαθεδριας	γαλατιας	λουκας	κωμας
ὑδριας	στρατιας	ἐδωκας	ἱκανας
ἐλευθεριας	διετιας	δεδωκας	μεμβρανας
ἐφημεριας	αἰτιας	[δ]εδωκας	σατανας
πονηριας	ἀσιτιας	παρεδωκας	ἀγνας
ἱκετηριας	ἐναντιας	ἐγνωκας	ἀνεωγμενας
ζευκτηριας	σκοτιας	πεπτωκας	παρειμενας
σωτηριας	ἀμαρτιας	ἀλας	λιμενας
πικριας	ἀπιστιας	μεγαλας	ποιμενας
λοιδοριας	εὐχαριστιας	φιαλας	γεγραμμενας
ὁδοιποριας	ἀκροβυστιας	ἀγκαλας	σεβομενας

ἀναγινωσκομενας	φωνας	ἡμερας	ἐπιβιβασας
γινομενας	ἐδιδαξας	περας	ἁγιασας
ὑποτασσομενας	ἀναστεναξας	ἑσπερας	πιασας
ἐχομενας	ἀποτιναξας	θυγατερας	ἐθηλασας
δεδουλωμενας	ἐπαξας	πατερας	κλασας
σκηνας	σπαραξας	ἑτερας	ἑτοιμασας
ἑλληνας	κραξας	ἡμετερας	ἡτοιμασας
μηνας	ἀνακραξας	ὑμετερας	ἐθαυμασας
ὠδινας	πραξας	μητερας	στυγνασας
ἐκεινας	παταξας	τελειοτερας	πασας
παραμεινας	ἐπεταξας	ἀστερας	ἐπειρασας
ὑπομεινας	ὑπεταξας	περιστερας	ἀγορασας
προσμεινας	διαρρηξας	πρεσβυτερας	ἡγορασας
ἐκτεινας	ἐμπαιξας	δευτερας	ἐβαστασας
ἀποκτεινας	ἀνοιξας	νεωτερας	ἐδιστασας
κλινας	δοξας	διαφορωτερας	κατασκευασας
κρινας	κηρυξας	πονηρας	καλεσας
ἀνακρινας	πτυξας	ξηρας	παρακαλεσας
ἐκρινας	ἀναπτυξας	πηρας	παρεκαλεσας
τινας	βοας	χηρας	ἐπιτελεσας
πυκνας	ἀκοας	ἐγειρας	συντελεσας
μνας	στοας	σπειρας	ἀπολεσας
σεμνας	πας	ἐσπειρας	ἐκκολυμβησας
μεριμνας	ἁπας	χειρας	ὡμολογησας
ἀννας	ἀγαπας	ἀγορας	εὐλογησας
γεγονας	εἰπας	φθορας	καταργησας
μακεδονας	λοιπας	σπορας	ἐνεργησας
ἀλαζονας	ἀντιπας	διασπορας	δησας
μειζονας	λαμπας	κοσμοκρατορας	ἀναπηδησας
πλειονας	κλεοπας	προσφορας	κερδησας
μονας	ἀγριππας	λεπρας	ἐκερδησας
ἡγεμονας	λυπας	σαρρας	πορθησας
ἀνελεημονας	ἀρας	γομορρας	παρηκολουθησας
εὐσχημονας	καθαρας	πετρας	ποιησας
σωφρονας	κιθαρας	μητρας	ἐποιησας
γειτονας	ἐπαρας	λιτρας	εἰρηνοποιησας
ἀρνας	τεσσαρας	θυρας	κατοικησας
κυνας	εἰκοσιτεσσαρας	ἀγκυρας	εὐδοκησας
ἐλεημοσυνας	καταρας	οὐρας	λαλησας
αἰσχυνας	χαρας	μαρτυρας	συλλαλησας
ζωνας	καθεδρας	πορφυρας	ἠθελησας
ἰωνας	ἀνδρας	ἰσχυρας	ὁμιλησας
αἰωνας	βλαβερας	ἐπαφρας	πλησας
λεγιωνας	πενθερας	ὡρας	πωλησας
πυλωνας	ἐλευθερας	μωρας	γαμησας
χιτωνας	κερας	χωρας	ἐπιτιμησας

τολμησας	ἐνυβρισας	σωσας	σπευδοντας
μακροθυμησας	ὁρισας	ἀναστατωσας	πλεοντας
ἀσθενησας	προορισας	ἡλαττωσας	ἀλαλαζοντας
ἐξουθενησας	ἀφορισας	τας	κραζοντας
ἀναγεννησας	χρισας	ἐργατας	ἀγοραζοντας
καταφρονησας	ἐχρισας	δεκατας	ἀποθησαυριζοντας
φωνησας	γνωρισας	ἐσχατας	παραδειγμα-
συνεφωνησας	ἐγνωρισας	ἀρετας	τιζοντας
συμφωνησας	κτισας	ὑπηρετας	καταρτιζοντας
κατανοησας	ἐκτισας	ἐφευρετας	παθοντας
ἀγαπησας	σχισας	μαθητας	ἐλθοντας
ἠγαπησας	ὁμοσας	αὑλητας	συνελθοντας
ἐτηρησας	ποσας	ἐπιθυμητας	κλαιοντας
μαρτυρησας	γλωσσας	μετρητας	διωκοντας
ἀναχωρησας	θριαμβευσας	προφητας	θελοντας
ἀποχωρησας	παιδευσας	μαργαριτας	βαλλοντας
ἐμισησας	κατακυριευσας	κριτας	ἀμφιβαλλοντας
καταπατησας	κελευσας	λευιτας	ἀπαγγελλοντας
κρατησας	ἐβασιλευσας	νυκτας	μελλοντας
ἀθετησας	συμβουλευσας	προκατ-	ἁμαρτανοντας
γονυπετησας	σπευσας	αγγειλαντας	παρατυγχανοντας
ὑπηρετησας	νηστευσας	ἀποστειλαντας	ἀναβαινοντας
ἠτησας	πιστευσας	ὑπομειναντας	καταβαινοντας
ἐπιζητησας	ἐπιστευσας	κριναντας	ὑγιαινοντας
ἐκζητησας	ἐθυσας	παντας	βλεποντας
αἰτησας	λυσας	ἀπαντας	ἀπολιποντας
συναντησας	ἀπολυσας	θελησαντας	ἐπαιροντας
ἀναστησας	προαγουσας	τηρησαντας	διαφθειροντας
μεταστησας	ἀκουσας	ἁμαρτησαντας	πεσοντας
ἀπιστησας	παρακουσας	πειθαρχησαντας	παραπεσοντας
εὐχαριστησας	συρακουσας	πιστευσαντας	πρασσοντας
ἐπερωτησας	ἠκουσας	καταλειψαντας	κηρυσσοντας
παισας	γεμουσας	ἀποριψαντας	λατρευοντας
ἐγγισας	τυχουσας	κοιμηθεντας	πιστευοντας
κλεισας	χρυσας	γενηθεντας	μοιχευοντας
πεισας	πτυσας	ἀποσπασθεντας	ἀκουοντας
κατασεισας	ἰσχυσας	φωτισθεντας	ἐχοντας
καθισας	τελειωσας	ῥυσθεντας	ὑπερεχοντας
προσκυλισας	ἐθεμελιωσας	ὀντας	προσεχοντας
γεμισας	κοπιωσας	λαβοντας	ἀρχοντας
ἐνομισας	δηλωσας	ὑπαγοντας	ὑπαρχοντας
ἐνεφανισας	προσηλωσας	λεγοντας	ἀκολουθουντας
ἀτενισας	φραγελλωσας	ἀντιλεγοντας	ποιουντας
συναθροισας	ἐστεφανωσας	ἀποφευγοντας	ἀγαθοποιουντας
διεσκορπισας	ταρταρωσας	ὀδοντας	κακοποιουντας
καθαρισας	τεφρωσας	καθευδοντας	περιοικουντας

κατοικουντας	αὐτας	παρακυψας	ἠθελες
λαλουντας	ἑαυτας	κατακυψας	ἀλυσιτελες
φιλουντας	τοιαυτας	ἀπεκαλυψας	παντελες
πωλουντας	ταυτας	ἐκρυψας	πολυτελες
βλασφημουντας	πρεσβυτας	ἀπεκρυψας	ἀνωφελες
ἀσθενουντας	παιδευτας	ἐλαβες	ἀνειλες
ἐξουθενουντας	συνηλικιωτας	ἀπελαβες	μεγιστανες
σκηνουντας	στρατιωτας	παρελαβες	ἀσθενες
καταφρονουντας	δεσμωτας	ἀραβες	ποιμενες
προσκυνουντας	ἐρωτας	ἀρπαγες	ἀρσενες
γρηγορουντας	ἑστωτας	συνεφαγες	ἑλληνες
θαρρουντας	συνεστωτας	σαλπιγγες	τινες
ἀνασταυρουντας	ἰχθυας	βοανηργες	αἱτινες
θεωρουντας	βοτρυας	πτερυγες	οἱτινες
περιπατουντας	ὀσφυας	χιλιαδες	μακεδονες
κρατουντας	σταχυας	μυριαδες	ἀλαζονες
νουθετουντας	καιαφας	δισμυριαδες	μειζονες
συζητουντας	γραφας	σπιλαδες	πλειονες
πλουτουντας	κηφας	λαμπαδες	ἐλεημονες
ζωντας	εἱληφας	εἰδες	δαιμονες
κοπιωντας	ἀδελφας	μοιχαλιδες	οἰκτιρμονες
νικωντας	τροφας	λεπιδες	ἀφρονες
προσδοκωντας	διατροφας	ἐριδες	ὁμοφρονες
πεινωντας	μαχας	ἀκριδες	ταπεινοφρονες
ἀγαπωντας	τριχας	ποδες	γειτονες
εἰδοτας	ἀρχας	πετρωδες	κυνες
πεποιθοτας	πατριαρχας	ἐμαθες	πυλωνες
συνεληλυθοτας	πολιταρχας	ἀληθες	βοες
ἐξεληλυθοτας	ἑκατονταρχας	ἐπιθες	εἰπες
προηλπικοτας	προσευχας	ἠλθες	ἐγκατελιπες
πεπιστευκοτας	ψυχας	ἐξηλθες	τεσσαρες
γεγονοτας	ἀψας	εἰσηλθες	δεκατεσσαρες
ἀκηκοοτας	βαψας	προσθες	ἑκατοντεσσερα-
δεσποτας	ἐμβαψας	ἐχθες	κοντατεσσαρες
στας	γραψας	κεκοπιακες	εἰκοσιτεσσαρες
ἀναστας	ἀναβλεψας	πλακες	φαρες
δυναστας	ἐμβλεψας	φυλακες	ἀνδρες
ληστας	ἐπιστρεψας	ἐπαναγκες	θυγατερες
εὐαγγελιστας	ἐξαλειψας	διηνεκες	πατερες
ἑλληνιστας	ἠλειψας	ἀλωπεκες	ἀστερες
πιστας	ῥιψας	ἀφηκες	γαστερες
ἐπιστας	διατριψας	γυναικες	φωστηρες
ὑβριστας	πεμψας	ἐπιεικες	χειρες
ψιθυριστας	προπεμψας	φοινικες	αὐτοχειρες
κερματιστας	κυψας	χοινικες	κτητορες
ἀποστας	ἀνακυψας	ἀσφαλες	εὑρες

μαρτυρες	καλεσαντες	μαθητευσαντες	μετατιθεντες
ψευδομαρτυρες	ὁμολογησαντες	προφητευσαντες	συμβιβασθεντες
προπετες	δησαντες	ἐποπτευσαντες	κορεσθεντες
γοητες	ἀπειθησαντες	νηστευσαντες	εὐαγγελισθεντες
κρητες	ἀκολουθησαντες	πιστευσαντες	ἀπορφανισθεντες
κυριοτητες	ἐξακολουθησαντες	λυσαντες	ὑβρισθεντες
ἀναβαντες	ποιησαντες	διανυσαντες	προορισθεντες
καταβαντες	ὀχλοποιησαντες	ἀκουσαντες	χρηματισθεντες
συγκαταβαντες	εὐδοκησαντες	λουσαντες	κτισθεντες
ἐπιβαντες	λαλησαντες	ἐμπτυσαντες	βαπτισθεντες
ἐμβαντες	ἀμελησαντες	μαστιγωσαντες	φωτισθεντες
ἀποβαντες	εὐθυδρομησαντες	ζηλωσαντες	γνωσθεντες
συνενεγκαντες	ὑμνησαντες	φανερωσαντες	πορευθεντες
ἐξενεγκαντες	διακονησαντες	πληρωσαντες	ἀπολυθεντες
παρεισενεγκαντες	χειροτονησαντες	σταυρωσαντες	κωλυθεντες
παραγγειλαντες	προσκυνησαντες	ἀναστατωσαντες	πεμφθεντες
ἀποστειλαντες	συγκοινωνησαντες	ἀναστανταντες	ἐκπεμφθεντες
ἀναφαναντες	φωνησαντες	συνισταντες	προπεμφθεντες
κριναντες	ἀγνοησαντες	ἐπισταντες	ὀφθεντες
ἀνακριναντες	παρατηρησαντες	ἀψαντες	ἀναχθεντες
κραξαντες	διαγρηγορησαντες	γραψαντες	συναχθεντες
πραξαντες	θεωρησαντες	ἀναστρεψαντες	συναπαχθεντες
πλεξαντες	ἀναχωρησαντες	ἐπιστρεψαντες	καταχθεντες
προσπηξαντες	κρατησαντες	ὑποστρεψαντες	δικαιωθεντες
περιρηξαντες	γονυπετησαντες	ἀλειψαντες	καταξιωθεντες
διαρρηξαντες	καταντησαντες	ῥιψαντες	ὁμοιωθεντες
ἀνοιξαντες	στησαντες	ἐπιριψαντες	δουλωθεντες
δοξαντες	διαστησαντες	πεμψαντες	ἐλευθερωθεντες
ἐξορυξαντες	πλουτησαντες	κοψαντες	συσταυρωθεντες
παντες	διερωτησαντες	περικαλυψαντες	διασωθεντες
ἁπαντες	ἀστοχησαντες	καταλλαγεντες	ἀνιεντες
ἀραντες	σφραγισαντες	θεντες	ἐμπλακεντες
ἐπαραντες	πεισαντες	σταθεντες	ἀνεντες
δειραντες	καθισαντες	φοβηθεντες	σπαρεντες
ἀναβιβασαντες	βολισαντες	ἐλεηθεντες	διασπαρεντες
ἐπιβιβασαντες	νομισαντες	κολληθεντες	ἀφεντες
ἐασαντες	ξενισαντες	κοιμηθεντες	στραφεντες
λιθασαντες	ἀτενισαντες	ἐποικοδομηθεντες	συνταφεντες
στρηνιασαντες	τραυματισαντες	γενηθεντες	ὀντες
κοπιασαντες	ἐκδυσαντες	πτοηθεντες	λαβοντες
χαλασαντες	διοδευσαντες	λυπηθεντες	ἀναλαβοντες
κρεμασαντες	κελευσαντες	μαρτυρηθεντες	παραλαβοντες
ἀτιμασαντες	διαπλευσαντες	ἐπιθεντες	συμπαραλαβοντες
θαυμασαντες	ἀποπλευσαντες	περιθεντες	συλλαβοντες
συναρπασαντες	πορνευσαντες	ἀποκριθεντες	διατριβοντες
διαπερασαντες	σπευσαντες	τιθεντες	ἀγοντες

ἀγαγοντες	διυλιζοντες	μελλοντες	συροντες
συναγαγοντες	γαμιζοντες	τιλλοντες	πεσοντες
ἐξαγαγοντες	νομιζοντες	ὑποδραμοντες	ἐπιπεσοντες
προσαγαγοντες	ἀτενιζοντες	ἀπονεμοντες	περιπεσοντες
καταγαγοντες	ἀπελπιζοντες	λαμβανοντες	φυλασσοντες
διαγοντες	ἐπιστηριζοντες	παραλαμβανοντες	ταρασσοντες
προαγοντες	ἀποδιοριζοντες	ἀπολαμβανοντες	πρασσοντες
ἐπαγοντες	βαπτιζοντες	ἀποθανοντες	ἀποδωσοντες
ὑπαγοντες	πλουτιζοντες	ἁμαρτανοντες	πιπτοντες
φαγοντες	αἰχμαλωτιζοντες	καθιστανοντες	συνθρυπτοντες
λεγοντες	ὀλολυζοντες	συνιστανοντες	τυπτοντες
ἀντιλεγοντες	προπαθοντες	τυγχανοντες	συνοδευοντες
συλλεγοντες	ἐλθοντες	γνοντες	ἀληθευοντες
στεγοντες	διελθοντες	ἀναγνοντες	κατακυριευοντες
καταφυγοντες	περιελθοντες	ἐπιγνοντες	σαλευοντες
ἀποφυγοντες	συνελθοντες	καταμενοντες	καπηλευοντες
τρωγοντες	ἐξελθοντες	ὑπομενοντες	δουλευοντες
ἀδοντες	προελθοντες	ἀναβαινοντες	εἰρηνευοντες
ἀναδοντες	ἀπελθοντες	καταβαινοντες	μνημονευοντες
ἰδοντες	παρελθοντες	ὑγιαινοντες	θεραπευοντες
διδοντες	εἰσελθοντες	ποιμαινοντες	ἐνεδρευοντες
παραδιδοντες	προσελθοντες	πινοντες	παρεδρευοντες
ἀποδιδοντες	κατελθοντες	καταπινοντες	λατρευοντες
συνιδοντες	κλαιοντες	κρινοντες	περισσευοντες
ἐπιδοντες	ἐσθιοντες	ἀνακρινοντες	ἐποπτευοντες
ὀδοντες	κατεσθιοντες	συγκρινοντες	νηστευοντες
καθευδοντες	στηκοντες	ἀποκτεννοντες	πιστευοντες
ζεοντες	διδασκοντες	ἐνδυνοντες	λυοντες
συμβιβαζοντες	φασκοντες	πλυνοντες	ἀκουοντες
σπουδαζοντες	ἀρεσκοντες	ἀποντες	ἰσχυοντες
δελεαζοντες	ἀποθνησκοντες	βλεποντες	νηφοντες
ἐπηρεαζοντες	εὑρισκοντες	ἐμβλεποντες	ἐχοντες
ἐξουσιαζοντες	βοσκοντες	εἰποντες	συνεχοντες
δοκιμαζοντες	γινωσκοντες	καταλειποντες	ἐπεχοντες
θαυμαζοντες	ἀναγινωσκοντες	ἐγκαταλειποντες	τρεχοντες
στεναζοντες	προγινωσκοντες	καταλιποντες	προστρεχοντες
δοξαζοντες	διωκοντες	παροντες	προσεχοντες
ἁρπαζοντες	ἐκβαλοντες	συμπαροντες	κατεχοντες
πειραζοντες	θελοντες	δεροντες	ἀρχοντες
κραζοντες	καθελοντες	φεροντες	ὑπαρχοντες
ἀγοραζοντες	περιελοντες	καταφεροντες	πασχοντες
βασταζοντες	ὀφειλοντες	περιφεροντες	ψωχοντες
ἀνασκευαζοντες	βαλλοντες	προσφεροντες	ὑποζωννυντες
διαχλευαζοντες	ψαλλοντες	χαιροντες	κακολογουντες
ἐμπαιζοντες	ἀναγγελλοντες	εὑροντες	ὁμολογουντες
ἐγγιζοντες	ἀπαγγελλοντες	ἀνευροντες	εὐλογουντες

συνεργουντες	ἐπισκοπουντες	προβεβηκοτες	ὀργης
ἑτεροζυγουντες	προσκαρτερουντες	ἀπηλγηκοτες	αὐγης
ἀποστυγουντες	τηρουντες	πεποιηκοτες	διαυγης
χειραγωγουντες	διατηρουντες	ἠντληκοτες	κραυγης
ἀπειϑουντες	καϑαιρουντες	διαμεμενηκοτες	συναγωγης
πενϑουντες	γρηγορουντες	ἑστηκοτες	ἐπισυναγωγης
ἐπιποϑουντες	κατηγορουντες	ἀνϑεστηκοτες	ἅδης
ἀκολουϑουντες	φορουντες	ἡγνικοτες	ἴδης
δικαιουντες	καρποφορουντες	ἠλπικοτες	εἴδης
ποιουντες	ϑαρρουντες	πεπιστευκοτες	ἀψευδης
ἀγαϑοποιουντες	μετρουντες	ἐγνωκοτες	πουδης
καλοποιουντες	ἀκυρουντες	γεγονοτες	σπουδης
ἐκδικουντες	μαρτυρουντες	ἡμαρτες	δαιμονιωδης
συνοικουντες	ϑεωρουντες	ἑστωτες	ἡρωδης
κατοικουντες	ἀναϑεωρουντες	προεστωτες	ἐνδεης
δοκουντες	μισουντες	παρεστωτες	ζης
καλουντες	περιπατουντες	ἰχϑυες	γαζης
παρακαλουντες	κρατουντες	ἐζωννυες	χαλαζης
λαλουντες	ἀναστατουντες	ὀσφυες	τραπεζης
συλλαλουντες	νουϑετουντες	ἀφες	ῥιζης
προσλαλουντες	ζητουντες	εἴχες	ἀγαϑης
ἐπιτελουντες	ἀναζητουντες	τριχες	ὁμοιοπαϑης
συναϑλουντες	συζητουντες	ἐσχες	φοβηϑης
δολουντες	ἀγανακτουντες	ἠς	ἀληϑης
ἀγραυλουντες	εὐχαριστουντες	ἠς	ὠφεληϑης
πωλουντες	ζωντες	εὐλαβης	κληϑης
γαμουντες	κοπιωντες	ἀσεβης	ἐκληϑης
ἐπιδημουντες	προσδοκωντες	ϑεοσεβης	ἐγεννηϑης
ἐκδημουντες	γελωντες	εὐσεβης	κατηχηϑης
ἐνδημουντες	κλωντες	γης	ἀπειϑης
βλασφημουντες	πλανωντες	καταγαγης	εὐπειϑης
οἰκοδομουντες	πεινωντες	καταλλαγης	κατακλιϑης
ἐποικοδομουντες	ἐραυνωντες	ἁρπαγης	ἐπιϑης
σκηνουντες	βοωντες	ἐπιταγης	ἀπεκριϑης
αἰνουντες	ὁρωντες	φαγης	ἐλϑης
κινουντες	ἀφορωντες	σφαγης	ἐξελϑης
φϑονουντες	ἐρωτωντες	ἐσφαγης	εἰσελϑης
διακονουντες	ἐντρυφωντες	πληγης	ἐπαισχυνϑης
φρονουντες	διψωντες	πηγης	πειρασϑης
ἀγρυπνουντες	εἰδοτες	ϑιγης	πλησϑης
προσκυνουντες	πεποιϑοτες	ὀλιγης	μνησϑης
κοινωνουντες	ἐληλυϑοτες	σιγης	πεισϑης
βραδυπλοουντες	ἐληλακοτες	ἐκλογης	ἐνεκεντρισϑης
νοουντες	ἑωρακοτες	εὐλογης	σκυϑης
ἀγνοουντες	προεωρακοτες	ἐνεργης	δικαιωϑης
σκοπουντες	καταβεβηκοτες	περγης	ἐπιστωϑης

ὑγιης	δουλης	καλουμενης	ἐπιπληξης
ποιης	πυλης	πεπυρωμενης	δοξης
συνειδυιης	φυλης	στενης	ἀκοης
κανδακης	ἐμης	σκηνης	ὑπακοης
φυλακης	δοκιμης	σεληνης	παρακοης
ἀναγκης	τιμης	ἀβιληνης	ἁλοης
εἰσενεγκης	ἑβδομης	εἰρηνης	χλοης
διαθηκης	οἰκοδομης	πρηνης	πνοης
ἐπιεικης	περιτομης	καινης	ἀγαπης
ἰταλικης	θερμης	ἐκεινης	βλεπης
βασιλικης	ὀσμης	ἀληθινης	εἰπης
φοινικης	ζυμης	σαρκινης	ὁπης
θεσσαλονικης	κωμης	κλινης	κοπης
βερνικης	γνωμης	κοινης	ἐξεκοπης
πνευματικης	ῥωμης	ἀνθρωπινης	ἐπισκοπης
λευιτικης	πλανης	λιμνης	τροπης
πιστικης	φανης	ποιμνης	ἐπιτροπης
ἐμπλοκης	ἀφανης	πρυμνης	ἰοππης
αὐταρκης	ἐμφανης	ἰαννης	λυπης
κρησκης	συγγενης	ἰωαννης	ἀρης
παιδισκης	ἀλλογενης	γεεννης	ἰαμβρης
συκης	ἑρμογενης	βελονης	προσφερης
μεγαλης	μονογενης	ὑπομονης	πληρη[ς]
καλης	εὐγενης	ἐπιλησμονης	πληρης
κεφαλης	ἀσθενης	πορνης	μαχαιρης
θελης	σωσθενης	σμυρνης	σπειρης
νεφελης	κενης	φατνης	εἰδωλολατρης
παραγγειλης	ὀρχησαμενης	δικαιοσυνης	πλημμυρης
ἀπειλης	ἀνεωγμενης	ἀφροσυνης	πρωρης
ποικιλης	μετατιθεμενης	ταπεινοφροσυνης	σης
ἀλλης	καθημενης	εὐφροσυνης	θαυμασης
πολλης	δεδωρημενης	σωφροσυνης	πασης
ὁλης	προκειμενης	ἀγαθωσυνης	γηρασης
παραβολης	ἐπιμενης	ἁγιωσυνης	διαστασης
καταβολης	διεστραμμενης	μεγαλωσυνης	μεσης
παρεμβολης	λεγομενης	ἱερωσυνης	ὁμολογησης
ἀνατολης	κατασκευαζομενης	αἰσχυνης	δησης
ἐντολης	καιομενης	ἐξαιφνης	ποιησης
ἐπιστολης	αὐξανομενης	τεχνης	ἀδικησης
ἀποστολης	γενομενης	τελωνης	γαμησης
ὑποστολης	γινομενης	ἀρχιτελωνης	προσδαπανησης
χολης	καταλειπομενης	φωνης	ὀκνησης
διπλης	φερομενης	φυλαξης	προσκυνησης
αὐλης	ἐρχομενης	πραξης	μετανοησης
βουλης	ἐνεργουμενης	ἑξης	σιωπησης
ἐπιβουλης	οἰκουμενης	καθεξης	ἀποστερησης

τηρησης	μωυσης	χρηστοτης	συνοχης
γρηγορησης	της	κλεπτης	ἀρχης
μετρησης	παραβατης	προσωπολημπτης	τετρααρχης
ψευδομαρτυρησης	ἐργατης	φθαρτης	πατριαρχης
αἰτησης	ἐνατης	τεταρτης	ἐθναρχης
στησης	ἀκροατης	ἑορτης	ἑκατονταρχης
καταστησης	ἀπατης	σεβαστης	προσευχης
πλουτησης	τεσσερακονταετης	δυναστης	ψυχης
σφραγισης	ἑκατονταετης	ληστης	γραψης
λαληθεισης	νομοθετης	πιστης	ἀναβλεψης
δοθεισης	οἰκετης	βαπτιστης	κλεψης
παραδοθεισης	ὀφειλετης	πεντηκοστης	νιψης
μνηστευθεισης	γενετης	ψευστης	πεμψης
λυθεισης	καθηγητης	καρδιογνωστης	προσκοψης
μηνυθεισης	μαθητης	αὐτης	ζωης
ἐνεχθεισης	ποιητης	ἑαυτης	αἰς
πληρωθεισης	κυβερνητης	τηλικαυτης	πληγαις
βασανισης	κρητης	ἐξαυτης	συναγωγαις
σαλπισης	συζητητης	πραυτης	πεδαις
ὀμοσης	προφητης	ταυτης	ὠδαις
θαλασσης	ψευδοπροφητης	πρεσβυτης	γενεαις
μανασσης	προσαιτης	τελευτης	κεγχρεαις
πρασσης	ἀρεοπαγιτης	βουλευτης	τραπεζαις
βασιλισσης	ἰσραηλιτης	διερμηνευτης	μεθαις
γλωσσης	πολιτης	ἰδιωτης	ἀγιαις
φονευσης	τεχνιτης	ἰσκαριωτης	γενεαλογιαις
πιστευσης	σαμαριτης	στρατιωτης	εὐλογιαις
μοιχευσης	κριτης	ζηλωτης	οἰνοφλυγιαις
λυσης	τριτης	πρωτης	ἰδιαις
ἀπολυσης	μεσιτης	λιβυης	καρδιαις
κωλυσης	λευιτης	παρασκευης	εὐσεβειαις
οὐσης	ἐκτης	ἀφης	μαγειαις
προαγουσης	ἐκλεκτης	σκαφης	ἀσελγειαις
λεγουσης	πλεονεκτης	γραφης	βοηθειαις
ἐλθουσης	κοδραντης	ἀπογραφης	ἀσθενειαις
εἰσελθουσης	βροντης	ἀποστραφης	ἀλαζονειαις
ἀκολουθουσης	μισθαποδοτης	διοτρεφης	πορειαις
λαλουσης	προδοτης	ἀδελφης	χρειαις
ὑπερβαλλουσης	θειοτης	νυμφης	πλατειαις
μελλουσης	ἰκανοτης	τροφης	πραγματειαις
ὑγιαινουσης	γυμνοτης	ἀναστροφης	νηστειαις
μαρτυρουσης	οἰνοποτης	συστροφης	ἀδικιαις
συμμαρτυρουσης	δεσποτης	διδαχης	διδασκαλιαις
μεσουσης	οἰκοδεσποτης	ἀπεχης	ἐπαγγελιαις
ἐχουσης	αἰσχροτης	ἀποδοχης	ἐρημιαις
ὑπαρχουσης	ἰσοτης	ἀνοχης	παροιμιαις

ἐπιθυμιαις	ὀδυναις	θερισταις	θεριζεις
ἀγρυπνιαις	φωναις	ψευσταις	θησαυριζεις
γωνιαις	ἀκοαις	αὐταις	βαπτιζεις
κειριαις	παις	ἑαυταις	θεις
ὁδοιποριαις	ἀγαπαις	τοιαυταις	ἰαθεις
εἰδωλολατριαις	ὁπαις	ταυταις	ἀμαθεις
ἀλλοτριαις	κιθαραις	στρατιωταις	συμπαθεις
ταλαιπωριαις	ἡμεραις	μηλωταις	ὁμοιοπαθεις
στενοχωριαις	ἑτεραις	γραφαις	σταθεις
ἀκαταστασιαις	ἡμετεραις	ἀναστροφαις	εὑρεθεις
ἐκκλησιαις	χηραις	διδαχαις	εὐλαβηθεις
θυσιαις	σειραις	ἀρχαις	φοβηθεις
ἐξουσιαις	ἀγοραις	προσευχαις	ζωοποιηθεις
ἁμαρτιαις	εἰδωλολατραις	ψυχαις	ἀληθεις
προσωπολημψιαις	πετραις	πατρολωαις	λαληθεις
φυλακαις	θυραις	μητρολωαις	βληθεις
ἀναγκαις	οὐραις	παγις	μεταμεληθεις
πνευματικαις	χωραις	σφραγις	κληθεις
βιωτικαις	πασαις	μογις	ἐπικληθεις
λευκαις	κολοσσαις	δις	βουληθεις
μεγαλαις	γλωσσαις	εἰς	ἐξουθενηθεις
νεφελαις	θηλαζουσαις	εἰς	γεννηθεις
ποικιλαις	συνελθουσαις	πραεις	διαπονηθεις
πολλαις	ἐχουσαις	εὐλαβεις	χειροτονηθεις
παραβολαις	ὑπερεχουσαις	ἀσεβεις	λυπηθεις
ἐντολαις	ταις	εὐσεβεις	ῥηθεις
στολαις	ἀπαταις	ὑπαγεις	ὑστερηθεις
ἐπιστολαις	ἐσχαταις	διαταγεις	πληροφορηθεις
ἐπιβουλαις	ὀφειλεταις	λεγεις	ἐπερωτηθεις
φυλαις	ὑπηρεταις	θεοστυγεις	πειθεις
τιμαις	μαθηταις	αὐθαδεις	ἀπειθεις
ῥυμαις	συμμαθηταις	βραδεις	ἐπιθεις
ἱκαναις	προφηταις	ἡδεις	περιθεις
παρωχημεναις	ψευδοπροφηταις	μηδεις	ἀποκριθεις
ἐπαγγελλομεναις	τραπεζιταις	σαρδεις	τιθεις
ἐπερχομεναις	τεχνιταις	αἰσχροκερδεις	ἐπιτιθεις
ξεναις	κοιταις	καθευδεις	ἀποκτανθεις
ἀθηναις	ἀρσενοκοιταις	ψευδεις	παραδοθεις
σκηναις	μαργαριταις	οὐδεις	ἐγερθεις
καιναις	σαμαριταις	γραωδεις	διεγερθεις
ἐκειναις	νινευιταις	θειωδεις	πειρασθεις
λιθιναις	πλεονεκταις	ἀναγκαζεις	πλησθεις
σαρκιναις	δεσποταις	δοκιμαζεις	ἀναμνησθεις
κοιναις	λησταις	ἀτιμαζεις	ὀργισθεις
μεριμναις	ἀνδραποδισταις	βασταζεις	ἁγνισθεις
ἡδοναις	βασανισταις	ὑβριζεις	δαιμονισθεις

σπλαγχνισθεις	ἐκβαλλεις	σπειρεις	κημωσεις
χωρισθεις	μελλεις	λοιδορεις	φιμωσεις
χρηματισθεις	σκυλλεις	τρεις	κατασκηνωσεις
βαπτισθεις	πολεις	εἰκοσιτρεις	πληρωσεις
προσθεις	κωμοπολεις	μαρτυρεις	σωσεις
κατακλυσθεις	ἱεροσυλεις	θεωρεις	γραμματεις
εἰσακουσθεις	δυναμεις	βασεις	περιεπατεις
προσαγορευθεις	ἡμεις	ἰασεις	περιπατεις
πορευθεις	βλασφημεις	ἐκπειρασεις	κρατεις
μαθητευθεις	ὑμεις	ὁρασεις	ἀκρατεις
μεταπεμφθεις	λαμβανεις	στασεις	περικρατεις
ἀναλημφθεις	ἀποκαθιστανεις	ἀντιθεσεις	προπετεις
ὀφθεις	συγγενεις	καλεσεις	ζητεις
προσενεχθεις	εὐγενεις	αἱρεσεις	αἰτεις
κατενεχθεις	ἀσθενεις	διαιρεσεις	κλεπτεις
τεχθεις	ἐξουθενεις	δεησεις	νιπτεις
κηρυχθεις	μενεις	θησεις	νηστεις
τελειωθεις	διαμενεις	ἀκολουθησεις	εὐχαριστεις
ζημιωθεις	ἐκτενεις	ποιησεις	κελευεις
θανατωθεις	κρινεις	νικησεις	φονευεις
τυφωθεις	κατακρινεις	ἐπιορκησεις	πιστευεις
ὑψωθεις	εἰλικρινεις	ἐπιθυμησεις	μοιχευεις
κλαιεις	γονεις	ἐνθυμησεις	ἀπολυεις
ὑγιεις	φρονεις	κυβερνησεις	δεικνυεις
ἁλιεις	καταφρονεις	προσκυνησεις	ἀκουεις
συνιεις	φονεις	ἀγαπησεις	ἀφεις
ποιεις	πραξεις	εὑρησεις	στραφεις
ἐκδικεις	ἑξεις	ψευδομαρτυρησεις	ἐπιστραφεις
ἐπιεικεις	ἑλιξεις	μισησεις	ὀφεις
παροικεις	ὀξεις	ζητησεις	τραχεις
κατοικεις	ὑπαρξεις	ἐκζητησεις	ἑχεις
δοκεις	ἐντευξεις	ἀφησεις	στοιχεις
διδασκεις	κατανοεις	μισεις	διαβλεψεις
γινωσκεις	βλεπεις	κρισεις	κλεψεις
ἀναγινωσκεις	ἱεροπρεπεις	διακρισεις	ἐγκαταλειψεις
ἐπιγινωσκεις	ἱππεις	ὑποκρισεις	θλιψεις
διωκεις	βαρεις	παραδοσεις	ἀντιλημψεις
λαλεις	σπαρεις	πρασσεις	ἐκκοψεις
θελεις	ἐρεις	φονευσεις	ἀποκαλυψεις
ὁλοτελεις	ἐγερεις	λατρευσεις	κις
ἀνωφελεις	δερεις	σωρευσεις	πολλακις
ὀφειλεις	ἱερεις	μοιχευσεις	ὁσακις
προσοφειλεις	ἀρχιερεις	ἀλυσεις	ποσακις
βασιλεις	εἰσφερεις	δωσεις	πεντακις
φιλεις	πληρεις	ἀποδωσεις	ἑβδομηκοντακις
κλεις	αἱρεις	φυσιωσεις	ἑπτάκις

μοιχαλις	σημειοις	πολλοις	προκεχειρο-τονημενοις
μολις	βιβλιοις	αποστολοις	ηγαπημενοις
πολις	σκολιοις	δουλοις	τετηρημενοις
επαυλις	δεσμιοις	τυφλοις	ανακειμενοις
πορφυροπωλις	επουρανιοις	οχλοις	συνανακειμενοις
δυναμις	οθονιοις	αμαρτωλοις	μεμιαμμενοις
αρτεμις	δαιμονιοις	αγαμοις	γεγραμμενοις
ατμις	ενυπνιοις	στεναγμοις	σεβομενοις
συγγενις	σιδωνιοις	διωγμοις	θλιβομενοις
ελληνις	αιωνιοις	εμοις	αναγομενοις
ορνις	οψωνιοις	ανεμοις	λεγομενοις
ενδειξις	δεξιοις	παρεπιδημοις	πειραζομενοις
οις	νηπιοις	ερημοις	σωζομενοις
λαοις	σκορπιοις	φρονιμοις	πειθομενοις
ναοις	κυναριοις	οφθαλμοις	γενομενοις
φθογγοις	τεκμηριοις	ψαλμοις	γινομενοις
στρατηγοις	οριοις	σοδομοις	πεμπομενοις
ολιγοις	αλλοτριοις	ανομοις	πετομενοις
λογοις	κυριοις	οικονομοις	πορευομενοις
εργοις	τυριοις	κληρονομοις	εκπορευομενοις
γεωργοις	γενεσιοις	συγκληρονομοις	μαχομενοις
κλαδοις	πεντακοσιοις	πειρασμοις	απεκδεχομενοις
οδοις	ανοσιοις	δεσμοις	προσδεχομενοις
θεοις	πλουσιοις	διαλογισμοις	επερχομενοις
ορνεοις	ιματιοις	ονειδισμοις	ηγιασμενοις
αγαθοις	φορτιοις	μερισμοις	ητοιμασμενοις
πειθοις	υιοις	βαπτισμοις	γεγυμνασμενοις
λιθοις	μαλακοις	αζυμοις	σεσοφισμενοις
μυθοις	φαρμακοις	ιεροσολυμοις	απολλυμενοις
ιουδαιοις	ιουδαικοις	κωμοις	φοβουμενοις
δικαιοις	σαρκικοις	ικανοις	ηγουμενοις
σπηλαιοις	πηλικοις	πλανοις	επικαλουμενοις
ρωμαιοις	νομικοις	ουρανοις	λαλουμενοις
φαρισαιοις	οικοις	βασανοις	πλανωμενοις
αρχαιοις	πνευματικοις	υπερηφανοις	ξενοις
αγιοις	επιορκοις	παρθενοις	εκεινοις
τετραδιοις	λευκοις	κενοις	ταπεινοις
ιδιοις	καλοις	κεκονιαμενοις	οστρακινοις
αιδιοις	αγγελοις	εκλεξαμενοις	σαρκινοις
παιδιοις	βεβηλοις	θεασαμενοις	τεκνοις
αγγειοις	αλληλοις	εβδελυγμενοις	υμνοις
αιγειοις	υψηλοις	καθημενοις	προγονοις
τελειοις	δειλοις	λελαλημενοις	διακονοις
βασιλειοις	ποικιλοις	κεκλημενοις	μονοις
ταμειοις	φιλοις	πεπλανημενοις	χρονοις
μνημειοις	αλλοις		

ἀνδροφονοις	ἀθεμιτοις	στασις	προφητις
δειπνοις	διδακτοις	ἀναστασις	σαμαριτις
πορνοις	ἀνυποτακτοις	ἐπιστασις	πιστις
κινδυνοις	ἐκλεκτοις	ἐκστασις	ὁστις
βουνοις	ἀπεραντοις	ὑποστασις	λευις
σπλαγχνοις	ποτοις	φασις	ὀφις
ἐνδοξοις	ἀνιπτοις	συγκαταθεσις	θλιψις
λοιποις	ἀρτοις	μεταθεσις	προσλημψις
κολποις	ἀκαθαρτοις	ἀποθεσις	ὀψις
κοποις	φθαρτοις	προθεσις	ἀποκαλυψις
ἐπισκοποις	πλαστοις	ἀνεσις	ὁς
τοποις	μαστοις	γενεσις	λαος
ἱπποις	πιστοις	αἱρεσις	ἀρχελαος
φιλιπποις	ἀπιστοις	ἀφεσις	ναος
ἀκαρποις	ὑψιστοις	συνειδησις	ἀγαβος
ἀνθρωποις	γνωστοις	δεησις	θαμβος
βαρβαροις	ἀρρωστοις	ἐκδικησις	φοβος
καθαροις	κραβαττοις	κλησις	ἐκφοβος
ἑτεροις	αὐτοις	παρακλησις	ἐμφοβος
ἡμετεροις	ἑαυτοις	ἐνδωμησις	θορυβος
ἀμφοτεροις	τοιουτοις	ἀναμνησις	ἰακωβος
ὑστεροις	τουτοις	συμφωνησις	πελαγος
πρεσβυτεροις	αἰχμαλωτοις	τηρησις	μαγος
πληροις	πρωτοις	ὀσφρησις	φαγος
πονηροις	ταφοις	ἀθετησις	φεγγος
καιροις	ἀδελφοις	ζητησις	σαλπιγγος
θυατειροις	ψευδαδελφοις	καυχησις	φθογγος
νεκροις	σοφοις	κρισις	στρατηγος
κατηγοροις	μετοχοις	ὑποκρισις	ὀλιγος
διαφοροις	χιλιαρχοις	κτισις	μαστιγος
ἰατροις	πτωχοις	δοσις	λογος
ἀστροις	πατρωοις	ποσις	σπερμολογος
λυστροις	ἐλπις	ῥυσις	φλογος
διοσκουροις	ἰασπις	φυσις	συνεργος
δωροις	δαμαρις	τελειωσις	δημιουργος
νοσοις	χαρις	ἐρημωσις	κακουργος
ἑτερογλωσσοις	ἐρις	γνωσις	πανουργος
τοις	μερις	ἐπιγνωσις	λειτουργος
θανατοις	ἰρις	βρωσις	πυργος
πυρετοις	τρις	φανερωσις	γεωργος
χειροποιητοις	ἀχρις	ἀπολυτρωσις	ζευγος
ἀλαλητοις	ἀχρι[ς]	πωρωσις	ζυγος
κλητοις	μεχρις	πτωσις	παιδαγωγος
γεννητοις	χωρις	τις	ἀρχισυναγωγος
ἀνοητοις	παραβασις	προστατις	ἀποσυναγωγος
ἀγαπητοις	ἀγαλλιασις	ἡτις	δος

διαδος	ἀνθος	ἡλιος	φηλικος
ἡρωδιαδος	πενθος	κορνηλιος	βασιλικος
τιβεριαδος	ὑακινθος	ιουλιος	μυλικος
κλαδος	ἀψινθος	χρυσοδακτυλιος	νομικος
τρωαδος	ὀρθος	τιμιος	νικος
ῥαβδος	μισθος	δεσμιος	ἐθνικος
σμαραγδος	ἐξεληλυθος	οὐρανιος	ὀνικος
παιδος	εἰωθος	ἐπουρανιος	τυφωνικος
παγιδος	ιος	μακροχρονιος	οἰκος
εἰδος	βεβαιος	αἰωνιος	παροικος
ὀνειδος	δερβαιος	ἀξιος	χοικος
μοιχαλιδος	γαιος	δεξιος	ὑδρωπικος
ἀρτεμιδος	θαδδαιος	οἰος	πνευματικος
ἐλπιδος	ιουδαιος	ὁμοιος	κριτικος
ἐριδος	μαθθαιος	ὁποιος	παραλυτικος
μεριδος	βεροιαιος	κακοποιος	τυχικος
θυριδος	δικαιος	νηπιος	ψυχικος
τραχωνιτιδος	παλαιος	μακαριος	σακκος
σαμαριτιδος	ἀγριελαιος	σωτηριος	κοκκος
ῥαφιδος	γαλιλαιος	κυπριος	χαλκος
παροψιδος	βαρτιμαιος	δημητριος	ἑλκος
σεκουνδος	βαρθολομαιος	κυριος	δοκος
ὁδος	ῥωμαιος	ὁσιος	πρωτοτοκος
ποδος	καναναιος	διονυσιος	μαρκος
ἀποδος	ὑμεναιος	πλουσιος	σαρκος
σποδος	κυρηναιος	αἰτιος	ὁρκος
εἰσοδος	ἑβραιος	ἐναντιος	θρησκος
κερδος	ἑδραιος	ποντιος	νεανισκος
ψευδος	ναζωραιος	αἰγυπτιος	λευκος
θεος	φαρισαιος	ἀρτιος	λυκος
τιμοθεος	ματαιος	τερτιος	ἐπιπεπτωκος
ἐλεος	τεταρταιος	υἱος	καλος
ἀνελεος	ζακχαιος	νυμφιος	διδασκαλος
κλεος	ἀρχαιος	ἀνεψιος	νομοδιδασκαλος
νεος	ἁγιος	κακος	ἀπαλος
στερεος	λογιος	ἀκακος	ὑαλος
βαθος	διος	πινακος	βιβλος
ἀγαθος	ἰδιος	μηκος	ἀγγελος
παθος	ἀιδιος	ἑστηκος	ἀρχαγγελος
ἐθος	αἰφνιδιος	γυναικος	φυγελος
μεγεθος	κλαυδιος	ἀδικος	μελος
πληθος	ἐπιγειος	ἀντιδικος	ἀμπελος
βοηθος	τελειος	ἐκδικος	τελος
στηθος	ἀστειος	ὑποδικος	ὀφελος
λιθος	λουκιος	φιλονεικος	βεβηλος
χρυσολιθος	θεμελιος	πηλικος	ἐκδηλος

ζηλος	ετοιμος	στεφανος	ἀπεκδυσαμενος
χειλος	ἀτιμος	ἁγνος	ἐνδυσαμενος
πολυποικιλος	ἐντιμος	ἑνος	γευσαμενος
φιλος	τροφιμος	γενος	παραβολευσαμενος
ἀλλος	ὑπερακμος	μηδενος	περιζωσαμενος
βηρυλλος	ὀφθαλμος	οὐδενος	ἀνισταμενος
τερτυλλος	ἀμμος	παρθενος	προισταμενος
ὁλος	ἑβδομος	οὐθενος	ἐπισταμενος
διαβολος	νομος	κενος	ἁψαμενος
δολος	ἀνομος	ἐπαγγειλαμενος	περιβλεψαμενος
ἀποστολος	ἐννομος	ἐντειλαμενος	νιψαμενος
αὐλος	οἰκονομος	κρεμαμενος	μεταπεμψαμενος
παυλος	κληρονομος	δυναμενος	διατεταγμενος
σαυλος	προδρομος	ἐκτιναξαμενος	ἐκλελεγμενος
μυλος	τρομος	διαταξαμενος	ἀνεωγμενος
συμβουλος	ἐντρομος	ἀποταξαμενος	δεδεμενος
εὐβουλος	διστομος	δεξαμενος	θεμενος
δουλος	ὀδυρμος	ἀναδεξαμενος	διαθεμενος
συνδουλος	ἁγιασμος	ἀποδεξαμενος	παρατιθεμενος
στυλος	ἱλασμος	ἐπιλεξαμενος	ὑποτιθεμενος
τυφλος	ἀσπασμος	ἐκλεξαμενος	εὐλογημενος
ὀχλος	πειρασμος	ἀρξαμενος	ἠλεημενος
ἀπολωλος	δεσμος	ἐναρξαμενος	καθημενος
ἁμαρτωλος	συνδεσμος	προσευξαμενος	συγκαθημενος
χωλος	διαλογισμος	κειραμενος	βεβλημενος
γαμος	σεισμος	πεπραμενος	περιβεβλημενος
ἀγαμος	βασανισμος	εὑραμενος	κεκλημενος
καλαμος	μακαρισμος	κατεργασαμενος	κατηριθμημενος
ποταμος	θερισμος	θεασαμενος	περιτετμημενος
βρυγμος	πορισμος	σπασαμενος	ἐξουθενημενος
διωγμος	σαββατισμος	ἀσπασαμενος	μεμνημενος
ἐμος	χρηματισμος	συγκαλεσαμενος	γεγεννημενος
πολεμος	ἱματισμος	ἐπικαλεσαμενος	ἀπεστερημενος
ἀνεμος	κοσμος	εἰσκαλεσαμενος	κατηχημενος
δημος	γογγυσμος	προσκαλεσαμενος	τεθειμενος
συνεκδημος	κατακλυσμος	ἡγησαμενος	συγκατα-
νικοδημος	παροξυσμος	ἐξηγησαμενος	τεθειμενος
ἀποδημος	διδυμος	ποιησαμενος	κειμενος
ἐρημος	θυμος	ἐμβριμησαμενος	ἀνακειμενος
ἀριθμος	ἀμωμος	ἀρνησαμενος	ἀντικειμενος
κλαυθμος	χριστιανος	χρησαμενος	λιμενος
δοκιμος	ἱκανος	σφραγισαμενος	ἀρχιποιμενος
ἀδοκιμος	μελανος	λογισαμενος	συνεσταλμενος
λιμος	πλανος	ἐναγκαλισαμενος	ἀπεσταλμενος
ὠφελιμος	οὐρανος	χαρισαμενος	γεγραμμενος
φρονιμος	σιλουανος	κατασοφισαμενος	τεθραμμενος

ἀνατεθραμμενος	ἀνταποκρινομενος	ἐνδεδυμενος	προσπεινος
καταλελειμμενος	ἐκτρεπομενος	πεπαιδευμενος	ἀληθινος
κεκρυμμενος	ἐντρεπομενος	παραλελυμενος	σαρκινος
ἐπιλαβομενος	μεταπεμπομενος	φοβουμενος	λινος
ἀπολαβομενος	καταφερομενος	ἡγουμενος	ἀρχιτρικλινος
προσλαβομενος	ὑπεραιρομενος	γενεαλογουμενος	οἰνος
λεγομενος	μαρτυρομενος	χειραγωγουμενος	ἀνθρωπινος
διαλεγομενος	διαμαρτυρομενος	ποιουμενος	τινος
φειδομενος	φυλασσομενος	φυσιουμενος	τριχινος
δεομενος	δρασσομενος	ἀρκουμενος	πρωινος
προσδεομενος	τασσομενος	καλουμενος	ἀτεκνος
ἐργαζομενος	ἀντιτασσομενος	ἐπικαλουμενος	ἀμνος
δελεαζομενος	ὑποτασσομενος	λελουμενος	σταμνος
παρρησιαζομενος	ἐκπλησσομενος	δεικνουμενος	γυμνος
ὀνομαζομενος	βδελυσσομενος	ἀρνουμενος	γεγονος
δοξαζομενος	ἐμβαπτομενος	ἀγνοουμενος	μακεδονος
πειραζομενος	ἐρμηνευομενος	λυπουμενος	μειζονος
καθεζομενος	πορευομενος	συλλυπουμενος	φθονος
λογιζομενος	διαπορευομενος	ἐξαιρουμενος	πλειονος
ὀργιζομενος	ἐκπορευομενος	κατηγορουμενος	βραχιονος
συναλιζομενος	εἰσπορευομενος	λοιδορουμενος	διακονος
εὐαγγελιζομενος	στρατευομενος	ἀπορουμενος	εἰκονος
βασανιζομενος	ῥυομενος	μαρτυρουμενος	μονος
δαιμονιζομενος	ὠρυομενος	κατηχουμενος	ἡγεμονος
ἀγωνιζομενος	ἐντρεφομενος	ἡρτυμενος	κανονος
συμμορφιζομενος	μεμφομενος	ἰωμενος	πονος
πυθομενος	ἐλεγχομενος	δεδικαιωμενος	θρονος
καιομενος	δεχομενος	ἀφωμοιωμενος	χειρονος
ἐξελκομενος	ἐκδεχομενος	εἰλκωμενος	χρονος
ἀναγινωσκομενος	προσδεχομενος	κολλωμενος	ἰασονος
ἐφαλομενος	παρεχομενος	κοιμωμενος	τεκτονος
ἑλομενος	ἀρχομενος	ἐμβριμωμενος	ἀνθρωποκτονος
ἁλλομενος	ἐρχομενος	ἐσταυρωμενος	κρειττονος
ἐξαλλομενος	διερχομενος	καυχωμενος	καπνος
βουλομενος	ἐξερχομενος	ξενος	ἐξυπνος
λαμβανομενος	εἰσερχομενος	ληνος	πορνος
ἐπιλανθανομενος	προσευχομενος	ἑλληνος	κινδυνος
ὀπτανομενος	πεπεισμενος	τετραμηνος	βουνος
γενομενος	καθωπλισμενος	ναζαρηνος	πολυσπλαγχνος
παραγενομενος	ὡρισμενος	κτηνος	λυχνος
ἐμμαινομενος	ἀφωρισμενος	ἐθνος	τετραγωνος
θερμαινομενος	κεχωρισμενος	ἐπαινος	σιδωνος
εὐφραινομενος	ἐξηρτισμενος	ἐλεεινος	αἰωνος
ἐπεκτεινομενος	κατηρτισμενος	κακεινος	ἐλαιωνος
κρινομενος	διεζωσμενος	ἐκεινος	γαλλιωνος
διακρινομενος	κατεγνωσμενος	ταπεινος	κεντυριωνος

ἀμπελωνος	ἀερος	λαμπρος	ὑποδηματος
βαβυλωνος	θερος	πυρρος	θεληματος
πυλωνος	πενθερος	θυγατρος	ἐγκληματος
χειμωνος	ἐλευθερος	ἰατρος	βουληματος
σιμωνος	ἀπελευθερος	πατρος	γενηματος
σολομωνος	μερος	σωσιπατρος	τρυπηματος
κοινωνος	ὀκταημερος	σωπατρος	ῥηματος
συγκοινωνος	ἑτερος	πετρος	ὑστερηματος
κοιτωνος	ὑμετερος	μητρος	τρηματος
ἀφωνος	σπουδαιοτερος	θησαυρος	ζητηματος
νυμφωνος	ὑψηλοτερος	σταυρος	ἁμαρτηματος
ὀξος	ἐντιμοτερος	ἀργυρος	καυχηματος
βοος	ἀλυποτερος	ἀφιλαργυρος	αἱματος
ὀγδοος	μικροτερος	κηπουρος	κριματος
ὑπηκοος	ἰσχυροτερος	πυρος	προκριματος
πλοος	ἀστερος	συρος	γραμματος
νοος	πρεσβυτερος	μαρτυρος	προσκομματος
λαιλαπος	συμπρεσβυτερος	ἰσχυρος	ὀνοματος
ποταπος	δευτερος	ψυχρος	στοματος
ἐπος	νεωτερος	χλωρος	ἁρματος
κηπος	τομωτερος	μωρος	σπερματος
κοπος	ληρος	ταλαιπωρος	καταπετασματος
ἀργυροκοπος	κληρος	θυρωρος	χαρισματος
ἀλλοτριεπισκοπος	σκληρος	περιχωρος	βαπτισματος
τροπος	πονηρος	εὐρυχωρος	πτυσματος
τοπος	αὐστηρος	σος	ἐνδυματος
ἱππος	σωτηρος	χρυσοπρασος	πνευματος
φιλιππος	ὀλεθρος	μεσος	περισσευματος
καρπος	ἐχθρος	νησος	στρατευματος
ἀκαρπος	ἰαιρος	ποσος	δωματος
κρισπος	καιρος	θαρσος	δικαιωματος
περιλυπος	προσκαιρος	μεθυσος	σκηνωματος
τυπος	ἀπειρος	χρυσος	βρωματος
ἀνθρωπος	χειρος	ὑδατος	πληρωματος
βαρος	σαπφιρος	φρεατος	σωματος
βαρβαρος	νεκρος	δεκατος	παραπτωματος
λαζαρος	μικρος	ἐνδεκατος	θανατος
καθαρος	ὀρος	δωδεκατος	ἐνατος
χλιαρος	λοιδορος	πιλατος	δυνατος
ῥυπαρος	σπορος	πλατος	ἀδυνατος
καισαρος	παντοκρατορος	θυμιαματος	ἀνθυπατος
ὀμβρος	ῥητορος	ὁραματος	ἐπικαταρατος
ἀγρος	φωσφορος	φυραματος	κρατος
ἀνδρος	προς	πραγματος	ἀκαταστατος
ἀλεξανδρος	σαπρος	κηρυγματος	ἐσχατος
ὑπανδρος	λεπρος	βηματος	ἐτος

εὔθετος	ἐκλεκτος	ἐκβληθεντος	συμβαινοντος
ἀρκετος	παρεκτος	κληθεντος	δυνοντος
ἀσυνετος	νυκτος	ἐνθυμηθεντος	εὐθυνοντος
αὐθαιρετος	καταβαντος	γεννηθεντος	εἰποντος
πυρετος	ἀμιαντος	ἐπιθεντος	ἐκλιποντος
ὑετος	ἀνατειλαντος	δοθεντος	παροντος
ἀγενεαλογητος	κριναντος	συναρπασθεντος	αἰροντος
ἀναπολογητος	καταλλαξαντος	ὁρισθεντος	ἐμπεσοντος
εὐλογητος	ὑποταξαντος	γνωρισθεντος	κηρυσσοντος
παθητος	προκηρυξαντος	βαπτισθεντος	ἡγεμονευοντος
φιλητος	παντος	ὀφθεντος	περισσευοντος
κλητος	ἐγειραντος	κηρυχθεντος	δεικνυοντος
παρακλητος	κειραντος	φανερωθεντος	ἀκουοντος
ἀνεγκλητος	σπειραντος	συσταυρωθεντος	ἰσχυοντος
ἀναριθμητος	διαπερασαντος	συνιεντος	ἐχοντος
ἀγαπητος	καλεσαντος	κλημεντος	ἀπεχοντος
ἰωσητος	καταργησαντος	ὀντος	τρεχοντος
θεοτητος	ἀδικησαντος	λεγοντος	ἀρχοντος
νεοτητος	δαπανησαντος	δοντος	ὑπαρχοντος
ματαιοτητος	ἀγαπησαντος	παραδοντος	ἐνεργουντος
ἁγιοτητος	ὑστερησαντος	διδοντος	συνεργουντος
μεγαλειοτητος	μαρτυρησαντος	παραδιδοντος	βεβαιουντος
τελειοτητος	ἁμαρτησαντος	ὀδοντος	ποιουντος
τιμιοτητος	εὐχαριστησαντος	λεοντος	ζωοποιουντος
πιοτητος	τελευτησαντος	πνεοντος	ἐνοικουντος
κυριοτητος	ἐγγισαντος	βασταζοντος	καλουντος
ἀπλοτητος	καθισαντος	ἐγγιζοντος	παρακαλουντος
ἀγνοτητος	κτισαντος	ὀνειδιζοντος	λαλουντος
σεμνοτητος	φωτισαντος	χρονιζοντος	δηλουντος
γυμνοτητος	κελευσαντος	βαπτιζοντος	ζωογονουντος
ἰσοτητος	νευσαντος	γογγυζοντος	μαρτυρουντος
χρηστοτητος	ὑποπνευσαντος	παθοντος	συνεπι-μαρτυρουντος
ἀναμαρτητος	κρουσαντος	ἐλθοντος	
πραυτητος	σωσαντος	ἐξελθοντος	θεωρουντος
εὐθυτητος	σταντος	ἐπελθοντος	περιπατουντος
χαριτος	ἀφαντος	εἰσελθοντος	κρατουντος
ἀδιακριτος	ὑφαντος	συνιοντος	τετρααρχουντος
αὐτοκατακριτος	ἀναβλεψαντος	δρακοντος	ἐλεωντος
ἀνυποκριτος	ἐπιτρεψαντος	διδασκοντος	προσεωντος
τριτος	συστρεψαντος	ἀναγινωσκοντος	ζωντος
τιτος	πεμψαντος	θελοντος	προσδοκωντος
γαλακτος	ἐντος	μελλοντος	σολομωντος
ἐκτος	θεντος	ἀποθανοντος	βοωντος
ἐκτος	ἐκτεθεντος	μενοντος	πεποιηκοτος
δεκτος	ἀδικηθεντος	καταβαινοντος	βεβληκοτος
εὐπροσδεκτος	λαληθεντος	ἐμβαινοντος	τεθνηκοτος

εἰρηκοτος	χρωτος	φονευς	δεους
τετελευτηκοτος	ἑστωτος	ἀλεξανδρευς	θεους
σκοτος	ἐνεστωτος	ἱερευς	ἐλεους
ἀδιαλειπτος	φωτος	ἀρχιερευς	φωλεους
ἀμεμπτος	ἐγγυος	ταρσευς	βαθους
πεμπτος	σκευος	γραμματευς	ἀγαθους
αἰγυπτος	ἰχθυος	γναφευς	ἀληθους
κρυπτος	ὀφρυος	εὐθυς	πληθους
ἀρτος	ὀσφυος	πολυς	λιθους
ἀκαθαρτος	ἰσχυος	ἀχλυς	ὀλυνθους
τεταρτος	ἐδαφος	ἐπιδεικνυς	μυθους
κουαρτος	ἀραφος	οὓς	ἰουδαιους
χορτος	ταφος	οὓς	ἀναγκαιους
ἑκαστος	νεφος	ἐμμαους	δικαιους
ἐραστος	βρεφος	ναους	σαδδουκαιους
ἀπειραστος	ἀδελφος	βους	παλαιους
ἑστος	ζοφος	δεξιολαβους	γαλιλαιους
ζεστος	τροφος	τριβους	ῥωμαιους
εὐαρεστος	συντροφος	θαμβους	ἑβραιους
χρηστος	σοφος	μαγους	ἀκεραιους
εὐχρηστος	καρφος	στρατηγους	φαρισαιους
φηστος	κωφος	λογους	ἁγιους
πλειστος	ταραχος	διλογους	σταδιους
πιστος	ἐλεγχος	ἀργους	ἰδιους
ἀπιστος	ἠχος	συνεργους	οἰκειους
χριστος	τειχος	ἀστοργους	πλειους
ἀντιχριστος	μαλχος	κακουργους	νηφαλιους
ἐλαχιστος	ἐνοχος	οἰκουργους	θεμελιους
ὑψιστος	χιλιαρχος	λειτουργους	τετρακισχιλιους
θεοπνευστος	ἑκατονταρχος	γεωργους	πεντακισχιλιους
ἀμεθυστος	ἀρισταρχος	παιδαγωγους	ἑπτακισχιλιους
ἰουστος	εὐνουχος	ἀποσυναγωγους	τιμιους
γνωστος	εὐτυχος	χειραγωγους	δεσμιους
αὐτος	ψυχος	δους	αἰωνιους
ἀσαλευτος	διψυχος	κλαδους	ἀξιους
δυσερμηνευτος	πτωχος	παραδους	οιους
οὑτος	ὑψος	αἰδους	μυριους
τοιουτος	ἀθωος	διδους	ὁσιους
τηλικουτος	ὑς	παραδιδους	διακοσιους
πλουτος	πραυς	μεταδιδους	πλουσιους
τοσουτος	ἐγγυς	εἰδους	ἐπιθανατιους
κιβωτος	βραδυς	ὁδους	ἀναιτιους
μισθωτος	χαλκευς	διεξοδους	ἐναντιους
συναιχμαλωτος	καταγγελευς	ἀποδους	ὑπεναντιους
σκωληκοβρωτος	βασιλευς	κερδους	υἱους
πρωτος	κεραμευς	ψευδους	οἰκιακους

κακους	διωγμους	ἀντιδια-τιθεμενους	ἡγουμενους
ρακους	ἐμους	καθημενους	ἐπικαλουμενους
ἀδικους	πολεμους	περιβεβλημενους	ὀχλουμενους
νομικους	ἀνεμους	κεκλημενους	τηρουμενους
κοινωνικους	παρεπιδημους	ἐξουθενημενους	φρουρουμενους
οἰκους	συνεκδημους	ἀνακειμενους	μαρτυρουμενους
παροικους	ἐρημους	συνανακειμενους	ἀπηλλοτριωμενους
παραλυτικους	ἀναβαθμους	ἀπεσταλμενους	κοιμωμενους
σακκους	ἑτοιμους	κατεσταλμενους	κεκοινωμενους
ὁρκους	ἐντιμους	ἀπαγομενους	καταρωμενους
ἀσκους	ὀφθαλμους	ἐργαζομενους	πεπληρωμενους
γλευκους	νομους	περιεργαζομενους	καυχωμενους
μεγαλους	ἀνομους	ἁγιαζομενους	ξενους
καλους	οἰκονομους	σεληνιαζομενους	σκηνους
διδασκαλους	κληρονομους	κολαζομενους	στρηνους
καλοδιδασκαλους	ἀσπασμους	καθεζομενους	ἐθνους
ἀλαλους	δεσμους	λογιζομενους	καινους
καταλαλους	λογισμους	βασανιζομενους	κακεινους
ἐπισφαλους	διαλογισμους	δαιμονιζομενους	ἐκεινους
βιβλους	βαπτισμους	νοσφιζομενους	ταπεινους
ἀγγελους	ὠμους	σχιζομενους	κριθινους
τελους	ἀμωμους	σωζομενους	ὑακινθινους
πολυτελους	νους	ἐκβαλλομενους	χαλινους
βεβηλους	χριστιανους	βουλομενους	πυρινους
ἀλληλους	ἱκανους	παραγενομενους	κοφινους
φιλους	οὐρανους	διακρινομενους	φιλοτεκνους
ἀλλους	στεφανους	ὑποκρινομενους	σεμνους
πολλους	ὑπερηφανους	πορευομενους	ἀμεριμνους
κυλλους	ὀρφανους	εἰσπορευομενους	γυμνους
ὁλους	γνους	καταδυνα-στευομενους	φθονους
διαβολους	ἀγνους	ἀναστρεφομενους	διακονους
τριβολους	ἀναγνους	ἀπεκδεχομενους	μονους
ποτιολους	ἐπιγνους	συνεχομενους	θρονους
ἀποστολους	γενους	ἐρχομενους	χρονους
ἁπλους	μονογενους	εἰσερχομενους	πορνους
δουλους	ἀσθενους	προσερχομενους	κοινωνους
συνδουλους	κενους	συγκεκερασμενους	συγκοινωνους
ἱεροσυλους	δυναμενους	ἠθροισμενους	ὀξους
δακτυλους	ἐκλεξαμενους	κεκαθαρισμενους	πους
τυφλους	γευσαμενους	τετραυμα-τισμενους	ποταπους
ὀχλους	προισταμενους	πεφωτισμενους	μεγαλοπρεπους
ἁμαρτωλους	προστεταγμενους	τεθραυσμενους	λοιπους
χωλους	διηνοιγμενους	πεπορευμενους	κοπους
γαμους	ἐστηριγμενους	ἐνδεικνυμενους	κατασκοπους
ποταμους	δεδεμενους		ἐπισκοπους
φραγμους	ὑποδεδεμενους		ἐπιτροπους

τοπους	τους	συμμορφους	ἀρχιερεως
ἱππους	βατους	κωφους	παραβασεως
φιλιππους	κρατους	ἀμαχους	ἰασεως
καρπους	ἐσχατους	ἠχους	ἀγαλλιασεως
ἀκαρπους	ἐγκαθετους	τειχους	στασεως
τυπους	ἀσυνθετους	μοιχους	ἀναστασεως
ἀνθρωπους	διετους	μετοχους	ἀποκαταστασεως
ἀγρους	ἀσυνετους	ῥαβδουχους	ἐκστασεως
φιλανδρους	διοπετους	ὀλιγοψυχους	ὑποστασεως
ἐλευθερους	ὑετους	πτωχους	μεταθεσεως
μερους	ἀναπολογητους	ὑψους	ἐπιθεσεως
φανερους	κητους	ἀντικρυς	περιθεσεως
ἑτερους	ἀνεγκλητους	μαρτυς	προθεσεως
ἀμφοτερους	ἀνοητους	ταχυς	γενεσεως
δεισιδαι-μονεστερους	ἀκατακριτους	ἰσχυς	αἰνεσεως
	παρεισακτους	ὡς	συνεσεως
πρεσβυτερους	ἀτακτους	εὐσεβως	αἱρεσεως
νεωτερους	εὐπροσδεκτους	ἀκριβως	συνειδησεως
σιδηρους	ἐκλεκτους	ἀφοβως	δεησεως
κληρους	ἀστηρικτους	ὀλιγως	περιποιησεως
πονηρους	εὐμεταδοτους	τηλαυγως	ἐκδικησεως
ἐχθρους	σκοτους	δως	κλησεως
καιρους	ἀμεμπτους	παραδιδως	παρακλησεως
ἀναπειρους	ἀρτους	εἰδως	κοιμησεως
χοιρους	ἀπαρασκευαστους	ἀποδως	ἐνθυμησεως
νεκρους	μεστους	αἰσχροκερδως	ὑστερησεως
μικρους	εὐαρεστους	ἑως	παρατηρησεως
ὁρους	ἀπταιστους	πραεως	ζητησεως
κατηγορους	πιστους	ἡδεως	καυχησεως
κορους	ἀχαριστους	βαθεως	κρισεως
φορους	ἀκαταπαυστους	εὐθεως	ἀνακρισεως
καρποφορους	ἀρρωστους	θεσσαλονικεως	κατακρισεως
λεπρους	αὐτους	δαμαλεως	ὑποκρισεως
θησαυρους	ἑαυτους	ἱλεως	κτισεως
ταυρους	ἐνιαυτους	βασιλεως	δοσεως
ἀργυρους	ἀπαιδευτους	πολεως	βυρσεως
νεφρους	τοιουτους	δεκαπολεως	καταπαυσεως
σους	τοσουτους	δυναμεως	δυσεως
ἱησους	τουτους	κεραμεως	ἐνδυσεως
ἱσους	συναιχμαλωτους	ἀναδειξεως	ἐλευσεως
ἡμισους	πρωτους	ἐντευξεως	ἀναλυσεως
ὁσους	ταφους	κατανυξεως	ἐπιλυσεως
νοσους	βρεφους	ἀναψυξεως	φυσεως
ποσους	ἀδελφους	σιναπεως	συγχυσεως
νοσσους	ψευδαδελφους	βαρεως	μωυσεως
χρυσους	σοφους	ὑβρεως	διορθωσεως

ἐρημωσεως	ἐθνικως	εὐτονως	ἰωσαφατ
γνωσεως	τυπικως	πως	ἐλισαβετ
ἐπιγνωσεως	φυσικως	ὁπως	μετ
ἀνακαινωσεως	πνευματικως	πολυτροπως	ναζαρετ
ταπεινωσεως	σωματικως	φιλανθρωπως	ἰαρετ
βρωσεως	πεπιστευκως	ἰδρως	γεννησαρετ
ἀπολυτρωσεως	μεγαλως	σφοδρως	τουτ
πυρωσεως	καλως	πολυμερως	λωτ
πιστεως	ἀσφαλως	φανερως	ῥαγαυ
ὀφεως	γελως	ἑτερως	ἠσαυ
ταχεως	ἐπιμελως	σπουδαιοτερως	ἐδυ
θλιψεως	ἀδηλως	περισσοτερως	εὐ
λημψεως	ἀλλως	ἀκαιρως	βασιλευ
ἀναλημψεως	ἀπολλως	εὐκαιρως	ἀνευ
ἀποκαλυψεως	ὁλως	πικρως	βαθυ
καθως	δυσκολως	λαμπρως	γλυκυ
ἀληθως	ἁπλως	ἰσως	θηλυ
πεποιθως	ἀπολωλως	περισσως	πολυ
ὀρθως	ἁμως	ἐκπερισσως	γονυ
παρεληλυθως	μηδαμως	ὑπερπερισσως	μεταξυ
σπουδαιως	οὐδαμως	προσφατως	ὀξυ
δικαιως	νομιμως	ἐσχατως	οὐ
τελειως	φρονιμως	ῥητως	οὐ
ἀξιως	ἑτοιμως	ἀναντιρρητως	λαου
ἀναξιως	ὁμως	ἀτακτως	ναου
ὁμοιως	ἀνομως	παντως	ἐπιλαβου
μετριως	συντομως	ὀντως	προσλαβου
παραπλησιως	ἀποτομως	ὑπερβαλλοντως	φοβου
γνησιως	μακροθυμως	ἀδιαλειπτως	θορυβου
ὁσιως	προθυμως	ἀμεμπτως	ἰακωβου
ἑκουσιως	εὐθυμως	ἀπροσωπολημπτως	ἀρειουπαγου
πλουσιως	γνως	ἀναγκαστως	τριστεγου
κεκοπιακως	ἀγνως	ἀπερισπαστως	ὁδηγου
κακως	ἐγνως	ἐστως	διηγου
ἑωρακως	ἐπιγνως	εὐαρεστως	ὀλιγου
δεδεκως	ἐνως	ἐφεστως	λογου
ἐπιβεβηκως	κενως	ὡσαυτως	ἐργου
μεμαθηκως	φειδομενως	ἀκωλυτως	ἀρχισυναγωγου
πεποιηκως	ἀσμενως	οὑτως	ἁδου
κεκληκως	ὁμολογουμενως	πρωτως	ῥαβδου
τεθνηκως	ἐκτενως	ἀσωτως	κρασπεδου
ἑστηκως	δεινως	φως	ἰδου
παρεστηκως	γεγονως	εἰληφως	διδου
ἰουδαικως	εὐσχημονως	νουνεχως	ἐδιδου
ἀδικως	φιλοφρονως	μαθθατ	ἐπεδιδου
τεθεικως	σωφρονως	κατ	παρεδιδου

ὁδου	γαζοφυλακιου	οὐριου	ἀσπιλου
ἐξοδου	πηδαλιου	μαρτυριου	ἀλλου
εἰσοδου	παραλιου	χωριου	πολλου
ἀμφοδου	βιβλιου	ἀποστασιου	σκυλλου
ναρδου	εὐαγγελιου	πλουσιου	τερτυλλου
ἡρωδου	θεμελιου	χρυσιου	ὁλου
θεου	ἡλιου	ἱματιου	διαβολου
τιμοθεου	ἡλιου	αἰτιου	δολου
ὀρνεου	κορνηλιου	τιτιου	καθολου
ἀνδρεου	ποπλιου	μεσονυκτιου	ἀποστολου
ἐργαζου	συμβουλιου	βαλλαντιου	παυλου
ἀσπαζου	ἱερεμιου	ποντιου	σαυλου
ἀγωνιζου	τιμιου	φορτιου	μυλου
ἀγαθου	νεανιου	ὠτιου	ξυλου
καθου	κρανιου	υἱου	ἀριστοβουλου
παραθου	οὐρανιου	νυμφιου	δουλου
ἐθου	ἐπουρανιου	χιου	συνδουλου
λιθου	λυσανιου	βαραχιου	δακτυλου
μισθου	κυρηνιου	ἡσυχιου	τυφλου
ἱου	ποιμνιου	κακου	ὀχλου
ζεβεδαιου	ἰκονιου	ἀχαικου	εἰδωλου
ἰουδαιου	δαιμονιου	ἀντιδικου	μου
ἀκρογωνιαιου	ἀρνιου	οἰκου	γαμου
δικαιου	αἰωνιου	χοικου	καλαμου
παλαιου	ἠξιου	ἱππικου	ἐνδυναμου
κεφαλαιου	πλοιου	σιρικου	ποταμου
ἐλαιου	ποιου	ἰλλυρικου	στεναγμου
ἀγριελαιου	νηπιου	ἀρχιερατικου	φραγμου
γαλιλαιου	σκορπιου	χαλκου	στηριγμου
περιβολαιου	μακαριου	ἀρκου	διωγμου
τιμαιου	δηναριου	μαρκου	ἐμου
ναζωραιου	ἀσσαριου	ὀρκου	ἀνεμου
ἠσαιου	ζαχαριου	περιβαλου	ἐρημου
ἐλισαιου	συνεδριου	μεγαλου	ἀσημου
φαρισαιου	ἐριου	σκανδαλου	ἀριθμου
ἀλφαιου	τιβεριου	καλου	μιμου
ἀρχαιου	πρεσβυτεριου	σαλου	πολυτιμου
βιου	θηριου	βιβλου	βαρυτιμου
ἀγιου	ποτηριου	ἀγγελου	ὀφθαλμου
ὑποζυγιου	θυσιαστηριου	ἀρχαγγελου	ὁμου
ἰδιου	μυστηριου	ἀμπελου	ἐβδομου
παιδιου	δεσμωτηριου	ἐδηλου	νομου
κλαυδιου	σωτηριου	ζηλου	τρομου
θειου	ἐμποριου	καμηλου	οἰκτιρμου
μνημειου	ἀργυριου	πηλου	μιασμου
ματταθιου	κυριου	ὑψηλου	ἐνταφιασμου

ἀσπασμου	ἐπιλαβομενου	ἐκεινου	πρεσβυτερου
πειρασμου	σεβομενου	κοκκινου	δευτερου
δεσμου	λεγομενου	καμινου	σιδηρου
διαλογισμου	διαλεγομενου	οἰνου	κληρου
βασανισμου	κατεργαζομενου	κοινου	ἐπληρου
ἀφανισμου	δοκιμαζομενου	βυσσινου	πονηρου
ἁγνισμου	ὀνομαζομενου	τεκνου	ὀρϑρου
σωφρονισμου	εὐαγγελιζομενου	ἀμνου	ἐχϑρου
καϑαρισμου	δαιμονιζομενου	κρημνου	καιρου
ϑερισμου	πειϑομενου	γυμνου	εὐκαιρου
μερισμου	ἀναμιμνησκομενου	τυραννου	ἀκρου
ἱματισμου	ἀλλομενου	ἰωαννου	νεκρου
ῥαντισμου	ἀπολομενου	ὀνου	μικρου
κοσμου	βουλομενου	φϑονου	βορβορου
γογγυσμου	γενομενου	μονου	σορου
κατακλυσμου	διαγενομενου	πονου	ϑανατηφορου
μολυσμου	παραγενομενου	ϑρονου	ὀνησιφορου
ϑυμου	ἐπιγενομενου	χρονου	ἀππιουφορου
ψευδωνυμου	φαινομενου	φονου	λεπρου
ἀμωμου	γινομενου	καπνου	κυπρου
συλλαμβανου	πετομενου	δειπνου	χειμαρρου
ἰορδανου	πορευομενου	ὑπνου	πυρρου
ἱκανου	διαπορευομενου	λυχνου	ἰατρου
οὐρανου	ἐκπορευομενου	συμφωνου	μετρου
βασανου	ἐκδεχομενου	που	πετρου
σιλουανου	ἐρχομενου	ἀποτρεπου	ἐσοπτρου
στεφανου	εἰσερχομενου	δηπου	λουτρου
ἐγενου	προσερχομενου	λοιπου	ϑησαυρου
παρϑενου	προσευχομενου	ὀπου	σταυρου
δυναμενου	κεκερασμενου	κοπου	ἀργυρου
ἀρξαμενου	προεγνωσμενου	ἐπιτροπου	ἀλευρου
ἐπικαλεσαμενου	ἀπολλυμενου	τοπου	μυρου
εὐαγγελισαμενου	ἀπολογουμενου	ἱππου	τυρου
προβλεψαμενου	καταργουμενου	φιλιππου	ἰσχυρου
ἐσφαγμενου	καλουμενου	καρπου	ἀφρου
διαϑεμενου	ἐπικαλουμενου	ῥυπου	αἰσχρου
σεσιγημενου	διενϑυμουμενου	ἀνϑρωπου	ψυχρου
καϑημενου	πληρουμενου	προσωπου	περιχωρου
τετιμημενου	νενεκρωμενου	ὑσσωπου	σου
γεγεννημενου	ξενου	μετωπου	μεσου
μεμισημενου	ληνου	μαρμαρου	ἐφεσου
ἀνακειμενου	ναζαρηνου	ἀγρου	ἰησου
κατακειμενου	καινου	ἀλεξανδρου	βαριησου
ἐπικειμενου	εὐφραινου	ἱερου	νησου
κεκρυμμενου	γινου	ἐφημερου	κηνσου
ἀποκεκρυμμενου	πεδινου	ἐτερου	φυλασσου

ναρκισσου	ἀφθαρτου	παραδεχου	λογω
περισσου	τεταρτου	τετρααρχου	ὁμολογω
ὑπερεκπερισσου	χαρτου	πατριαρχου	ἐργω
ἀβυσσου	χορτου	ἐκατονταρχου	συνεργω
χρυσου	σεβαστου	ἀρισταρχου	ζυγω
του	ἐκαστου	ἐρχου	δουλαγωγω
βατου	φηστου	ἠρχου	ἀρχισυναγωγω
σαββατου	εὐαγγελιστου	ζωου	δω
προβατου	πιστου	πατρωου	παραδω
πιλατου	ἀπιστου	συ	μεταδω
θανατου	ἀριστου	ἡμισυ	ῥαβδω
φορτουνατου	χριστου	βραχυ	ἰδω
ἀνθυπατου	ἀντιχριστου	ταχυ	διδω
ἀκρατου	βαπτιστου	ἀφ	παραδιδω
ἀορατου	ἐλαχιστου	ἀσαφ	εἰδω
τιμιωτατου	ὑψιστου	ἐφ	ἀφιδω
ἐσχατου	αὐγουστου	ἰωσηφ	ὁδω
ἀετου	ἰουστου	ὑφ	ἀποδω
ἀνευθετου	κραβαττου	ἀκελδαμαχ	σποδω
εὐλογητου	αὑτου	λαμεχ	παροδω
μαθητου	ἐαυτου	ἰωσηχ	θεω
χειροποιητου	σεαυτου	μολοχ	τιμοθεω
μιλητου	ἐνιαυτου	οὐχ	ἐλεω
ἀγαπητου	ἐμαυτου	σερουχ	ἐκχεω
προφητου	ὀλοθρευτου	ἐνωχ	ζω
ψευδοπροφητου	ἀκαταλυτου	λαιλαψ	ἀγιαζω
παραιτου	τοιουτου	αἰθιοψ	ὑπωπιαζω
ἐπαφροδιτου	τηλικουτου	σκολοψ	θαυμαζω
μαργαριτου	πλουτου	ὡ	δοξαζω
ἀνυποκριτου	τοσουτου	ὡ	βασταζω
τριτου	τουτου	λαω	μειζω
σιτου	κιβωτου	ναω	ὁρκιζω
μεσιτου	ἰδιωτου	φαραω	ἐνορκιζω
τιτου	ἰσκαριωτου	λαβω	ἐξορκιζω
πνικτου	πρωτου	καταλαβω	νομιζω
ποντου	ἀναπαυου	φοβω	ἐλπιζω
ὁτου	πορευου	ἰακωβω	θεριζω
πατροπαραδοτου	ἐκλυου	ἀγω	γνωριζω
νοτου	ἀγναφου	καγω	βαπτιζω
οἰκοδεσποτου	παφου	συναγω	θω
ἀπτου	ταφου	ὑπαγω	ἀγαθω
ὀπτου	ἀδελφου	φαγω	κακοπαθω
αἰγυπτου	ζοφου	ἐγω	ἀποκατασταθω
ἀρτου	ῥουφου	λεγω	μετασταθω
ἀκαθαρτου	ἀλλαχου	προλεγω	εὑρεθω
φθαρτου	πανταχου	ὀλιγω	πειθω

λιθω	ὑψωθω	θυσιαστηριω	ὑαλω
ἐπιθω	γαιω	μυστηριω	ψαλω
ἀνακριθω	ἰουδαιω	δεσμωτηριω	βιβλω
ἐλθω	δικαιω	κυπριω	ἀγγελω
διελθω	παλαιω	δημητριω	ἀπαγγελω
ἀπελθω	ἐλαιω	ἀλλοτριω	θελω
εὐφρανθω	κρυφαιω	ἀργυριω	καθελω
κορινθω	ἀρχαιω	κυριω	ἀμπελω
παραδοθω	ἀγιω	πραιτωριω	ἀποτελω
ἐπιποθω	σεργιω	κορασιω	ἀποστελω
ἐπισπασθω	παροργιω	γνησιω	ἐξαποστελω
κειρασθω	σταδιω	χρυσιω	ζηλω
προσκαλεσασθω	ἰδιω	ἱματιω	ἀποστειλω
ἀρνησασθω	κλινιδιω	λεντιω	φιλω
ἀπαρνησασθω	σαρδιω	υἱω	κυκλω
ῥυσασθω	θειω	κω	ἀλλω
καυχασθω	γυναικειω	κακω	βαλλω
καταλεγεσθω	πλειω	ἡκω	ἐκβαλλω
ὀνομαζεσθω	εἰδωλειω	ἀδικω	κρυσταλλω
λογιζεσθω	μνημειω	ἀντιδικω	παραγγελλω
γνωριζεσθω	γαζοφυλακιω	νικω	καταγγελλω
χωριζεσθω	μετοικιω	οἰκω	μακελλω
οἰεσθω	βιβλιω	σωματικω	μελλω
γενεσθω	τρυβλιω	παραλυτικω	ἀποστελλω
γινεσθω	εὐαγγελιω	σακκω	πολλω
περιτεμνεσθω	θεμελιω	κοκκω	ἀπολλω
αἰσχυνεσθω	ἡλιω	δοκω	ὀλω
ταρασσεσθω	ποπλιω	εὐδοκω	διαβολω
ὑποτασσεσθω	ἰουλιω	τοκω	δολω
κατακαλυπτεσθω	τιμιω	ὀρκω	ἀπολω
ἐκπορευεσθω	κοσμιω	ἀσκω	παυλω
ἐρχεσθω	οὐρανιω	διδασκω	σαυλω
προσευχεσθω	ἐπουρανιω	δαμασκω	μυλω
ἐμπλησθω	ποιμνιω	ἀρεσκω	ξυλω
μνησθω	ἰκονιω	ἀποθνησκω	δουλω
βλασφημεισθω	ἀρνιω	ἀναμιμνησκω	δακτυλω
βαρεισθω	πλοιω	εὑρισκω	ἀλλοφυλω
πληροφορεισθω	ποιω	γινωσκω	τυφλω
ἐγκεντρισθω	πιω	διωκω	ὀχλω
ῥυσθω	κοπιω	βαλω	εἰδωλω
βυθω	σουδαριω	ἐπιβαλω	ἁμαρτωλω
σαλευθω	πλοιαριω	ἐκβαλω	περγαμω
πορευθω	συνεδριω	μεγαλω	καλαμω
μοχθω	δυσεντεριω	καλω	ποταμω
πληρωθω	θηριω	παρακαλω	ἐμω
σωθω	ποτηριω	λαλω	πολεμω

ἀνεμω	δυναμενω	φθονω	ὑσσωπω
δημω	παραμενω	μονω	ἀρω
ἐρημω	καθημενω	θρονω	ἐπιβαρω
παρασημω	ἠγαπημενω	χρονω	καθαρω
ἀριθμω	ἀντικειμενω	φονω	ἀγρω
λιμω	ἐπιμενω	δειπνω	ὑγρω
φρονιμω	ἀνακεκαλυμμενω	ὑπνω	ἐρω
ἑτοιμω	κεκρυμμενω	βραδυνω	ἐγερω
ὀνησιμω	ἐργαζομενω	πληθυνω	ἱερω
τιμω	λογιζομενω	ἀφνω	φανερω
ὀφθαλμω	εὐαγγελιζομενω	λυχνω	ἑτερω
ψαλμω	ἀνεμιζομενω	συναξω	ὑμετερω
τολμω	δαιμονιζομενω	προαξω	περαιτερω
οἰκοδομω	ῥιπιζομενω	παταξω	ἐλαχιστοτερω
νομω	περιτεμνομενω	ἐξω	ἀσθενεστερω
ἐννομω	ὑπομενω	ἐξελεξω	ὑστερω
τρομω	πετομενω	ἠξω	πρεσβυτερω
ἀτομω	πορευομενω	δειξω	δευτερω
ἀγιασμω	ἐκπορευομενω	ὑποδειξω	κατωτερω
πειρασμω	ἐρχομενω	ἀνοιξω	ναυκληρω
παραπικρασμω	κεκαυμενω	δοξω	ἀνταναπληρω
συνδεσμω	τεθεραπευμενω	ἐνδοξω	αὐχμηρω
ἰουδαισμω	παραλελυμενω	κηρυξω	πονηρω
παροργισμω	καταπονουμενω	μετανοω	ξηρω
σεισμω	ὑστερουμενω	ἀγαπω	τηρω
ἱματισμω	ψηλαφωμενω	μηδεπω	καιρω
βαπτισμω	ἀποκτενω	οὐδεπω	χαιρω
κοσμω	ἀδραμυττηνω	βλεπω	συγχαιρω
πατμω	ἀναβαινω	ἐπιτρεπω	διεγειρω
ἀνω	καινω	κηπω	οἰκτιρω
χαλκολιβανω	ἐπαινω	μηπω	μικρω
λαμβανω	παραινω	εἰπω	ὀρω
ὑπολαμβανω	σμαραγδινω	ἐγκαταλιπω	ἐμπορω
κερδανω	ὠδινω	κολπω	θαρρω
ἱκανω	ἐκεινω	πεμπω	πορρω
ἐπανω	ἀληθινω	κοπω	μετρω
ὑπερανω	ἀρχιτρικλινω	τροπω	πετρω
οὐρανω	καμινω	ἐπιτροπω	ἐσοπτρω
συνιστανω	συκαμινω	τοπω	λουτρω
στεφανω	οἰνω	φιλιππω	θησαυρω
γνω	πινω	ἀρχιππω	σταυρω
ἐγνω	ἀλεξανδρινω	καρπω	ἀργυρω
προεγνω	κρινω	λυπω	εὐρω
ἐπιγνω	ἀνακρινω	οὐπω	μυρω
ἀσθενω	κατακρινω	ἀνθρωπω	τυρω
μενω	τεκνω	προσωπω	μαρτυρω

διεμαρτυρω	νησω	καταλυσω	ἀκουσατω
χρω	δαπανησω	ἀπολυσω	σωσατω
δωρω	κινησω	χρυσω	ἀπατατω
θεωρω	ὑπομνησω	δωσω	ἐξαπατατω
χλωρω	ὑμνησω	παραδωσω	τελευτατω
μωρω	δειπνησω	ἀποδωσω	τιμιωτατω
θυρωρω	ἠρνησω	ἀνταποδωσω	ἐσχατω
αὐτοφωρω	προσκυνησω	ἀνορθωσω	ἐπιστρεψατω
περιχωρω	ἀγαπησω	τελειωσω	λαμψατω
σω	τηρησω	ὁμοιωσω	ἀετω
σπουδασω	οἰκτιρησω	παραζηλωσω	λαβετω
χαλασω	κατηγορησω	φανερωσω	λεγετω
παραχειμασω	μαρτυρησω	σταυρωσω	δοκιμαζετω
ἑτοιμασω	ἐμπεριπατησω	σωσω	δοξαζετω
δοξασω	ἀθετησω	τω	χωριζετω
κατηρασω	καταντησω	βατω	ἀθετω
ἐσω	ἀναστησω	καταβατω	τιθετω
καλεσω	καταστησω	σαββατω	ἐλθετω
συντελεσω	ἐρωτησω	σιγατω	ἐσθιετω
ἀπολεσω	ἐπερωτησω	ἐλθατω	ἀρεσκετω
μεσω	ἀφησω	παρελθατω	γινωσκετω
ἐπαινεσω	κατηχησω	εἰσελθατω	ἐπιγινωσκετω
ἐφεσω	παραδεισω	δειλιατω	βαλετω
ὁμολογησω	σεισω	κοπιατω	μελετω
εὐλογησω	σκανδαλισω	κατω	ψαλλετω
κερδησω	μισω	πεντεκαιδεκατω	λανθανετω
ἐλεησω	ψωμισω	ἀποδεκατω	μανθανετω
ζησω	ἐμφανισω	ὑποκατω	μενετω
θησω	ἐξυπνισω	πιλατω	πινετω
παραθησω	ὀπισω	θανατω	κρινετω
πενθησω	γνωρισω	πλανατω	συνετω
ἀκολουθησω	ἀποτισω	ἐκκλινατω	ἀσυνετω
ποιησω	κατηρτισω	δειξατω	βλεπετω
ἐκδικησω	ὁσω	διωξατω	πυρετω
ἐνοικησω	ποσω	ἀγαπατω	κλεπτετω
καταναρκησω	ταρσω	εἰπατω	ἐπιδυετω
λαλησω	ἐλασσω	ἀνθυπατω	βραβευετω
θελησω	πρασσω	ἀρατω	καταβραβευετω
ὠφελησω	ἐπιτασσω	ἀορατω	βασιλευετω
φιλησω	κηρυσσω	ἀγορασατω	διερμηνευετω
μελλησω	ἀναπαυσω	ποιησατω	ἀκουετω
πολεμησω	θεραπευσω	ἀδικησατω	ἐχετω
τολμησω	πιστευσω	πωλησατω	παρεχετω
οἰκοδομησω	ἐψευσω	ζητησατω	πασχετω
ἀνοικοδομησω	ἐλκυσω	ψηφισατω	ἠτω
κληρονομησω	λυσω	παυσατω	καταλλαγητω

ἀνεκδιηγητω	ἐγκοπτω	ζοφω
ζητω	αἰγυπτω	γνοφω
ἐπιζητω	ἀκατακαλυπτω	σοφω
ἰαθητω	κρυπτω	ἐλεγχω
γενηθητω	ἀρτω	ἐχω
ῥυπανθητω	ἀκαθαρτω	ἀπεχω
ἀρθητω	ἀφθαρτω	τρεχω
ἁγιασθητω	χορτω	μετεχω
βαπτισθητω	ἑκαστω	ἠχω
γνωσθητω	ἐστω	ἱεριχω
σταυρωθητω	ἀσβεστω	χιλιαρχω
ἀχειροποιητω	φηστω	σχω
ἀνεκλαλητω	πιστω	πασχω
μιλητω	εὐχαριστω	μοσχω
θνητω	χριστω	κατακαυχω
ἀγαπητω	κρατιστω	εὐψυχω
μετατραπητω	ἐλαχιστω	πτωχω
ἀποστητω	ἀγνωστω	βαψω
ἐπιστραφητω	αὐτω	σκαψω
ἀκολουθειτω	ἑαυτω	γραψω
ποιειτω	σεαυτω	ἐπιγραψω
ἐνοικειτω	ἐμαυτω	ἀναβλεψω
ἐπαρκειτω	λαξευτω	ἀναστρεψω
λαλειτω	οὑτω	ἐπιστρεψω
ἐξουθενειτω	τοιουτω	ὑποστρεψω
καταφρονειτω	τοσουτω	διψω
περιφρονειτω	τουτω	ἐξαλειψω
κοινωνειτω	γνωτω	νιψω
νοειτω	ἐρωτω	ἀνακαμψω
χωρειτω	ἐπερωτω	πεμψω
περιπατειτω	πρωτω	ἀναπεμψω
ζητειτω	πρεσβευω	ἐκκοψω
αἰτειτω	παιδευω	ὑπερωω
ἀνυποκριτω	συμβουλευω	πατρωω
τιτω	δουλευω	
ἐκτω	λατρευω	
δεκτω	περισσευω	
διαλεκτω	πυκτευω	
ὀκτω	νηστευω	
δεκαοκτω	πιστευω	
δεκακαιοκτω	ἐγκυω	
τριακοντακαιοκτω	ἀκουω	
δοτω	κρουω	
μεταδοτω	ἰσχυω	
ἀποδιδοτω	γραφω	
καμπτω	ἀδελφω	

Walter de Gruyter
Berlin · New York

Arbeiten zur Kirchengeschichte

Herausgegeben von Kurt Aland, Carl Andresen und Gerhard Müller

Zuletzt erschienen:

Horst Weigelt

Spiritualistische Tradition im Protestantismus
Die Geschichte des Schwenckfeldertums in Schlesien

Groß-Oktav. XIV, 325 Seiten. Mit 2 Karten. 1973. Ganzleinen DM 96,—
ISBN 3 11 003581 2 (Band 43)

Martin Stupperich

Osiander in Preußen
1549—1552

Groß-Oktav. XVI, 402 Seiten. Mit 3 Karten. 1973. Ganzleinen DM 62,—
ISBN 3 11 004221 5 (Band 44)

Hans Hermann Holfelder

Tentatio et consolatio
Studien zu Bugenhagens »Interpretation in Librum Psalmorum«

Groß-Oktav. XII, 233 Seiten. 1974. Ganzleinen DM 72,—
ISBN 3 11 004327 0 (Band 45)

Reinhard Schlieben

Christliche Theologie und Philologie in der Spätantike
Die schulwissenschaftlichen Methoden der Psalmenexegese Cassiodors

Groß-Oktav. X, 132 Seiten. 1974. Ganzleinen DM 38,—
ISBN 3 11 004634 2 (Band 46)

Hans Schneider

Der Konziliarismus als Problem der Neueren Katholischen Theologie
Die Geschichte der Auslegung der Konstanzer Dekrete von Frebonius bis zur Gegenwart

Groß-Oktav. VIII, 378 Seiten. 1976. Ganzleinen DM 108,—
ISBN 3 11 005744 1 (Band 47)

Preisänderungen vorbehalten